U0963476

麦读
MyRead

走向上的路　追求正义与智慧

中国民法典评注

始于 2016 年

中国民法典评注

编辑委员会

总编·朱庆育　高圣平

中国民法典评注

条文选注

本册主编·朱庆育
本册副主编·刘　勇　茅少伟　尚连杰
吴香香　辛正郁　姚明斌

第3册

中国民主法制出版社
全国百佳图书出版单位

本册主编

朱庆育

南京大学法学院教授、博士生导师，南京大学法典评注研究中心主任。中国政法大学法学学士、法学硕士、法学博士，德国马普外国私法与国际私法研究所访问学者。曾任教于中国政法大学、浙江大学光华法学院。研究领域为民法学、法学方法论、德国近现代民法史与法律哲学。

本册副主编

刘　勇

南京大学法学院副教授、副院长。南京大学法学学士、民商法学硕士、经济法学博士，日本京都大学法学研究科访问学者。主要研究领域为民法总则、债法与保险法。

茅少伟

北京大学国际法学院助理教授、副院长。北京大学法学学士、经济学学士、民商法学博士。主要研究兴趣为民法、商法、法学方法与法学教育。

尚连杰

南京大学法学院副教授、硕士生导师。郑州大学法学学士、法学硕士，清华大学法学博士，德国弗莱堡大学联合培养博士生。主要研究领域为民法基础理论、债法、物权法。

吴香香

中国政法大学教授、博士生导师。中国政法大学法学学士、法学硕士、法学博士，德国哥廷根大学联合培养博士生。主要研究领域为民法学与私法方法论，尤其关注物权理论、占有理论、法典评注与请求权基础。

辛正郁

北京市天同律师事务所主任、管委会主任。中国政法大学法学学士，日本九州大学法学硕士。曾供职最高人民法院逾二十年，现为京、沪、深五家国内主要仲裁机构仲裁员。主笔/主持天同诉讼圈“民商辛说”专栏，搭建民商法理论实务交流平台。

姚明斌

华东政法大学法律学院教授、硕士生导师。中国政法大学法学学士、法学硕士，德国明斯特大学联合培养博士生，清华大学法学博士，华东政法大学法学博士后。上海市“曙光学者”。主要研究领域为法律行为论、合同救济论、物权变动论、民法方法论。

作者及分工（以姓氏拼音为序）

贺　剑　第1060条
北京大学法学博士、德国曼海姆大学法学博士，北京大学法学院长聘副教授

李承亮　第1184条
德国慕尼黑大学法学博士，武汉大学法学院教授

李建星　第807条
华东政法大学法学博士，华东师范大学法学院副教授

刘　勇　第679条
南京大学法学博士，南京大学法学院副教授

王洪亮　第538条
中国政法大学法学博士、德国弗莱堡大学法学博士，清华大学法学院教授

王　蒙　第701条
德国明斯特大学法学博士，华东政法大学特聘副研究员

武亦文　第410条、第420条
武汉大学法学博士，武汉大学法学院教授

夏江皓　第1067条第1款
北京大学法学博士，中国政法大学人权研究院讲师

解　亘　第590条
浙江大学法学博士，南京大学法学院教授

杨　芳　第1022条第2款
中国政法大学法学博士，海南大学法学院副教授

叶名怡　第157条
中国社会科学院研究生院法学博士，上海财经大学法学院教授

朱庆育　法律评注是什么？（代序）、《中国民法典评注》写作指南（第2版）
中国政法大学法学博士，南京大学法学院教授

本书受

北京市天同律师事务所
南京大学文科中长期专项研究资金

资　助

法律评注是什么?
(代序)

朱庆育

一

当一名法官被要求依据给定的制定法对个案作出裁判时,专业范畴内,他需要思考的核心问题是,如何正确将抽象的法律规范适用于具体的案件事实,并且保证裁判合乎正义。技术上,这一核心问题可分解为三个小问题:如何准确理解法律规范、如何恰当提取案件事实以及如何为案件事实适配法律规范。此亦法律适用的三步骤,几乎覆盖法律人的全部常规工作。

三项工作各有其困境。

理解与解释法律规范是法律适用者(如法官)与研究者(如法学者)的基本职业内容。不同的是,适用者之理解法律规范,着眼于个案,故难免以管窥豹;研究者致力于得出一般性结论,却又可能忽略具体情境而沦为纸上谈兵。学者之间形成共识本就不易,如果适用者与学者又各行其是,理解法律规范固然举步维艰,裁判之合乎正义亦大概率仅为随机事件,至于以知识共同体为基础的职业共同体,则更是难容乐观。

法律规范以适用为目的,但并非所有法律规范均具相同的可适用性。何种类型的诉讼应以何等性质的法律规范作为裁判依据,须作仔细考量。尤其是,如何依循请求权基础思维甄辨主要规范、辅助规范与防御规范并恰当运用于法律适用各步骤,更是检验法教义学功力的试剂。如果无法通过检验,裁判具有何种程度的科学性,即殊为可疑。

民事诉讼中,呈现案件事实的作业主要由当事人完成。通过原被告的诉辩,法官获得对案件事实的认知。作为事实,须接受证据制度的真伪检验;为了涵摄于规范之下以便得出裁判结论,法官还须对案件事实作适于规范适用的提取。这意味着,唯有对实体规范与程序性证据制度尽皆了然,法官方可游刃于抽象规范与具体案件之间而实现裁判正义。在高度割裂实体法与程序法的我国当下教育体制中,此洵非易事。

问题在于,是否存在某种文献形式可回应上述困境?更确切地说,可一并回应上述困境?

二

无论何种学科,最基本且最重要的文献形式都是教科书。法学兼具科学与技艺双重特点,教科书亦因此区分原理教科书和案例教科书两类。理想状态下,前者旨在阐述学术原理,构筑学科体系,以彰示其追寻科学的青云之志;后者则以工匠精神展示抽象规范适用于具体案件的技术细节。原理教科书提供得到准确界定的概念及以此为基础的规范解释,但不以个案适用为直接目标,即使出现案例,目的亦非在案例适用本身,而在辅助阐述基本原理。案例教科书同样服务于教学,主要功用在于,以代表性案例为示范,帮助学习者理解基本原理与法律适用过程。显然,受制于学术性与教学性定位,无论原理教科书还是案例教科书,意义均在奠立知识基础,对于理解法律规范及其适用固然有其不可替代的作用,但对于真实的个案法律适用,针对性有所不足。

教科书讲求体系,特定问题的研究难免不便深入,弥补这一缺陷的,是专论与案例研究作品。该文献形式的研究性质高于教学性质,亦不必对基本原理作体系化阐述,有专深之优长,但此亦意味着,专论与专案研究失之于窄,难以应对纷繁多样的各种法律适用状况。

除了较为常规的教科书、专题研究与案例研究,我国尚有一类特别的文献形式,即法条释义。此类文献的最大写法特征在于逐条释义,因而可全面覆盖制定法规范。这一写法决定,法条释义书不以理论框架而以制定法的法条编排为线索展开,此根本区别于原理教科书;同时,释义书注重阐释法条词句的含义,对案例的使用极为有限,故与案例研究亦相去甚远。我国释义书之特别不仅在于写法,更在于所面对的需求。释义书之繁荣与新法颁行密切相关,出版高峰集中于新法颁布之初,随即快速回落,峰谷曲线几乎是直上直下。这表示,释义书基本用来满足新法的第一时间了解之需，其写作出版亦相应以迅捷为第一要义。如今，释义书市场大致形成三类作品，分别由学者、立法机关工作人员与法官尤其是最高人民法院法官撰就。释义书结构内容无定法，唯可依作者身份之不同依稀辨识不同风格。相对而言，学者稍偏于理论，立法机关较多使用立法资料，法官则更关注司法实践中呈现的问题。但整体上，无论理论阐述、立法资料抑或司法实践，均是点到即止，此或与出版的速度要求有关。不过，逐条释义便于查阅，点到即止则风格通俗，释义书因此较之其他文献形式更具普及性，乃至无妨以非职业法律人为目标读者。

由是观之，既有各种文献形式均有其存在的合理性，但亦均对法律适用无法作出全面或针对性的回应。评注试图弥补这一缺憾。

三

在高圣平教授的提议与支持下，《法学家》自 2016 年第 3 期起开设“评注”专栏。汉语法学开始以论文的形式引入评注新文体。论文形式的意义在于，既有足够的篇幅从容探索评注的各项细节，亦可借助发表机制实现文章质控。2019 年，经辛正郁律师促成，北京市天同律师事务所捐资南京大学设立法典评注基金，并选派律师参与评注撰写，同年，受基金资助的南京大学天同法典评注工作坊投入运行。此后，每篇评注初稿均须进入闭门工作坊接受严苛的批评，文章质控实现常规化与规范化。2020 年，周亦杨副编审慨允在《南京大学学报（哲学・人文科学・社会科学）》增设“民法典评注研究”专栏；2021 年，解亘教授决定从 2022 年开始，在其担任主编的《南大法学》开辟“法典评注”专栏。评注发表平台得以进一步拓展。

所探索的评注文体，以德国大型评注为借镜，兼参意日成例，并以逐条注释的形式展开。之所以逐条注释，一是确保覆盖所有制定法的适用问题，二可回应司法裁判须以具体法条为依据的需求。同样是为了回应司法裁判的需求，评注依构成要件与法律效果的结构展开。近年来，请求权基础思维在我国法学教育与司法实践中迅速铺开，为此，评注写作在传统“构成要件—法律效果”框架之下，进而关注请求权基础视野中的规范定性，以便精准定位所涉法条在法律适用网络中所处坐标。

以适用为中心不仅体现于写作结构，更在具体写法。所有构成要件与法律效果的解析,均在法律解释方法论的指引下,形上诉诸基本原理,形下与司法案例相互参照。评注因此兼具教科书、专题研究与案例研究的特点。只不过,评注对于全面性的追求,超过任何一种文献形式。教科书虽亦全面,但重在理论体系之周延,实证规范的解释则不必靡细无遗;评注之全面,系追求法条及其适用情形的全覆盖。在逐条评注中,学者见解尚可取其通说或若干代表性学说,司法案例则力求穷尽一切类型。原则上,法条适用中遇到或可能遇到的所有问题,评注均须给出回应。更进一步,所回应的适用问题并不局限于实体规范涵摄法律事实的三段论演算,程序性的举证分配亦在其列。此意味着,评注既探究规范解释,亦追问规范如何适用于个案,更将法律事实的发现程序纳入观察,也许是唯一有能力全面回应前述法律适用三步骤的文献形式。

但这并不表示,评注可以取代教科书、专题研究或案例研究。

评注以规范的解释与适用为关注点,法律人的教义学技能亦在于此,加之评注全面覆盖规范体系,故可兼具教学功用。今日德国评注高度发达的现状,在一定程度上确实对其教科书的产出有所抑制,甚至有学者断言评注将取代教科书。唯评注较之教科书更在乎反映或促成通说,亦因此更为保守。更重要的是,实务导向下,评注缺乏甚至排斥探究基础理论、建构理论体系的意向,而基础理论系法学生命之源。源头若无活水持续供给,生命终将枯竭。就此而言,评注取代教科书之日,也许即是作为科学的法学宣告死亡之时,此非法学之幸。

专题研究的方向之一是法律适用的精细化,此亦评注尤其是大型评注的追求。不过,专题研究的真正价值在于理论的深化,为教科书建构理论体系提供支持,而评注对此力有不逮。再者,专题研究以或者说应以学术命题为轴心,所有论证皆回归指向命题之证立;评注则以法条为中心,呈发散状铺陈法律适用中的各项问题,并不集中处理某个论题。二者取径正好相反。

至于案例研究,在以个案的规范适用为关注对象方面,与评注旨趣颇为相似。但评注以抽象法条为思考起点,从大前提出发全方位搜索射程内的小前提,系“以法找案”;案例研究则是“以案找法”,从小前提切入寻找适配的大前提。各自起式有所不同。另外,评注的优势在于全面,但缺陷亦在于此。由于全面,评注难以对特定个案专作深入研究,案例研究则恰好致力于此,两种文献因而各擅胜场,互补长短。

如果存在某种可为评注取代的文献形式,也许是法条释义。法条释义与评注有着相同的逐条注释外观,功能则基本为后者所覆盖。实际上,德国早期评注即与我国原生的法条释义颇为相似。在此意义上,评注可称法条释义的升级再造版。但即便如此，我国现实条件下，无论何种类型的释义书，评注均难以取代。基本上，只要第一时间了解新法的市场需求依然旺盛，释义书就有继续存在的广阔空间，且不论全国人大常委会法工委与最高人民法院以官方名义出版新法释义如今已成标准动作，纵是学者，为之投入者亦必大有人在。不过，《民法典》虽然因其巨大影响而令释义书出版的峰谷曲线大幅变缓，但回落趋势毕竟明显。释义书消退之处，也许正是评注登场之时。

四

大型评注非一蹴可就。鉴于立法、司法与学术现状以及撰写经验与能力，本评注项目拟作长期规划。撰写分工上，将《民法典》全部1260个条文依规范意义脉络划分为90个规范群，以规范群为单元由作者认领。写作进程与发表出版则分四个阶段：第一阶段，经工作坊讨论修改后的评注作品，适于发表者，先行发表于期刊；第二阶段，发表于期刊的评注作品以《中国民法典评注·条文选注》之名结集出版，以"册"计序；第三阶段，规范群评注完成后，符合单独出版条件的，以《中国民法典评注·规范集注》之名出版，以"辑"计序；评注撰写的最终成果呈现于第四阶段，届时，所有条文评注回归法典条序，出版以"卷"计序的《中国民法典评注·体系评注》。虽称四阶段，时间上却未必严格区分，各阶段无妨视其完成程度交替展开。此外，另行出版《中国民法典评注·评注研究》系列丛书，以呼应评注撰写实践。

作此长期规划的基本考虑在于，评注之"完成"固然重要，但"高质"也许更重要——尽管注定只是囿于现实条件的勉力高质，否则无非在众多文献中增加一类名为"评注"的法条释义而已，意义有限，何况评注系汉语法学新文体，如果起势太低，恐将影响评注的功能发挥及其前景。以四阶段推进，既确保作者以最大投入撰写每一篇评注作品，亦在各阶段的发表与出版中，根据立法、司法与学术的变迁以及作者经验能力的增进再作修改，俾使评注在作者能力范围内最大限度趋向高质并与时俱进。

2022年10月11日

目　录

总　则　编

第 157 条｜**法律行为无效之法律后果** …………………………………… 001

物　权　编

第 410 条｜**抵押权的实现** ……………………………………………… 037

第 420 条｜**最高额抵押权的一般规则** ………………………………… 068

合　同　编

第 538 条｜**撤销债务人无偿行为** ……………………………………… 101

第 590 条｜**合同因不可抗力而免责** …………………………………… 146

第 679 条｜**自然人借款合同的成立** …………………………………… 171

第 701 条｜**保证人抗辩援引规则** ……………………………………… 198

第 807 条｜**建工价款的优先受偿权** …………………………………… 224

人格权编

第 1022 条第 2 款｜**有期限肖像许可使用合同的法定解除权** ………… 254

婚姻家庭编

第 1060 条｜**日常家事代理** …………………………………………… 292

第 1067 条第 1 款｜**子女对父母的抚养费给付请求权** ………………… 322

侵权责任编

第1184条 | **侵害财产造成财产损失的计算** …… 349

附 录

附录一 | **《中国民法典评注》系列规范性文件全简称对照表** …… 377
附录二 | **《中国民法典评注》写作指南(第2版)** …… 391

引注建议示例

朱庆育主编:《中国民法典评注 · 条文选注(第3册)》,第538条(撤销债务人无偿行为),王洪亮,中国民主法制出版社2022年版,第110页,边码18。

第 157 条

法律行为无效之法律后果*

第 157 条　民事法律行为无效、被撤销或者确定不发生效力后，行为人因该行为取得的财产，应当予以返还；不能返还或者没有必要返还的，应当折价补偿。有过错的一方应当赔偿对方由此所受到的损失；各方都有过错的，应当各自承担相应的责任。法律另有规定的，依照其规定。

简　目

一、立法体例与规范意旨……1—2

二、规范一之构成要件：基于无效法律行为而取得财产……3—20

（一）法律行为无效、被撤销或者确定不发生效力……3—11

1. "民事法律行为"也包含身份行为……3—5

2. "民事法律行为"也包含处分行为……6—7

3. "确定不发生效力"的内涵与外延……8—11

（二）行为人因该行为取得财产……12—20

1. "行为人"的范围……12

2. "取得财产"的内涵……13—18

3. "因该行为"：因果关系……19—20

三、规范一的法律效果：财产返还……21—46

（一）财产返还的定性与定位……21—27

1. 财产返还系独立请求权基础……21

2. 财产返还请求权的性质……22—24

3. 有无例外：不法原因给付抗辩？……25—27

（二）财产返还的构成要素……28—46

1. 返还的主体……28—30

2. 返还的客体……31—36

3. 返还的范围？……37—40

4. 返还的时效……41—43

5. 返还的程序……44—46

四、规范二：不返还时的折价补偿……47—64

（一）补充构成要件：不能返还或者没有必要返还……47—48

（二）折价补偿的定性与定位……49—54

1. 定性：一种特殊的不当得利……49—51

2. 定位：与财产返还、损害赔偿及"其他补救措施"的关系……52—54

（三）补偿标准与范围……55—64

1. 实体标准：主观说与客观说……55—56

2. 时间标准：折价补偿义务产生时……57—58

3. 使用收益、转售获利与强迫得利……59—61

4. 补偿范围与费用扣减……62—64

五、规范三：过错、损失及赔偿责任……65—70

（一）损害赔偿责任的性质与适用范围……65

（二）构成要件：过错、损害及因果关系……66—68

---

* 本文系基于《〈民法典〉第 157 条（法律行为无效之法律后果）评注》（载《法学家》2022 年第 1 期，第 172—190 页）一文修订而成。

本文案例检索结果全部来自无讼案例数据库，案例更新截止时间为 2020 年 11 月 30 日。

叶名怡

1. 过错:对于民事法律行为最终无效有过错……66
2. 损害:直接损失和间接损失(机会丧失)……67
3. 因果关系:过错和损害之间有因果关系……68
(三)赔偿范围与过错相抵……69—70
1. 赔偿范围:信赖利益但不超过履行利益……69
2. 双方过错比例认定与过错相抵……70
六、除外规定:法律行为无效之法律效果的特别法……71—81
(一)建设工程合同……72—78
1. 质量合格时折价采主观标准……72—73
2. “参照合同约定”包括参照违约金条款?……74—75
3. 其他问题……76—78
(二)其他合同……79—81
1. 公司对外担保合同……79
2. 房屋租赁合同……80
3. 劳动合同……81
七、证明责任……82—85
(一)财产返还的证明责任分配……82
(二)折价补偿的证明责任分配……83
(三)损害赔偿的证明责任分配……84
(四)主张适用特别法的证明责任……85

一、立法体例与规范意旨

1 从比较法上看,为民事法律行为(以下简称法律行为)最终无效单独规定清算后果属于少数派,[1]仅若干国际示范法,[2]以及法国、[3]日本、[4]中国等少数几个国家如此;[5]多数国家直接诉诸不当得利法。然而,以今日眼光回望,1999年《合同法》选定此种单独立法例是何等睿智英明,[6]其背后固然有我国不当得利法异常简陋的原因,[7]但它客观上的确代表(且不说引领)了当今世界发展潮流,完美避开了因不当得利法诸规则当然适用于双务合同无效场合而带来的种种烦扰;尤其是在我国《民法典》新增若干不当得利规则(如得利丧失抗辩)的背景

[1] 为行文简便,本文以“法律行为最终无效”来指代“民事法律行为无效、被撤销或者确定不发生效力”;同时,本文所引法条未标注法律名称者皆为《民法典》法条。

[2] 例如,《国际商事合同通则》(PICC)第 3.16 条、第 3.17 条,《欧洲合同法原则》(PECL)第 4:115 条,《欧洲民法典草案建议稿》(DCFR)第 2—7:303 条、304 条,《欧洲统一买卖法》(CESL)第 172—177 条。

[3] 《法国民法典》(2016)第三卷(取得财产的各种方法)第四编(债法总则)第五章,规定关于返还(restitutions)的一般性规则(第 1352—1352 - 9 条),它适用于合同无效、被撤销、解除等场合,从而使得合同最终无效的清算规则至少在形式上与规定在《法国民法典》第三卷第三编(债之渊源)第三分编(债之其他渊源)中的非债清偿(第 1302—1302 - 3 条)和(狭义)不当得利(第 1303—1303 - 4 条)完全区隔开来。

[4] 《日本民法典》(2017)第一编(总则)第五章(法律行为)第四节(无效及撤销)新增第 121 条之二(恢复原状的义务)。参见刘士国、牟宪魁、杨瑞贺译:《日本民法典:2017 年大修改》,中国法制出版社 2018 年版,第 21 页。

[5] 《瑞士债法总则修正建议稿》(OR2020)第 79 条也曾设有单独规定,但因“债法大修无益”的共识,该修正案整体最终被废弃。

[6] 《合同法》第 58 条基本沿袭了《民法通则》第 61 条,但后者缺乏折价补偿的规定。

[7] 参见朱广新:《合同法总则研究(上册)》,中国人民大学出版社 2018 年版,第 371 页。

下,这种独立式体例显得更为重要,有些域外学者对此曾有深切感受。[8]

本条的规范目的在于使当事人的利益状态"恢复至各方当事人在民事行为实施前的状态"。[9] 相对于《合同法》第 58 条的规范目的——"让双方当事人的财产状况恢复到如同没有订立合同时的状态下的情形",[10] 本条的规范目的更为宽泛。不过,单方行为(如遗嘱)和多方行为(如发起协议)无效的后果多有特别规定,故本文仍以合同最终无效为主要论述对象。最终无效的合同意味着双方当事人之间没有任何合同关系存在,当事人无须履行,已履行的也要回转,财产返还以及与其等价的折价补偿正是为了实现这种回转。如若不够,还可借助民事责任法(损害赔偿规则)来继续平衡双方的利益关系。因而,在结构上,本条分为四部分,前三部分规定三项独立的请求权基础:财产返还、折价补偿以及损害赔偿;第四部分则指明本条系法律行为最终无效清算的一般法,有特别法时从之。 2

二、规范一之构成要件:基于无效法律行为而取得财产

(一)法律行为无效、被撤销或者确定不发生效力

1. "民事法律行为"也包含身份行为

本条源自《合同法》第 58 条,《合同法》第 2 条明确将身份协议排除在合同法适用范围之外。那么,本条可否适用于身份行为最终无效的场合?从体系位置来看,《民法典》总则编的规定逻辑上可适用于所有分则编领域,法律行为制度当然也可适用于身份法。以法律效果所处法域为标准,法律行为可分为财产行为与身份行为。[11] 本条是法律行为制度的重要组成部分,逻辑上自然亦可适用于身份行为。然而,身份行为毕竟具有极强的伦理性,"法律行为制度之构建,系以财产行为为原型,对于身份行为的适用,多有限制"。[12] 故身份法上对其无效有特别规定者(如第 1054 条),理当优先适用。[13] 3

不过,身份法上的此类特殊规定数量偏少,导致无法可依的情况时有发生。为此,《民法典》在第 464 条第 2 款新增一项规定:"婚姻、收养、监护等有关身份关 4

---

[8] [日]松冈久和:《法律行为无效后的清算》,载渠涛主编:《中日民商法研究》第 11 卷,法律出版社 2012 年版,第 32 页。

[9] 参见黄薇主编:《中华人民共和国民法典释义(上)》,法律出版社 2020 年版,第 310 页。

[10] 胡康生主编:《中华人民共和国合同法释义》,法律出版社 1999 年版,第 105 页。

[11] 德国理论也将身份行为称之为亲属法上的法律行为。参见[德]维尔纳·弗卢梅:《法律行为论》,迟颖译,法律出版社 2013 年版,第 159 页。

[12] 朱庆育:《民法总论》(第 2 版),北京大学出版社 2016 年版,第 139 页。

[13] [德]迪特尔·梅迪库斯:《德国民法总论》,邵建东译,法律出版社 2013 年版,第 219 页。

系的协议,适用有关该身份关系的法律规定;没有规定的,可以根据其性质参照适用本编规定。”自此,身份协议(如婚约、收养协议、忠诚协议、监护协议、赡养协议等)在无特别法规定时,在逻辑上既可适用《民法典》总则编的规定,[14] 亦可“参照适用”合同编的规定。

5 事实上,在《民法典》施行之前,已有法院将《民法通则》《合同法》或《民法总则》关于法律行为无效后果的规定或其精神,适用于身份协议或与身份有关的财产协议中。例如在某收养无效案中,法院判决收养期间的抚养费用由送养人给予补偿。[15] 而在某遗赠扶养无效案中,法院援引《合同法》第 58 条,判决被告返还财产、原告折价补偿。[16]

2.“民事法律行为”也包含处分行为

6 在我国,由于理论通说和审判实务通说均不采物权行为无因性理论,[17] 故即使承认物权行为的独立性,若负担行为无效,则处分行为也会随之无效;若负担行为有效,则因处分行为本身具有“中性”的特点,其通常也不可能无效。尽管负担行为本身并不会引发财产变动,但负担行为的确是财产取得的原因行为,故将本条规范的对象确定为负担行为也完全符合本条的文义——“因该行为取得的财产”。在我国审判实务中,本条所涉合同几乎均指向作为负担行为的债权合同。

7 有疑问的是这样一种情形:在承认处分行为独立性这种我国当前主流学说的前提下,[18] 若负担行为有效,但处分行为存在欺诈、胁迫、重大误解(买方错拿或卖方错给标的物)或显失公平的情事,此时,处分行为能否单独适用本条?本文认为,只要承认处分行为是区别并独立于负担行为的一种特殊类型的法律行为,那么,在逻辑上,就应该认可本条可适用于处分行为最终无效的场合。而且,这种方案对于相关标的物之返还争议的解决,有简洁明快的功效。例如,在某案中,(债权)合同约定并无瑕疵,但房屋交付和转移登记存在重大误解(错给),卖方在未撤销债权行为(事实上无从撤销)和物权行为的前提下,径自以房屋所有权人身份主张原物返还,法院对此予以支持。[19] 本案判决结果无可非议,但在承认物权行为

---

[14] 一方面,身份协议作为《民法典》分则编中的法律行为,在逻辑上可直接适用《民法典》总则编法律行为的相关规定;另一方面,依《民法典》合同编第 508 条(“本编对合同的效力没有规定的,适用本法第一编第六章的有关规定”)的引致规定,身份协议亦可“参照适用”总则编第六章关于法律行为无效之法律后果的规定。

[15] 参见河北省邯郸市中级人民法院(2016)冀 04 民终 2511 号民事判决书。

[16] 参见贵州省修文县人民法院(2017)黔 0123 民初 977 号民事判决书。

[17] 参见韩世远:《合同法总论》(第 4 版),法律出版社 2018 年版,第 318 页。

[18] 《民法典》第 215 条(《物权法》第 15 条)分离原则,被认为是承认物权行为独立性的证据。参见韩世远:《合同法总论》(第 4 版),法律出版社 2018 年版,第 315 页。

[19] 参见内蒙古自治区兴安盟中级人民法院(2020)内 22 民终 686 号民事判决书。

的背景下，应对该物权行为基于重大误解（第 147 条）予以撤销，但法院未予处理径自准予返还，在逻辑上似有断裂。

3. “确定不发生效力”的内涵与外延

8 本条适用于法律行为绝对无效的情形，包括法律行为因主体无行为能力（第 144 条）、双方虚伪表示（第 146 条第 1 款）、违法或背俗（第 153 条）、恶意串通损害第三人利益（第 154 条）。本条也适用于法律行为被撤销的情形，如因欺诈、胁迫、重大误解或显失公平而被撤销（第 147—152 条），但不包括第 145 条第 2 款以及第 171 条第 2 款善意相对人撤销的情形。有较大争议的是“确定不发生效力”的内涵与外延。

9 “确定不发生效力”的覆盖范围很广。首先，它包括限制行为能力人缔结的效力待定法律行为，最终未获其法定代理人追认（第 145 条第 1 款），〔20〕或被善意相对人撤销（第 145 条第 2 款第 2 句）。〔21〕 其次，“确定不发生效力”还包括“附生效条件的法律行为，最终条件未成就或不可能成就”这一情形（第 158 条）。其实在《民法典》施行之前，已有法院采此种立场。〔22〕 再次，它还包括“已成立未生效的合同，终因未获有权机关审批而确定不生效”（第 502 条 2 款）。有观点认为，已成立未生效的合同是一种独立的合同效力类型，〔23〕也有观点认为，未生效合同完全可以纳入效力待定的法律行为效力类型。〔24〕 无论如何，从最终结果看，因未获审批而最终无效的合同无疑属于“确定不发生效力”的情形。最后，“法律行为不成立”亦可纳入“确定不发生效力”。我国现行法遵循德国模式，严格区分合同成立与生效，这一点与法国法有所不同。〔25〕 因合同不成立与合同无效或可撤销是并列关系，故逻辑上不可直接援用《合同法》第 58 条来确定“合同不成立”法律后果。

---

〔20〕 效力待定合同因未被追认而无效可否适用《合同法》第 58 条？从措辞上看，该条只提及合同无效和被撤销两种情形，可能引发疑问。为了杜绝争议，《民法典》第 157 条直接增加了“（法律行为）确定不发生效力”这一适用情形。

〔21〕 限制民事行为能力人缔结的负担行为，被嗣后转换为完全民事行为能力的本人追认的，不适用本条规定。

〔22〕 参见安徽省亳州市中级人民法院（2018）皖 16 民终 2595 号民事判决书。

〔23〕 参见许中缘：《未生效合同应作为一种独立的合同效力类型》，载《苏州大学学报（法学版）》2015 年第 1 期，第 21 页。

〔24〕 参见杨永清：《批准生效合同若干问题探讨》，载《中国法学》2013 年第 6 期，第 164 页；朱广新：《民事法律行为制度的反思与完善——以法律规范的逻辑合理性为中心》，载《政治与法律》2015 年第 10 期，第 14 页。

〔25〕 法国民法并不区分合同成立（formation）与合同生效（validité），未满足缔结要件的合同属无效（nullité）。V. F. Terré, P. Simler, Y. Lequette, Les obligations, 10e édition, Dalloz, 2009, p. 98.

不过,也有观点认为可以援用,因二者均意味着合同不发生履行效力。[26] 为了杜绝争议,《九民纪要》第 32 条第 1 段规定:合同不成立之后果应当参照适用《合同法》第 58 条。及至本条,不成立的法律行为被纳入"确定不发生效力"之法律行为。

10 需说明的是,针对基于无权代理而"效力待定"的合同,[27] 第 171 条第 3 款、第 4 款专门规定了特殊的法律效果,与本条在法律效果上有重大差异,故应适用前者。

11 有疑问的是,"确定不发生效力"是否包括"附解除条件的法律行为因条件成就而失效"(第 158 条)、"附终止期限的法律行为因期限届满而失效"(第 160 条)这两种情形。本文持否定立场。因为失效与确定不发生效力两种制度的宗旨有所不同,后者指向的是法律行为欠缺生效要件故从未生效过,而前者本质上仍是当事人合意选择的结果,属于"法律规定或者当事人约定终止的其他情形"(第 577 条第 1 款第 6 项)。

(二)行为人因该行为取得财产

1."行为人"的范围

12 本条中的"行为人"一般而言是指法律行为的一方当事人,但也可能是指法律行为当事人以外的、因该法律行为取得财产的第三人,例如遗嘱中的受遗赠人、遗嘱继承人,为第三人利益合同中的第三人。

2."取得财产"的内涵

13 本条中的财产是一个权利集合概念,既包括有形财产,也包括财产性利益,如所有权、金钱、他物权、知识产权、债权等,[28] 甚至包括"没有价值的物质实体(如情书)"。[29] 凡可作为给付者,[30] 均属于本条所称的财产。

14 财产的主要类型列示如下:(1)有体物之所有权。但因我国不承认物权行为无因性理论,故在合同无效时,转让方无须援引本条主张有体物所有权之返还。

---

[26] 参见崔建远:《合同法总论(上卷)》(第 2 版),中国人民大学出版社 2011 年版,第 433 页以下。亦可参见山东省烟台市中级人民法院(2018)鲁 06 民终 4575 号民事判决书。

[27] 狭义无权代理之法律行为效力待定,是指法律行为的效果是否归属于被代理人处于悬而未决的状态,并非指法律行为本身的效力。在被代理人拒绝追认后,法律行为也可解释为在无权代理人和相对人之间有效。

[28] 参见韩世远:《合同法总论》(第 4 版),法律出版社 2018 年版,第 319 页。

[29] 参见张谷:《试析"财产"一词在中国私法上的几种用法》,载张谷等主编:《中德私法研究》第 9 卷,北京大学出版社 2013 年版,第 145 页。

[30] 参见王泽鉴:《不当得利》(第 2 版),北京大学出版社 2015 年版,第 119 页。

(2)准物权。(3)知识产权。(4)股权。在股权转让或股权质押场合,受让人因相应合同而取得股权或股权质权。(5)债权。(6)特许经营权。(7)个人信息和企业数据。(8)服务或劳务。(9)虚拟财产。(10)占有。占有本身蕴含着财产性利益。(11)其他财产性利益。例如,在债务承担合同中,原债务人因该合同而享受到的利益,即债务减少或免除。又如建设用地指标。[31]

本条中的财产"取得",首先并且最主要是指"取得特定财产的占有"。因为对于财产移转所有权(或他物权)的合同而言,在不承认物权行为无因性的通说背景之下,合同若属自始无效或确定不发生效力,则所有权被视为从未移转过;合同若被撤销,则已移转的所有权将自动回转至转让方。[32] 转让方不必也不可援引本条请求所有权返还,因该诉请并无诉的利益。对于不涉及财产所有权移转的合同,例如租赁合同等,承租人因合同"取得"财产,只能是指"取得特定财产的占有"。当然,只有那些确已因特定合同而发生现实占有移转的情形(现实交付、简易交付、指示交付),才有必要依本条实现占有回转。 15

其次,对于存在权利凭证的财产性利益而言,"取得"财产指的是取得该权利凭证的占有。如因合同而取得票据或无记名股票,因债权让与合同取得特定的债权凭证。 16

最后,对于以记载或登记为权益变动要件形式的财产性权益,"取得"财产是指取得相关权益的记载。例如不动产登记簿的记载变动,也属于本条所称的财产取得。例如,在某案中,法院指出,"涉案房屋变更登记到任某某名下的依据是双方签订的房屋买卖合同,房屋买卖合同被撤销后变更登记到任某某名下已无依据,根据……《中华人民共和国合同法》第 58 条规定……王某某要求任某某协助其将涉案房屋产权登记变更到原来双方各占 50%的按份共有状态的诉请,本院予以支持"。[33] 除此之外,知识产权转让引发的登记变更,以及股权转让引发的登记变更,都属于本条所称的财产取得。 17

另外,在诸如普通动产抵押合同、土地承包经营权的设立和转让、地役权的设立以及知识产权的许可使用既不涉及权利(凭证)的占有、也不涉及登记场合下,若合同自始无效或确定不发生效力,则"财产的取得"事实上从未发生过;若属可撤销的合同,则在撤销前,"财产的取得"体现为观念上相应权利的取得(凭据只能是相应的合同文本)。 18

---

〔31〕 参见广东省广州市中级人民法院(2017)粤 01 民终 2582 号民事判决书。

〔32〕 在可撤销合同被撤销前,受让人基于有效合同会取得特定财产的所有权、用益物权等财产权。这与无效合同自始无效或合同确定不发生效力场合受让人从未取得过这些财产权本身有所不同。

〔33〕 参见浙江省宁波市中级人民法院(2018)浙 02 民终 102 号民事判决书。

3. “因该行为”:因果关系

19 行为人“因该行为”取得的财产,强调的是财产取得和合同缔结之间的因果关系。例如承租人因租赁合同取得的财产不仅包括房屋本身,而且包括使用房屋产生的收益。[34] 若行为人在合同缔结后虽取得了特定财产,但该财产取得与该合同缔结并无法律上的因果关系,则不属于“因该行为取得的财产”,自然无须返还给合同相对方。例如无效房屋买卖合同的买受人装修房屋形成的财产利益,不属于买受人因买卖合同取得的财产。[35]

20 “因该行为取得的”财产也可能来自第三方,例如演艺公司与歌星签订演出合同后,通过预售门票获得的收益。这种收益与演出合同没有直接因果关系,相反,它是基于演艺公司与观众之间的合同而取得的收益,因此,它不属于本条所称的“因该行为取得的财产”。还有一些财产性利益来自于公权力部门,比如特殊的行政许可(如出口资格、行医执照)或行政补贴(如新能源车补贴、出口退税)等,它们表面看似属于“因该行为取得的财产”,但并非来自相对方或其授权第三人,而且与系争合同的缔结并无法律上的因果关系(取得行政许可或行政补贴的根本原因是符合法定要件),故也不属于“因该行为取得的财产”,无须向相对方返还。

三、规范一的法律效果:财产返还

(一)财产返还的定性与定位

1. 财产返还系独立请求权基础

21 主流学说认为本条(《合同法》第 58 条)是物的返还请求权与不当得利请求权的合体,并非独立的请求权基础;[36] 少数说认为它是一项独立的请求权基础,[37] 少数说契合我国审判实务一直以来的通行立场。[38] 本文认同少数说。就财产返还请求权而言,它并不等同于原物返还请求权。详言之:(1)它不仅适用于有体物的转让,而且适用于其他一切财产权益(股权、知识产权等)的移转,故在合同无效

---

〔34〕 参见广东省茂名市中级人民法院(2019)粤 09 民终 966 号民事判决书。

〔35〕 参见广西壮族自治区河池市中级人民法院(2012)河市民一终字第 145 号民事判决书。

〔36〕 参见王利明:《合同法研究(第 1 卷)》,中国人民大学出版社 2002 年版,第 715 页;崔建远:《合同法总论(上卷)》(第 2 版),中国人民大学出版社 2011 年版,第 434 页;许德风:《论合同违法无效后的获益返还——兼议背信行为的法律规制》,载《清华法学》2016 年第 2 期,第 77 页。

〔37〕 参见朱广新:《合同法总则》(第 2 版),中国人民大学出版社 2012 年版,第 295 页;丁宇翔:《返还原物请求权研究:一种失当物权关系矫正技术的阐释》,法律出版社 2019 年版,第 240 页。

〔38〕 参见茅少伟:《恶意串通、债权人撤销权及合同无效的法律后果——最高人民法院指导案例 33 号的实体法评释》,载《当代法学》2018 年第 2 期,第 20 页。

时,本条的适用范围要比第 235 条(原物返还请求权)宽泛得多,后者根本不能替代前者。(2)即便是在有体物买卖合同无效场合,本条“财产返还”的外延也较“原物返还”更宽。例如,已办理不动产物权移转登记后买卖合同被确认无效,卖方为回转登记,固然可援引第 220 条(更正登记),但亦可援引本条,〔39〕但绝对不可援引第 235 条。进言之,德国法理论认为,“不正确之登记状态,体现为对真实权利人的妨害”,〔40〕故《德国民法典》第 894 条(更正登记请求权)属于特别法,优先于同法第 1004 条(排除妨害请求权)获得适用。〔41〕可见,更正登记与排除妨害有关,而与原物返还无涉。(3)它还适用于非权利移转型合同无效的财产占有返还,例如无效租赁合同的出租人若并非该物的所有权人,则其可根据本条主张返还租赁物,这显然不是第 235 条可实现的。(4)独立适用本条是我国审判实务的长期传统。自《民法通则》施行起算,已有 30 多年的传统,其间积累了不计其数的案例,建立了相对稳定的实务立场,形成了异常珍贵的解释论本土资源。没有必要先否定其独立性再转介到别的规范上。

2. 财产返还请求权的性质

通说认为,无论是否承认独立的物权行为,合同无效场合的返还财产请求权性质均应为物上请求权。〔42〕也有少数学者持不当得利请求权说。〔43〕本文认为,在涉及绝对权(物权、知识产权、股权等)移转的合同无效场合,返还请求权是物权性请求权或绝对权请求权。因为在不承认物权行为无因性的框架下,物之权利移转合同确定无效后,转让方仍保有相应的绝对权,此时其要求返还占有或回复登记的权利性质当然是物权性请求权,而非债权请求权。审判实务的通行立场与理论通说相同。〔44〕知识产权转让合同无效也会发生知识产权自动回转或从未移转的效果,〔45〕转让方享有的也是绝对权性质的回复原状请求权。最高人民法院在 22

〔39〕 这是我国审判实务通行做法,也为学说所认可。参见崔建远:《合同法总论(上卷)》(第 2 版),中国人民大学出版社 2011 年版,第 434 页。

〔40〕 [德]鲍尔/施蒂尔纳:《德国物权法》,张双根译,法律出版社 2004 年版,第 373 页。

〔41〕 Vgl. MüKoBGB/*Kohler*, 2013, § 894 Rn. 2.

〔42〕 参见崔建远:《物权:规范与学说———以中国物权法的解释论为中心(上册)》,清华大学出版社 2011 年版,第 264 页;韩世远:《合同法总论》(第 4 版),法律出版社 2018 年版,第 320 页;朱广新:《合同法总则研究(上册)》,中国人民大学出版社 2018 年版,第 295 页;本书编委会主编:《〈中华人民共和国民法总则〉条文理解与适用》,人民法院出版社 2017 年版,第 1032 页。

〔43〕 参见张谷:《试析“财产”一词在中国私法上的几种用法》,载张谷等主编:《中德私法研究》第 9 卷,北京大学出版社 2013 年版,第 145 页;滕佳一:《合同无效时返还规则的适用》,载《法学家》2020 年第 6 期,第 40 页。

〔44〕 参见甘肃省张掖市中级人民法院(2019)甘 07 民终 1089 号民事判决书;江西省高级人民法院(2018)赣民终 314 号民事判决书。

〔45〕 参见最高人民法院(2019)最高法知民终 944 号民事裁定书。

知识产权转让无效后果问题上，向来援引的都是《合同法》第58条的规定（而非类推《物权法》第34条）。[46] 在返还原物可能、可行时，本条返还财产请求权与不当得利请求权（第122条、第985条）存在竞合，请求权人可择一行使，但后者是债权请求权，前者为物权请求权。

23 当然，若给付的财产为金钱，则返还请求权一般是债权性的，因为金钱作为一般等价物，通常无法特定化。在例外情形下，若金钱能够特定化（如专门账户等），则返还请求权也有可能是物权性的，返还请求权人亦能排除第三人对该账户内款项的强制执行，[47]或在受领人破产时对该账户内款项行使取回权。[48]

24 在非权利移转型合同（如租赁合同、借用合同）无效场合，若出租人或出借人并非标的物所有权人，则其依本条所享有的返还请求权是债权性的。不过，这种债权性请求权较为特殊，一经裁判文书确认，可排除承租人之其他债权人对该租赁物的强制执行。[49]

3. 有无例外：不法原因给付抗辩？

25 罗马法上有"不道德或不法原因请求给付之诉（*condictio ex causa turpem ed causa iniustam*）"，[50]此种不法原因给付规则在后世大陆法系和英美法系均有体现。在我国，就公法效果而言，给付可能涉嫌犯罪或违反行政法而被没收，[51]此时不存在返还；就私法效果而言，除个别法律另有规定，[52]民法对于合同无效财产返还并未规定任何例外。

26 因法无明文规定，故我国审判实务总体上对于不法原因给付理论并不认可，但偶有适用。少数肯定性案例主要存在于合同悖俗场合，如给付金钱以维持不当性关系、[53]为色情机构提供介绍服务、[54]明知赌博而出借资金，[55]以及其他基

---

〔46〕 参见最高人民法院（2013）最高法民提字第103号民事判决书。

〔47〕 参见最高人民法院（2020）最高法民申4522号民事裁定书。

〔48〕 参见上海市高级人民法院（2016）沪民终362号民事判决书。

〔49〕 参见《最高人民法院关于人民法院办理执行异议和复议案件若干问题规定》第26条。

〔50〕 《学说汇纂》D. 12,5. 参见翟远见译：《学说汇纂（第12卷）：请求返还之诉》，中国政法大学出版社2012年版，第129页。

〔51〕 例如《森林法实施条例》第40条、第44条均规定了没收违法合同标的的行政处罚措施。

〔52〕 例如《最高人民法院关于审理民间借贷案件适用法律若干问题的规定》第31条曾规定，借款人已支付的年利率24%—36%的利息，不得要求返还。

〔53〕 参见江苏省镇江市中级人民法院（2019）苏11民终2173号民事判决书；河南省郑州市中级人民法院（2019）豫01民终3160号民事判决书。

〔54〕 参见浙江省嘉兴市中级人民法院（2020）浙04民终476号民事判决书。

〔55〕 参见湖北省咸宁市中级人民法院（2020）鄂12民终741号民事判决书；四川省遂宁市中级人民法院（2020）川09民终831号民事判决书。反例参见湖北省荆门市中级人民法院（2020）鄂08民终252号民事判决书。

于涉罪合同而给付财产等。[56] 依《经济犯罪规定》(法释〔1998〕7号)第11条,[57]法院对涉罪给付者的返还之诉应不予受理或驳回起诉。[58]

27 不少学者提议在我国建立不法原因给付制度。[59] 但本文认为无此必要。理由如下:其一,比较法经验表明,该规则受到目的性限缩的严格限制,[60]仅限于给付方相对于受领方而言具有极端卑劣动机的情形;[61]其二,无辜的民事主体可能缔结一个技术上违法的合同,故违法者未必不应获得救济,且有时允许返还比不允许返还可能对违法行为更有威慑力;[62]其三,合同无效制度旨在根本否定私人事务安排,但不法原因给付规则有可能使该目的落空;其四,不法原因给付规则的适用标准欠缺客观性。[63] 综上,惟必要时,法官可借助于公序良俗原则、诚实信用原则或禁止权利滥用原则、前述《经济犯罪规定》第11条在个案中对不法原因给付理论予以变相适用。

(二)财产返还的构成要素

1. 返还的主体

28 返还义务人是因合同取得财产的"行为人",该行为人通常是受领给付的合同一方当事人。不过,在第522条第2款涉他合同场合,若第三人受领了给付,则该第三人为返还义务人。理由如下:其一,基于权利义务相一致的原则,第三人既然享有权利(履行请求权、违约责任赔偿请求权)并行使了权利(实际受领了给付),则也应承担义务(包括清算返还义务);其二,在合同确定无效后,第三人取得给付已无法律依据,同时给付人自动回复为标的财产的所有权人;其三,将第三人作为返还义务人有利于保障给付人的利益,避免债权人无资力对给付人造成影响。另

---

〔56〕 参见山东省泰安市中级人民法院(2020)鲁09民终3723号民事判决书。

〔57〕 该条规定:"人民法院作为经济纠纷受理的案件,经审理认为不属经济纠纷案件而有经济犯罪嫌疑的,应当裁定驳回起诉,将有关材料移送公安机关或检察机关。"

〔58〕 参见广东省高级人民法院(2017)粤民申541号民事判决书;湖南省高级人民法院(2019)湘民再117号民事判决书。

〔59〕 许德风:《论合同违法无效后的获益返还——兼议背信行为的法律规制》,载《清华法学》2016年第2期,第78页;谭启平:《不法原因给付及其制度构建》,载《现代法学》2004年第3期,第140页;李永军、李伟平:《论不法原因给付的制度构造》,载《政治与法律》2016年第10期,第109页。

〔60〕 Vgl. MüKoBGB/*Schwab*, 2013, § 817 Rn. 20—30.

〔61〕 参见[日]我妻荣:《债权各论(下卷一)》,冷罗生等译,中国法制出版社2008年版,第253页;梁神宝:《违反强制性法规的合同效力——基于瑞士法的考察》,载《华东政法大学学报》2017年第1期,第106页;[法]弗朗索瓦·泰雷等:《法国债法契约篇(下)》,罗结珍译,中国法制出版社2018年版,第834页;王融擎编译:《日本民法:条文与判例(上册)》,中国法制出版社2018年版,第588页。

〔62〕 Edwin Peel, The Law of Contract, 14th. Ed., Sweet & Maxwell, no. 11—131.

〔63〕 尹田:《论法律行为无效后的财产返还》,载《时代法学》2010年第5期,第31页。

外,在免责或并存的债务承担合同无效场合,若债务承担人已依该合同向债权人清偿,则自债权人收到该款项时债权消灭,故对其而言不构成不当得利,债务承担人只能向原债务人主张价额返还。若受领给付的第三人并无合同债权人的委托授权,则应自行负返还责任。[64]

29　返还权利人通常是提供给付的合同一方当事人。在由第三人代为履行的合同场合,返还权利人仍应是指示该第三人代为履行的合同一方当事人。若第三人未获授权擅自以自己的名义给付,则返还权利人应为该第三人。[65] 例如,中介为获得中介费在未获买方授权时擅自替买方支付房款,中介作为合同外第三人对卖方有给付行为,在合同无效场合对卖方享有不当得利返还请求权。[66]

30　在涉及同一标的物的连环合同均被判定无效的场合,标的物有可能直接从最终受领者向最初给付者进行返还。最高人民法院指导案例 33 号便属于此种情形。[67]

2. 返还的客体

31　有观点认为,返还财产首先是指"物的所有权的返还"。[68] 然而,如前所述,物的所有权在合同无效时自动回复或从未移转,本条中的"返还财产"只能指"物权性的回复原状",主要体现为占有返还和权利记载更正。

(1)财产占有之返还

32　财产控制的返还首要是占有返还。德国法理论对于返还义务的性质有"给付义务说"和"容忍义务说"之分,前者强调当为的积极义务,后者侧重不为的消极义务,相较而言,前者更为科学,系我国通说。[69] 只要物权和占有存在分离,原物返还请求权便成立。[70] 这种原物返还还包括物之权利证书/权利证明文件的占有返还。[71]

33　有疑问的是违章建筑还需返还吗?回答是肯定的,因违章建筑并非完全不受法律保护,这是民事法律关系与行政法律关系应予区分的应然结果。审判实务亦

---

〔64〕 参见上海市浦东新区人民法院(2015)浦民一(民)重字第 7 号民事判决书。

〔65〕 熊贤忠:《试论合同无效之返还财产制度——以第三人代为清偿后合同无效为研究视角》,载《武汉大学学报(哲学社会科学版)》2012 年第 2 期,第 88 页。

〔66〕 德国通说也认可这种三角关系下,第三人对受领人存在给付型不当得利请求权。参见[德]汉斯·约瑟夫·威灵、托马斯·芬克瑙尔:《德国债法分则案例研习》,冯洁语译,中国法制出版社 2019 年版,第 193 页。

〔67〕 参见最高人民法院(2012)民四终字第 1 号民事判决书。

〔68〕 韩世远:《合同法总论》(第 4 版),法律出版社 2018 年版,第 319 页。

〔69〕 丁宇翔:《返还原物请求权研究:一种失当物权关系矫正技术的阐释》,法律出版社 2019 年版,第 174 页。

〔70〕 参见王洪亮:《原物返还请求权构成解释论》,载《华东政法大学学报》2011 年第 4 期,第 113 页。

〔71〕 参见广东省茂名市中级人民法院(2014)茂中法民四终字第 155 号民事判决书。

持此立场。[72] 然而,倘若违章建筑建造人的诉由是确权或者基于物权提起返还纠纷,则很可能被法院驳回。[73]

34 对于其他积极财产,控制权返还也可能表现为占有返还,如无记名股票、提单或其他权利证书(如专利登记簿副本、债权凭证等)。合同转让方可基于本条主张财产控制权的返还,例如关于票据返还诉求获法院支持。[74] 金钱返还请求权通常是不当得利返还请求权。[75] 但当账户被特定化后,具有物之特定性,给付方可例外地主张原物返还请求权。[76]

(2)权利簿册(登记簿)之更正

35 财产控制的返还也有可能指权利簿册记载之更正。对于不动产或其他以登记簿记载作为权利变动要件的财产而言,合同无效会导致真实权利人与权利簿册记载不一致的情况。此时,真实权利人可依据第157条请求更正登记。[77] 类似的还有担保物权设立合同的无效场合的登记涂销。此场合下,本条请求权与第220条之请求权存在请求权竞合。[78] 在股权转让场合,权利簿册不仅指工商登记或证券交易结算中心的登记簿,也包括公司股东名册。[79] 专利权等知识产权转让无效时的回转亦可基于本条主张对登记簿予以更正来实现。[80]

36 至于普通动产抵押合同、土地承包经营权设立合同以及地役权设立合同,权利的移转纯粹基于该合同而产生,在合同无效场合无须有形的返还行为。

3. 返还的范围?

37 财产返还一般不存在返还范围问题,因为财产返还指向"物权性回复原状"。不过,依据《九民纪要》第33条(财产返还与折价补偿),在确定财产返还时,若标的财产出现增值或贬值,则"要综合考虑市场因素、受让人的经营或者添附等行为与财产增值或者贬值之间的关联性,在当事人之间合理分配或者分担"。比如,乙

---

〔72〕 参见上海市第一中级人民法院(2017)沪01民终12754号民事判决书。

〔73〕 参见广东省广州市白云区人民法院(2018)粤0111民初1197号民事裁定书。

〔74〕 参见福建省泉州市中级人民法院(2016)闽05民终891号民事判决书。

〔75〕 韩世远:《合同法总论》(第4版),法律出版社2018年版,第320页。

〔76〕 参见朱晓喆:《存款货币的权利归属与返还请求权——反思民法上货币"占有即所有"法则的司法适用》,载《法学研究》2018年第2期,第116页。案例可参见云南省昆明市中级人民法院(2017)云01民终1555号民事判决书。

〔77〕 参见崔建远:《合同法总论(上卷)》(第2版),中国人民大学出版社2011年版,第434页。案例可参见江苏省南京市中级人民法院(2017)苏01民终4742号民事判决书。

〔78〕 德国法认为,此时应适用更正登记请求权(《德国民法典》第894条),排除妨害请求权(第1004条)作为一般法不应得到适用。我国审判实务也从未见过援引排除妨害请求权支持回复物权登记的案例。

〔79〕 参见上海市第一中级人民法院(2016)沪01民终5834号民事判决书。

〔80〕 参见云南省昆明市中级人民法院(2008)昆知民初字第51号民事判决书。

（小产权出售方）明知房屋被征收可以获得 200 万元补偿款，因而确认合同无效的，对增值部分就可以考虑少分甚至不分。[81] 有观点对此提出质疑称，本条中的财产返还在绝大多数场合系物权请求权，即占有的返还，不存在范围问题；给付金钱时，金钱返还亦无范围问题，只有本金和法定利息；当事人相关损失应用缔约过失责任去解决，而非诉诸“公平的返还规则”。[82]

38 本文认为，这种质疑大体上是成立的。在原物返还时，“该物的时价是否已经发生变化则在所不问”。[83] 而且，上例中房屋增值部分如何分配其实已不是财产返还而是折价补偿问题。《九民纪要》提出的“公平的返还规则”忽略了不同法律制度（原物返还、不当得利、缔约过失）所具有的不同功能，无限扩大“财产返还”的外延，不当压缩或架空“折价补偿”和“损害赔偿”规则，[84] 明显突破了法条文义。当然，财产增值或贬值引发的问题并不能全部交由损害赔偿规则解决，当财产不能返还或不宜返还时，折价补偿规则尤其是折价标准的选用也是重要手段之一。

39 财产若有孳息，则孳息应一并返还，例如土地及其庄稼，果树及其果实，成年母羊及其生产出的羊羔，以及货币及其利息。与孳息相似，“基于原物（权利）的所得”，也应与原物一并返还，如原物中发现的埋藏物、彩票的中奖等。[85] 只不过，若孳息为未特定化的金钱，则孳息返还其实并不属于原物返还的范畴，而是价额返还问题。在计算利息时，只能要求法定利息，不能要求约定利息或高额罚息。[86] 关于法定利息的计算标准，目前审判实务采纳的标准是全国银行间同业拆借中心公布的贷款市场报价利率（LPR）。[87]

40 也有少数判决将利息损失纳入损害赔偿范畴，[88] 但最高人民法院认为利息

[81] 最高人民法院民事审判第二庭编著：《〈全国法院民商事审判工作会议纪要〉理解与适用》，人民法院出版社 2019 年版，第 264 页。

[82] 参见姚一纯：《〈民法典〉下合同无效、被撤销的法律后果再梳理——兼评〈九民纪要〉相关规定（下篇）》，载微信公众号“观得法律”2020 年 6 月 26 日。

[83] ［日］松冈久和：《法律行为无效后的清算》，载渠涛主编：《中日民商法研究》第 11 卷，法律出版社 2012 年版，第 21 页。

[84] “损害赔偿的空间在很大程度上已经被公平地财产返还制度所代替。换言之，在确保公平返还的情况下，很难再有请求损害赔偿的空间与必要。”参见最高人民法院民事审判第二庭编著：《〈全国法院民商事审判工作会议纪要〉理解与适用》，人民法院出版社 2019 年版，第 268 页。

[85] 参见王泽鉴：《不当得利》（第 2 版），北京大学出版社 2015 年版，第 247 页。

[86] 参见新疆维吾尔自治区高级人民法院（2014）新民一终字第 146 号民事判决书。

[87] 参见最高人民法院民事审判第二庭编著：《〈全国法院民商事审判工作会议纪要〉理解与适用》，人民法院出版社 2019 年版，第 267 页。

[88] 参见海南省高级人民法院（2016）琼民终 218 号民事判决书。

返还不属于损失赔偿范围,不适用过错赔偿责任。[89] 的确如此,但也不必排斥请求权人选择损害赔偿路径。

4. 返还的时效

在《民法总则》施行前,财产返还请求权因多为物权请求权,故不适用诉讼时效,[90]但若为债权请求权时则适用时效规定。[91]《民法典》第 196 条规定,不动产物权和登记的动产物权的权利人请求返还财产,不适用诉讼时效。基于反对解释可知,非登记动产之物权人的返还财产请求权也适用诉讼时效。 41

有争议的是,因合同无效而主张返还股权的请求权是否适用诉讼时效。否定论者理由是股权返还请求权并非债权请求权。[92] 本文认为,将股权返还请求权与债权请求权等同视之明显不妥,因为:其一,股权是可特定化的财产,返还股权就是恢复该特定财产的权利记载(股东名册和工商登记),这与债权请求权针对债务人的全部责任财产有所不同;其二,合同无效,股权实际上从未变动过,其性质类似于物权人的返还请求权;其三,考虑到股权变动的生效要件是股东名册记载,外部对抗要件是工商登记,从同类事物同等对待的原理出发,在诉讼时效是否适用问题上,股权返还请求应当类推登记动产的返还,即不应适用诉讼时效。 42

财产返还请求权若适用诉讼时效,其诉讼时效均应从合同被确认无效或被撤销之日起计算。[93] 43

5. 返还的程序

《九民纪要》第 34 条(价款返还)第 1 句规定:“双务合同不成立、无效或者被撤销时,标的物返还与价款返还互为对待给付,双方应当同时返还。”但依民事诉讼法处分原则,若被告方并未反诉或未提出抵销等抗辩,法院亦不可依职权主动判决。对此,《九民纪要》第 36 条(合同无效时的释明问题)第 1 款规定,“要防止机械适用‘不告不理’原则……应向原告释明变更或者增加诉讼请求,或者向被告 44

---

〔89〕 最高人民法院民事审判第一庭编著:《最高人民法院建设工程施工合同司法解释(二)理解与适用》,人民法院出版社 2019 年版,第 89 页。

〔90〕 参见最高人民法院(2011)民监字第 809 号民事裁定书;广东省茂名市中级人民法院(2014)茂中法民四终字第 155 号民事判决书。

〔91〕 参见广西壮族自治区桂林市中级人民法院(2015)桂市民一终字第 528 号民事判决书。

〔92〕 参见广东省高级人民法院(2019)粤民终 121 号民事判决书。相同立场参见上海市第一中级人民法院(2016)沪 01 民终 5834 号民事判决书。亦有法院认为股权转让合同无效后的股权确认(其实也是要求变更工商登记)属于确认之诉,从而不适用诉讼时效。参见四川省成都市中级人民法院(2016)川 01 民初 1683 号民事判决书。

〔93〕 参见山东省济南市中级人民法院(2018)鲁 01 民终 3909 号民事判决书。亦可参见海南省三亚市中级人民法院(2016)琼 02 民终 1019 号民事判决书;广东省东莞市中级人民法院(2018)粤 19 民终 10392 号民事判决书;吉林省长春市中级人民法院(2019)吉 01 民初 264 号民事判决书。

释明提出同时履行抗辩,尽可能一次性解决纠纷”。当然,若被告经释明后仍不为所动,则法院也不能强行实施“纠纷一次性解决”。

45 有学者认为,在双务合同无效后,双方当事人分别履行返还、补偿或赔偿义务时,“依据诚信原则及公平原则,宜认可类推适用同时履行抗辩权”。〔94〕不过,同时履行抗辩权是消极性不履行的权利,而《九民纪要》上述规定走得更远,极力促成“同时履行判决”,〔95〕从而避免法院仅因被告提出同时履行抗辩就不得不驳回原告起诉的结果。〔96〕

46 在审判实务中,经法院行使释明权后,若被告提出反诉或同时履行抗辩,法院通常会在判决主文中作出“同时返还”的判决。〔97〕将这种“同时返还”判决理解为两个判项均可单独申请强制执行,可能要比将其解释为“同时履行判决”(附条件判决)更合适,因为后者法无明文规定,而前者可操性更强。

四、规范二:不返还时的折价补偿

(一)补充构成要件:不能返还或者没有必要返还

47 财产“不能返还”包括事实上不能返还和法律上不能返还。前者是指财产由于自身性质或被使用消耗等原因而在物理上消灭从而不能返还。例如,购买的牛奶被喝掉,租赁的房子被拆除,酒精挥发,劳务给付,以及技术秘密因转让已被受让方知晓等。法律上不能返还是指标的财产虽然物理上仍然存在,但由于被第三人取得或设定负担,从而在法律上无法原样返还。“法律上不能返还”还包括因法律法规或政策调整而引发的不能返还。〔98〕

48 所谓“没有必要返还”,是指返还虽在事实上和法律上有可能,但实际返还财产不符合经济原则。〔99〕“没有必要返还”通常由法院认定,但也可源于双方当事人的合意。〔100〕

---

〔94〕 韩世远:《合同法总论》(第 4 版),法律出版社 2018 年版,第 410 页。在《民法典》施行之后,依其第 468 条、第 525 条,在合同无效双方返还时,任意一方其实均可直接援引适用(而非类推适用)同时履行抗辩权。

〔95〕 参见王洪亮:《〈合同法〉第 66 条(同时履行抗辩权)评注》,载《法学家》2017 年第 2 期,第 172 页。

〔96〕 Vgl. MüKoBGB/*Emmerich*, 2012, § 322 Rn. 1.

〔97〕 参见广东省广州市白云区人民法院(2013)穗云法花民四初字第 35 号民事判决书;江苏省南通市中级人民法院(2015)通中民终字第 02106 号民事判决书。

〔98〕 参见广东省广州市中级人民法院(2017)粤 01 民终 2582 号民事判决书。

〔99〕 参见湖北省襄阳市中级人民法院(2018)鄂 06 民终 1054 号民事判决书。

〔100〕 参见海南省海口市中级人民法院(2018)琼 01 民终 1393 号民事判决书。

(二)折价补偿的定性与定位

1. 定性:一种特殊的不当得利

法律行为无效场合下的折价补偿请求权被认为是不当得利,只因它满足不当得利的最简单定义:一方受损,一方无法律依据获益,二者间有因果关系(第 985 条第 1 分句)。作为一种不当得利,折价补偿请求权被定性为债权请求权,应适用诉讼时效。同时,折价标准可参考不当得利理论中的客观说。另外,基于无效的提前清偿协议而进行的期前清偿,在协议被撤销或确认无效后,债权人(受领者)并不构成不当得利(第 985 条第 2 项)。[101] 49

然而,合同无效清算之折价补偿,其实完全可以自成一类,无须仰赖不当得利法,[102]将其作为特殊不当得利无非是出于便宜之考虑。二者差异至少体现在以下两点:其一,得利丧失抗辩(第 986—988 条)在合同无效清算场合应限制适用,此乃比较法上的共识;[103]其二,明知合同无效或可撤销仍予以给付,不构成明知型非债清偿(第 985 条但书第 3 项),因为此场合下给付者为给付实为期待对方为对待给付,亦即其并无矛盾行为。 50

有学者认为,本条前段因规定概括,故相对于同法第 985 条反而有普通法的意味。[104] 然而,一方面,以条文详略来定孰为特别法似欠缺科学性;另一方面,如上所述,在法律行为无效清算之折价补偿时,应以第 157 条为特别法,以第 985—988 条为一般法。 51

2. 定位:与财产返还、损害赔偿及“其他补救措施”的关系

折价补偿与财产返还构成同一层次的择一关系,且后者优先于前者适用。在返还方法上,以所受利益的原状返还为原则,以折价补偿为例外。当受领之利益为代替物时,其应返还的仍为价额,而非其他代替物,[105]个案中,法院也可判决以同类物代替返还。[106] 当财产返还确属不能或没有必要时,返还义务人不得坚持返还原物。[107] 52

---

〔101〕 当然,此时可能存在中间利息的返还问题,尤其是当提前清偿协议是因债权人的欺诈、胁迫等缔结时。

〔102〕 参见陈自强:《不当得利法体系之再构成——围绕〈民法典〉展开》,载《北方法学》2020 年第 5 期,第 5 页

〔103〕 参见崔建远:《不当得利规则的细化及其解释》,载《现代法学》2020 年第 3 期,第 193 页。

〔104〕 参见崔建远:《不当得利规则的细化及其解释》,载《现代法学》2020 年第 3 期,第 185 页。

〔105〕 参见王泽鉴:《不当得利》(第 2 版),北京大学出版社 2015 年版,第 249 页。

〔106〕 参见云南省临沧市中级人民法院(2018)云 09 民终 347 号民事判决书。

〔107〕 参见云南省临沧市中级人民法院(2018)云 09 民终 347 号民事判决书。

53 折价补偿与损害赔偿性质不同，前者不以过错为要件，[108] 后者则系过错责任，二者可并存；但二者所指向的损失或具有同一性，故有竞合可能，此时应避免重复偿付。

54 对于折价补偿与作为合同解除法律效果之一的“采取其他补救措施”（第 566 条）之间的关系，传统观点认为，后者有时可以表现为不当得利，但绝不仅限于不当得利。[109] 激进观点认为在立法论上二者完全可以统一。[110] 折中观点认为，不当得利的返还规则只可能类推适用于法定解除。[111] 从文义解释和体系解释出发，以传统观点为优，本条与第 566 条本身各为独立请求权，不必强行统一或作类推适用。

（三）补偿标准与范围

1. 实体标准：主观说与客观说

55 折价补偿以何种价额为标准？存在三种价格，即市场价、合同约定价以及转售价。第一种标准被称为客观说，后两种标准皆可称为主观说。[112] 德国[113] 与台湾地区[114] 通说以及欧洲示范法均为客观说。[115] 我国理论通说也为客观说。[116] 另有学者主张以“无效或撤销事由是否影响有偿约定形成”为标准，有影响采客观说，无影响采“约定价”。[117] 我国审判实务以客观说为主流立场。[118] 由于标的物的客观价值常涉及专业估价，故法院常求助于第三方鉴定机构，以评估机构的鉴

[108] 参见最高人民法院（2011）民提字第 235 号民事判决书；（2018）最高法民申 3838 号民事裁定书。将折价补偿与过错不当联系的案例，参见最高人民法院（2017）最高法民终 225 号民事判决书。

[109] 参见韩世远：《合同法总论》（第 4 版），法律出版社 2018 年版，第 675 页。

[110] 汤文平：《法律行为解消清算规则之体系统合》，载《中国法学》2016 年第 5 期，第 145 页。

[111] 赵文杰：《论不当得利与法定解除中的价值偿还——以〈合同法〉第 58 条和第 97 条后段为中心》，载《中外法学》2015 年第 5 期，第 1195 页。

[112] 德国法上的主观说指的是“返还债务人应（只）返还该利得对其而言的具体/个别意义上的价额”。Vgl. MüKoBGB/*Schwab*, 2013, § 818 Rn. 75.

[113] Vgl. MüKoBGB/*Schwab*, 2013, § 818 Rn. 76.

[114] 王泽鉴：《不当得利》（第 2 版），北京大学出版社 2015 年版，第 250 页。

[115] 参见《欧洲统一买卖法》（CESL）第 173 条第 2 款与《欧洲民法典草案》（DCFR）第 VII—5：103 条第 1 款。

[116] 参见张广兴：《债法总论》，法律出版社 1997 年版，第 108 页。

[117] 参见赵文杰：《论不当得利与法定解除中的价值偿还——以〈合同法〉第 58 条和第 97 条后段为中心》，载《中外法学》2015 年第 5 期，第 1176 页。

[118] 参见安徽省高级人民法院（2015）皖民一初字第 00001 号民事判决书；广东省广州市中级人民法院（2019）粤 01 民终 20919 号民事判决书。

定结论[119]或评估报告[120]作为折价补偿的实体标准。值得注意的是,《九民纪要》第33条规定以"约定价"为主,以转售价或其他获益情况为辅,即倾向于主观说。该规定对审判实务有直接影响。[121]

本文赞同客观说。理由如下:其一,在合同整体无效时,其价格条款当然也无效,合同无效应当产生一种法定(而非约定)的客观意义上的清算关系;其二,若参照合同约定确定折价,将使得合同无效制度目的(否定私人安排)落空;其三,主观说所谓的两个优点(强迫得利时对返还义务人有利、转售得利时对债权人有利),[122]均不成立(容后详述);其四,在房价上涨的背景下,合同无效若以约定价返还无疑会鼓励卖方背信;其五,约定价可能反映了当事人的议价能力、谈判技巧、一方的特别及其他特殊因素;[123]其六,价格条款往往与其他条款(如履行期、履行方式等)相互关联,在合同无效导致其他条款统统无效的背景下,单独以约定价为折价标准,无疑有"刻舟求剑"之嫌。 56

2. 时间标准:折价补偿义务产生时

只有对折价补偿标准采客观说,才有进一步的时间标准问题。德国和台湾地区通说采"不当得利请求权成立时(返还义务确定时)"。[124] 也有学者认为,折价应以财产移转至受领人一方时的财产价格为准。[125] 从逻辑上说,价额应否返还是何种价额返还的前提问题,故价额应以折价补偿请求权产生时为基准。易言之,应以"原物返还请求权已产生(合同确定无效)"与"返还不能或返还不宜"这两个时间点中的后至之日作为估价基准日。 57

首先,当标的物在合同被确认无效前已灭失或被转售的,若先有合同无效判决后有折价补偿诉讼,则以合同无效判决生效日为估价基准日。[126] 其次,当原受利益依其性质不能返还(如劳务)时,若先有合同无效判决后有折价补偿诉讼,则其折价基准日同样应为合同被确认无效之日。在合同效力争点与折价补偿争点 58

---

[119] 参见上海市松江区人民法院(2016)沪0117民初5100号民事判决书。

[120] 参见新疆维吾尔自治区高级人民法院(2019)新行赔终6号行政赔偿判决书;四川省绵阳市中级人民法院(2018)川07民终2027号民事判决书。

[121] 参见广西壮族自治区桂林市中级人民法院(2020)桂03民终956号民事判决书。

[122] Vgl. MüKoBGB/*Schwab*, 2013, § 818 Rn. 75.

[123] 参见[德]克里斯蒂安·冯·巴夫、[英]埃里克·克莱夫主编:《欧洲私法的原则、定义与示范规则:欧洲示范民法典草案(全译本):第5卷、第6卷、第7卷》,王文胜等译,法律出版社2014年版,第1074页。

[124] 参见王泽鉴:《不当得利》(第2版),北京大学出版社2015年版,第251页。

[125] 朱广新:《合同法总则研究(上册)》,中国人民大学出版社2018年版,第372页。

[126] 参见北京市通州区人民法院(2017)京0112民初39256号民事判决书;上海市第一中级人民法院(2019)沪01民终4174号民事判决书。以被撤销合同缔结日的市场价为折价标准的反面案例,参见北京市第三中级人民法院(2019)京03民终2194号民事判决书。

同时审理的案件中,评估基准日更接近"法院事实审辩论终结时"。但鉴于评估报告的有效期通常为 1 年,故通常可覆盖至合同无效判决之日。最后,当合同被撤销或确认无效在先,原物返还不能事由出现在后,则以后者发生之日为准。准此,"原物在其返还义务发生时起至其不能返还时的增值,应包括在价额偿还请求权之内"。〔127〕 例如,房屋买卖合同判决无效在前,系争房屋被拆迁在后,折价应以被拆迁之日的货币补偿标准为基准。〔128〕 另外,在财产返还执行程序中若"原物确已毁损或灭失的",当事人对折价不能协商一致,则申请执行人只能另行起诉。〔129〕

3. **使用收益、转售获利与强迫得利**

(1)使用收益

59 财产孳息及使用收益(Nutzung)原则上应随财产本身一并返还。但若受领方取得的收益包含了自身贡献(劳力、技能、财力等),则相应比例的收益不在返还之列。例如,原告要求按涉案车辆在被告使用地的租赁市场价计算返还数额,法院以该数额包含了被告的经营性投入(劳动)而不予支持。〔130〕

(2)转售获利

60 基于相似法理,无效买卖合同中的卖方主张以买方的转售价作为折价补偿的标准,通常也不被允许,"利益所以超过损害,乃因受领人具有特殊技能或设备有以致之,则此项利益当不在返还范围之内"。〔131〕 此处涉及所谓的获利返还责任(Gewinnhaftung)。"超过客观价额获利的归属,涉及甚多考虑因素,诸如公平原则、获利计算的方法及其困难、侵害人主观归责要件、被侵害的权利的种类等,不当得利制度诚难胜任此项规范任务。"〔132〕 法院应当基于一般的公平理念结合被告不当行为性质、被告自身贡献度以及将原告受损害利益等因素进行综合判定。〔133〕 受益人所应返还的,原则上应限于客观价额。不过,若受益人明知为他人之事物,而为自己之利益管理之者,本人仍得享有因管理所得之利益,即适用不法管理(第 980 条)的规定。我国审判实务也多以市场价(而非转售价)作为折价补偿标准。〔134〕

(3)强迫得利

61 同样属于不法管理的还有"强迫得利"(Aufgedraengte Bereicherung)。它是指受损人因其添附、修复或扩建等行为使受益人获益,但该行为违反受益人本意或

---

〔127〕 王泽鉴:《不当得利》(第 2 版),北京大学出版社 2015 年版,第 252 页。

〔128〕 参见福建省泉州市中级人民法院(2014)泉民终字第 61 号民事判决书。

〔129〕 参见《执行工作规定》(2020 年修正)第 41 条。

〔130〕 参见浙江省舟山市定海区人民法院(2019)浙 0902 民初 822 号民事判决书。

〔131〕 孙森焱:《民法债编总论(上册)》,台湾地区三民书局 1999 年版,第 177 页。

〔132〕 王泽鉴:《不当得利》(第 2 版),北京大学出版社 2015 年版,第 255 页。

〔133〕 See *Restatement (Third) of Restitution and Unjust Enrichment* § 51 (2011), Reporter's Note h.

〔134〕 参见上海市第一中级人民法院(2013)沪一中民二(民)终字第 1240 号民事判决书。

计划。[135] 德国和台湾地区通说认为，此时应将待返还“价额”予以主观化，凡是不符合受益人经济上计划的强迫得利，一律不予返还。[136] 该结论诚属正当，否则即构成强迫交易。但与其认为此时折价应适用得利人之主观标准，倒不如将强迫得利作为特殊案型看待，[137] 直接适用不法管理规则[138] 或侵权规则。在判定是否成立强迫得利时，受损人（管理人）的恶意是关键。无效房屋买卖合同的买受人在装修完成六成时知悉存在产权风险仍继续强行施工，法院认定后续施工构成强迫得利，不可向出卖人要求折价补偿。[139] 当然，若有证据证明得利人确有实际收益，则其应予适当补偿。此时，实际收益的客观性击败了“得利人可合理推得的本意或计划”。[140]

4. 补偿范围与费用扣减

本条应作为第 986—988 条的特别法，合同无效之折价补偿不因受领人善意或恶意而在范围上有差。鉴于多方行为与双方行为在给付牵连性上的相似性，此结论同样适用于多方行为无效场合。至于单方行为无效后果，在无特别法规定时不妨适用得利丧失抗辩。 62

受领人利益返还还涉及何种费用/损失可被扣除的问题。有学者认为“与该现存利益具有因果关系之损失”在利益返还时均可扣除，[141] 也有学者认为能扣除的仅限于因信赖受领利益具有法律依据而遭受的损害，[142] 还有学者主张只有那些基于取得财产的财产上决定（如支出取得费用、缴更高税款、机会丧失等），才可从返还义务中扣减。[143] 63

本文认为，损失扣除的前提是承认得利丧失抗辩，否则不存在损失扣除的依据。上述费用或损失在折价补偿中均不应扣减。首先，机会丧失所致损失属于典型的信赖利益损失，应适用本条后段损害赔偿规则。其次，标的物给受领人带来的衍生损害，或者属于自行承担的典型风险（如购买的小狗咬坏了地毯），或者属于固有利益损失（“病鸡案”），从而应通过侵权规则获得解决。最后，关于受领人 64

---

〔135〕 Vgl. MüKoBGB/*Schwab*, 2013, § 818 Rn. 194.

〔136〕 王泽鉴：《不当得利》（第 2 版），北京大学出版社 2015 年版，第 256 页。

〔137〕 范例之一是关于承租人擅自装修租赁房的专门规定，参见《最高人民法院关于审理城镇房屋租赁合同纠纷案件具体应用法律若干问题的解释》第 12 条、第 13 条。

〔138〕 参见金可可：《〈民法典〉无因管理规定的解释论方案》，载《法学》2020 年第 8 期，第 50 页。

〔139〕 参见湖南省沅江市人民法院（2018）湘 0981 民初 2478 号民事判决书。

〔140〕 参见上海市第一中级人民法院（2017）沪 01 民终 4071 号民事判决书。

〔141〕 郑玉波：《民法债编总论》，中国政法大学出版社 2004 年版，第 109 页。

〔142〕 王泽鉴：《不当得利》（第 2 版），北京大学出版社 2015 年版，第 262 页。

〔143〕 赵文杰：《论不当得利与法定解除中的价值偿还——以〈合同法〉第 58 条和第 97 条后段为中心》，载《中外法学》2015 年第 5 期，第 1184 页。

为标的(履行合同)支付的各种费用。(1)履行费用,合同无效时属于典型的受领人信赖利益损失。(2)维持标的存续的必需成本即必要费用,如饲料费、许可费、规费、税金等。传统理论主张应全额扣除这些费用,但这事实上形同将交易失败全部风险转移给卖方。例如,若受领人为小狗支出的饲料费在折价补偿时予以扣除,则等于是受领人完全免费享受小狗带来的陪伴利益。同样,若买方在折价补偿时可将其支付的税金扣减,则等于是卖方完全负担了合同无效而产生的税费损失。这显然并不公平,实务中也并非如此操作。[144] (3)有益费用。能够提升标的物价值的费用支出是有益费用,典型如房屋装修款。这些费用一方面属于信赖利益损失,另一方面也涉及添附物(如装修)的折价补偿。(4)枉然费用。某项支出既非必要,也未在客观上增加标的物的价值,则属于枉然费用。此时不仅不存在费用扣除问题,甚至不存在信赖利益损害赔偿,因欠缺因果关系要件。

五、规范三:过错、损失及赔偿责任

(一)损害赔偿责任的性质与适用范围

65　关于本条后段损害赔偿责任的性质,通说认为是缔约过失责任。[145] 但有学者认为,在双方当事人明知或应知合同无效时不存在该责任。[146] 本文认为,本条损害赔偿责任系适用于一切有缔约过错场合的缔约过失责任。缔约过失责任未必是为了保护当事人对合同有效的信赖。“合同有效型”缔约过失责任不仅在比较法上被广泛认可,[147] 而且也为我国审判实务所认可。[148] 从本条表述来看,只要存在缔约过错,并导致他方信赖利益(包括信赖合同会得到完全履行)损失,即成立本条赔偿责任。不应对本条适用范围人为设限。我国审判实务也支持本文观点,即本条既可适用于双方应知或明知合同违法无效场合,[149] 也适用于双方恶

[144] 参见安徽省滁州市中级人民法院(2018)皖 11 民终 2040 号民事判决书。

[145] 参见崔建远:《合同法总论(上卷)》(第 2 版),中国人民大学出版社 2011 年版,第 436 页;韩世远:《合同法总论》(第 4 版),法律出版社 2018 年版,第 322 页。

[146] 参见许德风:《论合同违法无效后的获益返还——兼议背信行为的法律规制》,载《清华法学》2016 年第 2 期,第 92 页;朱广新:《合同法总则研究(上册)》,中国人民大学出版社 2018 年版,第 373 页。

[147] 韩世远:《合同法总论》(第 4 版),法律出版社 2018 年版,第 166 页。

[148] 参见最高人民法院(2008)民二终字第 8 号民事判决书。

[149] 参见最高人民法院(2014)民一终字第 319 号民事判决书;最高人民法院(2018)最高法民终 542 号民事判决书;最高人民法院(2018)最高法民申 4113 号民事裁定书;最高人民法院(2019)最高法民终 877 号民事判决书。

意串通损害第三人之合同无效场合,[150]还适用于法律行为确定不发生效力的场合。[151]

(二)构成要件:过错、损害及因果关系

1. 过错:对于民事法律行为最终无效有过错

本条中过错是指合同当事人对于民事法律行为无效、被撤销以及确定不发生 66
效力的情形有过错,[152]同时也必然意味着对合同无效给对方造成的损失有过错。在合同因违法或悖俗而无效场合,双方当事人对于合同无效或为明知,或为应知,[153]存在故意或过失。在缔约一方系无完全民事行为能力人场合,相对方对合同可能不被追认而无效属于明知或应知,存在故意或过失。在欺诈、胁迫、乘人之危显失公平场合,欺诈人、胁迫人或乘人之危者对于合同可被撤销以及此合同会给对方造成损失是明知的,其心态为故意。在一方因重大误解而撤销合同场合,除极其罕见的情形外,[154]误解人对此通常有缔约过失,[155]误解人应向相对人承担损害赔偿责任。[156] 在合同因未获审批等原因而确定不发生效力的场合,未获审批的原因有可能是一方当事人的懈怠,该方有故意或过失。[157] 另外,当合同因一方行为能力欠缺而无效时,该方监护人的过错也可以视为该方的过错,从而应向相对方承担一定的赔偿责任。[158]

---

[150] 参见吉林省长春市中级人民法院(2019)吉01民终2356号民事判决书;河南省信阳市中级人民法院(2020)豫15民终1924号民事判决书;北京市第二中级人民法院(2020)京02民终6358号民事判决书。

[151] 参见最高人民法院(2018)最高法民再9号民事判决书。

[152] 参见石宏主编:《〈中华人民共和国民法总则〉条文说明、立法理由及相关规定》,北京大学出版社2017年版,第373页;崔建远:《合同法总论(上卷)》(第2版),中国人民大学出版社2011年版,第442页。

[153] 参见最高人民法院(2018)最高法民申4113号民事裁定书。

[154] 例如第三人自作主张替表意人寄出含要约之信函。参见朱庆育:《民法总论》(第2版),北京大学出版社2016年版,第202页。

[155] 一方面,从过失客观化的角度来说,即使重大误解人主观上并无疏忽大意或盲目自信,只要客观上对合同相对人的合法利益没有尽到"应注意"的义务,那么在本质上也符合"过失"的定义;另一方面,理论上重大误解虽不以过失为要件,但从现实生活经验出发,"无任何过失而发生错误者,世所罕见"。参见李宇:《民法总则要义:规范释论与判解集注》,法律出版社2017年版,第545页。

[156] 参见本书编委会主编:《〈中华人民共和国民法总则〉条文理解与适用(下册)》,人民法院出版社2017年版,第982页。

[157] 参见最高人民法院(2016)最高法民终802号民事判决书。

[158] 参见江苏省常州市武进区人民法院(2018)苏0412民初2521号民事判决书;北京市第三中级人民法院(2018)京03民终539号民事判决书。

2. 损害:直接损失和间接损失(机会丧失)

67 作为缔约过失责任构成要件之损害,指的是财产损害,既可以是财产直接的减少,也可以是机会丧失,前者可称为所受损害,后者可称为所失利益。[159] 直接损失是当事人为合同缔结或履行直接支出的成本,如利息损失等。[160] 间接损失(所失利益)主要是(交易)机会丧失的损失,[161] 如房屋上涨带来的差价损失,[162] 或股权价值增加带来的差价损失。[163]

3. 因果关系:过错和损害之间有因果关系

68 作为本条损害赔偿责任构成要件之一的因果关系,是指当事人的缔约过错与对方的损失之间有因果关系。更确切地说,这种因果关系既指向缔约过错与合同无效之间,也指向合同无效与损害之间,它是“缔约过错—合同无效—损害”之间的连续因果链条。倘若当事人遭受的损失并非合同无效所引发,而是因标的物自身瑕疵或缺陷、标的物意外灭失,或是当事人未尽注意或保管不善等原因所导致,则不可援引本条的损害赔偿规则来救济。[164] 偶尔因果关系有必要作宽松认定。例如,一个无效建设工程合同履行中的逾期竣工损失与承包人的缔约过错之间的因果关系应予认可,否则此损失很难索赔。

(三)赔偿范围与过错相抵

1. 赔偿范围:信赖利益但不超过履行利益

69 在合同最终无效时,受损害方只能主张信赖利益赔偿(包括直接损失和间接损失),[165] 不得主张合同有效时的履行利益赔偿。[166] 由于信赖利益涵盖了机会丧失利益,信赖利益赔偿非常接近履行利益赔偿。[167] 不过,信赖利益和履行利益(或期待利益)二者只是数额上接近,其生成逻辑还是有所不同。当然,信赖利益

---

〔159〕 参见韩世远:《合同法总论》(第 4 版),法律出版社 2018 年版,第 172 页。

〔160〕 参见最高人民法院(2016)最高法民终 802 号民事判决书。

〔161〕 王泽鉴:《损害赔偿》,北京大学出版社 2017 年版,第 77 页。

〔162〕 参见浙江省杭州市中级人民法院(2014)浙杭民终字第 1716 号民事判决书。

〔163〕 参见最高人民法院(2016)最高法民终 802 号民事判决书。

〔164〕 参见山东省济南市中级人民法院(2016)鲁 01 民终 404 号民事判决书;广东省清远市中级人民法院(2018)粤 18 民终 830 号民事判决书。

〔165〕 参见辽宁省锦州市中级人民法院(2015)锦审二民监字第 00088 号民事裁定书;新疆维吾尔自治区乌鲁木齐市中级人民法院(2019)新 01 民再 150 号民事判决书。

〔166〕 参见最高人民法院(2016)最高法民申 251 号民事裁定书;上海市高级人民法院(2019)沪民终 295 号民事判决书。

〔167〕 参见韩世远:《合同法总论》(第 4 版),法律出版社 2018 年版,第 185 页。

赔偿数额不得超出履行利益的数额。[168]

2. **双方过错比例认定与过错相抵**

合同因违法或悖俗而无效场合,通常是双方当事人都有过错。依据本条后段规定,各方都有过错的,应当各自承担相应的责任。其中“各自承担”“相应的”意指,每一方的相应信赖利益损失都应适用过错相抵规则由双方分摊,即根据各方过错(及原因力)大小来确定损失分摊的比例。从审判实务看,法院在确定双方对于合同无效之过错大小时,倾向于以下立场:(1)故意方相对于过失方,当然具有主要过错;[169](2)不诚信或背信者被视为有主要过错;[170](3)无效的主要原因方/缔约主导方易被视为有主要过错,[171]但偶有例外。[172] 另外,法院对于双方过错比例的认定有宽泛的自由裁量权。[173] 70

六、除外规定:法律行为无效之法律效果的特别法

本条第 3 句暨最后一句为,“法律另有规定的,依照其规定”。它是前三项法律效果的例外,即有特别法者,从之。以下择其典型作简要叙述。 71

(一)建设工程合同

1. **质量合格时折价采主观标准**

依《建设工程施工合同解释》第 2 条,建设工程经竣工验收合格的,[174]工程款计算可“参照合同约定”。最高人民法院 2004 年称,“(无效合同有效化)与法理 72

---

〔168〕 参见北京市第二中级人民法院(2015)二中民终字第 12291 号民事判决书。

〔169〕 参见广东省广州市白云区人民法院(2018)粤 0111 民初 4855 号民事判决书。

〔170〕 参见山东省日照市中级人民法院(2015)日民一终字第 257 号民事判决书;陕西省汉中市汉台区人民法院(2016)陕 0702 民初 1529 号民事判决书;江苏省南京市玄武区人民法院(2017)苏 0102 民初 328 号民事判决书。

〔171〕 参见天津市第二中级人民法院(2015)二中民四终字第 648 号民事判决书;最高人民法院(2016)最高法民申 251 号民事裁定书;贵州省遵义市中级人民法院(2016)黔 03 民终 2032 号民事判决书;河南省郑州市中原区人民法院(2017)豫 0102 民初 314 号民事判决书;河北省石家庄市中级人民法院(2020)冀 01 民终 3889 号民事判决书。

〔172〕 参见最高人民法院(2019)最高法民终 789 号民事判决书;海南省海口市中级人民法院(2020)琼 01 民申 3 号民事裁定书。

〔173〕 参见上海市第一中级人民法院(2009)沪一中民二(民)终字第 79 号民事判决书;最高人民法院(2018)最高法民申 6041 号民事裁定书。

〔174〕 因施工方中途退场情形十分常见,最高人民法院认为应将“竣工验收合格”扩张解释为“包括在建工程质量合格这种情形”。参见最高人民法院民事审判第一庭编著:《最高人民法院建设工程施工合同司法解释(二)理解与适用》,人民法院出版社 2019 年版,第 246 页。

和现行法律有关无效合同的处理原则明显相悖；但这种处理方式有利于保障工程质量。且这种方式利于案件的审理，平衡当事人之间的利益关系，得到良好的社会效果”。〔175〕不过，最高人民法院在 2019 年又澄清：“参照合同约定”是确定折价标准的一种方式而已，不是按有效合同处理，“参照合同约定”不等同于“按照合同约定”；市场价会违背当事人缔约时真实意思，人为造成审理拖延从而增加诉讼成本，以及变相鼓励承包人主张合同无效。〔176〕有学者也认为，“这种‘无效合同有效化’处理，有其特殊的法政策考量。建筑法第 19 条目的仅在于保障建筑工程的质量，性质上应属管理型规定，本不应影响合同效力”。〔177〕

73 本文认为，其一，关于主体资质的强制性规定，若其规范目的在于保障不特定多数人的人身财产安全，其性质应属效力性强制性规定，“参照约定价”在审判实务中往往演变成“按照约定价”，〔178〕显非妥当；其二，上述解释第 2 条适用范围是“建设工程施工合同无效”，包括恶意串标等情形导致的合同无效，此时约定价根本不是当事人内心真意；其三，价格条款不是孤立存在的，往往与工期、付款方式等其他条款紧密相关，在合同无效导致其他条款效力被否定的背景下，单单认可约定价的效力明显属于顾此失彼。

2.“参照合同约定”包括参照违约金条款？

74 审判实务中，多数法院不认可违约金条款在合同无效时可被“参照适用”。〔179〕然而，最高人民法院释义书认为，“在发包方损失确实存在又难以举证的情形下，参照无效合同中约定的逾期竣工违约责任条款来确定发包方损失，并结合双方过错责任确定损失责任分担，更符合公平及诚实信用原则”。〔180〕此观点在实务中也有体现。〔181〕

75 这种观点值得商榷。因为，其一，若发包方无法证明自己的损失，则承包方更无法证明对方的损失，也就完全不可能证明“约定的违约金过分高于造成的损

〔175〕最高人民法院民事审判第一庭编著：《最高人民法院建设工程施工合同司法解释的理解与适用》，人民法院出版社 2004 年版，第 37 页。

〔176〕最高人民法院民事审判第一庭编著：《最高人民法院建设工程施工合同司法解释（二）理解与适用》，人民法院出版社 2019 年版，第 93、255 页。

〔177〕张家勇：《合同法与侵权法中间领域调整模式研究》，北京大学出版社 2016 年版，第 162 页。

〔178〕审判实务中仅有三类例外：无法依据原合同确定工程价款；双方当事人协商一致不以合同约定结算；工程质量不合格。参见最高人民法院民事审判第一庭编著：《最高人民法院建设工程施工合同司法解释（二）理解与适用》，人民法院出版社 2019 年版，第 255 页。

〔179〕参见浙江省台州市中级人民法院（2014）浙台民终字第 571 号民事判决书；江西省高级人民法院（2016）赣民终 83 号民事判决书。

〔180〕最高人民法院民事审判第一庭编著：《最高人民法院建设工程施工合同司法解释（二）理解与适用》，人民法院出版社 2019 年版，第 94 页。

〔181〕参见广东省高级人民法院（2017）粤民终 1879 号民事判决书。

失”。这是不是意味着违约金不可能被酌减？其二，工程款折价属于不当得利制度中折价补偿问题，逾期竣工损失是合同外损害赔偿问题，不能混淆。其三，关于合同外损害赔偿法上的损害数额确定，比较法上几乎不存在有参照当事人约定的方法。其四，此举明显是将工程款和违约金混为一谈，是对《建设工程施工合同解释》第2条“工程价款”的扩大解释，并无法律依据。

3. **其他问题**

首先，关于补充协议的效力问题。审判实务中，为了缓和合同无效带来的严厉后果，审判实务往往从宽认定相关协议（条款）效力。《建设工程施工合同解释（二）》（法释〔2018〕20号）第2条第2款、第12条均为著例。有观点认为，“能够从‘合同无效’中‘获利’的绝大多数都是建设方……准确分析题涉补充（结算）协议的性质，确认其有效性同时也可彰显诚信维护的价值取向”。[182] 法院倾向于将当事人之后签订的补充协议认定为“结算条款”，从而援引第507条（《合同法》第57条）确认其有效。[183] 76

其次，关于管理费约定应否被参照的问题。建设工程合同无效场合，发包人能否参照管理费约定获得或者保留管理费，审判实务对此立场飘忽不定。否定立场有之，[184] 肯定立场亦有之。[185] 建设工程合同中承包人或分包人约定向实际施工人收取的管理费，不属于发包人或分包人作为建设工程受领人实际支出的费用，故不存在得利扣除问题；其实质是工程价款约定的一部分，故在逻辑上，若实际施工人可参照承包合同获取工程款，则也应承认发包人或分包人参照合同收取管理费的权利。 77

最后，存在多份建设工程合同时的折价依据。早年审判实务对于存在多份建设工程合同且均无效的情形，往往将其认定为没有约定，然后以市场价作为折价补偿标准。[186] 及至《建设工程施工合同解释（二）》施行后，作为备选的客观说（市场价）被彻底抛弃，最高人民法院将主观说（约定价）贯彻到底。该解释第11条明确规定，有多份合同的，参照实际履行的合同来结算，难以确定实际履行合同的，参照最后签订的合同来结算。审判实务从之。[187] 78

---

〔182〕 辛正郁：《法律的出与入：妥当适度的法律解释方法》，载《法律适用》2015年第5期，第79页。

〔183〕 参见最高人民法院（2018）最高法民终152号民事判决书。

〔184〕 参见最高人民法院（2016）最高法民申2762号民事裁定书。

〔185〕 参见最高人民法院（2013）民抗字第35号民事判决书。

〔186〕 参见山东省高级人民法院（2016）鲁民终586号民事判决书；最高人民法院（2017）最高法民终225号民事判决书。

〔187〕 参见河南省高级人民法院（2018）豫民终56号民事判决书。

(二)其他合同

1. 公司对外担保合同

79 在公司法定代表人未经法定程序越权代表公司为第三人提供担保且担保合同最终无效时,由谁作为担保人来承担赔偿责任?对于第 504 条,学界主流见解认为,该规定为效果归属规范,关于公司是否应承担法律责任,须先讨论担保效果是否归属于公司,再讨论担保合同效力。[188] 若前一问题回答为否,则公司并非担保人,不承担法定赔偿责任。[189] 单纯违反法定程序之越权代表(《公司法》第 16 条),应否影响合同效力?主流观点认为不影响。[190] 但《九民纪要》第 17 条与最高人民法院长期审判实务所持立场却相反,[191] 有待革新。[192] 总之,若公司对外担保构成表见代表,则应依担保合同有效与否判定公司应承担担保责任还是赔偿责任;若为狭义无权代表,则应类推第 171 条,由无权代表人承担赔偿责任。[193]

2. 房屋租赁合同

80 依《房屋租赁合同解释》(2020 年修正)第 5 条,租赁合同无效时,出租人可要求承租人参照约定的租金标准支付占用费。承租人经出租人同意的装饰装修,若出租人愿意利用则须折价补偿,若不愿利用则由双方按过错分摊损失。若承租人未经同意擅自装修,则应恢复原状或赔偿损失。承租人经出租人同意的改建若属合法建筑,则出租人承担费用;若为违章建筑,则由双方按过错分摊损失。出租人虽表示不同意装修但实际仍接管利用的,视为同意。[194]

3. 劳动合同

81 《劳动合同法》第 28 条规定,劳动合同无效场合,劳动报酬参照本单位相同或者相近岗位劳动者的劳动报酬确定。有学者质疑称,这样一种不当得利模式完全

---

〔188〕 高圣平、范佳慧:《公司法定代表人越权担保效力判断的解释基础——基于最高人民法院裁判分歧的分析和展开》,载《比较法研究》2019 年第 1 期,第 84 页。

〔189〕 参见李宇:《民法总则要义:规范释论与判解集注》,法律出版社 2017 年版,第 651 页。

〔190〕 参见钱玉林:《公司法第 16 条的规范意义》,载《法学研究》2011 年第 6 期,第 132 页;施天涛:《〈公司法〉第 16 条的规范目的:如何解读、如何适用?》,载《现代法学》2019 年第 3 期,第 115、125 页。

〔191〕 参见最高人民法院(2019)最高法民终 1465 号民事判决书;最高人民法院(2020)最高法民申 2345 号民事裁定书。

〔192〕 参见高圣平:《担保法前沿问题与判解研究(第 4 卷)》,人民法院出版社 2019 年版,第 381 页。

〔193〕 刘骏:《揭开机关理论的面纱:区分"代表"与"代理"以及"机关"与"雇员"之无益论》,载《河南大学学报》2020 年第 5 期,第 68 页。

〔194〕 参见最高人民法院(2019)最高法民申 617 号民事裁定书。

抛开合同约定,转而单纯以法定规则为依据,对劳动者的权益保护也不够充分。[195] 从立法技术上说,此处劳务折价的确可以参照约定价;不过,“假定有效说”并未考虑劳动者一方对于无效劳动合同的过错可能。再者,对于以欺诈、胁迫或乘人之危方式订立的劳动合同,《劳动合同法》第 26 条并未规定可撤销,而是规定为无效;同时该法第 38 条还规定,劳动者可以解除该无效合同。后者则违反合同法的基本法理,解除一个无效合同没有任何意义。若是为了让劳动者有机会索赔履行利益赔偿,则应将欺诈、胁迫、乘人之危订立的劳动合同重新规定为可撤销合同。另外,同法第 86 条规定,无效劳动合同的一方有过错且给对方造成损害的,应予赔偿。这里的损害赔偿应当以赔偿实际损害为原则,同样包含机会丧失(就业机会损失)。[196]

七、证明责任

(一)财产返还的证明责任分配

《民事诉讼法解释》(2022 年修正)第 91 条规定,主张法律关系存在的当事人,应当对产生该法律关系的基本事实承担举证证明责任。据此,请求返还原物的原告须证明以下要件事实:(1)合同无效、被撤销或确定不发生效力;(2)己方已基于涉案合同向对方为财产给付。被请求方可援引如下抗辩并证明:(1)给付财产已返还不能或返还不宜;(2)给付财产为金钱,因与受领人其他金钱混合故原告不能主张物权性的财产返还。 82

(二)折价补偿的证明责任分配

只主张折价补偿(不要原物)的原告应证明如下要件事实:(1)合同无效、被撤销或确定不发生效力;(2)该方已因涉案合同为财产给付;(3)所给付的财产不能返还或没有必要返还。对此,被告可抗辩原物能够返还或适宜返还。另外,被告在某些单方行为无效场合还可援引得利丧失抗辩(第 986 条),此时其须证明如下事实:(1)得利因不可归责于受领人的原因而丧失;(2)受领人受领时以及得利丧失时为善意。 83

---

〔195〕 参见王全兴、黄昆:《劳动合同效力制度的突破和疑点解析》,载《法学论坛》2008 年第 2 期,第 28 页。

〔196〕 参见谢增毅:《对〈劳动合同法〉若干不足的反思》,载《法学杂志》2007 年第 6 期,第 63 页。

(三)损害赔偿的证明责任分配

84 请求权人应对如下要件事实举证:(1)涉案合同无效、被撤销或确定不发生效力;(2)己方遭受信赖利益损害;(3)对方对于合同无效有过错;(4)过错与损害之间有因果关系。被请求方可主张与有过失抗辩,即证明请求权人自身有过错,且其过错是损失的原因。

(四)主张适用特别法的证明责任

85 主张适用特别法的一方应举证证明,涉案合同无效相关情事符合特别法所要求的特别构成要件。例如,出租人要求承租人就擅自装修恢复原状,须证明承租人擅自装修等事实。

附:案例索引

1. 安徽省亳州市中级人民法院(2018)皖 16 民终 2595 号民事判决书:安徽灿阳国际贸易有限公司与刘某买卖合同纠纷案【边码 9】

2. 安徽省滁州市中级人民法院(2018)皖 11 民终 2040 号民事判决书:何某与天长市农业机械公司返还原物纠纷案【边码 64】

3. 安徽省高级人民法院(2015)皖民一初字第 00001 号民事判决书:合肥恒发置业有限责任公司与安徽白帝集团有限公司建设用地使用权转让合同纠纷案【边码 55】

4. 北京市第二中级人民法院(2015)二中民终字第 12291 号民事判决书:马某华等与北京市城乡第八建筑工程公司破产管理人财产损害赔偿纠纷案【边码 69】

5. 北京市第二中级人民法院(2020)京 02 民终 6358 号民事判决书:蔡某超与崔某柏合同纠纷案【边码 65】

6. 北京市第三中级人民法院(2018)京 03 民终 539 号民事判决书:郑某涵与北京蜜莱坞网络科技有限公司合同纠纷案【边码 66】

7. 北京市第三中级人民法院(2019)京 03 民终 2194 号民事判决书:金某实与北京东来置地房地产经纪有限公司等房屋买卖合同纠纷案【边码 58】

8. 北京市通州区人民法院(2017)京 0112 民初 39256 号民事判决书:王某与刘某房屋买卖合同纠纷案【边码 58】

9. 福建省泉州市中级人民法院(2014)泉民终字第 61 号民事判决书:陈某惠与林某房屋买卖合同纠纷案【边码 58】

10. 福建省泉州市中级人民法院(2016)闽 05 民终 891 号民事判决书:苏某柱与陈某容合同纠纷案【边码 34】

11. 甘肃省张掖市中级人民法院(2019)甘 07 民终 1089 号民事判决书:杜某与张掖市宝鹿汽车销售维修有限公司返还原物纠纷案【边码 22】

12. 广东省东莞市中级人民法院(2018)粤 19 民终 10392 号民事判决书:张某展与王某生

股权转让纠纷案【边码43】

13. 广东省高级人民法院(2017)粤民申541号民事判决书:蔡某发与李某香合同纠纷案【边码26】

14. 广东省高级人民法院(2017)粤民终1879号民事判决书:瑞华建设集团有限公司、李某忠与肇庆市顺宝骏景房地产发展有限公司建设工程施工合同纠纷案【边码74】

15. 广东省高级人民法院(2019)粤民终121号民事判决书:深圳市铭可达集团股份有限公司等与赵某豪等损害公司利益责任纠纷案【边码42】

16. 广东省广州市白云区人民法院(2013)穗云法花民四初字第35号民事判决书:广州市中宏市场管理有限公司与熊某明房屋租赁合同纠纷案【边码46】

17. 广东省广州市白云区人民法院(2018)粤0111民初1197号民事裁定书:陈某生等与广州市白云区同和街同和村握山经济合作社物权保护纠纷案【边码33】

18. 广东省广州市白云区人民法院(2018)粤0111民初4855号民事判决书:凯撒(广州)服饰有限公司与广州市个体私营经济试验区管理委员会办公室建设用地使用权出让合同纠纷案【边码70】

19. 广东省广州市中级人民法院(2017)粤01民终2582号民事判决书:广州市番禺区沙湾镇龙湾村股份合作经济社与广州市番禺区桥南街蚬涌村经济合作社合同纠纷案【边码14、47】

20. 广东省广州市中级人民法院(2019)粤01民终20919号民事判决书:唐某璞与温某泉等买卖合同纠纷案【边码55】

21. 广东省茂名市中级人民法院(2014)茂中法民四终字第155号民事判决书:茂名市房产管理局与许某铭返还原物纠纷案【边码32、41】

22. 广东省茂名市中级人民法院(2019)粤09民终966号民事判决书:何某明与梁某龙房屋租赁合同纠纷案【边码19】

23. 广东省清远市中级人民法院(2018)粤18民终830号民事判决书:吴某民等与英德市大站镇景头村下巫村民小组农村土地承包合同纠纷案【边码68】

24. 广西壮族自治区桂林市中级人民法院(2015)桂市民一终字第528号民事判决书:陈某与田某等不当得利纠纷案【边码41】

25. 广西壮族自治区桂林市中级人民法院(2020)桂03民终956号民事判决书:石某玉与李某买卖合同纠纷案【边码55】

26. 广西壮族自治区河池市中级人民法院(2012)河市民一终字第145号民事判决书:杨某滨等与黄某霞等合同纠纷案【边码19】

27. 贵州省修文县人民法院(2017)黔0123民初977号民事判决书:刘某1与刘某2遗赠扶养协议纠纷案【边码5】

28. 贵州省遵义市中级人民法院(2016)黔03民终2032号民事判决书:陈某云与遵义黔龙汽车服务有限公司等合同纠纷案【边码70】

29. 海南省高级人民法院(2016)琼民终218号民事判决书:三亚康美健康产业有限公司与广州中医药大学附属粤海医院等合资、合作开发房地产合同纠纷案【边码40】

30. 海南省海口市中级人民法院(2018)琼 01 民终 1393 号民事判决书:林某强等与陈某玉房屋买卖合同纠纷案【边码 48】

31. 海南省海口市中级人民法院(2020)琼 01 民申 3 号民事裁定书:赵某与王某理等合同纠纷案【边码 70】

32. 海南省三亚市中级人民法院(2016)琼 02 民终 1019 号民事判决书:李某祥与蔡某仁房屋买卖合同纠纷案【边码 43】

33. 河北省邯郸市中级人民法院(2016)冀 04 民终 2511 号民事判决书:王某等与宋某等收养关系纠纷案【边码 5】

34. 河北省石家庄市中级人民法院(2020)冀 01 民终 3889 号民事判决书:石家庄博皓房地产开发有限公司与周某茹房屋买卖合同纠纷案【边码 70】

35. 河南省高级人民法院(2018)豫民终 56 号民事判决书:河南五建建设集团有限公司等与厦门宏益华集团有限公司建设工程施工合同纠纷案【边码 78】

36. 河南省信阳市中级人民法院(2020)豫 15 民终 1924 号民事判决书:张某锋与河南省信阳市浉河区五星街道办事处红星社区居民委员会合同纠纷案【边码 65】

37. 河南省郑州市中级人民法院(2019)豫 01 民终 3160 号民事判决书:赵某洋与何某芳等赠与合同纠纷案【边码 26】

38. 河南省郑州市中原区人民法院(2017)豫 0102 民初 314 号民事判决书:胡某立等与张某艳等合伙协议纠纷案【边码 70】

39. 湖北省荆门市中级人民法院(2020)鄂 08 民终 252 号民事判决书:钟某文与陈某凯民间借贷纠纷案【边码 26】

40. 湖北省咸宁市中级人民法院(2020)鄂 12 民终 741 号民事判决书:陈某与夏某民间借贷纠纷案【边码 26】

41. 湖北省襄阳市中级人民法院(2018)鄂 06 民终 1054 号民事判决书:孙某聚与王某等房屋买卖合同纠纷案【边码 48】

42. 湖南省高级人民法院(2019)湘民再 117 号民事判决书:吴某保与邓某武民间借贷纠纷案【边码 26】

43. 湖南省沅江市人民法院(2018)湘 0981 民初 2478 号民事判决书:李某与唐某房屋买卖合同纠纷案【边码 61】

44. 吉林省长春市中级人民法院(2019)吉 01 民初 264 号民事判决书:吉林天顺置业有限公司与王某敏等损害公司利益纠纷案【边码 43】

45. 吉林省长春市中级人民法院(2019)吉 01 民终 2356 号民事判决书:吴某恩与张某买卖合同纠纷案【边码 65】

46. 江苏省常州市武进区人民法院(2018)苏 0412 民初 2521 号民事判决书:吴某洁与北京快手科技有限公司网络购物合同纠纷案【边码 66】

47. 江苏省南京市玄武区人民法院(2017)苏 0102 民初 328 号民事判决书:杨某娟等与高某房屋买卖合同纠纷案【边码 70】

48. 江苏省南京市中级人民法院(2017)苏 01 民终 4742 号民事判决书:陶某英等与陶某

生所有权纠纷案【边码 35】

49. 江苏省南通市中级人民法院(2015)通中民终字第 02106 号民事判决书:刘某群与郭某群房屋租赁合同纠纷案【边码 46】

50. 江苏省镇江市中级人民法院(2019)苏 11 民终 2173 号民事判决书:秦某康与李某返还原物纠纷案【边码 26】

51. 江西省高级人民法院(2016)赣民终 83 号民事判决书:江西省丰和营造集团有限公司与江西嘉博房地产开发有限公司建设工程施工合同纠纷案【边码 74】

52. 辽宁省锦州市中级人民法院(2015)锦审二民监字第 00088 号民事裁定书:赵某超与武某刚房屋买卖合同纠纷案【边码 69】

53. 内蒙古自治区兴安盟中级人民法院(2020)内 22 民终 686 号民事判决书:崔某海与兴安盟久泰房地产开发有限公司等返还原物纠纷案【边码 7】

54. 山东省高级人民法院(2016)鲁民终 586 号民事判决书:山东汇仁置业有限责任公司与中磊建设有限公司等建设工程施工合同纠纷案【边码 78】

55. 山东省济南市中级人民法院(2016)鲁 01 民终 404 号民事判决书:尹某顺与高某朋等房屋租赁合同纠纷案【边码 68】

56. 山东省济南市中级人民法院(2018)鲁 01 民终 3909 号民事判决书:宋某芳与济南恒远石化设备有限公司等股权转让纠纷案【边码 43】

57. 山东省日照市中级人民法院(2015)日民一终字第 257 号民事判决书:刘某鹤与李某业房屋买卖合同纠纷案【边码 70】

58. 山东省泰安市中级人民法院(2020)鲁 09 民终 3723 号民事判决书:刘某玲与藏某民间借贷纠纷案【边码 26】

59. 山东省烟台市中级人民法院(2018)鲁 06 民终 4575 号民事判决书:宫某静与金某花确认合同无效纠纷案【边码 9】

60. 陕西省汉中市汉台区人民法院(2016)陕 0702 民初 1529 号民事判决书:杨某清与杨某军等农村房屋买卖合同纠纷案【边码 70】

61. 上海市第一中级人民法院(2009)沪一中民二(民)终字第 79 号民事判决书:萧××与张×房屋买卖合同纠纷案【边码 70】

62. 上海市第一中级人民法院(2013)沪一中民二(民)终字第 1240 号民事判决书:甲与乙房屋买卖合同纠纷案【边码 60】

63. 上海市第一中级人民法院(2016)沪 01 民终 5834 号民事判决书:张某英等与葛某伟等股权转让纠纷案【边码 35、42】

64. 上海市第一中级人民法院(2017)沪 01 民终 12754 号民事判决书:李某华与上海奉房置业有限公司房屋租赁合同纠纷案【边码 33】

65. 上海市第一中级人民法院(2017)沪 01 民终 4071 号民事判决书:张某文与高某欣房屋租赁合同纠纷案【边码 61】

66. 上海市第一中级人民法院(2019)沪 01 民终 4174 号民事判决书:赵某等与殷某华房屋买卖合同纠纷案【边码 58】

67. 上海市高级人民法院(2016)沪民终 362 号民事判决书:亚洲证券有限责任公司与上海精文投资有限公司一般取回权纠纷案【边码 23】

68. 上海市高级人民法院(2019)沪民终 295 号民事判决书:陈某等与上海明匠智能系统有限公司等股权转让纠纷案【边码 69】

69. 上海市浦东新区人民法院(2015)浦民一(民)重字第 7 号民事判决书:金某穗与上海润广实业有限公司房屋买卖合同纠纷案【边码 28】

70. 上海市松江区人民法院(2016)沪 0117 民初 5100 号民事判决书:上海宣念建筑设计咨询有限公司与贵州茅台酒厂(集团)三亚投资实业有限公司建设工程设计合同纠纷案【边码 55】

71. 四川省成都市中级人民法院(2016)川 01 民初 1683 号民事判决书:郑某欢与四川江瀚工业股份有限公司股权转让纠纷案【边码 42】

72. 四川省绵阳市中级人民法院(2018)川 07 民终 2027 号民事判决书:张某基等与王某君等房屋买卖合同纠纷案【边码 55】

73. 四川省遂宁市中级人民法院(2020)川 09 民终 831 号民事判决书:向某银与胡某军民间借贷纠纷案【边码 26】

74. 天津市第二中级人民法院(2015)二中民四终字第 648 号民事判决书:石某玉、薛某、天津三建建筑工程有限公司房屋买卖合同纠纷案【边码 70】

75. 新疆维吾尔自治区高级人民法院(2014)新民一终字第 146 号民事判决书:王某勇与克拉玛依市瑞金房地产开发有限公司等不当得利纠纷案【边码 39】

76. 新疆维吾尔自治区高级人民法院(2019)新行赔终 6 号行政赔偿判决书:乌恰县小尚海旅游服务有限责任公司与乌恰县波斯坦铁列克乡人民政府行政赔偿案【边码 55】

77. 新疆维吾尔自治区乌鲁木齐市中级人民法院(2019)新 01 民再 150 号民事判决书:郭某强与新疆海港房地产开发有限责任公司房屋买卖合同纠纷案【边码 69】

78. 云南省昆明市中级人民法院(2008)昆知民初字第 51 号民事判决书:深圳市斯瑞曼精细化工有限公司与项某明等专利权权属纠纷案【边码 35】

79. 云南省昆明市中级人民法院(2017)云 01 民终 1555 号民事判决书:余某琼与张某等案外人执行异议之诉案【边码 34】

80. 云南省临沧市中级人民法院(2018)云 09 民终 347 号民事判决书:廖某贵等与段某辉租赁合同纠纷案【边码 52】

81. 浙江省杭州市中级人民法院(2014)浙杭民终字第 1716 号民事判决书:郑某霞等与叶某房屋买卖合同纠纷案【边码 67】

82. 浙江省嘉兴市中级人民法院(2020)浙 04 民终 476 号民事判决书:崔某与嘉兴市南湖区城东国大娱乐总汇承揽合同纠纷案【边码 26】

83. 浙江省宁波市中级人民法院(2018)浙 02 民终 102 号民事判决书:任某某与王某某房屋买卖合同纠纷案【边码 17】

84. 浙江省台州市中级人民法院(2014)浙台民终字第 571 号民事判决书:玉环县嘉祥机械制造有限公司与临海市广安建设工程有限公司等建设工程合同纠纷案【边码 74】

85. 浙江省舟山市定海区人民法院(2019)浙 0902 民初 822 号民事判决书:宁波市格润环保科技有限公司与杜某磊等买卖合同纠纷案【边码 59】

86. 最高人民法院(2008)民二终字第 8 号民事判决书:陕西咸阳星云机械有限公司与彩虹集团电子股份有限公司缔约过失责任纠纷案【边码 65】

87. 最高人民法院(2011)民监字第 809 号民事裁定书:陈某康等与陈某等房屋买卖合同纠纷案【边码 41】

88. 最高人民法院(2011)民提字第 235 号民事判决书:莫某华、深圳市东深工程有限公司与东莞市长富广场房地产开发有限公司建设工程合同纠纷案【边码 53】

89. 最高人民法院(2012)民四终字第 1 号民事判决书:瑞士嘉吉国际公司与福建金石制油有限公司等确认合同无效纠纷案【边码 30】

90. 最高人民法院(2013)民抗字第 35 号民事判决书:广州市金道股份有限公司与冯某仔等拆迁工程承发包合同纠纷案【边码 77】

91. 最高人民法院(2013)民提字第 103 号民事判决书:百安奇售货设备集团公司与常州费斯托自动售货设备有限公司等商标转让合同纠纷案【边码 22】

92. 最高人民法院(2014)民一终字第 319 号民事判决书:郭某辉与王某平合同纠纷案【边码 65】

93. 最高人民法院(2016)最高法民申 251 号民事裁定书:青岛金庭圣和国际贸易有限公司与中国科学院海洋研究所海洋开发利用纠纷案【边码 69、70】

94. 最高人民法院(2016)最高法民申 2762 号民事裁定书:中国化学工程第七建设有限公司与重庆市亚龙防腐保温工程有限公司建设工程施工合同纠纷案【边码 77】

95. 最高人民法院(2016)最高法民终 802 号民事判决书:深圳市标榜投资发展有限公司与鞍山市财政局股权转让纠纷案【边码 66、67】

96. 最高人民法院(2017)最高法民终 225 号民事判决书:贵州建工集团第一建筑工程有限责任公司与松原市金滩源房地产开发有限公司建设工程施工合同纠纷案【边码 53、78】

97. 最高人民法院(2018)最高法民申 3838 号民事裁定书:河南亚星置业集团有限公司等与贾某亭建设工程施工合同纠纷案【边码 53】

98. 最高人民法院(2018)最高法民申 4113 号民事裁定书:合肥宏胜物流有限公司与长丰县岗集镇人民政府等租赁合同纠纷案【边码 65、66】

99. 最高人民法院(2018)最高法民申 6041 号民事裁定书:湖北省东安工贸有限公司与武汉汽车零部件股份有限公司缔约过失责任纠纷案【边码 70】

100. 最高人民法院(2018)最高法民再 9 号民事判决书:七台河和盛房地产开发有限公司与中国邮政集团公司七台河市分公司建设用地使用权转让合同纠纷案【边码 65】

101. 最高人民法院(2018)最高法民终 152 号民事判决书:重庆市渝万建设集团有限公司与都匀经济开发区管理委员会建设工程施工合同纠纷案【边码 76】

102. 最高人民法院(2018)最高法民终 542 号民事判决书:北京中公人社教育咨询有限公司与沁阳市人民政府等合同纠纷案【边码 65】

103. 最高人民法院(2019)最高法民申 617 号民事裁定书:周某红与李某堂等租赁合同

纠纷案【边码 80】

104. 最高人民法院(2019)最高法民终 1465 号民事判决书:吉林翔瑞投资有限公司等与德成实业控股有限公司金融借款合同纠纷案【边码 79】

105. 最高人民法院(2019)最高法民终 789 号民事判决书:兴义市威鲁公路投资建设有限责任公司与兴义市人民政府合同纠纷案【边码 70】

106. 最高人民法院(2019)最高法民终 877 号民事判决书:重庆捷尔医疗设备有限公司与中国工商银行股份有限公司重庆九龙坡支行金融借款合同纠纷案【边码 65】

107. 最高人民法院(2019)最高法知民终 944 号民事裁定书:陈某生与北京盈电电气有限公司确认合同无效纠纷案【边码 22】

108. 最高人民法院(2020)最高法民申 2345 号民事裁定书:安某与郭某泽营业信托纠纷案【边码 79】

109. 最高人民法院(2020)最高法民申 4522 号民事裁定书:十堰市人民医院与安徽阳光半岛混凝土有限公司案外人执行异议之诉案【边码 23】

第410条

抵押权的实现*

第410条　债务人不履行到期债务或者发生当事人约定的实现抵押权的情形,抵押权人可以与抵押人协议以抵押财产折价或者以拍卖、变卖该抵押财产所得的价款优先受偿。协议损害其他债权人利益的,其他债权人可以请求人民法院撤销该协议。

抵押权人与抵押人未就抵押权实现方式达成协议的,抵押权人可以请求人民法院拍卖、变卖抵押财产。

抵押财产折价或者变卖的,应当参照市场价格。

简　目

一、规范定位……1—9
(一)规范意旨……1—5
(二)规范史略……6—9
二、抵押权实现的要件……10—18
(一)抵押权有效存在……10—13
(二)债务人不履行到期债务或者发生当事人约定的实现抵押权的情形……14—15
(三)抵押权的实现不存在法律上的障碍……16—18
三、抵押权实现的方式……19—27
(一)折价……19—20
(二)拍卖、变卖……21—23
(三)庭外实现方式……24
(四)价格……25
(五)抵押权的变相实现——抵押人代为履行债务……26
(六)强制管理……27
四、通过协议实现抵押权时的撤销权……28—46
(一)享有撤销权的主体……30—31
(二)撤销的对象……32—35
(三)《民法典》第539条与第410条第1款第2句……36—41
(四)《民法典》第154条与第410条第1款第2句……42—46
五、抵押权实现的程序……47—61
(一)约定实现程序……48—49
(二)法定实现程序……50—58
1. 法定实现程序的性质……50—53
2. 法定实现程序的条件……54—55
3. 司法裁判中抵押权人的程序选择……56—58
(三)抵押权人选择不实现抵押权……59—60
(四)同一顺位抵押权的实现……61
六、证明责任……62—64
(一)抵押权实现要件的证明责任……62
(二)其他相关抗辩的证明责任……63—64

---

* 本文系基于《〈民法典〉第410条(抵押权的实现)评注》(载《法学家》2022年第3期,第173—191页)一文修订而成。

本文对于案例的遴选参照以下顺位:一是最高人民法院发布的指导性案例;二是《最高人民法院公报》刊登的案例、裁判文书;三是最高人民法院及其相关业务部门发布的典型案例、作出的生效裁判;四是相同案型中较高级别法院所作的生效裁判。本文案例来源:中国裁判文书网;北大法宝案例库;无讼案例库。

一、规范定位

(一)规范意旨

1 抵押权以担保债权之实现为目的。债务人若能及时、全面、适当地履行债务,债权人自无实现抵押权之必要。而当债务履行期间届满债务人未履行债务或者发生当事人约定的实现抵押权的情形时,抵押权人为实现其就抵押财产优先受偿的权利,则需要依法将抵押财产予以变价。抵押权的实现本质是变价权与优先受偿权的实现。〔1〕抵押权的变价权是指抵押权人享有的与抵押人协商或者通过法定的担保物权实现程序将抵押财产按照一定的方法或者程序变价为金钱,从而实现抵押财产交换价值的权利。抵押权的优先受偿权是指抵押权人就抵押财产变价所得价款相较于其他债权人而优先受偿的权利。抵押权实现使抵押权人能够优先受偿,是整个抵押制度的核心,但并非抵押权人的义务。〔2〕

2 本条是对抵押权实现的要件、方法和程序的集中规定,有助于为实践具体操作提供指引。从法条的逻辑构成来看,第 1 款、第 2 款由于具备了基本的法律构成要件与法律效果,属于完全性法条。〔3〕其中,应予注意的是,第 1 款实际上包括两项规范:第 1 项规范为通过协议实现抵押权,其构成要件为,债务人不履行到期债务或者发生当事人约定的实现抵押权的情形,法律效果为抵押权人可以与抵押人通过协议的方式实现抵押权。但该款并不构成独立的请求权基础,〔4〕当事人的请求权基础最终仍来自于抵押权人与抵押人所达成的实现抵押权的协议。第 2 项规范为其他债权人的撤销权,其构成要件为,协议损害其他债权人,法律效果为其他债权人可以行使撤销权以撤销抵押权实现协议。第 2 款虽是完全性法条,但并不构成当事人的请求权基础,而毋宁是抵押权支配权能的体现。第 3 款从逻辑构成上看,应当属于不完全法条中的引用性法条。第 3 款属于对第 1 款、第 2 款的补充,要求当事人通过协议实现抵押权,法院通过拍卖、变卖等方式实现抵押权时,应参照市场价格,虽然第 3 款并未言明拍卖是否应参照市场价格,但亦应作相同解释。〔5〕

3 本条第 1 款规定了抵押权实现的核心要件,即债务人不履行到期债务或者发

---

〔1〕参见程啸:《论抵押权的实现程序》,载《中外法学》2012 年第 6 期,第 1190 页。

〔2〕参见最高人民法院(2020)最高法民申 6437 号民事裁定书;最高人民法院(2020)最高法民申 6438 号民事裁定书;最高人民法院(2020)最高法民申 6439 号民事裁定书。

〔3〕参见王利明:《法学方法论》,中国人民大学出版社 2011 年版,第 124 页。

〔4〕关于请求权基础的讨论,参见吴香香:《请求权基础思维及其对手》,载《南京大学学报(哲学·人文科学·社会科学)》2020 年第 2 期,第 90 页以下。

〔5〕参见最高人民法院(2012)执复字第 29 号执行裁定书。

生当事人约定的实现抵押权的情形。允许当事人对抵押权实现的条件进行约定，旨在防止抵押人的非正常经营行为或恶意行为对抵押权实现产生不利影响。除此之外，还应当包括另外两个要件：抵押权有效存在和抵押权的实现不存在法律上的障碍。

抵押权的实现方式包括折价、拍卖和变卖。折价只需抵押权人和抵押人对抵押财产的归属达成协议并移转所有权即可完成，从而有效节约成本，在废弃传统的以物抵债协议为要物合同的不合理观点后，〔6〕折价协议与以物抵债协议并无实质性区别，其创设了抵押人移转抵押财产所有权于抵押权人的义务。拍卖则通过公开竞价和买卖程序，既最大限度地发挥了抵押财产之价值，又保证程序的公正公开，从而维护各方当事人的利益。变卖则属于较为灵活的实现方式，能作为不能达成折价协议或者避免过高拍卖费用时的备选方案。但因折价和变卖中可能存在抵押财产变价所得过低的情形，有失公允，故应参照市场价格而定。 4

抵押权的实现程序应以高效、公平为主要目标。这对充分发挥抵押财产的担保和融资功能、平衡各方当事人的利益至关重要。如果抵押权的实现效率过低，导致抵押财产的价值随时间流逝而大量损耗，以致于抵押权人债权的实现须诉诸债务人的一般责任财产，则抵押权人、后顺位的其他抵押权人以及普通债权人的利益都有可能因此遭受损害；如果无法保证程序公正，导致只有实现抵押权的债权人能够从中获益，则同样会侵害债务人的其他债权人的利益，不利于利益衡平之价值目标的实现。〔7〕关于抵押权实现的程序，法理上存在当事人自救主义和司法保护主义这两种模式。我国采取的是当事人自救主义和司法保护主义相结合的模式，而且为解决当事人自救主义的弊端，还赋予了其他债权人以撤销权来保障其公正性。 5

（二）规范史略

本条相较于《担保法》第 53 条、《物权法》第 195 条的规定，就条文局部作出了细微修改，条文结构基本保持不变。 6

就抵押权实现的条件而言，《担保法》第 53 条仅规定在出现法定事由即“债务履行期届满抵押权人未受清偿”时可以实现抵押权，本条中则增设了当事人自主约定实现抵押权的情形。这一规范变革拓展了当事人意思自治的范围，更有利于 7

---

〔6〕 参见崔建远：《以物抵债的理论与实践》，载《河北法学》2012 年第 3 期，第 24 页；王洪亮：《以物抵债的解释与构建》，载《陕西师范大学学报（哲学社会科学版）》2016 年第 6 期，第 110 页；肖俊：《以物抵债裁判规则的发展趋势与建构方向——2011—2019 年最高人民法院审判经验的考察与分析》，载《南大法学》2020 年第 1 期，第 101 页。

〔7〕 参见程啸：《担保物权研究》（第 2 版），中国人民大学出版社 2019 年版，第 143 页。

抵押权人利益的维护。

8 就抵押权的实现程序部分,各部法律对抵押权的约定实现程序均有明确,《担保法》及其解释曾将诉讼程序作为抵押权的法定实现程序,但诉讼程序冗长而琐细,且诉讼成本较高,存在较大的缺陷。[8]《物权法》第 195 条第 2 款将诉讼程序修正为"抵押权人可以请求人民法院拍卖、变卖抵押财产",《民事诉讼法》第 303 条、第 304 条及《民事诉讼法解释》(2022 年修正)第 204 条等相关规定对担保物权的实现程序作出了配套规定。抵押权人可以要求法院不再审理主合同,法院仅需对抵押权证明材料等证据进行审查,在审查无异议的基础上即可裁定通过拍卖和变卖等强制执行,从而保障了抵押权实现的高效和公平。本条延续了《物权法》第 195 条第 2 款的相关规定。

9 本条明确规定通过折价或变卖方式实现抵押权的,应当参照市场价格。此规定是为了保证抵押人和其他债权人的利益不受侵害而设。而对于抵押财产变价款之归属的处理,《民法典》第 414 条则通过一个条文作了单独的规定。

二、抵押权实现的要件

(一)抵押权有效存在

10 抵押权的实现以抵押权的有效存在为前提,即抵押权须已有效设立。动产抵押权的有效设立以抵押合同生效为要件,不动产抵押权的有效设立以抵押合同生效并办理抵押登记为要件。抵押权如未能有效设立则不发生抵押权实现的问题。在不动产抵押的场合,若抵押合同已生效但未办理抵押登记,则会发生如下法律效果:其一,按照《民法典担保制度解释》第 46 条第 1 款,抵押权人有权请求抵押人办理抵押登记以设立抵押权,抵押人违反合同约定拒绝办理抵押登记致使抵押权人受到损失的,抵押人应当承担赔偿责任。[9] 在主债务履行期限届满时,若不存在其他债权人就抵押财产申请强制执行,在债权人获得人民法院生效判决支持后,则债权人可提出申请就抵押物予以变价,并以所得价款清偿其债务,其原因在于:此时抵押人应向债权人在抵押权所担保债权范围内承担违约责任,此时债权人申请对抵押物进行强制执行,与一般债权人向法院申请强制执行并无差异。司法实践中也认为,未办理抵押登记的不动产抵押权不享有优先受偿权,不得对抗

[8] 参见石冠彬、魏沁怡、单平基、吴昭军、肖俊:《民法典(草案)物权编修改笔谈》,载《法治研究》2020 年第 1 期,第 10 页。

[9] 参见北京市第二中级人民法院(2016)京 02 民终 8631 号民事判决书;最高人民法院(2019)最高法民终 2025 号民事判决书。

善意第三人,但抵押人仍应在抵押物价值范围内依约承担连带清偿责任。[10] 其二,《民法典担保制度解释》第 46 条第 2 款及第 3 款区分抵押财产是否因可归责于抵押人的原因而导致抵押财产灭失进而无法办理抵押登记。依第 2 款,若因不可归责于抵押人的原因导致抵押财产灭失或被征收,使得无法办理抵押权登记,则因是否存在代位物等不同情形而作相异处理,若不存在保险金等代位物,则债权人无法请求抵押人在约定的抵押权范围内承担担保责任,若存在保险金等代位物,虽然此时不能基于抵押权的物上代位性,认可抵押权人可就保险金等代位物主张实现抵押权,但债权人仍可请求抵押人在所获得的代位物价额范围内承担赔偿责任。依第 3 款,若因可归责于抵押人的原因而导致无法办理抵押登记,则抵押人应在抵押权所担保的债权范围内承担赔偿责任。[11] 理由在于,抵押人负有保证抵押物价值安全的义务。[12]

对于动产抵押而言,动产抵押合同未成立会导致抵押权未能有效设立。若抵押合同中对"被担保的主债权数额种类"未约定或者约定不明,且无法根据主合同和抵押合同进行补正或推定的,基于抵押权的从属性,在尚无法确定主债权时,抵押权不能有效设立。抵押合同对"抵押财产"未约定或约定不明,且无法对合同欠缺的内容作补充解释时,实质上属于当事人未对合同"要素"形成合意,此时抵押合同、设立抵押权的处分行为均未能成立,自然不存在抵押权设立的问题。至于当事人在对抵押财产作出约定时,是以具体描述的方式还是概括描述的方式进行约定并不重要,关键在于能够合理识别抵押财产,例如,根据《民法典担保制度解释》第 53 条,当事人在动产和权利担保合同中对担保财产作出概括描述,这一描述能够合理识别担保财产的,应认定担保成立。[13] 回归到《民法典》中,《民法典》也并未禁止当事人就抵押财产进行概括描述,《民法典》第 400 条规定抵押合同一般包括"(三)抵押财产的名称、数量等情况",并未禁止当事人就抵押财产进行概括描述。[14] 11

此外,无论是动产抵押还是不动产抵押,抵押合同被认定为无效或者被撤销也都会导致抵押权不能有效设立。依据现行法主要有如下情形:其一,主合同无 12

---

〔10〕 参见浙江省高级人民法院(2016)浙民终 228 号民事判决书。

〔11〕 参见杨代雄:《抵押合同作为负担行为的双重效果》,载《中外法学》2019 年第 3 期,第 762 页。

〔12〕 参见江苏省徐州市中级人民法院(2020)苏 03 民再 99 号民事判决书。

〔13〕 这一规定也有助于优化我国营商环境,参见最高人民法院民事审判第二庭:《最高人民法院民法典担保制度司法解释理解与适用》,人民法院出版社 2021 年版,第 463 页以下。

〔14〕 《民法典》时代之前,就有学者对《物权法》第 185 条作此种解释。参见罗培新:《论世行营商环境评估"获得信贷"指标得分的修法路径——以我国民法典颁布为契机》,载《东方法学》2020 年第 1 期,第 54 页。

效或者被撤销(《民法典》第 388 条)。[15] 抵押合同具有从属性的特征,抵押合同的效力一般取决于主合同的效力,但是法律另有规定的除外,如最高额抵押权因不从属于其所担保的某个特定的债权,其并不会因某个债权的无效而无效,除此类例外情形外,在主合同无效或被撤销后,基于抵押合同的从属性,抵押合同同样归于无效。其二,抵押合同因抵押人主体资格的原因无效,如机关法人和以公益为目的的非营利法人违反法律规定设定抵押权(《民法典担保制度解释》第 6 条)。其三,抵押合同因抵押财产原因无效,如以《民法典》第 399 条所列的禁止抵押的财产设定抵押权。值得注意的是,按照《民法典担保制度解释》第 37 条第 2 款及第 3 款的规定,当事人不得以抵押财产被查封、被扣押、被监管为由请求确认抵押合同无效。在抵押财产灭失后,虽然可能会存在损害赔偿金、保险金等代位物,但在并不存在代位物的场合,按照物权客体特定原则,此时抵押权也归于消灭。[16] 其四,抵押合同自身存在《民法典》总则编规定的合同可撤销或者无效事由,而被撤销或者确认无效,此时,抵押权自然会因此而自始未设立。

13 如果抵押权人将债权和抵押权一并出质,抵押权人实现抵押权是否受有限制?这似乎取决于是采取权利标的主义还是权利让渡主义来认定权利质权的性质。[17] 如采权利标的主义,则抵押权人仍可以实现抵押权;如采权利让渡主义,则抵押权人无实现抵押权之可能。我国通说采权利标的主义,抵押权人有权实现抵押权,但是不能就抵押财产变价所得价款优先受偿,也不能受领债务人所清偿主债权的给付,只能将所得价款向质权人提前清偿或提存。[18] 从权利标的主义的角度来解释应收账款质权,在我国法中固然有其实证法根据,在《民法典》分别于物权编和合同编规定应收账款质押和债权让与的背景下,将权利质权解释为权利让与,则会构成体系悖反,似乎应当从权利标的主义的视角解释权利质权。然而,不可忽视的是:在以债权为标的设定质权时,权利标的主义与权利让渡主义两者的差异并不大,即使采纳权利标的主义,在质权实现条件成就时,也等同于质权人在债权受到担保的范围内,获得了对债务人的债权,[19] 按照这一结论,那么,质权人在其债权受到质权担保的范围内,同样可以行使抵押权。

---

[15] 参见最高人民法院(2020)最高法民申 1253 号民事裁定书。

[16] 参见最高人民法院(2017)最高法民终 971 号民事判决书。

[17] 参见钟青:《权利质权研究》,法律出版社 2004 年版,第 94 页。"权利标的主义"认为权利质权是设定在权利上的权利,质权人并不因为设定质权而取得债权和抵押权。"权利让渡主义"认为权利的出质是权利的让渡,设定质权则取得用于出质的债权和抵押权。

[18] 参见王利明:《物权法研究(下卷)》(第 4 版),中国人民大学出版社 2016 年版,第 1347—1348 页。

[19] 从功能主义角度观察,债权让与同债权担保之间的差异并不显著,以美国为代表的比较法甚至对债权担保交易与债权让与采统一规范模式,参见李宇:《民法典中债权让与和债权质押规范的统合》,载《法学研究》2019 年第 1 期,第 56 页。

(二)债务人不履行到期债务或者发生当事人约定的实现抵押权的情形

抵押权实现的事由包括法定事由和约定事由。法定事由是指债务人于债务履行期届满而不履行到期债务。这里的“不履行到期债务”既包括完全没有履行,也包括部分没有履行。不履行到期债务并不意味着,只有在债务人无法以其他责任财产履行债务时,抵押权人方可实现抵押权。[20] 但如果债务人未履行债务具有正当理由或者由于抵押权人的原因造成,如作为抵押权人的债权人未履行对待给付义务,或者无正当理由拒绝接受债务人的适当履行等,则抵押权人不得实现抵押权。[21] 司法实践中亦要求抵押权实现条件为抵押权人对债权未受清偿不存在过错。[22] 通常情况下,应以债务履行期限是否届满来判断是否履行债务,因为此时才具备实现抵押权的条件。但在下列情形中债务提前到期,抵押权人可以于原定的债务履行期届满前实现抵押权:其一,债务人被宣告破产,根据《企业破产法》第46条的规定,未到期的债权在破产申请受理时视为到期,该条以破产申请受理时点作为未到期债权的到期时点,《企业破产法》第46条存在着缺陷,破产申请的受理,并不意味着债务人被宣告破产,以受理破产申请的时点作为未到期债权到期时点并不合理,应以债务人被宣告破产时间作为未到期债权到期时点,既然此时未到期债权已经视为到期,那么,债权人自然可以行使其抵押权;其二,根据《民法典》第408条的规定,抵押人的行为足以使抵押财产价值减少,抵押权人请求恢复抵押财产的价值或者提供增担保遭到拒绝,抵押权人可要求债务人提前清偿债务,此时类似于未到期的债权已加速到期,既然债权已经到期,债权人可行使抵押权。[23] 14

约定事由是指债务人不履行到期债务以外的,由当事人在抵押合同中特别约定的实现抵押权的情形。从立法意图上看,允许当事人在合同中约定实现抵押权的条件,目的在于对抵押人的行为予以约束,防止抵押人的非正常经营行为或者 15

〔20〕 参见最高人民法院(2021)最高法民再53号民事判决书。

〔21〕 参见崔建远:《物权:规范与学说——以中国物权法的解释论为中心(下册)》,清华大学出版社2011年版,第822—823页。

〔22〕 参见湖北省高级人民法院(2015)鄂民四终字第00003号民事判决书。

〔23〕 针对《民法典》第578条所规定的情形,在债务人明确表示或者以自己的行为表明不履行合同义务的,该条规定债权人可要求债务人在履行期限届满前承担违约责任,并不构成抵押权人可在原定的债务履行期届满前实现抵押权的情形,其原因在于:此时即便从单个合同观察,债权人的债权存在不能实现之虞,但仍存在抵押权以担保债权人债权的实现,从整个交易环节观察,债权人的债权难以被界定为无法实现,从这个角度观察,当存在担保物权用以担保债权人债权的实现时,不能仅仅因为债务人明确表示或以自己行为表明不履行合同义务为由,而认定债务人构成预期违约,既然在存在抵押权等担保物权用以担保债权的实现时,第578条本身的适用范围应当限缩,更不存在将第578条所规定的情形作为抵押权人在债务履行期届满前实现抵押权的情况。

恶意行为等造成抵押财产价值大量减少，无法对抵押权人的债权起到担保作用，从而损害抵押权人的利益。[24] 此类约定事由常常与抵押人的违约行为相关联，从而使抵押权“加速到期”，在法理上类似于预期违约制度。[25] 但约定事由也并不仅限于抵押人的不当行为，抵押人的股东变更、高管变动，以及浮动抵押财产总价值在正常经营过程中低于一定数额等情形，只要存在可能导致抵押财产价值减损的风险，并且由抵押人与抵押权人双方达成合意，均可被作为抵押权的实现事由。但无论当事人如何进行约定，约定的抵押权实现条件不能突破抵押权的从属性。

（三）抵押权的实现不存在法律上的障碍

16　在抵押人对抵押权人享有抗辩权的情况下，[26] 可能会阻碍抵押权人实现其抵押权。此种抗辩权通常有两种发生基础：一种产生于抵押人与抵押权人之间的法律关系，即抵押权相关的抗辩权；另一种则产生于债权人与债务人之间的法律关系，即债权相关的抗辩权。[27] 就前者而言，其通常系由抵押合同约定，具体内容可能为抵押权仅得在特定条件下行使，或者债权人在特定条件下将放弃抵押权。[28] 就后者而言，基于抵押权相对于其所担保之债权的从属性，无论抵押人与债务人是否为同一人，抵押人都可以对抵押权主张债务人对债权人所享有的抗辩权，[29] 且不因债务人抛弃某项抗辩权而丧失相应的抗辩权。虽然我国《民法典》第 701 条仅针对保证人作出了此等规定，保证人可主张债务人对债权人的抗辩，但鉴于抵押人具有与保证人类似的法律地位，对于抵押人理应类推适用该项规范，承认抵押人享有债权相关的抗辩权。此外，类推适用《民法典》第 702 条，在债务人有权撤销构成其债务之基础的法律行为、债权人行使抵销权抵销已到期的债

---

〔24〕 参见黄薇主编：《中华人民共和国民法典物权编解读》，中国法制出版社 2020 年版，第 695 页以下；胡康生主编：《中华人民共和国物权法释义》，法律出版社 2007 年版，第 425 页。

〔25〕 最高人民法院民法典贯彻实施领导小组主编：《中华人民共和国民法典物权编理解与适用（下）》，人民法院出版社 2020 年版，第 1111 页；最高人民法院（2019）最高法民终 551 号民事判决书。

〔26〕 我国实证法并未规定针对抵押权的抗辩权，且通说似认定抗辩权是对抗请求权的权利，但将抗辩权适用范围局限于请求权更多是学理主张，亦无坚实的法政策层面的正当性，将抗辩权适用范围局限于请求权并不可取，因此，本文提出抵押权的抗辩权这一概念。

〔27〕 Vgl. Vieweg/Werner, *Sachenrecht*, 8. Aufl., 2018, § 15 Rn. 46.

〔28〕 *Staudinger BGB/Wolfsteiner*, 2019, § 1137 Rn. 27.

〔29〕 Vgl. Vieweg/Werner, *Sachenrecht*, 8. Aufl., 2018, § 15 Rn. 48.

务人债权等情形下,[30]抵押人享有独立的抗辩权,[31]以拒绝在相应范围内承担保证责任,对此,《民法典担保制度解释》第 20 条已作了明确规定。

17 抵押权的实现还可能受到法律上的特别限制,在此情形下抵押权人将无法实现抵押权。如《企业破产法》第 75 条第 1 款对重整期间抵押权等担保物权的行使进行了限制,其目的在于确保重整程序的顺利推进,保证企业实现正常的生产经营,避免由此造成的损害高于抵押权人的权利受限蒙受的不利益。当然,如果抵押物存在损坏或者价值减少之可能,将对抵押权人的利益造成损害的,抵押权人可以向法院请求恢复行使抵押权,在破产程序中,中止抵押权的实现,目的在于避免抵押权的实现对破产人的经营造成消极影响,并最大限度地实现破产人、其他债权人的利益,但这一前提是不致于对抵押权人的利益造成损害,否则将会产生以牺牲抵押权人的利益来实现破产人、其他债权人利益的不合理局面,[32]而在抵押权中止行使期间,抵押权人利益不免遭受损害时,应允许抵押权人向法院请求恢复行使抵押权。

18 抵押权的实现也要受到一定的期间限制,此种期间限制同样构成抵押权实现的法律障碍。《民法典》第 419 条对抵押权的行使期间进行了规定,即抵押权人应当在主债权诉讼时效期间行使抵押权;未按期行使的,人民法院不予保护。该条完全延续了《物权法》第 202 条的规定,仍保留了"不予保护"的表述。《民法典》第 419 条的设定本是为了减轻抵押人的负担、提高抵押财产的经济效用、促进法律关系的稳定和市场交易,[33]在抵押权人并未于诉讼时效期间内行使抵押权时,抵押权归于消灭。此外,《九民纪要》第 59 条规定,"……抵押权人在主债权诉讼时效届满前未行使抵押权,抵押人在主债权诉讼时效届满后请求涂销抵押权登记的,人民法院依法支持……",这实际上是对"不予保护"的进一步解释,间接承认了主债权诉讼时效期间内未行使抵押权的后果为抵押权消灭。而抵押权的行使期间届满后原抵押人自愿履行所谓"担保义务"的,则等同于自愿偿还或代为清偿债务,此与抵押权是否消灭并非同一问题。[34]

---

〔30〕 Vgl. Marina Wellenhofer, *Sachenrecht*, 35. *Aufl.*, 2020, § 27 *Rn.* 22; Wieweg/Werner, *Sachenrecht*, 8. Aufl., 2018, § 15 Rn. 48.

〔31〕 参见程啸:《论〈民法典〉第 702 条上的保证人抗辩权》,载《环球法律评论》2020 年第 6 期,第 40 页。

〔32〕 参见许德风:《论担保物权在破产程序中的实现》,载《环球法律评论》2011 年第 3 期,第 49 页以下。

〔33〕 参见全国人大常委会法制工作委员会民法室编:《中华人民共和国物权法条文说明、立法理由及相关规定》,北京大学出版社 2007 年版,第 302 页。

〔34〕 参见刘保玉:《民法典担保物权制度新规释评》,载《法商研究》2020 年第 5 期,第 17 页。

三、抵押权实现的方式

(一)折价

19 折价是指抵押权人与抵押人就抵押财产估价后达成以物抵债协议,由抵押权人取得抵押财产以抵偿相应债务的行为。履行期限届满后或者发生当事人约定实现抵押权情形后签订的以物抵债协议,不违反法律、行政法规的强制性规定,而且对抵押人也并无不公,因而是合法有效的。折价协议应当由抵押权人和抵押人协商订立,当事人无权要求法院在法定实现程序中折价处理抵押财产,法院也不能依职权对抵押物折价并裁定以抵押物抵偿被担保的债权。但如果抵押物无法变现且抵押权人与抵押人均同意对抵押物折价的,法院可以对抵押财产进行折价处理。〔35〕 这是法院出于尊重当事人在司法程序中的处分权而为之,本质上也是基于当事人的意思表示,与意思自治原则并不抵触。

20 折价与《民法典》第 401 条规定的流押契约有本质上的不同。两者的不同主要体现为协议成立时间的不同。〔36〕 如果抵押权人和抵押人在抵押合同中事先约定,一旦出现实现抵押权的事由,抵押权人则不需估价即可直接取得抵押物的所有权,该约定便属于流押契约范畴。理论界解禁流押条款的呼声未曾中断。〔37〕《民法典》第 401 条并未沿袭《物权法》第 186 条关于流押契约无效的表述,其试图对流押条款作出柔化规定。依据该条,流押条款并非直接归于无效,而是会产生“依法就抵押财产优先受偿”之效果,但这同否认流押条款效力并无本质差异。流押契约成立于抵押权实现条件成就之前,体现为抵押人附停止条件转让抵押物所有权,停止条件是否成就取决于未来债务人可否清偿债务。在此之前,抵押人对债务人未来的债务清偿能力极易作出错误判断,由于事先弃权行为的存在,导致流押契约中抵押人普遍面临在缺乏判断能力基础上作出意思表示的困境,实质上已构成对公共利益的侵害,故而有必要将流押契约的法律效果规定为无效。〔38〕而在债务履行期届满后,抵押权人与抵押人之间依据本条的规定,重新对抵押财产达成折价协议的,系双方当事人真实意思表示且未违反法律禁止性规定,应属有效并受法律保护。当事人亦可以通过处分型清算的方式实现抵押权。司法裁判中亦有法院对当事人在抵押权实现条件成就前后订立的诸份协议的性质和效

〔35〕 参见贵州省黔东南州苗族侗族自治州中级人民法院(2015)黔东执字第 27—1 号执行裁定书。

〔36〕 参见湖南省长沙市中级人民法院(2018)湘 01 民终 3601 号民事判决书。

〔37〕 参见郑冠宇:《民法物权》(第 8 版),台湾地区新学林出版股份有限公司 2018 年版,第 538 页;谢哲胜:《民法物权》(增订 3 版),台湾地区三民书局 2010 年版,第 364 页。

〔38〕 参见叶名怡:《论事前弃权的效力》,载《中外法学》2018 年第 2 期,第 327 页以下。

力分别进行认定,就抵押权人与抵押人在抵押合同中事先达成的流押契约的效力不予认可。但是若双方当事人在债务履行期间届满后重新达成了折价协议的,法院对此协议的效力予以确认。[39]

(二)拍卖、变卖

拍卖是指以公开竞价的形式,将特定物品或者财产权利转让给最高应价者或 21
拍卖规则确定的应价者的买卖方式。抵押权人和抵押人可以选择自行拍卖或委托拍卖机构拍卖,也可以请求法院依照法定程序对抵押财产强制拍卖。拍卖具有公开性强、透明度高、变现能力强等特点,因此能使得拍卖的价款最大限度地体现拍卖财产的价值,以充分发挥抵押财产对债权的担保作用。

变卖是指以一般买卖而非公开竞价的形式出卖抵押财产,并以变价款实现债 22
权的方式。由于拍卖方式的公开性和透明程度更高,对于抵押人和其他债权人更为公平,所以人民法院处置抵押财产,一般是以拍卖为原则、以变卖为例外。依据本条,当事人可自由选择拍卖或变卖的抵押财产变价方式。而且,变卖抵押财产也并非只能通过人民法院来执行,抵押人和抵押权人在达成协议的情况下也可自行变卖。这体现了对私法自治理念的进一步贯彻。[40]

拍卖、变卖的标的通常以抵押财产为限,但就建设用地使用权实现抵押权时, 23
应当将该土地上新增的建筑物与建设用地使用权一并处分,学理上称之为“拍卖标的物的扩张”。只是因新增建筑物不属于抵押财产,就新增建筑物拍卖、变卖所得的价款,抵押权人仅能作为普通债权人进行受偿,而不享有优先受偿权(《民法典》第 417 条)。[41] 建设用地使用权设立抵押权后的新增建筑物本不为抵押权效力所及,但因为新增建筑物不能与土地分离,若不将两者一并处分,就会出现无人竞拍、竞价过低的状况,使债权人的利益受到损害。也有可能造成房、地各异其主的情形,引发权利冲突。[42] 将新增建筑物和设定抵押权的建设用地使用权一并处分能有效防止引发抵押权实现时的困境,使抵押土地上的建筑物得继续存在以维护公共利益,进而调和抵押物的抵押权与用益权之间的关系,更间接促进抵押

---

〔39〕 参见最高人民法院(2014)民提字第 92 号民事判决书;四川省内江市中级人民法院(2014)内民申字第 3 号民事裁定书。

〔40〕 参见[德]克里斯蒂安·冯·巴尔、[英]埃里克·克莱夫主编:《欧洲私法的原则、定义与示范规则:欧洲示范民法典草案(全译本):第 9 卷、第 10 卷》,徐强胜等译,法律出版社 2014 年版,第 224—225 页。

〔41〕 参见《民法典》第 417 条。

〔42〕 参见郭明瑞、房绍坤:《担保法》(第 2 版),中国政法大学出版社 2012 年版,第 135 页。

权为非占有担保物权的实效性。[43]

(三)庭外实现方式

24 拍卖、变卖,均非抵押权人的庭外实现方式,在抵押权实现条件成就时,当事人协议实现抵押权也可纳入庭外实现方式,但是,可否承认抵押权人事先约定庭外实现方式以实现抵押权,我国理论界存在反对声音,[44]司法实践亦否认当事人私力实现债权的可能性,[45]然而,世界营商环境调查中的合法权利保护力度指数将当事人在协议中约定可庭外实现作为营商环境指数之一,以鼓励抵押权人与抵押人事先在合同中约定庭外实现方式。在我国,当事人就此已作约定时,其并不违法悖俗,同时亦有利于提升我国的营商环境指数得分,应允许当事人在合同中作出约定。[46]《民法典担保制度解释》第45条也已经肯认了当事人此种约定的效力。不过,应进一步探讨的问题是,在当事人事先并未就此作出约定时,如何处理?由于抵押人占有抵押物,若认可抵押权人可诉诸庭外实现等类似自力救济的方式,不利于维护社会和经济秩序,自体系化解释角度观察,《民法典》第1177条严格限定自力救济的适用范围,自力救济的条件是:其一,当事人合法权益受到侵害;其二,情况紧迫且不能及时获得国家机关保护;其三,若不立即采取措施,将会使当事人合法权益受到难以弥补的损害;其四,自力救济措施必须限定在能够保护当事人合法权益的必要范围内。若当事人在就是否允许抵押权人实行自力救济措施未作约定的背景下,赋予抵押权人实行自力救济的权利,在体系上与《民法典》第1177条相悖,[47]因而在当事人未事先作约定的背景下,应当否认当事人诉诸庭外实现等类似自力救济的可能性。

(四)价格

25 为保证抵押人和其他债权人的利益不受侵害,抵押财产折价或者变卖的,应当参照市场价格。该款规定属于倡导性规定。只要抵押人与抵押权人就折价或

---

[43] 参见谢在全:《民法物权论(下)》(修订7版),台湾地区新学林出版股份有限公司2020年版,第253页;郑冠宇:《民法物权》(第8版),台湾地区新学林出版股份有限公司2018年版,第531页;最高人民法院(2020)最高法执监171号执行裁定书。

[44] 参见高圣平:《担保物权实行途径之研究——兼及民事诉讼法的修改》,载《法学》2008年第1期,第48页。

[45] 参见上海市第二中级人民法院(2016)沪02民终9189号民事判决书,葛亮诉李辉等房屋买卖合同纠纷案,载《最高人民法院公报》2021年第2期。

[46] 参见纪海龙:《世行营商环境调查背景下的中国动产担保交易法》,载《法学杂志》2020年第2期,第45页。

[47] 赋予抵押权人自力救济的权利,与《民法典》第1条所追求的维护社会和经济秩序的目标也存在冲突。

变卖的价格达成合意，且其他债权人未对此提出异议，抵押财产的价值就应当由当事人自主判断和决定，而无须严格依照市场价格。而且市场价格通常需要通过一定的评估机制确定，如果价格评估机制不合理，反而会导致抵押权人和抵押人之间利益失衡。〔48〕 事实上，在判定抵押财产的变价是否合理时，相较于“市价”这一僵化的指标，美国《统一商法典》第9.610条针对担保物处置方式和原则规定的“商业合理标准”毋宁更为可采。依据该条，只要在商业上是合理的，抵押权人可以以公开或私下的方式，通过一个或多个合同、整体或分批，在任何时间和地点以任何条件处置抵押财产。〔49〕 至于何谓“商业上合理”，则可依据个案的具体情况由法官予以判断。但是，当事人所约定的价格不能过低以致于损害其他债权人的利益。

（五）抵押权的变相实现——抵押人代为履行债务

当抵押人与债务人非属同一人时，抵押人为避免其抵押财产因折价、拍卖或 26
变卖而归于抵押权人或第三人，也可能会自愿代替债务人履行债务，以去除抵押权人对其财产享有的抵押权。抵押权的实现往往意味着对抵押财产的变价，尽管在抵押人代为履行债务的场合不存在现实意义上的抵押财产变价，但由于抵押权人实现抵押权的目的本就在于使其债权获得清偿，而抵押人之所以愿意履行债务乃系受抵押权行使的“压迫”所致，且该行为的后果与折价、拍卖或变卖抵押财产并无二致——均为使抵押权人的债权获得实现，是故可认为抵押权人的抵押权通过此种方式获得了变相实现。我国虽未对此作出直接规定，但鉴于抵押人对履行债务人对抵押权人的债务具有合法利益，故可以《民法典》第524条作为相关规范依据。〔50〕 值得注意的是，尽管抵押权人对债务人的债权原则上转移给抵押人，但如果在抵押人与债务人的内部关系中，抵押人应当是最终的负担人，则是否发生此等法律效果？例如，如果抵押财产系抵押人自债务人处购得，且已在购置款中扣除抵押权的价值，则抵押人即便代替债务人履行了债务，似乎抵押人也无从取得债权。〔51〕 在这一案例中，即便承认抵押人取得债权，但这一例子中同债务人已经事先履行了对抵押人所负债务的情形并无区别，因而抵押人在清偿债务后，无法请求债务人向其履行债务，事实上，在此种情形下，与其说是抵押权人对债务人

---

〔48〕 参见最高人民法院民法典贯彻实施工作领导小组主编：《中华人民共和国民法典物权编理解与适用（下）》，人民法院出版社2020年版，第1112页。

〔49〕 参见潘琪：《美国〈统一商法典〉解读》，法律出版社2020年版，第756页。

〔50〕 《民法典》第524条规定：“债务人不履行债务，第三人对履行该债务具有合法利益的，第三人有权向债权人代为履行；但是，根据债务性质、按照当事人约定或者依照法律规定只能由债务人履行的除外。债权人接受第三人履行后，其对债务人的债权转让给第三人，但是债务人和第三人另有约定的除外。”

〔51〕 Vgl. Fritz Baur/Jürgen F. Baur/Rolf Stürner, *Sachenrecht*, 18. Aufl, 2009, § 40 Rn. 17.

的债权并不移转至抵押人,不如说更准确的解释是:债务人对抵押人的债务因已经清偿而消灭。因此在抵押人与债务人的内部关系中,应当依据双方内部关系确定抵押人可否请求债务人履行债务。

(六)强制管理

27 按照《农村土地承包法》第 47 条第 3 款的规定,担保物权人在实现担保物权时,有权就土地经营权优先受偿,理论界认为该条新增了强制管理(收益实行)这一担保物权的实现方式,承包方在以土地承包经营权为融资方设定担保物权后,在实现担保物权之时,则由承包方为经营主体设定土地经营权,以设定土地经营权所获得的价款清偿债务,〔52〕在此之前,地方实践对此也已经展开了探索,〔53〕这拓宽了我国法上抵押权的实现方式,事实上,《农村土地承包法》第 47 条第 3 款虽然并未明确规定强制管理这一实现方式,但债权人针对土地经营权优先受偿的同时,而又不使得承包方丧失土地承包权的构造,已经起到了强制管理的效果。〔54〕

四、通过协议实现抵押权时的撤销权

28 根据本条第 1 款第 2 句,在抵押权人与抵押人以协议折价、拍卖、变卖的方式使得抵押权人实现其抵押权时,若协议存在损害其他债权人利益的情形,其他债权人可以请求人民法院撤销该协议,其他债权人的撤销权不仅存在于通过折价协议实现抵押权的场合下,也适用于通过协议拍卖、变卖进而实现抵押权的情形。

29 值得注意的是,依照我国《民法典》第 154 条规定,在抵押权人与抵押人恶意串通,通过协议实现抵押权损害其他债权人利益时,亦能够为《民法典》第 154 条所涵摄,此外,若抵押人以过低价格将抵押物折价、拍卖、变卖,在抵押权人知道或应当知道抵押人的此种行为将会损害其他债权人利益时,亦可能符合《民法典》第 539 条关于债权人撤销权的规定,如何解释这些规范之间的关系?

(一)享有撤销权的主体

30 同债的保全中债权人撤销权制度存在差异的是,在抵押权人与抵押人通过协议的方式实现抵押权,对抵押物的价格约定过低以致于损害其他债权人利益时,享有撤销权的主体不仅仅包括抵押人的债权人,在抵押人与债务人并非同一主体

〔52〕 参见高圣平:《土地经营权登记规则研究》,载《比较法研究》2021 年第 4 期,第 13 页。

〔53〕 参见高圣平:《民法典担保物权法编纂:问题与展望》,载《清华法学》2018 年第 2 期,第 93 页。

〔54〕 早在《物权法》立法之时,对此就已经展开了讨论,参见全国人民代表大会常务委员会法制工作委员会民法室编:《物权法立法背景与观点全集》,法律出版社 2007 年版,第 662—663 页。

时，还包括对抵押财产享有后顺位抵押权的债务人之债权人，[55]但并不包括债务人的一般债权人，在第三人以其财产提供抵押时，债务人的一般债权人对于抵押财产并无正当利益，自然不得行使撤销权。因此，本条第 1 款第 2 句中享有撤销权的主体如下：第一，在债务人以其财产设定抵押的场合，撤销权人包括债务人的一般债权人、同一抵押财产的后顺位抵押权人；第二，在债务人以外的第三人设定抵押的场合，撤销权人包括同一抵押财产的后顺位抵押权人。由此也可得知，本条第 1 款第 2 句中撤销权相对独立于债权人撤销权。

论者认为，按照本条第 1 款第 2 句，在抵押人与抵押权人通过协议的方式实现抵押权时，其他债权人无从得知协议是否损害自身的利益，为避免此种情形的发生，当事人在通过协议实现抵押权时，应当通过公告或其他方式将协议实现抵押权的事实告知其他债权人。[56] 这一主张具有一定合理性，但缺憾在于：未能区分不同的债权人而作不同处理，应当根据债权人是一般债权人还是抵押权人等不同情形作区分对待。首先，对于抵押人的一般债权人而言，抵押人不负有通知义务。将此种情形下，抵押人对抵押财产的处分，属于抵押人作为抵押物所有权人的应有之义，若要求抵押人负有通知义务，将过于限制抵押人作为抵押物所有权人所享有的处分权能，也正因为如此，在合同编债的保全中，即便法律为了保护债权人的权利，进而赋予债权人以撤销权，但在债务人低价转让财产时，也并未要求债务人负有通知其债权人的义务。[57] 其次，针对对抵押物享有抵押权的其他债权人，抵押人则负有通知义务。其原因在于：抵押权作为一种限制物权，对抵押人以所有权人的身份行使占有、使用、收益、处分的权能作了限制，要求协议实现抵押权时抵押人应通知其他抵押权人，体现了抵押权作为支配权的要求，不构成不合理地限制抵押人的处分自由。问题在于，从解释论角度，如何得出这一结论？对此可适用《民法典》第 406 条的规定。按照第 406 条，在抵押人转让抵押物时，应当及时通知抵押权人。该条所规定的抵押人通知义务即在于保护抵押权人的利益不受损害。在抵押权人认为自己的权利可能受到损害时，则可要求抵押人将转让抵押物所得价款向抵押权人提前清偿债务或提存。如果肯定抵押权的追及效力，[58]一般而言，很难发生抵押财产的转让会导致抵押权人的权利受到损害的情况，因而该条在抵押物转让时所能够发挥的作用较为有限，但其背后体现的对 31

[55] 参见江苏省无锡市中级人民法院(2017)苏 02 民初 323 号民事判决书。

[56] 参见许德风：《评〈物权法草案〉第十七章》，载《中外法学》2006 年第 1 期，第 107 页。

[57] 事实上，在当事人有诈害债权人的意思时，债务人是不可能作出此种通知的。

[58] 参见最高人民法院(2006)民一终字第 28 号民事判决书，中国有色金属工业长沙勘察设计研究院与海南省汇富房地产开发公司长沙公司、海南省汇富房地产开发公司合作建房合同纠纷案，载《最高人民法院公报》2006 年第 11 期。

抵押权人进行保护的精神，在通过协议实现抵押权时则更为突出，此时宜适用第 406 条。无论是通过协议折价的方式实现抵押权，还是抵押人与抵押权人达成协议以拍卖、变卖抵押财产，均涉及抵押财产的转让，可为《民法典》第 406 条所涵摄，因此抵押人负有对其他抵押权人等担保物权人进行通知的义务。

(二)撤销的对象

32 本条第 1 款第 2 句阐明，撤销权人所撤销的为抵押权人与抵押人实现抵押权的协议，在《民法典》第 597 条规定出卖人处分权的欠缺并不影响买卖合同效力的背景下，已可从实证法角度得出结论，我国承认负担行为与处分行为的区分，建立在这一基础上，按照本条第 1 款第 2 句，可撤销的到底是作为负担行为的约定实现抵押权的协议，还是折价、拍卖、变卖过程中移转抵押财产所有权的处分行为？

33 首先，对于折价而言，由于作为负担行为的折价协议并不损害其他债权人的利益，因而并不符合本条第 1 款第 2 句关于撤销权的构成要件，此时所撤销的对象应解释为移转所有权的处分行为。

34 其次，对于拍卖、变卖而言，存在的问题在于：若仅仅撤销当事人之间所签订的通过拍卖、变卖实现抵押权的协议，并不足以避免其他债权人的利益免受损害，只有在拍卖合同、变卖合同被撤销后，才可实现其他债权人利益免受损害的目的，但对拍卖合同、变卖合同的撤销，并不直接落入本条第 1 款第 2 句的规范射程之内。一方面，在抵押权人与抵押人达成实现抵押权的协议后，若由抵押人作为委托人委托拍卖人进行拍卖，或者由抵押人作为变卖人进行变卖，抵押人本就享有对抵押物的处分权，无法以抵押权实现协议被撤销为由否认拍卖合同、变卖合同的效力；另一方面，若抵押权实现协议约定由抵押权人作为委托人委托拍卖人进行拍卖，或者由抵押权人作为变卖人进行变卖，在抵押权实现协议被撤销后，在不承认抵押权人有权诉诸自力救济的背景下，意味着抵押权人自始就丧失了处分权，但拍卖合同、变卖合同固然仍有效。

35 不过，买受人可否取得标的物所有权，则成为了一项未决问题。对于不动产而言，鉴于不动产尚登记于抵押人名下，似难以认定买受人构成善意取得，此时抵押人仍对抵押财产享有所有权，其他债权人、抵押权人对抵押财产的利益也仍旧附着于抵押财产之上；对于动产而言，除非满足正常经营活动过程中买受人的要件，否则，抵押财产所有权同样复归于抵押人。

(三)《民法典》第 539 条与第 410 条第 1 款第 2 句

36 主流观点认为，本条第 1 款第 2 句即为债的保全中债权人撤销权制度在担保物权领域内的具体体现,[59] 如这一观点成立,则虽然本条第 1 款第 2 句仅就其他债权人的撤销权作了简要规定,但在规范供给上,则可直接适用合同编关于债权人撤销权的规定。但是,如前文所述,本条第 1 款第 2 句所规范的对象与债权人撤销权仍存在差异,因此,在规范供给上,则需考察可否类推适用有关债权人撤销权之规则。鉴于本条第 1 款第 2 句与第 539 条关于债权人撤销权制度的规范目的并无实质性差异——均旨在避免债务人的责任财产不当减少导致债权人利益受损,按照第 539 条,在债务人为他人债务提供担保以致于影响其他债权人的债权实现时,其他债权人可行使撤销权,[60] 举轻以明重,于抵押权实现程序中,在当事人以过低价格作出抵押权实现约定等情形下,其他债权人亦应享有此种权利,在此意义上而言,通过债的保全中有关债权人撤销权规则的类推适用,为抵押权实现场合下其他债权人撤销权提供规范供给并无障碍。在类推适用合同编中的债权人撤销权规则时,具体体现为:

第一,在构成要件层面,第 539 条要求相对人知道或应当知道债务人的行为影响其他债权人债权的实现。在通过协议实现抵押权时,以过低价格对抵押财产进行折价,抵押人所负债务消灭,同时抵押权人获得抵押财产所有权,构成有偿转让抵押财产所有权,通过过低价格协议折价实现抵押权的情形与债权人撤销权中低价转让财产存在相似性,此时同样应要求抵押权人知道或应当知道协议损害其他债权人的利益,若不作此种限定,将会与合同编部分第 539 条产生评价矛盾。 37

第二,根据《民法典》第 540 条的规定,其他债权人行使撤销权的范围以其自身的债权范围为限,其他债权人行使撤销权的必要费用应由抵押人承担。 38

第三,《民法典》第 541 条关于债权人撤销权除斥期间的限制亦应适用于本条第 1 款第 2 句。本条第 1 款第 2 句删除了《物权法》第 195 条关于其他债权人应自知道或应当知道撤销事由之日起 1 年内行使撤销权的规定,理论界对此的解释不一,概括而言,主要包括如下几种观点:第一种观点,这是对《民法典》针对诉讼时效进行修改所作出的回应。[61] 第二种观点,本条第 1 款第 2 句中的撤销权为债的保全中的债权人撤销权,而《民法典》第 541 条已对此作出了规定,因而无须再对第 541 条的内容予以重复。[62] 第三种观点,立法机关认为,本条第 1 款第 2 句并未就撤销权是否受制于除斥期间作出规定,应适用《民法典》第 152 条的规定, 39

---

〔59〕 参见孙宪忠、朱广新主编:《民法典评注 · 物权编(4)》,中国法制出版社 2020 年版,第 197 页;程啸:《论抵押权的实现程序》,载《中外法学》2012 年第 6 期,第 1196 页。

〔60〕 参见最高人民法院(2008)民二终字第 135 号民事判决书,中国光大银行与内蒙古包头华达合资卧具装饰厂、中国农业银行包头市青山区支行、包头市青山区人民政府自由路办事处侵权纠纷案,载《最高人民法院公报》2010 年第 2 期。

〔61〕 参见董学立:《〈民法典〉担保物权法的进步与不足》,载《法治研究》2020 年第 4 期,第 39 页。

〔62〕 参见孙宪忠、朱广新主编:《民法典评注 · 物权编(4)》,中国法制出版社 2020 年版,第 197 页。

其他债权人应自知道或应知道撤销事由之日起1年内行使撤销权,同时还应自法律行为发生之日起5年内行使撤销权。〔63〕 第一种解释实质上是认为撤销权受到诉讼时效的限制,尽管将形成权与除斥期间相绑定的做法已经受到质疑,但并不意味着其他债权人的撤销权就一定受到诉讼时效的规范,如若认为其他债权人的撤销权受制于诉讼时效,那么,对同为债务人以不合理低价转让责任财产的行为,则需按照《民法典》第541条,自知道或应当知道撤销事由之日起1年内提出撤销之诉,导致抵押人损害其他债权人利益时,其他债权人受到优待,有违平等原则。按照第三种解释,似乎可以得出与第二种解释相同的结论,但实则不然,第二种解释与第三种解释的相同点在于:均认可撤销权人应在知道或应当知道撤销事由之日起1年内行使撤销权。但按照第152条的规定,撤销权人应自民事法律行为发生之日起5年内行使,而依据第541条的规定,撤销权应自行为发生之日起5年内行使。第541条位于规范合同关系的合同编中,但该条却并未使用合同一词,从文义及体系解释出发,似可认定该条5年除斥期间的起算点并非合同成立生效之日,而是导致债权人利益遭受损害的处分行为发生之日。此种解释具有合理性:仅仅是合同的签订无法对债权人造成损害,只有在对财产进行转让后方才对债权人造成损害,撤销权行使的目的也在于回复已经被转让的财产,在此意义上而言,宜以发生财产转让等后果时作为5年除斥期间的起算点。此外,无论是《民法典》第538条还是第539条,均要求债务人的行为影响债权的实现,仅仅是债权合同的签订尚不足以影响债权的实现,既然仅仅是债权合同的签订尚不足以影响债权的实现,也自然不存在债权人行使撤销权的问题,更谈不上撤销权受到除斥期间的限制。进一步而言,在承认负担行为与处分行为二分的背景下,〔64〕债权人撤销权制度中所撤销的民事法律行为应界定为处分行为。因此,第二种解释和第三种解释所得出的结论并不相同,而之所以第三种解释方案应被舍弃,是因为:在协议实现抵押权时,协议损害其他债权人利益的情形与债的保全中债权人撤销权制度旨在保护其他债权人并无实质性差异,自解释论而言,本条第1款第2句中的撤销权也应当受到《民法典》第541条限制,而《民法典》第152条所规定的撤销权除斥期间,是针对意思表示瑕疵场合下当事人所享有的撤销权而设,规范对象存在差异,不宜类推适用《民法典》第152条。

40　第四,在判断协议是否损害债权人利益的问题上,抵押权实现的场合与债权人撤销权情形也并无实质性差异,主要判断标准为:债务人是否仍有足够责任财

---

〔63〕 参见黄薇主编:《中华人民共和国民法典物权编解读》,中国法制出版社2020年版,第698页。

〔64〕 按照《民法典》第597条的规定,因出卖人未取得处分权致使标的物所有权不能移转的,买受人可解除合同并请求出卖人承担违约责任,实质上已经隐含了负担行为与处分行为区分的逻辑。

产以使得其他债权人的债权得以实现。[65] 因此，即便抵押物以较低价格折价转让至第一顺位的担保物权人，但只要后顺位抵押权人的债权能够通过债务人的其他财产获得清偿，后顺位抵押权人的利益便未遭受损害。值得注意的是，在委托贷款合同中，受托人接受委托人的委托，向借款人提供借款，受托人构成名义债权人，在债务人为名义债权人设定抵押权后，名义债权人通过协议协助实际债权人就抵押财产获得优先受偿权，仅仅这一行为并不损害其他债权人之利益，[66] 这一结论可自《民法典担保制度解释》第 4 条第 2 项得出。按照该项，为委托贷款人提供的担保物权登记在受托人名下时，若债务人不履行到期债务或者发生当事人约定的实现抵押权的情形，则债权人或受托人可主张就该财产优先受偿，既然允许作为受托人的名义债权人实现担保物权，则意味着承认了作为受托人的名义债权人实现担保物权的正当性，无法将其解释为损害其他债权人的利益。

第五，按照《民法典》第 542 条的规定，债务人影响债权人债权实现的行为被 41
撤销的，自始没有法律约束力，若将该条适用于协议损害其他债权人的场合之下，抵押权人与抵押人通过协议以使得抵押权得以实现的目的落空，抵押权人的抵押权仍未消灭，抵押权人仍需借助于协议折价、拍卖、变卖等方式实现抵押权。从《民法典物权编解释一》第 20 条也可得到相同结论，该条规定转让合同被认定无效或被撤销后，受让人不得根据善意取得制度取得转让标的物的所有权。对该条类推适用，以折价协议为例，折价协议的本质体现为抵押权人负担单方抛弃抵押权或者合意废止抵押权的义务，折价协议无效，抵押权人不负担抛弃或者废止抵押权的义务，进而意味着抵押权人仍享有抵押权。[67] 同债的保全存在差异的是：在协议实现抵押权的场景之下，抵押权人获得标的物所有权并非全无正当性，只是由于协议对标的物的价格约定过低，导致其他债权人利益受损，但抵押权人本身对于抵押物仍可主张基于抵押权所享有的支配权。基于此种考量，在协议实现抵押权的场合之下，似乎更为妥当的路径是对协议进行变更，也即：将协议调整到公平合理的范围内，以兼顾抵押权人抵押权的实现与债权人利益之间的平衡。不过，这并不意味着法院可以直接变更当事人的协议，相较于直接变更协议，此时更宜采取以法院拍卖所获得价款实现抵押权的方式。尽管法院可以参照市场价格直接对当事人的协议进行变更，但通过拍卖标的物，则可能以相较于抵押财产市场价格更高的价格将抵押财产转让至第三人，且拍卖同样应按照抵押财产的市场

---

〔65〕 债权人撤销权场合参见崔建远：《论债权人撤销权的构成》，载《清华法学》2020 年第 3 期，第 142 页。

〔66〕 参见最高人民法院（2020）最高法民申 1648 号民事裁定书。

〔67〕 在协议拍卖、变卖抵押财产的情形下，亦同。此外，在抵押权登记已被涂销的场合下，也不影响这一结论的达成，抵押权人可根据《民法典》第 220 条的规定，请求抵押人恢复抵押权的登记。

价格进行,有助于最大限度地实现抵押人、抵押权人、其他债权人、买受人的利益,而法院参照抵押物财产市场价格变更协议则不具有此种优势,甚至还会引发进一步的争议。此外,在法律已经赋予了当事人协议实现抵押权的机会后,因协议存在损害其他债权人的情形,在其他债权人向法院提出撤销之诉后,也不应再赋予当事人协议实现抵押权的机会,而应直接由法院对抵押财产进行拍卖。当事人通过协议的方式本就存在损害其他债权人的弊端,也正因为如此,比较法上还存在大量的立法例否认当事人协议实现抵押权的可能性。〔68〕在我国法已经赋予了当事人协议实现抵押权的选择的情形下,在协议被撤销后,利益的天平不应再过度偏向抵押人与抵押权人,而实现这一目的的最优选择为由法院对抵押物进行拍卖。

(四)《民法典》第154条与第410条第1款第2句

42 虽然《民法典》第154条和本条第1款第2句的规范对象均为合同当事人与合同之外的第三人之间的利益关系,但两者法律效果存在明显差异:《民法典》第154条所规定的法律效果为无效,而本条第1款第2句所规定的法律效果则为可撤销。若从本条第1款第2句为债权人撤销权特别法的角度观察,司法实务认为,能否适用《民法典》第154条构成可否适用债权人撤销权规则的前提,若按照《民法典》第154条,当事人之间的民事法律行为被认定为无效,则不存在适用撤销权的空间。〔69〕但亦有法院通过对照恶意抵押的构成要件来判断是否构成恶意抵押,进而直接判决撤销抵押行为。〔70〕

43 理论界提出,无效意味着即便对于合同当事人,也不发生当事人所希望产生的法律效果,而对于可撤销这一法律效果而言,仍可承认合同在当事人之间发生法律效力。〔71〕然而,通说认为,在合同被撤销之后,于当事人之间亦不发生法律效力,〔72〕无法以合同对于当事人是否仍有效为标准,区分第三人行使撤销权撤销合同与合同无效。

44 事实上,《民法典》第154条与本条第1款第2句更重要的差别可能在于:若根据第154条认定合同无效,则并不受除斥期间的限制,而撤销权的行使原则上应受制于除斥期间,这一区分在前《民法典》时代尤为突出,虽然本条第1款第2句并未规定撤销权人需在除斥期间内行使,且明确删除了《物权法》第195条关于

〔68〕参见程啸:《论抵押权的实现程序》,载《中外法学》2012年第6期,第1192页。

〔69〕参见最高人民法院(2014)民二终字第70号民事判决书。

〔70〕参见河北省石家庄市中级人民法院(2020)冀01民终99号民事判决书。

〔71〕参见王轶:《民法总则法律行为效力制度立法建议》,载《比较法研究》2016年第2期,第175页。

〔72〕参见韩世远:《合同法总论》(第4版),法律出版社2018年版,第245页。

其他债权人需在知道或应知道撤销事由 1 年之内行使撤销权的规定,但前文已经指出,其他债权人的撤销权应受到《民法典》第 541 条的限制。因此,即便在《民法典》背景下,第 154 条与本条第 1 款第 2 句在是否受制于除斥期间限制这一点上也并未发生改变。

45 不过,进一步的追问在于:为何同样是保护合同关系外第三人的规范,本条第 1 款第 2 句、债的保全中债权人撤销权却受制于除斥期间的限制,而《民法典》第 154 条中第三人主张合同无效的权利却无须受制于类似期间的限制?仅仅以无效、可撤销这一法律效果层面的形式区分,恐怕并不足以作为此种区分的正当性。[73] 而理论界也已经开始质疑此种区分的合理性。[74] 由于恶意串通损害他人的民事法律行为与《民法典》第 153 条所规定的违法悖俗的民事法律行为存在根本区别,前者在于保护特定第三人的利益,后者则在于保护社会公共利益,如果说在第 153 条所涵摄的案型中,主张民事法律行为无效不受制于除斥期间等的限制,那么,在第 154 条所规范的案型中,由于当事人的行为仅损害特定第三人的利益,此时的利益格局与债的保全中债务人无偿或低价转让财产损害债权人利益并无本质差异,若在债的保全中,债权人撤销权需受制于除斥期间的限制,那么,基于相同事务相同处理的平等原则,第 154 条所涵摄的案型中,第三人主张民事法律行为无效同样应受制于除斥期间的规定。

46 如果作此解释,则意味着在抵押人与抵押权人恶意串通,以不合理的低价达成抵押权实现的协议后,无论是适用《民法典》第 154 条还是本条第 1 款第 2 句的规定,并无实质差异,但从法典体系化的角度、简化法律适用的角度观察,应尽可能地减少不必要的规范竞合,[75] 那么,在抵押人与抵押权人恶意串通,以不合理的低价实现抵押权进而损害其他债权人利益时,更为合理的做法是将此种案型排除在第 154 条规范射程之外,仅存在适用本条第 1 款第 2 句的空间。

五、抵押权实现的程序

47 抵押权实现的方式包括协议实现、强制拍卖或变卖,无论是何种实现方式,均需通过相应的程序予以承载或得到体现,尤其是对于强制拍卖或变卖而言,需寻

---

〔73〕 事实上,我国法院曾将债务人无法清偿全部债务时,而将财产抵押给一个债权人的抵押合同界定为无效,参见最高人民法院(2008)民二终字第 135 号民事判决书。

〔74〕 参见茅少伟:《恶意串通、债权人撤销权及合同无效的法律后果——最高人民法院指导案例 33 号的实体法评释》,载《当代法学》2018 年第 2 期,第 22—23 页。

〔75〕 参见陈自强:《不当得利法体系之再构成——围绕〈民法典〉展开》,载《北方法学》2020 年第 5 期,第 17 页。

找到民事程序法层面的制度表达。

（一）约定实现程序

48 约定实现程序是指抵押权人可以与抵押人协商实现抵押权，以抵押财产折价或者以拍卖、变卖该抵押财产所得的价款优先清偿。因此，抵押权人与抵押人不仅可以对抵押权的实现条件作出约定，还可以在抵押权实现条件成就时协商以何种方式来实现抵押权，同时双方应当对抵押财产折价的金额或者变卖的最低价格达成一致。[76] 约定实现抵押权的协议亦可能在法院的调解之下达成。[77] 如果抵押人不履行协议，抵押权人可以依据合同编的规定诉请履行以及要求抵押人承担违约责任。抵押权人如在未与抵押人协商的情况下，擅自出卖或者扣押抵押财产的，属于侵害抵押人财产权的行为，应当返还原物并对造成的财产损失承担赔偿责任。[78]

49 通过约定实现程序达成实现抵押权的协议并履行后，抵押权人和抵押人应及时向登记机构申请抵押权注销登记，再由抵押人与抵押财产的取得人共同申请所有权转移登记。

（二）法定实现程序

1. 法定实现程序的性质

50 就本条规定的"抵押权人可以请求人民法院拍卖、变卖抵押财产"这一程序的性质如何，学理上存在争议，主要体现为三种学说：执行程序与诉讼程序并存说、强制执行程序说和非讼程序说。如采执行程序与诉讼程序并存说，则不能解决诉讼程序成本过高和效率低下的问题，不符合效率原则。[79] 如采强制执行程序说，则因缺乏相应的执行依据而无法实现。即便采取扩大解释，抵押合同也不能被解释为执行依据，因为抵押合同是当事人合意的结果，与执行依据应当具备公文书的形式要件不符。[80]

51 抵押权人申请法院拍卖、变卖抵押财产，实质上是要求确认并实现其公示权

---

〔76〕 参见北京市朝阳区人民法院（2016）京 0105 民初 68861 号民事判决书。

〔77〕 参见四川省高级人民法院（2017）川民申 5642 号民事裁定书。

〔78〕 参见湖南省娄底市中级人民法院（2020）湘 13 民终 1206 号民事判决书；河南省周口市中级人民法院（2018）豫 16 民终 23 号民事判决书；浙江省杭州市中级人民法院（2016）浙 01 民终 65 号民事判决书。

〔79〕 参见丁亮华：《论抵押权之非诉执行实现——〈物权法〉第 195 条第 2 款的解释论展开》，载《法学家》2013 年第 4 期，第 98 页。

〔80〕 参见肖建国、陈文涛：《论抵押权实现的非讼程序构建》，载《北京科技大学学报（社会科学版）》2011 年第 1 期，第 51 页。

利的程序。这一过程中并不要求法院解决抵押权人和抵押人之间的实体争议。非讼程序也不以解决当事人实体争议为目的,而是强调预防功能和实现合目的性裁判。法院通过非讼程序能够确保权利的迅速实现和保护,所以非讼程序与抵押权实现的价值取向一致,非讼程序能有效提高抵押权的实现效率,降低实现成本。〔81〕 我国司法实践在抵押权的实现程序问题上,呈现出通过非讼程序处理实体争议的倾向,而相较于诉讼程序,非讼程序在当事人的程序保障、审级利益等方面存在诸多不足,若认定非讼程序也可处理实体争议,将有碍于当事人程序权利的保障。〔82〕《民事诉讼法》第 203 条也明确了担保物权实现程序的非讼程序性质。〔83〕 所以,结合抵押权实现的特点,应当认定为抵押权的法定实现程序本质上属于非讼程序。〔84〕 理论界主张,在将抵押权实现程序界定为非讼程序后,基于《民事诉讼法》第 187 条所规定的 30 天的抵押权实现案件审理期限以及第 185 条所规定的非讼程序一审终审的特征,应当将抵押权实现程序中的抵押权限定为不动产抵押权,以避免非讼程序对当事人合法权益的侵害,〔85〕这一解释悖于《民法典》第 410 条的文义,即便其他类型的抵押权因不像不动产抵押权一般奉行登记生效主义,因而对于法院而言较难判断抵押权的真实权利状况,但对于实体权利的争议及保护仍可诉诸于诉讼程序得到实现。

在其他利害关系人对抵押权实现程序中的抵押财产享有合法权益时,可提出 52
执行异议。〔86〕 例如,按照《执行异议复议规定》(2020 年修正)第 29 条规定,在人民法院查封不动产前,已签订合法有效的书面买卖合同,所购买商品房用于居住且买受人名下并无其他商品房,已支付价款超过合同约定总价款 50%时,则买受人所提出的执行异议能够得到法院支持。该条虽然并非直接针对抵押权实现程序而设,而是适用于一般的执行案件,但在抵押权实现程序中同样存在适用空间。〔87〕

此外,抵押权的实现固然需借助于非讼程序,但在涉及主债权债务的诉讼中, 53
当事人往往一同提出确认其享有抵押权的诉讼请求,在法院支持其诉讼请求后,

---

〔81〕 参见程啸:《担保物权研究》(第 2 版),中国人民大学出版社 2019 年版,第 172 页。

〔82〕 参见任重:《担保物权实现的程序标的:实践、识别与制度化》,载《法学研究》2016 年第 2 期,第 114 页以下。

〔83〕 程序法层面的分析,参见任重:《担保物权实现的程序标的:实践、识别与制度化》,载《法学研究》2016 年第 2 期,第 114 页以下。

〔84〕 参见高圣平:《担保物权实行途径之研究——兼及民事诉讼法的修改》,载《法学》2008 年第 1 期,第 44 页。

〔85〕 参见任重:《担保物权实现的程序标的:实践、识别与制度化》,载《法学研究》2016 年第 2 期,第 114 页。

〔86〕 参见最高人民法院(2020)最高法民申 2994 号民事裁定书。

〔87〕 参见最高人民法院(2020)最高法民终 1094 号民事判决书。

若其他抵押权人或利害关系人认为自己的合法权益因判决、裁决、调解书而受到损害,还可提起第三人撤销之诉。[88]

2. **法定实现程序的条件**

54 通过法定程序实现抵押权的条件应体现为对债务履行期满债权未受清偿的事实以及抵押权本身问题没有异议。[89] 此时,抵押权人可向人民法院提出拍卖、变卖抵押财产的申请。除抵押权人外,抵押人也同样有权提出申请。[90] 人民法院经形式审查作出准予拍卖、变卖抵押财产的裁定后,抵押权人或抵押人可以据此申请法院对抵押财产进行强制执行。如果抵押合同双方在对债务履行期满债权未受清偿的事实以及抵押权本身是否存在的问题上存在争议,实际上是属于对抵押权实现的前提条件存在实体性争议,抵押权人应该通过向人民法院提起诉讼的方式解决。[91] 在抵押权人获得了胜诉的确定判决后,再向法院申请对抵押财产进行强制执行。因此,应当对"抵押权实现前提条件争议"与"抵押权实现方式争议"进行区分。

55 如果抵押物上还存在其他抵押权,而后设立的抵押权却先于在前设立的抵押权具备实现抵押权的条件,在债务人无力履行或者拒不履行债务的情形下该如何处理?《民法典》对后顺位抵押权人实现抵押权未设限制,《民事诉讼法解释》(2022 年修正)第 364 条允许后顺位担保物权人先行申请实现权利。应当认为,可以允许先到期的后顺位抵押权人先行实现抵押权,但应当以保障先顺位抵押权的实现为前提,否则可能会损害次序在先的抵押权人的利益,导致其无法获得清偿。此外,无担保的债权人亦可申请对债务人的财产进行强制执行,抵押权人不能以对被执行财产享有抵押权为由而通过执行异议之诉阻却对债务人财产的强制执行,而只是就因执行所获得的价款享有优先受偿权。[92] 但当存在足以对抗抵押权的权利时,则不得实现抵押权。[93]

3. **司法裁判中抵押权人的程序选择**

56 虽然本条为当事人提供了以"非讼程序"这一较为便利的方式实现抵押权的途径,但是司法实践中的大量案例却表明,抵押权人多是在要求法院对主债权关

---

〔88〕 参见最高人民法院(2019)最高法民终 978 号民事判决书。

〔89〕 参见黄薇主编:《中华人民共和国民法典物权编解读》,中国法制出版社 2020 年版,第 693 页。

〔90〕 参见《民事诉讼法》第 203 条、《民事诉讼法解释》(2022 年修正)第 359 条。

〔91〕 参见胡康生主编:《中华人民共和国物权法释义》,法律出版社 2007 年版,第 428 页;最高人民法院(2020)最高法民再 368 号民事判决书;最高人民法院(2020)最高法执监 175 号执行裁定书。

〔92〕 参见最高人民法院(2017)最高法执监 248 号执行裁定书;最高人民法院(2020)最高法民终 1093 号民事判决书。

〔93〕 参见最高人民法院(2019)最高法民终 542 号民事判决书。

系进行裁判时，向法院主张其对于抵押财产享有优先受偿权并请求执行抵押财产。[94] 由此产生了协议实现、非讼程序和诉讼程序之间的适用顺序冲突问题。

57 对于抵押权人向法院起诉要求确认其对抵押财产的优先受偿权并实现抵押权，是否应当以抵押权人与抵押人协议实现不成为前提，学界存在肯定说和否定说。有学者认为，抵押权人有义务与抵押人进行协商，协商不成的，抵押权人才能向法院起诉。[95] 司法裁判中亦有观点认为，若第三人以其财产设定抵押以担保债务人债务的履行，在抵押人与抵押权人未达成协议实现抵押权时，抵押权人不得直接申请法院对抵押财产进行拍卖、变卖。[96] 肯定说似可在本条第2款之中寻找到论据支撑，按照本条第2款，似乎抵押权人请求人民法院拍卖、变卖抵押财产的前提是抵押权人与抵押人未就实现抵押权达成协议。但反对论者则提出，协议实现抵押权并非抵押权提起诉讼的必经程序，只要满足抵押权实现的构成要件，抵押权人就可以直接向人民法院起诉，而不必与抵押人先行商议。[97] 司法实践中亦有法院未对抵押人提出的“抵押权人未经协商，而直接向法院请求以抵押财产优先受偿”的抗辩予以支持。[98] 事实上，虽然本条第2款似乎意在表明，仅在抵押权人与抵押人就实现抵押权无法达成协议时，方可由抵押权人请求人民法院拍卖、变卖抵押财产，但这一拘泥于文义的解释，将会对抵押权人施加过重负担，也有悖于抵押权所具有的支配权能，因此，合理的解释为：本条并未对不同的抵押权实现程序设置先后顺序，亦未课予抵押权人协商义务，抵押权人对以何种程序实现抵押权应该享有选择权，不应将与抵押人协商认定为抵押权人的法定义务，否则便有违抵押权作为物权所具有的支配权属性。所以，在满足实现抵押权的条件时，抵押权人有权直接向法院提起诉讼或者申请实现抵押权。[99]

58 就普通诉讼程序和非讼程序的适用，有法院认为抵押权人要求确认抵押权效力的诉请不需通过诉讼方式处理，当事人可以直接请求法院拍卖、变卖抵押财产。[100] 此举目的在于方便当事人高效便捷地实现担保物权，但这并未排除抵押

---

〔94〕 参见最高人民法院(2018)最高法民终864号民事判决书；最高人民法院(2005)民二终字第73号民事判决书；江苏省高级人民法院(2016)苏民终972号民事判决书；湖北省黄石市中级人民法院(2019)鄂02民终2087号民事判决书；湖北省黄石市中级人民法院(2020)鄂02民终825号民事判决书。

〔95〕 参见曹士兵：《中国担保制度与担保方法》(第4版)，中国法制出版社2017年版，第293页。

〔96〕 参见吉林省高级人民法院(2018)吉民再300号民事裁定书。

〔97〕 参见最高人民法院物权法研究小组编著：《〈中华人民共和国物权法〉条文理解与适用》，人民法院出版社2007年版，第583页。

〔98〕 参见广西壮族自治区百色市中级人民法院(2019)桂10民终1736号民事判决书；湖北省黄石市中级人民法院(2019)鄂02民终2087号民事判决书。

〔99〕 中国审判理论研究会民事审判理论专业委员会编著：《民法典物权编条文理解与司法适用》，法律出版社2020年版，第462页；云南省昆明市中级人民法院(2018)云01民初1817号民事判决书。

〔100〕 参见上海市第二中级人民法院(2019)沪02民终5043号民事裁定书。

权人作为债权人向法院通过诉讼申请确认主债权时,要求法院判决实现抵押权的权利。也不应将申请实现担保物权的特别程序作为起诉要求偿还债务的普通程序的前置程序。[101] 如果确实存在抵押权实现前提的争议,则应当通过诉讼方式解决实体争议,而不能直接请求法院拍卖、变卖抵押财产。[102]

(三)抵押权人选择不实现抵押权

59 在债务人提供抵押物的情况下,抵押权人是否可以不行使抵押权,而在债务人到期不清偿债务时,要求债务人以抵押物之外的财产清偿债权?针对该问题,理论上有所谓先行主义和选择主义之分。先行主义主张,抵押权人必须先对抵押物行使抵押权,在抵押物不足以清偿抵押担保的债权时,抵押权人对债务人其他财产才有求偿权,以避免侵害其他债权人的利益,有失公平。[103] 而选择主义则认为,抵押权人就主债权的实现有选择权,其既可以选择通过实行抵押权而使债权清偿,也可以申请就债务人的一般财产求偿。[104]

60 抵押权是为担保抵押权人的债权得以圆满实现而设定的,是否行使抵押权属于抵押权人的权利,而非抵押权人的义务。[105] 在债务人到期不履行债务时,债务人亦无权以债权人享有抵押权而拒绝履行债务。[106] 抵押权的设立并不意味着债务人仅在抵押财产范围内对债权人负清偿义务,债务人的全部财产除依据法律、司法解释的规定应当豁免执行之外,都应当是清偿债务的责任财产。申请人既可以申请执行已抵押财产,也有权申请执行被执行人的未抵押财产。执行法院有权对抵押人名下的其他可供执行的包括土地、厂房在内的财产采取执行措施。[107] 抵押权和债权两者之间是并行不悖的,债权人不仅可以在要求债务人履行债务和要求行使抵押权之间作出选择,还可以在一起诉讼中对两项权利一并提出主张。[108] 抵押权人的主债权以抵押财产之外的财产清偿后,抵押权也会因此消灭。此时抵押财产则归于债务人的一般财产范畴,并不会对其他债权人造成损害。

---

[101] 参见北京市第四中级人民法院(2015)四中民(商)初字第 00083 号民事判决书。

[102] 参见江苏省高级人民法院(2016)苏民终 972 号民事判决书。

[103] 参见杨与龄:《民法物权》,台湾地区五南图书出版公司 1981 年版,第 197—198 页。

[104] 关于先行主义与选择主义,参见孙鹏、王勤劳、范雪飞:《担保物权法原理》,中国人民大学出版社 2009 年版,第 108 页;刘保玉:《附物权担保债权人的执行选择权问题探讨》,载《法学家》2017 年第 4 期,第 78 页以下。

[105] 参见最高人民法院(2020)最高法民申 6437 号民事裁定书;最高人民法院(2020)最高法民申 6438 号民事裁定书;最高人民法院(2020)最高法民申 6439 号民事裁定书。

[106] 参见陈本寒:《担保法通论》,武汉大学出版社 1998 年版,第 185 页。

[107] 参见最高人民法院(2015)执申字第 87 号执行裁定书。

[108] Vgl. Jan Wilhelm, *Sachenrecht*, 6. Aufl., 2019, Rn. 1636. 当抵押人与债务人为同一人时,《德国民事诉讼法》第 25 条也对债权人在抵押权诉讼中附带提起债务诉讼作出了明文肯认。

(四)同一顺位抵押权的实现

针对同一顺位的抵押权而言,若某一抵押权人通过协议折价、拍卖、变卖的方式实现了抵押权,但由此损害了同一顺位其他抵押权人的利益时,同一顺位的其他抵押权人可请求抵押权已获实现的抵押权人向其承担不当得利返还义务,其原因在于:当存在同一顺位的多个抵押权时,抵押权人应按照各自的抵押权所担保债权的比例得到受偿,对于超出应受偿部分的范围,属于抵押权人无法律根据所取得的不当利益。值得注意的是,在抵押权人通过拍卖的方式以实现抵押权时,法院或拍卖公司发出拍卖公告,其目的在于促使更多潜在买受人加入竞拍过程,并不意味着其他抵押权人知晓其自身可行使请求权,因而诉讼时效并不自发出拍卖公告之日起算。〔109〕 61

六、证明责任

(一)抵押权实现要件的证明责任

抵押权人的证明责任体现为:〔110〕需举证证明其享有抵押权,在不动产之上设定抵押权场合下,需提交包括抵押合同和抵押权登记证明在内的证明其享有抵押权的证据,在动产之上设定抵押权时,需举证证明抵押合同已成立并生效。〔111〕抵押权属于从权利,抵押权人还需证明存在有效的抵押权所担保的主债权。抵押人否认抵押权人享有有效的抵押权则有反证义务。如反证证明不存在被担保的主债权、抵押合同无效、抵押权已经消灭等。 62

---

〔109〕 参见最高人民法院(2018)最高法民申 6018 号民事裁定书。

〔110〕 当事人的证明责任分为主观证明责任与客观证明责任,其分别对应行为意义上的证明责任与结果意义上的证明责任。所谓主观证明责任,是指当事人如果提出于己有利的主张,必须提出证据予以证明,主观证明责任因诉讼进程的展开而随时在当事人之间发生变动;所谓客观证明责任,实质在于,在待证事实陷于真伪不明时,应由哪一方当事人承担败诉风险的问题。主观证明责任是客观证明责任在诉讼进程中的映射,在此意义上而言,客观证明责任的分配居于核心地位,下文围绕客观证明责任的分配展开。参见任重:《罗森贝克证明责任论的再认识——兼论〈民诉法解释〉第 90 条、第 91 条和第 108 条》,载《法律适用》2017 年第 15 期,第 26 页以下;胡学军:《证明责任制度本质重述》,载《法学研究》2020 年第 5 期,第 139 页;李浩:《民事证明责任本质的再认识——以〈民事诉讼法〉第 112 条为分析对象》,载《法律科学》2018 年第 4 期,第 98 页。

〔111〕 参见高圣平:《担保物权实行途径之研究——兼及民事诉讼法的修改》,载《法学》2008 年第 1 期,第 45 页。

（二）其他相关抗辩的证明责任

63 在抵押权的约定实现程序中，如存在抵押权人擅自出卖或者扣押抵押财产等行为造成抵押人财产损害的，则抵押人应对损害事实、抵押权人存在过错，损害事实及损害结果之间的因果关系以及具体损失财产的数额进行举证。[112] 主张实现抵押权的协议损害其利益的一方，应当举证证明协议约定价格过低，以致于影响其债权或抵押权的实现，同时还应证明抵押权人知道或应当知道这一事实。

64 关于抵押权的实现是否存在法律障碍的证明责任分配，抵押人应当就其享有抗辩权承担证明责任。如在破产重整程序，则应由抵押人举证存在暂停实现抵押权的事由，而抵押权人若能举证证明存在抵押财产价值可能减损等损害抵押权人利益的情形，则可以要求恢复实现抵押权。

附：案例索引

1. 北京市朝阳区人民法院（2016）京0105民初68861号民事判决书：高某茹与龙某武等确认合同无效纠纷案【边码48】

2. 北京市第二中级人民法院（2016）京02民终8631号民事判决书：中新联进出口公司与南通塘芦港滨海生态园有限公司等抵押合同纠纷案【边码10】

3. 北京市第四中级人民法院（2015）四中民（商）初字第00083号民事判决书：中信银行股份有限公司总行营业部与呼和浩特春华嘉威水务有限责任公司金融借款合同纠纷案【边码58】

4. 广西壮族自治区百色市中级人民法院（2019）桂10民终1736号民事判决书：黄某连等与广西中小企业融资担保有限公司追偿权纠纷案【边码57】

5. 贵州省黔东南州苗族侗族自治州中级人民法院（2015）黔东执字第27-1号执行裁定书：黔东南州信元担保有限责任公司与凯里市谭坚百货有限责任公司等执行异议纠纷案【边码19】

6. 河北省石家庄市中级人民法院（2020）冀01民终99号民事判决书：高某辉与肖某婷等债权人撤销权纠纷案【边码42】

7. 河南省周口市中级人民法院（2018）豫16民终23号民事判决书：晋城银行股份有限公司与海某物权保护纠纷案【边码48】

8. 湖北省高级人民法院（2015）鄂民四终字第00003号民事判决书：中国大地财产保险股份有限公司寿县支公司与赵某良保险合同纠纷案【边码14】

9. 湖北省黄石市中级人民法院（2019）鄂02民终2087号民事判决书：中国工商银行股份有限公司黄石分行与高某借款合同纠纷案【边码56、57】

10. 湖北省黄石市中级人民法院（2020）鄂02民终825号民事判决书：汉口银行股份有

[112] 参见湖南省娄底市中级人民法院（2020）湘13民终1206号民事判决书。

限公司黄石分行与冯某勇金融借款合同纠纷案【边码 56】

11. 湖南省娄底市中级人民法院(2020)湘 13 民终 1206 号民事判决书:上海汽车集团财务有限责任公司与欧某艳物权保护纠纷案【边码 63、48】

12. 湖南省长沙市中级人民法院(2018)湘 01 民终 3601 号民事判决书:袁某与申某红执行异议纠纷案【边码 20】

13. 吉林省高级人民法院(2018)吉民再 300 号民事裁定书:辽源市安森房地产开发有限责任公司与谭某元等执行异议纠纷案【边码 57】

14. 江苏省高级人民法院(2016)苏民终 972 号民事判决书:江苏省国际招标公司与广庆新材料科技有限公司等代理合同纠纷案【边码 56、58】

15. 江苏省无锡市中级人民法院(2017)苏 02 民初 323 号民事判决书:上海瑞威尊晟股权投资合伙企业与无锡农村商业银行股份有限公司等第三人撤销之诉纠纷案【边码 30】

16. 上海市第二中级人民法院(2016)沪 02 民终 9189 号民事判决书:葛亮诉李辉等房屋买卖合同纠纷案【边码 24】

17. 上海市第二中级人民法院(2019)沪 02 民终 5043 号民事裁定书:陈某与任某华抵押权纠纷案【边码 58】

18. 四川省高级人民法院(2017)川民申 5642 号民事裁定书:喻某与荥经县农村信用合作联社花滩信用社等第三人撤销之诉纠纷案【边码 48】

19. 四川省内江市中级人民法院(2014)内民申字第 3 号民事裁定书:高某容、蒋某生与郑某文物权确认纠纷案【边码 20】

20. 云南省昆明市中级人民法院(2018)云 01 民初 1817 号民事判决书:云南万东医疗装备有限公司等与中国农业银行股份有限公司昆明北市区支行金融借款合同纠纷案【边码 57】

21. 浙江省高级人民法院(2016)浙民终 228 号民事判决书:华某明、张某叶与叶某阳等合同纠纷案【边码 10】

22. 浙江省杭州市中级人民法院(2016)浙 01 民终 65 号民事判决书:刘某化与杭州锐拓科技有限公司侵权责任纠纷案【边码 48】

23. 最高人民法院(2005)民二终字第 73 号民事判决书:山东金龙地产有限公司与中国华融资产管理公司福州办事处、厦门金龙科技有限公司借款合同纠纷案【边码 56】

24. 最高人民法院(2006)民一终字第 28 号民事判决书:中国有色金属工业长沙勘察设计研究院与海南省汇富房地产开发公司长沙公司、海南省汇富房地产开发公司合作建房合同纠纷案【边码 31】

25. 最高人民法院(2008)民二终字第 135 号民事判决书:中国光大银行与内蒙包头华达合资卧具装饰厂、中国农业银行包头市青山区支行、包头市青山区人民政府自由路办事处侵权纠纷案【边码 36】

26. 最高人民法院(2012)执复字第 29 号执行裁定书:中国信达资产管理股份有限公司海南省分公司与海南鸿扬实业集团有限公司等案外人执行异议之诉案【边码 2】

27. 最高人民法院(2014)民二终字第 70 号民事判决书:中国农业银行股份有限公司绵竹市支行与东方电气集团峨嵋半导体材料有限公司债权人撤销权纠纷案【边码 42】

28. 最高人民法院(2014)民提字第 92 号民事判决书:河南万基铝业股份有限公司等与河南豫新投资有限公司股权转让纠纷案【边码 20】

29. 最高人民法院(2015)执申字第 87 号执行裁定书:武威市赛诺农业有限公司等与中国农业银行武威武南支行申请承认与执行法院判决、仲裁裁决案【边码 60】

30. 最高人民法院(2017)最高法执监 248 号执行裁定书:马某书与於某霞等保证合同纠纷案【边码 55】

31. 最高人民法院(2017)最高法民终 971 号民事判决书:上海浦东发展银行股份有限公司贵阳分行等与冯某飞等金融借款合同纠纷案【边码 12】

32. 最高人民法院(2018)最高法民申 6018 号民事裁定书:中国工商银行股份有限公司佳木斯分行与中国长城资产管理股份有限公司黑龙江省分公司抵押权纠纷案【边码 61】

33. 最高人民法院(2018)最高法民终 864 号民事判决书:广西联壮投资集团有限公司等与柳州银行股份有限公司金融借款合同纠纷案【边码 56】

34. 最高人民法院(2019)最高法民终 2025 号民事判决书:云南省能源投资集团有限公司等与大大置业(上海)有限公司等企业借贷纠纷案【边码 10】

35. 最高人民法院(2019)最高法民终 542 号民事判决书:北京长富投资基金等与武汉航天波纹管股份有限公司等股权转让纠纷案【边码 55】

36. 最高人民法院(2019)最高法民终 551 号民事判决书:贵阳银行股份有限公司龙井支行与贵州长城酒店投资有限公司等金融借款合同纠纷案【边码 15】

37. 最高人民法院(2019)最高法民终 978 号民事判决书:江苏南通二建集团有限公司与中国工商银行股份有限公司枣庄薛城支行第三人撤销权纠纷案【边码 53】

38. 最高人民法院(2020)最高法民申 1253 号民事裁定书:宁德市环三实业有限公司与林某洁买卖合同纠纷案【边码 12】

39. 最高人民法院(2020)最高法民申 1648 号民事裁定书:李某生等与无锡中欧信息科技有限公司等第三人撤销权纠纷案【边码 40】

40. 最高人民法院(2020)最高法民申 2994 号民事裁定书:内蒙古普思商贸有限公司与中国邮电器材华北有限公司等案外人执行异议纠纷案【边码 52】

41. 最高人民法院(2020)最高法民申 6437 号民事裁定书:辽宁兴哲板材实业集团有限公司与辽阳银行股份有限公司金融借款合同纠纷案【边码 1、60】

42. 最高人民法院(2020)最高法民申 6438 号民事裁定书:辽阳市荣兴房地产开发有限公司与辽阳银行股份有限公司金融借款合同纠纷案【边码 1、60】

43. 最高人民法院(2020)最高法民申 6439 号民事裁定书:王某哲等与辽阳银行股份有限公司金融借款合同纠纷案【边码 1、60】

44. 最高人民法院(2020)最高法民再 368 号民事判决书:中国建设银行股份有限公司青岛四方支行与青岛吉通工程有限公司金融借款合同纠纷案【边码 54】

45. 最高人民法院(2020)最高法民终 1093 号民事判决书:高某尚与中国金融租赁有限公司案外人执行异议纠纷案【边码 55】

46. 最高人民法院(2020)最高法民终 1094 号民事判决书:王某年与中国金融租赁有限

公司案外人执行异议纠纷案【边码 52】

47. 最高人民法院(2020)最高法执监 175 号执行裁定书:李某与肖某刚等合同纠纷案【边码 54】

48. 最高人民法院(2021)最高法民再 53 号民事判决书:天津滨海新区天保小额贷款有限公司与美瑞金贸易(天津)有限公司借款合同纠纷案【边码 14】

第420条
最高额抵押权的一般规则*

第420条　为担保债务的履行，债务人或者第三人对一定期间内将要连续发生的债权提供担保财产的，债务人不履行到期债务或者发生当事人约定的实现抵押权的情形，抵押权人有权在最高债权额限度内就该担保财产优先受偿。

最高额抵押权设立前已经存在的债权，经当事人同意，可以转入最高额抵押担保的债权范围。

简　目

一、规范定位……1—9

（一）规范意旨……1—4

（二）规范史略……5—7

（三）体系关联：与担保物权、一般抵押权相关规定的关联……8—9

二、最高额抵押权的法律构成……10—18

（一）一定期间内将要连续发生的债权……10—15

（二）最高债权额限度……16—18

三、最高额抵押权的设立、变更与消灭……19—48

（一）最高额抵押合同条款之特殊性……20—23

（二）最高额抵押权设立登记之特殊性……24—35

1. 最高额抵押权设立登记的一般规则……24—26

2. 不动产最高额抵押权的设立登记……27—31

3. 动产最高额抵押权的设立登记……32—35

（三）现存债权纳入最高额抵押担保的债权范围是否需要登记？……36—45

（四）最高额抵押权涂销登记之特殊性……46—48

四、最高额抵押权的优先受偿范围与顺序……49—60

（一）意思自治的优先适用……50

（二）主债权……51—56

（三）其他债权……57—59

（四）最高额抵押权所担保债权的受偿顺序……60

五、破产程序与实现担保物权程序中的最高额抵押权……61—66

（一）破产程序中的最高额抵押权……61—64

（二）担保物权实现程序中的最高额抵押权……65—66

六、证明责任……67—69

（一）抵押权人的举证……68

（二）抵押人、债务人的抗辩……69

---

* 本文系基于《〈民法典〉第420条（最高额抵押权的一般规则）评注》（载《南京大学学报（哲学·人文科学·社会科学）》2021年第6期，第112—132页）一文修订而成。

本文对于案例的遴选参照以下顺位：一是最高人民法院发布的指导性案例；二是《最高人民法院公报》刊登的案例、裁判文书；三是最高人民法院及其相关业务部门发布的典型案例、作出的生效裁判；四是相同案型中较高级别法院所作的生效裁判。本文案例来源：中国裁判文书网；北大法宝案例库；无讼案例库。

一、规范定位

(一)规范意旨

1 担保制度是保障债权实现、促进交易的重要法律手段。《民法典》第 420 条规定了抵押人为将来一定期间内连续发生的不特定债权提供担保的效力,并明确了有关最高额抵押权的一般规则。经济交往中对商业信用的需求是担保制度建立和发展的前提,而信用需求又伴随市场经济发展而产生,如果缺乏信用需求,则担保制度无须建立。[1] 最高额抵押权是为担保长期连续性交易活动所产生的一系列债权而设计的抵押制度,着眼于商事交易的长期性和连续性,为当事人之间相互加强了解、增强信任创造了条件。[2] 最高额抵押权具备一般抵押权的一般性质,但与一般抵押权相比,在法律构造方面存在以下特征:需预定最高额;所担保的债权具有不特定性、连续性和组合性。[3] 相比于一般抵押权,最高额抵押权具有手续简便、交易成本较低的优点,符合继续性、长期性融资或交易的需求,从而有助于提高交易效率,加快资金融通,在金融实务中得到广泛采用。[4]

2 《民法典》第 420 条位于《民法典》第二编第四分编第十七章第二节"最高额抵押权",确立了最高额抵押权的概念与构成要件。从第 1 款的逻辑构成来看,该条文具备了基本的法律构成要件与法律效果,属于完全性法条[5],但该款不能作为请求权基础,当债务人不履行到期债务或者发生当事人约定的实现抵押权的情形时,抵押权人有权在最高债权额限度内主张实现抵押权,其法律效果是抵押权支配权能的体现。[6] 其第 2 款从逻辑构成上看,是对第 1 款中"将来债权"的范围扩张,辅助解释"将来债权"的核心是不特定性,而非"将来"。[7]

3 本条第 1 款规定了最高额抵押权的概念与一般规则。最高额抵押权是指债务人或第三人与抵押权人协议在最高债权额限度内,以抵押财产对一定期间内将要连续发生的债权提供抵押担保,当债务人不履行到期债务或者发生当事人约定

---

〔1〕 参见郭明瑞:《担保法律制度发展三十年》,载《私法》2010 年第 1 期。

〔2〕 参见高圣平:《担保法论》,法律出版社 2009 年版,第 428 页。

〔3〕 参见王利明:《物权法研究(下卷)》(第 4 版),中国人民大学出版社 2016 年版,第 1284—1287 页;崔建远:《中国民法典释评·物权编(下卷)》,中国人民大学出版社 2020 年版,第 422—428 页。

〔4〕 参见最高人民法院(2018)最高法民终 787 号民事判决书。

〔5〕 参见王利明:《法学方法论》,中国人民大学出版社 2011 年版,第 124 页。

〔6〕 需注意的是,抵押权人所享有的对抵押物交换价值的支配权能,不同于学理上的物务,物务仍属债务,但抵押权人基于抵押权对抵押财产的交换价值进行支配,则并不属于债务范畴。有关物务的介绍,参见常鹏翱:《物上之债的构造、价值和借鉴》,载《环球法律评论》2016 年第 1 期。

〔7〕 参见吴香香:《民法典请求权基础检索手册》,中国法制出版社 2021 年版,第 62 页。

的实现抵押权的情形时，抵押权人有权在最高债权额限度内就该担保财产优先受偿。一方面，第 1 款指明最高额抵押权担保的债权范围是一定期间内将要连续发生的债权，该连续债权产生于设立最高额抵押权之后、决算期届满之前；另一方面，强调了抵押权人仅有权在最高债权额范围内就该担保财产优先受偿，超过最高债权额的债权数额不受抵押权保护。

4 本条第 2 款"最高额抵押权设立前已经存在的债权，经当事人同意，可以转入最高额抵押担保的债权范围"之规定延续了 2007 年颁布的《物权法》第 203 条第 2 款的规定，允许当事人通过协议将最高额抵押权设立前已经存在的债权纳入担保的债权范围，是尊重当事人意思自治的结果。

（二）规范史略

5 《担保法》第 59 条、第 60 条规定了最高额抵押权的定义和担保的债权类型，《物权法》承继《担保法》，继续将最高额抵押权作为一种特殊的抵押制度，置于"抵押权"一章，并且进行了部分修改。相比于《担保法》，《物权法》扩大了最高额抵押权适用的债权范围，不再限制为借款合同、债权人和债务人就某项商品在一定期间内连续发生交易而签订的合同，扩张至"一定期间内将要连续发生的债权"，解决了《担保法》所涉债权类型不足以应对实践需求的问题。

6 《民法典》起草过程中，对于是否有必要进一步扩张最高额抵押权适用的债权范围产生较大争议。具言之，利息、违约金是否能成为最高额抵押所担保的债权范围。有学者建议，在该条第 1 款后增加"债权利息、迟延利息、违约金，与前项债权合计不超过最高额范围的，亦属抵押权的担保范围"的规定。〔8〕有建议指出，最高额抵押权担保范围必须登记且优先受偿范围以登记为准，因此第 420 条需增加"依登记设立或取得对抗效力的担保物权，应当登记主债权及其利息的利率或者违约金、损害赔偿金计算方式，未经登记的不得对抗第三人"的规定。〔9〕最终，《民法典》关于最高额抵押权担保范围的规定与《民法典（征求意见稿）》和《民法典（草案）》一致，延续了《物权法》第 203 条的规定，未作修改，条文结构保持不变。

7 最高人民法院在 2021 年正式施行的《民法典担保制度解释》回应了以上问题，其中第 15 条第 1 款明确规定，最高额担保中的最高债权额是指包括主债权及其利息、违约金、损害赔偿金、保管担保财产的费用、实现债权或者实现担保物权

〔8〕 参见《民法典立法背景与观点全集》编写组编：《民法典立法背景与观点全集》，法律出版社 2020 年版，第 162 页。

〔9〕 参见《民法典立法背景与观点全集》编写组编：《民法典立法背景与观点全集》，法律出版社 2020 年版，第 156 页。

的费用等在内的全部债权,但是当事人另有约定的除外。该条呼应了《民法典》第389条规定的担保物权的担保范围。关于最高额抵押权担保范围登记的效力问题,《民法典担保制度解释》第15条第2款认为,登记的最高债权额与当事人约定的最高债权额不一致的,人民法院应当依据登记的最高债权额确定债权人优先受偿的范围。

（三）体系关联:与担保物权、一般抵押权相关规定的关联

在规范供给层面,最高额抵押权可以适用担保物权与抵押权的一般规定。从体系上而言,《民法典》第386—393条系担保物权分编的一般规定,第394—419条作为"抵押权"章的第一节,系一般抵押权的相关规定,第420条系"抵押权"章第二节"最高额抵押权"之下的条文。根据《民法典》第424条的参引性规定,当"最高额抵押权"节没有特别规定时,可以适用抵押权的一般规定。最高额抵押与一般抵押具有相似之处,包括:抵押物不移转占有;担保债权人的债权;在债务人不履行到期债务或者发生当事人约定的实现抵押权的情形时,抵押权人有权就该担保财产优先受偿。最高额抵押权担保的债权确定后,若已办理确定最高额抵押权的登记,最高额抵押权转变为一般抵押权,[10]其实现方式与一般抵押权并无实质性差异。不过,相较于一般抵押权规则而言,最高额抵押权相关规范为特别法,应优先适用。 8

在抵押权的从属性问题上,最高额抵押权突破了抵押权从属性的一般规则。联系《民法典》第420条第1款与第2款的用语可知,最高额抵押权担保的债权范围不是未来债权,而是不特定债权,不特定债权不仅是指债权数额不确定,更是强调担保的债权本身是变动的,那么在其设定最高额抵押权后,其并不需从属于某一特定债权。作为抵押权项下的特殊抵押权,最高额抵押权是担保物权从属性原则缓和的特例,其从属于基础法律关系,而非从属于某一具体债权。[11] 在决算期届至前,最高额抵押权担保的某一具体债权产生、消灭以及移转的,已经设立的最高额抵押权并不随之移转或消灭。[12] 最高额抵押权的从属性主要体现在成立上的从属性、移转的从属性以及消灭的从属性三个方面。而《民法典》第421条正是对最高额抵押权在转让上的从属性的特别规定,除当事人另有约定外,在最高额抵押担保的债权确定前,最高额抵押权不随部分债权转让而发生移转。部分债权转让的,只代表转让的部分债权脱离了最高额抵押权的担保范围,对最高额抵押权担保的债权范围不产生影响,依旧对未转让的债权以及将来可能发生的债权提 9

〔10〕参见崔建远:《最高额抵押权的争议问题及其解决》,载《国家检察官学院学报》2017年第4期。

〔11〕参见程啸:《担保物权研究》(第2版),中国人民大学出版社2019年版,第564页。

〔12〕参见最高人民法院(2017)最高法民终210号民事判决书。

供担保。需要注意的是，最高额抵押权对从属性的突破，实际上仅仅是一项任意性规范，当事人可通过特约排除最高额抵押权对从属性的突破。[13]

二、最高额抵押权的法律构成

（一）一定期间内将要连续发生的债权

10 《民法典》第 420 条承继《物权法》第 203 条的规定，将最高额抵押担保的债权界定为“一定期间内将要连续发生的债权”，该定义不甚清晰，未能反映最高额抵押所担保债权范围的特殊之处，在解释上仍有待进一步明确。

11 首先，就“一定期间”而言，是指最高额抵押权所担保的债权发生、抵销、清偿等增减变动，直至最高额抵押权所担保的债权得以确定的期间。该期间一般是由当事人在合同中约定，合同中没有约定的，则根据《民法典》第 423 条加以确定。对于最高额抵押权而言，被担保的债权一般应在此期间内成立并生效，即便该债权的履行期晚于决算期，该债权仍属于最高额抵押权担保范围，[14] 只是最高额抵押权人应在最高额抵押权所担保债务履行期届至后，才可行使最高额抵押权。在该期间内，最高额抵押权所担保的债权并不特定，故最高额抵押权并不从属于在期间内发生的某个特定的债权，而是从属于该期间内不断引发债权的法律关系。这一特性导致以下三项法律效果：第一，除当事人另有约定外，在期间外产生的债权，抵押人有权拒绝承担担保责任；第二，在最高额抵押权决算期到来之前，即便在此期间发生的债权因清偿、抵销等原因而消灭，实际的债权额为零，最高额抵押权也依旧有效存在；[15] 第三，除双方当事人另有约定外，在债权确定之日前将最高额抵押权所担保的部分债权转让的，最高额抵押权并不随同转让。[16]

12 其次，就“将要发生的债权”而言，将来债权可以是最高额抵押权设立前已成立但未生效的附期限或附条件的债权，[17] 亦可以是最高额抵押权设立后至决算期止这一期间内成立的债权。[18] 需要注意的是，将要发生的不特定债权并不以

---

〔13〕 参见最高人民法院（2019）最高法民终 266 号民事判决书。

〔14〕 参见最高人民法院（2021）最高法民申 3450 号民事裁定书。

〔15〕 参见高圣平：《民法典担保从属性规则的适用及其限度》，载《法学》2020 年第 7 期。

〔16〕 参见鈴木淳人：《貸出債権譲渡における根抵当権の移転について》，《金融研究》第 12 号（1999 年）。

〔17〕 参见浙江省高级人民法院（2019）浙民终 1812 号民事判决书；最高人民法院（2021）最高法民申 3450 号民事裁定书。

〔18〕 参见最高人民法院（2021）最高法民申 3450 号民事裁定书。

具备发生可能性为必要。[19] 但当事人明知该不特定债权不具有发生的可能性却设定最高额抵押权的,因在将来不存在可以被确定的担保债权,亦不存在在一定期间内产生债权的基础关系,最高额抵押合同并不成立。尽管根据《民法典》第420条第1款,最高额抵押权担保的债权原则上是"将来"发生的债权,但最高额抵押权的本质特征不在于其所担保的债权是将来的债权,而是其担保的债权是一定期间内连续发生的不特定且存在最高额的债权,[20] 该债权并非必定是将来债权,而是指明该债权发生的不特定性,"不特定"是指最高额抵押权设定时起至确定时止,担保的债权数额是不特定的,且担保的债权本身亦是变动的。[21] 因此为了更好地满足交易主体的担保需求,只要当事人有所约定,法律应当允许将已存在的债权纳入最高额抵押权担保的债权范围之中,[22]《民法典》第420条第2款即为体现。最高人民法院释义书认为,《民法典》第420条第2款隐含的前提是:(1)抵押人与抵押权人对此达成真正合意;(2)已存在债权的债权人和债务人与最高额抵押中的债权人和债务人相同;(3)转入的已存在债权的数额未超过最高额。[23] 这一隐含前提并非毫无疑问。第一,已存在债权的债权人和债务人与最高额抵押中的债权人与债务人一致的前提并无必要,最高额抵押权的设立前提是抵押人与抵押权人关于设立最高额抵押权的合意,与所担保的债权债务关系虽有所牵连,但并非是一对一的关系。抵押人以其自有的抵押财产为抵押权人设立最高额抵押权的,其所担保的债权范围是抵押权人与抵押人之间的合意结果,与债务人无关。第二,即便转入的已存在债权的数额超过最高额,只要在决算期届至时,转入债权的数额与其他被担保债权的数额未超过最高额,仍可认定当事人将已超过最高额的债权数额转入最高额抵押权担保范围的约定的效力。事实上,在决算期届至前,当事人之间的债权数额呈现变动状态,所转入的债权可能因清偿、抵销、混同等原因而全部或部分消灭,进而使得所转入债权数额仍处于最高额范围内,将所转入的债权数额限制在最高额范围内并不合理。

再次,"连续发生的债权"是指所发生的债权次数不确定,且接连发生。申言 13
之,第一,连续发生的债权是一种变动的债权。最高额抵押权所担保的债权不断

---

[19] 参见谢在全:《民法物权论(下)》(修订7版),台湾地区新学林出版股份有限公司2020年版,第329—330页。

[20] 参见黄薇主编:《中华人民共和国民法典释义(上)》,法律出版社2020年版,第815页。

[21] 参见崔建远:《最高额抵押权的争议问题及其解决》,载《国家检察官学院学报》2017年第4期。

[22] 参见胡康生主编:《中华人民共和国物权法释义》,法律出版社2007年版,第443—444页。

[23] 参见最高人民法院民法典贯彻实施工作领导小组主编:《中华人民共和国民法典物权编理解与适用(下)》,人民法院出版社2020年版,第1150页;李永军、刘家安等:《中华人民共和国民法物权编(专家建议稿)》,载《比较法研究》2017年第4期。

发生、消灭，属于一定范围内发生的、生生不息的债权。〔24〕第二，变动的债权并不意味着债权无法确定，也不以同一基础交易关系所生债权为限。〔25〕若当事人约定设立最高额抵押权，以担保一定期间内基础交易关系所产生的债权，在当事人对基础交易关系中的借款债务等用途作了限定时，并不意味着最高额抵押权人负有审查借款用途的义务。〔26〕虽然在决算期到来之前，被担保的债权数额并未确定，但它们都受到最高额的限制。〔27〕从最高额抵押权的发展历史及设立目的来看，其就是为了避免连续交易中每笔债权均单独设立抵押担保的烦琐所设。实践中，往往存在一种情形，抵押权人为防止抵押财产拍卖、变卖后所得价金不足以清偿不断增加的利息等从债权的，而在高交换价值的抵押财产上为某一具体债权设立最高额抵押权，并约定了远高于主债权数额的最高债权额，以确保其主债权与从债权能充分地实现，〔28〕在该情形下，判断当事人之间设立的是一般抵押权还是最高额抵押权，仍应以抵押权所担保债权是否特定作为标准，不能仅以最高债权额远高于可能发生的债权数额，就径直认定当事人之间设立的是最高额抵押权。

14 复次，在没有特别约定的情况下，抵押核实书签订与否不影响担保债权的确定，抵押核实书多数内容是关于抵押物相关问题的核实，其签订与否并不会影响当事人之间最高额抵押合同的法律效力，因主合同而发生的债权只要属于最高额抵押合同所约定的担保债权的范围，无论是否签订了抵押核实书，最高额抵押人都应当对之承担担保责任。〔29〕但需要指出的是，如果最高额抵押合同的当事人在合同中明确约定了每一笔借款必须签订抵押核实书，才可将抵押核实书所涉及的债权转入最高额抵押权所担保的债权范围时，双方当事人应当受到合同的约束，当双方当事人未签订抵押核实书时，应当认定为该笔债权不属于最高额抵押权的担保范围。

15 最后，实践中借新还旧较为普遍且复杂，尤其当其涉及最高额抵押就会使得情况显得更为复杂，主要争议点在于此时“借新”所产生的债权债务是否属于最高额抵押的担保范围。〔30〕在借新还旧的场合下，原借款合同关系与新借款合同关系中借款用途往往存在差异，由此可能导致抵押权人所面临的风险发生变化，因

〔24〕参见王利明、杨立新、王轶、程啸：《民法学》（第5版），法律出版社2017年版，第478页。

〔25〕参见高圣平：《民法典担保从属性规则的适用及其限度》，载《法学》2020年第7期。

〔26〕参见最高人民法院（2018）最高法民终787号民事判决书；最高人民法院（2019）最高法民再314号民事判决书。

〔27〕参见 BeckOK BGB/*Rohe*, 2021, § 1190 Rn. 4; MüKoBGB/*Lieder*, 2020, § 1190 Rn. 6.

〔28〕参见最高人民法院（2020）最高法民终776号民事判决书。

〔29〕参见浙江省金华市中级人民法院（2017）浙07民终2542号民事判决书。

〔30〕参见河南省高级人民法院（2018）豫民再976号民事判决书；河南省高级人民法院（2020）豫民终58号民事判决书；吉林省高级人民法院（2019）吉民终289号民事判决书。

而实践中部分法院否定"新款"属于最高额抵押的担保范围,这是因为主债务双方在以日常生产经营周转为借款用途而设定担保后,又以借新还旧的真实用途发放并收回贷款,会改变担保人在提供担保时对担保风险的预期,加重其担保责任,会导致对担保人不公平的结果。[31] 但采取肯定态度的观点则认为,虽然前三份主合同的借款用途为日常生产经营周转,第四份主合同的借款用途为用以偿还贷款合同项下所欠债务,但从借款用途的本质上来看,债务人借款用于偿还已到期借款也并未超出该公司经营周转的范围,并未因此加重了担保人的担保风险与责任。[32] 对此应认为,在借新还旧的场合下,在新借款合同成立而原借款合同完全履行后,若因新借款合同成立所发生的债权仍处于最高额抵押权所担保债权的期间内,且当事人在最高额抵押权担保合同中并未将这一新借款合同所发生的债权排除在担保范围之外时,此时新借款合同所发生的债权仍属于最高额抵押权所担保的债权范围,亦符合当事人设立最高额抵押权时的预期。但是,如果当事人在最高额抵押权所担保的债权已经确定后签订借新还旧合同,则最高额抵押债权的确定意味着被担保债权的确定和最高额抵押关系的结束,最高额抵押权转化为一般抵押权,尔后,债权人约定借新还旧,使得主债权全部或部分消灭的,不属于抵押担保的范围。[33] 此时,借新还旧协议的签订仍需遵循合同订立的一般规则,债权人享有决定是否订立借新还旧协议的自由,若债权人在可实现最高额抵押权的背景下,仍与债务人订立借新还旧协议,则可推定债权人已经放弃通过实现最高额抵押权来使得自己所享有债权得以清偿的选择,对作为债权人的最高额抵押权人也无不合理之处。

(二)最高债权额限度

关于对最高额抵押权中"最高额"的理解,存在两种立场:一是债权最高额,二 16
是本金最高额。债权最高额,是指原债权、利息、迟延利息及违约金合并计算所得受偿的债权最高额,其累计超过最高额的部分,没有优先受偿权。[34] 需要注意的是,最高额并非是一定期间内债权的简单累加,而是数个债权结算后的债权余额,它不仅包含已经到期的主债权,还包括已经产生但履行期未届至的主债权以及决算期到来时尚未产生的从债权。[35] 本金最高额,是指原债权作为得以受偿的最高额,原债权以外的利息、迟延利息、违约金,仍为抵押权效力所及,不受最高额的

〔31〕参见河南省高级人民法院(2018)豫民再976号民事判决书(一审判决部分)。
〔32〕参见河南省高级人民法院(2018)豫民再976号民事判决书。
〔33〕参见吉林省高级人民法院(2019)吉民终289号民事判决书。
〔34〕参见最高人民法院(2017)最高法民终230号民事判决书。
〔35〕参见安徽省高级人民法院(2015)皖民二终字第00327号民事判决书。

限制,其超过的部分,仍然可以优先受偿。[36] 两种解释的本质差异体现在约定的最高额不足以清偿全部债权的情况下,抵押人承担的担保责任范围。当最高额抵押权在最高债权额范围内不足以使得全部债权得以清偿时,依债权最高额说;超出限额的债权不属于担保责任范围,而依本金最高额说,本金对应的从债权也属于担保责任范围,且不受最高额的限制。学界主流观点认为,最高额抵押权中的最高额指的是债权最高额而非本金最高额,因为本金最高额的约定,将导致抵押担保债权的实际发生额难以估算,使担保的债权额在数量上没有限制,实际将成为无最高额,既加重抵押人负担,也侵害了与抵押物有利害关系的第三人的利益。[37] 债权最高额也是比较法上常采的主张。[38]

17 就我国司法实践而言,关于如何认定当事人约定本金最高额的效力问题,部分法院径直认定为按照债权最高额确定优先受偿范围,否认本金最高额。[39] 将最高额理解为本金最高额的法院则主要是从意思自治出发,认为最高额抵押担保借款合同只约定了最高贷款额,从字面上只能理解为借款本金余额,显然不包括利息、实现债权的费用等,而双方又约定抵押担保的范围包括本金、利息及实现债权的费用,故根据双方约定可以认定担保人对本金、利息、实现债权的费用等债权总余额承担担保责任。[40] 而债权最高额的观点在我国司法实务中占主流,[41] 司法实务所持理由主要为:其一,《物权法》第 203 条第 1 款(现本条第 1 款)将最高额抵押之最高额明确规定为最高债权额,因债权包括主债权及其利息等,故从文义上理解,利息等亦应受最高债权额之约束;[42] 其二,设定最高债权额的立法目的旨在避免抵押人承担无限责任,若利息等不计入最高额,则抵押人责任将无最高金额限制,有悖立法目的;[43] 其三,最高债权额不同于担保范围,前者系通过约定最高金额确定抵押担保责任上限,后者系确定担保物权所担保的债权范围,两

---

〔36〕 参见王泽鉴:《民法物权》(第 2 版),北京大学出版社 2010 年版,第 497 页;程啸:《担保物权研究》(第 2 版),中国人民大学出版社 2019 年版,第 568 页。

〔37〕 参见程啸:《担保物权研究》(第 2 版),中国人民大学出版社 2019 年版,第 568 页;周江洪、陆青、章程主编:《民法判例百选》,法律出版社 2020 年版,第 233 页。

〔38〕 例如,《德国民法典》第 1190 条第 2 款及《日本民法典》第 398 条之三第 1 款。

〔39〕 参见北京市朝阳区人民法院(2013)朝民初字第 17104 号民事判决书。

〔40〕 参见山西省高级人民法院(2020)晋民终 916 号民事判决书;山东省日照市中级人民法院(2019)鲁 11 民初 267 号民事判决书;北京市海淀区人民法院(2016)京 0108 民初 3592 号民事判决书;天津市滨海新区人民法院(2016)津 0116 民初 80164 号民事判决书等。

〔41〕 参见柯澄川:《最高额抵押债权优先受偿的范围》,载《人民司法 · 案例》2019 年第 29 期。

〔42〕 参见湖北省高级人民法院(2017)鄂民终 54 号民事判决书。

〔43〕 参见魏星、丁晓雨:《最高额抵押担保中“最高额”的司法认定——基于 136 份案例的实证分析》,载《天津法学》2018 年第 3 期。

者不应混淆。[44]

从我国现行法来看,关于利息、罚金和违约金等债权是否包括在最高额抵押权所担保的债权范围内,《民法典》并未明文规定,而是在《民法典担保制度解释》第 15 条第 1 款针对该问题作出了专门规定,明确了除当事人另有约定外,最高额担保中的最高债权额,是指包括主债权及其利息、违约金、损害赔偿金、保管担保财产的费用、实现债权或者实现担保物权的费用等在内的全部债权。从文义解释上看,“最高债权额限度”原则上是“债权最高额”,但当事人可以约定为“本金最高额”。假设当事人明确约定最高债权额仅指本金最高额时,利息、违约金、损害赔偿金、实现债权的费用等数额不计入最高债权额之中,但未办理相应登记。有法院认为,根据《九民纪要》第 58 条的规定,合同约定为本金最高债权额的,具有物权效力,可以对抗第三人。[45] 而根据《民法典担保制度解释》第 15 条第 2 款的规定,登记与约定不一致时,以登记优先。因《民法典担保制度解释》为司法解释,且生效时间晚于《九民纪要》,应当适用《民法典担保制度解释》的规定。并且,因不动产抵押采登记生效主义,故当事人在办理不动产最高额抵押权设立登记时,仅明确将最高债权额登记为本金最高额,才具有物权效力。[46] 具言之,当抵押财产为不动产的,当事人约定了本金最高额,却未登记为本金最高额时,超出登记的债权数额的部分仅具有债权效力,具有约束抵押权人与抵押人的法律效力,可就抵押财产变卖、拍卖的价款受偿,但不具有优先其他担保物权人、一般债权人受偿的效力。[47] 当抵押财产为动产时,当事人在办理最高额抵押权登记时,未明确将最高债权额登记为本金最高额的,超出登记的债权数额的部分具有物权效力,抵押权人有权就抵押财产变卖、拍卖的价款优先受偿,但不得对抗善意第三人。此处的“善意第三人”应当认定为对最高额抵押登记具有信赖利益,并对抵押财产具有第三人利益的,不知且不应知最高额抵押权的最高债权额为本金最高额的其他担保物权人,而不包括其他一般债权人。所谓第三人利益,是指导致后顺位担保物权人实际优先受偿的数额可能减少。[48] 这是由于动产抵押权的设立采登记对抗主义,即便当事人并未登记本金最高额,其抵押权已然设立,天然地具有优先于一般债权人受偿的权利。由于涉及登记公示,于善意第三人而言,以登记的最高 18

〔44〕 参见福建省福州市中级人民法院(2018)闽 01 民终 957 号民事判决书;湖北省高级人民法院(2017)鄂民终 54 号民事判决书。

〔45〕 参见福建省高级人民法院(2020)闽民终 1176 号民事判决书;最高人民法院(2019)最高法民终 117 号民事判决书。

〔46〕 参见最高人民法院(2020)最高法民终 776 号民事判决书;最高人民法院(2019)最高法民终 1636 号民事判决书。

〔47〕 参见江西省高级人民法院(2018)赣民初 171 号民事判决书。

〔48〕 参见武腾:《不动产最高额抵押权的变更——兼评指导案例 95 号》,载《政治与法律》2020 年第 4 期。

债权额确定债权人优先受偿的范围。

三、最高额抵押权的设立、变更与消灭

19　《民法典》没有直接规定最高额抵押权的设立规则,但作为抵押权的一种特殊类型,最高额抵押权的设立程序与一般抵押权的设立程序基本相同。依照《民法典》第 424 条的规定,应适用一般抵押权的设立规则,由抵押权人与抵押人订立书面抵押合同后,当事人应就最高额抵押权的内容办理登记手续。此外,依照《民法典》第 402 条、第 403 条的规定,需要区别动产和不动产来判断最高额抵押权的设立时间。

(一)最高额抵押合同条款之特殊性

20　根据《民法典》第 400 条第 2 款的规定,抵押合同一般包括被担保债权的种类,债务人履行债务的期限,抵押财产的名称、数量,担保范围等条款。但是对于最高额抵押合同而言,由于其所担保的是不特定的债权,并且受到最高债权额的限制,故除了这些条款外,通常还包括两项特殊条款:最高债权额和债权确定的原因或期日。

21　首先,最高债权额的约定系最高额抵押合同的必备条款。从《民法典》第 420 条规定"抵押权人有权在最高债权额限度内就该担保财产优先受偿"观察,可得出如下结论:最高债权额是设立最高额抵押权的构成要件之一,设定最高额抵押权的合同必须在抵押合同内约定最高债权额。最高债权额属于合同必备条款,缺少该条款,最高额抵押合同并未成立。[49]

22　其次,关于债权确定期间的约定。债权确定期间也被称之为"决算期"或"债权确定期日",《民法典》将其表述为"债权确定期间",是指最高额抵押权所担保的不特定债权确定之日。当事人一般会在最高额抵押合同中对该期间进行约定,但是决算期并不是最高额抵押合同的必要条款,它可以由当事人在事后达成补充协议或者根据法律规定(如《民法典》第 423 条第 2 项)、交易习惯确定。[50]

23　最后,关于最高额抵押合同与基础合同之间的关系。最高额抵押权的设立以基础法律关系的有效为前提,当基础法律关系欠缺成立的必要事项或具备法定无效事由时,最高额抵押权并不成立。此外,最高额抵押合同的效力还应从合同目的与内容本身出发加以判断,但最高额抵押权未设立不应以此影响最高额抵押合

〔49〕 参见江苏省高级人民法院(2015)苏商撤终字第 00001 号民事判决书。

〔50〕 参见金鉉善:《根抵当制度における日韓比較—日本民法と韓国民法改正案の比較を中心に》,《広島法学》第 35 卷第 3 号(2012 年)。

同的效力,[51]这亦是《民法典》第 215 条区分原则的体现。[52]

(二)最高额抵押权设立登记之特殊性

1. 最高额抵押权设立登记的一般规则

如何登记最高额抵押中被担保债权的种类和数额?不同于一般抵押权,最高额抵押权所担保的是一定范围内的不特定连续债权,而不是具体、特定的债权。当最高额抵押权设立后,确定期间届至之前,这些具体、特定的债权可能因抵销、清偿、混同等而消灭,故而不能像一般抵押权那样登记"被担保债权的种类和数额",而应当登记产生债权的基础关系,如"因借款合同所生的债权",或"当事人之间的现在及将来的一切债权"。因而,办理最高额抵押权设立登记的,抵押人与抵押权人可在"被担保债权的种类"登记栏目填写基础法律关系或概括最高额抵押权。 24

如何登记最高额抵押中"债权确定期间"?债权确定期间并非是登记的必要事项。最高额抵押的债权确定期间仅具有确定最高额抵押权、使其转化为一般抵押权的作用,并未对第三人明确抵押财产上的权利义务边界产生影响,担保的债权范围与最高债权额已充分发挥警示和保护第三人的作用。[53] 但如果当事人在最高额抵押合同中明确约定了债权确定期间,登记机构则应将其记载于登记簿,保护后顺位抵押权人的信赖利益,为登记机构后面办理最高额抵押权确定登记提供了判断标准。[54] 另外,决算期不同于债务人履行债务的届满期,[55]前者是抵押权人与抵押人约定的最高额抵押权担保的债权数额确定时点,该数额是清算、结算担保期间内所产生的数个具体债权的结果,[56]而后者是具体债权中债权人与债务人约定的债务人迟延履行的起算点。[57] 二者虽有牵连,但非一一对应的关系,最高额抵押权决算期届至,债务履行期未必届至。并且,最高额抵押合同的 25

---

〔51〕 参见湖北省高级人民法院(2018)鄂民终 1292 号民事判决书。

〔52〕 该条虽然是针对不动产物权登记与合同效力之间关系的规定,但亦可类推适用动产物权。

〔53〕 参见高圣平、申晨:《不动产抵押登记若干问题探讨——从不动产统一登记条例出发》,载《社会科学》2014 年第 5 期。

〔54〕 参见程啸:《对〈房屋登记办法〉中房屋最高额抵押权设立登记的理解——〈房屋登记办法〉研讨之一》,载《中国房地产》2008 年第 8 期。

〔55〕 参见最高人民法院(2019)最高法民终 377 号民事判决书;最高人民法院(2019)最高法民终 124 号民事判决书。

〔56〕 在不动产抵押权登记申请表中,最高额抵押权"债权确定期间"与"债务履行期限"共用同一登记栏目,借鉴不动产抵押登记的规定,办理动产最高额抵押权设立登记的,抵押人与抵押权人可参考不动产登记在"债务人履行债务的期限"登记栏目填写债权确定期间。

〔57〕 参见[日]我妻荣:《我妻荣民法讲义 III 新订担保物权法》,申政武、封涛、郑芙蓉译,中国法制出版社 2008 年版,第 423—424、427 页。

当事人可以在债权确定期间外另行约定债权清偿期。

26 如何平衡当事人意思自治与公示公信原则之间的关系素来是物权法领域内争议最大的问题。[58] 根据《民法典担保制度解释》第 15 条第 2 款的规定,登记的最高债权额与当事人约定的最高债权额不一致的,人民法院应当依据登记的最高债权额确定债权人优先受偿的范围。由此可知,就最高债权额登记与约定不一致的情况下,最高人民法院采取登记效力优先于当事人意思自治的态度。那么,如何衔接《民法典》及《民法典担保制度解释》与登记制度的相关规定,便成为立法与实务中应当重点解决的问题。

2. **不动产最高额抵押权的设立登记**

27 不动产作为抵押物办理登记的手续与其他财产作为抵押物办理登记的手续有所差异。抵押物为不动产的,办理首次登记应当依照《民法典》第 210 条的规定,由当事人到不动产所在地的登记机构办理最高额抵押权的首次登记。同时,根据《不动产登记暂行条例实施细则》第 71 条,当事人办理最高额抵押权的设立登记应当持不动产权属证书、最高额抵押合同与一定期间内将要连续发生债权的合同或者其他登记原因材料等必要材料。将最高额抵押权设立前已经存在的债权转入最高额抵押担保的债权范围的,还应当提交已存在债权的合同以及当事人同意将该债权纳入最高额抵押权担保范围的书面材料。因最高额抵押所担保的是不特定债权,为充分落实公示公信原则,保护善意第三人的信赖,不动产登记系统要求当事人提供一定期间内将要发生的债权的合同或其他登记原因的材料用以确认最高额抵押的担保范围。所谓"其他登记原因",应当理解为除基于法律行为而生的债权之外能产生债权债务的基础关系,如侵权之债、不当得利之债等,诚然,实践中因非法律行为所生之债甚少设立最高额抵押权。

28 因不动产最高额抵押权的设立采登记生效主义,若当事人未对不动产最高额抵押权进行登记,则不发生设立不动产最高额抵押权的法律效力,而若当事人并未就最高债权额进行登记,自然也就无法判断最高额抵押权所担保债权限度,此时应认定最高额抵押权并未设立。有学者提出,办理最高额抵押权设立登记时不确定最高债权额的,应当认定办理的是一般抵押权登记,而非最高额抵押权登记。[59] 然而,由于此时所担保的债权并不具有确定性,不满足一般抵押权所要求的抵押权从属于主债权的要件,当事人也并未有设立一般抵押权的合意,不应认

---

〔58〕 参见曹士兵:《中国担保诸问题的解决与展望——基于担保法及其司法解释》,中国法制出版社 2001 年版,第 266 页。

〔59〕 参见申卫星:《物权法定与意思自治——解读我国〈物权法〉的两把钥匙》,载《法制与社会发展》2013 年第 5 期。

为当事人设立的是一般抵押权登记。[60]

29 此外,最高额抵押合同所记载的事项与登记的事项不一致时如何处理?根据《民法典》第 209 条第 1 款以及《民法典担保制度解释》第 47 条的规定,似应认为在最高额抵押合同所约定的内容与抵押登记记载的债权数额不一致时,抵押权人不能就超出登记的部分享有抵押权。

30 司法实践中的处理方式包括:第一种以合同约定为准。在《民法典》颁布实施前,有法院认为《担保法解释》第 61 条所称的"登记记载的内容"应被解释为关于抵押物的客观记载,而并非所担保债权数额,在实际登记的担保债权数额超出合同约定的最高额时,应以双方在合同中的合意内容为准。尤其是在纠纷并未涉及其他抵押权人或者普通债权人,而仅限于抵押人和抵押权人之间时,鉴于抵押合同本身就是抵押人和抵押权人之间的合意,两者自然应当受到彼此之间的契约的约束。[61] 第二种采登记对抗主义。当涉及第三人时,出于对善意第三人的信赖保护,以及更好地维护交易秩序和交易安全,合同记载的债权数额显然也须经登记方可产生对抗效力。[62] 第三种采登记生效主义。不动产物权变动应以登记为准,[63]最高额抵押合同中有所约定但未办理抵押登记的部分仍具有债权效力,在不涉及善意第三人的利益时,抵押权人有权按照合同约定的债权数额就抵押财产实现其债权。但此时债权人对未办理抵押登记的部分并不享有抵押权,仅能主张债权请求权。[64]

31 采第一种观点和第二种观点的法院均忽视了公示具有设立物权的积极效力,突破了我国法中不动产物权变动模式。由于不动产物权变动采登记生效主义,未登记的债权额并不具备物权效力,自然应以登记记载的债权额为准。对于《民法典担保制度解释》第 15 条第 2 款之规定,也应当按照上述逻辑进行解释和适用。

3. 动产最高额抵押权的设立登记

32 因我国并无统一的行政法规、部门规章用以解决实践中动产抵押登记问题,下文主要以动产抵押登记为基础,以不动产与动产登记的区别为辨析,结合动产抵押登记的特殊性质,浅析动产最高额抵押权设立登记的特殊问题。[65]

33 根据《市场监管总局办公厅关于开展全国市场监管动产抵押登记业务系统应

---

〔60〕 参见高圣平、申晨:《不动产抵押登记若干问题探讨——从不动产统一登记条例出发》,载《社会科学》2014 年第 5 期。

〔61〕 参见最高人民法院(2019)最高法民终 253 号民事判决书。

〔62〕 参见最高人民法院(2019)最高法民申 662 号民事裁定书;湖北省高级人民法院(2018)鄂民终 904 号民事判决书。

〔63〕 参见柯澄川:《最高额抵押债权优先受偿的范围》,载《人民司法·案例》2019 年第 29 期。

〔64〕 参见最高人民法院(2020)最高法民终 118 号民事判决书(一审部分)。

〔65〕 参见福建省高级人民法院(2017)闽民终 879 号民事判决书。

用试点工作的通知》所附动产抵押登记书，动产抵押登记的内容应当包括以下几项：抵押人及抵押权人名称（姓名）、住所地、证件号码；代理人名称（姓名）、证件号码以及授权信息；被担保债权的种类和数额、担保的范围、债务人履行债务的期限；抵押财产的名称、数量、质量、状况、所在地、所有权归属或者使用权归属；抵押人、抵押权人签字或者盖章等属于动产抵押登记的必填事项。根据《动产抵押登记办法》第 10 条的规定，反担保及最高额抵押登记适用一般动产抵押登记的相关规定。然而，最高额抵押登记与一般动产抵押登记有较大区别，如此简单化的制度设计无法应对实践中有关动产最高额抵押登记的复杂问题，其中，最大的问题便是如何在动产抵押登记簿登记最高额抵押事项。

34 首先，如何登记动产最高额抵押中"最高债权额"？动产最高额抵押权因动产最高额抵押合同的成立生效而设立，故动产登记簿中未记载动产最高额抵押权、未记载动产最高额抵押权所担保的最高债权数额时，并不影响最高额抵押权的设立。动产抵押登记簿并不存在填写"最高债权额"专属位置。"最高债权额"是抵押权人基于最高额抵押权所得优先受偿的最高债权数额，它是抵押人对标的物交换价值支配范围的限定，是最高额抵押权区别于一般抵押权的重要特征之一。在动产登记簿上已进行最高额抵押权登记的情况下，若第三人并不满足《民法典》第 404 条所规定的正常经营买受人所应具备的条件，则即便第三人无法得知最高债权额，仍应知该抵押财产上存在抵押权，无法认定其为善意。当然，因实践登记程序愈发完善，当事人通常无法在不确定最高债权额的前提下成功办理最高额抵押权的设立登记。未登记的债权额虽具有物权效力，但不得对抗善意第三人。所谓"善意第三人"，是指基于信赖登记的内容而受让该抵押财产的第三人或在该财产上设立用益物权、担保物权的第三人，不包括一般债权人。

35 其次，动产最高额抵押权设立登记的效力如何？根据《民法典》第 403 条、第 422 条的规定，动产最高额抵押权采登记对抗主义，动产最高额抵押权自抵押合同生效时设立，未经登记，不得对抗善意第三人。善意第三人是指对登记享有第三人利益，不知且不应知该抵押财产上具有动产最高额抵押权，同一动产抵押财产上的后顺位担保物权人。第三人利益是指可能会导致后顺位担保物权人实际优先受偿的数额减少，超出其判断抵押财产的剩余价值的预期，但这种数额的减少并非在其应当承担的风险范围内。[66] 主债务人未依约履行债务的，属于后顺位担保物权人可预见的范围，而后不断产生的利息、补偿性违约金与损害赔偿金等

---

〔66〕《动产抵押登记办法》已于 2021 年 1 月 1 日失效（见 2020 年 12 月 31 日国家市场监督管理总局颁布的《国家市场监督管理总局关于修改和废止部分规章的决定》）。另，《动产抵押登记办法》中并未对动产最高额抵押权设立、变更登记作出特殊规定。考虑到现行有效行政法规、部门规章未对动产抵押登记问题进行规定，本文将参照《动产抵押登记办法》的相关规定。

仍属于后顺位抵押权人与其他债权人所能预见的风险。

（三）现存债权纳入最高额抵押担保的债权范围是否需要登记？

根据《民法典》第 420 条第 2 款的规定，当事人可以合意将设立最高额抵押权之前已经存在的债权纳入最高额抵押权所担保的债权范围。按照《民法典》第 422 条，在最高额抵押所担保的债权确定之前，当事人可以协议变更债权确定期间、债权范围、最高债权额，第 420 条第 2 款所规范的对象是否为《民法典》第 422 条所涵摄？《民法典》第 422 条为最高额抵押权变更规则，最高额抵押权的变更包括不同类型，具体可分为担保债权范围的变更、担保债权的继受、担保债权对应的债务承担、最高额抵押权的让与、最高额抵押权的继承、共有最高额抵押权。[67] 而《民法典》第 420 条第 2 款分为以下三种情形：（1）最高额抵押权设立时将已经存在的债权纳入最高额抵押权担保范围；（2）最高额抵押权设立后将已经存在的债权纳入最高额抵押权担保范围；（3）最高额抵押决算期届至时将已经存在的债权纳入最高额抵押权担保范围。第三种情形可被解释为一般抵押权的设立，不属于《民法典》第 420 条第 2 款、第 422 条涵摄范围。根据《不动产登记暂行条例实施细则》第 73 条的规定，在最高额抵押权所担保债权的确定期间到来之后，最高额抵押权所担保的债权已经确定，最高额抵押权实质上已经转变为一般抵押权，当事人合意将在最高额抵押权设立之前的债权纳入最高额抵押担保范围的情况下，不动产登记机构应当办理的是一般抵押权的变更登记。第一种、第二种情形似属于《民法典》第 420 条第 2 款与第 422 条规制对象的交叉重叠部分。[68] 最高人民法院指导案例第 95 号认为，最高额抵押权设立时所担保的具体债权一般尚未确定，基于尊重当事人意思自治原则，《物权法》第 203 条第 2 款对前款作了但书规定，即允许经当事人同意，将最高额抵押权设立前已经存在的债权转入最高额抵押担保的债权范围，但此并非重新设立最高额抵押权，也非《物权法》第 205 条的最高额抵押权变更的内容。其不属于债权范围的变更。[69] 反对观点则认为，指导案例第 95 号中涉及的既存债权的转入，属于最高额抵押权的变更。最高额抵押权设立时，若现存的某项特定债权产生时间先于最高额抵押权设立之时，当事人另行约定使该特定债权成为被担保债权的，就是将担保的债权范围进行变更和扩展。将其定性为债权范围的变更应无疑问。[70] 事实上，最高额抵押权设立时、设立后，当事人合意将非原担保范围的债权纳入最高额抵押担保范围，或最 36

〔67〕 参见武腾：《不动产最高额抵押权的变更——兼评指导案例 95 号》，载《政治与法律》2020 年第 4 期。

〔68〕 参见王泽鉴：《民法物权》（第 2 版），北京大学出版社 2010 年版，第 499—500 页。

〔69〕 参见程啸：《担保物权研究》（第 2 版），中国人民大学出版社 2019 年版，第 576 页。

〔70〕 参见安徽省高级人民法院（2014）皖民二终字第 00395 号民事判决书。

高额抵押权设立后、属担保的债权经当事人合意排除最高额抵押担保范围的，属于《民法典》第 422 条所言的“变更债权范围”。

37 无论是第一种情形还是第二种情形，问题在于，将已经存在的债权纳入最高额抵押权担保的债权范围时，是否应当办理相应的登记才能发生物权效力？由于登记对动产最高额抵押权、不动产最高额抵押权的意义存在差异，以下对动产最高额抵押权、不动产最高额抵押权分别进行讨论。

38 动产抵押采取登记对抗主义，即便未办理登记，最高额抵押权的设立不受影响，在动产作为抵押财产的场景下，探讨现存债权纳入最高额抵押担保的债权范围似乎并无太大意义，但实则不然，在动产最高额抵押权担保场合下，若将最高额抵押权设立前已产生的债权纳入最高额抵押权担保范围之内，在未办理登记的背景下，后顺位担保物权人基于对登记簿的信赖，将会认定抵押人仅对特定期间内所发生的债权为债权人提供担保，即便债权人主张应以抵押财产担保最高额抵押权设立前所产生的债权，但基于保护后顺位担保物权人的信赖，抵押财产所担保债权数额仍应以登记簿所记载的最高额抵押权所担保的债权期间为标准，否则，对于最高额抵押权设立前产生的债权，将可能因债务不履行时间的延长，而使得最高额抵押权所担保的债权数额过多，加重抵押财产及抵押人的负担，使得后顺位担保物权人可主张优先受偿范围减少。而只有在办理登记的场合下，才可按照最高额抵押权设立之前所产生债权的损害赔偿标准计算可得到最高额抵押权所担保的债权范围。或有论者提出，在动产最高额抵押权场合下，即便所纳入的最高额抵押权设立之前产生的债权未经登记，但只要债权人总的债权数额并未超过最高额，便不发生损害后顺位担保物权人利益的问题。这一主张欠缺合理性，对于后顺位担保物权人而言，其所享有的信赖并不仅仅止于对最高债权额的信赖，还包括对最高额抵押权担保一定期间内的债权的信赖，尤其是在承认概括最高额抵押权的背景下，通过最高额抵押权担保一定期间范围内的债权来减轻抵押财产所承受的债务负担，具有必要性。

39 值得注意的是，由于动产最高额抵押权奉行登记对抗主义，即便尚未对动产最高额抵押权进行登记，动产最高额抵押权也会因最高额抵押权合同的生效而设立，问题就在于，在动产最高额抵押权尚未登记时，其他的担保物权人是否享有此种信赖？对此应区分三种情形：首先，在一般抵押权与动产最高额抵押权均未登记时，按照《民法典》第 414 条规定，此时所有的抵押权人均应按照债权比例受偿，并不存在一般抵押权人可值得保护的信赖利益。其次，若其他担保物权为质权，在动产最高额抵押权未登记时，按照《民法典》第 415 条规定，此时质权优先于动产最高额抵押权得到实现，既然质权优先受偿顺位先于动产最高额抵押权，此时质权人的信赖利益已经得到了完全保障。最后，对于动产之上的留置权而言，我国法中的留置权优先受偿顺位优先于意定担保物权,留置权人的信赖保护在此亦不成为问题。

40 因此,在将最高额抵押权设立前已存在债权转入被担保债权但未办理登记时,对后顺位抵押权人的信赖保护问题主要存在于动产最高额抵押权已经登记,而一般抵押权尚未登记的场合,后顺位抵押权既可能未办理登记,也可能登记时间晚于动产最高额抵押权登记时间,无论是未办理登记还是在后办理登记,其共同特征均在于抵押权顺位劣后于动产最高额抵押权,若已存在债权转入被担保债权范围未经登记,便存在损害后顺位抵押权人利益的问题。故而,在将最高额抵押权设立前所产生的债权纳入最高额抵押权担保范围时,只有经过登记方才发生对抗善意第三人的效力,否则,就仅仅在动产最高额抵押权当事人之间发生效力。

41 不动产最高额抵押场合下,现存债权纳入担保范围的,是否属于变更登记的必要事项?鉴于此前的《物权法》第14条和如今的《民法典》第214条均规定,“不动产物权的设立、变更、转让和消灭,依照法律规定应当登记的,自记载于不动产登记簿时发生效力”,现存债权纳入不动产最高额抵押权担保的债权范围作为对最高额抵押权的变更,似乎须经登记方可生效。与此同时,在不动产作为抵押财产的场合,依据《不动产登记条例实施细则》第71条第2款的规定,当事人合意将最高额抵押权设立前已存在债权转入最高额抵押担保的债权范围,属于最高额抵押权设立登记的必要记载事项。

42 对此,有学者持否定态度,认为当事人合意将最高额抵押权设立前已存在债权转入最高额抵押担保的债权范围,不属于最高额抵押权设立登记的必要记载事项。主要理由在于:首先,从登记制度的目的进行考察,对最高额抵押权变更进行登记的主要目的就是保护不特定第三人的合理利益,但债权范围的变更、债权范围变更是否登记不会对不特定第三人的信赖产生影响。[71] 其次,由于对最高债权额已办理了首次登记,最高额抵押权的设立已经公示并具有对世效力,故即便当事人合意将已经存在的债权纳入最高额抵押担保范围而未办理登记的,如果债权加入后的被担保债权总额未超过最高债权额,最高额抵押权人亦能在最高债权额内优先受偿,债权的纳入是否进行登记对利害关系人的利益不生影响。[72] 由此,债权范围的变更与是否登记无关。

43 司法实践中,对现存债权转入最高额抵押担保的债权范围是否需要登记这一问题的认识,在最高人民法院指导案例第95号发布前后存在着变化。该指导案例未发布前,支持现存债权纳入属于担保债权范围变更并应进行变更登记系法院

〔71〕 参见武腾:《不动产最高额抵押权的变更——兼评指导案例95号》,载《政治与法律》2020年第4期。

〔72〕 参见程啸:《担保物权研究》(第2版),中国人民大学出版社2019年版,第576页。

常采的主张。[73] 最高人民法院指导案例第 95 号则认为,当事人另行达成协议将最高额抵押权设立前已经存在的债权转入该最高额抵押担保的债权范围,只要转入的债权数额仍在该最高额抵押担保的最高债权额限度内,即使未对该最高额抵押权办理变更登记手续,该最高额抵押权的效力仍然及于被转入的债权,但不得对第三人产生不利影响。基于尊重当事人意思自治原则,允许经当事人同意,将最高额抵押权设立前已经存在的债权转入最高额抵押担保的债权范围,此并非重新设立最高额抵押权,也非《物权法》第 205 条规定的最高额抵押权变更的内容。同理,当事人将最高额抵押权设立前已存在债权转入最高额抵押担保的债权范围,不是最高额抵押权设立登记的他项权利证书及房屋登记簿的必要记载事项,故亦非应当申请最高额抵押权变更登记的法定情形。[74]

44　第 95 号指导案例出台之后,司法实务中多数法院对此类案件也多改采否定说。但须强调的是,法院的观点仍强调应考虑第三人的利益。有法院认为,一般而言,对于债权转入应该在最高额抵押合同中予以约定,并且应进行对外具有公示效力的抵押物登记。[75] 在司法实践中,法院虽然对当事人另行达成协议将最高额抵押权设立前已经存在的债权转入最高额抵押担保的债权范围,而未办理最高额抵押权变更登记手续,只要转入的债权数额仍在该最高额抵押担保的限度内也予认可,但往往会认为该笔债权纳入最高额抵押担保范围只在双方之间发生效力,不应对基于抵押登记公示信赖的第三人产生不利影响。[76]

45　从解释论上看,现存债权转入最高额抵押担保的债权范围,不需要经过登记亦发生物权效力,仅不能对抗善意第三人。第一,从《民法典》第 420 条的文义解释上来看,已经存在的债权可以转入最高额抵押担保的债权范围,并无基础关系的限制,仅需要满足的条件是:必须由当事人合意,即经过抵押权人与抵押人的同意,只有当事人双方同意债权转入,已经存在的债权才可转入最高额抵押担保的债权范围。[77] 第二,从体系上来看,我国立法也并不强制要求现存债权纳入最高额抵押担保的债权范围需要进行登记。[78] 按照《民法典》第 209 条的规定来看,不动产物权采登记生效主义,第 402 条确立的不动产抵押权自登记时设立,该规定适用于不动产抵押权和不动产最高额抵押权的设立阶段,但是对于最高额抵押

---

〔73〕 参见江苏省高级人民法院(2014)苏商终字第 0332 号民事判决书;江苏省南京市中级人民法院(2013)宁商初字第 123 号民事判决书;福建省高级人民法院(2017)闽民终 939 号民事判决书。

〔74〕 参见安徽省高级人民法院(2014)皖民二终字第 00395 号民事判决书。

〔75〕 参见浙江省杭州市中级人民法院(2019)浙 01 民终 9214 号民事判决书。

〔76〕 参见浙江省台州市中级人民法院(2019)浙 10 民终 1964 号民事判决书。

〔77〕 参见最高人民法院民法典贯彻实施工作领导小组主编:《中华人民共和国民法典物权编理解与适用(下)》,人民法院出版社 2020 年版,第 1150 页。

〔78〕 参见最高人民法院(2021)最高法民申 3450 号民事裁定书。

权变更是否登记,我国《民法典》并没有特别规定。在立法者未对最高额抵押权变更的模式另作规定的情况下,从规范目的上解释可知,对最高额抵押所担保债权范围的变更施加严格限制,要求必须以登记为生效要件,将导致最高额抵押失去债权进出灵活简便的优势,同时还会导致当事人支出费用增加、不动产登记工作加重等弊端。第三,由于最高债权额已办理了登记,最高额抵押权的设立已经具备公示效力,即便当事人合意将已经存在的债权纳入最高额抵押担保范围而未办理登记,若债权加入后的被担保债权总额未超过最高债权额,最高额抵押权人亦能在最高债权额内优先受偿,〔79〕并且,根据《民法典》第 422 条的规定,最高额抵押担保的债权确定前,抵押权人与抵押人可以通过协议变更债权范围,但变更的内容不得对其他抵押权人产生不利影响。〔80〕 这是因为,最高额抵押权设立后,抵押权人仅在最高额范围内可主张实现抵押权,并未超出后顺位抵押权人对于自己抵押权实现的可预见性和可期待性。若债权加入后导致被担保之债权总额超过最高债权额,则逾越之债权并不属于最高额抵押权担保的范畴。〔81〕 第四,如同上文探讨将既存债权转入动产最高额抵押权所担保债权范围时所言,若将既存债权转入不动产最高额抵押权所担保债权范围,在未经登记的情形下,便发生对抗善意第三人的效力,则将损害善意第三人的信赖利益。

(四)最高额抵押权涂销登记之特殊性

对于一般抵押权而言,在抵押权人所享有的债权完全得到清偿后,抵押人便 46
可请求涂销抵押权的登记,在债权人债权尚未完全得到清偿之前,无论是作为债务人的抵押人,还是作为第三人的抵押人,均无法请求涂销抵押权的登记。然而,最高额抵押权相较于一般抵押权的特殊性在于:最高额抵押权仅在最高债权额范围内担保债权人的债权得以实现。从这一点出发,所得到的结论似乎便是:只要债权人在最高债权额范围内实现了担保物权,抵押人便可请求涂销抵押登记。这种处理模式是否合理?

在作为第三人的抵押人在最高债权额限度内清偿债务后,此时抵押人请求涂 47
销最高额抵押权的登记有其正当性。作为第三人的抵押人通过为债权人提供最高额抵押,使得债权人债权无法实现的风险降低,但作为第三人的抵押人为债权人提供最高额抵押时,其真实意思是仅仅在最高债权额范围内担保债权人债权得以实现,在作为第三人的抵押人在最高债权额范围内清偿债务后,若否定抵押人请求涂销最高额抵押权登记的权利,将意味着作为第三人的抵押人承担超出最高

---

〔79〕 参见湖北省高级人民法院(2016)鄂民终 1168 号民事判决书。

〔80〕 参见程啸:《担保物权研究》(第 2 版),中国人民大学出版社 2019 年版,第 576 页。

〔81〕 参见黄薇主编:《中华人民共和国民法典物权编解读》,中国法制出版社 2020 年版,第 731 页。

债权额范围的担保责任,不符合作为第三人的抵押人在提供最高额抵押权担保时的真实意思,使得其承受过重债务负担,并不合理。因而,在作为第三人的抵押人在最高债权额范围内清偿债务后,便应赋予其请求涂销最高额抵押权登记的权利。

48 当作为债务人的抵押人在最高债权额限度内清偿债务,但并未清偿一定期间内基于特定基础关系所产生的全部债务时,抵押人请求涂销最高额抵押权登记不具有正当性。若作为债务人的抵押人仅在最高债权额范围内清偿债务,而未清偿所负全部债务,此时仍赋予作为债务人的抵押人请求涂销最高额抵押权登记的权利,将会形成的局面是:即便是对于作为债务人的抵押人而言,其也仅可通过清偿部分债务而消灭最高额抵押权,但债务清偿本就体现为债务人的义务,其正常履行债务的行为却使得抵押权人丧失最高额抵押权,并不具有正当性。〔82〕我国理论界也认为,基于抵押权的不可分性,只有当债务人清偿全部债务后,才可使得最高额抵押权归于消灭。〔83〕

四、最高额抵押权的优先受偿范围与顺序

49 早在《民法典》起草过程中,对于《民法典》是否有必要规定最高额抵押权人优先受偿范围产生较大争议。有学者建议在该条第 1 款后增加“债权利息、迟延利息、违约金,与前项债权合计不超过最高额范围的,亦属抵押权的担保范围”的规定。〔84〕《民法典》并未对此作出回应,而最高人民法院在其颁布的《民法典担保制度解释》第 15 条第 1 款指明,除当事人另有约定外,最高额担保中的最高债权额,是指包括主债权及其利息、违约金、损害赔偿金、保管担保财产的费用、实现债权或者实现担保物权的费用等在内的全部债权。

(一)意思自治的优先适用

50 《民法典担保制度解释》第 15 条第 1 款是意思自治原则的体现,担保范围属于当事人可以自行约定的任意性规范,当事人可以约定排除利息、违约金、损害赔偿金、保管担保财产的费用、实现债权或者实现担保物权的费用等一项或几项由

〔82〕 比较法上可参见韩国、日本类似的处理方式。参见金鉉善:《根抵当制度における日韓比較—日本民法と韓国民法改正案の比較を中心に》,《広島法学》第 35 卷第 3 号(2012 年)。

〔83〕 参见崔建远:《中国民法典释评·物权编(下卷)》,中国人民大学出版社 2020 年版,第 439—440 页。

〔84〕 参见《民法典立法背景与观点全集》编写组编:《民法典立法背景与观点全集》,法律出版社 2020 年版,第 162 页。

主债权衍生的附随债权。

(二)主债权

是否限制主债权,历来存在争议。其中,关于最高额抵押权所担保的主债权范围是否存在限制,涉及是否承认概括最高额抵押权的问题。概括最高额抵押权是指抵押权人与抵押人,不将担保债权的产生基础限制于某一基础法律关系,而是将其之间所发生的将来的所有债权,均在最高额内予以担保的最高额抵押权。〔85〕 51

对于该问题目前存在三种立法模式:〔86〕一是严格限制主义,即严格限制最高额抵押担保的债权范围。《物权法》颁布之前,我国《担保法》第60条即采此模式。〔87〕二是一般限制主义,即仅对最高额抵押权担保的债权范围进行较为宽泛的限制。《日本民法典》即采此模式。〔88〕三是无限制主义,德国和瑞士即采此模式,债权人与债务人在将来一定期间内所发生的任何债权均可以设定最高额抵押权,法律对其是否须产生于特定基础法律关系并无限制。〔89〕此种立法模式显然是对概括最高额抵押权的承认。肯定概括最高额抵押权的观点认为,即便被担保的债权无法确定,但只要受到担保的最高债权额确定,就不致于对第三人造成损害。〔90〕 52

我国《担保法》采用严格限制主义多被批评适用范围太过于狭窄,〔91〕既无法满足实践需求,也不符合鼓励交易原则,因而《物权法》立法之时未保留《担保法》第60条,而是将债权规定为"一定期间内将要连续发生的债权"。《民法典》第420条继承了《物权法》第203条的规定,没有保留《担保法》第60条中对最高额抵押权适用合同类型的严格限制也被认为是合理的。〔92〕《民法典》第420条并未 53

---

〔85〕 参见谢在全:《民法物权论(下)》(修订7版),台湾地区新学林出版股份有限公司2020年版,第348页。

〔86〕 参见许明月:《抵押权制度研究》,法律出版社1998年版,第431—432页;鳥谷部茂:《わが国における根抵当権の生成・比較・行方》,《広島法学》第39卷第3号(2016年)。

〔87〕 参见宋耀红、李国勇:《对完善我国最高额抵押制度的思考》,载《政法学刊》2000年第2期。

〔88〕 参见金鉉善:《根抵当制度における日韓比較—日本民法と韓国民法改正案の比較を中心に》,《広島法学》第35卷第3号(2012年);许明月:《抵押权制度研究》,法律出版社1998年版,第426—432页。

〔89〕 参见MüKoBGB/*Lieder*,2020, § 1190 Rn. 5. 德国和瑞士关于最高额抵押权的规定,参见《德国民法典》第1190条、《瑞士民法典》第794条。

〔90〕 参见鳥山泰志:《抵当本質論の再考序説(3)》,《千葉大学法学論集》第24卷第2号(2009年)。

〔91〕 参见任尔昕、周林彬:《担保物权制度若干问题的法律经济学考察》,载《甘肃政法学院学报》1999年第3期。

〔92〕 参见崔建远:《最高额抵押权的争议问题及其解决》,载《国家检察官学院学报》2017年第4期。

像日本民法那样，将最高额抵押权担保的债权明确限定于基于某些基础法律关系产生的债权，而是定义为“一定期间内将要连续发生的债权”。《民法典》第 420 条并没有正面回应概括最高额抵押权的法律地位，是否承认概括最高额抵押权仍有争议。

54 理论界认为我国不承认概括最高额抵押权的观点主要包括：首先，最高额抵押权虽然是为将来发生的债权设定担保，但仍然须符合抵押权的从属性要求，即对于基础法律关系的从属性。〔93〕而概括最高额抵押权担保的则是抵押权人对债务人的所有债权，最高额抵押权不从属于一个明确的基础关系，违反最高额抵押的从属性。〔94〕其次，概括最高额抵押权使得抵押物在最高额范围内不受限制，无法保护抵押权人或后顺位抵押权人等利害关系人的利益。否定概括最高额抵押权，能最大限度地避免抵押权人恶意收购债权的行为，能尽量地提高后顺位抵押权人和一般债权人对抵押物“剩余价值”的预测可能性。〔95〕如果承认概括最高额抵押权的效力，在第三人提供担保的情形下，由于第三人对其担保的债权范围难以预估，将会违背抵押物上担保人的本意。而且，不受限的债权将使抵押物上的债权过分膨胀，影响抵押人的融资，对抵押物上的其他抵押权人和债权人也同样不利。〔96〕既然《民法典》第 420 条将最高额抵押担保的债权限定为“一定期间内将要连续发生的债权”，则债权必须是基于特定的法律关系而连续产生，而不是指债权人和债务人之间发生的任何债权债务关系。〔97〕

55 但上述理由并非无懈可击：其一，即使当事人约定设立概括最高额抵押权并予以登记，此时最高额抵押权的从属性仍未被打破，最高额抵押权仍担保的是一定期间内连续发生的债权，脱离一定期间内连续发生的债权的存在，最高额抵押权自然无法设立，这与最高额抵押权担保基于尚未发生的特定交易关系所产生的债权并无实质差异。依反对概括最高额抵押权的观点，如果要恪守最高额抵押权的从属性，即便对于普通的最高额抵押权，也只能将其适用范围限定于已经产生的基础交易关系所发生的债权，但这将大大限制最高额抵押权功能的发挥。〔98〕

---

〔93〕参见程啸：《担保物权研究》（第 2 版），中国人民大学出版社 2019 年版，第 565 页。

〔94〕参见自温世扬、廖焕国：《物权法通论》，人民法院出版社 2005 年版，第 666 页。

〔95〕参见孙鹏、王勤劳：《最高额抵押法律适用问题研究》，载《甘肃政法学院学报》2009 年第 5 期。

〔96〕参见谢在全：《最高额抵押权担保债权范围之研究》，载《民法七十年之回顾与展望纪念论文集（三）》，中国政法大学出版社 2002 年版，第 6 页；谢在全：《民法物权论（下）》（修订 7 版），台湾地区新学林出版股份有限公司 2020 年版，第 348 页；周友军：《最高额抵押制度的若干疑难问题》，载《南都学坛》2008 年第 6 期。

〔97〕参见程啸：《担保物权研究》（第 2 版），中国人民大学出版社 2019 年版，第 563 页；杨巍：《最高额抵押权行使期间的确定与计算》，载《私法研究》2020 年第 1 期。

〔98〕参见杨宗平：《论最高额抵押的效力》，载《比较法研究》2004 年第 2 期。

其二，如果第三人与债权人明确约定设立概括最高额抵押权，属于当事人意思自治范围，也不违反物权法定原则，在对概括最高额抵押权作登记的情况下，也不损害第三人的利益，并无禁止合理性。其三，《不动产登记暂行条例实施细则》第 71 条规定，当事人应当持不动产权属证书、最高额抵押合同与一定期间内将要连续发生的债权的合同或者其他登记原因材料等必要材料，申请最高额抵押权首次登记。在该条中，“其他登记原因材料”应当解释为除因法律行为所生之债，具体包括不当得利之债、侵权之债等。由此看来，在我国不动产抵押登记制度中，亦有概括最高额抵押权存在的登记制度基础。其四，最高额抵押权满足了经济活动中便捷的融资需求，节省交易成本，因而在实践中最高额抵押权主要适用于当事人之间基于连续的交易关系所产生的债权，若当事人认为概括最高额抵押权不当加重其负担，减损抵押财产的融资效率，可基于合同排除概括最高额抵押权的设定，但若法律事先否定概括最高额抵押权这一选项，在当事人之间存在真实的需求时，则无法为当事人意思自治的实现提供通道。至于第三人保护问题，最高额抵押权的特征就在于最高额抵押人在最高债权额范围内承担担保责任，由于存在最高债权额的限制及登记制度的配套，并不存在损害第三人利益的问题。

综上，在当事人明确约定最高额抵押权所担保的债权为一定期间内所有交易 56
发生的债权时，没有必要将最高额抵押权担保的债权限定于特定基础关系产生的债权，否则有悖于当事人的意思自治。是否承认概括最高额抵押权本质上是当事人意思表示的解释问题，与物权法定原则亦不相悖，〔99〕不宜直接否认当事人设立概括最高额抵押权的可能性。

（三）其他债权

这里的利息，指的是主债权的从债权，包括约定利息与逾期利息。根据《民间 57
借贷规定》（2020 年第二次修正）第 28 条的规定，双方约定的利率不得超过合同成立时一年期贷款市场报价利率四倍。对于逾期利息的性质，有学者认为逾期利息属于违约金，因本条同时规定了违约金，故《民法典担保制度解释》第 15 条第 1 款规定的利息并非指逾期利息，仅指约定利息。〔100〕 而最高人民法院释义书认为，逾期利息是货币时间价值的体现，而违约金的本质是补偿或惩罚，两者并非一致，

〔99〕 参见陈文学、高圣平：《试论最高额动产抵押融资中的登记制度》，载《西南民族大学学报（人文社科版）》2010 年第 8 期。

〔100〕 参见崔建远：《物权：规范与学说——以中国物权法的解释论为中心（下册）》，清华大学出版社 2011 年版，第 747 页。

故本条担保范围及于逾期利息。〔101〕 但在“南京友谊华联(集团)有限责任公司等与深圳市平安德成投资有限公司金融借款合同纠纷案”中,最高人民法院以逾期利息计算违约金。〔102〕 从逾期利息本质上看,其是债务人未履行或未完全履行主债权而承担的给付义务,是金钱债务的迟延履行而发生的损害赔偿,与本条规定的“违约金、损害赔偿金”的性质相同。〔103〕 另外,因最高额抵押权担保的是不特定债权,具体债权的利息的计算方法或者数额难以体现在登记簿上,故在办理最高额抵押权的设立登记时,未登记约定利息数额或计算方法的,不影响将其纳入优先受偿范围,除非抵押权人与抵押人约定利息不属于担保范围。〔104〕

58 违约金分为补偿性违约金与惩罚性违约金。〔105〕 补偿性违约金与损害赔偿金除计算方法有所差异外,皆以填补债权人所受损害与所失利益为目的,以合同履行后可以获得的利益为标准,具有代替主债权给付以实现被担保债权的功能,与原债权所产生的给付义务具有同一性,若不将其列入担保物权的担保范围,有碍于抵押权人的债权实现。〔106〕 并且,补偿性违约金与损害赔偿金是后顺位抵押权人与其他债权人所能预见的风险,并未对其信赖产生任何不利影响。〔107〕 另外,最高额抵押权担保的是不特定债权,若需要将每一具体债权的违约金或损害赔偿金的数额或者计算方式予以登记,方能产生物权效力,有悖于最高额抵押权制度的目的。因而,即便不规定补偿性违约金与损害赔偿金的数额或者计算方式也应当认为其属于担保范围,在未登记的情况下也具有对抗第三人的效力。〔108〕 同理,因为债权人与债务人约定惩罚性违约金超出了不特定第三人可预见性与信赖范围,惩罚性违约金的数额或者计算方式在办理登记后方能产生对抗的效力。〔109〕 事实上,私法的惩罚功能有限,如果当事人之间关于惩罚性违约金的约定已经超越了当事人最高额抵押合同中的基础关系时,此时将惩罚性赔偿违约金纳入所担保的债权范围,确会损害第三人的信赖利益。

59 实现担保物权的费用,具体包括强制执行费用、参与分配的费用、取得执行名义的费用,是基于抵押关系而产生的。理论界认为,实现担保物权的费用,应列入

---

〔101〕 参见最高人民法院民法典贯彻实施工作领导小组主编:《中华人民共和国民法典物权编理解与适用(下)》,人民法院出版社 2020 年版,第 1001—1002 页。

〔102〕 参见最高人民法院(2020)最高法民终 1299 号民事判决书。

〔103〕 参见陈华彬:《民法物权论》,中国法制出版社 2010 年版,第 415 页。

〔104〕 参见最高人民法院(2019)最高法民终 117 号民事判决书。

〔105〕 参见韩世远:《合同法总论》(第 4 版),法律出版社 2018 年版,第 823—824 页。

〔106〕 参见杨与龄:《民法物权》,台湾地区五南图书出版公司 1981 年版,第 170 页。

〔107〕 参见云南省高级人民法院(2019)云民终 874 号民事判决书。

〔108〕 参见曹士兵:《中国担保制度与担保方法》(第 4 版),中国法制出版社 2017 年版,第 249—250 页。

〔109〕 参见浙江省高级人民法院(2020)浙民再 3 号民事判决书。

抵押权所担保的债权范围之内，但是不应算入最高额，否则会导致抵押权人所能够获得抵押担保的债权范围缩小，从而有损抵押权人的利益，[110] 实现抵押权的费用应在抵押物的拍卖、变卖所得价金中扣除。[111] 但《民法典担保制度解释》第 15 条第 1 款则规定，实现抵押权的费用也应算入最高额。

（四）最高额抵押权所担保债权的受偿顺序

最高额抵押权决算期届至，数个债权清算后的总额超过了最高额债权额时，可以列入最高额限度内予以优先受偿的债权种类或顺序，参照《民法典》第 560 条债权清偿的抵充顺序加以确定，有约定从约定。[112] 若当事人之间并无约定，根据《不动产登记暂行条例实施细则》第 73 条与《民法典担保制度解释》第 15 条第 2 款的规定，当事人办理最高额抵押权确定登记时所登记的担保范围，以登记为准。此时类推《民法典》第 560 条第 1 款，由抵押人在办理最高额抵押权确定登记时指定最高额抵押权所担保的债权范围，若抵押人未作指定，应当优先将已经到期的债务列为担保范围；数项债务均到期的，优先对债权人担保最少的债务列为担保范围；均无其他担保或者担保相等的，优先将债务人负担较重的债务列为担保范围；负担相同的，按照债务到期的先后顺序确定担保范围。这是因为，确定最高额抵押权所担保的是确定时点存在的全部债权，而各债权之间相互独立，当决算期届至，最高额抵押权转换为一般抵押权后，此时必须确定列入最高额限度内担保的债权种类及数额，基于抵押权的不可分性，债务人必须清偿全部被担保债权之后，才能将最高额抵押权消灭。[113] 另外，当最高额抵押权担保的某一具体债权因清偿原因而消灭时，后抵充顺位的被担保债权仍然可以填补所剩余的空额，从而成为优先受偿的债权。[114] 60

〔110〕 参见崔建远：《最高额抵押权的争议问题及其解决》，载《国家检察官学院学报》2017 年第 4 期；谢在全：《银行联贷与最高限额抵押权》，载《法律适用》2018 年第 13 期。

〔111〕 参见最高人民法院（2020）最高法民终 776 号民事判决书；天津市高级人民法院（2021）津执复 31 号执行裁定书（一审民事判决书部分）。

〔112〕 参见最高人民法院（2020）最高法民终 776 号民事判决书。在该案中，当事人约定的是以债务人（即抵押人）决定清偿顺序。

〔113〕 参见广东省高级人民法院（2019）粤执监 102 号执行裁定书。

〔114〕 参见崔建远：《最高额抵押权的争议问题及其解决》，载《国家检察官学院学报》2017 年第 4 期。

五、破产程序与实现担保物权程序中的最高额抵押权

(一)破产程序中的最高额抵押权

61 由于破产法长期以单行法的形式独立存在,且在《民法典》施行后仍作为特别法优先适用,所以如何衔接《民法典》与破产法的关系构成一个紧迫的问题。以下将重点分析《民法典》最高额抵押权的规定与我国现行破产法相关规定的衔接与协调。

62 首先,在人民法院受理债务人的破产申请前一年内,债务人以其自有财产为抵押权人设立最高额抵押权的,不属于《企业破产法》第 31 条可撤销的范围。这是因为,其借款行为也发生在破产宣告之前的临界期内即人民法院受理破产申请前一年内,而取得借款属于增加财产的行为,提供担保与增加财产之间具有对价利益,故在破产宣告之前的临界期内,并未减少债务人被假设已丧失清偿能力当时所拥有的责任财产,并未侵害其他债权人的利益。〔115〕若抵押人设立最高额抵押权所担保的债务并非是其个人债务,应当认定抵押人的行为属于不当处分行为,有违破产撤销权设立的目的,损害其他债权人合法利益,管理人有权依法予以撤销。〔116〕

63 其次,在企业破产申请受理前一年内,当事人合意将最高额抵押权设立前已存在的债权纳入最高额抵押担保范围的,则会被撤销。根据《企业破产法》第 31 条的规定,人民法院受理破产申请前一年内,对原没有财产担保的债务提供财产担保的,管理人有权请求人民法院予以撤销。在人民法院受理破产申请前一年内,将最高额抵押权设立前已经存在的无担保债权转入最高额抵押担保的债权范围,属于对"原没有财产担保的债务提供财产担保",管理人有权依法予以撤销。〔117〕

64 最后,关于最高额抵押权在破产程序中的确定时点问题。在决算期届满前,企业陷入主动或被动申请破产的,说明其已陷入资不抵债或欠缺债务清偿能力的局面,此时确定最高额抵押权的担保债权数额已然刻不容缓。根据《企业破产法》第 45 条的规定,债权人申报债权的时间为人民法院受理破产申请后,而申报与确认债权的基本要求之一就是债权数额必须确定。根据《破产审判纪要》第 23 条的

〔115〕 参见最高人民法院(2020)最高法民再 296 号民事判决书;湖南省高级人民法院(2019)湘民申 584 号民事裁定书。

〔116〕 参见最高人民法院(2021)最高法民申 1598 号民事裁定书。

〔117〕 参见任一民:《既存债务追加物保的破产撤销问题》,载《法学》2015 年第 10 期;最高人民法院(2020)最高法民再 296 号民事判决书。

规定,管理人应当在债权审核确认和必要的审计、资产评估后,及时向人民法院提出宣告破产的申请。最高额抵押权人,理论上是有权在人民法院受理破产申请后申报债权,但因《民法典》第423条第5项规定,当债务人、抵押人被宣告破产或者解散的,最高额抵押权担保的债权才予以确定,破产案件受理时抵押权人的债权尚得不到确定,所以此时管理人当然无法及时进行全面地开展债权审核确认等工作。有学者认为,当人民法院受理破产申请时,最高额抵押权人可以以最高债权额申报债权。[118] 这一处理方式值得肯定。在破产申请受理后、破产宣告前,最高额抵押权担保的债权可能一直变动,最高额抵押债权的数额可能会低于也可能会高于抵押物价值。等到破产宣告作出时,当最高额抵押权担保的债权低于抵押财产价值的,最高额抵押权转换为一般抵押权,此时最高额抵押权与一般抵押权别无二致,适用于《企业破产法》有关别除权的规定,此处不再赘述。[119] 当最高额抵押担保的债权高于抵押财产价值的,其超过担保物价值部分的债权在破产案件受理后以普通债权人身份获得清偿。[120]

(二)担保物权实现程序中的最高额抵押权

在当事人申请实现最高额抵押权时,此时应遵循《民法典》第410条关于一般抵押权实现的一般规定,但相较于一般抵押权而言,最高额抵押权的特殊性在于:最高额抵押人仅在最高债权额范围内承担担保责任,但最高债权额可能低于债权人所享有债权的数额,在最高额抵押权人向法院申请实现抵押权时,如果不存在债务人资不抵债等情形,法院若作出拍卖、变卖抵押财产的裁定,是仅在最高额抵押权所担保债权范围内就拍卖、变卖抵押财产所获得价款实现债权,还是可超出最高额所担保的债权范围,使得最高额抵押权人就拍卖、变卖抵押财产所得全部价款以实现债权?在债务人责任财产尚足以清偿全部债务时,若仅将债权人债权受偿范围限定于最高额抵押权所担保债权范围内,嗣后债权人似仍可就债务人抵押财产拍卖、变卖所获得的价款主张权利,允许债权人就抵押财产拍卖、变卖所得全部价款实现债权似可避免不必要的成本,提升当事人债权实现的效率。但这一考量并不可取。 65

当作为最高额抵押权人的债权额超出最高额抵押中的最高债权额时,最高额抵押权人仅能在最高额抵押权所担保债权范围内得到优先受偿,而不得就抵押财 66

[118] 参见王欣新:《〈民法典〉与破产法的衔接与协调》,载《山西大学学报(哲学社会科学版)》2021年第1期。

[119] 参见辽宁省高级人民法院(2021)辽民终686号民事判决书。

[120] 参见河南省高级人民法院(2021)豫民终364号民事裁定书。

产拍卖、变卖所获得的全部价款主张受偿。〔121〕作为最高额抵押权人的债权人若要实现债权得到全部清偿的目标，只能再提起给付之诉，并在获得执行名义后，向法院申请对债务人的财产进行强制执行，〔122〕若法院在实现担保物权程序中，便直接裁定作为最高额抵押权人的债权人可就拍卖、变卖抵押财产所得用于清偿全部债务，将使得针对超出最高额抵押权所担保的债权范围部分，债权人亦可直接借助抵押权实现程序得到清偿，债权获得如同抵押权一般的支配力。因此，在最高额抵押权实现程序中，作为最高额抵押权人的债权人仅得在最高债权额范围内优先受偿，而不得就超出最高额抵押权所担保的债权范围的部分得到受偿。

六、证明责任

67 根据《民事诉讼法》第 67 条和《民事诉讼法解释》（2022 年修正）第 91 条的规定，主张法律关系存在的当事人，应当对产生该法律关系的基本事实承担举证责任。〔123〕证明责任分配具体如下：

（一）抵押权人的举证

68 抵押权人应就最高额抵押权的设立、优先受偿的范围及顺序承担举证责任，如提供最高额抵押合同、抵押登记、不动产他项权利证明以及基础法律关系如借款合同及履行情况等证明。〔124〕一般来说，法院的裁判主要贯彻“登记优先主义”的意旨——在当事人之间的约定与登记不一致的时候，以登记优先。〔125〕不动产最高额抵押权登记具有公示公信力，抵押权人无须再提出其他证明材料予以证明最高额抵押权的成立。对于动产最高额抵押权而言，抵押权人应当提供书面最高额抵押合同以证明动产最高额抵押权的设立。〔126〕在最高额抵押权的优先受偿范围的证明上，抵押权人应当证明数个具体债权属于约定的担保范围以及每个债权

---

〔121〕参见天津市高级人民法院（2021）津执复 31 号执行裁定书。

〔122〕参见谢在全：《民法物权论（下）》（修订 7 版），台湾地区新学林出版股份有限公司 2020 年版，第 352 页。

〔123〕参见刘小砚：《论证明责任分配视域下民法典的规范构造》，载《华东政法大学学报》2019 年第 3 期。

〔124〕参见河南省高级人民法院（2018）豫民再 976 号民事判决书。

〔125〕参见福建省高级人民法院（2017）闽民终 939 号民事判决书；四川省高级人民法院（2017）川民终 922 号民事判决书。

〔126〕参见辽宁省高级人民法院（2021）辽民终 686 号民事判决书。

的成立与生效、决算后最终确定的债权数额以及利息、损害赔偿金等债权。[127] 另外，对于最高额抵押权设立前已经存在的债权，经当事人同意，转入最高额抵押担保的债权范围的事实，亦由最高额抵押权人承担证明责任。[128]

（二）抵押人、债务人的抗辩

在最高额抵押权的设立被法院认定的情况下，抵押人及债务人可以提出最高额抵押权已变更、消灭或不成立的抗辩。[129] 对于最高额抵押权确定后，经结算认为属于担保范围的具体债权，抵押人及债务人可以对部分或全部具体债权的不成立、无效、消灭、转让以及具体数额提出抗辩。[130] 抵押人与债务人应当对其抗辩事由承担证明责任。 69

附：案例索引

1. 安徽省高级人民法院（2014）皖民二终字第00395号民事判决书：中国工商银行股份有限公司宣城龙首支行与宣城柏冠贸易有限公司、江苏凯盛置业有限公司等金融借款合同纠纷案【边码36、43】

2. 安徽省高级人民法院（2015）皖民二终字第00327号民事判决书：交通银行股份有限公司安徽省分行与金某杰等追偿权纠纷案【边码16】

3. 北京市朝阳区人民法院（2013）朝民初字第17104号民事判决书：平安银行股份有限公司北京三元桥支行与谢某华借款合同纠纷案【边码17】

4. 北京市海淀区人民法院（2016）京0108民初3592号民事判决书：中国民生银行股份有限公司北京分行与吴某等金融借款合同纠纷案【边码17】

5. 福建省福州市中级人民法院（2018）闽01民终957号民事判决书：招商银行股份有限公司福州长乐支行与魏某玲等金融借款合同纠纷案【边码17】

6. 福建省高级人民法院（2017）闽民终879号民事判决书：兴业银行股份有限公司泉州分行与贵州湘企（独山）置业有限公司金融借款合同纠纷案【边码32】

7. 福建省高级人民法院（2017）闽民终939号民事判决书：兴业银行股份有限公司泉州分行与贵州湘企（独山）置业有限公司金融借款合同纠纷案【边码43、68】

---

〔127〕 参见湖北省高级人民法院（2017）鄂民终54号民事判决书；浙江省杭州市中级人民法院（2019）浙01民终9214号民事判决书；浙江省台州市中级人民法院（2019）浙10民终1964号民事判决书；湖北省高级人民法院（2018）鄂民终1292号民事判决书；浙江省高级人民法院（2013）浙商外终字第110号民事判决书；广东省高级人民法院（2018）粤民终2337号民事判决书等。

〔128〕 参见江苏省高级人民法院（2014）苏商终字第0332号民事判决书。

〔129〕 参见最高人民法院（2020）最高法民申131号民事裁定书；最高人民法院（2020）最高法民申6281号民事裁定书等。

〔130〕 参见辽宁省高级人民法院（2021）辽民终686号民事判决书；河南省高级人民法院（2018）豫民再976号民事判决书。

8. 福建省高级人民法院(2020)闽民终 1176 号民事判决书:交通银行股份有限公司福建省分行与林某英等金融借款合同纠纷案【边码 18】

9. 广东省高级人民法院(2019)粤执监 102 号执行裁定书:杨某生与广东粤财资产管理有限公司等金融借款合同纠纷执行案【边码 60】

10. 河南省高级人民法院(2018)豫民再 976 号民事判决书:中国建设银行股份有限公司平顶山分行与郭某等最高额抵押权纠纷案【边码 15、68、69】

11. 河南省高级人民法院(2020)豫民终 58 号民事判决书:南阳天骄棉业有限公司等与中国农业发展银行南阳市宛城区支行金融借款合同纠纷案【边码 15】

12. 河南省高级人民法院(2021)豫民终 364 号民事裁定书:靳某珍等与漯河市恒隆食品有限公司等借款合同纠纷案【边码 64】

13. 湖北省高级人民法院(2016)鄂民终 1168 号民事判决书:中国建设银行股份有限公司宜昌西陵支行与宜昌华成矿业有限责任公司等金融借款合同纠纷案【边码 45】

14. 湖北省高级人民法院(2017)鄂民终 54 号民事判决书:中国银行股份有限公司武汉汉阳支行与武桥重工集团股份有限公司金融借款合同纠纷案【边码 17、68】

15. 湖北省高级人民法院(2018)鄂民终 1292 号民事判决书:湖北宏业建筑工程有限公司与中国工商银行股份有限公司荆门分行等金融借款合同纠纷案【边码 23、68】

16. 湖北省高级人民法院(2018)鄂民终 904 号民事判决书:十堰五堰商场百货有限公司与湖北襄阳农村商业银行股份有限公司金融借款合同纠纷案【边码 30】

17. 湖南省高级人民法院(2019)湘民申 584 号民事裁定书:怀化市坤源房地产开发有限公司管理人与刘某雄破产撤销权纠纷案【边码 62】

18. 吉林省高级人民法院(2019)吉民终 289 号民事判决书:中国建设银行股份有限公司延边朝鲜族自治州分行与吉林省博维药业有限公司等金融借款合同纠纷案【边码 15】

19. 江苏省高级人民法院(2014)苏商终字第 0332 号民事判决书:江苏宿豫东吴村镇银行有限责任公司与宿迁市中宝投资集团有限公司等借款合同纠纷案【边码 43】

20. 江苏省高级人民法院(2015)苏商撤终字第 00001 号民事判决书:孙某平与淮安市信用再担保有限公司等借款合同纠纷案【边码 21】

21. 江苏省南京市中级人民法院(2013)宁商初字第 123 号民事判决书:江苏汇鸿国际集团中鼎控股股份有限公司与张家港市德胜化纤原料有限公司等委托合同纠纷案【边码 43】

22. 江西省高级人民法院(2018)赣民初 171 号民事判决书:中国建设银行股份有限公司新余市分行与江西瑞晶太阳能科技有限公司等借款合同纠纷案【边码 18】

23. 辽宁省高级人民法院(2021)辽民终 686 号民事判决书:抚顺华泰电瓷电气制造有限公司与抚顺银行股份有限公司北站支行金融借款合同纠纷案【边码 64、68、69】

24. 山东省日照市中级人民法院(2019)鲁 11 民初 267 号民事判决书:日照银行股份有限公司与山东庚山工贸有限公司等金融借款合同纠纷案【边码 17】

25. 山西省高级人民法院(2020)晋民终 916 号民事判决书:中国长城资产管理股份有限公司山西省分公司与山西和田物资集团有限公司破产债权确认纠纷案【边码 17】

26. 四川省高级人民法院(2017)川民终 922 号民事判决书:王某平与绵阳市商业银行股

份有限公司广元分行执行分配方案纠纷案【边码68】

27. 天津市滨海新区人民法院(2016)津0116民初80164号民事判决书:中信银行股份有限公司滨海新区分行与白某平借款合同纠纷案【边码17】

28. 天津市高级人民法院(2021)津执复31号执行裁定书:中国信达资产管理股份有限公司天津市分公司与天津市北方投资有限公司企业借款合同纠纷案【边码59、66】

29. 云南省高级人民法院(2019)云民终874号民事判决书:昆明钰传承珠宝经营有限公司与平安银行股份有限公司昆明分行借款合同纠纷案【边码58】

30. 浙江省高级人民法院(2019)浙民终1812号民事判决书:浙江嘉禾建设有限公司与中国长城资产管理股份有限公司浙江省分公司等合同纠纷案【边码12】

31. 浙江省高级人民法院(2020)浙民再3号民事判决书:兴业银行股份有限公司杭州分行与巨化集团有限公司金融借款合同纠纷案【边码58】

32. 浙江省杭州市中级人民法院(2019)浙01民终9214号民事判决书:杭州侬本多情咖啡有限公司等与杭州联合银行蒋村支行金融借款合同纠纷案【边码44、68】

33. 浙江省金华市中级人民法院(2017)浙07民终2542号民事判决书:中国工商银行股份有限公司兰溪支行与吴某中等最高额抵押权纠纷案【边码14】

34. 浙江省台州市中级人民法院(2019)浙10民终1964号民事判决书:中国建设银行股份有限公司玉环支行与台州商汇担保有限公司金融借款合同纠纷案【边码44、68】

35. 最高人民法院(2017)最高法民终210号民事判决书:中信银行股份有限公司兰州分行与甘肃华宁东方贸易有限公司等金融借款合同纠纷案【边码9】

36. 最高人民法院(2017)最高法民终230号民事判决书:海口明光大酒店有限公司等与海口农村商业银行股份有限公司龙昆支行金融借款合同纠纷案【边码16】

37. 最高人民法院(2018)最高法民终787号民事判决书:福建上杭农村商业银行股份有限公司与王某执行分配方案纠纷案【边码1、13】

38. 最高人民法院(2019)最高法民申662号民事裁定书:湖北襄阳农村商业银行股份有限公司与十堰五堰商场百货有限公司金融借款合同纠纷案【边码30】

39. 最高人民法院(2019)最高法民再314号民事判决书:交通银行股份有限公司贵州省分行与六盘水白马房地产开发有限公司金融借款合同纠纷案【边码13】

40. 最高人民法院(2019)最高法民终117号民事判决书:兴业银行股份有限公司佛山分行等与肖某平等金融借款合同纠纷案【边码18、57】

41. 最高人民法院(2019)最高法民终124号民事判决书:广西永和贸易有限责任公司等与广西铁投商贸有限公司买卖合同纠纷案【边码25】

42. 最高人民法院(2019)最高法民终1636号民事判决书:恒丰银行股份有限公司昆明分行与中铁现代物流科技有限公司昆明分公司等金融借款合同纠纷案【边码18】

43. 最高人民法院(2019)最高法民终253号民事判决书:中国银行股份有限公司杭州市钱塘新区支行等与江苏鑫源控股集团有限公司等金融借款合同纠纷案【边码30】

44. 最高人民法院(2019)最高法民终266号民事判决书:沈阳朗勤置业有限公司等与青岛恒通进出口有限公司信用证纠纷案【边码9】

45. 最高人民法院(2019)最高法民终 377 号民事判决书:中国华融资产管理股份有限公司山东省分公司与荆州市金超大酒店有限公司等金融借款合同纠纷案【边码 25】

46. 最高人民法院(2020)最高法民申 131 号民事裁定书:石嘴山市千禧房地产开发有限公司与宁夏贺兰回商村镇银行有限责任公司等执行异议纠纷案【边码 69】

47. 最高人民法院(2020)最高法民申 6281 号民事裁定书:沈阳朗勤置业有限公司与山东省金融资产管理股份有限公司信用证纠纷案【边码 69】

48. 最高人民法院(2020)最高法民再 296 号民事判决书:中国农业银行股份有限公司辽源分行与吉林麦达斯铝业有限公司破产管理人破产撤销权纠纷案【边码 62、63】

49. 最高人民法院(2020)最高法民终 118 号民事判决书:云南鹏龙坤佳物流有限责任公司与中国华融资产管理股份有限公司云南省分公司等金融借款合同纠纷案【边码 30】

50. 最高人民法院(2020)最高法民终 1299 号民事判决书:南京友谊华联(集团)有限责任公司等与深圳市 P 平安德成投资有限公司金融借款合同纠纷案【边码 57】

51. 最高人民法院(2020)最高法民终 776 号民事判决书:中国工商银行股份有限公司三门峡分行与河南圆方商贸城开发有限公司等金融借款合同纠纷案【边码 13、18、59、60】

52. 最高人民法院(2021)最高法民申 1598 号民事裁定书:张某与兰州汇成投资有限责任公司破产管理人损害债务人利益赔偿纠纷案【边码 62】

53. 最高人民法院(2021)最高法民申 3450 号民事裁定书:刘某军、蒲某风与中国工商银行股份有限公司陇南分行金融借款合同纠纷案【边码 11、12、45】

第 538 条

撤销债务人无偿行为*

第 538 条　债务人以放弃其债权、放弃债权担保、无偿转让财产等方式无偿处分财产权益，或者恶意延长其到期债权的履行期限，影响债权人的债权实现的，债权人可以请求人民法院撤销债务人的行为。

简　目

一、规范目的、规范史略与体系关联……1—10
(一)规范目的……1—2
(二)规范史略……3
(三)体系关联……4—10
1. 与《民法典》第 535—537 条的关系……4
2. 与《民法典》第 539 条的关系……5
3. 与《民法典》第 154 条的关系……6—7
4. 与破产法上撤销权的关系……8—10
二、债权人对债务人享有债权……11—34
(一)主张撤销权的债权人对债务人必须享有债权……11—30
1. 债权人与债务人之间的合同有效……12
2. 债务人对主债权享有抗辩与抗辩权……13—19
3. 债权原则上须为金钱之债……20—26
4. 将来债权人的撤销权……27
5. 数个债权的情况……28—29
6. 公法债权……30
(二)债权产生的时点与持续存在……31—34
三、债务人方面的构成要件……35—103
(一)债务人的行为……35—40
(二)无偿行为……41—84
1. 法律行为……41—46
2. 无偿行为……47—55
3. 典型无偿行为类型……56—71
4. 其他类型的无偿行为……72—82
5. 债务人被诉讼以及被执行……83—84
(三)处分财产权益的行为……85—93
1. 诈害行为具有财产属性……85—91
2. 第三人获得财产价值……92—93
(四)债务人的行为影响债权人的债权实现……94—101
1. 影响债权的实现……94—99
2. 时点……100—101
(五)债务人的诈害行为与债务人无资力之间须具有相当因果关系……102—103
四、撤销权的行使……104—105
五、举证责任……106—109

---

* 本文系基于《〈民法典〉第 538 条(撤销债务人无偿行为)评注》(载《南京大学学报(哲学 · 人文科学 · 社会科学)》2021 年第 6 期,第 133—157 页)一文修订而成。

本文为社科基金重大项目“互联网交易制度与民事权利保护研究”(项目编号:20&ZD192)阶段性成果。

本文案例来源:北大法宝案例库。

一、规范目的、规范史略与体系关联

(一)规范目的

1 《民法典》第 538 条规定:"债务人以放弃其债权、放弃债权担保、无偿转让财产等方式无偿处分财产权益,或者恶意延长其到期债权的履行期限,影响债权人的债权实现的,债权人可以请求人民法院撤销债务人的行为。"本条规定了债权人撤销债务人无偿行为的构成要件,属于不完全规范,而《民法典》第 542 条规定了撤销债务人无偿行为的法律效果,二者构成债权人撤销债务人无偿行为的完全性规范。

2 按照《民法典》第 465 条第 2 款规定,依法成立的合同,仅对当事人具有法律约束力,也即合同具有相对性。据此,债权人与债务人的合同关系,应当不能对第三人发生效力。但在第三人无偿受让或者以明显不合理价格受让且主观上明知或应当知道的情况下,对债权人债权的实现产生重大影响,从利益衡量角度,应当例外地允许债权人与债务人的合同对外发生效力,债权人可以撤销债务人与第三人之间的不当行为。[1] 由于债权人撤销权突破了债的相对性,所以应对其适用范围予以限制,在法律适用时,要从构成要件以及类型上进行限制。另外,债务人得自由支配自己的财产或新增加债务,债权人并不得加以干涉。但在债权成立之时的责任财产因其后债务人转让于第三人而不当减少的情况下,[2] 会影响将来债权人债权的实现。这种对债权人债权实现的影响是间接的,是债务人行为甚或第三人行为的反射效果。[3] 在债务人无偿处分其财产权益时,可以认定其不当操纵责任财产,而且,第三人无偿获得该财产利益,相对于有偿获得的第三人,更不值得保护。而债务人延长到期债权的履行期限的行为之所以可以被撤销,主要是因为债务人恶意操控责任财产,不当影响债权人债权实现。所以,本条规范的目的主要在于规制债务人操控其责任财产的行为,避免债权人的债权实现受到债务人操控其责任财产行为的影响。对于债务人恶意操控责任财产、不当影响债权人债权实现的行为,我们可以称之为"诈害行为"。

---

〔1〕 崔建远:《合同法》(第 4 版),北京大学出版社 2021 年版,第 168 页。

〔2〕 顾昂然在《关于〈中华人民共和国合同法(草案)〉的说明——1999 年 3 月 9 日在第九届全国人民代表大会第二次会议上》发言中,表达了撤销危害债权的行为是为了防范合同欺诈,防止有的企业利用合并、分立逃避债务。参见全国人大法制工作委员会民法室编著:《〈中华人民共和国合同法〉立法资料选》,法律出版社 1999 年版,第 23 页。

〔3〕 许德风:《民法典中的债权人撤销权行使的法律效果》,载《人民法院报》2020 年 7 月 30 日,第 6 版。

(二)规范史略

债权人撤销权制度源自罗马法上的保罗之诉(actio pauliana),其构成前提是有欺诈意图和损害结果。[4]《法国民法典》第 1341 条之二继受了该规则,如果债务人的诈欺行为构成对债权人权利的侵害,后者可以以自己的名义要求该行为不具有对抗力。在涉及有偿行为的场合,债权人还需要证明第三人知情。《德国支付不能程序以外的债务人法律上行为撤销法》第 2 条规定:如果对债务人财产的强制执行不能使债权人得到完全偿付,或者认定该强制执行不可能使债权人得到清偿,那么,已经取得可执行的债务名义,并且其债权已经到期的债权人,有权进行撤销。德国债权人撤销权是在强制执行程序中实现的,债权人对债务人的相对人即撤销权相对人提起撤销权之诉,目的是恢复债务人的责任财产于强制执行之下。[5] 我国台湾地区"民法"融合了法国法债权人撤销权以及德国法撤销权之规则,其第 244 条规定:债务人所为之无偿行为,有害及债权者,债权人得申请法院撤销之。债务人所为之有偿行为,于行为时明知有损害于债权人之权利者,以受益人于受益时亦知其情事者为限,债权人得申请法院撤销之。债务人之行为非以财产为标的,或仅有害于以给付特定物为标的之债权者,不适用前二项之规定。债权人依第一项或第二项之规定申请法院撤销时,得并申请命受益人或转得人恢复原状,但转得人于转得时不知有撤销原因者,不在此限。《合同法》第 74 条借鉴参考了上述经验,一并规定了无偿行为与有偿行为的撤销。[6]《合同法解释一》第 23 条以下以及《合同法解释二》第 18 条以下补充规定了债权人撤销权规则。《民法典》第 538—542 条接受了《合同法》第 74 条及其司法解释规则,但分别规定了无偿行为的撤销,以及有偿行为的撤销,并于第 542 条规定了债权人撤销权的法律效果。另外,与《合同法》第 74 条相比,《民法典》接受了《合同法解释二》中"放弃未到期债权 ""恶意延长其到期债权的履行期限"等类型,并以"等方式无偿处分财产权益"概括规定了无偿行为,同时,将"损害债权人的利益"修改为"影响债权人的债权实现的"。 3

〔4〕 [意]彼得罗·彭梵得:《罗马法教科书》,黄风译,中国政法大学出版社 1992 年版,第 407 页以下;[德]马克斯·卡泽尔、罗尔夫·克努特尔:《罗马私法》,田士永译,法律出版社 2018 年版,第 131 页。

〔5〕 Brox, Zwangsvollstreckungsrecht, Aufl. 5, Rn. 263 f.

〔6〕 全国人大常委会法制工作委员会民法室编:《〈中华人民共和国合同法〉与国内外有关合同规定条文对照》,法律出版社 1999 年版,第 61 页。

（三）体系关联

1. 与《民法典》第535—537条的关系

4 《民法典》第535—537条规定了债权人代位权制度。在债务人怠于行使债权及其从权利而影响债权人实现到期债权时，债权人可以向人民法院请求以自己名义代位行使债务人对相对人的权利。债权人代位权针对的是债务人怠于行使债权及其从权利而听任责任财产不当减少的行为。而债权人撤销权针对的是债务人积极减少责任财产的不当行为。[7] 另外，债权人代位权针对的大都是债务人消极的不作为，而债权人撤销权针对的大都是债务人积极的作为。在法律效果上，代位权成立的，债务人的相对人应向债权人履行义务，债权人接受履行后，债权人与债务人、债务人与相对人之间相应的权利义务终止（《民法典》第537条）。在《民法典》起草过程中，起草人曾计划规定债权人一并提起撤销之诉与代位之诉的模式，从而使得撤销权人也得根据《民法典》第537条直接自相对人处获得清偿。《民法典合同编草案（征求意见稿）》第82条规定：债权人请求人民法院撤销债务人行为的，可同时依法以自己的名义代位行使债务人在其行为被撤销后对相对人所享有的权利。按照债权人撤销权与代位权一并诉讼的规则，债权人可以优先获得清偿。但最终通过的《民法典》并没有规定该规则。

2. 与《民法典》第539条的关系

5 《民法典》第539条规定了债权人撤销债务人有偿行为的构成要件，其法律效果也规定在第542条。鉴于第539条针对的是债务人有偿行为，在解释本条无偿处分财产权益行为时，原则上应限定在没有对价的情况下。不过，由于第539条采取的是列举规定的模式，没有概括性规定。所以，可以认为，在第539条列举的债务人行为类型之外，只要债务人向第三人（受领人）给付的财产价值与受领人对待给付之间超出市场限度的不对等状态，[8] 即构成无偿行为。

3. 与《民法典》第154条的关系

6 《民法典》第154条规定，行为人与相对人恶意串通，损害他人合法权益的民事法律行为无效。与《合同法》第52条第2项相比，"损害国家、集体或者第三人利益"，被改为"损害他人合法权益"，由此可知，违法无效、悖俗无效的情况，不再

---

〔7〕 黄薇主编：《中华人民共和国民法典释义（中）》，法律出版社2020年版，第1033页；韩世远：《合同法总论》（第4版），法律出版社2018年版，第432页。

〔8〕 许德风：《破产法论——解释与功能比较的视角》，北京大学出版社2015年版，第378页。

适用该规则。[9] 在恶意串通的构成上，首先需要主观上的恶意与串通，在客观上具有损害他人合法权益的情况，有学者认为，必须达到“实际损害第三人利益”时，方可构成。[10] 在恶意与串通的证明上，需要达到“确信该待证事实存在的可能性能够排除合理怀疑的”标准，高于民事盖然性的一般标准[《民事诉讼法解释》(2022 年修正)第 109 条]。不过，在司法实践中，往往会降低恶意与串通的主观标准，从客观行为或者关联关系上推断。[11] 另外，值得注意的是，债权人主张债务人与第三人恶意串通，因而导致合同无效，通常是确认之诉，并不含有返还之诉的内容。在案件事实同时构成恶意串通无效行为以及可撤销的诈害行为的情况下，法院一般支持债权人择一行使。实践中，有当事人选择主张债务人与其相对人恶意串通损害其利益导致合同无效，并不主张债权人撤销权，法院也不会依照职权适用债权人撤销权规则。[12] 不过，在判断是否侵害他人合法权益的问题上，有的法院也会考察债务人的诈害行为是否影响债权人债权的实现问题。在“瑞士嘉吉国际公司诉福建金石制油有限公司等确认合同无效纠纷案”[13] 中，一审判决认为，田源公司与福建金石公司是关联企业，田源公司对福建金石公司欠嘉吉公司的债务明知，双方约定的土地使用权、地上建筑物和设备转让价款明显偏低，且无充分证据证明田源公司已支付该对价。汇丰源公司与田源公司的关联关系可以证明他们之间达成买卖合同的目的就是转移田源公司从福建金石公司受让的资产。这些合同的履行导致福建金石公司实际上成为一个空壳公司，直接导致嘉吉公司的债权无法实现，因此，福建金石公司与田源公司之间转让资产的行为以及田源公司与汇丰源公司之间转让资产的行为均应认定为恶意串通、损害嘉吉公司利益的行为。债权人主张因恶意串通而合同无效的情况下，债务人与受益人均为被告。[14]

---

〔9〕 茅少伟：《恶意串通、债权人撤销权及合同无效的法律后果——最高人民法院指导案例 33 号的实体法评释》，载《当代法学》2018 年第 2 期，第 15 页。

〔10〕 茅少伟：《恶意串通、债权人撤销权及合同无效的法律后果——最高人民法院指导案例 33 号的实体法评释》，载《当代法学》2018 年第 2 期，第 16 页。

〔11〕 茅少伟：《恶意串通、债权人撤销权及合同无效的法律后果——最高人民法院指导案例 33 号的实体法评释》，载《当代法学》2018 年第 2 期，第 15 页。

〔12〕 最高人民法院民法典贯彻实施工作领导小组主编：《中华人民共和国民法典合同编理解与适用(一)》，人民法院出版社 2020 年版，第 534 页；最高人民法院民事判决书(2003)民一终字第 71 号；最高人民法院指导案例 33 号“瑞士嘉吉国际公司诉福建金石制油有限公司等确认合同无效纠纷案”[最高人民法院(2012)民四终字第 1 号民事判决书]：《合同法》第 52 条第 2 项“恶意串通，损害国家、集体或者第三人利益”中所称的“第三人”是指合同各方以外的人。

〔13〕 最高人民法院指导案例 33 号“瑞士嘉吉国际公司诉福建金石制油有限公司等确认合同无效纠纷案”[最高人民法院(2012)民四终字第 1 号民事判决书]。

〔14〕 最高人民法院指导案例 33 号“瑞士嘉吉国际公司诉福建金石制油有限公司等确认合同无效纠纷案”[最高人民法院(2012)民四终字第 1 号民事判决书]。

7 在实践中,还有法院依据职权审查合同效力,在债权人主张行使债权人撤销权的情况下,法院还是先行审查合同效力,认为应当适用恶意串通导致合同无效的规则。〔15〕也就是说,恶意串通导致合同无效的规则优先于债权人撤销权规则的适用。不同观点认为,在构成要件与法律效果上,债权人撤销权规则都较为特别,构成恶意串通无效规则的特别规则。在恶意串通无效规则与债权人撤销权规则竞合时,应当优先适用债权人撤销权规则。〔16〕对此,本文认为,在恶意串通无效规则与债权人撤销权规则竞合时,不能优先适用恶意串通无效规则,债权人应可以选择主张合同无效,还是行使债权人撤销权。恶意串通无效规则的构成要件比较宽泛,可以包含构成债权人撤销权的情况,债权人撤销权规则更具体,要件更加清晰。在债务人的诈害行为无偿的情况下,无须证明受让人是否知情,而在债务人的诈害行为为有偿行为时,由于证明受让人知情或应当知情比证明受让人与债务人恶意串通更为容易,所以,当事人可能选择优先适用债权人撤销权。另外,在理论上,多有学者主张在恶意串通情况下,只有受损害的第三人可以主张合同无效,在法律效果上,依据《民法典》第 157 条处理。而当事人主张债权人撤销权的,诈害行为也为自始不发生效力,但在立法过程中,曾经规定债权人同时行使代位权规则,第三人须将所获的财产利益返还给债权人,实际上达到了债权人优先受偿的效果。〔17〕

4. 与破产法上撤销权的关系

8 根据《企业破产法》,企业法人不能清偿到期债务,并且资产不足以清偿全部债务或者明显缺乏清偿能力的,可以进入破产程序(第 2 条第 1 款)。〔18〕破产程序开始后,破产管理人可以撤销受理破产申请前 1 年内的无偿转让财产等行为(第 31 条),还可以撤销受理破产申请前 6 个月内的清偿等偏颇行为(第 32 条)。〔19〕破产撤销权与债权人撤销权的共同之处在于,二者都是排除因债务人可撤销行为所侵害债权人的效果。但二者的程序目的不同:在破产撤销权情况下,

---

〔15〕江苏省连云港市中级人民法院(2012)苏民终字第 0084 号民事判决书:债务人与债权人有关债务纠纷在人民法院作出终审判决前,债务人以抵债为名转让巨额房产给受让人的,如受让人不能举证证明其与债务人之间存在真实债务,也未支付合理对价,可以认定债务人与受让人恶意串通,虚构债务转移财产,故意规避债务履行,该行为损害了他人合法权益,应当认定无效。本案中虽然债权人的诉讼请求是要求撤销该转让协议,但其最终目的是实现其债权,法院经审查认定该协议无效的,可不以债权人撤销权之诉的请求为限,对该协议的效力可直接作出认定。

〔16〕茅少伟:《恶意串通、债权人撤销权及合同无效的法律后果——最高人民法院指导案例 33 号的实体法评释》,载《当代法学》2018 年第 2 期,第 15 页。

〔17〕龙俊:《民法典中的债之保全体系》,载《比较法研究》2020 年第 4 期,第 128 页以下。

〔18〕《企业破产法》仅承认企业法人具有破产能力,其他主体不具有破产能力。

〔19〕许德风:《破产法论——解释与功能比较的视角》,北京大学出版社 2015 年版,第 373 页。

破产管理人行使撤销权是为了债权人共同体的利益而进行的,并且力求通过返还给共同债权人来补充破产财团,从而实现全体债权人平等受偿。而债权人撤销权是由单个债权人提出的,并以该债权人的债权额为限,人民法院支持债权人撤销权的,相对人原则上应向债务人返还,但《民法典合同编草案(征求意见稿)》第82条曾规定,债权人请求人民法院撤销债务人行为的,可同时依法以自己的名义代位行使债务人在其行为被撤销后对相对人所享有的权利。按照这样的规则,债权人行使撤销权的同时行使代位权,最终可以达到优先受偿的效果(参照《民法典》第537条)。

在法院裁定债务人开始破产程序之前,债权人已经提起撤销权诉讼,审理债权人撤销权之诉的法院应当中止审理,在债务人被宣告破产后,应当驳回债权人撤销权之诉。一旦对债务人开始破产程序,债权人就不得行使撤销权或者终止行使撤销权,而是应由破产管理人行使撤销权。如果破产管理人可以行使破产法上的撤销权,一般应不允许债权人再行主张民法上的撤销权。但是,如果破产管理人不行使或拒绝行使破产法上撤销权,那么债权人可以行使民法上撤销权,请求撤销债务人的诈害行为,追回财产,并将该财产归入债务人责任财产之中[《破产法规定二》(2020年修正)第13条]。[20] 在破产程序开始后,享有别除权的债权人,仍然可以行使债权人撤销权。之所以原则上将债权人撤销权限制在破产之外,一方面是因为,债权人撤销权考虑的并不是破产财团的利益,另一方面是因为,在债务人破产程序持续过程中,债务人新取得的财产利益同样要归入破产财团。在债务人破产的情况下,对于债务人财产的分配适用的是债权人平等对待原则。在破产程序终结后,债权人发现债务人存在可撤销的行为的,债权人还是可以行使民法上的撤销权的。[21] 9

如果对相对人的财产开始破产程序,相对人被宣告破产而破产财团中有债务人无偿或者以不合理价格转让给相对人的财产,那么,利益受到损害的债权人可以向相对人的破产管理人主张债权人撤销权。 10

---

〔20〕 王欣新:《民法典债权人无偿行为撤销权对破产撤销权的影响》,载《人民法院报》2020年9月24日,第7版。

〔21〕 许德风:《破产法论——解释与功能比较的视角》,北京大学出版社2015年版,第370页。

二、债权人对债务人享有债权

(一)主张撤销权的债权人对债务人必须享有债权

11 债权人对债务人须享有债权,债权未产生或消灭的,即无从谈起债权人撤销权。[22]

1. 债权人与债务人之间的合同有效

12 如果债务人为诈害行为时,其与债权人之间的合同已经被撤销或者无效,但债权人因此享有返还财产、折价补偿或者赔偿损失请求权(《民法典》第 157 条)的情况下,仍可主张撤销权;如果合同被认定无效或者被撤销后,当事人之间没有产生返还财产、折价补偿或者赔偿损失请求权,则不可主张撤销权。在"陈某与顾某兰撤销权案"[23]中,陈某与顾某兰所签借款协议项下之款项已经过生效的刑事判决认定为,顾某兰以非法占有为目的采用虚构事实、隐瞒真相的方法从陈某处骗取,签订借款协议是顾某兰为实现其犯罪目的而使用的手段,故该借款协议属以合法形式掩盖非法目的的无效合同,陈某基于该合同对顾某兰不享有合法有效的合同债权,也就不存在请求人民法院撤销债务人顾某兰与第三人顾某明、徐某仙房屋转让行为的法律基础。

2. 债务人对主债权享有抗辩与抗辩权

13 原则上,债权人对债务人的债权不一定是可实现的债权,比如该债权上负有同时履行抗辩权、不安抗辩权或者未到期的抗辩的,债权人也可以行使撤销权。因为撤销之后,财产仍归属于债务人;债权人向债务人主张债权时,债务人仍可以行使抗辩。

14 有学者认为,在债权人的债权已经过诉讼时效而经判决败诉确定不能行使时,债权人自没有理由行使撤销权。[24] 但是,在债权人的债权已经过诉讼时效,但没有经过判决确定不能行使的,债务人进行无偿诈害行为时,原则上债权人可以基于该已经过诉讼时效的债权主张债权人撤销权,因为已经过诉讼时效的债权并没有消灭。具体来讲,在债权人提起的撤销权诉讼中,如果债务人主张债权人的债权已经过诉讼时效,请求法院判决驳回债权人的诉讼请求,法院应当予以支持。不过,如果债务人没有主张债权人的债权已过诉讼时效,人民法院应当支持

---

〔22〕 最高人民法院研究室编著:《最高人民法院关于合同法司法解释(二)理解与适用》,人民法院出版社 2015 年版,第 140 页。

〔23〕 浙江省杭州市中级人民法院(2011)浙杭商终字第 956 号民事判决书。

〔24〕 黄立:《民法债编总论》,台湾地区元照出版公司 2006 年版,第 508 页。

债权人的撤销主张，判决撤销债务人的诈害行为。

如果债权未届清偿期，债权人得否主张撤销权？首先，从本条的文义来看，并 15
没有要求债权人的债权一定是清偿期届满的。在债权期限尚未届满的情况下，债务人享有债务未届期的抗辩，得阻止债权人行使债权。但是，从撤销权的功能来看，债权产生之时，债务人的责任财产即为其担保，并不是以债权清偿期届满时的责任财产为担保的。其次，撤销权针对的是债务人损害债权的积极行为，若不及时行使撤销权，等到债权期限届满时，将无法补救。[25] 最后，债权人需要以诉讼方式行使撤销权，并且行使撤销权的法律后果首先要归属于债务人，所以，债权人行使撤销权，并不意味着自己债权的实现。综合上述，本文认为债权未届清偿期的，债权人也得行使撤销权。[26] 在“江苏宝安电缆有限公司与沈某平等债权人撤销权纠纷案”[27] 中，债务人与债权人签订追索权国内保理合同一份，预付款金额 2500 万元，期限为 1 年，两被告为债务人债务承担连带保证责任，原告与债权人签订最高额保证合同。后债务人不能清偿债务，原告代为清偿后，向债务人及两被告追偿。经法院判决，两被告应承担债务人不能清偿部分的 1/3。据此，原告是两被告的债权人。现发现，两被告在债务人债务未到期前，即将其房屋赠与其女儿，于是，原告起诉两被告，主张撤销该赠与行为。本案中，一是在债务人实施诈害行为时，债权尚未到期，二是在实施诈害行为时，原告对两被告的追偿权也未发生。但两审法院均认为，在保证合同订立时，原告对两被告的债权地位就已经确立，而且，两被告的责任财产也是未到期债权的担保，在债权未到期前，诈害行为对原告债权的实现也构成侵害。

在附生效条件的合同中，条件未成就前，合同尚未生效，债权尚未产生，债务 16
人实施的减少财产的行为不会“影响债权人的债权实现”，所以债权人不能行使撤销权。[28] 在附生效期限的合同的情况下，合同尚未生效，债权人享有期待权，债务人实施的减少财产的行为也不会“影响债权人的债权实现”。不过，附生效条件或者附期限合同中的债权人，其将来债权发生的可能性很大，此时，债权人应享有撤销权。在司法判决中，有判决认为附生效条件的债权可以作为行使撤销权的根

〔25〕 王利明：《合同法研究（第 2 卷）》（第 3 版），中国人民大学出版社 2015 年版，第 133 页；申卫星：《论债权人撤销权的构成——兼评我国〈合同法〉第 74 条》，载《法制与社会发展》2000 年第 2 期；最高人民法院民法典贯彻实施工作领导小组主编：《中华人民共和国民法典合同编理解与适用（一）》，人民法院出版社 2020 年版，第 524 页。

〔26〕 最高人民法院研究室编著：《最高人民法院关于合同法司法解释（二）理解与适用》，人民法院出版社 2015 年版，第 140 页。

〔27〕 江苏省无锡市中级人民法院（2017）苏 02 民终 1741 号民事判决书。

〔28〕 王利明：《合同法研究（第 2 卷）》（第 3 版），中国人民大学出版社 2015 年版，第 132 页。

据。[29] 对于须经批准等手续才能生效的合同中的债权，在合同未批准前，债权也未发生，但是批准可能性很大的情况下，债权人也享有期待利益，在债务人为诈害行为时，债权人也应享有撤销权。综合上述，本文认为，债务人为诈害行为时，虽然债权尚未发生，但将来发生可能性很大的情况下，债权人也应受撤销权保护。

17 有学者认为，债权人行使撤销权时，其债权数额不必确定。[30] 从合同订立角度看，债权人与债务人之间对标的、数量达成一致，合同即可成立。对于对待给付及其数额，可以通过任意法予以填补（《民法典》第 511 条第 2 项）。在债权数额范围不确定的情况下，并不影响债权人对债务人债权的成立。[31] 所以，即使债权人对债务人的债权数额范围不确定，也可以行使撤销权。但是，依照《民法典》第 540 条的规定，"撤销权的行使范围以债权人的债权为限"。如果债权的数额范围尚不确定，债务人实施的法律行为又是可分之债（如赠与金钱、放弃金钱债权等），将无法确定债权人的行使范围。所以，应当认为，在债权人行使撤销权之时，应当提出一个确定的债权数额，并以此为限主张撤销权。

18 债权也无须在债务人为诈害行为时即归属于现债权人，比如，主体变更不影响债的同一性，变更后的债权人仍得行使撤销权。[32]

19 债权人、债务人之间就债权成立与否存在争议，并形成诉讼，对此并不需要最终法院裁决或司法确认后，债权人才可以行使撤销权。[33] 债务人的相对人以债权正在诉讼中、债权基础不确定为理由进行抗辩的，人民法院不予支持。[34]

3. 债权原则上须为金钱之债

20 债权人的债权是否必须是金钱债权？《民法典》并未设此限制。但学者多认为，基于撤销权旨在保全债务人责任财产，债权人的债权应当为金钱债权，而不能是金钱债权以外的特定物债权。[35] 也有观点认为，金钱债权不以现在的金钱债权为限，还包括将来的金钱债权，尤其是将来可以转化为金钱债权的债权，如因不

---

〔29〕 江苏省高级人民法院（2016）苏民终 515 号民事判决书。

〔30〕 韩世远：《合同法总论》（第 4 版），法律出版社 2018 年版，第 461 页。

〔31〕 江西省高级人民法院（2019）赣民终 484 号民事裁决书。

〔32〕 史尚宽：《债法总论》，中国政法大学出版社 2000 年版，第 480 页。

〔33〕 四川永固坚商贸有限公司与陈某琦等债权人撤销权纠纷案：一审，四川省成都市高新技术产业开发区人民法院（2016）川 0191 民初 30 号民事判决书；二审，四川省成都市中级人民法院（2016）川 01 民终 10990 号之一民事裁定书。

〔34〕 周寓先：《处于诉讼中的债权不影响债权人行使撤销权》，载《人民司法 · 案例》2019 年第 14 期，第 42 页以下。

〔35〕 韩世远：《债权人撤销权研究》，载《比较法研究》2004 年第 3 期；韩世远：《合同法总论》（第 4 版），法律出版社 2018 年版，第 460 页；王利明：《民商法研究》第 3 辑，法律出版社 2014 年版，第 432—433 页。

履行债务而转化的损害赔偿债权。[36] 金钱之债可以是基于法律行为产生的金钱之债，也可以是基于侵权行为发生的损害赔偿之债。[37] 在比较法上，德国法要求以金钱之债为限，债权人得主张撤销权。[38] 主要理由有二：其一，因为债权人撤销权指向的是基于债务人一般性的、原则上对所有债权人负责的财产，并不是债务人的特别财产。另依据《德国支付不能程序以外的债务人法律上行为撤销法》第2条文义，也可以推断出作为撤销权依据的债权必须是金钱之债的执行。其二，撤销权在构成上要求债务人财产减少、足以危及债权人债权的实现，而其他类型给付债权的实现，是通过对特定物或特定行为执行，如对所有物返还请求权的强制执行、不作为之诉的强制执行等(《德国民事诉讼法》第265条、第883条第2款、第886—888条、第890条、第893条)，与债务人责任财产的增减无关。也就是说，其他非金钱债权在进入强制执行程序之后就有保障了，不会因为诈害行为而受到间接损害。[39] 不过，与德国法不同，我国债权人撤销权并非在强制执行程序中的权利，而是实体法上的权利。债权人对债务人具有财产给付内容的债权(不限于金钱之债)的实现，均可能因为债务人的诈害行为而受到影响。最高人民法院有关人士认为，被保全的债权不应限于金钱之债，只要是以财产给付为目的的债权即可。[40] 不过，这样认定，过于笼统，应具体分析以给付为目的的债权是否会受到诈害行为的影响。

特定物债权是否可以作为撤销权的依据，存有争议。以一物二卖的情形为例，甲将某物出卖给第一买受人乙后，又将其低价出卖给第二买受人丙(或者无偿赠与第三人丙)，甚至已经将该物的所有权移转给丙。此时，若甲作为交付标的物并移转标的物所有权的债务人陷入无资力，第一买受人乙得否撤销债务人甲将该特定物所有权无偿或者低价转让给第三人的行为？持肯定意见者认为，特定物债权可以作为行使撤销权的依据。[41] 反对者则认为，债权人撤销权目的在于保全债务人责任财产，而该责任财产又是全体债权人的总担保，故此，债权人撤销权具有共益性，仅有害于个别债权人特定物债权的，不得行使撤销权。具体来讲，第二个买卖合同是有对价的，并未导致债务人责任财产的减少。而且，一物二卖情况 21

---

〔36〕 崔建远、陈进：《债法总论》，法律出版社2021年版，第169、170页。

〔37〕 实践中，多是基于借贷合同关系产生的金钱之债。张霞：《债权人撤销权纠纷案例分析报告》，载《上海法学研究》集刊2020年第2卷，第187页。

〔38〕 MünchKommAnfG/*Kirchhof*, § 2 Rn. 13.

〔39〕 MünchKommAnfG/*Kirchhof*, § 2 Rn. 13.

〔40〕 最高人民法院民法典贯彻实施工作领导小组主编：《中华人民共和国民法典合同编理解与适用(一)》，人民法院出版社2020年版，第525页。

〔41〕 参见徐开墅、张国炎：《论债权的保全制度》，载《中国法学》1991年第4期，第77页；申卫星：《论债权人撤销权的构成——兼评我国〈合同法〉第74条》，载《法制与社会发展》2000年第2期，第41、44页。

下,关键是保障债务人甲是否能交付特定物于第一买受人乙,而这是通过债权人撤销权所不能达到的目的,因为撤销之后,标的物首先还是应返还给债务人。[42] 另外,在一物二卖情况下,标的物所有权已经移转给第二买受人后,若第一买受人得行使撤销权,无异于赋予了第一买受人的债权以绝对优先的效力。撤销权的行使,还会否定物权变动或处分行为的效力,这与目前的不动产物权变动以登记为要件的规则是相冲突的。[43] 我国台湾地区"民法"第 244 条第 3 项明确规定,"或仅有害于以给付特定物为标的之债权者",不适用债权人撤销权制度保全。

22 特定物债权,可以转化为金钱之债的,也可以作为债权人行使撤销权的依据。[44] 即一开始债权人的债权可能指向物的履行,但嗣后转化为损害赔偿之债,因为特定物请求权转化为金钱之债之后,即可以依据金钱之债请求强制执行,[45] 故可以作为撤销权的依据。比如,在一物二卖情况下,若第二买受人确定取得标的物所有权,第一买受人对于债务人(出卖人)享有基于违约的损害赔偿请求权。此时第一买受人可以基于此损害赔偿请求权,主张撤销债务人与第二买受人之间的买卖合同以及所有权让与合意等,但债务人的行为必须是无偿行为或者低价转让财产的行为,并且由此"影响债权人的债权实现"。[46] 在"郑某强等与王某晋债权人撤销权纠纷案"[47] 中,2008 年,郑某强将房屋出卖给王某晋,王某晋依约履行了给付价款义务并取得该房屋钥匙且搬入房屋内居住。郑某强于 2010 年 7 月 12 日将该房屋以极低的价格过户给曾某吉。法院认为,王某晋基于特定物的债权,也可以行使撤销权。本案中,王某晋实质上是基于对郑建强违约损害赔偿请求权而行使债权人撤销权的。仍有疑问的是,物上请求权人得否行使债权人撤销权。物上请求权,源自对物权的绝对性保护,并是针对特定物的请求权。而债权人撤销权的目的在于保全债务人责任财产,以保障债权人平等受偿。所以,在个别物上请求权人的针对特定物的请求权被侵害时,不得允许其行使债权人撤销权。不过,如此一来,对于物权保护似乎弱于了对债权的保护。[48]

---

〔42〕 韩世远:《债权人撤销权研究》,载《比较法研究》2004 年第 3 期;王轶:《论一物数卖——以物权变动模式的立法选择为背景》,载《清华大学学报(哲学社会科学版)》2002 年第 4 期。

〔43〕 马志锰:《德国破产外撤销权之研究》,载《台大法学论丛》1973 年第 2 卷第 2 期,第 365、366 页。转引自翁毓琦:《从善如"登"——诉讼系属登记与"民法"第 244 条第 4 项》,载《月旦法学教室》2018 年总第 185 期。

〔44〕 崔建远:《合同法》(第 4 版),北京大学出版社 2021 年版,第 191 页。

〔45〕 最高人民法院研究室编著:《最高人民法院关于合同法司法解释(二)理解与适用》,人民法院出版社 2015 年,第 141 页。

〔46〕 马新彦:《一物二卖的救济与防范》,载《法学研究》2005 年第 2 期。

〔47〕 北京市第二中级人民法院(2011)二中民终字第 12319 号民事判决书。

〔48〕 参照 97 台上 352(决),转引自高点法学研究中心主编:《民事法规》(第 17 版),台湾地区高点文化事业有限公司 2018 年版,第 127 页。

如果债权人的请求权与责任财产没有关系，则债权人不得以其作为撤销权的基础，例如要求债务人作出意思表示的请求权，要求债务人个人作为或不作为请求权，要求债务人公开账目、提供担保等请求权，也不得成为撤销权基础。债权人也不可以根据以劳务为标的的债权行使撤销权，因为以劳务为标的的债权只间接影响债权人责任财产。[49] 23

在租赁合同的情况下，出租人交付租赁物于承租人后，又将租赁物的所有权低价出卖给第三人或者赠与第三人的，此时，按照《民法典》第 725 条的规定，承租人的租赁债权不受所有权变动的影响，所以，承租人不享有撤销权。[50] 24

如果债权上附有质权、抵押权等特别担保足以保障债权实现的，债务人的行为一般不会危害债权的实现。所以，原则上，享有担保物权的债权人，不得行使撤销权。[51] 但在担保物价值低于被担保债权数额的情况下，就不足部分，担保物权人只享有一般债权人地位，所以，可以行使撤销权。[52] 25

部分共有权人未经其他共有权人同意，无偿处分共有物的，该未参与处分的共有权人，不能提起债权人撤销权诉讼，而只能根据无权处分规则主张权利。[53] 根据《民法典》第 301 条，需要区分按份共有与共同共有中的不同处分规则。在按份共有中，享有份额 2/3 以上的共有人可以处分共有物，此时并不构成无权处分。 26

4. 将来债权人的撤销权

保证人偿还了主债务人对债权人的债务后，即享有债权人对债务人的权利（《民法典》第 700 条），债权人对债务人的债权法定移转给保证人，保证人因此也应获得债权上负有的担保权，同时也取得作为主债权从权利的撤销权（《民法典》第 547 条），[54] 所以，此时，保证人可以行使撤销权。[55] 如果连带保证人之一对其他连带保证人享有求偿权，即使在其自己没有清偿债务期间，对于其他连带保证人所为损害其追偿权实现之行为，也可以撤销。[56] 27

---

〔49〕 黄立：《民法债编总论》，台湾地区元照出版公司 2006 年版，第 511 页。

〔50〕 王利明：《合同法研究（第 2 卷）》（第 3 版），中国人民大学出版社 2015 年版，第 131 页。

〔51〕 最高人民法院（2003）民一终字第 71 号民事判决书：债务人为债务提供了足额抵押担保，后债务人转让抵押物以外的财产时，债权人不能请求确认转让行为无效或请求撤销转让行为。

〔52〕 史尚宽：《债法总论》，中国政法大学出版社 2000 年版，第 479 页；徐开墅、张国炎：《论债权的保全制度》，载《中国法学》1991 年第 4 期，第 77 页；申卫星：《论债权人撤销权的构成——兼评我国〈合同法〉第 74 条》，载《法制与社会发展》2000 年第 2 期，第 42 页。

〔53〕 最高人民法院（2015）民申字第 1342 号民事裁定书。

〔54〕 黄薇主编：《中华人民共和国民法典释义（中）》，法律出版社 2020 年版，第 1327 页。

〔55〕 王利明：《合同法研究（第 2 卷）》（第 3 版），中国人民大学出版社 2015 年版，第 131、132 页。

〔56〕 史尚宽：《债法总论》，中国政法大学出版社 2000 年版，第 480 页。

5. **数个债权的情况**

28 如果一个债权人对同一债务人,有数个债权,则基于每一个债权都可以产生一个撤销权。债权人的数个撤销权之间并没有先后顺位。

29 如果债务人有多个债权人且均受到诈害行为损害,那么多个债权人可以同时就债务人的特定行为行使撤销权,也可以单独行使。

6. **公法债权**

30 债权人的债权是否必须是私法上的债权?有学者认为,债权人的债权必须以私法上的权利为限。[57] 不过,本条并未设此限制,故公法上的债权人也可以适用本条。公法上的债权,可以是税务、罚金、罚款、收费等债权。例如《税收征收管理法》第 50 条规定:欠缴税款的纳税人因怠于行使到期债权,或者放弃到期债权,或者无偿转让财产,或者以明显不合理的低价转让财产而受让人知道该情形,对国家税收造成损害的,税务机关可以依照《合同法》第 73 条、第 74 条的规定行使代位权、撤销权。税务机关依照前款规定行使代位权、撤销权的,不免除欠缴税款的纳税人尚未履行的纳税义务和应承担的法律责任。

(二)债权产生的时点与持续存在

31 一般认为,债权人的债权要成立在诈害行为之前。对于债权人而言,担保债权的责任财产,应是债权成立时的责任财产。法律所保护的是债权成立后,债权人对债务人责任财产的预期。[58] 而且在债权发生之时或之后,债务人所为的诈害行为,才有可能减少担保债权人债权的一般责任财产。[59] 在"江西龙马建设集团有限公司与严某忠债权人撤销权纠纷案"[60]中,原告的债权产生于被告离婚协议中分割财产的行为之后,法院认为,这种情况下,债务人的行为客观上无法对债权人造成损害。在"张某与刘某海债权人撤销权纠纷案"[61]中,法院以同样的理由驳回撤销权主张。法院认为,债务人将其财产赠与他人,如该赠与行为会导致债权人无法实现债权,债权人有权要求撤销。但是,债务人在借款前将财产赠与他人,此时债权人尚未取得债权,不能认定该赠与行为损害了债权人的债权,不符

---

〔57〕 王利明:《合同法研究(第 2 卷)》(第 3 版),中国人民大学出版社 2015 年版,第 129 页。

〔58〕 史尚宽:《债法总论》,中国政法大学出版社 2000 年版,第 480 页。

〔59〕 韩世远:《合同法总论》(第 4 版),法律出版社 2018 年版,第 462 页;申卫星:《论债权人撤销权的构成——兼评我国〈合同法〉第 74 条》,载《法制与社会发展》2000 年第 2 期,第 41 页。

〔60〕 上海市浦东新区人民法院(2018)沪 0115 民初 71379 号民事裁定书。同样的理由驳回撤销权主张的,如宁夏回族自治区高级人民法院(2012)宁民提字第 34 号民事判决书。

〔61〕 宁夏回族自治区高级人民法院(2012)宁民提字第 34 号民事判决书。持相同观点的,如上海市浦东新区人民法院(2018)沪 0115 民初 71379 号民事裁定书。

合债权人撤销权的行使条件。因此,债权人不能要求撤销债务人在借款前的赠与行为。

不过,值得反思的是,在债权发生之前,债务人所为法律行为,也是可能会损及债务人的责任财产的;〔62〕而且,债权人撤销权所保护的,也应包括将来的债权人免受债务人责任财产减少之危害。所以,在撤销权构成要件满足的时点,尚未成为债务人的债权人,而是在之后很可能成为债务人的债权人,比如附生效条件合同中的债权人,也可能行使撤销权。〔63〕经债权让与而成为债权人的,诈害行为发生在债权让与之前,也应当允许作为新债权人的受让人行使撤销权。〔64〕债权人对保证人的债权是潜在的,在一般保证情况下,只有在债务人不能清偿的情况下,才可以对保证人主张权利,在连带保证情况下,债权人可以直接对保证人主张权利。在主债务履行期尚未届满,保证人为诈害行为的,也可以使责任财产减少,从而影响债权人的债权实现。〔65〕 32

另外,在考察债权人债权发生时点问题上,尚须结合考察债权人的债权履行期、债务人无偿行为的履行期。比如,债务人将其财产无偿处分给他人,只要该法律行为的履行期迟于债权人的债权履行期,就不会影响债权人的债权实现。〔66〕但是,如果债务人提前履行该无偿行为,则有可能不当影响债权人债权实现,那么,债权人应当可以提起撤销之诉。 33

在债权人行使撤销权之时,债权必须继续存在。如果债权消灭,撤销权即消灭。若债权被清偿,则债权人撤销权也消灭。在债务人为替代清偿情况下,也可以消灭债权,从而导致债权人撤销权消灭。在债权人提起撤销权之诉后,债务人进行清偿的,也可以导致债权消灭,从而阻止其行使撤销权。债权人可以对其撤销权订立和解协议或者免除合同,或者单方放弃撤销权。债权人放弃撤销权之意思表示有瑕疵的,可以被撤销。根据《民法典》第524条第1款,债务人的相对人得自愿清偿债权,或者在债权人提起撤销权之诉之后,债务人的相对人可以通过付款阻碍债权人行使撤销权。〔67〕债务人的相对人清偿以后,债权人对债务人的债权会移转给债务人的相对人(《民法典》第524条第2款)。 34

---

〔62〕 黄薇主编:《中华人民共和国民法典释义(中)》,法律出版社2020年版,第1034页。

〔63〕 MünchKommAnfG/*Kirchhof*, § 2 Rn. 5.

〔64〕 陕西省高级人民法院(2020)陕民终322号民事判决书。

〔65〕 浙江省高级人民法院(2013)浙民再字第21号民事裁定书:浙江省高级人民法院再审认为,虽然洪某良的股权转让行为发生在李某渊偿还担保之债而对其产生追偿权之前,但从事实和证据看,股权转让时,被保证人金深某及康泰米业、金记米业已明显无力清偿债务,保证人承担保证责任进而在保证人之间发生追偿权,几乎已经确定。

〔66〕 崔建远:《论债权人撤销权的构成》,载《清华法学》2020年第3期,第146页。

〔67〕 邱聪智:《新订民法债编通则(下)》,中国人民大学出版社2004年版,第319页。

三、债务人方面的构成要件

构成债权人撤销权，从债务人角度看，须具备如下要件：

（一）债务人的行为

35 从本条的文义来看，其列举的都是债务人与相对人所为的行为，反面解释，如果不是债务人与相对人的行为，则不能成为债权人撤销权的标的。比如相对人为债权人提供抵押物的情况下，该相对人（抵押人）处分抵押物的行为，并非债权人撤销权的对象。〔68〕在"章某历与吴某模等债权人撤销权纠纷案"〔69〕中，相对人（凯利泽公司）与债务人作为股东的公司签订增资扩股协议，导致债务人的股东财产权益显著减少，但是案涉《增资扩股协议》的主体、资金接受方均为第五季公司，相对人所为行为属于公司增资扩股行为而非与债务人吴某模约定转让股权的行为，系通过向第五季公司投入资本金的方式取得股权，并非从公司股东吴某模、庞某处受让股权。所以，债权人不得撤销增资扩股协议。而且，增资扩股协议虽然会降低债务人持有的股权比例，但难以列入本条列举的行为之中，而且从理论上说也不会降低债务人持有的股权价值，故不符合本条的要件。

36 对于债务人的法定代理人与意定代理人的诈害行为，可以适用《民法典》第162 条，其行为效果归之于债务人。对于主观意思的判断，依据代理人之意思。在法人作为债务人为有偿诈害行为情况下，法人机关知道即为法人知道。在监护人（法定代理人）代理债务人实施无偿行为，会因为违背其监护职责而无效，其行为的法律效果不能归属于债务人。因为监护人应当按照最有利于被监护人的原则履行监护职责。监护人除为维护被监护人利益外，不得处分被监护人的财产（《民法典》第 35 条第 1 款）。监护人代理被监护人为无偿行为，无疑是不利于被监护人利益的。在无权代理的情况下，该行为是否可以归属于债务人，取决于债务人是否追认（《民法典》第 171 条）。对于代理人所为的诈害行为，债务人追认的，即可以归属于债务人，对此诈害行为，债权人也可以行使撤销权。如果有关放弃债权或无偿转让财产的行为并非由债务人本人实施，而是他人冒用债务人名义（如私刻其公章）实施的，虽然有可能构成债务人放弃债权或无偿转让，并影响债权人债权实现，但由于缺乏债务人损害债权人利益之意思与行为，债权人也不得撤销。〔70〕不过，值得思考的是，如果他人冒用债务人名义实施了放弃债权行为，因

〔68〕 韩世远：《合同法总论》（第 4 版），法律出版社 2018 年版，第 464 页。

〔69〕 浙江省高级人民法院（2019）浙民终 163 号民事判决书。

〔70〕 湖北省高级人民法院（2018）鄂民终 1326 号民事判决书。

构成表见代理，最终发生了放弃债权的效果归之于本人，在法律上，也存在本人的行为，而且，依据本条规定，要构成债权人撤销权，并不需要债务人的主观故意或应当知道不当影响债权人债权之实现。所以，在该案中人民法院的认定，有值得商榷之处。

债务人与他人共同为诈害行为的情况下，比如处分共有之物或者共同享有的债权，债务人的行为可独立分离的，比如作为按份共有人的债务人与其他共有人共同处分各自份额的，撤销权人可以仅撤销债务人的行为。 37

债务人的行为不需要直接导致财产移转给撤销相对人，只要间接导致其所负担的给付移转给相对人即可。比如，债务人指令其次债务人将其所负担给付提供给第三人。再比如，夫妻共同财产情况下，不是债务人的丈夫一人处分共有财产，该行为也可以归之于作为债务人的妻子的行为。如果债务人通过中间人将财产移转给第三人，在表面上，中间人与第三人建立了直接法律关系，但基于一体经济视角，债务人的意思是，通过中间人将其财产给予第三人，那么该间接行为应当与直接行为是等同的。例如，甲与乙约定，由乙将价款支付给第三人，而乙也实际支付给了第三人，那么很明显，该支付本来是买受人乙对出卖人甲的给付，甲间接地处分给了第三人。此时，出卖人甲的债权人可以撤销乙支付给第三人的行为。该付款行为被撤销之后，原合同依然有效，只是乙向第三人支付价款的行为并不发生清偿乙对甲价款支付义务的效力，也就是说，乙仍负有向甲支付价款的义务。 38

在利他合同情况下，第三人基于利他合同取得了请求权。债权人可以撤销债务人对该第三人的给付行为。具体如第三人为受益人的人寿保险的情况下，保险人的债权人可以撤销保险人对受益人的给付行为。 39

保证人为有害债权的无偿行为时，在债务人没有偿还债务的资力的情况下，债权人（保证债权人）得撤销该无偿行为，[71]但保证人主张并能证明主债务人有资力的，则被保证的债权人不得撤销该无偿行为。[72] 40

（二）无偿行为

1. **法律行为**

本条列举规定了债务人放弃其债权、放弃债权担保、无偿转让财产等方式无偿处分财产权益的行为，或者恶意延长其到期债权的履行期限的行为，在性质上，均为法律行为。另外，结合本条中“影响债权人的债权实现”的表述，债务人的行为是指所有能够产生法律效果并且能使债务人的责任财产发生不利于债权人变 41

---

〔71〕 最高人民法院（2018）最高法民再 437 号民事判决书。

〔72〕 史尚宽：《债法总论》，中国政法大学出版社 2000 年版，第 491 页。

化的行为。债务人行为的主要形态是使债务人的财产发生脱离效果的行为，其针对的是积极财产的减少，而非消极财产的增加。一般而言，纯粹的事实行为所造成的事实状态，是不可以被撤销的，如物的毁损。〔73〕 但是，如果事实行为独自或者结合法律行为可以导致债务人责任财产的减少，则是可以被撤销的，具体如债务人的清偿行为、给付行为、导致占有关系或者法律关系变化的事实行为、登记行为等。〔74〕

42　学界通说认为，如果债务人实施的行为无效，则债权人只需主张无效，没有适用债权人撤销权的必要。〔75〕 例如无行为能力的债务人无偿转让其财产，债权人可以主张该无偿转让行为无效，而不需行使撤销权。债务人与相对人的合同无效，通常不会产生当事人意欲的债务，但可能产生返还或折价补偿请求权。在逻辑上，债权人的确无从行使撤销权，如果债务人怠于向相对人主张返还或者折价补偿请求权的，债权人可以行使代位权。不过，在债务人与相对人合同无效的情况下，债权人应可以选择主张合同无效，还是行使债权人撤销权。一方面二者构成要件不同，另一方面二者的法律效果也不同。在理论上，针对债务人与第三人的无效法律行为，债权人行使撤销权的，可以直接要求第三人向债务人返还；〔76〕 而债权人主张确认债务人与第三人之间的合同无效，则无此法律效果，须债务人自己根据不当得利或原物返还请求权向第三人请求返还或者折价补偿。而且，针对当事人通谋虚伪行为，债务人与相对人可能不会主张他们之间的法律行为无效。而债权人证明债务人与相对人通谋虚伪又有难度，不若允许债权人撤销债务人与相对人的通谋虚伪行为。例如，债务人设立担保物权所要担保的债权并不真实存在，或者债务人虚构与受益人之间的债务关系，假借设置抵押的名义转移财产、逃避债务的行为，是可以被撤销的。〔77〕 再有，如果债务人与相对人之间的法律行为是可撤销的，而债务人或相对人又不行使撤销权，此时，并没有理由不允许债权人对该可撤销行为行使撤销权。

43　准法律行为，如催告、债权让与的通知、为中断时效而作的债务承认等会减少

---

〔73〕 韩世远：《合同法总论》（第 4 版），法律出版社 2018 年版，第 463 页。

〔74〕 史尚宽：《债法总论》，中国政法大学出版社 2000 年版，第 485 页。

〔75〕 崔建远、陈进：《债法总论》，法律出版社 2021 年版，第 169、171 页；黄薇主编：《中华人民共和国民法典释义（中）》，法律出版社 2020 年版，第 1034 页。

〔76〕 陈华彬：《债法通论》，中国政法大学出版社 2018 年版，第 294 页；王利明：《合同法研究（第 2 卷）》（第 3 版），中国人民大学出版社 2015 年版，第 128 页；韩世远：《合同法总论》（第 4 版），法律出版社 2018 年版，第 356 页；朱广新：《合同法总则研究（下册）》，中国人民大学出版社 2018 年版，第 450 页。

〔77〕 福建省福州市中级人民法院（2005）榕民初字第 40 号民事判决书。

债务人责任财产的行为,也可以成为撤销权的对象。[78] 在法律适用上,可以类推适用本条之规则。

44 在理论上,程序上行为,如承认、放弃起诉、撤诉或者撤回上诉,针对撤销权人扣押的债务人请求权之实现的起诉、上诉,也可以成为撤销权的对象。[79]

45 一般认为,单纯的不作为,不能成为债权人撤销权的对象,[80] 而是债权人代位权的对象。不过,债务人的不作为可能造成的是债务人责任财产的减少,而非导致应当增加的没有增加,例如不主张权利,导致权利的丧失或者受到限制;错误或者欺诈情况下,不作出撤销意思表示;在付款人拒绝承兑或承兑人拒绝付款时,放弃进行票据保全手续;在约定检验期内不提出质量异议;不对他人债权提出经过诉讼时效的抗辩;不为中断时效行为;不要求返还没有发放贷款的担保物权等。[81] 债务人对支付令不提出异议、不提出诉讼抗辩等不作为。[82] 不提出公司法上的撤销之诉;在之后不能再有效扣押并针对第三债务人实现债权的情况下,不主张自己的债权;在实体请求权产生的情况下,有意识不予以行使等。在"牛某华与中国民生信托有限公司债权人撤销权纠纷案"[83] 中,恒康公司在欠付民生信托公司巨额债务且已经北京市第一中级人民法院作出执行裁定的情况下,于2018年1月30日与牛某华签订股权质押合同,将其持有的西部资源公司4500万股股份向牛某华质押借款。其股权质押合同第4.5条约定,若质权人未能在出质人办理质押登记45日内按合同足额发放借款,则出质人应当于该情形发生后1个月内解除质押,否则应当按照每日100万元承担违约金。2018年2月1日,恒康公司与牛某华办理完成股权质押登记手续,牛某华并未依约发放2亿元借款。在牛某华违反合同约定的情况下,恒康公司却长期怠于行使请求解除股权质押的权利。鉴于恒康公司不能提供其他可供执行的财产,法院认为其行为已经构成对民生信托公司债权实现的妨碍,民生信托公司可以撤销股权质押合同。在该案中,由于依据《合同法》第73条,债权人不能代位行使解除权,所以,当事人主张债权

---

[78] 最高人民法院民法典贯彻实施工作领导小组主编:《中华人民共和国民法典合同编理解与适用(一)》,人民法院出版社2020年版,第526页;崔建远、陈进:《债法总论》,法律出版社2021年版,第169、171页;不同意见,参见朱广新、谢鸿飞主编:《民法典评注·合同编·通则(2)》,中国法制出版社2020年版,第42页。

[79] 最高人民法院民法典贯彻实施工作领导小组主编:《中华人民共和国民法典合同编理解与适用(一)》,人民法院出版社2020年版,第526页。

[80] 史尚宽:《债法总论》,中国政法大学出版社2000年版,第482页;崔建远:《论债权人撤销权的构成》,载《清华法学》2020年第3期;最高人民法院研究室编著:《最高人民法院关于合同法司法解释(二)理解与适用》,人民法院出版社2015年版,第141页。

[81] 许德风:《破产法论——解释与功能比较的视角》,北京大学出版社2015年版,第374页。

[82] 王欣新:《破产撤销权研究》,载《中国法学》2007年第5期。

[83] 最高人民法院(2020)最高法民终261号民事判决书。

人撤销权,而且针对的是恒康公司不解除这一不作为行为。但最终法院支持的是,当事人直接撤销股权质押合同。在实质上,可以认为,债务人为他人设定担保,而他人未提供贷款的情况,该设定担保行为为无偿行为,依据本条可以撤销。

对于债务人拒绝赠与要约、拒绝第三人承担债务的行为,也不得予以撤销,因为撤销权的规范目的不是增加债务人的清偿能力,而是保全债务人的责任财产。〔84〕

46 从经济整体性来看,单个的行为不能被孤立地看待,需要结合其涉及的法律行为、事实过程。在多方交易或者双方多个交易的情况下,要综合考察,是否满足债权人撤销权的要件,而且要对多个行为进行撤销。在"林某英与池某姆等债权人撤销权纠纷案"〔85〕中,债务人与开发商订立了商品房买卖合同,为逃避债务,开发商广瑞集团股份有限公司先与债务人池某姆、赵某萍签订商品房买卖合同解除协议书,后又与债务人亲属陈某茹签订商品房及车位预定协议,最终法院撤销了该商品房买卖合同解除协议以及商品房及车位预定协议。

2. **无偿行为**

47 无偿行为,是指无对价或实质上无对价的处分财产权益的行为。而所谓的处分财产权益的行为,具体可能是无对价减少财产权益的行为,如财产转让、债务免除、权利放弃等;可能是增加财产权益负担的行为,如无对价承担债务;〔86〕可能是处分行为,也可能是负担行为,还可能是事实行为。

48 有学者认为,从实质判断来看,只要债务人向第三人(受领人)给付的财产价值与受领人对待给付之间超出市场限度的不对等状态,〔87〕即构成无偿行为。不过,《民法典》第 539 条有专门规定"明显不合理的低价""明显不合理的高价"情形下的撤销权。故此,本条所称的无偿,应当是指第三人实质上不支付任何对价的情况。在"上海旭宁国际贸易有限公司与邹某等债权人撤销权纠纷案"〔88〕中,当事人约定公司 100%股权的对价为 0 元,法院即从目标公司是否资不抵债、是否偿还债务、是否投资以及是否造成债务人(股权转让人)丧失偿债能力等进行了实质判断,最后认定这一行为是无偿行为。如果区分处分行为与负担行为,一般债权行为才有对价的问题。在债务人与第三人之间的行为既有负担行为,也有处分行为的情况下,债权人可以只撤销负担行为,而基于有因原则,负担行为被撤销,

---

〔84〕 韩世远:《合同法总论》(第 4 版),法律出版社 2018 年版,第 464 页;最高人民法院研究室编著:《最高人民法院关于合同法司法解释(二)理解与适用》,人民法院出版社 2015 年版,第 142 页。

〔85〕 浙江省温州市中级人民法院(2017)浙 03 民终 1048 号民事判决书。

〔86〕 王欣新:《民法典债权人无偿行为撤销权对破产撤销权的影响》,载《人民法院报》2020 年 9 月 24 日,第 7 版。

〔87〕 许德风:《破产法论——解释与功能比较的视角》,北京大学出版社 2015 年版,第 378 页。

〔88〕 湖南省高级人民法院(2019)湘民终 38 号民事判决书。

处分行为即丧失原因,第三人即应负有返还其所获得财产的义务;债权人也可以只撤销处分行为,此时,第三人也负有返还财产的义务,但是对于处分行为是否无偿,仍应从负担行为进行认定;当然,债权人也可以将二者均予以撤销,此时,第三人负有返还财产的义务,债务人与第三人的行为是否无偿,也应从负担行为角度进行判断。对于债务人转让股权的对待给付是否合理、转让股权行为是否为无偿,须根据客观事实构成判断,而不能根据债务人单方关于可能经济价值的设想进行判断。而且,还应从投资款数额、股权对于债务人的价值等因素进行综合判断对待给付的价值。[89] 可撤销的行为并不仅仅限于含有无偿合意的赠与合同,还可以包括其他不含有无偿合意的无偿处分行为,具体如债务承担、为第三人的债务提供担保,还可能是指定第三人为人身保险的受益人的行为等。

根据《最高人民法院关于审理与企业改制相关的民事纠纷案件若干问题的规定》第 7 条,在企业改制过程中,企业以其优质资产与他人组建新公司,而将债务留在原企业,对于债权人的债权,新设公司应当在所接收的财产范围内与原企业共同承担连带责任。此种剥离资产组建新公司的行为,如果债务人没有获得相应股权对价,对于债务人的责任财产是极大的减损,属于一种诈害债权的无偿行为,债权人可以进行撤销。[90] 债务人通过企业分立,转移责任财产,不当影响债权人债权实现的,债权人可以撤销该分立行为。[91] 49

有相当对待给付的财产权益之处分,原则上构不成有害债权之行为。但所取得的对待给付若是债权,而该债权也不能实现,此时该处分财产权益的行为可能被认定为无偿行为,会导致债务人一般责任财产减少,所以,债权人可以对其进行撤销。[92] 50

有些行为,可能构成无偿合同,但未必构成无偿行为。比如债务人无偿出借或者无偿借贷的情况下,债务人仍享有返还原物或金钱的权利,就此部分,并不构成无偿行为。但就第三人所获得的无偿使用之权益,如借用时的物的租金,无偿 51

---

〔89〕 最高人民法院(2017)最高法民再 93 号民事判决书;广东省高级人民法院(2014)粤高法审监民再字第 11 号民事判决书。比较《最高人民法院关于哈尔滨百货采购供应站申请破产一案的复函》(法函〔1995〕48 号):哈尔滨百货采购供应站(下称百货供应站)在负债累累的情况下,抽出其绝大部分注册资金开办哈尔滨康安批发市场,尔后,申请破产。其做法严重侵害了债权人的利益。虽然该行为未发生在法院受理破产案件前 6 个月内,但其目的是逃避债务,故原则上应根据《民法通则》第 58 条第 1 款第 7 项的规定,追回百货供应站开办康安批发市场投入的 2217.3 万元及该场所得的盈利,作为破产财产统一分配。但在具体处理方式上,可采取整体转让康安批发市场或以债权人的债权作为股份,依照我国公司法的规定,组成规范化的公司,以避免康安批发市场与百货供应站同时倒闭。如上述两种具体处理方式均不可行,则可将康安批发市场的现有全部财产及其债务纳入百货供应站破产清偿范围之内。

〔90〕 胡康生主编:《中华人民共和国合同法释义》(第 3 版),法律出版社 2013 年版,第 140 页。

〔91〕 胡康生主编:《中华人民共和国合同法释义》(第 3 版),法律出版社 2013 年版,第 141 页。

〔92〕 史尚宽:《债法总论》,中国政法大学出版社 2000 年版,第 489 页。

借款时的利息,还是构成无偿行为的。不过,对于无偿获得利益的行为,不宜支持债权人撤销,倘若允许债权人撤销,第三人也可以通过约定微小的对价予以规避。而且,即使允许债权人撤销了无须支付利息的无偿行为,但根据《民法典》第 680 条第 2 款规定,借款合同对支付利息没有约定的,视为没有利息,那么,即便撤销了无须支付利息的条款,其结果仍然是没有利息。此种情况下,债权人行使撤销权没有意义。

52 诈害行为是否无偿,主要是根据在一个交易中一方自相对人取得给付是否支付对价。不过,对于对价的判断,有学者主张,不应局限于该交易本身,还应考虑与其他交易的关联关系。比如,债务人在 A 交易中“吃亏”,但在 B 法律关系中“赚回”;或者数个主体之间交易,债务人无偿处分财产给丙,但债务人可以从丙或其他交易伙伴手中获得更大的利益。这些情况下,都不能认定为无偿。〔93〕 在“张某南与山东富而通投资置业有限公司等借款合同纠纷、债权人撤销权纠纷案”〔94〕中,法院认为,虽然涉案三方协议第 5 条具有关于“无偿转让”约定的字面意思,但从涉案三方协议的整体内容来看,三方当事人签订该协议的目的是拟通过深圳正东公司、山东正东公司以金钱补偿、债务承担等方式支付对价和富而通公司退出的方式,整体性解决各方就花园路 153 号投资项目产生的所有纠纷。富而通公司转让对五交化公司的债权与免除富而通公司债务、深圳正东公司和山东正东公司承继富而通公司债务是互为条件的,实际上并非无偿。

53 对于买卖合同,即使当事人约定了对待给付,但是如果实质上没有负担支付义务的真实意思,可以被认定为无偿转让行为。〔95〕 如果只是买受人实际上没有支付,则并不是无偿行为。此时,如果出卖人怠于行使价款支付请求权的,其债权人可以行使代位权。在“武汉市新泰山化工有限公司与通城县隽水镇宝塔村村民

---

〔93〕 崔建远:《论债权人撤销权的构成》,载《清华法学》2020 年第 3 期,第 135、146 页。

〔94〕 最高人民法院(2016)最高法民申第 1308 号民事判决书;相同的判断依据,参见湖北省高级人民法院(2019)鄂民终 1234 号民事判决书。

〔95〕 最高人民法院(2016)最高法民终 683 号民事判决书:一审法院认为,虽然《股权转让协议》中约定了股权转让价款,但转让人金航公司和受让人宗某清、唐某霞均明确表明约定的价款仅是形式,真实意思无须支付股权转让对价,因而可以认定该《股权转让协议》为无对价支付,即金航公司无偿将其裕航公司 1.2 亿元股权转让给他人。二审法院认为,该协议签订后,宗某清、唐某霞未按协议约定支付 1.2 亿元转让款,属于无偿转让。最高人民法院(2019)最高法民申 2666 号民事裁定书:法院认为,百帝公司与万亨公司签订的《土地转让协议》中虽约定转让价为 810 万元,但百帝公司和万亨公司均不能提供已经支付土地转让款的相关证据。百帝公司、万亨公司主张百帝公司以土地转让款冲抵了百帝公司与案外人磊达公司的欠款,但百帝公司、万亨公司提交的证据不能证明其与磊达公司之间存在真实有效的欠款关系。故债务人百帝公司将其财产转让给万亨公司,而万亨公司未支付对价,百帝公司的财产转让行为对债权人造成损害,债权人主张行使撤销权符合法律规定。陕西省高级人民法院(2020)陕民终 322 号民事判决书。

委员会债权人撤销权纠纷案”[96]中，债务人将其股权转让给第三人，第三人承担其债务作为对价，但第三人没有证据证明所承担债务的真实存在，所以该股权转让行为被认定为无偿行为。

54 对于形式无偿性的认定，应以负担行为或者无偿行为作出之时为准。[97] 一般只考虑负担行为作出之时当事人之间权利义务的对等性。如果履行时约定的价格或对价发生变动，大大低于订立时标的物价值，也不会导致债务人的行为成为无偿行为。

55 对于实质无偿性的认定，应以被撤销行为的时点以及法律上取得完成的时点为准。只有在这一时点上，才可以判断，取得人是否实际上提供了对待给付。

3. 典型无偿行为类型

56 《合同法》第74条类型化地规定了债务人放弃其到期债权或者无偿转让财产两种无偿行为。而《合同法解释二》第18条补充规定了债务人放弃未到期的债权、放弃债权担保等无偿行为类型，并特别增加了恶意延长到期债权的履行期类型。《民法典》第538条接受了上述所有列举的无偿行为类型，并且增加了“等方式无偿处分财产权益”的表述，意图涵盖其他各种类型，[98]同时，《民法典》第538条还并列规定了“恶意延长其到期债权的履行期间的行为”。

(1)无偿转让财产

57 结合本条列举的具体类型，可以认为这里的处分类似于处理的含义，主要是在表达债务人为了他人的利益而让出其责任财产中的标的物。基于这样的理解，应将“无偿转让”与“等方式无偿处分财产权益”结合在一起理解。如此一来，无偿转让财产的行为，一方面指的是处分物权、债权、股权、知识产权、[99]网络虚拟财产等权利的行为，另一方面指的是转让物权、债权、股权等权利以及财产利益的债权行为。前者如权利的设定与移转行为，尤其是指物上权利以及继承份额的设定与移转，如船舶登记、不动产登记、动产的所有权让与，[100]债权让与、债务承担

[96] 湖北省高级人民法院(2016)鄂民终317号民事判决书：当事人虽然约定了股权转让价款，但实际无真实支付的意思。

[97] 许德风：《破产法论——解释与功能比较的视角》，北京大学出版社2015年版，第389页。

[98] 黄薇主编：《中华人民共和国民法典释义(中)》，法律出版社2020年版，第1034页。

[99] 最高人民法院(2019)最高法民申6408号民事裁定书：该案涉及无偿转让商标等知识产权，最终人民法院是根据无效返还的法律效果进行处理的。

[100] 最高人民法院(2016)最高法民再151号民事判决书：龙城商贸与昌信公司之间进行的土地和房屋的转让，既无书面转让合同，也未实际支付对价；最高人民法院研究室编著：《最高人民法院关于合同法司法解释(二)理解与适用》，人民法院出版社2015年版，第136页。

或债务加入,[101]合同的概括移转,[102]整体财产的移转,预告登记的设定。后者是指债法上财产移转负担行为,如赠与合同、借用合同等。设立公司、合伙企业的行为,其中存在出资合同或出资行为,公司机关决议,公司的变更、解散,企业分立、企业移转以及股份的收取等行为,均是可撤销的对象。[103] 捐助行为以及捐赠给基金会或投资设立基金会,也是一种无偿行为,即使经过主管机关许可,也可以作为撤销之对象。[104]

58 另外,无偿转让财产既可以是双方法律行为,如赠与合同、无息借贷合同;也可以是单方法律行为,如遗赠、遗嘱行为。[105] 有学者认为,在赠与合同情况下,如果赠与人没有交付标的物,其是可以撤销赠与合同的,此时,尚难谓对债权人的债权实现构成妨害。[106] 不过,在当事人已经合意订立赠与合同后,赠与合同即发生拘束力,此时就可能影响债权人债权之实现,债权人应当可以予以撤销,而不必等到债务人去行使赠与合同撤销权。遗嘱或遗赠等行为属于单方法律行为,在被继承人死亡后,才发生效力。而且,继承人继承财产后,应在其继承的财产范围内,承担被继承人的债务。所以,遗嘱或遗赠行为不构成无偿行为。但是如果债务人以遗嘱的形式,实际上是赠与的方式转让财产的,应属于无偿转让财产的行为。在“张某华等与黄某庆债权人撤销权纠纷案”[107]中,债务人将其唯一的房屋以遗嘱的形式转给其女,原审法院认为债务人张某华、薛某侠将其共同共有的房屋以遗嘱形式转移至其女张某妹名下且办理了房屋过户手续,属于无偿转让财产行为。

59 夫妻一方婚前财产婚后变更登记为夫妻共有财产的,或者债务人所有财产变更为其与第三人共有,在本质上,也是一种无偿转让行为。[108] 夫妻间赠与、离婚财产协议以及婚前财产共同所有之约定,均可能构成债务人不当减少责任财产以

---

[101] 许德风:《破产法论——解释与功能比较的视角》,北京大学出版社 2015 年版,第 384 页。

[102] 福建省高级人民法院(2016)闽民终 972 号民事判决书:债务人将《承包合同转让协议书》,无偿转让给第三人;北京市第一中级人民法院(2018)京 01 民终 8251 号民事判决书:债务人让与债权,受让人没有支付对价。

[103] 胡康生主编:《中华人民共和国合同法释义》(第 3 版),法律出版社 2013 年版,第 141 页;最高人民法院民法典贯彻实施工作领导小组主编:《中华人民共和国民法典合同编理解与适用(一)》,人民法院出版社 2020 年版,第 526 页。

[104] 史尚宽:《债法总论》,中国政法大学出版社 2000 年版,第 482 页。

[105] 黄薇主编:《中华人民共和国民法典释义(中)》,法律出版社 2020 年版,第 1034 页。

[106] 王利明:《合同法研究(第 2 卷)》(第 3 版),中国人民大学出版社 2015 年版,第 135 页。

[107] 陕西省安康市中级人民法院(2011)安民终字第 00107 号民事判决书。

[108] 北京市大兴区人民法院(2018)京 0115 民初 20662 号民事判决书;北京市第二中级人民法院(2019)京 02 民终 381 号民事判决书;上海市第二中级人民法院(2007)沪二中民二(民)终字第 1872 号民事判决书。

及影响债权人债权实现,故均可以成为债权人撤销权的对象。[109] 但结婚行为以及婚后所得共同制之事实,一般不会构成不当减少债务人责任财产、影响债权人债权实现,而且,婚后的未来收入也并不确定,也未必减少债务人责任财产。在债务人与债权人订立合同时,债权人不能假定并信赖债务人应当处于无婚姻状态。所以,对于债务人结婚行为以及法定共同财产制的事实,债权人原则上不得撤销。[110]

(2)放弃其债权

《合同法》第74条规定,债务人放弃其对第三人享有的已届清偿期的债权的行为,可以被撤销,但在逻辑上,债务人放弃未到期的债权,也可能侵害债权人债权的实现。所以,《合同法解释二》第18条补充规定了债务人放弃其未到期的债权的情况。本条统合了二者的规定:债务人以放弃其债权……,影响债权人的债权实现,债权人可以请求人民法院撤销债务人的行为。"放弃其债权"一般要通过民事法律行为的形式作出,[111] 最终会导致债权全部或部分地归于消灭,[112] 也可能是债的某方面内容的放弃。 60

放弃债权,既可以是放弃全部债权,也可以是放弃部分债权。而放弃部分债权既可能是放弃部分本金债权或者仅放弃利息债权等,也包括同时放弃部分本金债权及相应的利息债权等。[113] 放弃的可能是到期的债权,也可能是未到期的债权。[114] 61

放弃债权,具体包括债务免除、和解等以无偿方式处分债权的情况,也包括在诉讼上进行的具有实体法效果的行为,如和解、承认以及放弃请求等行为,[115] 还包括通过法院或仲裁机构制作的调解书这种裁判行为放弃到期债权,以及通过破产和解协议和重整计划这种决议行为放弃到期债权。[116] 62

放弃债权的主要形式之一是债务免除。债务免除是债权人对其债权放弃的 63

[109] 贺剑:《夫妻财产法的精神——民法典夫妻共同债务和财产规则释论》,载《法学》2020年第7期,第38页。

[110] 贺剑:《夫妻财产法的精神——民法典夫妻共同债务和财产规则释论》,载《法学》2020年第7期,第38页。

[111] 黄薇主编:《中华人民共和国民法典释义(中)》,法律出版社2020年版,第1033页。

[112] 戴孟勇:《"债务人放弃到期债权"与债权人撤销权》,载《中国政法大学学报》2014年第5期,第46页。

[113] 戴孟勇:《"债务人放弃到期债权"与债权人撤销权》,载《中国政法大学学报》2014年第5期,第48页。

[114] 黄薇主编:《中华人民共和国民法典释义(中)》,法律出版社2020年版,第1033页。

[115] 崔建远:《合同法》(第4版),北京大学出版社2021年版,第197页。

[116] 戴孟勇:《"债务人放弃到期债权"与债权人撤销权》,载《中国政法大学学报》2014年第5期,第48页。

行为,在性质上属于处分行为,[117]应以意思表示为之,并无形式要求,但是只有债务免除人有处分权能的,债务免除方能有效。

64 在"中国水利电力对外公司与上海福岷围垦疏浚有限公司等撤销权纠纷案"[118]中,原告主张撤销债务人与第三人签订的工程结算协议书并予以给付,因为其中存在大量放弃到期债权行为,但两审法院均无法查明龙湾公司放弃到期债权的具体数额,成为一个审理难点,其实这里的放弃债权性质上是债务承认,本来无须明确查明其中放弃多少债权,只要认定债务承认中有放弃债权的情况即可。

65 和解协议也是放弃债权的主要形式,通过和解,当事人双方相互让步以排除当事人对于法律关系的争议或不确定性。[119] 在性质上,和解是一种确认性合同,并不是债的更改,而是重新规定,并有拘束力地予以确定。一方面,和解的内容可以是对相对人主张数额的承认或者减少相对人主张的数额的承认,有可能是推迟支付时间或者提高对待给付,还可能是放弃原来所主张的债务数额。另一方面,和解协议的内容也可以是扩张或限缩目前的债务关系,比如约定到期日、承担额外的义务或者放弃从权利(如解除权)。[120] 在"万某与史某平案"[121]中,债务人史某平在对债权人万某负有15000元债务的情况下,某公司尚欠有被告债务人货款40000元,债务人与该公司约定,该公司一次支付被告30000元,从而抵销其享有的40000元债权。因此原告以被告放弃到期债权10000元的行为损害其债权,请求法院予以撤销,法院对原告主张予以支持。

66 当事人可以在诉讼中和解,也可以在诉讼外和解。当事人在诉讼中和解的,法院或仲裁机构会根据和解协议作出调解书。调解书本身不能成为债权人行使撤销权的障碍。所以,诉讼上的和解可以成为债权人撤销权的标的。[122] 不过,债权人不必进一步撤销调解书,因为调解书并非不正确,而且其也不是债务人的行为结果。[123] 对于债务人以执行和解协议方式进行的财产处分行为,也是可撤销

---

[117] 崔建远、韩世远、于敏:《债法》,清华大学出版社2010年版,第179页。

[118] 最高人民法院(2009)民二提字第58号民事判决书。

[119] 王洪亮:《债法总论》,北京大学出版社2016年版,第194页。

[120] Larenz, Schuldrecht I, S. 94.

[121] 万某与史某平案,转引自尹秀文:《论债权人撤销权制度的司法适用》,载陈小君主编:《私法研究》第15卷,法律出版社2014年版,第277页;陕西省安康市中级人民法院安民终字(2011)第00107号民事判决书;最高人民法院(2015)民二终字第322号民事判决书。

[122] 最高人民法院研究室编著:《最高人民法院关于合同法司法解释(二)理解与适用》,人民法院出版社2015年版,第141页。

[123] 戴孟勇:《"债务人放弃到期债权"与债权人撤销权》,载《中国政法大学学报》2014年第5期,第51页以下。从维护法院、仲裁机构裁决或者重整程序或破产和解程序角度,作者得出债权人不得撤销的思路,实际上,债权人的撤销权只会针对债务人的行为,而非法院或仲裁机构的行为。

的,但该在执行阶段达成的和解协议必须影响了债权人到期债权的实现。[124]

67 放弃债权还可能是表现为合意解除合同,在"吉林市中泰机动车驾驶员培训学校与吉林市江城实业有限责任公司债权人撤销权纠纷案"[125]中,江城公司是中泰驾校的债务人,江城公司与华隆公司之间在2011年8月15日签订的置换协议第5条第2款、第7条约定,在江城公司可能被中泰驾校追究责任时,华隆公司承诺自愿替江城公司承担赔偿责任,大成公司对华隆公司的承诺予以担保。2013年10月9日,江城公司与华隆公司签订协议书,解除了置换协议。对于此协议书,债权人主张予以撤销。

68 夫妻离婚的情况下,通过离婚协议分割共有财产或者约定夫妻共同财产归属的,也属于放弃行为,在影响债权人债权实现的情况下,也可以被撤销。[126] 债务人在离婚协议中放弃法定的夫妻共同财产份额的,离婚协议中的房产、车位分割约定也是可以被撤销的。[127]

69 在解释上,可以对债务人放弃其债权予以扩张解释,债务人放弃的可以是债权,那么放弃的当然也可以是物权、知识产权等。对于这些绝对权的放弃,被称为抛弃,性质上是单方的处分行为。处分行为一旦作出,即造成了债务人责任财产的减少,从而导致不足以清偿全部债务,会影响债权人债权的实现,应当也是可撤销的行为。

(3)放弃债权担保

70 相对于《合同法》的撤销权规则,《民法典》第538条增加了债务人放弃债权担保的无偿行为。放弃债权担保,表面上不会减少债务人的责任财产,但实际上增加了责任财产减少的风险。所以,对于债务人放弃债权担保的行为,债权人可以撤销。[128] 债务人放弃担保物权的情况下,其具有优先受偿的债权就变成了平等受偿的普通债权。而在债务人放弃保证的情形,则债务人只能依赖其债务人的责任财产实现债权。如果在债务人放弃担保,第三人没有对待给付的情况下,放弃债权担保即构成无偿行为。不过,债务人放弃债权担保未必都是可撤销的,只有在

---

[124] 中国长城资产管理公司南京办事处诉镇江市供销社副食品公司、四川省烟草公司射洪县公司撤销权纠纷案,参见杨志刚:《债务人另案达成的执行和解协议可撤销的条件:江苏高院判决长城公司南京办事处诉副食品公司、射洪烟草公司撤销权纠纷案》,载《人民法院报》2008年7月4日。

[125] 吉林省高级人民法院(2017)吉民终456号民事判决书。

[126] 四川永固坚商贸有限公司与陈某琦等债权人撤销权纠纷案:一审,四川省成都市高新技术产业开发区人民法院(2016)川0191民初30号民事判决书;二审,四川省成都市中级人民法院(2016)川01民终10990号之一民事裁定书。

[127] 广东省广州市中级人民法院(2020)粤01民终9834号民事判决书。

[128] 最高人民法院民法典贯彻实施工作领导小组主编:《中华人民共和国民法典合同编理解与适用(一)》,人民法院出版社2020年版,第527页。

债务人的相对人的责任财产不足以清偿的情况下，才会危及债权人债权的实现。[129]

(4)恶意延长其到期债权的履行期限

71 恶意延长到期债权的履行期限也属于“无偿处分财产权益”的一种。这里的到期债权可能是有偿的，也可能是无偿的，但这并非关键，关键的是延长到期债权履行期限是否有对价，如果没有对价，则是无偿的。[130] 债务人延长对次债务人到期债权的履行期限，未必对债权人债权的实现构成影响。对此，需要实质考察，不仅考虑是否资不抵债或者是否已经陷入支付不能，还须考虑主观动机与目的。[131] 比如在延长期限没有超过债权人债权的履行期的情况下，就不会影响债权人的债权实现。但是，如果债务人延长的期限超过了债权人债权的履行期，则是在操纵其责任财产，并会导致实质上减少其积极财产的效果，债权人因此可能会受到不能届期清偿的损害，以及因资金链断裂造成交易关系连锁受损或者交易机会丧失等重大财产利益损害。所以，对于这种情况下的延长期限行为，对债权人的债权实现构成不当影响，债权人可以进行撤销。[132] 实际上，债务人恶意延长未到期债权的履行期限，也会导致实际履行期限延长，影响债权人债权的实现。所以，在债务人恶意延长未到期债权的履行期限的情况下，可以类推适用本条所规定的“恶意延长其到期债权的履行期限”规则。在债务人延长其到期债权的履行期限的情况下，还要求债务人是恶意的，债权人才可以撤销。而所谓的恶意，是指债务人知道其延长其到期债权的履行期限会害及债权人的债权实现，但仍故意为之，或放任危害结果的发生。[133] 而且，在构成上，仅要求债务人恶意，而不要求债务人的相对人具有此种恶意。值得注意的是，对于本条规定的其他无偿行为的撤销，仅要求具备客观要件，而不要求具备主观要件，其目的在于平衡债务人合理处分自由与债权人免受诈害行为损害的利益。[134]

---

〔129〕 崔建远：《论债权人撤销权的构成》，载《清华法学》2020 年第 3 期，第 140 页；最高人民法院民法典贯彻实施工作领导小组主编：《中华人民共和国民法典合同编理解与适用（一）》，人民法院出版社 2020 年版，第 527 页。

〔130〕 崔建远：《论债权人撤销权的构成》，载《清华法学》2020 年第 3 期，第 136 页。

〔131〕 最高人民法院研究室编著：《最高人民法院关于合同法司法解释（二）理解与适用》，人民法院出版社 2015 年版，第 144 页。

〔132〕 最高人民法院研究室编著：《最高人民法院关于合同法司法解释（二）理解与适用》，人民法院出版社 2015 年版，第 144 页。

〔133〕 崔建远：《论债权人撤销权的构成》，载《清华法学》2020 年第 3 期，第 140 页。

〔134〕 崔建远：《论债权人撤销权的构成》，载《清华法学》2020 年第 3 期，第 140 页；最高人民法院民法典贯彻实施工作领导小组主编：《中华人民共和国民法典合同编理解与适用（一）》，人民法院出版社 2020 年版，第 525 页。

4. 其他类型的无偿行为

72 第 538 条采取了列举加概括的模式，列举了放弃债权、放弃债权担保、无偿转让等无偿行为的典型情况，并使用了“等”字用以概括其他类型的无偿处分财产权益的行为，由此，诸多无偿行为均有了其法律规范基础。

（1）清偿自己的债务

73 清偿可以是通过履行原给付义务而达到消灭债的目的，也可以是通过抵销或者代物清偿等替代清偿方式消灭债。原则上，债务人清偿到期债务的，并未影响债务人的资力。虽然债务人的清偿减少了积极财产，但同时也减少了消极财产，故债务人的清偿，不得被撤销。[135] 债务人向其部分债务人清偿的行为，也没有使债务人的总体财产减少，故也不得被撤销。不过，在债务人清偿自己的债务时，属于无偿的情况下，清偿债务也属于可撤销行为。而债务人清偿自己的债务是否属于无偿，需要根据其法律原因进行判断。如果债务人的债务是通过无偿合同有效设立的，比如赠与合同，那么其清偿也是无偿的。如果债务人提前清偿有偿债务的，等于放弃了期限利益（《民法典》第 571 条，《合同法》第 71 条），但达到了已经清偿主债权的目的，实质上是有偿的。但在责任财产不足的情况下，债务人提前清偿无息金钱之债，从而不去返还该用益的资本，而债务人具有以能够收取利息的方式投资该资本的机会的情况下，债务人提前清偿就是无偿的。如果债务人清偿的是自己超过诉讼时效的债务，只要债务是有偿的，原则上债务人的清偿行为也是有偿的，但债务人恶意的情况下，应当类推适用本条关于“恶意延长其到期债权的履行期限”的行为可被撤销规则。

74 债务人为非债清偿时，是否构成无偿行为？比如，债务人两次支付、多支付价金、交付了不是标的物的他物，或者履行的不是自己的债务（如以为是自己孩子打破的玻璃而进行赔偿），这些情况下，给付人通过给付所意欲达到的效果都无法实现。再如合同没有成立的情况下，得利债权人给付的，也是在基于非债而给付。[136] 在债务人进行非债清偿后，均可以基于不当得利请求返还（《民法典》第 985 条），所以，非债清偿行为并非无偿行为。不过，如果给付人为履行道德义务进行的给付，则不得请求得利人返还（《民法典》第 985 条第 1 项），具体如以为兄弟姐妹之间有抚养义务，而对兄弟进行抚养，对救助其生命的无因管理人支付报酬等情况，[137] 此时，该非债清偿行为构成无偿行为，得被撤销。另外，给付人明知无给付义务而进行债务清偿的，也不得请求返还得利（《民法典》第 985 条第 3 项），

[135] 上海市青浦区人民法院（2010）青民二（商）初字第 51 号民事判决书；上海市普陀区人民法院（2011）普民二（商）初字第 68 号民事判决书：申请人主张撤销的是债务人的结算与抵销行为。

[136] Schlechterium, Schuldrecht BT, Rn. 729.

[137] 黄薇主编：《中华人民共和国民法典合同编解读（下册）》，中国法制出版社 2020 年版，第 1588 页。

该行为也构成无偿行为。债务人清偿虚假的债务,或者为逃避债务清偿不存在的债务,也是无偿的。实践中,债务人为了逃避债务,虚拟与第三人债务关系,然后予以清偿。在本质上,第三人并没有支付对价,属于一种无偿行为,是可以被撤销的。[138]

75 对合伙承担个人责任的合伙人将其财产用于清偿合伙的债权人之债权,是无偿的,其清偿的不是自己的债务。虽然全体合伙人需要对债权人承担连带责任,但对于合伙则无须承担责任。

(2)为自己债务担保

76 在债务人之义务是新发放信贷的对待给付义务,而债务人对该有偿设立的债务提供担保的情况下,即使该信贷支付给第三人,通常也是有偿的。原则上债务人可以以自己的财产设定担保,因为在通常情况下,债权人本来也可以对担保标的物进行扣押。而且,担保权的设定本身没有导致债务人责任财产的减少,而在实现担保权时,相应数额的债务也被消灭,对债务人的责任财产也未造成影响。[139]

77 债务人对自己的、无偿债务提供担保,同样也是无偿的,即使对于无偿债务(如赠与合同)进行预告登记,也是如此。债务人嗣后提供担保,只要以此清偿自己有效的、有偿的债务,就是有偿的,即使该债务超出了设立债务的合同之数额也是如此。债务人与第三人约定,债务人提供担保,第三人即不行使解除权,此行为构成有偿行为。因为,如果第三人行使解除权,可能已经实现了自己的债权。

78 债务人为自己的新债权人设定担保或者为多个债权人中的一人设定担保,有可能因没有公平对待每一个债权人,即存在偏颇行为,此时,债权人也可以撤销。[140]在司法实践中,一般根据或类推适用《担保法解释》第 69 条规定进行撤销。[141]

(3)清偿他人债务

79 如果债务人清偿他人债务,而第三人没有给予等价对待给付的,债权人可以进行撤销。[142] 如果主债务人清偿或代物清偿的给付受领人(对第三人)的债权是无偿的,那么债务人的清偿给付就可以被撤销;只要受领人没有给付对价,就可以直接对其行使撤销权。如果债务人清偿的给付受领人对第三人的债权是有偿的,

---

〔138〕 北京市第一中级人民法院(2012)一中民终字第 5096 号民事判决书。

〔139〕 许德风:《破产法论——解释与功能比较的视角》,北京大学出版社 2015 年版,第 380 页。

〔140〕 胡康生主编:《中华人民共和国合同法释义》(第 3 版),法律出版社 2013 年版,第 140、141 页;陈韵希:《论民事实体法秩序下偏颇行为的撤销》,载《法学家》2018 年第 3 期,第 137 页以下。

〔141〕 《担保法解释》第 69 条规定:"债务人有多个普通债权人的,在清偿债务时,债务人与其中一个债权人恶意串通,将其全部或者部分财产抵押给该债权人,因此丧失了履行其他债务的能力,损害了其他债权人的合法权益,受损害的其他债权人可以请求人民法院撤销该抵押行为"。不过 2020 年公布的《民法典担保制度解释》对此并没有规定。参见江西省高级人民法院(2018)赣民终 453 号民事判决书。

〔142〕 史尚宽:《债法总论》,中国政法大学出版社 2000 年版,第 482 页。

那么债务人的该清偿给付也是有偿的，因为债权人（给付受领人）的债权因清偿而消灭了，此时，没有适用撤销的可能。不过，司法实践则不区分所清偿的他人之债是有偿的还是无偿的，认为清偿他人之债均是无偿的。〔143〕如果给付受领人（对第三人）的债权在经济上没有价值，也就是说第三债务人没有清偿能力，则可以被撤销。因为债权人丧失了实际的财产价值，并构成无偿性。

（4）为他人债务提供担保

与《民法典》第539条相比，本条遗漏了对“为他人债务提供担保”的规范，可 80
以将其解释为本条规定的“等方式无偿处分财产”的一种。若债务人与受益人之间原本即存在为债权提供担保的合意，而债务人提供担保正是履行义务的行为，则不能构成可被撤销的行为。〔144〕在没有法律上义务的情况下，债务人为他人的债务提供担保，嗣后责任财产不再充足，则该行为属于无偿行为。即使担保权人嗣后放弃了对债务人的债权，也构不成对价。因为，最终担保权人要实现其担保权。如果债务人与第三人之间没有真实债权关系，但债务人仍为第三人提供担保，则构成债权人撤销权的标的。〔145〕有观点认为，由于担保责任的承担只是一种可能性，而且，被担保的债务人本身也可能具有充足的责任财产。所以，对于是否可以撤销债务人为他人债务提供担保的行为，应予以综合实质性判断。比如，在债务人为第三人提供担保时，是否具有转移财产、逃避债务的恶意。〔146〕如果主债务人为第三人的债务承担保证责任，那么只有在实现担保责任自保证人处取走财产那一刻才会损害债权人的利益。此时，债权人撤销的对象是担保人履行担保义务的行为。

债务人为第三人的借款提供担保的情况下，担保权人向第三人支付了相应的 81
借款，此时，担保权人也不是无偿取得担保权。即使担保人嗣后承担了担保责任，还是可以向第三人追偿的。在整体上，债务人的责任财产没有减少。〔147〕债务人为第三人既存债务提供担保的情况下，第三人并没有在担保设定后支付对价，应构成无偿行为。此时，债权人撤销的是债务人的担保行为，债权人可以选择撤销担保合同还是设定担保物权处分行为，抑或同时撤销二者。债权人撤销整个物的

〔143〕四川省高级人民法院（2016）川民终624号民事判决书：南润公司将案涉房屋备案至彭某能名下，是代股东周某革、李某全支付差欠彭某能的股权转让款；安徽省高级人民法院（2020）皖民再109号民事判决书：宝元公司代股东赵某成、徐某偿还债务的行为，构成无偿转让财产的行为。

〔144〕许德风：《破产法论——解释与功能比较的视角》，北京大学出版社2015年版，第381页。

〔145〕浙江省高级人民法院（2019）浙民再269号民事判决书。

〔146〕王利明：《合同法研究（第2卷）》（第3版），中国人民大学出版社2015年版，第139页；河南省高级人民法院（2015）豫法民一终字第236号民事判决书；河南省高级人民法院（2015）豫法民一终字第260号民事判决书。

〔147〕许德风：《破产法论——解释与功能比较的视角》，北京大学出版社2015年版，第381页。

担保行为的，并不影响主合同的存在。例如，担保借款的抵押权设定被撤销后，借款合同依然有效。〔148〕

（5）债务承担或债务加入

82 债务人为债务承担行为的情况下，债务人承担责任后，可能获得追偿权，所以，该行为未必是无偿行为，但如果第三人丧失清偿能力，债务人追偿权无法实现，此时，债务承担即为无偿行为。〔149〕

5. **债务人被诉讼以及被执行**

83 《九民纪要》第 120 条第 1 款第 2 项规定，“因债务人与他人的权利义务被生效裁判文书确定，导致债权人本来可以对《合同法》第 74 条和《企业破产法》第 31 条规定的债务人的行为享有撤销权而不能行使的”，债权人可以提起第三人撤销之诉。根据该规定，一旦债权人撤销权所针对的债务人可撤销的行为为生效裁判所确定，债权人即不得行使债权人撤销权，但作为替代，债权人可以提起第三人撤销之诉。〔150〕 该条实质上是将第三人撤销之诉的主体扩张到了可以独立诉讼的当事人。债权人撤销权是债权人的一项实体权利。依据《九民纪要》的规则，即会产生如下问题：实体权利的实现路径为何为他人之间的诉讼所阻断？债务人与其相对人的程序上的裁判为何直接约束债权人？在逻辑上，债务人与相对人的诉讼并不涉及债权人撤销权本身，也没有审查与处理债权人撤销权在实体法上是否构成的问题。所以，债权人的撤销权不能因此而丧失。如果债务人与相对人的生效裁决具有排除债权人撤销权的效力，那么实质是自始排除了债权人依据普通诉讼程序维护自己实体法律地位的机会。在程序上，对于债务人与相对人的裁决的对象一般是相对人对债务人的债权，不应对债权人产生效力，而且，第三人撤销之诉的法律效果缺乏弹性，无法应对实体法上多层级的法律效力结构。另外，第三人撤销之诉的行使前提是裁决内容错误，损害了第三人民事权益。但对于债权人而言，债务人与相对人的诉讼以及裁判均是在债权人行使撤销权之前进行的，并是建立在债务人与相对人合法有效的法律行为基础之上的，并不存在内容错误的可能性，而且，诉讼或裁决也不会对债权人债权实现产生影响。〔151〕 值得注意的是，第三人撤销之诉对债权人的诉权保障要大大弱于债权人撤销之诉，比如第三人撤销之诉的诉权期间只有 6 个月（《民事诉讼法》第 56 条第 3 款），而撤销权的除斥期间为 1 年（《民法典》第 541 条）；第三人撤销之诉构成要件还需要“因不可归责于本

---

〔148〕 胡康生主编：《中华人民共和国合同法释义》（第 3 版），法律出版社 2013 年版，第 141 页。

〔149〕 许德凤：《破产法论——解释与功能比较的视角》，北京大学出版社 2015 年版，第 384 页。

〔150〕 安徽省高级人民法院（2020）皖民终 229 号民事判决书：法院认为，《民事调解书》确认董某虎应给付董某龙的借款本金 390 万元及利息的事实，没有足够的事实依据，侵害了王某丽的权益，应予以撤销。

〔151〕 金印：《诉讼与执行对债权人撤销权的影响》，载《法学》2020 年第 11 期，第 43 页以下。

人的事由未参加诉讼",在债权人知道或应当知道债务人与相对人在进行诉讼,就应当参加其诉讼,否则即丧失提起第三人之诉的权利。[152] 有鉴于上述,本文认为,在债务人与相对人存在诉讼,人民法院作出生效裁决的情况下,债权人仍有权利主张债权人撤销权。

根据债务人与相对人的裁决不具有阻止债权人行使撤销权的效力的规则,可以推知,债务人的其他债权人或相对人基于生效裁判进行的强制执行也不具有阻碍债权人行使撤销权的效力。在对撤销权针对的标的进行强制执行程序的情况下,撤销权人可以提起第三人异议之诉。[153] 不过有疑问的是,撤销权人可否不经撤销权之诉,直接提起第三人异议之诉。在人民法院判决支持债权人撤销权之前,债权人并不享有足以排除强制执行的撤销权。所以,在债务人的其他债权人或相对人基于生效裁判进行强制执行时,债权人得提起撤销权之诉,此时,人民法院应中止该强制执行(《民事诉讼法》第256条第5款)。如果债权人撤销权之诉胜诉,即可以参加其他债权人进行的强制执行程序。如果债权人均为自然人,则平等受偿;如果一方为法人或双方均为法人,则根据二者时点确定优先顺位,撤销权之诉在先的,撤销权判决基础上的强制执行优先。如果债务人的相对人基于债务人无偿行为进行强制执行,则因债权人撤销权的生效裁决,该强制执行应予以完结。在实践中,有的人民法院在执行中发现被执行人为逃债无偿转让财产的,即可以中止执行,并向申请执行人释明其另案行使债权人撤销权。[154] 这样的做法值得肯定,但并不经济。不过,在执行阶段,我国法上并没有基于撤销权的容忍执行之诉。所以,在程序上,人民法院只能向债权人释明,请债权人另行起诉。 84

(三)处分财产权益的行为

1. 诈害行为具有财产属性

债务人的行为必须具备财产属性,因为债权人撤销权的目的在于保全债务人的责任财产,如果债务人的行为没有财产内容,与责任财产无关,应不在撤销之列。[155] 对于诈害行为的财产价值,涉及合同的,不能因其中含有义务而否认其财产价值,也不能以是否能够盈利判断诈害行为涉及客体的价值。[156] 85

---

〔152〕 金印:《诉讼与执行对债权人撤销权的影响》,载《法学》2020年第11期,第46页。

〔153〕 实践中,有人主张,债务人将不动产赠与第三人,而第三人的债权人对第三人受赠的不动产进行强制执行,债权人须提起执行异议之诉。参见范春忠:《债权人行使撤销权不能排除对已登记于被执行人名下不动产的强制执行》,载《人民法院报》2020年6月11日,第8版。

〔154〕 北京市第二中级人民法院(2014)二中执字第542号执行裁定书;裴婷、胡建勇:《执行中债权人撤销权的行使要件》,载《人民司法·案例》2017年第2期,第102页。

〔155〕 崔建远、陈进:《债法总论》,法律出版社2021年版,第169、173页。

〔156〕 福建省高级人民法院(2016)闽民终972号民事判决书。

86 债权人撤销权的正当性并不在于撤销相对人有所取得,而是债务人有所放弃或给付。而债权人撤销之后,责任财产也不能因此有所扩张,只是恢复原状而已。在结果上,要考察的是债务人行为是否导致某一客体从债务人财产中被给付。所以,处分财产利益,是指债务人消耗财产或者减少财产的行为。

87 对于债务人没有使责任财产增加的行为,债权人是不可撤销的,比如债务人拒绝了合同要约(赠与要约)、不接受遗产或遗赠、不主张特留份请求权等。对于这些债务人不作为,可以适用债权人代位权。

88 对于债务人所为高度人身属性的行为,债权人不得撤销,如结婚、离婚、收养或终止收养、非婚生子女的认领等,不得撤销。〔157〕

89 债务人放弃继承财产的行为,是有财产属性的行为,当无争议。不过,有争议的是,债务人放弃继承权的行为,是否具有财产属性,从而是否可以被债权人所撤销。有学者认为,继承权是身份权,基于人格自由的保障的思想,得由继承人自由决定。而且,放弃继承具有溯及继承开始的效力,也即债务人自始未取得财产,并没有放弃自己财产的行为,故不得撤销。〔158〕不同观点认为,继承开始后,继承人即承受被继承人的所有财产,如果其抛弃继承,实际上是在处分原已经取得的权利,债权人得予以撤销。〔159〕还有学者进一步认为,继承人放弃的,并非继承权,而是对遗产共有份额的权利。所以,如果债务人放弃继承权的行为影响债权人债权实现的,当然可以被撤销。〔160〕对此,司法实践也持肯定态度,对于放弃继承而侵害债权实现的行为,有的法院即认为构成可撤销事由。〔161〕另外,有的判决根据《继承法意见》第46条规定处理,该条规定:继承人因放弃继承权,致其不能履行法定义务的,放弃继承权的行为无效。据此,负有法定义务的债权人得主张放弃继承权的行为无效,〔162〕但在解释上,一般未履行债务并不是该条规定的“法定义务”,所以,非负有法定义务的债务人放弃继承权的,并不当然无效。具体还是要

---

〔157〕 韩世远:《合同法总论》(第4版),法律出版社2018年版,第463页;最高人民法院研究室编著:《最高人民法院关于合同法司法解释(二)理解与适用》,人民法院出版社2015年版,第141页。

〔158〕 黄立:《民法债编总论》,台湾地区元照出版公司2006年版,第511页。

〔159〕 邱聪智:《新订民法债编通则(下)》,中国人民大学出版社2004年版,第316页;陈小君:《合同法新制度研究与适用》,珠海出版社1999年版,第196页。

〔160〕 四川省成都市中级人民法院(2008)成民终字第1129号民事判决书。

〔161〕 重庆市第五中级人民法院(2011)渝五中法民终字第1994号民事判决书。

〔162〕 王继然:《拖欠朋友8万不还、放着65万遗产不要,法院认定恶意放弃行为无效》,载《法制日报》2006年9月15日,第6版。

判断,对于债务人放弃继承的行为,债权人是否可以撤销。[163] 在实质上,债务人作为继承人放弃继承,即具有溯及继承开始的效力,也就是说,即丧失继承人身份,继承人就不能获得遗产,如此也就谈不上应继份,也不会产生其应继份归属于同顺位其他继承人的法律效果。所以,债务人作为继承人放弃的是继承权而非遗产所有权。按照这样的逻辑,债权人应不能撤销债务人放弃继承的行为。但在债权人对债务人作为继承人应享有继承权的事实产生合理信赖的,应当允许债权人撤销债务人的放弃继承行为。另外,如果债务人放弃继承就是为了使得债权人债权不能实现的,则属于违背诚实信用、滥用权利的行为,也应当允许债权人撤销债务人放弃继承的行为。如果继承人在继承开始前放弃继承权的,通常不会发生效力。如《北京高院关于审理继承纠纷案件若干疑难问题的解答》第16条前段规定:当事人以继承人在继承开始前已明确表示放弃继承期待权为由,请求确认继承权丧失的,法院不予支持。据此,债务人在继承前放弃继承的,不会发生效力,债权人无须行使撤销权;在继承开始前,债务人自己放弃继承,并指明遗产应由某人继承,此种继承权转让行为也是无效的。[164] 在实践中,当事人通常还通过签订分家析产协议,约定被继承人死亡后,部分子女因承担了赡养父母的主要义务可多继承遗产,部分子女则自愿放弃遗产继承,或者继承人放弃继承权之外,还涉及继承权之外其他权利义务安排,对此,法院通常认为是有效的约定。[165] 在分家析产协议中放弃继承权的,通常都会有对价,不构成无偿行为,但可能构成不合理低价处分财产权益的行为。在作为继承人的债务人滥用自己权利影响债权人债权实现的,或者导致债权人对债务人享有继承权信赖落空的情况下,债权人可以基于《民法典》第539条予以撤销。[166]

人身属性的债权之放弃,如债务人所订立的劳动合同,通常也不是可撤销对 90
象,即使证明债务人可以订立获得更高报酬的劳动合同,也不得撤销,原因在于,

---

〔163〕 邓某克等与张某琼债权人撤销权纠纷案:一审,四川省成都市青羊区人民法院(2007)青羊民初字第1247号民事判决书;二审,四川省成都市中级人民法院(2008)成民终字第1129号民事判决书。杨塞兰:《债务人放弃继承危及债权的,债权人可行使撤销权》,载《人民司法·案例》2010年第2期,第58页。

〔164〕 广东省广州市越秀区人民法院(2018)粤0104民初14577号民事判决书;重庆市第一中级人民法院(2015)渝一中法民终字第03362号民事判决书:在继承开始前,自己放弃继承,并指明遗产应由某人继承,此种继承权转让行为也是无效的;陕西省汉中市中级人民法院(2016)陕07民终674号民事判决书。

〔165〕 参见《北京高院关于审理继承纠纷案件若干疑难问题的解答》第16条后段。司法裁判也是如此认定的,如北京市西城区人民法院(2006)西民初字第10728号民事判决书。

〔166〕 辽宁省鞍山市中级人民法院(2021)辽03民终2322号民事判决书:杨某书在尚欠张某债务未清偿的情况下,无偿将案涉房产中属于其的1/2部分所有权赠与李某1的行为及放弃其应继承争议房产1/6份额的行为,已对债权人张某实现债权造成了损害,张某有权请求人民法院撤销。

不得强迫债务人劳动。[167] 因此,债务人无偿为第三人劳动、服务均不是可被撤销的行为。如果债务人有偿变价其劳动,并将工资或报酬中可被扣押部分让与第三人,或者放弃可扣押的收入,此时,其债权人可以撤销。在企业资产买卖的情况下,要区分买卖客体是具体的物、权利还是债务人劳务(个人客户关联、商业秘密),劳务不是撤销权的客体。[168]

91 尽管专利、实用新型、发明等知识产权含有人身权利内容,但也含有财产权利内容,故此可以成为撤销的对象。在特许经营情况下,因此产生的债法上请求权也可以成为撤销权对象。

2. 第三人获得财产价值

92 要构成债权人撤销权,还需要作为给付受领人的第三人通过债务人的给付获得财产价值,但不要求其最终获益,也就是说,并不要求第三人在撤销请求权主张时其财产仍有所增加。在附负担赠与情况下,第三人也要返还,即使对于其未必得利,也负有返还义务。撤销针对的是获得无偿给付之人,对其是否获得财产价值,应根据客观标准,从给付受领者的视角予以判断,当事人主观错误设想,并非关键。

93 如果没有赋予第三人独立的给付请求权,而是为其利益订立了一个授权的合同,还没有实际获得该给付,则不得对其进行撤销。比如,债务人以第三人名义开立账户,但自己还占有该账户存折。此时,只要该存折属于债务人,就可以被扣押。

(四)债务人的行为影响债权人的债权实现

1. 影响债权的实现

94 《合同法》第 74 条要求债务人的行为须对债权人造成损害,而本条将其修改为“影响债权人的债权实现的”。在构成上,并不要求债务人必须有损害债权的主观过错,只需债务人的行为在客观上影响债权的实现,就可以构成撤销权,实质上,强化了对债权实现的保护力度。[169] 债权人撤销权是对合同相对性的突破,在逻辑上,应增加限制条件控制其适用范围。而且,从本条列举的债务人行为来看,均属于不当减少债务人责任财产从而影响债权实现的行为。所以,对本条“影响债权人的债权实现”的规则应作目的性限缩解释,只有不当影响债权人的债权实现的行为,才是可被撤销的行为。而对于债务人恶意操控责任财产、不当影响债

---

[167] 史尚宽:《债法总论》,中国政法大学出版社 2000 年版,第 483 页;安徽省蚌埠市中级人民法院(2021)皖 03 民终 2084 号民事判决书。

[168] Kindl/Meller—Hannich, Gesamtes Recht der Zwangsvollstreckung, 4. Auflage 2021, AnfG § 1 Rn. 20.

[169] 黄薇主编:《中华人民共和国民法典释义(中)》,法律出版社 2020 年版,第 1034 页。

权人债权实现的行为,又可以被称为诈害行为。

95 对于诈害行为是否影响了债权人债权的实现,通说采取的是无资力标准。〔170〕不过,对于无资力的构成,学者间有不同意见。有学者认为,在判断无资力时,不仅要以有形财产为依据,而且要加上信用及劳务,在判断无资力时,具体的标准是支付不能。〔171〕但问题是,不能支付的债权,是指一般债权人的债权还是行使撤销权的债权人的债权呢?有学者认为,诈害性的判断标准在于债务人总财产在计数上的变化:处分行为若致使责任财产总额和普通债权总额的差为负数,即为无资力状态,若使该负数的范围被进一步拉大,即为无资力状态的恶化。〔172〕但如此界定,不好操作,债权人没有办法证明债务人无资力,而在法律上,债务人又不负有信息披露义务。所以,有学者主张,如果债务人在处分其财产后,其可控制的财产不足以清偿债权人的到期债权,就可以认定无资力,从而认定该行为影响债权人的债权实现。〔173〕

96 在司法实践中,考虑的主要是诈害行为有害于债权人债权的实现,并不会考虑债务人的责任财产总额与普通债权总额的差额。法院一般会考察两方面:一方面,要存在债务人不支付债权人到期债务的事实;另一方面,债务人没有其他可用于清偿债权的财产,或者没有能力清偿债权人的债权。〔174〕

97 在比较法上,日本法上目前的有力说认为,对于诈害性标准采取的是综合判断观点,具体综合考察主客观情况,尤其增加考虑债务人行为目的或动机正当与否,行为的手段方法是否妥当等因素,予以判断诈害性。〔175〕综合判断方法更容易判定行为的诈害性,也方便债权人举证证明债务人行为的诈害性。全国人大常委会法工委相关的释义书中,也采纳了类似的观点,认为对"影响债权人债权实现"

---

〔170〕 崔建远主编:《合同法》(第5版),法律出版社2010年版,第162页;王利明:《合同法研究(第2卷)》(修订版),中国人民大学出版社2011年版,第159页;韩世远:《合同法总论》(第4版),法律出版社2018年版,第465页。

〔171〕 史尚宽:《债法总论》,中国政法大学出版社2000年版,第486页;薛荣、李江敏:《论债权人的撤销权》,载《河北法学》2001年第5期。

〔172〕 陈韵希:《论民事实体法秩序下偏颇行为的撤销》,载《法学家》2018年第3期,第128页。

〔173〕 崔建远:《论债权人撤销权的构成》,载《清华法学》2020年第3期,第145页。类似的观点,王家福主编:《中国民法学·民法债权》,法律出版社1991年版,第184页;王利明:《民商法研究》第3辑,法律出版社2014年版,第423页;黄立:《民法债编总论》,台湾地区元照出版公司2006年版,第511页;崔建远主编:《合同法》(第5版),法律出版社2010年版,第162页。

〔174〕 最高人民法院(2009)民二提字第58号民事判决书:法院认为,所谓有害于债权,是指因债务人的行为导致其清偿资力的减少,以致于无法满足债权人的要求,给债权的实现造成了损害;最高人民法院(2005)民二终字第172号民事判决书。

〔175〕 [日]下森定:《日本民法中的债权人撤销权制度及其存在的问题》,钱伟荣译,载许章润主编:《清华法学》第4辑,清华大学出版社2004年版,第249页;另参见韩世远:《合同法总论》(第4版),法律出版社2018年版,第465页。

的认定，应结合债权人的债权情况、债务人的责任财产状况等在个案中予以判断，不可僵化理解，既要防止对债务人行为的不当、过分干预，也要防止设定过于严苛的条件损害撤销权的正当行使。〔176〕

98 另外，还有一个问题，债务人行为危害债权人利益的构成，是否需要对债务人财产强制执行未能满足债权人或存在即使强制执行也无法满足的情况为要件呢？肯定说认为，需要这一构成要件。〔177〕否定说则认为，无须这一要件。〔178〕根据《民法典》第538条以及第539条的文义，并无这一要件，从规范目的的角度看，撤销权的目的也不是保障强制执行程序。所以，诈害行为的构成也不需要这一要件。不过，在实践中，如果债权人对债务人财产已经进行强制执行，且债务人没有可供执行的财产，那么就会认定诈害行为有害于债权实现。〔179〕如果原告申请诉讼保全时发现债务人被超额查封而无法保全，而原告又未能获得清偿，此时被告将其财产赠与其子，或者在财产保全时发现被告无偿转让财产给其子，或者在强制执行时发现被告曾无偿转让财产，最终导致债权人债权不能完全获得清偿，均可认定该无偿行为有害债权的实现。〔180〕

99 如果债务人的行为中既有负担行为，又有处分行为的，在债务人作出负担行为，但还没有作出处分行为的情况下，其债权人主张权利时，负担行为本身即构成对债权人的损害；如果债务人完成了负担行为，也完成了处分行为，那么在完成处分行为之时，对债权人的损害确定发生。〔181〕

2. 时点

100 一般来讲，影响债权实现之事实，须于诈害行为时存在。如果在债务人为诈

〔176〕 黄薇主编：《中华人民共和国民法典释义（中）》，法律出版社2020年版，第1034页；最高人民法院民法典贯彻实施工作领导小组主编：《中华人民共和国民法典合同编理解与适用（一）》，人民法院出版社2020年版，第529页。

〔177〕 黄立：《民法债编总论》（第3版），台湾地区元照出版公司2006年版，第514页。

〔178〕 史尚宽：《债法总论》，中国政法大学出版社2000年版，第486页。

〔179〕 重庆市第一中级人民法院（2019）渝01民终1629号民事判决书；北京市第一中级人民法院（2018）京01民终8251号民事判决书：邓某飞向通州法院申请强制执行8992号民事判决书，邓某飞与路通分公司达成和解协议后路通分公司未完全履行付款义务，2016年11月，该院对该案恢复执行，路通分公司无财产可供执行，据此可以认定，路通分公司无偿向余某转让财产的行为有害于邓某飞对路通分公司债权的实现，邓某飞有权要求撤销；山东省高级人民法院（2012）鲁商终字第101号民事判决书。

〔180〕 参见贵州省贵阳市中级人民法院（2017）黔01民终6068号民事判决书；贵州省六盘水市钟山区人民法院（2017）黔0201民初3802号民事判决书；贵州省岑巩县人民法院（2017）黔2626民初453号民事判决书。转引自张霞：《债权人撤销权纠纷案例分析报告》，载《上海法学研究》集刊2020年第2卷，第187页。

〔181〕 许德风：《破产法论——解释与功能比较的视角》，北京大学出版社2015年版，385页。

害行为时，债务人财产尚足以清偿债务，即不能认定有害于债权。[182] 即使嗣后债务人财产不能清偿到期债权，也不能认为存在有害债权之事实。

在债权人行使撤销权时，债务人处于无资力状态，如果在撤销权行使中，通常在庭审辩论结束前，已经恢复资力的，即欠缺行使撤销权的要件。[183] 但对于资力之恢复，债务人须承担证明责任。如果债务人不能证明或者不予以证明，债务人的相对人可以证明债务人有资力。 101

（五）债务人的诈害行为与债务人无资力之间须具有相当因果关系

债权人撤销权的构成，还需要债务人的诈害行为与债务人无资力之间具有因果关系。[184] 这里的因果关系具体指的是直接因果关系，即通过诈害行为并无须其他行为即导致了对债权实现的影响。如果债务人处分标的物，同时获得对待给付，则不存在直接的损害，并不考虑消耗以及价值增加等因素。如债务人尽管进行了无偿处分财产行为，但在行为时尚具有清偿债务的财产，而事后因经济变动甚或不可抗力造成了财产减少的，债务人的诈害行为与债务人无资力之间即不具有因果关系。再比如债务人购买股票，嗣后暴跌，成为无资力人，此时，购买股票与无资力之间，并无因果关系。 102

判断因果关系的时点是进行法律行为的时点，也即法律行为发生效力的时点。比如，在登记行为情况下，判断的时点是提出申请的时点；而在存在多个法律上行为的情况下，判断时点是所有行为完成之时。 103

四、撤销权的行使

《合同法》颁布时，全国人大常委会法工委有关人士认为，债权人可以向债务人、第三人主张行使撤销权，也可以诉请法院撤销。[185] 但依据本条，债权人仅能通过诉讼方式行使撤销权，并不能在诉讼外自行行使撤销权。主要理由是因为债 104

---

[182] 史尚宽：《债法总论》，中国政法大学出版社 2000 年版，第 486 页以下；最高人民法院民法典贯彻实施工作领导小组主编：《中华人民共和国民法典合同编理解与适用（一）》，人民法院出版社 2020 年版，第 529 页；北京市第二中级人民法院（2010）二中民终字第 02264 号民事判决书：法院认为，对诈害行为之无资力认定的时间应以行为之时为准，即债务人处分财产时，其资力是否因财产处分行为而受影响，致使其无力偿还已有的债务。

[183] 最高人民法院研究室编著：《最高人民法院关于合同法司法解释（二）理解与适用》，人民法院出版社 2015 年版，第 142 页；最高人民法院民法典贯彻实施工作领导小组主编：《中华人民共和国民法典合同编理解与适用（一）》，人民法院出版社 2020 年版，第 530 页。

[184] 史尚宽：《债法总论》，中国政法大学出版社 2000 年版，第 487 页。

[185] 胡康生主编：《中华人民共和国合同法释义》（第 3 版），法律出版社 2013 年版，第 140 页。

权人撤销权对于第三人利害关系重大,应由法院进行审查。〔186〕 债权人可以直接对第三人提起撤销权诉讼,也可以参加债务人与第三人之间的本诉,若撤销权人胜诉,则会撤销债务人与第三人的法律行为,如此会彻底改变本诉的诉讼结果。〔187〕 不过,多有学者主张,债权人不能在诉讼中以抗辩的方式行使撤销权。〔188〕 之所以如此,主要是因为是否构成诈害行为不容易判断,而且,撤销权的行使涉及第三人的利益。〔189〕

105 债权人撤销之诉的既判力,应当及于未行使撤销权的其他债权人,一旦债务人的一个债权人提起撤销权之诉并获得生效判决的,其他债权人即不得另行提起诉讼。〔190〕 债权人获得生效判决后,相应的诈害行为即自始无效。其他债权人再主张撤销权的,不必另行提起撤销之诉讼,因为诈害行为已经自始无效。不过,债权人提起撤销之诉,应以其债权数额为限。在其他债权人主张债务人相对人就其他债权人债权数额返还的,也可以根据撤销之诉的既判力,向债务人的相对人主张返还,而不必另行提起撤销之诉。

五、举证责任

106 债权人作为撤销权人须证明撤销权之构成要件成立。首先,撤销权人须证明其对债务人享有债权;其次,债权人须证明债务人进行放弃债权、放弃担保、无偿转让财产等财产权益处分行为;〔191〕 最后,债权人须证明债务人的行为的无偿性、对债权实现的影响以及该行为与影响债权实现之间的因果关系。对于恶意延长履行期的行为,债权人需证明债务人是恶意的并存在延长履行期的行为。

107 其中,最为关键的是对债务人行为无偿性的证明。一般来讲,撤销权人通常只需主张债务人将其财产中的某个标的物没有对待给付或者没有相当的对待给付交给第三人。如果无偿行为涉及的是被清除债权的无价值性,则撤销权人还必须证明该无价值性。在实践中,虽然撤销权人无法证明债务人转让财产的行为是否为无偿,但第三人与债务人之间系父母、子女等近亲属关系或者朋友、同学关系,而债务人也没有证据证明自己与第三人的行为是有偿的,则可以认定该行为

---

〔186〕 崔建远:《合同法》(第 4 版),北京大学出版社 2021 年版,第 203 页。

〔187〕 金印:《诉讼与执行对债权人撤销权的影响》,载《法学》2020 年第 11 期,第 40 页。

〔188〕 韩世远:《合同法总论》(第 4 版),法律出版社 2018 年版,第 469 页。

〔189〕 崔建远:《合同法》(第 4 版),北京大学出版社 2021 年版,第 203 页;韩世远:《合同法总论》(第 4 版),法律出版社 2018 年版,第 469 页。

〔190〕 胡康生主编:《中华人民共和国合同法释义》(第 3 版),法律出版社 2013 年版,第 141 页。

〔191〕 朱广新、谢鸿飞主编:《民法典评注 · 合同编 · 通则(2)》,中国法制出版社 2020 年版,第 46 页。

为无偿行为。[192] 在债务人与第三人以 0 元购买股权的案件中,法院也认为,只要公司没有证据证明天时利公司 100%股权价格为 0 元的合理性,就应当认为构成无偿行为。[193] 在"北京昊华诚和国际贸易有限公司等与北京昊华能源股份有限公司等债权人撤销权纠纷案"[194] 中,债务人向第三人转账 3480 万元,法院认为债务人应当举证证明该转账行为是有偿的,债务人主张是担保费,没有被法院认可,最终被认定为无偿行为。

最后,对于债务人与第三人的诈害行为是否影响债权的实现,本来也应由债 108
权人举证证明,但该证据位于债务人领域,债权人难以举证证明,而债务人又没有法定的信息披露义务,所以,在实践中,有法院将举证责任倒置,由债务人来证明其为诈害行为后仍具有清偿债权的能力。[195]

至于第三人是否提供了对待给付,因为该情况位于第三人的领域,所以应由 109
其承担陈述义务。在司法实践中,法院甚至会将举证责任分配给第三人,由第三人证明其支付了对价。[196]

附:案例索引

1. 安徽省蚌埠市中级人民法院(2021)皖 03 民终 2084 号民事判决书:叶某 1 与叶某 2 等法定继承纠纷案【边码 90】

2. 安徽省高级人民法院(2020)皖民再 109 号民事判决书:安徽宝翔建设集团有限责任公司与张某玉等债权人撤销权纠纷案【边码 79】

3. 安徽省高级人民法院(2020)皖民终 229 号民事判决书:王某丽与董某龙等债权人撤销权纠纷案【边码 83】

4. 北京市大兴区人民法院(2018)京 0115 民初 20662 号民事判决书:高某峰与秦某等债权人撤销权纠纷案【边码 59】

5. 北京市第二中级人民法院(2010)二中民终字第 02264 号民事判决书:高某飞等与刘某债权人撤销权纠纷案【边码 100】

6. 北京市第二中级人民法院(2011)二中民终字第 12319 号民事判决书:郑某强等与王

---

[192] 浙江省宁波市中级人民法院(2009)浙甬商终字第 1033 号民事判决书;张霞:《债权人撤销权纠纷案例分析报告》,载《上海法学研究》集刊 2020 年第 2 卷,第 187 页。

[193] 湖南省高级人民法院(2019)湘民终 38 号民事判决书。

[194] 北京市高级人民法院(2019)京民终 1647 号民事判决书。类似的案例,如北京市高级人民法院(2019)京民终 318 号民事判决书。

[195] 山东省高级人民法院(2016)鲁民终 1827 号民事判决书;最高人民法院(2015)民二终字第 322 号民事判决书。

[196] 江苏省高级人民法院(2012)苏民终字第 0084 号民事判决书:沈某反驳主张其与富宏公司存在真实的债权债务关系,富宏公司以涉案房产抵充部分欠款,双方签订的房地产转让协议合法有效,对此负有举证责任。简某助等与简某兴债权人撤销权纠纷案:一审,福建省南靖县人民法院(2016)闽 0627 民初 763 号民事判决书;二审,福建省漳州市中级人民法院(2016)闽 06 民终 1486 号民事判决书。

某晋债权人撤销权纠纷案【边码 22】

7. 北京市第二中级人民法院(2014)二中执字第 542 号执行裁定书:中国石油天然气股份有限公司华北销售分公司与北京天龙建筑工程有限公司执行纠纷案【边码 84】

8. 北京市第二中级人民法院(2019)京 02 民终 381 号民事判决书:高某峰与秦某等债权人撤销权纠纷案【边码 59】

9. 北京市第一中级人民法院(2012)一中民终字第 5096 号民事判决书:王某与杜某等债权人撤销权纠纷案【边码 74】

10. 北京市第一中级人民法院(2018)京 01 民终 8251 号民事判决书:中扶建设有限责任公司北京路通同泰建筑分公司与邓某飞债权人撤销权纠纷案【边码 57、98】

11. 北京市高级人民法院(2019)京民终 1647 号民事判决书:北京昊华能源股份有限公司与北京昊华诚和国际贸易有限公司等债权人撤销权纠纷案【边码 107】

12. 北京市高级人民法院(2019)京民终 318 号民事判决书:恒瑞丰(北京)投资有限公司与聚创科技园发展管理(烟台)有限公司债权人撤销权纠纷案【边码 107】

13. 北京市西城区人民法院(2006)西民初字第 10728 号民事判决书:田某珍等与田某麟等法定继承纠纷案【边码 89】

14. 重庆市第五中级人民法院(2011)渝五中法民终字第 1994 号民事判决书:彭某春与谢某债权人撤销权纠纷案【边码 89】

15. 重庆市第一中级人民法院(2015)渝一中法民终字第 03362 号民事判决书:苏某华与苏某杰等法定继承纠纷案【边码 89】

16. 重庆市第一中级人民法院(2019)渝 01 民终 1629 号民事判决书:姜某芹与郑某兴等债权人撤销权纠纷案【边码 98】

17. 福建省高级人民法院(2016)闽民终 972 号民事判决书:黄某震与林某债权人撤销权纠纷案【边码 57、85】

18. 福建省南靖县人民法院(2016)闽 0627 民初 763 号民事判决书:简某助等与简某兴债权人撤销权纠纷案【边码 109】

19. 福建省福州市中级人民法院(2005)榕民初字第 40 号民事判决书:中国东方资产管理公司福州办事处与永德信集团(福建)水泥有限公司等借款合同纠纷案【边码 42】

20. 福建省漳州市中级人民法院(2016)闽 06 民终 1486 号民事判决书:简某助等与简某兴债权人撤销权纠纷案【边码 109】

21. 广东省高级人民法院(2014)粤高法审监民再字第 11 号民事判决书:国富发展有限公司与广州市隧道开发公司债权人撤销权纠纷案【边码 48】

22. 广东省广州市越秀区人民法院(2018)粤 0104 民初 14577 号民事判决书:陈某穗与陈某灵等遗嘱继承纠纷案【边码 89】

23. 广东省广州市中级人民法院(2020)粤 01 民终 9834 号民事判决书:黄某明与罗某清债权人撤销权纠纷案【边码 68】

24. 贵州省岑巩县人民法院(2017)黔 2626 民初 453 号民事判决书:胡某仁与吴某禄等债权人撤销权纠纷案【边码 98】

25. 贵州省贵阳市中级人民法院(2017)黔01民终6068号民事判决书:阳宇豪房地产开发有限公司等与胡某债权人撤销权纠纷案【边码98】

26. 贵州省六盘水市钟山区人民法院(2017)黔0201民初3802号民事判决书:徐某远与何某等债权人撤销权纠纷案【边码98】

27. 河南省高级人民法院(2015)豫法民一终字第236号民事判决书:上海秋元华林建筑装饰有限公司与洛阳华厦房地产开发有限公司等债权人撤销权纠纷案【边码80】

28. 河南省高级人民法院(2015)豫法民一终字第260号民事判决书:中天建设集团浙江安装工程有限公司与洛阳华厦房地产开发有限公司债权人撤销权纠纷案【边码80】

29. 湖北省高级人民法院(2016)鄂民终317号民事判决书:通城县隽水镇宝塔村村民委员会与武汉市新泰山化工有限公司债权人撤销权纠纷案【边码53】

30. 湖北省高级人民法院(2018)鄂民终1326号民事判决书:深圳凤凰生活文化传媒广告有限公司与中国药科大学世界校友总会有限公司债权人撤销权纠纷案【边码36】

31. 湖北省高级人民法院(2019)鄂民终1234号民事判决书:中国一冶集团有限公司与合德堂食品工业(宜都)有限公司等债权人撤销权纠纷案【边码52】

32. 湖南省高级人民法院(2019)湘民终38号民事判决书:上海旭宁国际贸易有限公司与邹某等债权人撤销权纠纷案【边码48、107】

33. 吉林省高级人民法院(2017)吉民终456号民事判决书:吉林市中泰机动车驾驶员培训学校与吉林市江城实业有限责任公司债权人撤销权纠纷案【边码67】

34. 江苏省高级人民法院(2016)苏民终515号民事判决书:上海瑞沨股权投资合伙企业与朱某起等债权人撤销权纠纷案【边码16】

35. 江苏省连云港市中级人民法院(2012)苏民终字第0084号民事判决书:晋某明等与沈某等虚假转移资产撤销权纠纷案【边码7、109】

36. 江苏省无锡市中级人民法院(2017)苏02民终1741号民事判决书:江苏宝安电缆有限公司与沈某平等债权人撤销权纠纷案【边码15】

37. 江西省高级人民法院(2018)赣民终453号民事判决书:耿某等与江西省都昌县建筑工程总公司债权人撤销权纠纷案【边码78】

38. 江西省高级人民法院(2019)赣民终484号民事裁决书:刘某荣与傅某林等债权人撤销权纠纷案【边码17】

39. 辽宁省鞍山市中级人民法院(2021)辽03民终2322号民事判决书:李某1与张某被继承人债务清偿纠纷案【边码89】

40. 宁夏回族自治区高级人民法院(2012)宁民提字第34号民事判决书:张某与刘某海债权人撤销权纠纷案【边码31】

41. 山东省高级人民法院(2012)鲁商终字第101号民事判决书:王某等与青岛浩源集团房地产开发有限公司等债权人撤销权纠纷案【边码98】

42. 山东省高级人民法院(2016)鲁民终1827号民事判决书:东营融和村镇银行股份有限公司与孟某萍等债权人撤销权纠纷案【边码108】

43. 陕西省安康市中级人民法院(2011)安民终字第00107号民事判决书:张某华等与黄

某庆债权人撤销权纠纷案【边码 58、65】

44. 陕西省高级人民法院(2020)陕民终 322 号民事判决书:朱某与中国信达资产管理股份有限公司陕西省分公司债权人撤销权纠纷案【边码 32、53】

45. 陕西省汉中市中级人民法院(2016)陕 07 民终 674 号民事判决书:程某等与高某继承纠纷案【边码 89】

46. 上海市第二中级人民法院(2007)沪二中民二(民)终字第 1872 号民事判决书:上海沪仙消防工程有限公司与施某群等债权人撤销权纠纷案【边码 59】

47. 上海市浦东新区人民法院(2018)沪 0115 民初 71379 号民事裁定书:江西龙马建设集团有限公司与严某忠债权人撤销权纠纷案【边码 31】

48. 上海市普陀区人民法院(2011)普民二(商)初字第 68 号民事判决书:陆某与杭州富阳某防火卷帘有限公司等债权人撤销权纠纷案【边码 73】

49. 上海市青浦区人民法院(2010)青民二(商)初字第 51 号民事判决书:上海某研究所与上海某房地产发展有限公司债权人撤销权纠纷案【边码 73】

50. 四川省成都市高新技术产业开发区人民法院(2016)川 0191 民初 30 号民事判决书:四川永固坚商贸有限公司与陈某琦等债权人撤销权纠纷案【边码 19、68】

51. 四川省成都市青羊区人民法院(2007)青羊民初字第 1247 号民事判决书:邓某克等与张某琼债权人撤销权纠纷案【边码 89】

52. 四川省成都市中级人民法院(2008)成民终字第 1129 号民事判决书:邓某克等与张某琼债权人撤销权纠纷案【边码 89】

53. 四川省成都市中级人民法院(2016)川 01 民终 10990 号之一民事裁定书:四川永固坚商贸有限公司与陈某琦等债权人撤销权纠纷案【边码 19、67】

54. 四川省高级人民法院(2016)川民终 624 号民事判决书:辜某江与四川华明建筑工程有限公司等债权人撤销权纠纷案【边码 79】

55. 浙江省高级人民法院(2013)浙民再字第 21 号民事裁定书:李某渊与洪某良股权转让纠纷案【边码 32】

56. 浙江省高级人民法院(2019)浙民再 269 号民事判决书:徐某杨与李某杰等债权人撤销权纠纷案【边码 80】

57. 浙江省高级人民法院(2019)浙民终 163 号民事判决书:章某历与吴某模等债权人撤销权纠纷案【边码 35】

58. 浙江省杭州市中级人民法院(2011)浙杭商终字第 956 号民事判决书:陈某与顾某兰撤销权纠纷案【边码 12】

59. 浙江省宁波市中级人民法院(2009)浙甬商终字第 1033 号民事判决书:乐某雯与王某平债权人撤销权纠纷案【边码 107】

60. 浙江省温州市中级人民法院(2017)浙 03 民终 1048 号民事判决书:林某英与池某姆等债权人撤销权纠纷案【边码 46】

61. 最高人民法院(2003)民一终字第 71 号民事判决书:中国长城资产管理公司武汉办事处与湖北峰源集团有限责任公司等确认房产转让合同无效纠纷案【边码 6、25】

62. 最高人民法院(2005)民二终字第172号民事判决书:中国工商银行蒙阴县支行与山东省蒙阴棉纺织有限公司等债权人撤销权纠纷案【边码96】

63. 最高人民法院(2009)民二提字第58号民事判决书:中国水利电力对外公司与上海福岷围垦疏浚有限公司等撤销权纠纷案【边码64、96】

64. 最高人民法院(2012)民四终字第1号民事判决书:瑞士嘉吉国际公司诉福建金石制油有限公司等确认合同无效纠纷案【边码6】

65. 最高人民法院(2015)民二终字第322号民事判决书:海南鑫桥实业集团有限公司与海南香江德福大酒楼等债权人撤销权纠纷案【边码65、108】

66. 最高人民法院(2015)民申字第1342号民事裁定书:张某杰与中国城市建设控股集团有限公司股权转让纠纷案【边码26】

67. 最高人民法院(2016)最高法民申第1308号民事判决书:张某南与山东富而通投资置业有限公司等借款合同纠纷、债权人撤销权纠纷案【边码52】

68. 最高人民法院(2016)最高法民再151号民事判决书:假日酒店(中国)有限公司与北京龙城丽宫商贸中心等撤销权纠纷案【边码57】

69. 最高人民法院(2016)最高法民终683号民事判决书:中钢集团天津有限公司等与于某立等买卖合同纠纷、债权人撤销权纠纷案【边码53】

70. 最高人民法院(2017)最高法民再93号民事判决书:国富发展有限公司与广州市隧道开发公司债权人撤销权纠纷案【边码48】

71. 最高人民法院(2018)最高法民再437号民事判决书:东营融和村镇银行股份有限公司与孟某萍等债权人撤销权纠纷案【边码40】

72. 最高人民法院(2019)最高法民申2666号民事裁定书:天津万亨科技有限公司与天津农村商业银行股份有限公司静海中心支行债权人撤销权纠纷案【边码53】

73. 最高人民法院(2019)最高法民申6408号民事裁定书:湖南浏阳河酒业发展有限公司与渤海银行股份有限公司长沙分行金融借款合同纠纷、债权人撤销权纠纷案【边码57】

74. 最高人民法院(2020)最高法民终261号民事判决书:牛某华与中国民生信托有限公司债权人撤销权纠纷案【边码45】

第 590 条

合同因不可抗力而免责*

第 590 条　当事人一方因不可抗力不能履行合同的，根据不可抗力的影响，部分或者全部免除责任，但是法律另有规定的除外。因不可抗力不能履行合同的，应当及时通知对方，以减轻可能给对方造成的损失，并应当在合理期限内提供证明。

当事人迟延履行后发生不可抗力的，不免除其违约责任。

简　目

一、规范定位……1—20
(一)规范意旨及立法沿革……1—5
1. 规范意旨……1—2
2. 立法沿革……3—5
(二)正当性……6—18
1. 第 1 款第 1 句……6—14
2. 第 1 款第 2 句……15—18
(三)规范定性……19—20
1. 任意规范说……19
2. 提醒规范说……20
二、适用范围……21—34
(一)存在合意或特别法的情形……21—27
1. 合意排除的情形……21—23
2. "法律另有规定"的情形……24
3. 法定之债的适用可能性……25—27
(二)债务类型……28—31
1. 金钱之债? ……28—30
2. 不真正义务? ……31
(三)第 1 款第 2 句的适用范围……32—34
三、不可抗力免责的构成要件……35—54
(一)第 1 款第 1 句……35—46
1. 发生不可抗力……35—42
2. "不能履行"的含义……43—46
(二)第 1 款第 2 句……47—52
1. 通知时刻、内容及方式……47—49
2. 合理期限内的证明……50—51
3. 豁免的可能性……52
(三)第 2 款……53—54
四、法律效果……55—74
(一)第 1 款第 1 句……55—72
1. 损害赔偿……56—58
2. 违约定金……59
3. 减价? ……60—62
4. 继续履行和补正措施? ……63
5. 解除? ……64—65
6. 合同变更? ……66—68

---

* 本文系基于《〈民法典〉第 590 条(合同因不可抗力而免责)评注》(载《法学家》2022 年第 2 期，第 177—190 页)一文修订而成。

案例搜集情况说明。(1)本文选取案例遵循以下标准：一是最高人民法院指导案例、公报案例和最高人民法院裁判意见全面搜集；二是对相同案型选取较高级别法院的裁判意见；三是在最高人民法院和高级人民法院无同类案例的前提下，选取中级人民法院和基层人民法院有讨论价值的特殊案型。(2)案例来源：中国裁判文书网、北大法宝案例库。

7. 对待给付的命运……69
8. 不可抗力同时影响合同双方当事人的情形……70—72
(二)第 1 款第 2 句……73—74
五、证明责任……75—77
(一)第 1 款第 1 句……75
(二)第 1 款第 2 句……76
(三)第 2 款……77

一、规范定位

(一)规范意旨及立法沿革

1. 规范意旨

1 本条第 1 款第 1 句的规范目的,在于为合同之债的债务人提供法定的免责依据,即凡因不可抗力而导致履行发生障碍的情形,债务人免责。第 1 款第 2 句的规范目的,在于通过对主张不可抗力免责的债务人课以通知义务,为债权人提供查证事实和自我救济的机会。第 2 款的规范目的,则是为不可抗力免责制度划定例外。

2 由于《民法典》总则编设置了不可抗力免责的一般条款(第 180 条),因此从实定法的体系定位看,本条应属第 180 条的特别法。不过,在本文看来,在总则编设置不可抗力的规范意义有限,反而会搅乱外在体系。这是因为,由于本条的存在,加之法定之债往往于成立之时便陷入迟延的特点,导致第 180 条的适用范围极其有限。此外,本条位于合同编,至多属于任意规范(边码 19),而位于总则编的第 180 条必须将法定之债也纳入其涵摄范围,不仅导致规范的属性(任意规范抑或强行规范)模糊不清,而且不可抗力的含义也难以统合。

2. 立法沿革

3 本条规范是对《合同法》第 117 条和第 118 条内容的部分合并,同时将有关不可抗力的定义规范摘除,安放在《民法典》总则编第 180 条。

4 早在《经济合同法》施行的时代,不可抗力就被规定为免除违约责任的事由(《经济合同法》第 34 条、第 41 条第 5 项),以及允许变更或解除合同的事由(《经济合同法》第 27 条第 1 款第 4 项)。《民法通则》亦将不可抗力规定为民事责任(含合同责任)的免责事由(第 107 条)。[1]《民法典》一方面直接将不可抗力规则升格为总则的规范,另一方面又在合同编保留相应的规范。

5 我国的相关立法在相当程度上参考了《联合国国际货物销售合同公约》(CISG)的相关规范。CISG 第 79 条第 1 款规定:“当事人对不履行义务,不负责任,如果他能证明此种不履行义务,是由于某种非他所能控制的障碍,而且对于这种障碍,没有理

〔1〕 稍有不同的是,《民法通则》第 107 条将不可抗力统一作为合同责任和侵权责任共同的免责事由。有了这样的历史沿革,似乎更有必要探讨本条之不可抗力规范与侵权法上不可抗力规范的关系。

由预期他在订立合同时能考虑到或能避免或克服它或它的后果。"尽管 CISG 中的表述是"非他所能控制的障碍"(an impediment beyond his control),但通说认为,"非他所能控制的障碍"包括不可抗力和情势变更。[2] 第 1 款第 2 句中的有关通知义务的规定,与 CISG 第 79 条第 4 款所规定的内容接近,而后者的表述更加详尽:"不履行义务的一方必须将障碍及其对他履行义务能力的影响通知另一方。如果该项通知在不履行义务的一方已知道或理应知道此障碍后一段合理时间内仍未为另一方收到,则他对由于另一方未收到通知而造成的损害应负赔偿责任。"

(二)正当性

1. 第 1 款第 1 句

(1)通说的立场

6 依通说,《合同法》在违约责任的归责事由问题上以严格责任为原则(《合同法》第 107 条、第 121 条),[3]《民法典》延续了这一立场(《民法典》第 577 条)。[4] 按照全国人大常委会法制工作委员会民法室的理解,所谓严格责任,是指"不管主观上是否有过错,除不可抗力可以免责外,都要承担违约责任"。[5] 通说认为,由于我国法在违约责任问题上原则上采取严格责任的立场,除了发生不可抗力和情势变更外,债务人对于"不能履行"的结果均要负担违约责任。问题是,为何要对不可抗力网开一面? 不可抗力免责的正当性何在?

有观点依赖朴素的衡平理念,认为绝对的严格责任对于债务人来说未免过于严苛。在不可抗力导致合同"不能履行"的情形,债务人不仅会丧失对待给付,而且还可能遭受自身财产甚至人身的损失。[6] 为此,需要为债务人提供适当的庇

---

〔2〕 参见马俊驹:《我国债法中情势变更原则的确立》,载《法学评论》1994 年第 6 期,第 16 页;韩世远:《合同法总论》(第 4 版),法律出版社 2018 年版,第 483、493 页。反对意见,参见孙美兰:《〈联合国国际货物销售合同公约〉免责规定之研究》,载《法学》2004 年第 12 期,第 81—82 页。

〔3〕 参见梁慧星:《从过错责任到严格责任——关于合同法草案征求意见稿第 76 条第 1 款》,载梁慧星主编:《民商法论丛》第 8 卷,法律出版社 1997 年版,第 2 页;全国人大法制工作委员会民法室编著:《〈中华人民共和国合同法〉立法资料选》,法律出版社 1999 年版,第 58 页;郭明瑞、房绍坤:《新合同法原理》,中国人民大学出版社 2000 年版,第 345 页;王利明:《合同法研究(第 2 卷)》,中国人民大学出版社 2003 年版,第 428 页。

〔4〕 中国审判理论研究会民事审判理论专业委员会编著:《民法典合同编条文理解与司法适用》,法律出版社 2020 年版,第 204 页;最高人民法院民法典贯彻实施工作领导小组主编:《中华人民共和国民法典合同编理解与适用(二)》,人民法院出版社 2020 年版,第 718 页。

〔5〕 全国人大法制工作委员会民法室编著:《〈中华人民共和国合同法〉立法资料选》,法律出版社 1999 年版,第 58 页。

〔6〕 参见崔建远:《合同责任研究》,吉林大学出版社 1992 年版,第 130 页;崔建远:《不可抗力条款及其解释》,载《环球法律评论》2019 年第 1 期,第 48 页。

护。更为技术化的正当性理由,则从不可抗力的概念出发。如果对不可抗力的含义采客观理解,可以认为,不能履行的状态是由客观的外在原因造成的,与债务人一方的因素无关,因而因果关系不成立。若对不可抗力的含义采主观说或主客观折中说的立场,解释则需要费一些周折。有观点认为,在因不可抗力导致“不能履行”的情形,违法性被阻却,因果关系中断。〔7〕

(2)与归责事由的关系

7 问题在于,在学界一直存在我国法的免责范围过窄的指摘。〔8〕如果认为不可抗力是极端的事变,那么在遭遇位于通常事变(我国实定法上的表述为“意外事件”“意外事故”)与不可抗力之中间地带的履行障碍事由的情形,债务人还能免责吗?这就涉及不可抗力与归责事由(或者过错)的关系。

8 在比较法上,作为一般性免责规范的不可抗力规则,并非成文法上的标配。实际上,强调过错归责的德国法系(包括《日本民法》、台湾地区“民法”等)至少不会将不可抗力作为债务不履行的一般性免责事由;至多仅就金钱之债的不履行,规定不得以不可抗力作为抗辩(例如《日本民法》第 419 条第 2 项),或者在特定的有名契约(旅店住宿契约)中规定不可抗力作为免责事由(例如《德国民法》第 701 条第 4 款)。〔9〕这是因为,在发生不可抗力的情形,债务人通常不具有归责事由。换言之,不可抗力规则完全被归责事由的要件所吸收。〔10〕

9 由此会引发如下的疑问:

首先,是比较法意义上的疑问。大陆法系之“归责事由”或者“过错”,与严格责任下“不可抗力”在内涵与外延上是否相同?关于这一点,学界有观点认为不可归责于债务人的事由包括不可抗力和通常事变,在大陆法上债务人不仅免责于不可抗力,同时也免责于通常事变。〔11〕至于究竟什么情形才算通常事变,并无定论。若从结果上看,当是指不能被评价为债务人的归责事由、同时又不属于不可抗力的事件。按照前述全国人大常委会法制工作委员会民法室的观点,较之于过

〔7〕 参见韩世远:《合同法总论》(第 4 版),法律出版社 2018 年版,第 748 页。这种观点将违法性也作为违约责任的要件,意味着将违约责任与侵权责任完全等同看待。

〔8〕 易军:《慎思我国合同法上违约损害赔偿责任的归责原则》,载王洪亮等主编:《中德私法研究》第 8 卷,北京大学出版社 2012 年版,第 21—22 页;戴孟勇:《违约责任归责原则的解释论》,载王洪亮等主编:《中德私法研究》第 8 卷,北京大学出版社 2012 年版,第 38—39 页。

〔9〕 台湾地区“民法”例外地设置了履行迟延后的不可抗力规则(第 231 条)。

〔10〕 平井宜雄『債権総論』(弘文堂、1985 年)55 頁。

〔11〕 参见曾世雄:《民法总则之现在与未来》,中国政法大学出版社 2001 年版,第 231—232 页;叶林:《论不可抗力制度》,载《北方法学》2007 年第 5 期,第 39 页;王洪亮:《债法总论》,北京大学出版社 2016 年版,第 225 页;韩世远:《合同法总论》(第 4 版),法律出版社 2018 年版,第 748 页;吴香香:《〈合同法〉第 142 条(交付移转风险)评注》,载《法学家》2019 年第 3 期,第 172 页。

错归责之立法体例下的债务人,严格责任之立法体例下的债务人负担更重。[12]这种认识得到了学界较为普遍的认同。[13]

然而,依据朴素的价值判断可知,严格责任体系与过错归责体系在法律效果上不应该有如此明显差异。这是因为,合同是实现意思自治的最典型形态,通过合同所决定的当事人利益状态,不可能因为立法体例的不同而发生显著的差异。[14] 实际上,在部分司法解释中就存在着将不可抗力与通常事变一并作为免责事由的规则,例如已经废止的《担保法解释》第 122 条、修正前的《旅游纠纷规定》第 22 条第 2 项。如果坚持不可抗力是债务人免责的唯一事由,那么就应当在不可抗力与没有归责事由之间划等号。[15]

有少数观点在对比《合同法》与《经济合同法》的表述后认为,《经济合同法》虽未将"一方当事人虽无过失但无法防止的外因"与不可抗力一并规定为免除违约责任的事由,却将二者一并规定为允许变更或者解除合同的事由(《经济合同法》第 27 条)。鉴于《合同法》和《民法典》废弃了"一方当事人虽无过失但无法防止的外因"的表述,由此便得出结论:现行法中的"不可抗力"概念发生了外延的扩张,将"一方当事人虽无过失但无法防止的外因"——"通常事变"也吸收在内了。[16] 不过,这种观点与第 180 条所作的不可抗力定义并不吻合,在解释论上难以成立。可以说,现行法至少在规范文义上坚持区别对待不可抗力和通常事变,通说也不承认通常事变可以成为免责事由。因此,与过错归责之立法例在法律效果上的鸿沟依然存在。这样的解释论令人难以接受。

10 其次,疑问体现在国内二元归责立场下的体系协调上。通说认为,我国法在违约责任的归责事由问题上采取的是二元立场,即一方面合同编的通则中确立了严格责任(第 577 条、第 593 条),另一方面又在分则中保留了若干过错归责的例外。其中,有观点主张过错归责具体体现在供电人责任(第 651—653 条),承租人

---

〔12〕 参见全国人大法制工作委员会民法室编著:《〈中华人民共和国合同法〉立法资料选》,法律出版社 1999 年版,第 58 页。

〔13〕 参见梁慧星:《从过错责任到严格责任——关于合同法草案征求意见稿第 76 条第 1 款》,载梁慧星主编:《民商法论丛》第 8 卷,法律出版社 1997 年版,第 7 页;全国人大法制工作委员会民法室编著:《〈中华人民共和国合同法〉立法资料选》,法律出版社 1999 年版,第 58 页;韩世远:《合同法总论》(第 4 版),法律出版社 2018 年版,第 748 页;吴香香:《〈合同法〉第 142 条(交付移转风险)评注》,载《法学家》2019 年第 3 期,第 172 页。

〔14〕 类似立场,参见王洪亮:《债法总论》,北京大学出版社 2016 年版,第 226 页。

〔15〕 德国就有学者认为 CISG 第 79 条第 1 款中免责事由的判断基准与德国法上客观化了的过失相差无几。Schlechtriem/Schroeter, Internationales UN—Kaufrecht, 5. Aufl., 2013, Rn. 644. 转引自陈自强:《民法典草案违约归责原则评析》,载《环球法律评论》2019 年第 1 期,第 69 页。

〔16〕 参见叶林:《论不可抗力制度》,载《北方法学》2007 年第 5 期,第 39 页;王洪亮:《债法总论》,北京大学出版社 2016 年版,第 225 页。

的保管责任(第 714 条),承揽人责任(第 781 条、第 784 条),建设工程合同中的承包人责任(第 800—802 条),寄存人未履行告知义务的责任(第 893 条)及保管人责任(第 894 条)上;[17] 也有观点主张过错归责体现在第 660 条第 2 款、第 784 条、第 824 条第 1 款、第 841 条、第 897 条、第 893 条以及第 929 条第 1 款上,因为这些条文的表述中出现了"过错""故意或者重大过失""保管不善""应当告知而未告知";[18] 还有观点认为过错归责体现在第 714 条、第 781 条、第 784 条、第 811 条、第 823 条、第 824 条第 1 款、第 897 条上。[19] 甚至有人认为,合同分则中采用过错归责的条款占到了所有追究违约责任条款的 40%。[20]

然而,上述论者对于那些被认为采取了过错归责立场的有名合同是否还需要适用不可抗力规范却语焉不详。从体系整合性的角度来讲,既然认为上述规则采取的是过错归责的立场,那么就应当采用大陆法系的话语体系,以归责事由或者过错作为判断基准,而将这些情形排除在不可抗力规则的适用范围之外。

(3)合同构成下的定位

合同之债的归责立场属于合同之债的核心问题之一,它属于合同债权的拘束力——合同之债的债权人可以对债务人主张什么——的子问题。关于合同之债的拘束力问题,学理上存在着两种理想化的模型。 11

①两种理论模型

一种理论模型,是不区分债的发生原因,在债法总则层面设置规范、展开解释论的债权债务构成。在这种模式之下,债权、债务被作彻底形式化的理解。债权被定义为债权人向债务人主张一定之作为或者不作为的权利。为此,需要债务人排除万难去实现给付结果。这就意味着将所有的履行风险都初始地分配给债务人,债务人负担的是超级债务。这一结论完全脱离常识和情理,为此需要通过归责事由等"装置"对债务内容作合理的限缩。债务法现代化之前的德国民法和现行台湾地区"民法"接近这种模式。 12

另一种理论模型,则是注重合同之债与法定之债的差异,仅仅在合同总则层面设置规范、展开解释论的合同构成。这种理论认为,合同具有双重的功能,从积极层面看,它是当事人实现意思自治的工具;而从消极层面看,它又是当事人分配给付障碍风险的工具。在合同构成之下,所有的履行风险被初始地分配给了债权 13

---

〔17〕 郭明瑞、房绍坤:《新合同法原理》,中国人民大学出版社 2000 年版,第 345 页;崔建远:《海峡两岸合同责任制度的比较研究——海峡两岸合同法的比较研究之一》,载《清华大学学报(哲学社会科学版)》2000 年第 2 期,第 34—35 页;朱广新:《违约责任的归责原则研究》,载《政法论坛》2008 年第 4 期,第 88 页;王洪亮:《债法总论》,北京大学出版社 2016 年版,第 223 页。

〔18〕 参见韩世远:《合同法总论》(第 4 版),法律出版社 2018 年版,第 748 页。

〔19〕 参见朱广新:《违约责任的归责原则探究》,载《政法论坛》2008 年第 4 期,第 76—89 页。

〔20〕 参见谢怀栻等:《合同法原理》,法律出版社 2000 年版,第 289 页。

人,债务人仅就其通过合同承接的给付障碍事由负担克服的义务。只有债务人“承接”了的,才是合同之债的内容。相比于债权债务构成下需要债务人排除万难的债务,合同构成下的合同债务从一开始就是被实质化把握的。从这个角度看,“免责”并不是一个恰当的表述,因为“免责”意味着明明构成了违约却被免除了责任。然而,债务人根本就不负担这样的债务。〔21〕 准确的表述应当是:债务人根本就不负担这种程度的给付义务。这里的“承接”,既包括明示以及默示的合意,还包括基于诚信原则对合同的解释规范性地配置给债务人的情形。在近期的日本债法修改过程中,由部分中坚学者组成的民间团体——民法(债权法)改正检讨委员会提出的学者草案《债权法改正的基本方针》,便建立在合同构成之上。〔22〕 由于没有设置债法总则,我国法采取的注定只能是合同构成,即便起草者没有意识到。〔23〕

②合同构成下的不可抗力

14 通常而言,债务人不可能承接其不能预见、不能克服、不能避免的履行障碍风险,债务人所负担的债务内容之中自然就不会包含对不可抗力的克服。因此,在发生债务人未承接的不可抗力时,债务人未加以克服本身,并不构成违约,无所谓免责。可见,在合同构成之下,不可抗力规则不过是在重复一个理所当然的价值判断,其内容完全可以被合同内容的解释作业所吸收,并没有独立存在的价值。〔24〕 前述之日本民法(债权法)改正检讨委员会在《债权法改正的基本方针》中便大胆地放弃了传统的不可抗力定义,而是采用了“债务人在合同中未承接的事由”这样的表述。〔25〕 这样定义的“不可抗力”,其内涵远比第180条第2款通过三个“不能”限定的不可抗力内涵要宽泛。日本民法(债权法)改正检讨委员会刻意使用这种全新的表述,就是要突出合同构成对债务内容作实质化把握的立场。〔26〕 在解释论层面,由于第180条第2款已经对不可抗力作了严格的定义,无从降低要件门槛。为此,可以通过对合同内容的实质化解释,划定债务的合理范围,将不属于不可抗力的通常事变也排除出需要债务人承担的履行风险,以使得债务人的负担回归到与大陆法系上合同之债的债务人之负担相同的程度。

---

〔21〕 森田宏樹『債権法改正を深める』(有斐閣、2013年)35頁。

〔22〕 指针的中译版,参见渠涛等译:《日本民法(债权法)修改草案条文》,载渠涛主编:《中日民商法研究》第9卷,法律出版社2010年版,第378—595页。

〔23〕 参见解亘:《我国合同拘束力理论的重构》,载《法学研究》2011年第2期,第79—84页。

〔24〕 相关的中文文献,可参见解亘:《我国合同拘束力理论的重构》,载《法学研究》2011年第2期,第76—78页。

〔25〕 《债权法改正的基本方针》【3.1.1.63】(损害赔偿的免责事由)第1款规定:“因债务人在合同中未承接的事由导致债务不履行时,债务人不负担【3.1.1.62】的损害赔偿责任。”【3.1.1.62】是有关债务不履行之损害赔偿责任的一般规定。

〔26〕 民法(債権法)改正検討委員会『詳解 債権法改正の基本方針Ⅱ』(商事法務、2009年)252—253頁。

2. 第 1 款第 2 句

不可抗力发生在债务人履行债务的准备阶段或者过程中,债权人未必掌握相关的事实。为了确保债权人可以查证,需要其及时获得相关的信息。〔27〕 此外,为了给债权人采取违约救济以外的措施(例如另觅交易机会、自力救济等)以减少损失的机会,也需要债权人能够及时获得相关的信息。为此,有必要对债务人课以通知义务和提供证明的义务。〔28〕 在实际的裁判中,通知和证明较少成为争议焦点。估计在多数情况下构成不可抗力之事实足够重大,债权人往往明知。 15

然而,如果认为合同构成下的不可抗力与债权债务构成下的归责事由在内涵和外延上等同,自会产生疑问:既然主张不可抗力免责时需要及时通知,那么在主张因不存在归责事由而免责的情形,是不是同样需要债务人作及时的通知并提供证明呢? 在德国法系的立法例中,并不存在这样的规范。 16

尽管在合同构成下本条第 1 款第 1 句成为多余,但并不意味着本条第 1 款第 2 句的通知规范也会沦为摆设。表面上看,由于不可抗力并非债务人所承接的履行障碍事由,债务人无须负担避免、克服不可抗力以实现给付结果的债务,债务人似乎没有通知不可抗力相关事项的义务。然而,尽管合同构成对债务人所承接的债务作实质化的理解,但债务人所承接的债务内容并不是在订立合同之时就已经被确定的。在合同订立之时,潜在的履行障碍事由难以穷尽。当事人既无必要也无可能在订立合同之时真地将全部的履行障碍风险逐一地、毫无遗漏地分配清楚。在实际的纠纷中,真正需要确定的,是某一个实际发生的履行障碍事由究竟该由谁来克服。换言之,免责事由的判断是事后的规范性评价。〔29〕 这与债权债务构成下归责事由的事后判断机制完全相同。而在合同的履行阶段,债务人会遭遇什么样的履行障碍事由通常只有债务人才知晓。只有当他通知债权人时,才会被债权人认同或者因不认同而启动自救乃至纷争解决机制。因此,即使按照合同构成,债务人依然有通知的义务。 17

从第 1 款第 1 句的解释论可知,债务人原本就负担证明不可抗力发生的证明责任。不过,与第 1 款第 1 句所涉及的证明责任不同,第 1 款第 2 句中的不可抗力证明是向债权人提供的,而前者的证明需要在诉讼或者仲裁中向法院或者仲裁机构提供。此外,第 1 款第 2 句中的证明需要在合理期间内提出,而第 1 款第 1 句所涉及的证明只需要服从民事诉讼法的要求。可见,第 1 款第 2 句所规定的证明并不是对第 1 款第 1 句所涉及之证明负担的确认,第 2 句有其独自的价值。在本文 18

---

〔27〕 杨良宜:《合约的解释》,法律出版社 2007 年版,第 386 页。

〔28〕 例如,内蒙古自治区扎赉特旗人民法院(2016)内 2223 民初 2954 号民事判决书。

〔29〕 森田宏樹『債権法改正を深める』(有斐閣、2013 年)35 頁。

看来,提供证明的目的,是通过对债务人课加在合理期间提供证明的义务,以帮助债权人作出应对的判断。在这个意义上,提供证明义务和通知义务一样,目的都是为债权人提供自我救济的机会。

(三)规范定性

1. 任意规范说

19 合同当事人能否作出有别于第 590 条的约定?这取决于不可抗力规范的定性——强行规范,抑或任意规范?

因为第 6 条〔30〕的存在,CISG 中有关不可抗力的规范被公认为任意规范。〔31〕1989 年颁布的《技术合同法实施条例》第 24 条第 1 款规定,不可抗力为"当事人不能预见,不能避免并不能克服的自然因素和社会因素引起的客观情况。当事人可以在合同中约定不可抗力的范围"。可见,该条例的起草者亦将不可抗力规范定性为任意性规范。然而,无论是在《合同法》还是《民法典》中,却均找不到明确的判断依据。不过,针对此问题,在学界几乎看不到定性为强行规范的立场。即便认为不可抗力的内容本身不容改变的立场,也不排斥当事人对不可抗力的另行约定,只不过认为它是不可抗力规范之外的免责条款。〔32〕既然是任意规范,自然允许合同当事人作出不同于不可抗力规则的约定。司法实践中,常见当事人在合同中列举不可抗力事由的情形,法院自然会尊重当事人的约定。〔33〕不过,对于总则编的不可抗力免责规范(第 180 条),由于会涉及合同义务以外的免责,因而难以作统一的定性。

2. 提醒规范说

20 既然任意规范最为主要的功能是用于填补当事人的意思欠缺,那么内容的确定性是任意规范理应具备的属性。然而,不可抗力本身并不具有确定的内涵。这种不确定性,从根本上葬送了不可抗力规则作为任意规范填补当事人意思的资格。换言之,法官根本无法当然地解释出某次自然界或者人类社会的事件是否一定构成或者不构成债务人的免责事由。

---

〔30〕 CISG 第 6 条规定:双方当事人可以不适用本公约,或在第 12 条的条件下,减损本公约的任何规定或改变其效力。

〔31〕 [日]潮见佳男、中田博康、松冈久和主编:《〈联合国国际货物销售合同公约〉精解》,小林正弘、韩世远译,人民法院出版社 2021 年版,第 214 页。

〔32〕 参见刘凯湘、张海峡:《论不可抗力》,载《法学研究》2000 年第 6 期,第 118 页。

〔33〕 例如,在唐某与宁夏艾的尼贸易实业有限公司房屋租赁合同纠纷案中,法院就认可了合同当事人将市政动迁列为不可抗力事由之约定的效力。参见宁夏回族自治区银川市兴庆区人民法院(2019)宁 0104 民初 14318 号民事判决书。

若从合同构成的角度看,不可抗力规范本身对于债务内容的判断而言是多余的摆设(边码 14)。如果非要找寻其积极意义,只能将其定性为一种全新的规范类型——提醒规范。这样的规范并不能给合同的解释者以直接而确定的指引,它仅仅起到提醒解释者注意的作用。就不可抗力免责规范而言,其意义仅仅体现为:在发生重大事变时提醒合同的解释者,债务人或许不必承担违约之损害赔偿责任,合同的解释者需要根据交易过程、习惯等仔细判断债务人到底承接了哪些需要由其克服的履行障碍事由。

二、适用范围

(一)存在合意或特别法的情形

1. 合意排除的情形

21 既然通说认为本条属于任意规范,那么当事人既可以约定不可抗力的范围,也可以合意排除不可抗力规则的适用。

22 容易引起争议的,是债务人对给付结果作出"保证"的情形。合意中包含的给付结果的保证,是否属于排除不可抗力的合意,需要结合缔约的过程、交易的习惯等作个案判断,判断债务人究竟"保证"到什么程度。只有在债务人承接了绝对的给付结果的情形,才构成对本条的排除。因此,重要的是对合意内容的解释。

23 在独立担保的情形也会存在同样的疑问。独立担保的担保人是否需要在发生不可抗力的情形承担担保责任,只能通过对独立担保之合意的解释才能确定。

2. "法律另有规定"的情形

24 依《民法典》第 590 条第 1 款第 1 句但书,在"法律另有规定的情形",债务人不能免责。《邮政法》第 48 条第 1 项规定"因不可抗力造成的保价的给据邮件的损失",邮政企业应承担赔偿责任。然而,保价邮寄这种交易安排本身就意味着邮递企业实际上自主地承接了更加严苛的债务内容。因此,这一规范不过是对合意的确认,算不上"法律另有"的规定。很难想象在当事人未作特别约定的情况下,会有法律令合同之债的债务人对于不可抗力负责,除非是立法者基于特别的政策判断要强行介入某种合同。

3. 法定之债的适用可能性

25 由于我国法没有设立债法总则,无疑会造成法定之债的规范大规模缺失的局面。为此,《民法典》专设第 468 条以堵塞可能的法律漏洞。问题是,本句是否属于"根据其性质不能适用的"规范?

26 无因管理之中的善管义务、通知义务(第 982 条)、继续管理义务(第 981 条)

以及所得财产的移交义务（第 983 条），不当得利人的得利返还义务（第 985 条），都有可能因遭遇不可抗力而陷入“不能履行”的状态，在符合本句所规定之要件的情形，债务人可以免责。

27 由于本规则仅针对债权债务关系成立后的“不能履行”，因此在判断是否构成侵权行为的问题上没有适用的空间。对于侵权之债成立后的“不能履行”，学理上认为侵权之债与损害发生之时便陷入迟延，因此，侵权之债完全没有适用不可抗力免责规范的可能性。

（二）债务类型

1. 金钱之债?

28 按照大陆法通常的认知，金钱之债不存在给付不能。[34] 从《民法典》第 579 条、第 580 条的反对解释中也可以得出这一结论。既然不存在给付不能，不可抗力规则似乎不适用于就金钱之债发生履行不能的情形。不过，由于金钱之债完全有可能发生履行迟延，所以不可抗力规则当然有适用的空间。[35]

29 然而，在大量涉及租赁合同的纠纷中，法院往往也会通过适用不可抗力免责的规范减免承租人的租金债务。[36] 在新冠疫情期间，法院往往会在将新冠疫情认定为不可抗力的同时，援引《新冠肺炎疫情民事案件意见（二）》作为强化依据。[37] 然而，上述指导意见中并未明确新冠疫情构成不可抗力，而是笼统地以公平原则作为减免租金的依据。实际上，在这类案件中不可抗力导致履行（部分）不能的，并非承租人的租金债务，而是出租人的维持租赁物适租状态的债务（边码 43）。

30 金钱之债不存在履行不能的认识过于绝对，不符合履行障碍事由通过合同本身来分配这一合同之债的基本出发点。即便没有明示，也有可能通过对合同债务的解释承认金钱债权之债务人的免责可能性。司法实践中也存在着为数不多的承认例外的立场。在济南东风制药厂与吉林九鑫药业集团有限公司代理销售合同纠纷案中，债务人负担的债务内容是定期将定量的销售款支付给债权人，但最

---

〔34〕 史尚宽：《债法总论》，中国政法大学出版社 2000 年版，第 379 页。

〔35〕 参见谭启平、龚军伟：《不可抗力与合同中的民事责任承担——兼与罗万里先生商榷》，载《河北法学》2002 年第 3 期，第 126 页。

〔36〕 例如，可参见江苏省常州市新北区人民法院（2020）苏 0411 民初 1828 号民事判决书；辽宁省海城市人民法院（2020）辽 0381 民初 1688 号民事判决书；浙江省绍兴市越城区人民法院（2020）浙 0602 民初 2212 号民事判决书；山东省潍坊市中级人民法院（2020）鲁 07 民终 5517 号民事判决书；河南省濮阳市清丰县人民法院（2020）豫 0922 民初 1848 号民事判决书（最终判定不构成迟延）。

〔37〕 参见重庆市沙坪坝区人民法院（2020）渝 0106 民初 5472 号民事判决书；辽宁省大连市中级人民法院（2020）辽 02 民终 7948 号民事判决书。

高人民法院就认为,债务人因为非典疫情影响了销售,才导致销售款回款不顺利,故免于承担违约责任。[38] 在该案中,尽管债务人负担的是金钱债务,但该笔金钱债务实际上以债务人获得销售回款为前提,因此,完全存在履行不能的可能。此外,在史某伟与崔某侠等房屋买卖合同纠纷案中,一审法院就认为,因地方政府房地产政策的调整,导致首付款比例大幅度提高。按照当事人的收入状况,构成不可抗力。[39]

2. 不真正义务?

债权人的受领、协助"义务",通常不能与债务人的债务等量齐观。不履行这类"义务",并不会导致违约责任的发生。学理上称之为间接义务、不真正义务或者负担。这种不真正义务同样会因为不可抗力而陷入不能履行的状态。但这种情形属于广义的受领迟延的范畴,由受领迟延的制度所统辖,[40] 不由本条调整。 31

(三)第 1 款第 2 句的适用范围

本句适用于债务——真正义务"不能履行"的情形。在诸如债权人受领、协助等不真正义务因不可抗力而"不能履行"的情形,不适用本条第 1 款第 1 句(边码 31),自然也不存在适用本条第 1 款第 2 句的余地。若因不可抗力导致债权人不能(及时)受领、不能(及时)提供协助而造成债务人履行费用增加,债务人完全可以按照债权人迟延的法理,要求债权人承担(《德国民法》第 304 条、《日本民法》第 413 条第 2 款、台湾地区"民法"第 240 条)。 32

即便因不可抗力而陷入"不能履行"的是债务人的义务,如果债权人已经知悉该事实,债务人自然没有必要作出通知,更无须提出证明。 33

本条是否适用于准合同之债的"不能履行"?虽未见相关的探讨和司法裁判例,但无因管理之债、不当得利之债遭遇不可抗力的情形同样需要债权人知悉,因此本句应可适用于无因管理之债和不当得利之债。由于本条第 1 款第 1 句都不适用于侵权之债(边码 27),因此,本句自然亦无适用的余地。 34

---

〔38〕 参见最高人民法院(2004)民二终字第 163 号民事判决书。

〔39〕 参见北京市通州区人民法院(2010)通民初字第 10256 号民事判决书。

〔40〕 我国现行法对于受领迟延的规范设置较为零散。关于德国法上系统的受领迟延制度,参见齐晓琨:《解读德国〈民法典〉中的债权人迟延制度》,载《南京大学学报(哲学·社会科学·人文科学)》2010 年第 2 期,第 134—147 页。

三、不可抗力免责的构成要件

(一)第 1 款第 1 句

1. 发生不可抗力

35 要适用本规范,自然需要不可抗力的发生。关于不可抗力的内涵,可参见《民法典》总则编第 180 条第 2 款的评注。不过,总则编所规定的不可抗力,旨在为一般的民事义务不履行提供统一的免责依据,而合同编的不可抗力制度主要针对意定之债,两者在内涵上是否具有一致性,并非不言自明。如下文所述,合同编中的不可抗力,会受到债务类型以及合意内容的影响。

(1)不可抗力之内涵的确定性?

36 主张不可抗力规则为强行规范的观点与主张不可抗力规则为任意规范的观点,尽管在结论上截然相反,但却有着一个共同的前提——不可抗力规范所指向的障碍事由在内容上大致确定,或者说是"社会公认的"客观现象。[41]

至于不可抗力具体包含哪些"客观情况",学界的主流观点认为不可抗力包括如下内容:①自然事件,通常包括洪水、旱灾、台风、地震、海啸、火山爆发、泥石流等。②社会异常事件,通常包括战争、全面罢工、骚乱、恐怖行为、抢劫。③国家(政府)行为,例如紧急状态、宵禁、司法扣押、征收征用、禁运等。[42] 也有少数观点认为,应当将政府行为排除在外,理由是:①政府行为出现的次数太过频繁;②部分政府行为可以预见;③部分政府行为可以克服。[43] 而在司法裁判例以及一些规范性文件中,都存在抽象地将某一重大事件——例如非典疫情、汶川地震、新冠肺炎疫情等——统一定性为是或者不是不可抗力的倾向。

37 这种定型化的理解,与第 180 条第 2 款对不可抗力的定义并不相容。因为"不能避免""不能克服"这一要件具有相当鲜明的个案特征;某一事件对不同给付的实现所带来的影响可能千差万别。是否构成不可抗力,唯有结合个案事实才能判断。无论是通说所列举的自然灾害、社会异常事件还是国家(政府)行为,不仅事变本身存在着强弱之分,而且其对债务履行的影响亦会因个案的差异而强弱不同。面对同一场地震,即便是同一地区的不同债务人,也可能因给付内容的差异面临不同程度的障碍,甚至完全不构成履行障碍事由。换言之,根本就不存在普世的不可抗力。也有学者意识到了这一问题,认为客观性、不能预见、不能避免

---

〔41〕 参见叶林:《论不可抗力制度》,载《北方法学》2007 年第 5 期,第 38 页。

〔42〕 参见韩世远:《合同法总论》(第 4 版),法律出版社 2018 年版,第 484—485 页。

〔43〕 参见刘凯湘、张海峡:《论不可抗力》,载《法学研究》2000 年第 6 期,第 113—114 页。

和不能克服这四项要件仅仅是从不可抗力的特性上给出的限定，立法者无法给出具体的描述，是否构成不可抗力只能有赖于个案中的价值判断。〔44〕

发生在债务人及其履行辅助人个人身上、影响给付能力的事变，例如疾病、死 38
亡，通常不属于不可抗力，不构成免责的事由。〔45〕从形式上看，这类事变一般不满足三个“不能”的要件。从实质上看，将这类履行障碍风险划拨给债务人，更加符合人们的法律感情。

合同当事人之外第三人的因素有无可能被评价为不可抗力？有观点认为不 39
可抗力须是一种客观情况，即独立于人的行为之外的事件，〔46〕由此排除了第三人行为的情况。然而，这种判断过于绝对，第三人的因素也可能足够突然、足够强大。实际上，持上述观点的学者也将恐怖行为和抢劫纳入不可抗力的范畴。〔47〕

依朴素的法律感情，如果给付结果的未能实现可归咎于债权人一方的事由， 40
例如受领迟延、未履行协助义务，则债务人不必承担违约责任。如果坚持不可抗力是债务人免责的唯一事由，唯有将债权人原因也纳入不可抗力的范畴。但受第 180 条第 2 款所规定的三个“不能”要件所限，至少在现行法的解释论上债权人原因确定地不属于不可抗力。立法论上有主张将债权人原因列为一般性的免责事由。〔48〕若从合同构成（边码 13）的角度看，凡是债务人未承接下来由其来克服的给付障碍，都不应当由债务人来负担违约的后果。债务人通常不可能承接克服来源于债权人一方之障碍的债务内容，因此，若因债权人一方的原因导致“不能履行”，债务人根本就不构成违约，自然不用承担违约责任。从解释论的角度论证债务人不必为债权人的原因（或者表述为受害人的过错）承担违约责任的论者，部分也采取这种论证路径。〔49〕也有观点干脆求助于诚信原则。〔50〕

（2）因果关系？

此外，稍有疑问的是，“不能履行”与“不可抗力”之间的因果关系，是否为独 41
立的要件。学理上有将因果关系作为不可抗力免责之独立要件的主张，例如认为债务人要想不承担违约责任，还需要不可抗力与“不能履行”之间存在唯一的因果

〔44〕 参见韩世远：《合同法总论》（第 4 版），法律出版社 2018 年版，第 483 页。

〔45〕 甲斐道太郎、石田喜久夫、田中英司、田中康博编『注釈国際統一売買法 II』（法律文化社、2003 年）208 頁（鹿野菜穂子執筆）。

〔46〕 参见韩世远：《履行障碍法的体系》，法律出版社 2006 年，第 35 页。

〔47〕 参见韩世远：《合同法总论》（第 4 版），法律出版社 2018 年版，第 485 页。

〔48〕 参见王洪亮：《试论履行障碍风险分配规则———兼评我国〈合同法〉上的客观责任体系》，载《中国法学》2007 年第 5 期，第 92—94 页；易军：《慎思我国合同法上违约损害赔偿责任的归责原则》，载王洪亮等主编：《中德私法研究》第 8 卷，北京大学出版社 2012 年版，第 22 页。

〔49〕 参见庄加园：《债权人原因引起的给付不能》，载《法律科学》2018 年第 5 期，第 148 页。

〔50〕 参见朱广新：《合同法总则研究（下册）》，中国人民大学出版社 2018 年版，第 771 页。

关系。[51] 然而,“不能避免”“不能克服”同时意味着不可抗力与“不能履行”之间存在着因果关系,这说明不可抗力的定义中实际上已经隐含了因果关系的因素,没有必要另行设置因果关系这一要件。在耀声(厦门)物业管理有限公司与厦门国际信托投资有限公司借款担保合同纠纷案中,最高人民法院也表达了同样的立场:“政府的征用行为若直接导致债务人的借款用途无法实现,与债务人不能如期还款之间存在必然的因果关系,则债务人以政府的征用行为属于不可抗力为由,请求免除因借款合同到期未能偿还的违约责任,可以根据不可抗力的影响,部分或者全部免除责任。若政府的征用行为虽然一定程度上对债务人的借款用途造成了影响,但与债务人是否如期还款没有必然的因果关系,则不构成不可抗力,债务人以政府的征用行为属于不可抗力为由,请求免除其因借款合同到期未能偿还的违约责任不能获得支持。”[52]

42 无论是将因果关系作为独立要件还是作为不可抗力概念的构成部分,不可抗力都应当是合同订立后才发生的障碍事实。若相关的障碍事实在订立合同之前就已经存在,则合同债务处于自始不能的状态。这种情形不属于本条规范的对象。

2.“不能履行”的含义

(1)“不能履行”的对象

43 从条文的表述看,“不能履行”的对象似乎是合同。然而,立法者所采用的表述并不准确。交易世界以双务合同为常态,以单务合同为例外。不可抗力阻碍其中一方之债务的履行才是常态。总则编的不可抗力规范(第 180 条第 1 款)所采用的表述便是“义务”。CISG 第 79 条使用的表述便是“obligations”,而不是“contract”。若依照文义将“不能履行”的对象解释为“合同”,则当一方债务因不可抗力陷入“不能履行”状态时,有可能会发生判断的混乱。因此,应将本条中的“合同”换读为“债务”。

例如,在发生地区性甚至全国性的重大流行病疫情期间,商铺因行政命令被迫停业所引发的租赁合同纠纷中,承租人并不能依据不可抗力规则对抗出租人的租金请求。这是因为,首先,重大疫情导致的不是租金债务本身的“不能履行”。其次,在这类纠纷中出租人往往只是要求承租人按照租赁合同的约定支付租金,未必主张租金债务的迟延损害赔偿。如下文所述,不可抗力制度的法律效果是对损害赔偿责任的免除(边码 56),并不包括对原给付义务的免除。如果在个案中可以从租赁合同中解释出出租人负担有维持租赁物之特定商业目的的义务,则因不

---

〔51〕 参见叶林:《论不可抗力制度》,载《北方法学》2007 年第 5 期,第 41 页;王洪亮:《债法总论》,北京大学出版社 2016 年版,第 232 页。

〔52〕 最高人民法院(2007)民二终字第 92 号民事判决书。

可抗力而可能导致“不能履行”的，仅仅是租赁合同中出租人的债务——在租赁期间保持租赁物处于适合租赁目的（第708条），而非整个租赁合同。承租人原本可以通过减价来寻求救济。

（2）“不能履行”的类型

不同于学理上常见的表述，关于不可抗力所造成的履行障碍，立法者在本条中使用了“不能履行”这样非学理化的表述。“不能履行”究竟指代哪一种或者哪几种履行障碍呢？ 44

①履行不能

“不能履行”至少包含“履行不能”，这一点不存在争议。履行不能中既包括全部不能，也包括部分不能。如果造成全部不能，债务人无须继续履行。在部分不能的情形，若剩余部分的履行不至于使得债权人的合同目的落空，则债务人仍有义务继续履行，但没有义务就不能部分采取补救措施。若剩余部分的履行对债权人合同目的的实现已经没有意义，则这种部分不能相当于全部不能。此外，从质的角度看，“不能履行”的对象，既包括主给付义务，也包括从给付义务以及附随义务。 45

②其他的履行障碍

至于“不能履行”中是否还包含其他的履行障碍，特别是履行迟延和不完全履行，存在争议。一种意见认为，本条中的“不能履行”就是学理上的“履行不能”，而没有提到因不可抗力导致履行迟延的情形，因此存在法律漏洞。[53] 至于漏洞的补充方法，或主张类推适用本条第1款第1句，[54]或主张用“全部不能与部分不能”“永久不能与一时不能”的区分来填补。[55] 但更有力的观点则认为不存在法律漏洞。这种观点采用文本回溯的方法，探究《合同法》之前各种立法的表述，发现我国法上通常使用“无法履行”来表达学理上的“履行不能”，从而得出了本条中的“不能履行”不同于学理上之“履行不能”的结论。[56] 实际上，从《经济合同法》和《涉外经济合同法》的相关规定[57]中也不难推测出立法者的立场：“不能 46

〔53〕 参见易军：《慎思我国合同法上违约损害赔偿责任的归责原则》，载王洪亮等主编：《中德私法研究》第8卷，北京大学出版社2012年版，第22页；戴孟勇：《违约责任归责原则的解释论》，载王洪亮等主编：《中德私法研究》第8卷，北京大学出版社2012年版，第40页；王洪亮：《债法总论》，北京大学出版社2016年版，第232页。

〔54〕 参见戴孟勇：《违约责任归责原则的解释论》，载王洪亮等主编：《中德私法研究》第8卷，北京大学出版社2012年版，第40页；王洪亮：《债法总论》，北京大学出版社2016年版，第232页。

〔55〕 参见戴孟勇：《违约责任归责原则的解释论》，载王洪亮等主编：《中德私法研究》第8卷，北京大学出版社2012年版，第40页。

〔56〕 柯伟才：《我国合同法上的“不能履行”——兼论我国合同法的债务不履行形态体系》，载《清华法学》2016年第5期，第151—167页。持相同观点的，还可参见韩世远：《合同法总论》（第4版），法律出版社2018年版，第486页。

〔57〕 参见《经济合同法》第30条、《涉外经济合同法》第24条第2款。

履行”中包含履行迟延。实务中也存在因不可抗力而免除迟延责任的司法裁判例。[58] 因此，“不能履行”并不限于履行不能，它包括除与不可抗力无关之期前拒绝以外的所有给付障碍形态。

(二)第 1 款第 2 句

1. 通知时刻、内容及方式

47 通知应当及时发出。

48 至于通知的内容，不限于不可抗力的事实，还应当包括不可抗力所产生的后果(CISG 的表述为“对履行能力的影响”)。[59] 如果债务人选择了替代给付，则也应当将此消息及时通知债权人。

49 至于通知的方式，没有特定的要求。如果涉及数量众多的债权人，采取公告方式的通知也是恰当的。例如，电信公司“多次在报纸、电视上就停网向社会公告，通知用户有权选择升级或终止使用小灵通，已尽及时通知义务”。[60] 铁路公司在列车停运后通过多家新闻媒体发布新闻通稿，并通过电子显示屏和广播公告，虽然达不到短信逐个通知的效果，也被视为合理的通知方式。[61]

2. 合理期限内的证明

50 证明的对象为不可抗力的事实，其中内含了障碍事由与“不能履行”之间的因果关系。不同于对通知的时间要求——“及时”，证明的提出时间只需要在“合理”的期限内即可，紧迫性相对较低。

51 至于证明的形式，尽管实践中存在提交由第三方出具证明的做法，但本句并无特别的要求。

3. 豁免的可能性

52 既然通知和证明的提供都是为了确保债权人获得其他救济措施和查证的机会，那么在债权人明知或者应当知道的情形，债务人可以豁免此两项义务。

---

〔58〕 例如，可参见天津市滨海新区人民法院(2020)津 0116 民初 10351 号民事判决书；河南省郑州市中级人民法院(2021)豫 01 民终 1598 号民事判决书。在前述之耀声(厦门)物业管理有限公司与厦门国际信托投资有限公司借款担保合同纠纷案中，最高人民法院也间接承认了金钱之债因不可抗力而陷入迟延状态时的免责可能性。

〔59〕 甲斐道太郎、石田喜久夫、田中英司、田中康博編『注釈国際統一売買法 II』(法律文化社、2003 年)220 頁(鹿野菜穂子執筆)；崔建远：《不可抗力条款及其解释》，载《环球法律评论》2019 年第 1 期，第 55 页。

〔60〕 江苏省高级人民法院(2016)苏民申 4007 号民事裁定书。

〔61〕 参见河南省高级人民法院(2019)豫民申 5287 号民事裁定书。

(三)第 2 款

53 依本条第 2 款,债务人陷入履行迟延状态后发生不可抗力的,债务人不能免责。此规定中隐含着一个假设:如果不发生履行迟延,那么在不可抗力发生前债务已经履行完毕。既然如此,在陷入履行迟延状态后发生不可抗力导致"不能履行"的风险,就应该由违约的债务人承担。〔62〕这样的价值判断合乎情理,法院也持相同理解。〔63〕

54 如果这样的前提不成立,即无论是否发生履行迟延,之后的不可抗力均将导致"不能履行",那么债务人依然可以免责。比较法上也有类似的限制。依《德国民法》第 287 条第 2 句但书,即使及时履行损害也会发生的,不归责于债务人。这种情形常会出现于继续性合同的履行过程。例如,出租人迟延数日转移租赁物的占有,就在这段期间租赁物因不可抗力而灭失。

四、法律效果

(一)第 1 款第 1 句

55 本条中被免除的"责任",是违约责任。这就意味着,因不可抗力导致给付结果不能实现的情形,不构成违约。违约责任的具体内容,规定在第 577 条和第 582 条,包括继续履行、采取补救措施(修理、更换、重作)、赔偿损失、退货、减少价款或者报酬。这里的免责,是否意味着债务人无须继续履行、不用采取补救措施、不用赔偿损失、不接受退货、不必接受债权人减少价款的要求呢?

1. 损害赔偿

56 围绕本句中"免除责任"的含义,主流的意见认为,不可抗力免责规范中免除的,仅限于债务人的损害赔偿责任。〔64〕依此观点,不可抗力"不当然影响其他违

---

〔62〕 参见朱广新:《合同法总则研究(下册)》,中国人民大学出版社 2018 年版,第 770 页。

〔63〕 例如,汶川地震发生时,"已经超过涉案柴油机交付的日期",故债务人不能免责,参见浙江省高级人民法院(2010)浙海终字第 113 号民事判决书;"如果工程按期完工,则可以避免冬季施工的不利因素",参见最高人民法院(2013)民申字第 1632 号民事裁定书。

〔64〕 参见谭启平、龚军伟:《不可抗力与合同中的民事责任承担——兼与罗万里先生商榷》,载《河北法学》2002 年第 3 期,第 128—129 页;朱广新:《合同法总则研究(下册)》,中国人民大学出版社 2018 年版,第 770 页;王洪亮:《债法总论》,北京大学出版社 2016 年版,第 232 页;韩世远:《合同法总论》(第 4 版),法律出版社 2018 年版,第 487 页;陈自强:《民法典草案违约归责原则评析》,载《环球法律评论》2019 年第 1 期,第 68 页。

约责任,债权人之其他违约救济是否丧失,取决于相关规定或约定”。〔65〕 对此,CISG 第 79 条第 5 款有明文的规定:“本条规定不妨碍任何一方行使本公约规定的要求损害赔偿以外的任何权利。”

57 所免除的损害赔偿义务,依不可抗力所造成的给付不能圆满实现的程度而定,既可能是对全部损害赔偿责任的“免除”,也可以是部分“免除”。在不可抗力为一时性的情形,仅在该不可抗力存续的期间债务人免负损害赔偿责任,特别是迟延责任。〔66〕 这里的免除对象,还应包括对损害赔偿数额的预定以及违约金,因为无论是损害赔偿数额的预定还是违约金,都是以债务人的违约为前提的。当然,双方对于风险的分配另有合意的,不在此限。〔67〕

58 在司法实践中,存在一方面确认不可抗力的存在,同时又基于公平原则判令债务人作出一定补偿的做法。〔68〕 然而,这种做法缺乏法理依据。

2. **违约定金**

59 违约定金的适用以债务人违约为要件,在发生不可抗力致使合同债务“不能履行”的情形,由于并不构成违约,自然没有适用违约定金罚则的余地。对此,《担保法解释》曾有明文规定(第 122 条)。尽管《民法典》和《民法典担保制度解释》未作规定,但在解释论上应维持这一立场。

3. **减价?**

60 交易世界的债务,多源于双务合同。在因不可抗力导致债务人“不能履行”的情形,债权人不能追究债务人的损害赔偿责任,但能否行使第 582 条赋予的减价权呢?

61 债权人的减价权根植于对待给付的牵连性,只要债务人的履行在客观上构成不完全给付,则在债权人之补正请求权被排除的前提下,〔69〕债权人便可行使减价权。减价权的发生与不完全给付是否可归责于债务人无关。“因不可归责于承租人的事由,致使租赁物部分或者全部毁损、灭失的”,赋予承租人以减价权(第 729 条),便是这一思想的体现。在不可抗力导致“不能履行”的情形,只要债权人不能

---

〔65〕 陈自强:《民法典草案违约归责原则评析》,载《环球法律评论》2019 年第 1 期,第 70 页。

〔66〕 [日]潮见佳男、中田博康、松冈久和主编:《〈联合国国际货物销售合同公约〉精解》,小林正弘、韩世远译,人民法院出版社 2021 年,第 216 页。

〔67〕 [日]潮见佳男、中田博康、松冈久和主编:《〈联合国国际货物销售合同公约〉精解》,小林正弘、韩世远译,人民法院出版社 2021 年,第 217 页。

〔68〕 参见最高人民法院(2018)最高法民终 107 号民事判决书。

〔69〕 至于减价权与补正请求权的关系,是另一个重大的理论问题,需参考相关的论著。

请求债务人补正,便可以行使减价权。[70] 与不构成不可抗力之情形相比,唯一的区别,在于在后一种情形债权人在行使减价权的同时还可以同时追究债务人的违约责任。

在租赁、承包等继续性合同中,因不可抗力导致合同期间内债权人无法利用标的物,即构成部分履行不能的情形,债权人能否不主张减价而要求顺延合同期间?顺延合同期间,意味着对合同的变更,尽管实务中存在着这样的判决,[71] 但这一效果在本条中并不能找到依据。依第713条的规定,若出租人未履行租赁物的维修义务,导致影响承租人使用的,"应减少租金或者延长租期"。该条规定未明确谁有权决定是减少租金还是延长租期。因不可抗力导致标的物暂时不符合约定用途的情形,与第713条的状况相似,故有类推适用第713条的空间。 62

4. 继续履行和补正措施?

不可抗力规范免除的对象主要是损害赔偿责任。如果不可抗力造成的后果是债务陷入履行迟延状态,则待不可抗力所造成迟延的障碍解除后,债务人仍应当毫不迟延地继续履行债务。如果导致的是部分履行不能,且不会影响合同目的的实现,那么在补正措施与减价之间会存在比较优先劣后的问题。这一点非不可抗力的情形独有,可参照相关条文的评注。 63

5. 解除?

(1)解除的可能性

在发生不可抗力的情形,合同当事人能否解除合同,需依第563条第1款所规定的要件判断。依该条第1款第1项,唯有不可抗力导致合同目的不能实现的情形,方可解除合同。 64

(2)解除的主体

第563条第1款将法定解除权的主体统一规定为"当事人"。通说和法院均认为,因不可抗力而解除的情形,债权人和债务人均享有解除权。[72] 65

6. 合同变更?

在发生不可抗力导致合同"不能履行"的情形,当事人是否有权请求变更合同内容?或者说相对方是否有再交涉的义务?《经济合同法》曾将不可抗力作为允许变更合同的事由(《经济合同法》第26条第1款第2项)。但自《合同法》以来,基于不可抗力的变更权在实定法上再也找不到依据。在现行法上,再交涉和变更 66

---

〔70〕 参见李国光主编:《中国合同法条文解释》,新华出版社1999年版,第368页;朱广新:《合同法总则研究(下册)》,中国人民大学出版社2018年版,第747页。

〔71〕 参见江苏省高级人民法院(2015)苏审三民申字第00204号民事裁定书。

〔72〕 参见朱广新:《合同法总则研究(下册)》,中国人民大学出版社2018年版,第621页。

属于情势变更制度的法律效果(第 533 条)。已经失效的《合同法解释二》第 26 条将情势变更限定在"客观情况发生了当事人在订立合同时无法预见的、非不可抗力造成的不属于商业风险的重大变化",但《民法典》不刻意将不可抗力排除出情势变更中的"情势"(第 533 条第 1 款),因此,在不可抗力同时构成情势变更中之"情势"的情形,也完全可能会应当事人的请求而发生合同变更的效果。

67 问题是在何种情形,不可抗力同时也构成情势变更中的"情势"? 围绕不可抗力与情势变更中之情势的关系,素有争论。主流的观点认为,与不可抗力相比,情势变更规则侧重于社会生活环境的重大改变。〔73〕 情势变更导致的是经济上的不能,〔74〕或者给付失衡/合同目的不能实现,〔75〕而不可抗力导致的是客观上的不能。

然而,只要承认"不能履行"中包含经济上的不能,就一定存在着不可抗力与情势变更交错的区域。这是因为,情势变更规则应对的主要就是给付会严重失衡的情形。〔76〕 因此,仅在因不可抗力导致债务的履行发生经济上不能的情形,才有可能应当事人的请求而发生合同变更的效果。

68 若从合同构成的角度看,无论是不可抗力还是情势变更,都是债务人未承接的履行障碍事由。如果当事人追求的是免责的效果,本无区分两者的必要。因为在情势变更的情形完全可以通过诉讼或者仲裁的方式解除合同,达到免除给付义务和违约责任的效果。不过,由于《民法典》为情势变更提供了特别的法律效果——再交涉义务和变更权,而这两个效果是不可抗力制度不具备的,若当事人追求这样的法律效果时,法律适用者将不得不予以辨别。

7. 对待给付的命运

69 交易社会中绝大多数的合同都是双务合同,在发生不可抗力致使一方的债务陷入"不能履行"的情形,对待给付的命运将如何?

在一方的债务因不可抗力而陷入履行不能的状态时,发生(对待给付)风险负担的问题。不过,对待给付风险负担问题的发生,并不限于不可抗力导致履行不能的情形,还包括其他不可归责于债务人的事由导致履行不能的情形,即发生通常事变而导致履行不能情形。〔77〕 加之不可抗力不一定导致履行不能,可知对待给付风险的负担问题并非不可抗力所特有。

---

〔73〕 参见刘凯湘、张海峡:《论不可抗力》,载《法学研究》2000 年第 6 期,第 117 页;曾世雄:《民法总则之现在与未来》,中国政法大学出版社 2001 年版,第 44 页。

〔74〕 参见叶林:《论不可抗力制度》,载《北方法学》2007 年第 5 期,第 40 页。

〔75〕 参见韩世远:《合同法总论》(第 4 版),法律出版社 2018 年版,第 488、498 页。

〔76〕 例如,韩世远:《合同法总论》(第 4 版),法律出版社 2018 年版,第 497—498 页。

〔77〕 参见吴香香:《〈合同法〉第 142 条(交付移转风险)评注》,载《法学家》2019 年第 3 期,第 172 页。

8. **不可抗力同时影响合同双方当事人的情形**

同一不可抗力有时也有可能会影响到合同的相对方。对相对方的影响,存在两种情形。 70

第一种情形,是不可抗力同时使得双务合同的双方各自陷入“不能履行”的状态。在此情形,各自均可援用不可抗力获得免责。 71

第二种情形,则是不可抗力同时导致债权人无法受领给付。例如,因为地震引发的交通中断,不仅导致债务人无法运输,买受人也无法前往交货地点领取;或者因租赁物的毁损导致出租人无法履行租赁义务,但承租人也因身体受伤或者交通隔绝无法领取租赁物。尽管我国法将受领迟延限定为债务人“无正当理由拒绝”的情形(第 589 条第 1 款、第 570 条第 1 款第 1 项、第 837 条、第 957 条第 1 款),但这种限定并不正确。学理上一般认为,债权人的受领属于不真正义务(或者成为“负担”),不存在“免责”事由。这就意味着即使因不可抗力导致受领迟延,债权人依然要承担受领迟延的后果。在不可抗力同时导致债务人“不能履行”和债权人无法受领的情形,似乎会发生不可抗力规则与受领迟延规则的竞合。对于履行不能,若适用不可抗力的规则,对价风险由债务人负担;对于无法受领,若适用受领迟延的规则,则对价风险由债权人负担。法律效果截然相反。在本文看来,至少在逻辑上不存在竞合的可能性。这是因为,受领迟延的前提是债务人按照债务本旨提出给付。在上述情形,债务人因不可抗力陷入“不能履行”的状态,并未完成给付的提出,因而不可能同时满足受领迟延的要件。当然,这样的推论在价值判断上是否合理,换言之,受领迟延以给付的提出作为要件这一立场本身在不可抗力同时影响债权人受领的情形是否仍具有正当性,或许还有再探讨的余地。 72

(二)第 1 款第 2 句

本句未明确违反通知和提供证明义务的法律效果。按照与之接近之 CISG 第 79 条第 4 款的解释论,会产生如下的法律效果:通知不达以及迟延到达的风险,由债务人负担,即债务人应当赔偿因未通知、未及时通知以及通知未到达或者迟延到达而给债权人造成的损失。[78] 若采此种观点,本条所规定的通知义务属于附随义务。[79] 也有观点认为,若债务人未作通知,则不得主张免责。[80] 司法实务 73

〔78〕 甲斐道太郎、石田喜久夫、田中英司、田中康博編『注釈国際統一売買法 II』(法律文化社、2003年)220 頁(鹿野菜穂子執筆);[日]潮见佳男、中田博康、松冈久和主编:《〈联合国国际货物销售合同公约〉精解》,小林正弘、韩世远译,人民法院出版社 2021 年版,第 216 页。

〔79〕 参见韩世远:《合同法总论》(第 4 版),法律出版社 2018 年版,第 486 页。

〔80〕 参见崔建远:《不可抗力条款及其解释》,载《环球法律评论》2019 年第 1 期,第 56 页。

中既有采前一种立场的司法裁判例,[81]也有采后一种立场的司法裁判例。[82] 若采取后一种立场,则意味着“及时通知”是不可抗力免责的程序性要件。不过,司法实务并未普遍将及时通知与否的事实作为不可抗力免责的要件事实予以审查。至于未在合理期间提供证明的法律效果,亦可作相同的解释。

74 若因不可抗力而未能及时发出通知,或者导致通知未能到达或迟延到达,则债务人同样可以免责。[83]

五、证明责任

(一)第 1 款第 1 句

75 第 1 款第 1 句是免责规范,通常是债务人面对债权人提出的违约损害诉求而援用的抗辩依据。既然是追究违约损害赔偿责任,那么有关“不能履行”的事实,包括“不能履行”的类型——究竟是履行不能、履行迟延还是不完全履行以及程度,均应当由债权人负担证明责任。当然,也不排除债务人在确认之诉中主动援用的可能。此种情形以债务人自认存在“不能履行”的事实为前提,因此“不能履行的事实”自然不再需要债权人证明。

无论是哪一种情形,不可抗力的证明均由因不可抗力而陷入“不能履行”状态的债务人负担。这就意味着,需要由债务人证明导致其“不能履行”的履行障碍事由构成不可抗力。[84]

(二)第 1 款第 2 句

76 已及时作出通知的事实,以及已在合理期间内向债权人提出过不可抗力证明的事实,均由债务人负担举证责任。

---

〔81〕 参见福建省漳州市中级人民法院(2020)闽 06 民终 2435 号民事判决书。在中国人民财产保险股份有限公司广州市分公司与广州市悦涛雅苑物业管理有限公司保险人代位求偿权纠纷案中,法院以不构成有效通知为由,酌定债务人承担 30%的损失赔偿责任。参见广东省广州市中级人民法院(2020)粤 01 民终 18634 号民事判决书。

〔82〕 参见山西省高级人民法院(2017)晋民终 93 号民事判决书;新疆维吾尔自治区高级人民法院(2019)新民申 117 号民事裁定书;山西省太原市中级人民法院(2020)晋 01 民终 5011 号民事判决书。

〔83〕 甲斐道太郎、石田喜久夫、田中英司、田中康博编『注釈国際統一売買法 II』(法律文化社、2003 年)221 頁(鹿野菜穂子執筆)。

〔84〕 参见最高人民法院(2018)最高法民再 79 号民事判决书;最高人民法院(2019)最高法民再 231 号民事判决书;广东省惠州市中级人民法院(2020)粤 13 民终 6516 号民事判决书。

（三）第2款

如果债务人成功举证本条第1款第1句和第2句的要件事实，债权人还可以通过证明不可抗力发生于履行迟延之后，来应对债务人的免责抗辩。 77

附：案例索引

1. 北京市通州区人民法院（2010）通民初字第10256号民事判决书：史某伟与崔某侠等房屋买卖合同纠纷案【边码30】

2. 重庆市沙坪坝区人民法院（2020）渝0106民初5472号民事判决书：张某权与重庆美途酒店管理有限公司房屋租赁合同纠纷案【边码29】

3. 福建省漳州市中级人民法院（2020）闽06民终2435号民事判决书：江某艺与王某租赁合同纠纷案【边码73】

4. 广东省广州市中级人民法院（2020）粤01民终18634号民事判决书：中国人民财产保险股份有限公司广州市分公司与广州市悦涛雅苑物业管理有限公司保险人代位求偿权纠纷案【边码73】

5. 河南省高级人民法院（2019）豫民申5287号民事裁定书：黄某得与中国铁路济南局集团有限公司等合同纠纷案【边码49】

6. 河南省濮阳市清丰县人民法院（2020）豫0922民初1848号民事判决书：杨某庭与清丰亿洲商业管理有限公司委托合同纠纷案【边码29】

7. 河南省郑州市中级人民法院（2021）豫01民终1598号民事判决书：李某明与郑州瀚宇置业有限公司房屋买卖合同纠纷案【边码46】

8. 江苏省常州市新北区人民法院（2020）苏0411民初1828号民事判决书：常州市康利建筑装饰有限公司与常州利纳迪智能科技有限公司房屋租赁合同纠纷案【边码29】

9. 江苏省高级人民法院（2015）苏审三民申字第00204号民事裁定书：姜某兵与南京市高淳区淳溪镇姜家村村民委员会农村水面承包合同纠纷案【边码62】

10. 江苏省高级人民法院（2016）苏民申4007号民事裁定书：潘某富与中国电信股份有限公司东台分公司电信服务合同纠纷案【边码49】

11. 辽宁省大连市中级人民法院（2020）辽02民终7948号民事判决书：许某年与肖某军房屋租赁合同纠纷案【边码29】

12. 辽宁省海城市人民法院（2020）辽0381民初1688号民事判决书：刘某刚与刘某娥租赁合同纠纷案【边码29】

13. 内蒙古自治区扎赉特旗人民法院（2016）内2223民初2954号民事判决书：刘某与乌兰浩特市丰泽房地产开发有限公司房屋买卖合同纠纷案【边码15】

14. 宁夏回族自治区银川市兴庆区人民法院（2019）宁0104民初14318号民事判决书：唐某与宁夏艾的尼贸易实业有限公司房屋租赁合同纠纷案【边码19】

15. 山东省潍坊市中级人民法院（2020）鲁07民终5517号民事判决书：隋某与山东捷远电气股份有限公司房屋租赁合同纠纷案【边码29】

16. 山西省高级人民法院(2017)晋民终 93 号民事判决书:华垦国际贸易有限公司与山西伦达肉类工业有限公司买卖合同纠纷案【边码 73】

17. 山西省太原市中级人民法院(2020)晋 01 民终 5011 号民事判决书:太原绿地新悦房地产开发有限公司与李某房屋买卖合同纠纷案【边码 73】

18. 天津市滨海新区人民法院(2020)津 0116 民初 10351 号民事判决书:孟某与中铁建大桥工程局集团房地产开发有限公司商品房销售合同纠纷案【边码 46】

19. 新疆维吾尔自治区高级人民法院(2019)新民申 117 号民事裁定书:杨某华与付某州房屋租赁合同纠纷案【边码 73】

20. 浙江省高级人民法院(2010)浙海终字第 113 号民事判决书:林某法与陕西柴油机重工有限公司买卖合同纠纷案【边码 53】

21. 浙江省绍兴市越城区人民法院(2020)浙 0602 民初 2212 号民事判决书:绍兴市越城区城南街道外山村经济合作社与绍兴市祥鹤堂药店有限公司房屋租赁合同纠纷案【边码 29】

22. 最高人民法院(2004)民二终字第 163 号民事判决书:济南东风制药厂与吉林九鑫药业集团有限公司代理销售合同纠纷案【边码 30】

23. 最高人民法院(2007)民二终字第 92 号民事判决书:耀声(厦门)物业管理有限公司与厦门国际信托投资有限公司借款担保合同纠纷案【边码 41、46】

24. 最高人民法院(2013)民申字第 1632 号民事裁定书:北京建工一建工程建设有限公司与天津金发新材料有限公司建设工程施工合同纠纷案【边码 53】

25. 最高人民法院(2018)最高法民终 107 号民事判决书:湖北水调歌头饮食文化发展有限公司与武汉市洪山区人民政府洪山街办事处洪山村村民委员会等房屋租赁合同纠纷案【边码 58】

第679条
自然人借款合同的成立*

第679条　自然人之间的借款合同,自贷款人提供借款时成立。

简　目

一、规范目的与内容沿革……1—5
(一)规范目的……1—3
(二)内容沿革……4—5
二、规范性质与射程……6—20
(一)规范性质……6—9
(二)规范射程……10—20
1. 民事自然人借款的适用……10—14
2. 商事意图的自然人借款的例外……15—20
三、民事自然人借款合同的成立要件……21—38
(一)提供的当事人……23—26
(二)现实提供……27—32
(三)观念提供……33—35
(四)提供借款的"提供"……36—38
四、商事意图的自然人借款合同的成立要件……39—55
(一)在先借款合意的有效性……40—41
(二)在先借款合意的法性质……42—47
(三)在先借款合意的法效果:贷款义务……48—55
五、合同成立:还款义务的要物性……56—65
(一)借款合同的"成立"……57—60
(二)还款义务的要物性……61—65
六、诺成的自然人借款合同……66—84
(一)贷款人的义务与解除权……69—73
1."贷款义务"的法性质……69
2. 贷款人的有限解除权……70—73
(二)借款人的义务……74—84
1."借款义务"……74—80
2. 还款义务的发生时点……81—84
七、证明责任……85—93
(一)贷款人的举证……86—90
(二)无书面借款合同的特别规定……91—93

---

* 本文系基于《〈民法典〉第679条(自然人借款合同的成立)评注》(载《法学家》2022年第4期,第175—190页)一文修订而成。

本文为国家社会科学基金项目"民法利息规制的体系整合与辐射效应研究"(21BFX194)、南京大学新时代文科卓越研究计划"中长期研究专项"的阶段性成果。

本文所选取的案例来自中国裁判文书网及北大法宝数据库,部分裁判发生于《民法典》生效之前。但是,正如文中所述,从《合同法》到《民法典》的规范内容变化并没有影响司法裁判的连续性(边码60)。

一、规范目的与内容沿革

（一）规范目的

1 《民法典》第 679 条的规范目的在于将自然人之间的借款合同规定为典型的要物合同，即以借款的提供作为自然人之间借款合同的成立要件。由此，无利息的自然人借款为单务无偿合同，而附利息的自然人借款则为单务有偿合同。

2 规定自然人借款合同要物性的目的被认为是强化对自然人借款意思表示的干预，维护金融秩序，体现互助的伦理性，并有利于“减少不必要的纠纷，促进市场交易便捷”。〔1〕申言之，之所以将自然人之间的借款合同规定为要物合同，是因为自然人之间借款通常数额有限，且通常具有亲友关系；自然人之间的借款不存在金融机构所必需的复杂程序；自然人通常并非专业人士，要给予一定的思考时间；自然人之间往往具有互助、无偿的性质。〔2〕 此外，自然人借款对金融秩序的影响是较为有限的，〔3〕要物性所带来的交易上的不便利并不会对金融交易产生整体性的妨碍。因此，第 679 条为作为贷款人的自然人提供了保护，使得贷款人得以在借款交付之前否定其提供借款的意思表示，即对自然人借款合同中的意思表示效力作弱化处理。

3 本条仅适用于借款合同双方均为自然人的情形，〔4〕延续了《合同法》以来的“主体规制”的立法思路。〔5〕

（二）内容沿革

4 在《民法典》生效之前，《合同法》第 210 条将“贷款人提供借款”作为自然人借款合同的生效要件，这被认为是缓和要物性的规定。〔6〕 但当时的立法参与者并没有区分成立要件与生效要件的明确意识，而是认为自然人之间的借款合同当然地属于要物合同。〔7〕《民法典》制定过程中，立法参与者认为《合同法》第 210 条的“本意”是将自然人之间的借款合同规定为要物合同，但条文的表述容易产生

---

〔1〕 谢鸿飞、朱广新主编：《民法典评注 · 合同编 · 典型合同与准合同（1）》，中国法制出版社 2020 年版，第 470 页（胡旭东执笔）。

〔2〕 参见黄薇主编：《中华人民共和国民法典合同编释义》，法律出版社 2020 年版，第 477 页。

〔3〕 参见魏耀荣等：《中华人民共和国合同法释论（分则）》，中国法制出版社 2000 年版，第 196 页。

〔4〕 参见黄薇主编：《中华人民共和国民法典合同编释义》，法律出版社 2020 年版，第 477 页。

〔5〕 参见刘勇：《〈民法典〉第 680 条评注（借款利息规制）》，载《法学家》2021 年第 1 期，第 186 页，段码 69。

〔6〕 参见崔建远主编：《合同法》（第 5 版），法律出版社 2010 年版，第 419 页（王轶执笔）。

〔7〕 参见胡康生主编：《中华人民共和国合同法释义》（第 3 版），法律出版社 2013 年版，第 341 页。

自然人借款为诺成合同的误解；为避免争议的延续，“贷款人提供借款”被修改为成立要件，这样也能与定金合同及无偿保管合同的规定保持一致。[8]

从字面上看，条文内容的变化是比较显著的，成立要件与生效要件在法性质上有着截然的区分；但上述变化并未影响司法裁判的连续性（边码 60）。 5

二、规范性质与射程

（一）规范性质

《民法典》第 679 条是关于合同成立要件的规定，会被当然地认为属于强制性规范的范畴，学说上通常也是这样认为的。[9] 但是，从立法政策上看，第 679 条重视的是贷款人的自发性，若贷款人的自发性已经获得充分的表达，并且当事人自愿订立诺成的借款合同，此时承认诺成的自然人借款合同反而是对贷款人自发性的尊重。 6

从强制性规范的趣旨来看，除了保护特定的当事人，还可能涉及第三人保护或者是公序良俗的维护。[10] 第 679 条的立法政策主要是为了保护贷款人，并没有第三人保护与善良风俗方面的特别考虑。而且，自然人之间的借款被认为是不会破坏经济秩序的，[11] 于公序的影响十分有限。可见，贷款人“深思熟虑”地放弃保护是没有问题的。 7

另一个可能的视角是重新考虑典型合同的意义。由于契约自由原则的存在，合同的具体类型是无限的，有关典型合同的法规范应被理解为裁判规范，并不妨碍当事人创设民法未规定的合同类型。[12] 学者指出，合同的性质决定不是单一层次的，而是多层次构成的。[13] 作为典型合同的借款合同之下，存在着金融机构借款和自然人借款的下层分类。自然人借款还可以进一步区分为无偿自然人借款和有偿自然人借款，后者还可以在民商二元的基础上继续地区分出民事自然人借款、商事意图的自然人借款的子类型。不同层次与类型的借款合同在规范适用方面是存在差异的。在当事人明确排斥典型合同规范适用的场合，只要无涉公序 8

---

〔8〕 参见黄薇主编：《中华人民共和国民法典合同编释义》，法律出版社 2020 年版，第 476—477 页。

〔9〕 参见林洹民：《预约学说之解构与重构——兼评〈民法典〉第 495 条》，载《北方法学》2020 年第 4 期，第 27 页。

〔10〕 参见［日］佐久間毅：《民法の基礎 1 総則》，有斐閣 2005 年版，第 182 页。

〔11〕 参见魏耀荣等：《中华人民共和国合同法释论（分则）》，中国法制出版社 2000 年版，第 196 页。

〔12〕 参见黄茂荣：《买卖法》，中国政法大学出版社 2002 年版，第 4—6 页。

〔13〕 关于典型契约的“多层次性质决定”，可参见［日］小粥太郎：《典型契約の枠組み》，载《法律時报》86 卷 1 号，第 48—49 页。近来也有学者基于个别有名合同开始讨论和反思典型合同的性质识别与体系定位。参见唐波涛：《承揽合同的识别》，载《南大法学》2021 年第 4 期，第 50—51 页。

良俗,应当承认当事人意思的效力。

9 因此,在本文的立场上,《民法典》第 679 条属于“半强制性”规范:若作为当事人的自然人在典型合同的意义上订立借款合同,则以借款的提供为成立要件;若当事人订立的是非典型的借款合同,则自然应当尊重当事人的意思,从而可以采取诺成的方式。[14] 说到底,这仍然是一个有关合同解释的问题。[15]

(二)规范射程

1. **民事自然人借款的适用**

10 从目前的比较法趋势来看,《民法典》第 679 条将自然人借款合同在文义上规定为纯粹的要物合同是比较独特的立法例。虽然罗马法以来的传统是将借款合同作为要物合同来对待的,[16] 近代民法典也普遍延续了这一立场;[17] 但要物合同的诺成化是近年来比较法及示范法(软法)领域较为显著的趋势。[18] 学说上也普遍认为借款合同的要物性是罗马法的历史残留,在合同原则上采诺成主义的背景下,并没有保留要物性的必要。[19]

11 我国学说上,对于自然人借款合同的要物性也多有诟病。有观点认为,自然人借款合同要物性的正当性基础在于尊重无偿行为的自发性,从而应当对第 679 条的适用范围作出限缩解释,即仅适用于无偿的自然人借款合同,而有偿的自然人借款应认定为诺成合同。[20] 这样的解释论立场在《合同法》时期就存在,其根据是较为典型的“有偿、无偿行为二元论”。[21] 还有观点认为,要物契约仅具有知

---

〔14〕 诺成的借款合同为“无名合同”,这是过去日本通说的立场。参见[日]野澤正充:《消費貸借・利息》,载《法学セミナー》623 号(2006 年),第 89 页。

〔15〕 《民法典》第 890 条前段规定保管合同“自保管物交付时成立”,后段规定了“当事人另有约定的除外”的但书。但书的存在,使得第 890 条成为较为典型的任意性规范。第 679 条将《合同法》规定的生效要件改为成立要件,目的之一就是要与无偿保管合同的表述保持一致。参见黄薇主编:《中华人民共和国民法典合同编释义》,法律出版社 2020 年版,第 477 页。就目前的情况来看,没有迹象表明立法机关有意保持两者的差异(《合同法》的规定就是如此)。基于“制度竞合”,解释论上认为第 679 条存在类似第 890 条的但书也是可能的。

〔16〕 有研究指出,罗马法上要物的消费借贷仅限于无偿的情形。参见[日]幾代通、広中俊雄编集:《新版注釈民法(15)債権(6)》,有斐閣 1996 年版,第 13 页。而对于约定将来进行消费借贷交付的情形,若以要式口约做成,罗马法在一定程度上也是承认其诉请可能的。参见[日]山根聡恵:《ドイツ民法制定時における消費貸借の法的性質をめぐる議論について》,载《熊本法学》148 号(2020 年),第 64 页。

〔17〕 对我国民法影响巨大的德国民法在 2002 年债法现代化法生效之前,消费借贷也采要物合同。

〔18〕 参见张金海:《论要物合同的废止与改造》,载《中外法学》2014 年第 4 期,第 1018 页。

〔19〕 参见[日]森田宏樹:《債権法改正を深める》,有斐閣 2013 年版,第 198 页。

〔20〕 参见林洹民:《预约学说之解构与重构——兼评〈民法典〉第 495 条》,载《北方法学》2020 年第 4 期,第 27 页。

〔21〕 参见张金海:《论要物合同的废止与改造》,载《中外法学》2014 年第 4 期,第 1020 页。

识考古意味，在债务合同层面已经失去意义，应当摒弃该概念。[22]

12 如果把合同看作当事人自己决定的产物，无论有偿还是无偿，其拘束力来源都是当事人的意思，即便无偿也不需要作特别的处理。[23] 既有的有偿、无偿二元论具有客观归责的意味，与私法自治的基础原则有所龃龉。正如立法参与者所指出的，自然人之间的借款具有亲友关系、互助的特征，而亲友间的互助是带有交换性的。若跳出对待给付来理解无偿，则应当将具体借款合同纳入连续性的交换或给付"关系"中予以理解，个别借款是否附有利息是无关紧要的。[24]

13 此时，最重要的仍然是当事人的意思，即判定当事人具有借款的法效意思。本条所规定的要物性，实际上是以借款的提供作为当事人法效意思的确认，从而将构成法律行为的自然人借款与情谊行为区分开来。换言之，《民法典》第679条之所以规定要物性，是要在作为社会现象的自然人借款中框定民法规范的对象。需要说明的是，此时的自然人借款仍然保留亲友间、小额、无偿或低息的预设特征，本文称之为"民事自然人借款"。

14 作为例外，若自然人之间存在以诺成的方式来订立借款合同的合意，那么基于本文对于《民法典》第679条法性质的判断，也将排除本条的适用。

2. 商事意图的自然人借款的例外

15 然而，有趣的是，立法参与者有关规范目的的判断仅仅是《合同法》立法、乃至更早时期的经验法则的简单重述；[25] 况且，这样的经验法则目前并未得到任何实证数据的支持，很可能只是来自早先的个体感性认知。就当下的情形以及未来的趋势而言，基于友谊的小额借贷并没有显著的意义——人们已经可以在网络平台上轻易实现短期小额借款。在这样的背景下，自然人之间的借款的社会重要性已经大大降低了。

16 出现在实际讼争中的自然人借款则往往并不属于立法参与者所设想的情形，借款主体虽然是自然人，但其借款的用途通常是用于生产经营或其他营利目的，且数额显然超越一般的生活需要；通常附带担保也是此类借款的显著特征。本文

---

〔22〕 参见朱庆育：《民法总论》（第2版），北京大学出版社2016年版，第141—142页。

〔23〕 参见［日］山本敬三：《民法講義Ⅳ—1・契約》，有斐閣2005年版，第330页以下。

〔24〕 参见［日］高橋清德：《関係の無償性と対象の無償性》，载［日］林信夫、佐藤岩夫編：《法の生成と民法の体系：無償行為論・法過程論・民法体系論》，創文社2006年版，第11页。

〔25〕 《民法典》立法参与者对第679条立法政策的解释，在很大程度上是与之前《合同法》立法参与者的"释义"重合的。参见黄薇主编：《中华人民共和国民法典合同编释义》，法律出版社2020年版，第477页；胡康生主编：《中华人民共和国合同法释义》（第3版），法律出版社2013年版，第341页。

称该类型的自然人借款合同为"商事意图的自然人借款"。〔26〕 由此而生的问题在于:商事意图的自然人借款是否仍然是要物合同?

17 此时,若仍然坚持自然人借款合同的要物性,则会在实践层面造成明显的障碍。在贷款人要求借款人为借款提供担保的场合,实践中贷款人通常是在签订借款合同和保证合同后才提供借款的。〔27〕 若借款合同为要物合同,那么提供借款前设定的担保均是无效的,因为作为主合同的借款合同尚未成立。对此,没有迹象表明立法者作出了明确的判断。实务中,有借款人因此主张担保的无效,但法院却对此避而不谈。〔28〕

18 比较法上,规定借款合同要物性的日本民法在颁行的不久之后就出现了上述问题。对此,实务操作采取了做成借贷证书、然后再办理抵押的迂回手段;学说上则普遍认为应当承认诺成的借款合同的有效性。〔29〕

19 近来,区分民事、商事借款合同而分别予以规范的学说渐次出现。〔30〕 虽然由于缺乏明确的商事法律规范,法院不得不将第679条作为处理所有类型的自然人借款的"一般条款",但法院通常并不纠缠于借款合同的要物性,也不会因为担保的提供在借款交付之前就否定担保的效力。可见,裁判实务也或明或暗地在努力消除要物性对市场交易的阻碍。具有商事意图的自然人借款显然与立法参与者的设想不同,解释上可以将其排除在第679条的射程之外。但考虑到当下理论与实务的状况,本文将商事意图的自然人借款作为第679条规定的要物性的"部分例外"(边码39)。

20 至于商事意图的自然人借款的判定,借款的数额应当是最为重要的因素。凡是数额处于日常生活需要范畴内的借款,原则上均应推定为民事自然人借款;超越日常生活需要的,则应推定为商事意图的自然人借款。〔31〕 同时,若自然人借款附有担保,则也应当被推定为商事意图的自然人借款。当然,以上因素是判断自然人借款的缔约目的的外在因素,主观目的才是区分民事与商事意图的自然人借

---

〔26〕 对于"商事意图的自然人借款",除了将其视为自然人借款的子类型(边码8),还可以将其看作是"非典型"的自然人借款,是无名合同的一种;而将《民法典》中规定的、作为典型合同的自然人借款限定为具有互助性质的情形。另外,"商事意图"的用语表现的是借款人的主观动机对行为类型认定的影响。由于动机的多样性,本文没有采取诸如"商事目的"等表达,避免"动机"与"目的"的术语纠缠。

〔27〕 除了订立书面借款及担保合同,借款人往往还被要求提前出具书面收款证明。可参见山东省高级人民法院(2020)鲁民终574号民事判决书。

〔28〕 如黑龙江省大庆市中级人民法院(2017)黑06民初5号民事判决书。

〔29〕 参见[日]渡辺達徳:《要物契約の諾成化》,载《法学セミナー》679号(2011年),第28页。

〔30〕 如王建文:《论我国民间借贷合同法律适用的民商区分》,载《现代法学》2020年第1期,第140—142页。

〔31〕 数额并不是绝对的区分标准,仍然要结合借款人的缔约目的进行综合判断。若自然人借款是为了支付彩礼,即便数额较大,也应当是民事自然人借款。

款的根本依据。[32]

三、民事自然人借款合同的成立要件

21 本条仅规定了贷款人提供借款时借款合同成立,并未明确规定当事人之间须存在借款的合意。但即便是要物合同,从逻辑上说,当事人在实际提供借款之前必然会有借款的合意(在先借款合意)。相对于诺成合同,本条只是增加了“借款的提供”作为特别的成立要件。因此,本条包括当事人的“在先借款合意”以及“借款的提供”两方面的要件;实务中也有如此理解的案例。[33]

22 但根据本条的规定,在民事自然人借款的场合,当事人之间的合意并不会产生借款合同层面的法律效果。而要在借款合同层面发生法律效果,则需要借款人提供借款,因此以下的论述将集中于“借款的提供”这一要件。[34] 而第 679 条所规定的“提供”,则被立法参与者理解为“交付”。[35]

(一)提供的当事人

23 根据在先借款合意以及合同相对性的原理,原则上应当由贷款人向借款人交付借款。但在贷款人委托第三人向借款人提供借款的场合,法院也承认借款合同的成立;其理由在于,借款的提供形式不会实质上影响借贷法律关系的成立。[36] 有法院指出,“实践中也大量存在出借人委托他人或利用他人账户代为转款,履行提供出借款项之义务的情况”。[37]

24 借款的受领人方面,借款人以外,贷款人向在先借款合意约定的第三人托收账号转入借款的,法院认为已经构成借款的提供。[38] 向约定的第三人(借款人的债权人)支付款项的,也会被法院认定构成借款的提供。[39]

---

〔32〕 若借款目的在于从事日常耕作,则为民事自然人借款,可参见黑龙江省龙江县人民法院(2021)黑 0221 民初 2092 号民事判决书。而若借款的目的在于周托班资金周转,即使数额仅为 3000 元,也应构成商事意图的自然人借款,可参见河南省修武县人民法院(2021)豫 0821 民初 838 号民事判决书。

〔33〕 如江苏省盐城市中级人民法院(2020)苏 09 民再 182 号民事裁定书。

〔34〕 在商事意图的自然人借款中也有提供借款这一事实对象,因此本部分有关借款提供的论述也适用于商事意图的自然人借款,所引用的实务案例也兼有两种类型的自然人借款。

〔35〕 参见黄薇主编:《中华人民共和国民法典合同编解读(上册)》,中国法制出版社 2020 年版,第 729 页。

〔36〕 广东省湛江市中级人民法院(2020)粤 08 民终 2059 号民事判决书。

〔37〕 江西省高级人民法院(2016)赣民终 272 号民事判决书。

〔38〕 江西省高级人民法院(2019)赣民终 261 号民事判决书。

〔39〕 江苏省盐城市中级人民法院(2021)苏 09 民终 146 号民事判决书;江苏省常州市中级人民法院(2020)苏 04 民终 4644 号民事判决书。

25 在第三人接受借款人委托向贷款人借款但未披露借款人的案例中，贷款人向第三人提供了借款，第三人将借款转交借款人；第三人主张此时在贷款人与第三人、第三人与借款人之间成立两个独立的借款合同。对此，法院认为因第三人未实际提供借款，借款合同在贷款人与借款人之间成立。[40]

26 在共同借款人之间有合伙关系之时，若贷款人向共同借款人之一提供借款，也会被认为已提供了借款。[41]

（二）现实提供

27 《民间借贷规定》（2020年第二次修正）第9条规定了贷款人提供借款的典型情形，包括现金支付、银行转账或网上电子汇款、票据交付、移交特定资金账户支配权等。

28 在现金交付借款的情形，提供的标的物应当为在先借款合意约定的币种。在约定不明的场合，贷款人向借款人交付了“虚拟货币”；法院认为虚拟货币不具有法定货币属性，从而否定了贷款人已经提供借款的主张。[42]

29 以银行转账、网上电子汇款等形式支付的，司法解释认定的标准为“资金到达借款人账户时”；实务中也有法院采取“汇入”的表达。[43] 最高人民法院在裁判中指出，“款项到达借款人账户”指的是“借款人能够实际控制该账户或者出借人能够证明借款人与收款账户存在相关经济往来”。[44] 在金融机构借款的案例中，法院对于贷款金融机构将借款汇入借款人账户后又划扣的行为，认为借款人没有取得对账户内款项的实际控制，从而认为贷款人并未提供借款。[45]

所谓的“到达”，在民法的语境中通常指的是意思表示进入受领人的控制领域。[46] 由于账户内的资金是没有物理实体的，所以无法实现事实上的控制，需要根据转账或汇款的具体构成来确定“到达”的含义。

无论是通过银行还是第三方支付平台进行转账和汇款，实际上都涉及多方交易关系。通过银行交易的场合，贷款人与汇出行签订汇款合同，再由汇出行与汇入行根据合作协议进行结算，最后由借款人根据其与汇入行的用户协议提出支付请求（汇出行与汇入行可以为同一银行）；第三方支付的情形也是类似的，只是在汇出行与汇入行之间接入了第三方支付平台。关于贷款人与汇出行签订的汇款

〔40〕浙江省高级人民法院（2019）浙民再355号民事判决书。
〔41〕河北省保定市中级人民法院（2020）冀06民终5812号民事判决书。
〔42〕河南省漯河市中级人民法院（2020）豫11民终2674号民事判决书。
〔43〕山东省青岛市中级人民法院（2021）鲁02民终1109号民事裁定书。
〔44〕最高人民法院（2016）最高法民申1756号民事裁定书。
〔45〕江苏省宿迁市中级人民法院（2016）苏13民终2505号民事判决书。
〔46〕朱庆育：《民法总论》（第2版），北京大学出版社2016年版，第204页。

合同是否构成第二人利益合同,学说上存在争议。[47] 但该合同目的在于向借款人支付款项,借款人的账户金额实现正增长并且借款人可以利用账户资金,应属于《民法典》第 522 条规定的第三人利益合同。

基于贷款人与汇出行签订的汇款合同,汇出行的债务内容是通过结算系统向汇入行的特定账户转账。借款人要行使账户权利,须依据其与汇入行的用户协议来提取或转移资金,汇入行并不对借款人承担上述第三人利益合同上的债务。[48] 因此,根据上述第三人利益合同的债务内容,资金被计入借款人在汇入行的账户时,即为"到达"。若借款人与汇入行之间存在特定欠款事由,汇入行划扣其资金或借款人在汇入行的账户权利被限制行使的,并不影响贷款人提供借款的认定。因此,从规范意义上来说,"到达"是指借款人具有行使账户权利的法律上可能性成就时。

另外,需要说明的是,如果是以 ATM 机进行转账或汇款的,则根据《中国人民银行关于加强支付结算管理防范电信网络新型违法犯罪有关事项的通知》(银发〔2016〕261 号)的规定,借款人行使账户权利存在延时 24 小时的可能,即记入账户后 24 小时方为"到达"。但《中国人民银行关于进一步加强支付结算管理防范电信网络新型违法犯罪有关事项的通知》(银发〔2019〕85 号)进一步规定,延时规定不适用于用户选择"实时到账"的情形。

自然人借款的场合,使用票据交付借款的情形并不多见。与转账的情形类 30
似,以票据交付借款的,司法解释中的"自借款人依法取得票据权利时"应被理解为"借款人具有行使票据权利的法律上可能"。在借款人受领贷款人提供的本票后背书给第三人的场合,法院认为贷款人已实际提供借款。[49]

"票据"的范畴不限于《票据法》所规定的范围,以交付具有流通性的无记名债权凭证来提供借款的,也应在当事人之间成立借款合同。[50]

在以特定资金账户支配权来提供借款的情形,法院认为贷款人将银行卡交付 31
借款人并告知密码的,构成借款的提供。[51] 在解释上,此种情形也属于借款人具有行使账户权利的法律上可能性。

---

〔47〕 参见[日]山本敬三:《民法講義 IV—1·契約》,有斐閣 2005 年版,第 72—73 页。

〔48〕 日本判例的立场就是如此。参见[日]加賀山茂:《契約法講義》,日本評論社 2007 年版,第 413 页。

〔49〕 江苏省南京市秦淮区人民法院(2015)秦民初字第 2425 号民事判决书。

〔50〕 实务中有以网络平台购物卡提供借款的,参见河南省焦作市中级人民法院(2020)豫 08 民终 3453 号民事判决书。也有债权人主张以实体购物卡提供借款的例子,参见河南省郑州市中级人民法院(2020)豫 01 民终 16457 号民事判决书。

〔51〕 山东省青岛市中级人民法院(2021)鲁 02 民终 1130 号民事裁定书。

实务中存在以信用卡账户支配权提供借款的例子。[52] 根据中国人民银行制定的《人民币银行结算账户管理办法》等规定,信用卡账户出借本身具有违法性。如果承认其违法性,则交付信用卡并告知密码的场合,借款人是不具有行使账户权利的法律上可能性的。但涉及自然人借款合同的案件中,法院通常对此不作判断。此时,自然人借款对金融秩序的影响较小可以用来说明法院的立场;也可以认为上述有关信用卡的规定属于管制性规定,与民事行为效力无涉。[53]

32 需要指出的是,除以现金方式提供借款外,司法解释所规定的多样提供方式实际上是对自然人借款合同要物性的缓和。在贷款人没有现实地交付标的物(金钱)的场合,也能够认为第679条规定的要物性得到了满足。[54] 但最高人民法院的主要意图仅在于明确自然人借款合同的成立时点,并未意识到与要物性之间的关联。[55]

(三)观念提供

33 借款人的还款义务是以获得借款为前提的,因此原则上无法采取观念提供的方式。但在买受人赊购的场合,若当事人事后合意将货物价款转换为借款,则不需要借款的现实提供。[56] 此类因其他债务转换而来的借款被称为"准借款",仅凭合意就会导致原债务的消灭及借款债务的发生。[57]

在对既存债务进行清理而重新出具借据的情形,虽然形式上当事人重新订立了借款合同,但实际上是对既存债务的确认。[58] 此时,无须考虑是否存在提供借款或观念提供的问题。

34 另外,在贷款人向借款人提供贷款人对第三人的金钱债权以替代现实提供之时,由于此种情形当事人必然存在明确约定,因此须根据当事人合意的内容来确定"贷款人提供借款"的时点。若不存在明确约定,则应比照债权让与的规定,借款人对第三人得以行使权利时(对抗第三人的要件满足时)即为借款提供时。

35 实际上,在以特定资金账户支配权来提供借款的场合,贷款人给付借款人的

〔52〕 如山东省高级人民法院(2020)鲁民再381号民事判决书。

〔53〕 参见闵遂赓:《涉出借银行账户纠纷的法律适用》,载《人民司法·应用》2017年第19期,第87页。

〔54〕 参见[日]中田裕康:《契約法》,有斐閣2017年版,第347—348页。

〔55〕 参见杜万华主编:《最高人民法院民间借贷司法解释理解与适用》,人民法院出版社2015年版,第167—168页。

〔56〕 河南省濮阳市中级人民法院(2020)豫09民终2809号民事判决书。

〔57〕 参见[日]中田裕康:《契約法》,有斐閣2017年版,第352—354页。实务中也存在这样的情形,可参见新疆维吾尔自治区高级人民法院伊犁哈萨克自治州分院(2021)新40民终2314号民事判决书。

〔58〕 江苏省射阳县人民法院(2019)苏0924民初5093号民事判决书。

就是贷款人对第三人(特定金融机构)的债权。例外的是,此时并不需要具备对抗第三人的要件。当下自然人资金账户交易普遍采取“凭密码”方式,借款人持卡并输入正确密码的话,银行向借款人付款构成“向债权准占有人清偿”,[59]无须考虑债权让与的构成。

(四)提供借款的“提供”[60]

贷款人应按照在先借款合意全额提供借款。贷款人交付票面金额与合意数额一致的票据时,若到期即可全额兑付但借款人采取贴现等方式获得“比例”现金时,应认为借款合同的金额为约定全额。[61] 36

贷款人部分提供借款的,不影响最终借款合意的成立。由于借款的提供并非是履行合同约定的金钱给付义务,而是以此来成立借款合同,因此“部分清偿不构成有效清偿”的规则不适用于该场合。根据《民法典》第670条,以实际提供金额为本息计算的根据。 37

此外,借款原则上应现实提供,不得采取口头提供的方式;在先借款合意约定由借款人“往取”借款的情形则为例外。 38

四、商事意图的自然人借款合同的成立要件

若将商事意图的自然人借款的情形纳入《民法典》第679条反对解释的范畴,则商事意图的自然人借款合同的成立直接适用《民法典》第483条即可。但考虑到当下裁判实务普遍以第679条作为所有类型的自然人借款的成立规范,以下的解释将以不脱离裁判状况为前提。由此,提供借款仍然是商事意图的自然人借款的成立要件,只是当事人的在先借款合意会成为借款合同最终合意的第一阶段,而提供借款为最终合意的第二阶段。这样的立场可以被称为“二阶段合意”论,其重心在于对在先借款合意的讨论。 39

(一)在先借款合意的有效性

“在先借款合意”指的是当事人就以贷款人提供借款的方式成立借款合同达 40

---

〔59〕 参见解亘:《冒领存款纠纷背后的法理——王永胜诉中国银行南京河西支行储蓄存款合同纠纷案评析》,载《浙江社会科学》2013年第2期,第85页。

〔60〕 我国民法上没有明确的“清偿的提供”概念,但学说上有类似的表达,可参见王洪亮:《债法总论》,北京大学出版社2016年版,第329页。关于“清偿的提供”,可参见[日]中田裕康:《債権総論》,岩波書店2020年版,第355页以下。

〔61〕 最三判昭39·7·7民集18卷6号1049頁。此时,利息的起算点是另外的问题。如果没有特别约定,应自票据到期日起算。

成的合意。[62] 如果坚持要物合同的法性质,自然人借款中的在先借款合意只是合同的成立要件之一。但是,从逻辑顺序上看,上述两要件是继起的关系,即借款合意在先、借款提供在后。此时的问题就在于在先借款合意与借款提供之间是否存在关联。

41 裁判实务是承认在先借款合意的“预约”性质的,尤其是在金融机构借款的场合。金融机构与借款人订立的《最高额信贷合同》[63]《个人授信协议》[64]《个人授信及担保协议》[65]等会被法院认定为借款的预约。在民间借贷的诉讼中也存在类似的案例。[66]

然而,即使是不自觉地,裁判实务普遍肯定了自然人在先借款合意的法律效力。在某一案件中,最高人民法院认为贷款人提供借款的行为“履行了《借款协议》中约定的出借义务”。[67] 根据当时的《合同法》的规定,基于合意的《借款协议》在贷款人提供借款前并不导致借款合同的生效,所谓“出借义务”的正当性基础只能是合意达成的《借款协议》的有效性。类似的,最高人民法院在近来的裁判中认为自然人借款的贷款人提供借款是“依约”履行的,[68]此时的“约”只可能是当事人在先的借款合意。

(二)在先借款合意的法性质

42 对于以上裁判现象,可能的解释之一就是将当事人在先借款合意认定为自然人借款合同的“预约”。

43 问题在于,预约概念的有用性本身就值得怀疑。学者指出,德国法上预约概念的产生是为了缓和要物合同的要物性。随着德国债法改革对要物合同的诺成化,[69]德国学说与实务上对于预约都存在较大的质疑;德国法院则倾向于通过认定为附条件的行为来规避“预约”。[70] 而预约制度在意大利的确立和发展,一定

---

〔62〕 德国民法曾使用“消费借贷的约束”来指称这样的情形。参见[日]山根聡恵:《ドイツ民法制定時における消費貸借の法的性質をめぐる議論について》,载《熊本法学》148 号(2020 年),第 75 页。

〔63〕 辽宁省大连市中级人民法院(2020)辽 02 民终 5876 号民事判决书。

〔64〕 山西省太原市中级人民法院(2018)晋 01 民终 204 号民事判决书。

〔65〕 山西省太原市中级人民法院(2017))晋 01 民终 984 号民事判决书。

〔66〕 天津市第二中级人民法院(2019)津 02 民终 4156 号民事判决书。

〔67〕 最高人民法院(2017)最高法民申 3322 号民事裁定书。下级法院也有同样的表达,如河南省郑州市中级人民法院(2020)豫 01 民终 17067 号民事判决书。

〔68〕 最高人民法院(2020)最高法民申 4338 号民事裁定书。

〔69〕 参见[德]迪特尔·梅迪库斯:《德国债法分论》,杜景林、卢谌译,法律出版社 2007 年版,第 228 页。

〔70〕 参见林洹民:《预约学说之解构与重构——兼评〈民法典〉第 495 条》,载《北方法学》2020 年第 4 期,第 23 页。

程度上是为了弥补缔约过失责任的不足,以及缓和合意物权变动的效果。[71] 中国民法并无上述语境,预约的制度价值需要重新考虑。

我国《民法典》第495条规定的预约并不当然包含直接请求履行本约的效力,[72]代表性的学说也认为违反预约合同的违约责任应当根据案件具体情况予以认定。[73] 一旦预约与本约之间的关联被割裂或稀释,预约制度的必要性就大大减损了。而若预约能产生履行本约的请求权,则贷款人根据预约承担成立本约的义务,即承担"提供借款"的义务——自然人借款合同的要物性就此荡然无存。 44

学者正确地指出,预约的标的在于另一合同的订立而并非直接的财产流转。[74] 根据合同拘束力理论,只要考虑预约合同所约定的债务的拘束范围和强度就足够了,没有必要考虑后一合同的债务内容。因此,在本文的立场上,预约概念是描述性的,是为说明和理解上便利而采用的便宜说法。 45

如果"借款合同的预约"的解释不成立,另一种可能的解释就是直接承认借款合意的效力,而将贷款人提供借款解释为成立或生效所附的停止条件。这样也能说明司法裁判对于在先借款合同效力的认可。但是,正如学者所指出的,若将标的物交付作为停止条件,这对于需要提供借款的贷款人来说构成了"纯粹随意条件"。[75] 而纯粹随意条件的成就完全取决于一方当事人的主观意愿,在合同的成立方面是没有意义的。[76] 因此,将借款的提供视为停止条件的观点也无法成立。 46

基于在先借款合意与借款提供的继起关系,可以将在先借款合意视为最终借款合同的中间合意。任何一个合同的缔结,总是要经过开始缔约接触到最终形成合意的过程,时间和空间跨度会使谈判内容的复杂程度发生变化。[77] 由此,合意的最终形成是渐进的、逐步成熟的过程。学者认为,谈判阶段的合意应分为"应进行交涉的合意"与"包含未决定条款的合意";前者达成的场合,当事人承担应诚实交涉的义务。[78] 从在先借款合意到最终借款合意,仅需贷款人提供借款,即贷款人应促成最终合意的达成。因此,作为中间合意的在先借款合意应界定为具有独立意味的"应进行交涉的合意"。 47

---

〔71〕 参见陆青:《〈买卖合同司法解释〉第2条评析》,载《法学家》2013年第3期,第120—121页。

〔72〕 参见黄薇主编:《中华人民共和国民法典合同编释义》,法律出版社2020年版,第80—81页。

〔73〕 王利明:《民法典合同编通则中的重大疑难问题研究》,载《云南社会科学》2020年第1期,第81页。

〔74〕 参见陆青:《〈买卖合同司法解释〉第2条评析》,载《法学家》2013年第3期,第115页。

〔75〕 参见[日]森田宏樹:《債権法改正を深める》,有斐閣2013年版,第213—214页。

〔76〕 参见朱庆育:《民法总论》(第2版),北京大学出版社2016年版,第129—130页。

〔77〕 参见[日]内田貴:《契約の時代》,岩波書店2001年版,第90—91页。

〔78〕 参见[日]潮見佳男:《不法行為法Ⅰ》,信山社2009年版,第121页。

(三)在先借款合意的法效果:贷款义务

48 立法参与者认为,只要不存在借款的提供,即使当事人订立了借款合同,借款人也无权请求贷款人履行或承担不提供借款的违约责任。[79] 很显然,上述表达中的"借款合同"指的是在先借款合意。但这样的观点并不能说明司法裁判的普遍状况。

49 而根据前文的论述,无论采取以上何种解释立场,只要承认在先借款合意的有效性,则贷款人就须根据在先合意承担提供借款的义务("贷款义务")——自然人借款合同的要物性就需要另外的理解了(边码 64、65)。

50 若在先借款合意已成立,借款人应有权请求贷款人提供借款。若贷款人未实际提供借款,那么借款人基于在先借款合意就可以请求其承担在先借款合意层面的违约责任。只要承认在先借款合意的独立性,原则上《民法典》合同编通则所规定的违约责任形式此时均可适用。

51 有观点认为,在有偿的自然人借款场合,若贷款人"违背诚实信用原则故意不提供借款"的,应承担缔约过失责任。[80] 贷款人不提供借款而导致最终贷款合意无法成立的情形属于《民法典》第 500 条所处理的事实对象,并不在本条的射程之内。而且,无偿的自然人借款中出现上述情形的话,仍然有缔约过失责任的适用可能,《民法典》第 500 条被规定于合同编总则部分,应一体适用于所有合同。[81]

需要说明的是,在判断缔约过失责任的场合,有偿、无偿的区分并非毫无意义。对信赖的保护被认为是诚信原则的必然体现,[82] 而有偿或无偿可以被当作认定信赖是否合理以及合理性程度的因素之一。

52 若承认在先借款合意的独立意味,为了担保最终借款合意的成立,当事人可以就贷款人提供借款的债务设定担保。

53 若提供借款是贷款人的义务,那么借款人就有请求贷款人提供借款的权利。此时,就会产生借款人能否将该权利让与第三人,以及贷款人能否将该义务转由第三人承担的问题。

借款法律关系中,借款人的资力和信用状况对于贷款人能否最终回收借款是

---

〔79〕 参见黄薇主编:《中华人民共和国民法典合同编解读(上册)》,中国法制出版社 2020 年版,第 729 页。

〔80〕 参见谢鸿飞、朱广新主编:《民法典评注 · 合同编 · 典型合同与准合同(1)》,中国法制出版社 2020 年版,第 463 页(胡旭东执笔)。

〔81〕 由于与诚实信用原则的关联,缔约过失责任被认为具有广泛的射程,"对各种违背诚实信用原则的缔约过失行为其皆有适用之余地"。孙维飞:《〈合同法〉第 42 条(缔约过失责任)评注》,载《法学家》2018 年第 1 期,第 180 页,段码 3。

〔82〕 陈丽苹、黄川:《论先契约义务》,载《中国法学》1997 年第 4 期,第 44 页。

极为重要的。正如前述,虽然在先借款合意具有独立的意味,但其只是整个借款合同的阶段性合意,其产生的合同上权利应当被置于整体借款法律关系中予以观察。虽然是交付金钱的义务,但提供借款是作为订立典型意义上的自然人借款合同的必要条件,其目的不在于金钱价值的移转,而是合同的订立,因此并不属于第545条第2款所规定的"金钱债务"。考虑请求贷款人提供借款的债权与特定当事人的关联,应认定其为不可让与的债权。

对此,日本法上的多数说及判例都认为,消费借贷中的请求交付标的物的权利是不得单独让与的;少数说虽然认为可以单独让与,但消费借贷仍然在贷款人和原借款人之间成立。[83]

以否定让与可能性为前提,借款人请求贷款人提供借款的权利也无法出质。

54 通常情况下,债务承担需要取得债权人的承诺。但是,在贷款义务的场合,谁提供贷款实际上对借款人来说并不重要,因此原则上以上债务的承担不需要借款人的同意。此时也存在较为折中的解释可能,就是在未取得借款人承诺时,贷款人将贷款义务交由第三人承担并履行的,仍然在原贷款人与借款人之间成立借款合同。

自然人借款合同的当事人被认为往往存在一定的基础关系,由此会产生一定的信赖关系。即便此种信赖无法达到被法律所承认的强度,但至少也应被当作社会现象而给予一定的尊重。基于这样的考虑,在没有特别约定的情况下,未取得借款人承诺而发生债务承担的,应被解释为"履行承担",[84]并不改变借款合意的当事人。

55 因此,在有在先借款合意或者当事人采诺成借款合同的场合,贷款义务及相应的借款人权利的移转规则与通常的债权让与、债务承担是逆向的。这是借款合同颇具趣味的地方。

五、合同成立:还款义务的要物性

56 正如前述,将自然人借款合同认定为要物合同的正当性已受到极大的质疑;以上"二阶段合意"的解释构造也一定程度上消解了自然人借款合同的要物性。但《民法典》的规定与立法者的意图是非常明确的,代表性的观点也支持要物合同的立场,解释论层面无法对此视而不见。另外,迄今为止的批判观点主要是基于要物合同的概念仅具有"历史正当性"的,如果能在"现实正当性"层面对自然人

〔83〕 参见[日]幾代通、広中俊雄编集:《新版注釈民法(15)債権(6)》,有斐閣1996年版,第36页。
〔84〕 参见[日]中田裕康:《債権総論》,岩波書店2020年版,第718—719页。

借款合同的要物性作出说明,解释论就不会过分偏离法规的文义。

(一)借款合同的“成立”

57 第679条规定的法效果是“借款合同成立”。所谓合同的成立,正如学者所指出的,是一个事实判断的问题,于此相关的生效则是价值判断。[85] 有观点认为,区分法律行为的成立与生效是正当的,兼顾了意思主义与表示主义,同时突破了《民法通则》对民事法律行为“合法性”的限定。[86] 否定区分的观点则认为,成立与生效的区分只有在附条件和期限合同等成立与生效分离的场合才有意义。[87]

58 第679条区分了合同的成立与生效,但根据《民法典》第136条的规定,法律行为的成立与生效原则上是对同一事实的不同叙述,时空上缺乏分割的界限,因此否定区分的立场值得赞同。当事人之间存在合意,合同即告成立,若当事人对效力发生有特别的约定,从其约定即可。说到底,这还是一个意思表示解释的问题。

59 近来有观点则认为,应当区分“成立、生效、效果”,重视法律效果层面的具体变动。[88] 抽象地谈合同成立或生效并没有实际的意义,应当在权利义务变动的层面考虑具体的效果。因此,本条所规定的“借款合同成立”,在当事人没有特约的情况下,在解释论上应理解为当事人合同上义务的发生。

对于要物的自然人借款合同来说,由于贷款人提供借款是最终借款合意的成立要件,提供了借款的贷款人并不承担合同上义务。因此,自然人借款合同上的义务仅指向借款人还款义务,借款合同成立即意味着还款义务的发生。

60 而就裁判实务来说,“成立”或“生效”的理论区分在法院判决中并没有受到重视。在《合同法》有效的时期,就有法院将“贷款人提供借款”认定为自然人借款合同的“成立要件”,而非《合同法》第210所规定的“生效要件”。[89] 也有法院自觉或不自觉地将“自然人之间的借款合同,自贷款人提供借款时成立”作为说理的“序章”。[90] 还有法院把贷款人提供借款理解为自然人借款合同的成立及生效

〔85〕 章正璋:《对我国现行立法合同成立与生效范式的反思》,载《学术界》2013年第1期,第140页。

〔86〕 参见尹飞:《合同成立与生效区分的再探讨》,载《法学家》2003年第3期,第124页。

〔87〕 参见姜战军:《合同的成立与效力若干问题研究》,载《郑州大学学报(社会科学版)》2000年第6期,第79页。

〔88〕 参见王琦:《作为民法释义学独立范畴的法律行为效果——基于对法律行为的成立、生效、效果发生之区分的阐释》,载《人大法律评论》编辑委员会组编:《人大法律评论》2020年第1辑,法律出版社2020年版,第151—155页。

〔89〕 广东省云浮市中级人民法院(2015)云中法民二终字第246号民事判决书。

〔90〕 如云南省丽江市中级人民法院(2020)云07民终758号民事判决书;浙江省台州市中级人民法院(2020)浙10民终2610号民事判决书。

要件。[91] 甚至有法院在引用《合同法》第 210 条时,直接把其中的"生效"改为"成立"。[92] 实际上,最高人民法院也并未明确区分成立与生效,而是认为合意加上借款交付的事实就能导致借款合同的"成立及生效"。[93] 在《民法典》生效之后,仍然有法院认定借款合同因"贷款人提供借款"而"合法有效"(即为生效要件)。[94]

(二)还款义务的要物性

若第 679 条规定的"成立"指向借款人还款义务的发生,那么维持要物性的立法意图如何体现?对于要物性的历史合理性,学说和比较法上的批判已经非常充分。但是,在中国法的语境中,是否存在历史因素以外的合理性,仍然是需要说明的问题。 61

对于以上问题,就要物性同样抱有质疑的日本法可资参考。日本通说认为,消费借贷的要物性体现为返还义务的发生以标的物的交付为前提。若没有标的物交付就承认返还义务的发生,是违反常识的认定。[95] 此时,并非消费借贷的合同成立或生效具有要物性,而是返还义务的发生是要物的。 62

学者指出,之所以返还义务具有要物性,是基于消费借贷不同于使用借贷或租赁的特定性质。后者的场合,出借标的物的当事人并不会丧失处分权,而消费借贷的贷与人则会因交付而丧失标的物的处分权。作为替代,贷与人此时就能取得对借用人的返还请求权,这是在实质上妥当的思考路径。[96] 63

以上的观点并非是在成立与生效的层面来讨论自然人借款合同的要物性,而是在法效果层面来考虑要物性在民法语境的具体意味。所谓的要物合同,在现代法的语境中,也可以理解为以法定交付方式来表明合意成立的合同。这样的理解一定程度上可以摆脱"要物性是历史残留"的指摘,但却会在实际上否定要物性规定的必要:不如率直地规定为要式行为。可见,无法仅仅抽象地在成立或生效层面讨论自然人借款合同的要物性。 64

而从合同具体内容上来看,学者指出,消费借贷应作为"以物的返还为目的的

---

〔91〕 重庆市高级人民法院(2019)渝民再 257 号民事判决书。

〔92〕 这样的状况并不罕见,有的合议庭也有不止一次的错误表述。如陕西省咸阳市中级人民法院(2020)陕 04 民终 1333 号民事判决书;湖北省恩施土家族苗族自治州中级人民法院(2017)鄂 28 民终 1660 号民事判决书;湖北省恩施土家族苗族自治州中级人民法院(2017)鄂 28 民终 1320 号民事判决书。

〔93〕 如最高人民法院(2017)最高法民申 3322 号民事裁定书;最高人民法院(2016)最高法民申 369 号民事裁定书。

〔94〕 广东省吴川市人民法院(2020)粤 0883 民初 2834 号民事判决书。

〔95〕 参见[日]森田宏樹:《債権法改正を深める》,有斐閣 2013 年版,第 207 页。

〔96〕 参见[日]森田宏樹:《債権法改正を深める》,有斐閣 2013 年版,第 209 页。

契约类型”进行整体的把握,返还义务是该契约的本质要素,返还义务不发生的话,也就没有必要承认契约的成立。[97] 解释论上,可以将自然人借款中的借款人义务强度认定为受领借款后履行还款义务,这可以通过将缔约目的纳入债务内容的补充解释予以实现。就此而言,第679条立法意图中的要物性还体现为还款义务的要物性。

65 需要进一步说明的是,将要物性与还款义务发生相关联的观点,很大程度上是以消费借贷合同为预设对象的。我国民法中并没有作为有名合同的消费借贷,而仅仅规定了其中的借款。由于金钱的强制流通性,消费借贷中的“返还原物”的交易目的在借款合同中并不显著;基于借款合同而返还的并非原物,而是与原物在流通上没有差异的等价物。因此,将第679条的要物性归结到还款义务的发生,一方面是在不过分背离文义的前提下,对规范作出尽量合理的解释;另一方面则意在将关于借款合同的规定作为有关消费借贷的一般法,准用于借用等无名合同。

六、诺成的自然人借款合同

66 按照本文的立场,要物的自然人借款是第679条意义上的典型合同,而贷款人与借款人可以合意采取诺成的方式来订立非典型的自然人借款合同。[98] 合意达成后,贷款人即负有提供借款的义务,而借款人则承担还款的义务。但由于借款人使用借款的对价并非还款,而是支付利息,因此上述两义务之间不存在对价上的牵连关系。[99]

67 当事人是否具有以诺成方式来订立借款合同的意思,则是意思表示解释的问题。较为便利的做法是,根据《民法典》第668条的规定,未采取书面方式的自然人借款可推定为要物合同,而采取书面形式的自然人借款合同则有解释为诺成合同的可能。[100] 日本债法修订后,现行法就是将书面的借款规定为诺成合同的。

68 另外,以上解释论层面的推定是可以通过对当事人意思的认定来反证的。合同法所规定的签字、盖章等都应原则上理解为任意性规定,而不是强制性规定,都

---

〔97〕 参见[日]森田宏樹:《債権法改正を深める》,有斐閣2013年版,第210页。

〔98〕 类似的观点可参见张谷:《借款合同:诺成契约还是要物契约?》,载龙翼飞主编:《民商法理论与实践——祝贺赵中孚教授从教五十五周年文集》,中国法制出版社2006年版,第226页。

〔99〕 参见[日]中田裕康:《契約法》,有斐閣2017年版,第346页。

〔100〕 对于借款合同,学说上有重视要式性而非要物性的观点。参见张金海:《论要物合同的废止与改造》,载《中外法学》2014年第4期,第1020页。

是辅助法院来认定合意是否存在的。对于形式要件,原则上也应如此理解,[101]除非有涉及公序良俗的政策目的。根据《民法典》第 490 条第 2 款,履行行为可以补正书面形式方面的瑕疵,可见有关形式要件的规定并非绝对的强制性规范,应被视为合同解释的依据之一。

(一)贷款人的义务与解除权

1. “贷款义务”的法性质

此时,“贷款义务”不再是最终借款合同的成立要件,其法性质为对诺成借款合同的“履行”,从而为纯粹的金钱给付债务。《民法典》第 545 条第 2 款规定赋予金钱债权强制流通性,不受当事人禁止让与特约的限制,其理由在于金钱债权让与对债务人所造成的影响较小。[102] 诺成的自然人借款合同场合,贷款义务作为借款人的金钱债权,其让与不影响借款人的还款义务,因此得适用第 545 条第 2 款。[103] 69

2. 贷款人的有限解除权

在立法论层面,有观点认为,在诺成的无偿借款场合课以贷款人提供借款的义务是不恰当的,应参照赠与规范的趣旨,赋予无偿借款的贷款人在履行提供借款义务之前的解除权。这样的观点立足于日本民法关于赠与合同形式的区分,主张已作成书面形式的无偿借款排除上述解除权的适用,因为书面形式已经表明了贷款人的自觉。[104] 还有学者指出,同样为无偿的合同,自然人借款合同的要物性与赠与合同的诺成性在体系上是矛盾的,立法论上有规定贷款人任意撤销权的必要。[105] 70

逻辑上看,无息借款当然不会被认为属于典型合同意义上的赠与,因为其缺乏受赠人财产增加、赠与人财产减少的实质要素。[106] 但当事人的缔约目的在于 71

---

[101] 将相关签字、盖章理解为强制性规定的观点,可参见朱广新:《书面形式与合同的成立》,载《法学研究》2019 年第 2 期,第 69—70 页。

[102] 参见黄薇主编:《中华人民共和国民法典合同编解读(上册)》,中国法制出版社 2020 年版,第 288 页。

[103] 金融机构借款的场合,根据《民法典》第 673 条,借款人不按照“约定用途”使用借款的,会丧失期限利益。若金融机构借款的约定用途不包括“转贷”,则此时应排除第 545 条第 2 款的适用。

[104] 参见《日本法务省法制審議会民法(債権関係)部会资料》44,第 31 页,载日本法务省网站,https://www.moj.go.jp/content/000100818.pdf,最后访问时间:2021 年 10 月 8 日。

[105] 参见张谷:《借款合同:诺成契约还是要物契约?》,载龙翼飞主编:《民商法理论与实践——祝贺赵中孚教授从教五十五周年文集》,中国法制出版社 2006 年版,第 226 页。

[106] 参见[法]Grimaldi, Michel:《恵与と契約 : 一般法に対する例外》,平野裕之译,载《慶應法学》39 号(2018 年),第 60—62 页。

使得受领人无偿获得特定期间内的资金使用利益之时，贷款人可以通过提供无偿或利息显著过低的借款来实现上述目的。此时，最重要的是赠与意思的判断。

所谓“赠与意思”，应大致理解为“具有使他人受利益的目的”。[107] 一旦具有该意思，无息或显著低息的借款合同就具有了赠与合同的性质（“准赠与”），就有可能准用赠与人的任意解除权。[108] 当然，这不是因为借款的无偿性，而是因为此时的借款属于现实类型的赠与合同。[109]

72 另一个有关问题在于，贷款人能否主张类似于赠与人的穷困抗辩（《民法典》第666条）来拒绝履行提供借款的义务。借款合同具有准赠与性质的场合，《民法典》第666条自然有适用的可能。

73 另外，《日本民法》第587条之2第3项规定，借款人受领之前当事人一方进入破产程序的，诺成借款合同即失去效力。从保护贷款人的规范目的来看，我国法上的自然人借款也应作类似的解释。借款人丧失资力会导致贷款债权无法回收，[110] 否定借款合意的效力会避免纷争的产生；但贷款人愿意提供借款以帮助借款人的，不在此限。而在贷款人方面，借款合同的债务显然无法到达“贷款人丧失资力仍要提供借款”的强度，此种情形并不在借款合同的拘束力范围之内。

（二）借款人的义务

1. **“借款义务”**

74 如果承认借款合意的诺成效力，则会对当事人产生拘束力，原则上不得任意解除合意。[111] 由此，借款人就需要承担维持借款人地位的义务，本文称之为“借款义务”。

75 学说上，肯定借款义务的观点认为，在附利息的借款场合，若借款人未受领借款，也应在清偿期到来时给付约定利息；否定说则认为，既然借款人可以在清偿期到来前任意清偿而不需要承担之后的利息，那么在受领借款前当然也可以停止借款。需要说明的是，无论是肯定说还是否定说，都是基于肯定诺成借款合意的效

---

〔107〕 参见［德］克里斯蒂安·冯·巴尔、［英］埃里克·克莱夫主编：《欧洲私法的原则、定义与示范规则：欧洲示范民法典草案（全译本）：第4卷》，于庆生等译，法律出版社2014年版，第1344页。

〔108〕 赠与人的任意“撤销”实为任意“解除”；《日本民法》2017年修正案就将赠与人的“撤回”改为了“解除”。撤销针对的是单个意思表示，而合意达成的合同则为解除的对象。对此，可参见江朝国：《保险法基础理论》，台湾地区瑞兴图书股份有限公司2009年版，第286页。

〔109〕 关于合同的“现实类型”，参见［日］石川博康：《典型契約と契約内容の確定》，载［日］内田貴、大村敦志編：《民法の争点》，有斐閣2007年版，第238页。

〔110〕 目前我国法上并没有体系性的“个人破产”制度，深圳等地已经开始局部的探索，但“丧失资力”的情形不限于个人破产，可结合具体情形予以判断。

〔111〕 参见韩世远：《合同法总论》（第4版），法律出版社2018年版，第105页。

力的。[112]

从法性质上看,肯定说所理解的借款义务指的是借款人"受领借款"的义务,而否定说所理解的借款义务更多的指向合同的拘束力。在本文的立场上,诺成的自然人借款的借款人还款义务自合意达成时就发生了,受领会被维持借款人地位的合同义务所吸收,因此本文对借款义务的理解与否定说相同。 76

实际上,无论肯定说还是否定说,在法律效果层面是接近的。否定说也认为,即使借款人在受领借款前有任意解除的权利,仍然需要承担损害赔偿责任,[113]只是并非当然以约定的利息等为赔偿对象。[114] 77

按照《民间借贷规定》(2020 年第二次修正)第 30 条的规定,在没有特约的情况下,自然人借款中的提前清偿是构成有效清偿的。这就意味着,当借款人资金需求已满足而无须维持借款人的合同地位时,借款人有权解除借款合同。由于借款合同有继续性合同的特征,若将合意的效力视为连续的过程,上述司法解释规定的就是合意后的借款人任意解除权,也应适用于借款人尚未受领借款的场合。 78

问题在于,若贷款人为提供借款而产生资金调配方面的成本,借款人任意解除借款合同可能会造成贷款人的损失。对此,《日本民法》第 587 条之 2 第 2 项后段规定了借款人的损害赔偿责任。对此,学者指出,该损害赔偿责任并非债务不履行的损害赔偿,而是基于合同解除的损害赔偿。[115] 79

诺成借款合意达成后,借款人的合同上义务为返还借款,违反借款义务逻辑上并不会产生违约责任。因此,上述对于损害赔偿法性质的观点值得赞同,此时应有《民法典》第 566 条的适用。[116]

另外,需要指出的是,借款义务的存在与否是诺成的自然人借款与在先借款合意的重要差异。后者的场合,在先借款合意并不直接生成借款合同,因此借款人并不承担借款义务;而当事人采取诺成方式时,合意会导致当事人合同上权利义务的发生,借款人也将承担借款义务。[117] 80

---

〔112〕 参见[日]森田宏樹:《債権法改正を深める》,有斐閣 2013 年版,241 页。

〔113〕 参见[日]商事法務编:《民法(債権関係)の改正に関する中間試案の補足説明》,商事法務 2014 年版,第 348 页。

〔114〕 参见[日]大村敦志、道垣内弘人编:《解説民法(債権法)改正のポイント》,有斐閣 2017 年版,第 461 页。

〔115〕 参见[日]中田裕康:《契約法》,有斐閣 2017 年版,第 352 页。

〔116〕 需要进一步说明的是,第 566 条第 1 款后段规定的损害赔偿请求权应不限于"已经履行"的场合。"尚未履行"的情形中,若相对人因解除而遭受损失,应有权请求解除合同的当事人一方承担损害赔偿责任。

〔117〕 参见[日]森田宏樹:《債権法改正を深める》,有斐閣 2013 年版,第 251—252 页。

2. 还款义务的发生时点

81 本文的立场上,作为典型合同的自然人借款的要物性扩张至还款义务的要物性。而在诺成自然人借款的场合,要物性已经被当事人的合意所否定,因此借款人的还款义务应当自合意达成时即发生。

82 有观点认为,诺成的消费借贷中的借用人的返还义务发生于标的物交付时。学者指出,上述观点的前提是将消费借贷作为"以物的返还债务的发生为目的"的契约类型。[118] 但是,自然人借款是较为典型的"债务人发起型"合同,[119] 起点是借款人的主观需求。就此而言,自然人借款合同也具有获得特定数量资金的利用的目的。这样的话,标的物交付是为了促进使用利益的获得,与返还并不处于同一逻辑层次。

83 因此,诺成的自然人借款场合,贷款人提供贷款的义务与借款人返还借款的义务都自合意时发生。对于贷款人尚未履行提供借款的义务就请求借款人返还借款的情形,学说上认为可以将借款人的返还债务视为附停止条件,贷款人交付借款时停止条件成就。对此,批判的观点认为,若在法律构造上认为返还债务附停止条件,则与承认返还义务发生于借款交付时无异。[120]

实际上,针对贷款人的履行请求,借款人可以就贷款人未提供借款主张同时履行抗辩权。同时履行抗辩是以合同债务的牵连性为前提的,但在非对待给付及非双务合同的场合也存在同时履行抗辩的适用。[121] 同时履行抗辩是维持当事人之间利益公平的机制,[122] 若贷款人可以在未提供借款时就获得款项的返还,这显然是违反公平观念的,而准用《民法典》第525条规定的同时履行抗辩就可以避免不公平的结果。

84 当然,如果认为诺成的自然人借款中的借款人还款义务发生于受领借款时,则可以避免上述问题的发生。但是,诺成的合意已经否定了要物性,此时的法解释无法基于要物的构造而展开。

---

〔118〕 参见[日]森田宏樹:《債権法改正を深める》,有斐閣2013年版,第210页。

〔119〕 参见[日]鎌野邦樹:《金銭消費貸借—法的性格を中心に",载[日]安永正昭·鎌田薫·能見善久監修:《債権法改正と民法学Ⅲ·契約(2)》,商事法務2018年版,第223页。

〔120〕 参见[日]森田宏樹:《債権法改正を深める》,有斐閣2013年版,第208页。

〔121〕 参见崔建远:《履行抗辩权探微》,载《法学研究》2007年第3期,第50—52页。但在同时履行抗辩权扩张的边界方面,学说上存在一定的分歧。对此,可参见王洪亮:《〈合同法〉第66条(同时履行抗辩权)评注》,载《法学家》2017年第2期,第166页,段码13。

〔122〕 参见[日]潮見佳男:《新債権総論Ⅰ》,信山社2017年版,第301页。

七、证明责任

由于实务立场并没有直接承认诺成的自然人借款合同,因此贷款人基于合同请求借款人返还本金或清偿本息的场合,贷款人须首先就“借贷事实”进行证明。 85

(一)贷款人的举证

对此,《民间借贷规定》(2020年第二次修正)第16条第2款规定了法院审查的要素,包括“借贷金额、款项交付、当事人的经济能力、当地或者当事人之间的交易方式、交易习惯、当事人财产变动情况以及证人证言等”。 86

除了以上因素,对于借款是否真实存在,“双方当事人的年龄和文化程度”也会被法院纳入考量的范围。[123] 86a

同一当事人在另案中被认定存在现金借款的情形,法院据此认为贷款人具有相似金额的出借能力,从而认定借款关系成立。[124] 若贷款人的资力明显不足,法院会因此认定借款事实未发生。[125] 87

若当事人存在转账的交易习惯,但贷款人就某笔借款主张采取了大额现金交付的方式,法院会倾向于认定借款事实未发生。[126] 88

当事人之间若存在合伙等基础关系,法院会对期间产生的转账等金钱往来进行较为严格的审查。若贷款人无法证明特定借款独立于经营活动,则会承担举证不能的法律后果。[127] 当事人之间的情侣等情感关系也会影响法院对交易习惯的判断。[128] 在是否存在借款关系的问题上,若公司股东作出不利于公司的证言,法院会认为该证言的“可信度较高”。[129] 89

《借款协议》与银行转账凭证的相互印证是证据链形成的重要因素。[130] 而当事人一方个人的资金往来记录无法作为有效的证据。[131] 90

---

[123] 北京市高级人民法院(2021)京民申6583号民事裁定书。

[124] 陕西省渭南市中级人民法院(2020)陕05民终2338号民事判决书。

[125] 福建省厦门市中级人民法院(2018)闽02民终6054号民事判决书。

[126] 最高人民法院(2019)最高法民申1227号民事裁定书。

[127] 新疆维吾尔自治区高级人民法院(2020)新民申2315号民事裁定书。

[128] 湖南省郴州市中级人民法院(2020)湘10民终3005号民事判决书。

[129] 西藏自治区高级人民法院(2022)藏民申78号民事裁定书。

[130] 福建省厦门市中级人民法院(2020)闽02民终3817号民事判决书。

[131] 最高人民法院(2020)最高法民申2280号民事裁定书。

(二)无书面借款合同的特别规定

91 对于缺乏借据等书面证据的情形,《民间借贷规定》(2020年第二次修正)第17条规定,贷款人可依据金融机构的转账凭证提起诉讼,借款人可反证转账系基于其他法律关系。基于反对解释,法院重视的是借款的实际交付,存在款项提供的事实会被推定存在借款关系。

92 无借据的场合,转账记录就会成为最重要的证据之一。若当事人之间存在多笔转账记录,部分有对应的书面借据,部分则没有,法院倾向于认定上述转账均为借款。[132] 可见,交易历史对法院认定借款事实有积极的作用。而若转款凭证附言上载明借款,借款人无法提供反对证据的,法院会认定存在借款事实。[133]

93 对于贷款人主张的金额超过千万的借款,法院认为如此金额的借款却没有书面借据等"不符合双方交易习惯以及生活常理",因此否定存在借款提供的事实。[134]

附:案例索引

1. 北京市高级人民法院(2021)京民申6583号民事裁定书:赵某莲与高某良等民间借贷纠纷案【边码86a】

2. 重庆市高级人民法院(2019)渝民再257号民事判决书:何某均与高某波民间借贷纠纷案【边码60】

3. 福建省厦门市中级人民法院(2018)闽02民终6054号民事判决书:王某众与陈某莲等民间借贷纠纷案【边码87】

4. 福建省厦门市中级人民法院(2020)闽02民终3817号民事判决书:厦门富特佳投资管理合伙企业(有限合伙)等与上海中卉生态科技股份有限公司等民间借贷纠纷案【边码90】

5. 广东省吴川市人民法院(2020)粤0883民初2834号民事判决书:郭某与吴某保民间借贷纠纷案【边码60】

6. 广东省云浮市中级人民法院(2015)云中法民二终字第246号民事判决书:唐某怡与张某辉民间借贷纠纷案【边码60】

7. 广东省湛江市中级人民法院(2020)粤08民终2059号民事判决书:钱某海与梁某清等民间借贷纠纷案【边码23】

8. 河北省保定市中级人民法院(2020)冀06民终5812号民事判决书:张某辉等与惠永革等民间借贷纠纷案【边码26】

9. 河南省焦作市中级人民法院(2020)豫08民终3453号民事判决书:张某磊等与崔某盼民间借贷纠纷案【边码30】

---

[132] 最高人民法院(2020)最高法民申4762号民事裁定书。

[133] 黑龙江省牡丹江市中级人民法院(2020)黑10民终1116号民事判决书。

[134] 最高人民法院(2020)最高法民申3475号民事裁定书。

10. 河南省漯河市中级人民法院(2020)豫 11 民终 2674 号民事判决书:朱某与任某社民间借贷纠纷案【边码 28】

11. 河南省濮阳市中级人民法院(2020)豫 09 民终 2809 号民事判决书:刘某功与申某霞买卖合同纠纷案【边码 33】

12. 河南省修武县人民法院(2021)豫 0821 民初 838 号民事判决书:李某华与王某艳民间借贷纠纷案【边码 20】

13. 河南省郑州市中级人民法院(2020)豫 01 民终 16457 号民事判决书:刘某中等与郑州兴盛房地产开发有限公司民间借贷纠纷案【边码 30】

14. 河南省郑州市中级人民法院(2020)豫 01 民终 17067 号民事判决书:汪某定与江某民间借贷纠纷案【边码 41】

15. 黑龙江省大庆市中级人民法院(2017)黑 06 民初 5 号民事判决书:中国建设银行股份有限公司大庆分行与大庆市吉中大化工产品经销有限公司等借款合同纠纷案【边码 17】

16. 黑龙江省龙江县人民法院(2021)黑 0221 民初 2092 号民事判决书:冷某喜与吴某财民间借贷纠纷案【边码 20】

17. 黑龙江省牡丹江市中级人民法院(2020)黑 10 民终 1116 号民事判决书:海林市亿龙水上风情园等与叶某民间借贷纠纷案【边码 92】

18. 湖北省恩施土家族苗族自治州中级人民法院(2017)鄂 28 民终 1320 号民事判决书:姚某与邵某轩民间借贷纠纷案【边码 60】

19. 湖北省恩施土家族苗族自治州中级人民法院(2017)鄂 28 民终 1660 号民事判决书:谭某友与孙某平民间借贷纠纷案【边码 60】

20. 湖南省郴州市中级人民法院(2020)湘 10 民终 3005 号民事判决书:刘某俊与李某红民间借贷纠纷案【边码 89】

21. 江苏省常州市中级人民法院(2020)苏 04 民终 4644 号民事判决书:陈某与周某民间借贷纠纷案【边码 24】

22. 江苏省南京市秦淮区人民法院(2015)秦民初字第 2425 号民事判决书:杨某福与杨某荣等民间借贷纠纷案【边码 30】

23. 江苏省射阳县人民法院(2019)苏 0924 民初 5093 号民事判决书:杨某丽与茆某峰民间借贷纠纷案【边码 33】

24. 江苏省宿迁市中级人民法院(2016)苏 13 民终 2505 号民事判决书:闻某涛与江苏民丰农村商业银行股份有限公司等金融借款合同纠纷案【边码 29】

25. 江苏省盐城市中级人民法院(2020)苏 09 民再 182 号民事裁定书:何某明与朱某红等民间借贷纠纷案【边码 21】

26. 江苏省盐城市中级人民法院(2021)苏 09 民终 146 号民事判决书:余某和与曹某民间借贷纠纷案【边码 24】

27. 江西省高级人民法院(2016)赣民终 272 号民事判决书:黄某辉与温某林等民间借贷纠纷案【边码 23】

28. 江西省高级人民法院(2019)赣民终 261 号民事判决书:林某霖等与黄某借款合同纠

纷案【边码24】

29. 辽宁省大连市中级人民法院(2020)辽02民终5876号民事判决书:营口银行股份有限公司大连和平广场支行与杨某昆等金融借款合同纠纷案【边码41】

30. 山东省高级人民法院(2020)鲁民再381号民事判决书:张某美等与张某林等民间借贷纠纷案【边码31】

31. 山东省高级人民法院(2020)鲁民终574号民事判决书:刘某东与刘某等民间借贷纠纷案【边码17】

32. 山东省青岛市中级人民法院(2021)鲁02民终1109号民事裁定书:彭某丽与刘某芹民间借贷纠纷案【边码29】

33. 山东省青岛市中级人民法院(2021)鲁02民终1130号民事裁定书:任某涛与焦某琼民间借贷纠纷案【边码31】

34. 山西省太原市中级人民法院(2017)晋01民终984号民事判决书:招商银行股份有限公司太原分行与季某金融借款合同纠纷案【边码41】

35. 山西省太原市中级人民法院(2018)晋01民终204号民事判决书:谢某成与沈某敏等借款合同纠纷案【边码41】

36. 陕西省渭南市中级人民法院(2020)陕05民终2338号民事判决书:张某与冯某民间借贷纠纷案【边码87】

37. 陕西省咸阳市中级人民法院(2020)陕04民终1333号民事判决书:李某等与张某利被继承人债务清偿纠纷案【边码60】

38. 天津市第二中级人民法院(2019)津02民终4156号民事判决书:天津津港通商贸有限公司等与刘某卿民间借贷纠纷案【边码41】

39. 西藏自治区高级人民法院(2022)藏民申78号民事裁定书:西藏鑫众工贸有限公司与管某侠民间借贷纠纷案【边码89】

40. 新疆维吾尔自治区高级人民法院(2020)新民申2315号民事裁定书:李某与李某霞民间借贷纠纷案【边码89】

41. 新疆维吾尔自治区高级人民法院伊犁哈萨克自治州分院(2021)新40民终2314号民事判决书:张某与连某伟民间借贷纠纷案【边码33】

42. 云南省丽江市中级人民法院(2020)云07民终758号民事判决书:任某秀与付某芳等民间借贷纠纷案【边码60】

43. 浙江省高级人民法院(2019)浙民再355号民事判决书:赵某福与卢某合同纠纷案【边码25】

44. 浙江省台州市中级人民法院(2020)浙10民终2610号民事判决书:何某红与叶某妮民间借贷纠纷案【边码60】

45. 最高人民法院(2016)最高法民申1756号民事裁定书:安徽省滁州市建业劳务发展有限公司与刘某科民间借贷纠纷案【边码29】

46. 最高人民法院(2016)最高法民申369号民事裁定书:湖南六建机电安装有限责任公司与田某初等民间借贷纠纷案【边码60】

47. 最高人民法院(2017)最高法民申 3322 号民事裁定书:深圳市建安(集团)股份有限公司、陈某与刘某华等借款合同纠纷案【边码 41、60】

48. 最高人民法院(2019)最高法民申 1227 号民事裁定书:陈某梅与欧阳某环民间借贷纠纷案【边码 88】

49. 最高人民法院(2020)最高法民申 2280 号民事裁定书:黄某明等与戴某莲民间借贷纠纷案【边码 90】

50. 最高人民法院(2020)最高法民申 3475 号民事裁定书:辛某和与朱某平民间借贷纠纷案【边码 93】

51. 最高人民法院(2020)最高法民申 4338 号民事裁定书:张某等与唐某松民间借贷纠纷案【边码 41】

52. 最高人民法院(2020)最高法民申 4762 号民事裁定书:罗某义与游某星民间借贷纠纷案【边码 92】

第701条

保证人抗辩援引规则*

第701条　保证人可以主张债务人对债权人的抗辩。债务人放弃抗辩的，保证人仍有权向债权人主张抗辩。

简　目

一、规范定位……1—22
(一)规范意旨……1—3
(二)适用对象……4—8
1. “抗辩说”与“抗辩权说”之争……4—7
2. 限缩解释“债务人对债权人的抗辩”……8
(三)规范属性……9—15
1. 防御规范……9
2. 任意性规范……10—15
(四)体系关联……16—22
1. 保证人的抗辩权体系……16—19
2. 第三人提供物保时的准用……20—22
二、保证人可援引债务人对债权人的抗辩权……23—51
(一)概述……23—35
1. 援引债务人抗辩权的方式及范围……24—31
2. 怠于援引债务人抗辩权的后果……32—35
(二)一时性抗辩权……36—45
1. 债务未届期之抗辩权？……37—38
2. 合同履行顺序上的抗辩权……39—43
3. 因留置权所生的抗辩权……44—45
(三)永久性抗辩权……46—51
1. 诉讼时效辩权……47—49
2. 执行时效抗辩权……50—51
三、保证人权利不受债务人放弃抗辩的影响……52—65
(一)概述……52—55
1. 规范正当性基础……52
2. 债务人放弃抗辩的判断……53—55
(二)债务人放弃时效抗辩权……56—65
1. 放弃时效抗辩权的认定……56—59
2. 时效届满前债务承认的处理……60—65
四、程序法问题……66—72
(一)举证责任分配……66—69
(二)诉讼参加与判决效力……70—72

---

* 本文系基于《〈民法典〉第701条(保证人抗辩援引规则)评注》(载《南京大学学报(哲学·人文科学·社会科学)》2022年第4期,第29—42页)一文修订而成。

案例搜集及选取情况说明:本文使用的案例主要来自“北大法宝法律数据库”,检索时间:2022年5月28日。一方面在该数据库“司法案例”栏下,采用“全文”+“关键词”的方式,以“保证人”“享有债务人的抗辩权”“债务人对债权人的抗辩”为关键词进行全文检索;另一方面在该数据库“法律法规”栏下,针对《民法典》第701条、《担保法》第20条链接的“司法案例”,以“法院级别”(中级人民法院及以上)、“参照级别”(公报案例+经典案例)进行初步筛选。在进一步分析以前述方式所得样本案例的基础上,选用其中具有说明意义或体现典型争议的案例。

一、规范定位

（一）规范意旨

1 本条系有关保证人援引主债务人抗辩的规定。本条规定共分为两句：第1句认可了保证人主张债务人对债权人之抗辩的权利。这一权利在性质上为保证人享有之抗辩权，在事项上指向债务人在主债关系上享有的抗辩事由。第2句则明确指出，保证人不会因债务人放弃抗辩而丧失前述权利。本条规定立足于保证债务的从属性，旨在实现对保证人的保护，以免其承受超过债务人的法律负担。具体来说：

2 本条第1句体现了保证之债对主债关系的抗辩从属性（或称实行从属性）。作为一种担保手段，保证之目的在于担保主债权实现。就债权的可实现性而言，债权人在保证合同中所处的法律地位，不应当优于其因主债关系所获得的法律地位。[1] 当债务人得以某一事由对抗债权人的履行请求时，也应当赋予保证人同样的权利。职是之故，债务人对债权人得主张之抗辩，亦应允许保证人对债权人加以主张。

3 本条第2句体现了保证人援引主债抗辩之权利的独立性，在价值判断上与《民法典》第695条第1款保持一致。其规范正当性基础在于"禁止他人处置"（Verbot der Fremddisposition）之法理，即不允许债务人单方或与债权人约定加重保证人责任，以免发生恶意加害保证人的道德风险。[2] 有鉴于此，即便债务人放弃对债权人的抗辩，保证人主张该抗辩的权利亦不受影响。

（二）适用对象

1. "抗辩说"与"抗辩权说"之争

4 自规范演进的角度观之，本条规定的前身为《担保法》第20条。两相对比，前后条文最大的变化在于：本条称"保证人可以主张债务人对债权人的抗辩"，而《担保法》第20条第1款的表述则是"保证人享有债务人的抗辩权"。此外，《担保法》第20条第2款对债务人的"抗辩权"进行了定义，而本条对此未予规定。正是由

〔1〕 参见谢鸿飞、朱广新主编：《民法典评注·合同编·典型合同与准合同（2）》，中国法制出版社2020年版，第128页（夏昊晗执笔）；王利明主编：《中国民法典评注·合同编（二）》，人民法院出版社2021年版，第971页（程啸执笔）。

〔2〕 参见李运杨：《第三担保人的抗辩权体系》，载《政治与法律》2021年第8期，第34页；黄薇主编：《中华人民共和国民法典合同编解读（上册）》，中国法制出版社2020年版，第783页。

于这一表述上的变化,学界就如何界定本条所言“债务人对债权人的抗辩”产生了争论。

5 依据民法学说,当事人得主张的抗辩事由依其效力可划分为三种类型,即权利阻却之抗辩(如合同无效或被撤销)、权利消灭之抗辩(如债务已被清偿或发生抵销)和权利阻止之抗辩(即抗辩权,如同时履行抗辩权、时效抗辩权)。这三类抗辩虽然均能在诉讼中发挥对抗原告诉请之功能,但其法律构造存在明显差异:前两类抗辩是从根本上否认当事人的实体权利,即当事人所主张的请求权不发生或已消灭。最后一类抗辩并不否认实体权利的存在,而只是用暂时延缓或永久排除请求权的行使,也只有此类抗辩才构成实体法上的抗辩权。[3] 这种构造上的不同也直接决定了三者在诉讼中的适用有所差异:对于权利阻却或消灭之抗辩,只要法官根据既有证据能够认定其存在,即应依职权适用;与之相反,即便既有证据足以证明存在权利阻止之抗辩,法官亦不得依职权适用,而必须由当事人积极进行主张。[4]

6 目前的主流观点认为,应当对本条所称“债务人对债权人的抗辩”作广义理解,即包括权利阻却、权利消灭以及权利阻止之抗辩。[5] 支持这一观点的核心理由可以归纳为:在《民法典》的编纂过程中,无论是《民法典合同编(草案)》《民法典(草案)》的对应条文还是本条规定,都一致地使用了“抗辩”这一表述。这表明立法者有意要与《担保法》第 20 条所称“抗辩权”区分开来。但持此观点者也同样承认,不同类型抗辩事由在效力构造以及法律适用上的差异。[6] 就《民法典》施行后的裁判状况观之,仍有法院在保证人提出权利阻却或消灭时适用本条规定。[7]

7 反对的意见则认为,本条所称“债务人对债权人的抗辩”仅指权利阻止之抗

---

[3] 需要说明的是,在司法实践中我国法院并未严格区分抗辩与抗辩权。即使是在《民法典》实行之前,诸多判决也都是将权利阻却与权利消灭的抗辩纳入《担保法》第 20 条所称“抗辩权”的范畴,尽管这已经突破了该条第 2 款所定义的“抗辩权”和核心文意。相关裁判参见最高人民法院(2018)最高法民终 907 号民事判决书;最高人民法院(2016)最高法民终 40 号民事判决书;最高人民法院(2016)最高法民申 100 号民事裁定书。

[4] 从语词上,权利阻却或消灭之抗辩共同构成了“权利否认之抗辩”(rechtsverneinende Einwendung),而权利阻止之抗辩系“私法上的抗辩权”(Einrede im privatrechtlichen Sinn)。参见朱庆育:《民法总论》(第 2 版),北京大学出版社 2016 年版,第 517 页。

[5] 参见黄薇主编:《中华人民共和国民法典合同编解读(上册)》,中国法制出版社 2020 年版,第 783 页;谢鸿飞、朱广新主编:《民法典评注 · 合同编 · 典型合同与准合同(2)》,中国法制出版社 2020 年版,第 129 页(夏昊晗执笔);王利明主编:《中国民法典评注 · 合同编(二)》,人民法院出版社 2021 年版,第 974 页(程啸执笔)。

[6] 参见谢鸿飞、朱广新主编:《民法典评注 · 合同编 · 典型合同与准合同(2)》,中国法制出版社 2020 年版,第 129 页(夏昊晗执笔)。

[7] 参见河南省商城县人民法院(2021)豫 1524 民初 2351 号民事判决书。

辩,即债务人享有的抗辩权,主要理由在于:第一,对于权利阻却与权利消灭的抗辩,法院应依职权主动适用。只有以实体法上抗辩权行使出现的权利阻止的抗辩,才需要债务人积极的主张。第二,本条第2句规定,"债务人放弃抗辩"不影响保证人主张该抗辩。于此隐含的前提是债务人能够放弃抗辩。然而,权利阻却与权利消灭的抗辩关乎实体权利存在与否,法律不允许当事人主动放弃。当事人所能放弃的只有实体法上的抗辩权,即权利阻却的抗辩。因此,从协调本条前后句的角度分析,将本条所言"抗辩"理解为"抗辩权",才能实现本条规定内部的逻辑自洽。[8]

2. 限缩解释"债务人对债权人的抗辩"

本文支持反对说的观点。除前述两点理由外,在论证上尚可作如下补充: 8

纵观《民法典》的所有条文,自始至终未出现过"抗辩权"这一术语。对于某些抗辩事由,即便其抗辩权定位并无争议,相关条文依然使用"抗辩"这一表述,例如《民法典》第192条有关诉讼时效抗辩权的规定。这或许能在一定程度上说明,立法者并未十分严格地区分抗辩与抗辩权的含义。

其实,权利阻却和权利消灭的抗辩各自意味着主债权未发生或已消灭,保证人以此对抗债权人的履行请求,分别体现了保证之债发生或消灭上的从属性。即便不存在本条规定,亦不影响保证人加以主张。只有当主债上存在权利阻止之抗辩时,才需要借助本条规定通过实行或抗辩上的从属性,赋予保证人援引债务人抗辩权的资格。因此,从纯化条文功能、突显规范意旨的立场出发,也宜将本条"抗辩"理解为"抗辩权"。

基于以上理由,本文主张对本条文意中"债务人对债权人的抗辩"作限缩解释,使其内涵仅限于权利阻止之抗辩,即债务人对债权人享有的抗辩权。下文论述也将以此为基本前提展开。

(三)规范属性

1. 防御规范

在请求权基础的思维下,所谓"防御规范",是指限制或排除另一规范之法效果的规范。本条赋予保证人以抗辩权,以抑制债权人行使请求权之法效果,故属于防御规范。更确切地说,本条属于主要规范的防御规范,[9]其所针对的主要规范为《民法典》第681条与第688条第2款,两者分别系债权人要求一般保证人或 9

〔8〕 参见李运杨:《第三担保人的抗辩权体系》,载《政治与法律》2021年第8期,第30页。

〔9〕 参见吴香香:《请求权基础思维及其对手》,载《南京大学学报(哲学·人文科学·社会科学)》2020年第2期,第93页。

连带责任保证人履行保证债务的请求权基础。

2. **任意性规范**

(1)通过约定排除本条适用

10 本条究属强制性规范还是任意性规范,有待阐明。这一问题的实质在于,是否允许当事人通过约定排除本条的适用,即排除保证人援引债务人抗辩权的权利。由于债务人享有的抗辩权本身有多种类型,故须分情况进行检讨。一时性抗辩权(如同时履行抗辩权)多与履行顺序有关,本身并不具有强制性,债务人自己亦可主动放弃。因此,若债权人与保证人约定,后者不得援引主债务人的此类抗辩权,应当认可此约定的效力。

11 诉讼时效制度具有强制性,《民法典》第 197 条第 2 款即明确规定,“当事人对诉讼时效利益的预先放弃无效”。这意味着,即便是主债务人自己,也无法预先放弃诉讼时效抗辩权。值得进一步追问的是:当主债诉讼时效期间尚未届满时,债权人和保证人能否通过约定预先排除后者援引债务人时效抗辩权的权利。《民法典》第 197 条第 2 款之所以禁止当事人预先放弃时效利益,是为了避免诉讼时效制度督促权利人及时行权、维持交易秩序稳定的价值目标落空。〔10〕 但是,即便保证人预先放弃援引主债时效抗辩权的权利,前述规范目的也不会落空,因为保证之债本身也受到时效制度的规制。易言之,即便保证人无法援引主债时效抗辩权,由于保证债务独立计算诉讼时效(《民法典》第 694 条),也不会出现无限纵容债权人怠于行权、破坏法的安定性的后果。

12 由以上分析可知,本条规定属于任意性规范,应当允许当事人通过约定排除其适用。在时间上,债权人和保证人可以在订立保证合同当时或者嗣后达成此种约定。在内容上,可以约定保证人不得援引债务人特定的或所有的抗辩权。在形式上,由于此种约定剥夺了保证人援引债务人抗辩的法定权利,加重了保证人的法律负担,故须采书面形式。〔11〕

(2)格式条款的特殊问题

13 在司法实务中有这样的情形出现:债权人与保证人在由前者提供的格式合同中约定,概括地排除后者援引债务人抗辩的权利。〔12〕 然而此类条款的效力如何,

---

〔10〕 参见朱晓喆:《〈民法典〉第 192 条(诉讼时效的法律效果)评注》,载《中国应用法学》2022 年第 2 期,第 211 页;陈甦主编:《民法总则评注(下册)》,法律出版社 2017 年版,第 1426 页(周江洪执笔)。

〔11〕 参见王蒙:《论保证的书面形式》,载《清华法学》2021 年第 5 期,第 42 页。

〔12〕 参见河南省高级人民法院(2016)豫民终字 640 号民事判决书;广东省广州市中级人民法院(2010)穗中法民二终字第 704 号民事判决书;北京市高级人民法院(2018)京民初 33 号民事判决书;北京市高级人民法院(2018)京民初 66 号民事判决书;山东省高级人民法院(2020)鲁民终 2584 号民事判决书。

鲜有判决提及。本文认为,对此须按照有关格式条款控制的检视方法,依序判断此类条款有无订入合同(订入控制)以及有效与否(内容控制)。根据《民法典》第496条第2款,债权人作为格式合同的提供方须以合理方式向保证人提示此条款并进行必要的说明。否则,该条款不会成为保证合同的内容(即未订入合同),从而不会对保证人产生拘束。[13]

即使债权人已经尽到前述提示说明义务,该条款成为了保证合同的内容,仍须进一步审查其效力。首先可以明确的是,该条款在内容上偏离了《民法典》第701条这一任意法规范。接下来需要判断的是,此种对任意法规范的有意偏离是否会对保证人造成不当的利益减损。[14] 此时应当运用公平原则,结合保证合同的整体安排并综合权衡当事人利益状况进行判断。具体来说: 14

《民法典》第701条旨在通过贯彻抗辩从属性实现对保证人的保护,从而在保证合同单务无偿的构造下维持保证人与债权人之间的利益均衡。倘若债权人提供的格式条款完全排除本条的适用,显然构成对担保从属性这一基本原则的重大突破。[15] 保证人由此失去了对抗债权人的重要手段,而立法者借助任意法规范对等配置当事人权利义务的目标也就此落空。职是之故,完全排除保证人援引债务人抗辩权的格式条款构成对保证人利益的不当减损。[16] 除非在就保证合同内容作整体评价后发现有其他条款能够补偿此种利益减损,例如按债权一定比例收取担保费用,否则此种格式条款应当被认定为无效。[17] 15

(四)体系关联

1. 保证人的抗辩权体系

保证既有担保手段对主债关系的从属性,同时又具有合同自身的独立性。面 16

---

〔13〕 在"广东新广国际集团有限公司等与中信银行股份有限公司广州番禺支行借款合同纠纷案"中,《最高额保证合同》第7条7.3款明确排除了《担保法》第20条的适用,作为格式合同提供方的债权人对此并未采特别方式予以标注,而只是《最高额保证合同》第18.4条处以黑体字方式概括表明己方对保证人尽到提示说明义务。尽管法院认为"被上诉人以采取合理方式提请上诉人注意本合同项下免除或限制其责任的条款,并按照上诉人的要求对有关条款予以充分说明",但本文对这一结论持批评态度。参见广东省广州市中级人民法院(2010)穗中法民二终字第704号民事判决书。

〔14〕 参见贺栩栩:《〈合同法〉第40条后段(格式条款效力审查)评注》,载《法学家》2018年第6期,第183页,段码31。

〔15〕 Vgl. BeckOGK/*Madaus*, 2021, BGB § 768 Rn. 34; MüKoBGB/*Habersack*, 2020, § 768 Rn. 5.

〔16〕 根据比较法上的经验,允许当事人通过一般交易条款对保证的抗辩从属性进行一定程度的限制,但不允许完全排除,否则将构成对保证人利益的不当减损(unangemesse Benachteiligung)。Vgl. Staudinger BGB/*Stürner*, 2020, § 774 Rn. 31.

〔17〕 参见贺栩栩:《〈合同法〉第40条后段(格式条款效力审查)评注》,载《法学家》2018年第6期,第184页,段码34。

对债权人的履行请求,保证人亦有多重路径主张抗辩。在我国现行法规范下,本条与《民法典》第 687 条、第 702 条等规定共同构筑了保证人的抗辩权体系。[18] 于此有必要对保证人不同类型的抗辩权进行区分,以廓清本条规定的适用范围。

一方面,需要区分本条赋予保证人的抗辩权与保证人因保证合同自身享有的抗辩权。二者虽均可为保证人独立主张,但发生原因殊异。前者在本质上源自主债关系,后者则系保证合同而生,例如保证债务自身的时效抗辩权、一般保证人的先诉抗辩权(《民法典》第 687 条第 1 款)、保证人以同一债权上存在债务人提供担保物权为由的抗辩权(《民法典》第 392 条第 1 句第 2 分句)。

另一方面,本条规定了保证人因主债务人的抗辩权而享有的抗辩权,而《民法典》第 702 条规定了保证人因主债务人(待行使的)抵销权或撤销权而享有抗辩权。二者虽然均与主债关系上的特定事由存在关联,但前者的正当性源自保证之债的抗辩从属性,后者的正当性来源于保证之债的消灭从属性。[19]

17　由于《担保法》欠缺类似《民法典》第 702 条的规定,因此当时学说上普遍主张可对《担保法》第 20 条作"扩张性解释":当债务人享有抵销权、撤销权、解除权等形成权时,允许保证人依据《担保法》第 20 条加以援引,以对抗债权人的履行请求。[20] 在《民法典》的体系下,若债务人对债权人享有待行使的形成权,则不应当再以扩张解释本条规定作为依据。此时更为适切的做法则是适用或类推适用《民法典》第 702 条的规定:在主债务人尚未行使抵销权、撤销权、解除权等形成权时,允许保证人对债权人主张抗辩权。

18　由《民法典》第 691 条的规定可知,保证责任的范围通常涵盖了主债关系下的违约金。同时,依据《民法典》第 585 条第 2 款第 2 分句,当约定违约金过分高于违约造成的损失时,债务人可以请求法院或仲裁机构予以适当减少。此时债务人主张违约金酌减,能够产生对抗债权人违约金请求权的效力。有观点认为,对于此种"违约金酌减之抗辩",保证人得以本条为据加以援引。[21] 对此,本文持不同

---

〔18〕 有关第三担保人抗辩权体系的详细梳理参见李运杨:《第三担保人的抗辩权体系》,载《政治与法律》2021 年第 8 期,第 29—42 页。

〔19〕 程啸:《论〈民法典〉第 702 条上的保证人抗辩权》,载《环球法律评论》2020 年第 6 期,第 46 页。

〔20〕 参见崔建远主编:《合同法》(第 3 版),法律出版社 2003 年版,第 157 页;唐德华主编:《最新担保法条文释义》,人民法院出版社 1995 年版,第 61—62 页。司法实践中亦有类似判决出现,参见江苏省无锡市中级人民法院(2021)苏 02 民终 2471 号民事判决书;上海市第一中级人民法院(2021)沪 01 民终 12427 号民事判决书。

〔21〕 参见王利明主编:《中国民法典评注·合同编(二)》,人民法院出版社 2021 年版,第 974 页(程啸执笔)。在司法实践中,亦有保证人认为原告主张的违约金过高并以本条为据提出抗辩。参见黑龙江省佳木斯市郊区人民法院(2021)黑 0811 民初 375 号民事判决书。

看法。依学界通说,违约金酌减权在性质上属于形成诉权,[22]此时以《民法典》第702条作为类推适用的规范基础更为妥当。

19 同理,若债务人以情势变更为由主张变更或解除合同(《民法典》第533条第1款),则同样会产生对抗债权人履行请求权的效力。保证人若想以此对抗债权人的履行请求权,则同样应当主张《民法典》第702条的类推适用。

2. **第三人提供物保时的准用**

20 根据《民法典担保制度解释》第20条的规定,人民法院在审理第三人提供的物的担保纠纷案件时,"可以适用"《民法典》有关保证合同的相关规定,本条即在其列。作为担保手段,无论作为属人保的保证还是第三人提供的物上担保,均显示出对主债关系的从属性;作为负担行为,保证以及其他担保合同通常也都具有单务性、无偿性。基于同等事物同等处理之法理,保证人与提供物保的第三人(如抵押人、质押人)在法律上应当受到平等对待。[23] 如本文开篇所言,《民法典》第700条旨在贯彻担保的抗辩从属性,是故原则上亦可将其准用或类推适用于其他由第三人提供的担保。

21 存在争议的是,当主债权诉讼时效期间届满时,抵押人能否援引主债时效抗辩权。《民法典》第419条规定:"抵押权人应当在主债权诉讼时效期间行使抵押权;未行使的,人民法院不予保护。"《民法典担保制度解释》第44条第1款则从正反两方面重申了前述规定:一方面,抵押权人在主债权诉讼时效期间届满后主张行使抵押权的,人民法院不予支持;另一方面,抵押人以此为由主张不承担担保责任的,人民法院应予支持。由前述规范可知,主债诉讼时效期间届满会对抵押权行使产生消极影响。但此种消极影响究竟表现为债权人抵押权的消灭还是担保人抗辩权的产生,学界素来存在争议,司法判决也立场各异。"抗辩权发生说"认为,抵押人享有实体法上的抗辩权,即允其以主债诉讼时效期间届满进行抗辩。[24] 与之相反,"抵押权消灭说"则认为,主债罹于时效将导致抵押权消灭,主

[22] 姚明斌:《〈合同法〉第114条(约定违约金)评注》,载《法学家》2017年第5期,第168页,段码63;韩世远:《合同法总论》(第4版),法律出版社2018年版,第828页。有不同观点认为,债务人主张酌减违约金的权利属于"具有抗辩权属性的请求权"。参见石冠彬:《民法典合同编违约金调减制度的立法完善——以裁判立场的考察为基础》,载《法学论坛》2019年第6期,第59页。

[23] 谢鸿飞:《共同担保一般规则的建构及其限度》,载《四川大学学报(哲学社会科学版)》2019年第4期,第117页。

[24] 杨巍:《〈民法典〉第192条、第193条(诉讼时效届满效力、职权禁用规则)评注》,载《法学家》2020年第6期,第179页,段码29。采此立场的裁判参见吉林省长春市中级人民法院(2015)长民四终字第435号民事判决书。

债诉讼时效期间实质上也是抵押权的存续期限;[25]此时无须抵押人自行援引,法院亦应主动审查并认定抵押权消灭。[26] 这一问题的解决涉及抵押权行使方式、抵押权僵局破解等多个细节的处理,已然超出本条规范评注的范畴,故此处不再展开论述。

22 此外,根据《民法典担保制度解释》第 44 条第 2 款、第 3 款的规定,即便主债权诉讼时效期间届满,亦不影响债权人行使留置权、动产质权和以交付权利凭证作为公示方式的权利质权。这意味着,对于留置权和以占有为公示手段的质权,第三担保人无法以准用本条为据援引主债的时效抗辩权。

二、保证人可援引债务人对债权人的抗辩权

(一)概述

23 如前所述,应当对本条所称“债务人对债权人的抗辩”作限缩解释,即仅指为权利阻止的抗辩(抗辩权)。就保证人行使本条赋予其的权利,有如下几点值得注意。

1. 援引债务人抗辩权的方式及范围

24 保证人所援引者,系债务人对债权人享有的抗辩权。既然如此,那么该抗辩权是否产生、能否行使,自然应视主债关系而定。尽管如此,保证人系以自己的名义行使该抗辩权,而非以债务人代理人或使者之名义作出或传达行使抗辩权的意思。[27] 保证人行使权利的方式而言,适用有关抗辩权行使的一般规则:保证人应在诉讼中积极行使债务人的抗辩权;若其在诉讼外曾向债权人主张过该权利,亦须在诉讼中对此有所陈述,否则将无法认定其具有行使抗辩权之意思。[28] 一方面,即便主债务人未曾行使抗辩权,保证人亦不会因此丧失援引该权利的资格;另一方面,即便债务人曾主张过抗辩权,保证人仍须主动援引该权利才能产生对抗债权人请求权的效果。[29]

---

〔25〕 参见程啸、高圣平、谢鸿飞:《最高人民法院新担保司法解释理解与适用》,法律出版社 2021 年版,第 272—275 页(程啸执笔);邹海林:《抵押权时效问题的民法表达》,载《法学研究》2018 年第 1 期,第 57 页;徐洁:《担保物权与时效的关联性研究》,载《法学研究》2012 年第 5 期,第 159 页。

〔26〕 相关判决参见王军诉李睿抵押合同纠纷案,北京市第三中级人民法院(2016)京 03 民终 8680 号民事判决书,载《最高人民法院公报》2017 年第 7 期。

〔27〕 参见程啸:《保证合同研究》,法律出版社 2006 年版,第 244 页。

〔28〕 Vgl. *Neuner*, Allgemeiner Teil des BGB, 12. Aufl., 2020, S. 263, § 21 Rn. 20; *Medicus/Petersen*, Allgemeiner Teil des BGB, 11. Aufl., 2016, Rn. 98.

〔29〕 参见广西壮族自治区柳州市中级人民法院(2017)桂 02 民终 3300 号民事判决书。

依本条文意，凡债务人基于主债关系对债权人享有的抗辩权，保证人原则上均得援引。保证人可以援引债务人的一时性抗辩权（亦称延缓抗辩权），以暂时地阻止债权人请求权的行使。其中既包括债务人的一时性抗辩权（例如同时履行抗辩权、不安抗辩权等），亦包括其享有的永久性抗辩权（例如主债务的时效抗辩权）。然而，本条赋予保证人援引债务人抗辩权的权利并非不受任何限制。在如下例外情形中，保证人无法以本条为据援引债务人的抗辩权。 25

（1）程序性抗辩权

保证人依据本条得援引者，仅指主债务人享有的实体法上的抗辩权，而不包括单纯程序法意义上的抗辩权，[30] 例如提出管辖权异议或仲裁条款优先适用异议的权利。保证合同系保证人与债权人之间独立的债之关系，诸如管辖权之类的程序法问题，自应按照保证合同的约定或制定法的特别规定处理。保证人既无须亦无由援引主债关系上的此类抗辩权。 26

根据《民法典担保制度解释》第 21 条第 2 款，“债权人一并起诉债务人和担保人的，应当根据主合同确定管辖法院”。具言之，当债权人一并起诉债务人和保证人时，就管辖法院的确定而言，应当首先遵循主合同的约定；若主合同未约定管辖，则由债务人住所地或主合同履行地的人民法院管辖（《民事诉讼法》第 24 条、第 35 条）。若债权人未依前述规则选择管辖法院，保证人当然有权提出管辖权异议，因为此种情形下主合同的管辖规则适用于保证合同。但这本就是保证人独立享有的程序性权利，而非保证人对债务人抗辩权的援引。[31] 进一步而言，根据《民法典担保制度解释》第 21 条第 3 款，当债权人依法可单独起诉且仅起诉保证人时，应根据保证合同确定管辖法院。此时即便主合同存在约定管辖权条款，保证人亦不得以此为由提出管辖权异议。 27

在司法实践中有这样的情形存在：当主合同订有仲裁条款而保证合同未约定仲裁管辖时，若债权人未经主合同仲裁而直接向法院起诉保证人，保证人以主合同履行情形须先经仲裁确定为由进行抗辩。[32] 最高人民法院也曾在判决中支持过保证人的此种抗辩主张。[33]《民法典担保制度解释》则明确回应了这一问题，其第 21 条第 1 款规定：“主合同或者担保合同约定了仲裁条款的，人民法院对约定仲裁条款的合同当事人之间的纠纷无管辖权。”由此可见，仲裁条款仅约束达成该约定的当事人。因此，倘若保证合同未订有仲裁条款，当债权人向有管辖权的 28

---

〔30〕 Vgl. MüKoBGB/*Habersack*, 2020, § 768 Rn. 1.

〔31〕 参见北京市第二中级人民法院(2021)京 02 民辖终 540 号民事裁定书。

〔32〕 参见北京市高级人民法院(2020)京民申 1838 号民事裁定书。

〔33〕 参见最高人民法院(2015)民二终字第 125 号民事判决书。

法院起诉保证人时,保证人不得援引主合同的仲裁条款进行抗辩。〔34〕

(2)专属于债务人的抗辩权

29 面对债权人的履行请求,债务人原则上不得以欠缺支付能力为由抗辩,除非债务人已陷入破产。但是对于特定情形,即便债务人尚未进入破产程序,制定法亦例外地认可债务人以支付困难为由的抗辩权。此种做法实质上是将债务人支付不能的风险分配由债权人承担。保证合同系典型的风险合同,其目的就在于将本该由债权人承担的债务人支付不能的风险转由保证人承担。若仍然允许保证人援引债务人此类抗辩权,将有悖保证作为担保手段的根本目的。是故学说普遍指出,为了维持保证的担保功能,须对保证人可援引的债务人抗辩权作目的性限缩,应将特定情形下债务人因支付困难而生的抗辩权排除出本条的适用范围。此类抗辩权并不多见且均为法律明确规定,在我国现行法中有如下两项:

30 一项是赠与人的生计困难抗辩权。根据《民法典》第 666 条的规定,当赠与人经济状况显著恶化危及其生产经营或家庭生活时,赠与人"可以不再履行赠与义务"。解释论上通常认为,赠与人此时享有所谓"生计困难抗辩权"(或称"穷困抗辩权");并且因其能够排除赠与义务,故在性质上属于永久的抗辩权。〔35〕赠与人经济状况显著恶化,由此伴生给付困难之风险正是受赠人通过担保手段所转嫁的风险,理应由保证人承担。职是之故,保证人不得援引赠与人的生计困难抗辩权。此举虽然突破了从属性原则,但因担保之目的而具有正当性。〔36〕当然需要承认的是,交易实践中为赠与合同履行提供保证的情形并不常见,在本文检索的案例中也无此类情形出现,是故这一讨论目前仅具理论意义。

31 另一项则是继承人的有限责任抗辩权。〔37〕当自然人死亡时,其债权债务法定地概括移转于其继承人。根据《民法典》第 1161 条第 1 款第 1 句的限定继承规则,继承人"以其所得遗产实际价值为限"对被继承人的债务负清偿责任。若债权人请求继承人清偿债务的数额超过其所得遗产的实际价值,继承人得以前述规定为据进行抗辩。此时不应当允许保证人援引此项抗辩权,否则债权人通过保证预防债务人支付不能风险的目的将会落空。

---

〔34〕 程啸、高圣平、谢鸿飞:《最高人民法院新担保司法解释理解与适用》,法律出版社 2021 年版,第 139 页(谢鸿飞执笔)。

〔35〕 参见易军:《撤销权、抗辩权抑或解除权——探析〈合同法〉第 195 条所定权利的性质》,载《华东政法大学学报》2003 年第 5 期,第 19 页;谢鸿飞、朱广新主编:《民法典评注·合同编·典型合同与准合同(1)》,中国法制出版社 2020 年版,第 383 页(宁红丽执笔);王利明主编:《中国民法典评注·合同编(二)》,人民法院出版社 2021 年版,第 756 页(罗昆执笔)。

〔36〕 参见李运杨:《第三担保人的抗辩权体系》,载《政治与法律》2021 年第 8 期,第 33 页。

〔37〕 参见王利明主编:《中国民法典评注·合同编(二)》,人民法院出版社 2021 年版,第 978 页(程啸执笔)。

2. 怠于援引债务人抗辩权的后果

保证交易涉及三方当事人,须区分两种不同的法律关系:一者是保证人与债权人之间的保证合同关系,另一者则是保证人与债务人之间的基础关系(例如委托合同或无因管理)。在保证合同下,援引债务人的抗辩权系保证人享有的一项权利,保证人得自主决定是否援引。反之,就基础关系而言,保证人或将因此负有援引债务人抗辩权之义务。〔38〕 若保证人怠于援引债务人的抗辩权,即明知或应知债务人享有抗辩权却仍然向债权人承担责任,则须承担由此而生的不利后果,即无法向债务人进行追偿。 32

在交易实践中,最为常见的情形即债务人委托第三人提供担保。此时根据《民法典》第 922 条,作为受托人的保证人须按照债务人指示妥善处理委托事务。这意味着,当债权人请求保证人承担责任时,保证人应当援引债务人的抗辩权以对抗,除非债务人有相反之表示。若保证人未援引主债务人的抗辩权而承担了保证责任,难谓尽到妥善管理义务。当此情形,保证人向债权人清偿所支出者也无法评价为管理事务的必要费用,保证人自然无法依据《民法典》第 921 条第 2 句要求债权人偿还。〔39〕 33

同理,当保证人和债务人之间成立(适法)无因管理关系时,保证人同样应当尽到善良管理人的义务,即应当采取有利于债务人的方法进行管理(《民法典》第 981 条第 1 句)。若保证人明知或应知债务人享有抗辩权却仍然向债权人承担责任,显然违反了善良管理人的义务,也无法向债务人主张必要费用偿还请求权。进一步而言,若提供担保本身违背了债务人的真实意思,例如保证人明知或应知主债权已罹于时效却仍然订立保证合同并承担责任,显然构成不适法无因管理。根据《民法典》第 979 条第 2 款第 1 分句的规定,保证人不享有必要费用偿还请求权,即无法向债务人进行追偿。 34

此外,无论保证人和债务人之间的基础关系是委托合同还是无因管理,根据《民法典》第 700 条的规定,在保证人承担责任后主债权将发生法定移转。但是,即便保证人通过主张其法定取得的主债权向债务人追偿,亦可准用《民法典》第 548 条之规定,债务人得行使主债关系下债务人对债权人的抗辩权。 35

(二)一时性抗辩权

保证人可以援引债务人的一时性抗辩权(亦称延缓抗辩权),以暂时地阻止债 36

〔38〕 参见史尚宽:《债法各论》,中国政法大学出版社 2000 年版,第 907 页。

〔39〕 参见谢鸿飞、朱广新主编:《民法典评注·合同编·典型合同与准合同(4)》,中国法制出版社 2020 年版,第 221 页(胡东海执笔)。

权人请求权的行使。

1. **债务未届期之抗辩权?**

37 于此首先需要指出的是,若主债务履行期尚未届至,债务人自然能以此为由对抗债权人的履行请求。但是在债务未届期这一抗辩事由的定性上,学说上一直存在争议。“抗辩说”认为,债务届期之前债务人尚不负担给付义务,债权人的请求权尚不发生。〔40〕 与之相反,按照“抗辩权说”,债务届期前债权人的请求权已经产生,唯尚欠缺可强制实现性。其支持者认为,此说能够为期前清偿债务与期前转让债权得提供合理化解释,并主张在我国法下通过整体类推的方式续造出有关未届期抗辩权的一般规则。〔41〕

38 本文无意在这一基础问题上作出决断,惟就两种学说与本条适用之关联略作说明:若采“抗辩说”立场,由于债权人对债务人的请求权尚未产生,基于保证之债对主债发生上的从属性,债权人对保证人的请求权亦未发生。债务未届期构成权利障碍之抗辩,法官此时得依职权主动适用,而无须保证人以本条为据进行援引。反之,在“抗辩权说”立场下,债务未届期构成权利阻止之抗辩,须由当事人积极行使。若债权人在主债务届期前即请求保证人承担责任,保证人可以本条为据援引主债未届期之抗辩权。

2. **合同履行顺序上的抗辩权**

39 针对双务合同当事人对履行顺序的不同安排,《民法典》分别规定了同时履行抗辩权(第 525 条)、先履行抗辩权(第 526 条)和不安抗辩权(第 527 条)。若债务人对债权人享有此类抗辩权,保证人亦得以本条为据加以援引。于此有如下几点需要特别指出:

40 同时履行抗辩权并不能排除对方的请求权,其对请求权可实现性的限制具体表现为,以请求权人向相对人为对待给付作为请求权实现的特定条件。〔42〕 因此,当事人在行使同时履行抗辩权时,应当明确指出对方的对待给付义务。〔43〕 具体到保证人援引债务人同时履行抗辩权的情形,保证人亦须向法官指明债权人对债务人的对待给付义务。

41 进一步而言,若债务人(被告)对同时履行抗辩权的主张成立,法官不应当驳回债权人(原告)的诉讼请求,而应当作出同时履行判决(亦称对待给付判决),即

---

〔40〕 王洪亮:《债法总论》,北京大学出版社 2016 年版,第 122 页。

〔41〕 参见李建星:《先履行抗辩权之解构》,载《法学家》2018 年第 5 期,第 114—115 页。

〔42〕 参见申海恩:《抗辩权效力的体系构成》,载《环球法律评论》2020 年第 4 期,第 89 页。

〔43〕 参见王洪亮:《〈合同法〉第 66 条(同时履行抗辩权)评注》,载《法学家》2017 年第 2 期,第 175 页,段码 52。

判令债务人在债权人提出对待给付时向债权人为给付。[44] 尽管此种判决方式符合基本法理，亦契合同时履行抗辩权的法律构造，但长期以来并未为我国司法机关所采纳。不过随着学界的不断努力，同时履行判决理论也渐为司法机关熟知。最高人民法院近期就在一起案件中以判令双方相互履行对待给付义务的方式首次作出同时履行判决。[45] 循此逻辑，若保证人在诉讼中援引债务人同时履行抗辩权得到认可，法官亦应作出同时履行判决，即判令保证人在债权人向债务人为对待给付时对债权人承担保证责任。[46]

根据《民法典》第526条的规定，当合同双方互负债务且有先后履行顺序时，后履行方得以先履行方未履行或履行不合约定为由拒绝履行。若债务人享有此种先履行抗辩权，保证人亦有权援引。[47] 当出现《民法典》第527条第1款规定的情形时，保证人亦可援引债务人的不安抗辩权，但须对债权人丧失或可能丧失偿债能力负证明责任。同时，当债权人依《民法典》第528条第2句提供相应担保时，债务人不再享有不安抗辩权，保证人亦无从援引。 42

值得注意的是，在我国司法实践中，保证人援引上述诸项抗辩权的案件并不多见。尤其是对于一般保证的情形，在本文检索的判决中尚无保证人援引上述抗辩权的案例出现。究其原因，或是由于上述抗辩权涉及债务履行顺序，会与一般保证人自身享有的先诉抗辩权发生竞合。根据《民法典》第687条第2款，在主债经审判或仲裁并就债务人财产强制执行之前，一般保证人有权拒绝承担保证责任。因此，一般保证人无须援引主债务人的抗辩权亦可对抗债权人的履行请求。不仅如此，一般保证人此时主张先诉抗辩权时的证明负担也更轻，在诉讼策略上也是更为明智的选择。[48] 43

---

〔44〕 参见王洪亮：《〈合同法〉第66条（同时履行抗辩权）评注》，载《法学家》2017年第2期，第175页，段码54；申海恩：《抗辩权效力的体系构成》，载《环球法律评论》2020年第4期，第87页。

〔45〕 参见最高人民法院（2021）最高法知民终887号民事判决书。本案判决书中有关同时履行的表述为"本判决生效后十日内，深圳市科晦芯科技有限公司配合北京派尔特医疗科技股份有限公司办理专利申请权转移登记，北京派尔特医疗科技股份有限公司向深圳市科晦芯科技有限公司支付开发费15000元"。

〔46〕 Vgl. Staudinger BGB/*Stürner*, 2020, § 768 Rn. 10.

〔47〕 参见广东省东莞市第二人民法院（2018）粤1972民初7254号民事判决书；四川省成都市龙泉驿区人民法院（2021）川0112民初6879号民事判决书；山东省威海市中级人民法院（2021）鲁10民终1949号民事判决书。

〔48〕 若一般保证人援引债务人对债权人的抗辩权，则其须就债务人基于主债关系享有相应的抗辩权负证明责任；若一般保证人主张先诉抗辩权，则是由债权人证明主债经审判或仲裁并已经就债务人财产为强制执行，或证明存在《民法典》第687条第2款但书中排除先诉抗辩权的事由。两相比较，保证人在后一种情形时所负证明责任较轻。

3. **因留置权所生的抗辩权**

44 在我国法上，留置权虽属法定担保物权(《民法典》第447条第1款)，但同时具有留置标的物与变价优先受偿的两层效力。其中，留置标的物系第一层效力，亦即留置权的抗辩效力，留置权人得以此对抗他人对物的返还请求权。〔49〕这意味着，当保证人为以物之交还为内容的债权(例如保管物返还、承揽工作成果交付)提供担保时，若债务人依法享有留置权(例如未向保管人或承揽人支付报酬)，则保证人亦得援引因留置权所生之抗辩权，以对抗债权人的履行请求。在不完全双务合同的场合，独立承认因留置权所生的抗辩权尤具实益。例如，对于无偿委托合同，受托人应向委托人移交处理事务取得之成果，而委托人须偿还受托人为执行事务支出之费用。由于二者并不构成给付与对待给付的牵连关系，〔50〕故无法适用同时履行抗辩权，但应当认可受托人的留置抗辩权，并允许保证人加以援引。

45 进一步而言，在某些情形下同时履行抗辩权与因留置权所生的抗辩权均无法适用，但仍然应允许当事人以对方未履行合同义务为由而拒绝履行己方义务。例如在持续供货交易中，出卖人以买受人未支付前一期价款为由拒绝交付后一期货物。有学者提出，此时应借助《民法典》第447条有关物权留置权的实质要件，并从宽解释第525条所称“当事人互负债务”，以构造当事人的留置抗辩权，〔51〕进而允许保证人援引。

(三)永久性抗辩权

46 保证人得主张债务人的永久性抗辩权(亦称消灭的抗辩权)，以永续地排除债权人的履行请求权。在学理上，永久抗辩权的类型包括时效抗辩权、对不法取得债权的恶意抗辩权等。〔52〕但就我国现行法而言，当事人享有的永久抗辩权仅为时效抗辩权，下文论述亦仅以此为限。

---

〔49〕 王利明主编:《中国民法典评注·合同编(二)》，人民法院出版社2021年版，第977页(程啸执笔);史尚宽:《物权法论》，中国政法大学出版社2000年版，第487页。

〔50〕 依学界通说，同时履行抗辩权系仅适用双务合同，其规范目的在于保持给付与对待给付实现上的同步均衡。参见王洪亮:《〈合同法〉第66条(同时履行抗辩权)评注》，载《法学家》2017年第2期，第163—164页;韩世远:《构造与出路:中国法上的同时履行抗辩权》，载《中国社会科学》2005年第3期，第108页。

〔51〕 参见庄加园:《留置抗辩权的体系构建:以牵连关系为中心》，载《法商研究》2022年第3期，第156页。

〔52〕 参见王泽鉴:《民法总则》(2022年重排版)，北京大学出版社2022年版，第111页;许德风:《欺诈的民法规制》，载《政法论坛》2020年第2期，第13页;申海恩:《抗辩权效力的体系构成》，载《环球法律评论》2020年第4期，第87页。

1. **诉讼时效抗辩权**

当所担保主债权诉讼时效期间届满时,债务人即享有时效抗辩权(《民法典》第192条第1款)。保证人得援引主债的时效抗辩权,《诉讼时效规定》(2020年修正)第18条第1款在规范层面进一步明确了此点。在司法实践中,保证人援引主债时效抗辩权也是《民法典》第701条(或《担保法》第20条)适用最为广泛的情形。〔53〕 若保证人在诉讼中成功地援引主债时效抗辩权,将发生驳回诉请并排除强制执行之效果。当然,如果主债权属于《诉讼时效规定》(2020年修正)第1条所列排除诉讼时效适用的情形,则债务人和保证人均不得主张主债的诉讼时效抗辩权。 47

根据《民法典担保制度解释》第35条第1分句,若保证人明知或应知主债权诉讼时效期间届满,却仍然提供保证或者承担保证责任,则不得以此为由拒绝承担保证责任或请求返还财产。此系保证人援引主债时效抗辩权的例外规定,规范目的在于保护债权人的信赖,根本原因在于通过意思表示解释可认定保证人放弃了对主债时效抗辩权的援引。〔54〕 对此尚有如下几点需要说明: 48

第一,保证人须明确地表达出放弃援引主债诉讼时效抗辩权的意思。实践中会有这样的情形出现,即保证人在诉讼时效期间已经届满的主债务催收单上签字或盖章。然而,此举原则上仅能在客观上证明保证人确认收到了主债催收单,若无其他证据表明保证人具有放弃援引主债诉讼时效抗辩权的意思,则"不能当然地视为同意承担保证责任"。〔55〕 此点与《诉讼时效规定》(2020年修正)第19条第3款体现出的立场是一致的。〔56〕

第二,为避免保证人轻率缔约,《民法典》第685条规定了保证的书面要式性。〔57〕 同样出于保护保证人之目的,保证人在作出放弃主债时效抗辩权之表示时,亦须采取书面形式为之。否则,将因形式瑕疵而不构成有效放弃,保证人仍可

---

〔53〕 参见中国东方资产管理公司大连办事处诉辽宁华曦集团公司等借款担保纠纷上诉案,最高人民法院(2003)民二终字第93号民事判决书,载《最高人民法院公报》2003年第6期;最高人民法院(2005)民二终字第50号民事判决书;广东省深圳市中级人民法院(2020)粤03民终20570号民事判决书。

〔54〕 参见程啸、高圣平、谢鸿飞:《最高人民法院新担保司法解释理解与适用》,法律出版社2021年版,第213页(高圣平执笔)。

〔55〕 青州市益都农村信用合作社诉韩明吉、青州市昭德街道苏桥居民委员会因担保期限不明而引发的借款合同案,载最高人民法院中国应用法学研究所编:《人民法院案例选》(2004年商事·知识产权专辑),人民法院出版社2005年版,第83页以下。

〔56〕 《诉讼时效规定》(2020年修正)第19条第3款规定:"超过诉讼时效期间,贷款人向借款人发出催收到期贷款通知单,债务人在通知单上签字或者盖章,能够认定借款人同意履行诉讼时效期间已经届满的义务的,对于贷款人关于借款人放弃诉讼时效抗辩权的主张,人民法院应予支持。"由其文意可知,借款人在催收通知单上签字或盖章仅为认定其放弃诉讼时效抗辩权的必要条件而非充分条件。

〔57〕 参见王蒙:《论保证的书面形式》,载《清华法学》2021年第5期,第42页。

援引主债诉讼时效抗辩权。

第三,保证人明知或应知主债权已罹于诉讼时效而仍向债权人承担责任,则无论其以与债务人的内部关系为据还是通过主张法定取得的主债权,均无法向债务人进行追偿,除非债务人也已经放弃了债权人的诉讼时效抗辩权。〔58〕 对此的详细论证已如前述(边码 32 以下)。

49 主债权和保证债权系两个独立的债权,债权人请求保证人承担责任并不会导致主债权的诉讼时效中断。即便是债权人向保证人提起诉讼后主债诉讼时效才届满,亦不妨碍保证人援引主债的时效抗辩权。根据《诉讼时效规定》(2020 年修正)第 3 条第 1 款的规定,当事人原则上应当在一审期间主张诉讼时效抗辩。更具体地说,保证人最迟应在一审法庭辩论终结前提出援引债务人诉讼时效抗辩权的主张。〔59〕 在二审期间,如果保证人基于新的证据(例如一审庭审结束后新发现的证据)能够证明主债务罹于诉讼时效,则应例外地允许保证人援引债务人的诉讼时效抗辩权。〔60〕

2. **执行时效抗辩权**

50 在我国法框架下,除了诉讼时效制度以外还存在执行时效制度。依据《民事诉讼法》第 246 条第 1 款第 1 句,法院作出生效裁判的"申请执行的期间为二年",此即执行时效期间。同时,该款第 2 句指出对执行时效适用有关诉讼时效的规定,即立法者对执行时效也采取了抗辩权立场。〔61〕 诉讼时效针对的是审判程序中尚不可执行的债权,而执行时效则以执行程序中已可执行的债权为规制对象。当事人是否行使诉讼时效抗辩权,将决定法院是否作出具有强制执行力的给付判决;而当事人是否行使执行时效抗辩权,将决定法院是否实际采取强制执行措施。〔62〕

51 由此可见,诉讼时效和执行时效共同构成了现行法对债权实现的时间限制,

---

〔58〕 参见江苏省常州市中级人民法院(2022)苏 04 民终 1051 号民事判决书;广东省佛山市顺德区人民法院(2021)粤 0606 民初 4005 号民事判决书。

〔59〕 余延满:《论时效抗辩权的行使》,载《山东法官培训学院学报(山东审判)》2018 年第 1 期,第 13 页;王利明主编:《中国民法典学者建议稿及立法理由 · 总则编》,法律出版社 2005 年版,第 419—420 页;葛承书:《民法时效——从实证的角度出发》,法律出版社 2007 年版,第 218 页。

〔60〕 有关"新的证据"的认定参见李宇:《民法总则要义:规范释论与判解集注》,法律出版社 2017 年版,第 910—911 页。不构成"新的证据"的情形参见杨巍:《〈民法典〉第 192 条、第 193 条(诉讼时效届满效力、职权禁用规则)评注》,载《法学家》2020 年第 6 期,第 179 页,段码 19。

〔61〕 参见霍海红:《执行时效期间的再改革》,载《中国法学》2020 年第 1 期,第 241 页;杨巍:《〈民法典〉第 192 条、第 193 条(诉讼时效届满效力、职权禁用规则)评注》,载《法学家》2020 年第 6 期,第 177 页,段码 9。

〔62〕 参见金印:《执行时效的体系地位及其规制方式——民法典编撰背景下执行时效制度的未来》,载《法律科学》2017 年第 5 期,第 98 页。

只不过其各自在不同阶段对债权的可实现性产生影响。若债权人在和债务人的诉讼中取得胜诉判决,自该判决生效之日起,原尚不可执行的债权转化为可执行的债权,执行时效期间也将按照《民事诉讼法》第246条第2款的规定相应地起算。若债权人在执行时效期间届满后才申请强制执行,虽然法院仍应受理其执行申请,但作为被执行人的债务人得行使执行时效抗辩权。根据《民法典担保制度解释》第44条第1款第2句规定,若债权人未在申请执行时效期间内对债务人申请强制执行,人民法院将不会支持债权人向抵押人行使抵押权的主张。由此可见,主债权执行时效期间届满同样会产生对抗抵押权行使的效果,即抵押人得主张执行时效抗辩权。〔63〕同理,在保证的场合下,若债权人在主债权执行时效期间届满后才请求保证人承担责任,保证人亦得援引债务人的执行时效抗辩权加以对抗。

三、保证人权利不受债务人放弃抗辩的影响

(一)概述

1. 规范正当性基础

本条第2句规定:"债务人放弃抗辩的,保证人仍有权向债权人主张抗辩。"易 52
言之,若债务人放弃对债权人的抗辩,原则上不对保证人发生效力。恰如前述,本句的正当性基础在于"禁止他人处置"之法理,规范目的在于保护保证人,以免因债务人放弃抗辩的行为加重保证人的责任。这是与保证合同单务性、无偿性的特征相吻合的,〔64〕也与《民法典》第695条第1款规定保持了价值判断上的一致性。

此外需要指出的是,保证人于此并非代债务人主张抗辩,而是以自己的名义独立行使抗辩权,自然不应当受到债务人放弃抗辩的影响,这也从一个侧面体现出了保证合同的独立性。〔65〕

2. 债务人放弃抗辩的判断

有关此处所称"债务人放弃抗辩"的含义与构成,有如下几点值得提示: 53

首先,遵循前文对"债务人对债权人的抗辩"所作限缩解释(边码8以下),此处

---

〔63〕 参见高圣平:《民法典担保制度及其配套司法解释理解与适用(下册)》,中国法制出版社2021年版,第772页。

〔64〕 参见王利明主编:《中国民法典评注·合同编(二)》,人民法院出版社2021年版,第971页(程啸执笔)。

〔65〕 参见黄立主编:《民法债编各论(下册)》,中国政法大学出版社2003年版,第868页(杜怡静执笔)。

"债务人放弃抗辩"亦须相应解释为债务人对抗辩权(权利阻止之抗辩)的放弃。

其次,倘若债务人对抗辩权的放弃发生在保证合同订立之前,那么保证人所担保的本来就是一项不含有该抗辩权的债权,自无适用本条第 2 句之必要。职是之故,此处所称债务人放弃抗辩须发生在保证合同订立之后。

再次,债务人须以明示或默示的方式作出放弃抗辩权之意思表示。若债务人明确向债权人表达不行使抗辩权之意思,自然构成对抗辩权的放弃。但若通过债务人的行为足以推断其具有放弃抗辩权的意思,则亦无不可。[66] 在司法实践中,债务人以其行为(尤其是不作为)默示放弃抗辩权更为普遍,例如债务人在主债诉讼中未主张履行顺序抗辩权或时效抗辩权。[67]

最后,若保证人同意债务人放弃对债权人的抗辩权,则该放弃亦对保证人生效,但保证人同意的表示须采书面形式为之(《民法典》第 695 条第 2 分句)。

54 于此还需要注意的是,若某项抗辩权因欠缺法定成立要件而无法为债务人主张,即便该要件的缺失与债务人的不作为有关,亦不构成本句所称"债务人放弃抗辩"。[68] 当此情形,由于债务人本身也就不享有抗辩权,保证人自然也无从援引。此类情形最为典型的例子即买受人未在法定或约定检验期限内向出卖人告知标的物瑕疵:买受人应当及时检验标的物瑕疵并通知出卖人,若其违反了此项不真正义务,须承担由此所生不利后果,即法律拟制"标的物数量或者质量符合约定"(《民法典》第 621 条第 1 款第 2 句)。此时,买受人不得再以标的物存在瑕疵为由对抗出卖人的价款给付请求权,担保价款债权给付的保证人亦无履行抗辩权可以援引。否则,瑕疵检验期间的规范目的恐将落空。

55 此外,根据比较法提供的经验,在某些特殊情形下,虽然债务人放弃了对债权人的抗辩权,但若依据诚实信用原则保证人主张该权利构成权利滥用,则亦应限制保证人援引此项抗辩权。[69]

---

〔66〕 参见谢鸿飞、朱广新主编:《民法典评注 · 合同编 · 典型合同与准合同(2)》,中国法制出版社 2020 年版,第 129 页(夏昊晗执笔)。

〔67〕 参见山东省高级人民法院(2007)鲁民二终字第 149 号民事判决书。

〔68〕 谢鸿飞、朱广新主编:《民法典评注 · 合同编 · 典型合同与准合同(2)》,中国法制出版社 2020 年版,第 129 页(夏昊晗执笔)。Vgl. Soergel/*Gröschler*, 2015, Vorbem. zu § 768 Rn. 15; MüKoBGB/*Habersack*, 2020, § 768 Rn. 16.

〔69〕 例如,在双务合同中,债权人向债务人提出与约定不符的他种给付;当债务人接受此种给付时,则发生代物清偿之效果,债务人不再对债权人享有履行抗辩权。若债权人所为给付与原定给付价值相当(gleichtwertige Leistung),则债务人接受此种给付一方面有利于主债关系的良性发展(sachgerechte Abwicklung des Hauptschuldverhältnisses);另一方面不会对债务人经济状况造成不利影响,也不会危及保证人之后可能的追偿权。当此情形,虽然构成债务人放弃抗辩权,但保证人继续援引该项权利或构成权利滥用。Vgl. Staudinger BGB/*Stürner*, 2020, § 768 Rn. 3.

(二)债务人放弃时效抗辩权

1. 放弃时效抗辩权的认定

在债务人的诸项抗辩权中,时效抗辩权的重要性不言自明。在司法实践中,债务人放弃时效抗辩权或类似的情形也颇为普遍,故有必要对其具体形态及法律后果进行专门讨论。债务人放弃对债权人的时效抗辩权,以债务人已经享有此抗辩权为前提。根据《民法典》第197条第2款的规定,“当事人对诉讼时效利益的预先放弃无效”。这意味着,债务人在主债时效届满前无法放弃时效抗辩权。或者说,在诉讼时效期间届满前债务人尚不享有时效抗辩权,更遑论放弃。因此,下文语境下的时效抗辩权放弃,仅指主债诉讼时效期间届满后债务人放弃行使时效抗辩权的情形。 56

诉讼时效期间一经届满,债权的可实现性因时效抗辩权的存在而有所减损,债务也即成为自然债务。但是按照学界主流观点,诉讼时效抗辩权一经债务人放弃,主债的诉讼时效期间即重新起算(时效中断),主债务也从自然债务恢复至完全债务的状态。[70] 此种法律后果显然加重了保证人的法律负担,故在未取得保证人书面同意时不应对其生效。易言之,此时仍应允许保证人援引主债的诉讼时效抗辩权。 57

债务人放弃时效抗辩权常表现为:出具表示同意履行债务的文书、为债权提供担保、通过征询函要求债权人确认债权、在时效届满的债务催收通知单上签字或盖章等。[71] 此外,倘若在有关主债的诉讼中债务人未主张时效抗辩权,法院也会将债务人的此种不作为当作放弃时效抗辩权处理。[72] 但无论债务人以何种形式放弃时效抗辩权,保证人仍有权援引该项抗辩权。 58

债务人放弃时效抗辩权,在本质上系以债权人为相对人、须受领的意思表示,故得适用有关意思表示的相关规则。具言之,债务人必须具有放弃时效抗辩权之效果意思,即尽管诉讼时效期间经过仍愿向债权人为给付之意思。[73] 即便债务人未明示放弃时效抗辩权,只要通过意思表示的解释能够认定其具有前述意思即 59

---

〔70〕 参见杨巍:《〈民法典〉第192条、第193条(诉讼时效届满效力、职权禁用规则)评注》,载《法学家》2020年第6期,第186页,段码65;朱晓喆:《〈民法典〉第192条(诉讼时效的法律效果)评注》,载《中国应用法学》2022年第2期,第228页。

〔71〕 对此的详细梳理参见朱晓喆:《〈民法典〉第192条(诉讼时效的法律效果)评注》,载《中国应用法学》2022年第2期,第225—227页。

〔72〕 参见上海市高级人民法院(2016)沪民终29号民事判决书。

〔73〕 参见朱庆育:《民法总论》(第2版),北京大学出版社2016年版,第543页。

为已足。〔74〕学界主流观点认为,时效抗辩权的放弃系债务人处分自身权利之行为,故应以其知晓诉讼时效期间届满为前提。〔75〕若债务人因不知诉讼时效届满而作出同意履行之表示,则可以错误为由主张撤销。也有反对观点认为,只要债务人作出同意履行义务的意思表示即可,其是否知晓时效届满则非所问。〔76〕但无论采前述何种观点,无论债务人能否行使撤销权,均不影响保证人对时效抗辩权的援引。

2. 时效届满前债务承认的处理

60 《民法典》第 195 条第 2 项将"义务人同意履行义务"规定为诉讼时效中断的事由之一。该行为系诉讼时效期间届满前的债务承认,本质属于准法律行为中的意思通知。这意味着,只要债务人通过表示行为认可债务存在并同意履行,则无论其中是否包含中断诉讼时效的效果意思,都将引发诉讼时效期间重新计算的法定后果。〔77〕时效届满前的债务承认,系债务人对自己事务的处理。此举并非债务人预先放弃时效利益,而只是推迟了其取得时效利益的时间,法律上自无不许之理,否则将构成对债务人意思自治的不当干涉。

61 诉讼时效中断意味着诉讼时效期间的重新计算,而只有当新的诉讼时效期间届满后,债务人才获得诉讼时效抗辩权。此种局面对保证人颇为不利,尤其是当主债务诉讼时效期间即将届满时,因为倘若诉讼时效未中断,债务人本可以早些获得诉讼时效抗辩权,进而由保证人以本条第 1 句规定为据加以援引。由此产生的问题是:债务承认引发的诉讼时效中断,能否对保证人产生效力?倘若不对保证人发生效力,显然突破了担保的从属性原则,其正当性来源与规范基础何在?以下就此展开分析:

62 债务人在时效届满前承认债务,不构成债务人和债权人协议变更主债内容加重保证人责任,故无法适用《民法典》第 695 条第 1 款第 2 分句之规定。当此情形,由于时效抗辩权尚未产生,故不构成对既有抗辩权的放弃,也无法直接适用本条第 2 句之规定。但是就该行为的法律效果而言,债务人通过承认债务推迟了自

---

〔74〕有关债务人弃权意思的认定及我国司法实践确立的标准参见杨巍:《〈民法典〉第 192 条、第 193 条(诉讼时效届满效力、职权禁用规则)评注》,载《法学家》2020 年第 6 期,第 184 页,段码 50、51。

〔75〕杨巍:《〈民法典〉第 192 条、第 193 条(诉讼时效届满效力、职权禁用规则)评注》,载《法学家》2020 年第 6 期,第 185 页,段码 54;朱庆育:《民法总论》(第 2 版),北京大学出版社 2016 年版,第 543 页。

〔76〕参见朱晓喆:《〈民法典〉第 192 条(诉讼时效的法律效果)评注》,载《中国应用法学》2022 年第 2 期,第 224—225 页;陈甦主编:《民法总则评注(下册)》,法律出版社 2017 年版,第 1385 页(周江洪执笔)。

〔77〕杨巍:《〈民法典〉第 195 条评注之一(诉讼外请求、义务承认)》,载《法学家》2021 年第 4 期,第 184 页,段码 50。

已获得诉讼时效抗辩权的时间,也推迟了保证人能够援引这一抗辩权的时间。[78]由于债务人以其单方行为实质加重了保证人的法律负担,与"禁止他人处置"原则相抵触,故有必要加以限制。[79]

是故为了保护保证人,尤其是为了避免无资力的债务人和债权人串通损害保证人,[80]债务承认虽然导致主债务诉讼时效中断,但此种中断不应对保证人发生效力。易言之,保证人得主张主债务诉讼时效继续计算,并在期间届满时援引债务人的时效抗辩权。就规范适用而言,保证人得主张类推适用本条第2句的规定。于此需要澄清的是,这一做法并不会对债务人处置自己债务的自由构成不当限制,因为在债务人和债权人之间依然发生主债诉讼时效中断,只不过此种效果并不及于保证人而已。 63

或许会有反对观点认为,《民法典》第195条列明了导致诉讼时效中断的诸项事由,"义务人同意履行义务"即在其中。既然如此,保证人在订立保证合同时能够也应当预见到,所担保债权的诉讼时效期间或将因为债务承认而中断,令保证人承担诉讼时效中断的后果并无不妥。对于这一可能的反驳意见,本文持不同观点。尽管请求履行与承认债务均系当事人以单方行为中断诉讼时效,但在是否对保证人发生效力的问题上应作不同评价,因为保证人对二者的期待有所不同。具言之,前者属于权利行使型时效中断事由,而后者则属于义务承认型时效中断事由。[81] 在保证人预设的立场中,债权人会为自身利益而请求债务人履行,以实现中断诉讼时效从而延长债权保护之目的;而债务人通常不会主动承认债务,以免诉讼时效期间重新计算而无法享受时效利益。 64

基于上述立场,债权人如欲避免保证人援引主债的时效抗辩权对抗自己的履行请求,只能借助权利行使型时效中断事由,即通过向债务人提起诉讼、仲裁或为诉讼外请求中断诉讼时效。此举并不会对债权人造成过分不利益,因为由此产生之费用构成"实现债权的费用",最终将由保证人承担(《民法典》第691条第1句)。当然,债权人和保证人同样可以约定,因债务承认引发的诉讼时效中断亦对保证人发生效力。但是,同样出于保护保证人之目的,此种约定须采书面形式为之。 65

---

〔78〕 Vgl. BeckOGK/*Madaus*, 2021, BGB § 768 Rn. 27.

〔79〕 Vgl. *Reinicke/Tiedtke*, Bürgschaftsrecht, 3. Aufl., 2008, S. 95, Rn. 286; MüKoBGB/*Habersack*, 2020, § 768 Rn. 15.

〔80〕 参见张谷:《民法典合同编若干问题漫谈》,载《法治研究》2019年第1期,第72页;李运杨:《第三担保人的抗辩权体系》,载《政治与法律》2021年第8期,第34页。

〔81〕 参见杨巍:《〈民法典〉第195条评注之一(诉讼外请求、义务承认)》,载《法学家》2021年第4期,第175页,段码15。

四、程序法问题

(一)举证责任分配

66 根据“规范说”确立的证明责任分配基本规则,[82]在有关保证合同的诉讼中,须由债权人(原告)对有效保证合同的存在以及保证责任的发生承担证明责任。反之,若保证人(被告)以本条为据主张债务人对债权人之抗辩权,则其对所援引抗辩权的存在负举证责任。[83]

67 具言之,当保证人援引债务人的抗辩权时,保证人不仅需要证明抗辩权成立要件具备(例如主债诉讼时效期间的起算点、届满日等),而且须明确提出行使该项权利之主张。

68 若债权人对保证人援引债务人抗辩权提出异议,则其须举证证明存在阻止抗辩权成立或行使之事实,例如引发主债诉讼时效期间中断或中止的事由、佐证保证人援引主债抗辩权构成权利滥用之事实等。

69 此外,若债权人提出保证人已经放弃援引债务人的抗辩权,则其须证明保证人作出了有效的弃权表示,例如保证人具有明确的弃权意思以及该表示具备书面形式。[84]

(二)诉讼参加与判决效力

70 由《民法典担保制度解释》第26条以及《民事诉讼法解释》(2022年修正)第66条可知,对于涉及保证合同纠纷的诉讼,债权人得以保证人和债务人为共同被告一并主张权利。若为一般保证,债权人可单独起诉债务人,但不得仅起诉保证人;若为连带责任保证,债权人可自主决定单独起诉债务人或保证人。[85]

71 当主债诉讼先于保证诉讼发生时,已经生效的主债判决能否以及如何影响未决保证诉讼的判决成为核心问题。根据既判力理论的基本原理,生效判决原则上仅对诉讼当事人产生拘束力,而主债诉讼与保证诉讼属于当事人不同的两则独立诉讼。职是之故,若法院已就主债关系作出生效判决,则无论债务人在诉讼中是

---

〔82〕 参见[德]莱奥·罗森贝克:《证明责任论》(第5版),庄敬华译,中国法制出版社2018年版,第121页。

〔83〕 参见广西壮族自治区灵川县人民法院(2018)桂0323民初1311号民事判决书。

〔84〕 Vgl. BeckOGK/*Madaus*, 2021, BGB § 768 Rn. 37; *Schimansky/Bunte/Lwowski*, Bankrechts—Handbuch, 5. Aufl., 2017, § 91 Bürgschaft, Rn. 87.

〔85〕 参见程啸、高圣平、谢鸿飞:《最高人民法院新担保司法解释理解与适用》,法律出版社2021年版,第166页(高圣平执笔)。

否行使了对债权人的抗辩权，也无论其行使抗辩权之主张是否为法院支持，均不影响保证人在其与债权人的诉讼中援引债务人的抗辩权。[86] 这意味着，法院在之后单独审理保证合同纠纷时，需要重新就债务人对债权人的抗辩权是否成立进行审理。若在主债诉讼中法院否定了债务人的抗辩权主张，债权人不得援引该判决对抗保证人。但是，若在主债诉讼中法院支持了债务人的抗辩权主张，保证人得援引此判决对抗债权人，这本身即为保证抗辩从属性的体现。[87]

根据《民事诉讼法解释》(2022年修正)第93条第1款第5项之规定，"已为人民法院发生法律效力的裁判所确认的事实"无须当事人举证证明。简言之，前述规定赋予了生效裁判确认之事实免证效力。就主债诉讼已生效而保证诉讼尚未决的情形而言，前述规则的适用应当受到一定限制。具体来说，若主债生效判决认可了债务人的抗辩权，保证人在援引该抗辩权时得以抗辩权成立之事实已为生效判决确认而免负举证责任。反之，若主债生效判决否认了债务人的抗辩权，债权人不能以此为由主张免证。易言之，此种情形下，债权人仍应就债务人抗辩权不成立或不能行使提出证据加以证明，并在事实真伪不明时承担诉讼上的不利后果。这种区分处理是具有正当性的，因为债权人在主债诉讼中已经参与了有关债务人抗辩权这一事实举证上的攻击防御，而保证人恰恰未参与其中，因此已生效判决伴随的免证效果不应当对保证人造成不利影响。 72

附：案例索引

1. 北京市第二中级人民法院(2021)京02民辖终540号民事裁定书：东兆长泰集团有限公司与范林等民间借贷纠纷案【边码27】

2. 北京市第三中级人民法院(2016)京03民终8680号民事判决书：王军诉李睿抵押合同纠纷案【边码21】

3. 北京市高级人民法院(2018)京民初33号民事判决书：国投泰康信托有限公司与深圳隆徽新能源投资合伙企业等金融借款合同纠纷案【边码13】

4. 北京市高级人民法院(2018)京民初66号民事判决书：华融天泽投资有限公司与锦州海森堡石化科技有限公司等金融借款合同纠纷案【边码13】

5. 北京市高级人民法院(2020)京民申1838号民事裁定书：深圳青山商业保理有限公司与綦某虹保证合同纠纷案【边码28】

6. 重庆市高级人民法院(2017)渝民再字第173号民事判决书：蓝某与肖某春等民间借贷纠纷案【边码71】

7. 广东省东莞市第二人民法院(2018)粤1972民初7254号民事判决书：东莞市俏迪服饰

---

〔86〕 参见重庆市高级人民法院(2017)渝民再字第173号民事判决书。

〔87〕 比较法上有学者将此称为"既判力之抗辩权"(Einrede der Rechtskraft)。Vgl. Soergel/*Gröschler*, 2015, § 765 Rn. 67; MüKoBGB/*Habersack*, 2020, § 768 Rn. 18 f.

有限公司与仙童岛服饰(深圳)有限公司保证合同纠纷案【边码 42】

8. 广东省佛山市顺德区人民法院(2021)粤 0606 民初 4005 号民事判决书:梁某勇与梁某松追偿权纠纷案【边码 48】

9. 广东省广州市中级人民法院(2010)穗中法民二终字第 704 号民事判决书:广东新广国际集团有限公司等与中信银行股份有限公司广州番禺支行借款合同纠纷案【边码 13】

10. 广东省深圳市中级人民法院(2020)粤 03 民终 20570 号民事判决书:肖某飞与首汽租赁有限责任公司深圳分公司等车辆租赁合同纠纷案【边码 47】

11. 广西壮族自治区灵川县人民法院(2018)桂 0323 民初 1311 号民事判决书:桂林铁山混凝土有限公司与桂林市第七建筑安装工程有限责任公司等买卖合同纠纷案【边码 66】

12. 广西壮族自治区柳州市中级人民法院(2017)桂 02 民终 3300 号民事判决书:丁某杰与梁某民间借贷纠纷案【边码 24】

13. 河南省高级人民法院(2016)豫民终字 640 号民事判决书:河南宏腾纸业有限公司与中信银行股份有限公司郑州分行金融借款合同纠纷案【边码 13】

14. 河南省商城县人民法院(2021)豫 1524 民初 2351 号民事判决书:刘某平等与中国农业银行股份有限公司商城县支行不当得利纠纷案【边码 6】

15. 黑龙江省佳木斯市郊区人民法院(2021)黑 0811 民初 375 号民事判决书:黑龙江省农业融资担保有限公司佳木斯分公司与卢某宣等追偿权纠纷案【边码 18】

16. 吉林省长春市中级人民法院(2015)长民四终字第 435 号民事判决书:中国农业银行股份有限公司吉林省分行营业部与长春市友谊进口汽车配件商店抵押合同纠纷案【边码 21】

17. 江苏省常州市中级人民法院(2022)苏 04 民终 1051 号民事判决书:周某生与王某美追偿权纠纷案【边码 48】

18. 江苏省无锡市中级人民法院(2021)苏 02 民终 2471 号民事判决书:苏某与无锡市新区江溪街道春勤股份经济合作社追偿权纠纷案【边码 17】

19. 山东省高级人民法院(2007)鲁民二终字第 149 号民事判决书:中国农业银行嘉祥县支行与嘉祥县农村信用合作社联合社借款担保合同纠纷案【边码 53】

20. 山东省高级人民法院(2020)鲁民终 2584 号民事判决书:山东玉皇盛世化工股份有限公司与广发银行股份有限公司济南分行金融借款合同纠纷案【边码 13】

21. 山东省威海市中级人民法院(2021)鲁 10 民终 1949 号民事判决书:威海那瓦国际贸易有限公司与郑某花合同纠纷案【边码 42】

22. 上海市第一中级人民法院(2021)沪 01 民终 12427 号民事判决书:陈某等与上海技贸纺织品有限公司保证合同纠纷案【边码 17】

23. 上海市高级人民法院(2016)沪民终 29 号民事判决书:中国工商银行股份有限公司上海市南汇支行与上海商景实业有限公司等信用证融资纠纷案【边码 58】

24. 四川省成都市龙泉驿区人民法院(2021)川 0112 民初 6879 号民事判决书:四川航天天盛科技有限公司与成都新北辰科技有限公司等买卖合同纠纷案【边码 42】

25. 最高人民法院(2003)民二终字第 93 号民事判决书:中国东方资产管理公司大连办事处诉辽宁华曦集团公司等借款担保纠纷上诉案【边码 47】

26. 最高人民法院(2005)民二终字第 50 号民事判决书:中国信达资产管理公司西安办事处与西安市冶金工业公司等借款担保合同纠纷案【边码 47】

27. 最高人民法院(2015)民二终字第 125 号民事判决书:中航惠德风电工程有限公司与辽宁高科能源集团有限公司等担保合同纠纷案【边码 28】

28. 最高人民法院(2016)最高法民申 100 号民事裁定书:唐某平与南京星际园温泉休闲有限责任公司民间借贷纠纷案【边码 5】

29. 最高人民法院(2016)最高法民终 40 号民事判决书:江苏索普(集团)有限公司等与中国农业发展银行乾安县支行保证合同纠纷案【边码 5】

30. 最高人民法院(2018)最高法民终 907 号民事判决书:福建超大集团有限公司与中国农业银行股份有限公司福州分行金融借款合同纠纷案【边码 5】

31. 最高人民法院(2021)最高法知民终 887 号民事判决书:北京派尔特医疗科技股份有限公司与深圳市科焕芯科技有限公司技术开发合同纠纷案【边码 41】

第 807 条

建工价款的优先受偿权*

第 807 条　发包人未按照约定支付价款的，承包人可以催告发包人在合理期限内支付价款。发包人逾期不支付的，除根据建设工程的性质不宜折价、拍卖外，承包人可以与发包人协议将该工程折价，也可以请求人民法院将该工程依法拍卖。建设工程的价款就该工程折价或者拍卖的价款优先受偿。

简　目

一、规范意旨……1—14

(一)规范的正当化理由……1—4

(二)法条功能……5

(三)规范史略……6—8

(四)适用范围……9—10

(五)体系关联……11—14

1. 与《民法典》第 386—393 条……11—13

2. 与《民法典》第 783 条……14

二、优先受偿权的行使要件……15—49

(一)优先受偿权已经发生……15—32

1. 当事人适格……15—20

2. 请求权可实现性……21—29

3. 发包人在承包人设定的宽限期届满后仍不支付……30—32

(二)优先受偿权尚未消灭……33—49

1. 承包人放弃优先受偿权……34—40

2. 承包人在合理期限未行使优先受偿权……41—47

3. 优先受偿权被排除……48—49

三、优先受偿权的效力……50—76

(一)担保债权之范围……51—59

1. 计入优先受偿权担保债权之范围……52—56

2. 不计入优先受偿权担保债权之范围……57—59

(二)标的物之范围……60—62

(三)权利间的顺位关系……63—76

1. 商品房消费者权利排斥优先受偿权……64—70

2. 执行费用等共益性费用优先于优先受偿权……71

3. 数个优先受偿权平等受偿……72

4. 优先受偿权优先于约定抵押权……73—75

5. 优先受偿权优先于其他债权……76

---

* 本文系基于《〈民法典〉第 807 条(建工价款的优先受偿权)评注》(载《南京大学学报(哲学·人文科学·社会科学)》2021 年第 4 期,第 83—101 页)一文修订而成。

经检索,笔者发现了 3 个与本条相关的指导案例,9 个最高人民法院公报案例。笔者使用关键词“建设工程”“优先受偿权”在“无讼”案例数据库“案例”项下进行全文搜索,共获得 583 个,高级人民法院案例 1618 个。排除重复案例与无实质关联案例,共获得有效案例 327 个。其他层级法院的案例,主要通过《人民司法》、“天同码”2019 年系列图书等案例书刊,结合“无讼”案例数据库“案例”项下进行全文搜索所得。检索时间:2021 年 2 月 15 日。

四、优先受偿权的实现程序……77—92
(一)实现方式……77—79
(二)通过协商折价实现……80—81
(三)通过强制拍卖实现……82—85
(四)通过破产清算程序实现……86—87
(五)实现的法律障碍……88—92
1. 建设工程自身的质量不合格……89—90
2. 建设工程属于不得补正登记的违章建筑……91
3. 建设工程存在用途限制……92
五、举证责任……93—94

一、规范意旨

(一)规范的正当化理由

1 《民法典》第807条(以下简称本条)规定,承包人就未支付的建工价款,享有优先受偿权。由此,在承包人按照约定或发包人的要求实施建造行为时,其对价获得了充分的保障。本条的正当性在于,激励承包人通过建造行为,至少保持了建设工程的价值。承包人通过建造行为,将劳务、材料等附着于建设工程,[1]从而确保建设工程的可用性。原有司法政策要求优先受偿权以建造行为提升建设工程的价值为前提。[2] 然而,此政策并不妥当。无论建造行为是提升了建设工程的价值,抑或仅是保持其价值,均有助于实现全体债权人的利益,理应同等对待。抬高建造行为的标准,势必导致承包人因为无法得到充分激励,放弃保持价值的建造行为,进而影响整个建设工程的价值与可用性。由此,建设工程的交换价值亦受贬损,其他债权人的利益也得不到满足。[3]

2 本条的正当性还在于,防止承包人的建工价款落空。在发包人无法支付其全部债务的场合,一方面,承包人通过建造行为,至少保持了建设工程的价值;另一方面,抵押权人却可从中优先取偿。如此利益状况,显然有违诚信原则[4]与事物

---

〔1〕 参见孙科峰、杨遂全:《建设工程优先受偿权主体的争议与探究——〈合同法〉第286条之分析》,载《河北法学》2013年第6期,第131页。

〔2〕 已失效的《最高人民法院关于装修装饰工程款是否享有合同法第二百八十六条规定的优先受偿权的函复》(2004)规定,“在建筑物因装修装饰而增加价值的范围内优先受偿”。此司法政策旨在细分建设工程,避免优先受偿权所涉之标的物范围过于宽泛,影响其他债权人利益。不过,只需要将建造行为附着与标的物之范围结合视之,将无建造行为附着的建设工程排除在标的物之范围外即可。

〔3〕 参见申卫星:《信心与思路:我国设立优先权制度的立法建议》,载《清华大学学报(哲学社会科学版)》2005年第2期,第59页。

〔4〕 梁慧星:《合同法第二百八十六条的权利性质及其适用》,载《山西大学学报(哲学社会科学版)》2001年第3期,第6页。

内在之理。而且,我国缺乏抵押权人对承包人的补偿机制。[5] 所以,优先受偿权优于抵押权和其他债权,即属妥当进路。此处还有法律平等对待的考量。在承揽合同中,承揽人为完成工作成果,付出了劳动、材料等。在定作人未向承揽人支付报酬时,承揽人可以对完成的工作成果享有留置权(《民法典》第 783 条)。与之类似,承包人将劳动、材料等附着于建设工程。但是,因为建设工程属于不动产,承包人无法享有《民法典》第 783 条的留置权。故而,为了避免二者利益状态过于背离,有必要授予承包人优先受偿权。

3 优先受偿权保障的范围,应以约定的建工价款为基准。[6] 激励承包人有两种选择:一者,按照较低标准,仅确保其为了实施建造行为所支出的费用。二者,按照较高标准,保障约定的建工价款。但是,若采较低标准,承包人可能寻求替代交易,转向为其他发包人实施建造行为,并获得相应对价。建设工程的价值与可用性落空,造成社会资源浪费。据此,应采取较高标准,以建工价款为担保债权之范围(边码 51)。

4 之前落实建筑行业劳动报酬的政策考量,在现今的必要性已经大为降低。《保障农民工工资支付条例》第 23—37 条的规定,已经为建筑行业的劳动报酬支付,提供了工资保障金等相对周全的保障。而且,即便在本条的理解与适用中,排除支付劳动报酬的政策考量,也不会危及其规范意旨的落实。因为纵观本条与相关司法解释,仅有《建设工程施工合同解释一》第 42 条触及劳动者的利益衡量问题(边码 37)。

(二)法条功能

5 在发包人无法履行全部债务时,承包人有权通过优先受偿权,直接支配建设工程的交换价值,并优先获得其变价。由此,承包人的建工价款支付请求权获得满足。不过,优先受偿权的适用,也要兼顾发包人其他债权人的利益,避免其权利范围被无限扩大,冲击交易安全。

---

〔5〕 例如,《瑞士民法典》第 841 条第 1 款规定,"手工业者或建筑承揽人的债权,未能从担保物的变价中受全部清偿者,对其未受清偿的部分,前顺位的担保物权人须以其所受分配中超过不动产价值的部分,补偿之"。此条文的规范意旨是,防止土地所有权人与前顺位的担保物权人从建筑承揽人的建造行为中得益,进而损害后者的利益。Vgl. BSK/ *Thurnherr* ,2018, Art. 837/838 Rz 1.

〔6〕 黄薇主编:《中华人民共和国民法典合同编释义》,法律出版社 2020 年版,第 693 页。

(三)规范史略

本条发端于《合同法(征求意见稿)》第 161 条。[7] 不过,两者存在四点差异:其一,后者将“建设工程完成”,作为优先受偿权的前提之一,前者就此没有规定;其二,后者采取了承包人“应当催告”的措辞,前者却使用了承包人“可以催告”的表述;其三,后者将支付价款的宽限期限定为“两个月”,前者没有明确规定;其四,后者并未设置优先受偿权实现的障碍,前者设置了“根据建设工程的性质不宜折价、拍卖”的阻碍事宜。 6

本条与《合同法》第 286 条仅存在个别措辞的不同,并无实质差别。第 1 句阐明了优先受偿权须以承包人就发包人逾期支付建工价款进行了催告为前提。第 2 句指出了优先受偿权的实现方式,以及实现障碍。第 3 句授予了承包人优先受偿权。高度类似的条文表述表明,立法者无意更改优先受偿权的规范意旨与法律构造。 7

在《民法典》施行后,《建设工程施工合同解释一》第 35—42 条取代了原有的司法解释,与本条共同型构了优先受偿权的规范体系。最高人民法院与各地法院出台的大量司法政策,是否依然有效、妥当,必须予以具体评价。 8

(四)适用范围

优先受偿权仅适用于狭义的建工合同,即施工合同。广义的建工合同,包括了工程勘察、设计、施工合同三种(《民法典》第 788 条第 2 款)。狭义的建工合同,仅指施工合同。[8] 施工合同的承包人按照合同约定,营造建设工程,或者装配不动产的线路、管道、设备等。通过此种建造行为,承包人将劳务、材料等附着于建设工程,确保建设工程的价值与可用性,理应享有优先受偿权。同理,装饰装修工程的承包人采用装饰装修材料或饰物等,对建设工程的内外表面及空间进行各种处理,也享有优先受偿权(《建设工程施工合同解释一》第 37 条)。相反,勘察人、设计人仅完成了勘察、设计文件,并未将劳务、材料等附着于建设工程。并且,其可以留置工作成果。所以,二者不应享有优先受偿权。可见,本条规定的,与其说是建工价款优先受偿权,毋宁说是施工合同价款优先受偿权。所以,以下所称的 9

---

〔7〕《合同法(征求意见稿)》第 161 条规定,“建设工程完成后,建设人未按照约定支付价款的,承建人应当催告建设人支付价款,催告的期限不得少于两个月。建设人逾期不支付的,承建人可以与建设人协议将该工程折价,也可以将该工程依法拍卖。承建人就该工程折价或者拍卖的价款优先受偿”。全国人大常委会法制工作委员会民法室编著:《〈中华人民共和国合同法〉及其重要草稿介绍》,法律出版社 2000 年版,第 133 页。

〔8〕梁慧星:《合同法第二百八十六条的权利性质及其适用》,载《山西大学学报(哲学社会科学版)》2001 年第 3 期,第 6 页。

建工合同,无特殊说明,均为施工合同。

10 其他典型合同的当事人,不享有优先受偿权。首先,监理合同属于委托合同,[9]是发包人聘请监理人代其对工程项目进行管理。监理人并未实施任何建造行为,不享有优先受偿权。其次,家居舒适系统(如家用中央空调、室内采暖系统、净水系统、新风系统等)工程合同,属于出卖人履行买卖合同中的安装、保修服务,自然不享有优先受偿权。最后,建设工程意义上的装饰装修合同与家庭住宅装饰装修合同在立项审批、规划建设许可、施工资质要求等方面存在着巨大差异。所以,二者在交易实践中一般被严格区分。[10] 后者通常被认定为承揽合同。而且,定作人实际占有装饰装修的房屋,应予以区别对待。[11] 因此,家庭住宅装饰装修人无法享有优先受偿权。

(五)体系关联

1. 与《民法典》第 386—393 条

11 本条与《民法典》第 386—393 条的关系,取决于优先受偿权的属性。于此,存在不动产留置权说、[12]法定抵押权说、[13]法定优先权说[14]三种不同观点。其中,不动产留置权说属于少数说,一般的批评理由有二:其一,《民法典》第 447 条将留置权之标的物限定在"动产";其二,承包人根据留置权占有建设工程,反而恶化发包人的经济状态,愈发无法向承包人支付建工价款。[15] 另外的两说也各有不足。法定优先权说试图抛离既有的规范体系,构造独立的法定优先权规范路径,导致制度供给不足,徒增法律适用的困扰。法定抵押权的定性,确实回归了既有规范体系。但是,《民法典》物权编第十七章"抵押权"仍以不动产约定抵押权

---

〔9〕 参见北京市第一中级人民法院(2010)一中民初字第 3323 号民事判决书。

〔10〕 参见江苏省淮安市中级人民法院(2018)苏 08 民终 1362 号民事判决书。还有观点从避免承揽人与小包通谋诈得房屋购买人之权益角度来论证。参见林诚二:《民法债编各论(中)》,中国人民大学出版社 2007 年版,第 91 页。

〔11〕 最高人民法院民事审判第一庭编著:《最高人民法院新建设工程施工合同司法解释(一)理解与适用》,人民法院出版社 2021 年版,第 390 页。

〔12〕 参见江平主编:《中华人民共和国合同法精编》,中国政法大学出版社 1999 年版,第 223 页;李晓春:《建设工程适用留置权制度之立法思考》,载《政治与法律》2006 年第 4 期,第 131—132 页。

〔13〕 参见李世刚:《论法定不动产担保物权隐秘性削减的修法趋势——以法国和台湾地区的经验看我国〈合同法〉第 286 条》,载《法学杂志》2016 年第 11 期,第 68 页。

〔14〕 相同的学者观点参见梅夏英:《不动产优先权与法定抵押权的立法选择》,载《法律适用》2005 年第 2 期,第 52 页;常设中国建设工程法律论坛第八工作组:《中国建设工程施工合同法律全书:词条释义与实务指引》,法律出版社 2019 年版,第 408 页。

〔15〕 参见最高人民法院民法典贯彻实施工作领导小组主编:《中华人民共和国民法典合同编理解与适用(三)》,人民法院出版社 2020 年版,第 2034 页。

为原型(《民法典》第 400 条),所以,大量规则仍应具体判断,方能确定是否可以准用于优先受偿权。法律适用之论证负担,未见减轻。

本文认为,优先受偿权应定性为一种法定担保物权。法定担保物权,须合乎以贯彻公平原则或鼓励创造经济价值为基本目标,特别保障与担保财产有牵连关系的债权。此定性的实益在于,作为担保物权一般规定的《民法典》第 386—393 条可以直接适用,进而基本满足了优先受偿权的制度需求。例如,优先受偿权同样具有物上代位性(《民法典》第 390 条)。建设工程被毁损的损害赔偿金、保险金,被征收、征用的补偿金,被转售的买卖价金均可充作代位。 12

上述担保物权一般规定,也会基于优先受偿权的内在特性,受到个别调整。例如,《建设工程施工合同解释一》第 40 条限缩了《民法典》第 389 条的担保债权之范围(边码 57),第 42 条添加了《民法典》第 393 条第 3 项“债权人放弃担保物权”的限制条件。再如,特定法政策致力于突破《民法典》第 388 条的从属性,将优先受偿权的保障范围,类推适用至无效建工合同的不当得利请求权(边码 22)。 13

2. **与《民法典》第 783 条**

《民法典》第 783 条规定,定作人未支付报酬或材料费等价款的,承揽人对完成的工作成果享有留置权。此留置权与优先受偿权虽然均属于法定担保物权,但还存在显著差异。第一,适用范围不同。我国采取了承揽合同与建工合同分立的模式。《民法典》第 783 条规定的留置权适用于承揽合同。而优先受偿权适用于建工合同。第二,标的物不同。留置权以动产为要件,优先受偿权以不动产为要件。 14

二、优先受偿权的行使要件

(一)优先受偿权已经发生

1. **当事人适格**

(1)承包人适格

与发包人签订有效建工合同的承包人,通过建造行为,将劳务、材料等附着于建设工程,享有优先受偿权。首先,承包人应该实施了建造行为,营造建设工程,或者对不动产安装线路、管道、设备等。按照此标准反推,部分总承包人并未实施建造行为,不应享有优先受偿权。例如,在“设计—采购—施工管理”的总承包模式中,总承包人仅提供了设计图纸,并以媒介服务(《民法典》第 961 条)或代为处理委托事务的方式,实施采购、施工管理等行为,故而,其不应享有优先受偿权。其次,建造行为须造成劳务、材料等的附着。建造行为或者将劳务、材料等转化为 15

建设工程,或者以建设工程为标的物,实施附属物的添附行为,达致附属物与主体工程融为一体,并在性质上不可分割。[16] 不动产配套线路、管道、设备的安装、装饰装修均为适例。相反,假如特定的设备安装不以建设工程本身为标的,且可以拆除,即不属此类建造行为。实施此行为的承包人,不享有优先受偿权。

16 无效建工合同的承包人是否享有优先受偿权,存在争议。少数说持否定态度。其理由有二:第一,建工合同无效本由违法行为所致,承认优先受偿权不利于建筑市场的稳定发展;[17] 第二,根据担保的从属性,建工合同无效,优先受偿权随之无效。[18] 还有部分观点主张区分承包人与发包人的过错,配置优先权。[19] 多数说持肯定态度。[20] 多数说应被采纳。承包人通过实施建造行为,将劳务、材料等附着于建设工程中,与合同是否有效并无关联。更重要的是,国家对建工领域采取强力规制,导致大量合同被判定无效(如《建设工程施工合同解释一》第 1 条)。基于避免承包人利益严重受损,增加发包人的道德风险,可以通过赋予无效施工合同承包人优先受偿权的方式,予以"找补"。

(2)分包人、实际施工人可以通过代位权行使优先受偿权

17 所谓分包人,系指与承包人签订合同,承接部分建造行为的主体。此合同有效,构成合法分包人,反之,即为违法分包人。所谓实际施工人,系指与承包人签订了无效的建工合同,并投入资金、材料和劳务等,实施了建造行为的主体。[21] 合同无效的原因是借用有资质的建工企业名义[22] 还是超越资质,在所不问。违法分包人与实际施工人的区别在于,是否实施了建造行为。倘若违法分包人自行实施建造行为,也可称为实际施工人;反之,仅是违法分包人。

18 分包人、实际施工人不享有优先受偿权。二者享有优先受偿权的支持者是从保护社会弱势群体利益的角度,[23] 论证其正当性。不过,《建设工程施工合同解

〔16〕 参见最高人民法院(2018)最高法民申 4787 号民事裁定书。

〔17〕 参见《广东省高级人民法院关于在审判工作中如何适用〈合同法〉第 286 条的指导意见》第 7 条。

〔18〕 参见马永龙、李燕:《建筑工程款优先受偿权法律适用问题探析》,载《现代法学》2003 年第 6 期,第 128 页;王玮玲:《合同无效时建设工程优先受偿权的教义学探析》,载《法学论坛》2020 年第 1 期。

〔19〕 参见宿辉:《建设工程价款优先受偿权论争》,载《重庆社会科学》2017 年第 9 期,第 103 页。

〔20〕 参见《广东省高级人民法院关于审理建设工程合同纠纷案件疑难问题的解答》第 13 条、《浙江省高级人民法院民事审判第一庭关于审理建设工程施工合同纠纷案件若干疑难问题的解答》第 22 条。

〔21〕 参见《北京市高级人民法院关于审理建设工程施工合同纠纷案件若干疑难问题的解答》第 18 条。其外延不包括承包人、分包人、实际施工人雇佣的劳动者。参见最高人民法院(2019)最高法民申 5594 号民事裁定书。

〔22〕 发包人明知挂靠事实,应认定发包人与挂靠人成立建设工程施工合同关系。参见最高人民法院民事审判第一庭编著:《最高人民法院建设工程施工合同司法解释(二)理解与适用》,人民法院出版社 2019 年版,第 501 页。此种挂靠人实属无效建工合同中的承包人,不应被称为实际施工人。

〔23〕 参见最高人民法院(2019)最高法民申 6085 号民事裁定书。

释一》第35条持否定意见,将优先受偿权的主体限定在"与发包人订立建设工程施工合同的承包人"。其内在缘由有三:其一,"承包非主体工程的承包人,其可能因为一小部分分项工程的价款而对全部建设工程行使优先受偿权,对施工秩序和交易秩序的影响都非常大";〔24〕其二,赋予实际施工人优先受偿权,将会刺激违法;其三,基于合同相对性,分包人、实际施工人无法享有,如同承包人催告等程序性保护。〔25〕前述三项缘由可以归结为,分包人、实际施工人对发包人不享有请求权。具言之,在缺乏合同关系的背景下,二者不享有对发包人的建工价款支付请求权。同时,受限于给付关系优先价款请求权,二者也无法主张不当得利请求权。

分包人、实际施工人仍可援引代位权,行使优先受偿权。《建设工程施工合同 19
解释一》的制定者反对实际施工人有权代位行使优先受偿权。其理据有四:第一,维持合同相对性;第二,为维护交易安全和平衡善意第三人利益,对权利主体不宜放宽;第三,实际施工人范围不确定,引发法律关系的不稳定;第四,承包人可能与实际施工人签订合同,损害不知情的发包人权益。〔26〕然而,前述理据均站不住脚。其一,债权的保全本来就旨在超越双方关系,防止责任财产的不当减少。其二,不放宽主体范围至分包人、实际施工人,势必造成权利行使的不均衡。假如承包人对发包人享有抵押权等约定担保物权,分包人、实际施工人可将其作为《民法典》第535条规定的"从权利",代位行使之。同理,优先受偿权作为法定担保物权,也是从权利,也纳入代位权的范围。其三,《建设工程施工合同解释一》第1条、第15条、第43条均涉及实际施工人的认定,并未引发法律关系紊乱。为何唯独在优先受偿权处,作出特别考虑呢?其四,代位权以债权人与债务人、债务人与相对人的债权届期,且均未履行为要件。未支付建工价款的发包人,本就面临着被起诉的风险。由分包人、实际施工人代位行使,抑或由承包人直接主张,只是原告身份的不同,并未加重发包人的负担,恶化其法律地位。

---

〔24〕最高人民法院民法典贯彻实施工作领导小组主编:《中华人民共和国民法典合同编理解与适用(三)》,人民法院出版社2020年版,第2037页。

〔25〕最高人民法院民事审判第一庭编著:《最高人民法院新建设工程施工合同司法解释(一)理解与适用》,人民法院出版社2021年版,第364—365页。

〔26〕最高人民法院民事审判第一庭编著:《最高人民法院新建设工程施工合同司法解释(一)理解与适用》,人民法院出版社2021年版,第456—457页。

20 据此，囿于《建设工程施工合同解释一》第 44 条[27]仅规定了实际施工人的代位权，分包人行使优先受偿权，仍需依据《民法典》第 535 条。不过，针对《建设工程施工合同解释一》第 44 条，可以选用更进取的解释路径。申言之，此条的规范意旨在于，通过"明示其一，排除其他"的解释方法阐明了，只有分包人、实际施工人可以代位行使优先受偿权；承包人的其他债权人，不得向发包人行使之。此结论以签订建工合同（无论是否有效）为限，缩小了优先受偿权的行使主体范围，防止了优先受偿权适用范围的无节制扩张。

2. 请求权可实现性

（1）承包人对发包人享有请求权

21 优先受偿权旨在担保特定债权请求权。根据《民法典》第 807 条的文义，优先受偿权担保的是"建设工程的价款"，即有效建工合同约定的，发包人应向承包人支付的建工价款。结合"债务关系转换说"，合同解除价值偿还请求权与建工价款支付请求权保持了债之同一性，不影响担保物权之存续（《民法典》第 566 条第 3 款）。所以，承包人的合同解除价值偿还请求权，同样受到优先受偿权的保障。

22 旨在避免发包人通过合同无效获利，并形成负面激励，[28]《民法典》第 793 条第 1 款将无效合同承包人的不当得利请求权，拟制"参照合同约定支付工程价款"为计算。加之，法政策旨在避免承包人利益严重受损，试图通过优先受偿权予以"找补"（边码 16）。所以，本条的"建设工程的价款"应类推适用至承包人基于无效合同的不当得利请求权。此类推适用的填补路径，突破了担保设定的从属性（《民法典》第 388 条第 1 款），[29]实属保护承包人的无奈之举，不应被过度扩张。特别是，禁止扩张至其他主体基于对建设工程的添附行为对发包人享有的请求权。

23 其他主体可以通过受让上述请求权，获得优先受偿权。作为法定担保物权的优先受偿权，具有移转从属性，会随债权的移转而移转。[30] 此有利于确保金钱债

---

〔27〕 就实体层面，《建设工程施工合同解释一》第 43 条与第 44 条并无不同，均属代位权行使的规定。其一，两者的适用条件相同：实际施工人对转包人或分包人享有到期债权，以及发包人欠付转包人或分包人的工程价款。其二，适用范围相同。采取代位行使的权利，也包括代位权的主张，两条均可应对多层分包的问题。其三，法律效果相同。第 43 条的发包人在欠付建工价款范围向实际施工人担责，与第 44 条的直接清偿规则相当。第 43 条与第 44 条分立的缘由在于，《建设工程施工合同解释》（法释〔2004〕14 号）的制定者未顾及代位权的适用，《建设工程施工合同解释（二）》（法释〔2018〕20 号）的制定者虽然顾及了代位权，却又无法预见《民法典》第 535 条扩张了可代位行使的权利范围。按照既有规范体系，《建设工程施工合同解释一》第 43 条或许仅具有程序意义，将法院追加承包人由"可以"转变为"应当"，以便查清各方当事人之间欠付工程款的情况，准确认定发包人的责任范围。

〔28〕 参见黄薇主编：《中华人民共和国民法典合同编释义》，法律出版社 2020 年版，第 669 页。

〔29〕 参见高圣平：《民法典担保从属性规则的适用及其限度》，载《法学》2020 年第 7 期，第 10 页。

〔30〕 主张建工价款支付请求权不能移转的观点，参见《深圳市中级人民法院关于审理建设工程施工合同纠纷案件的指导意见》第 31 条。

权的可流通性,与《民法典》第 545 条第 2 款第 2 句的价值观保持协调。并且,承包人通过债权转让,可以提前落实债权价值,反而有助于支付劳动报酬。

相反,倘若承包人不享有上述请求权,自然不能享有优先受偿权。在发包人与所有权人不是同一主体的场合,须以所有权人是否同意建造行为为界限,予以明确区分。[31] 其一,在所有权人未同意承包人的建造行为时,出于保持合同关系的抗辩和破产风险分配的两重考量,须秉持给付关系优先性的立场。[32] 承包人只能向发包人主张权利,不得向所有权人要求不当得利的价值偿还。而且,不知情的承包人也无法通过类推善意取得(《民法典》第 311 条),取得优先受偿权。其二,承包人获得了所有权人的同意,实施建造行为,即应享有优先受偿权。该同意在建工合同签订前后作出,在所不问,也不会导致所有权人成为合同当事人。所有权人知悉建造行为持续实施,且未作反对,构成默示的同意。[33] 24

(2)请求权可实现性

承包人的请求权是否具备可实现性,通常需要考虑,其请求权是否已经履行期届满与发包人是否行使了抗辩权。首先,请求权具备可实现性,须以建工价款支付请求权的履行期为判定。当事人约定了明确的履行期,应以此时点为准。发包人与承包人合意改变了建工价款支付请求权的履行期,[34] 亦应从之。若当事人未约定履行期,可将《建设工程施工合同解释一》第 27 条规定的应付款时间,作为具备可实现性的时点。当然,前述规定均无法适用时,须依据《民法典》第 510 条、第 511 条第 4 项予以确定。换言之,在承包人催告后的合理期限届满后,其请求权具备可实现性。相反,工程进度款尚未达到约定付款时间,或者承包人尚未完成作为固定先给付义务[35] 的工程量,发包人均有权行使未届期抗辩权,阻却请求权的可实现性。 25

针对建工合同解除价值偿还请求权的可实现性,有论点持起诉日说,[36] 还有论点持合同解除日说,[37] 但是,两种观点均不合乎解除清算的法律效果。虽然解除通知到达对方,即可产生清算的效果,但是合同解除价值偿还请求权的可实现 26

〔31〕 统一否定承包人优先受偿权的观点,参见谢勇:《〈最高人民法院关于审理建设工程施工合同纠纷案件适用法律问题的解释(一)〉的理解与适用》,载最高人民法院民事审判第一庭编:《民事审判指导与参考》2021 年第 1 辑(总第 85 辑),人民法院出版社 2021 年版,第 241 页。

〔32〕 参见刘昭辰:《给付型不当得利》,载《政大法学评论》第 127 期,第 52 页。

〔33〕 Vgl. Basler Kommentar zum ZGB/ *Thurnherr* ,2018, Art. 839/840, Rz 9.

〔34〕 参见最高人民法院(2019)最高法民申 6085 号民事裁定书。

〔35〕 李建星:《先履行抗辩权之解构》,载《法学家》2018 年第 5 期,第 111 页。

〔36〕 参见最高人民法院民事审判第一庭编著:《最高人民法院建设工程施工合同司法解释(二)理解与适用》,人民法院出版社 2019 年版,第 458 页。

〔37〕 参见安徽省高级人民法院(2014)皖民一终字第 00054 号民事判决书。

性,须在催告后的合理期限届满后,方为具备。

27 至于建工合同无效,既有裁判观点将不当得利请求权的可实现性,后移至原合同约定价款支付时间。[38] 其谬误在于,将《民法典》第 793 条第 1 款的"参照合同关于工程价款的约定折价补偿承包人",等同于建工价款支付请求权。所以,仍应类推《建设工程施工合同解释一》第 41 条,以不当得利请求权具有可实现性为准。

28 建设工程是否验收与验收是否合格,与建工价款支付请求权的可实现性没有必然关联。在交易实践中,在先经历竣工、验收、结算三个环节后,建工价款支付履行期方才届满。验收合格后,建工价款支付请求权按照合同的约定,具备可实现性(《民法典》第 799 条第 1 款第 2 句)。实践争议集中在,建设工程尚未验收的场合,应如何确定建工价款支付请求权的可实现性?本文认为,应根据承包人是否完成建造行为,区别对待。依照承揽合同之原理,承揽人向定作人交付工作成果后,相应的物之风险、价金风险已移转给定作人。相对应,定作人应当在承揽人交付工作成果时,支付报酬(《民法典》第 782 条)。在建工合同中,承包人在完成建造行为后,可以直接向发包人交付建设工程,也可通过提交竣工验收申请报告等方式满足约定和法定的其他条件。随之,发包人负有验收的主义务(《民法典》第 799 条、《建设工程质量管理条例》第 16 条)。[39] 若发包人拖延验收,或者故意造成验收不合格,都应自行承担建设工程的物之风险与价金风险,相应之,承包人的请求权具有可实现性。即便当事人明确约定价款支付以竣工验收为前提,承包人仍可根据《建设工程施工合同解释一》第 27 条,让请求权具备可实现性。

29 立足于双务合同的牵连性,针对承包人未完成建造行为,或者施工质量不符合约定标准,发包人可以行使同时履行抗辩权,阻却全部或部分请求权的可实现性。于此场合,也无须考量验收与否、合格与否。

3. 发包人在承包人设定的宽限期届满后仍不支付

30 在承包人催告与设定的宽限期届满后,发包人仍不支付建工价款,也是优先受偿权发生的前提。由于本条第 1 句采取了"承包人可以催告"的表述,因此,有观点认为,催告属于对承包人的授权,不应作为强制的前置程序。相反观点主张,催告是行使优先受偿权的强制程序。[40] 本文采后种观点。形式理由在于,如果认为催告不是强制的前置程序,势必导致第 1 句流于具文。实质理由在于,此构造抬高了优先受偿权的行使要件,通过承包人的合同目的不能实现,维持了双方

---

〔38〕 参见河北省唐山市中级人民法院(2020)冀 02 民终 16 号民事判决书。

〔39〕 参见黄喆:《〈合同法〉第 261 条(工作成果的交付与验收)评注》,载《法学家》2020 年第 2 期,第 180 页。

〔40〕 黄薇主编:《中华人民共和国民法典合同编释义》,法律出版社 2020 年版,第 694 页。

利益平衡,避免承包人轻易享有特殊的优待。所以,承包人应当在请求权具备可实现性后,向发包人催告,并设定建工价款支付的宽限期。

至于宽限期的长度,部分意见建议固定为两个月,[41]还有观点通过援引《建设工程施工合同(示范文本)》,主张固定为 28 天。[42] 本文认为,宽限期的长度应与《民法典》第 563 条第 1 款第 3 项的"合理期限"保持协调。《民法典》第 563 条第 1 款第 3 项所设定的宽限期是否合理,首先,取决于当事人约定或债务人建议;其次,通过参考各种因素,依客观标准予以个案判断。[43] 31

在宽限期届满后,发包人仍未向承包人支付价款,表明此违约行为已经导致承包人之合同目的不能实现,承包人可以行使优先受偿权。倘若发包人在宽限期内,拒绝支付价款,承包人无须坐等宽限期届满,即可立即行使优先受偿权。 32

(二)优先受偿权尚未消灭

作为法定担保物权,优先受偿权会在《民法典》第 393 条列举的情形下,发生权利消灭的后果。主债权消灭、权利实现二者当无疑问。但是,债权人放弃权利,涉及《建设工程施工合同解释一》第 42 条之适用;其他情形,则牵涉权利的排他效力,均有待详加阐释。 33

1. 承包人放弃优先受偿权

为了使得承包人就利用建设工程的交换价值更具空间,以便在全体债权人间灵活周转、互相调整其复杂利害关系,承包人可以放弃或限制优先受偿权。放弃优先受偿权,系指全部或部分建工价款支付请求权成为普通债权。限制优先受偿权,实属权利的部分放弃,既可以是相对放弃、顺位放弃,也可以为行使权利设定各种条件。 34

(1)放弃的方式

《建设工程施工合同解释一》第 42 条规定了"发包人与承包人约定"放弃或限制优先受偿权。批评意见提出,基于承包人与发包人并不存在清偿效力的争先关系,故承包人只对发包人作出放弃承诺或与发包人达成放弃协议没有任何意义,必须由承包人对特定抵押权人作出放弃行为。[44] 此意见虽然正确地指出了优先受偿权的放弃、限制须具有一定公示性,却忽略了各方关系与放弃担保物权方式 35

---

〔41〕 中国建设工程法律评论第四工作组编著:《建设工程优先受偿权》,法律出版社 2017 年版,第 103 页。

〔42〕 王建东:《评〈合同法〉第 286 条》,载《中国法学》2003 年第 2 期,第 67 页。

〔43〕 赵文杰:《〈合同法〉第 94 条(法定解除)评注》,载《法学家》2019 年第 4 期,第 185 页。

〔44〕 参见陈信勇:《建设工程价款优先受偿权放弃行为的效力分析》,载《浙江社会科学》2016 年第 2 期,第 46 页。与此规制方向相同的裁判观点提出,单方承诺放弃的表示受领人,应解释为特定抵押权人。参见浙江省绍兴市中级人民法院(2015)浙绍商终字第 1618 号民事判决书。

之结合。

36 放弃或限制优先受偿权的方式,应根据其具体内容分别对待。其中的考虑有二:其一,涉及当事人各有不同。放弃优先受偿权涉及承包人与发包人两方,限制优先受偿权可能会涉及约定抵押权人等其他债权人。其二,约定抵押权及其顺位的放弃,须通过注销登记实现公示。[45] 优先受偿权的权利设立、变动、消灭无法登记,已经引发了诸多问题。故而,有必要在放弃或限制优先受偿权上,落实最低限度的公示。依此,理应个别调整约定担保物权及其顺位的放弃规则。详言之,承包人放弃优先受偿权,应作为需受领的单方法律行为,即放弃的意思到达发包人才生效。同理,承包人可以通过需受领的单方法律行为,限制优先受偿权。不过,限制的意思发生效力,应以到达发包人及受益人为前提。在此基础上,承包人与发包人双方约定排除或限制优先受偿权,甚至承包人、发包人、其他债权人多方就此达成一致,均无不可。在法律效果层面,由于该利益状态与抵押权及其顺位的处分类似,因而可以类推适用《民法典》第 409 条,免除其他担保人在此范围内的担保责任。

37 《建设工程施工合同解释一》第 42 条将承包人放弃权利的限度,划定为不得"损害建筑工人利益"。当中的不足在于,考量劳动者的范围过窄。承包人为实施建造行为,会雇佣建筑工人、技术人员,甚至各种后勤人员。针对同一建设工程,受雇于同一承包人的不同劳动者间,应同等视之。所以,该条的"建筑工人",应当目的性扩张至承包人建造此工程雇佣的劳动者。而且,不得"损害建筑工人利益"之判定,应当结合放弃行为与建工合同签订的时间先后,分别探讨之。

38 在建工合同签订之前或当时,承包人放弃或限制了优先受偿权,构成事先放弃,均属无效。理由有二:其一,假如允许抵押权人通过发包人向承包人施压,排除优先受偿权,势必助长抵押权人忽视管控自身风险的不正之风;[46] 其二,在发包人占建筑市场主导地位的扭曲市场环境下,承包人往往被迫接受发包方的苛刻条件。[47]

39 在建工合同签订后,承包人放弃或限制了优先受偿权,构成嗣后放弃,应当考虑是否"损害建筑工人利益"。该条的规制重点不在于承包人的支付意愿,而是考察放弃优先受偿权是否会恶化承包人的资产负债状况、现金流,最终影响支付建

---

〔45〕 孙宪忠、朱广新主编:《民法典评注 · 物权编(4)》,中国法制出版社 2020 年版,第 188 页。

〔46〕 参见张巍:《建设工程承包人优先受偿权之功能研究》,载《北大法律评论》编辑委员会主编:《北大法律评论》第 7 卷第 1 辑,北京大学出版社 2006 年版,第 283 页。

〔47〕 参见叶名怡:《论事前弃权的效力》,载《中外法学》2018 年第 2 期,第 345 页。

筑工人的劳动报酬。[48] 依此规制方向，承包人可基于不能支付劳动报酬的事实（以实现程序开始为基准），继续实现优先受偿权。由此，放弃或限制优先受偿权之单方行为或约定回溯性地无效。

发包人不得因为放弃或限制的行为无效，转向基于债法效力，要求承包人承担违约责任。因为承包人向发包人承担损害赔偿等违约责任后，其责任财产受到减损；《建设工程施工合同解释一》第42条落实劳动报酬支付的制度目的因而落空。 40

2. 承包人在合理期限未行使优先受偿权

（1）合理期限经过的定性

《建设工程施工合同解释一》第41条与本条第1句均有"合理期限"之表述，然而，两者的规范含义截然不同。前者系对承包人之约束，规定了其行使优先受偿权的时长；后者系对发包人之约束，阐明在该期限经过后，发包人应承担法定的担保责任。 41

原有司法政策已经采取了合理期限属于"不变期间，不存在中止、中断、延长"的态度。[49] 《建设工程施工合同解释一》第41条理应延续此立场，将承包人行使优先受偿权的合理期限判定为除斥期间。因为优先受偿权属于法定担保物权，故而行使期间的定性未必要与意定担保物权的存续期间保持一致（比如《民法典》第419条）。而且，采取除斥期间的定性，可以为当事人约定合理期限的长度留出空间，避免诉讼时效约定无效的可能（《民法典》第197条）。怠于行使优先受偿权的承包人，虽然仍享有建工价款支付请求权，却无法启动实现程序，也不再享有优先受偿权。 42

（2）合理期限的起算

《建设工程施工合同解释一》第41条确定合理期限的起算点是，"自发包人应当给付建设工程价款之日"。换言之，承包人对发包人的请求权，具有可实现性的时点为起算点。在承包关系链条延长的场合，有裁判观点提出，将分包人、实际施工人与承包人间请求权具有可实现性，作为起算时间。[50] 此观点并不合乎代位权行使的原理。实际上，分包人、实际施工人行使了承包人对发包人的从权利，故而，须以承包人的建工价款支付请求权具有可实现性为起算时间。 43

---

〔48〕 参见程新文、刘敏、谢勇：《〈关于审理建设工程施工合同纠纷案件适用法律问题的解释（二）〉的理解与适用》，载《人民司法·应用》2019年第4期，第41页。

〔49〕 参见已失效的《最高人民法院〈关于对人民法院调解书中未写明建设工程款有优先受偿权应如何适用法律问题的请示〉的复函》。

〔50〕 参见江苏省仪征市人民法院（2019）苏1081民初1887号民事判决书。

（3）合理期限的长度

44 《建设工程施工合同解释一》第 41 条对于合理期限时长的计算，改变了原定的 6 个月固定期限，转采“合理期限，但最长不超过 18 个月”的灵活规制模式。此规定开放了当事人约定行使期限长度的可能性。因此，须根据当事人是否存在明确约定，分别处理。

45 发包人与承包人就合理期限缺乏明确约定，理应直接适用合理期限。从原理上，行使期限过短，势必强行制造诉争，破坏当事人的正常合作关系。[51] 加之，尽管已失效的《工程价款优先权批复》（法释〔2002〕16 号）第 4 条与《建设工程施工合同解释（二）》第 22 条规定了 6 个月的固定期限，然而，后者通过调整起算点的方式，延长了行使期限。由此可知，最高人民法院旨在延长行使期限，避免优先受偿权过早消灭。遵循此规制方向，《建设工程施工合同解释一》第 41 条的合理期限不应短于 6 个月，并以 6—18 个月为宜。当然，具体的时长，仍须依客观标准，并结合个案加以判断。

46 发包人与承包人明确约定行使期限，应尊重当事人意思自治，直接判定为合理期限。倘若该约定偏离了《建设工程施工合同解释一》第 41 条之意旨，其有效性仍应区别探讨。其一，《建设工程施工合同解释一》第 41 条确定了 18 个月的上限，旨在避免行使期限过长，冲击各方利益。因此，当事人约定的合理期限突破了 18 个月的上限，理应无效，转而直接适用合理期限。依此，《建设工程施工合同解释一》第 41 条具有了半强制性。其二，当事人约定的合理期限低于合理期限的下限，即构成了《建设工程施工合同解释一》第 42 条所指的“约定放弃或限制”优先受偿权。就此，应当首先区分事先约定与嗣后约定，并结合是否“损害建筑工人利益”为判断（边码 37）。若低于合理期限的下限，事前约定与“损害建筑工人利益”的嗣后约定，均属无效，转而直接适用合理期限。

47 承包人就催告建工价款支付时设定的宽限期，是否应计入行使的合理期限内，存在学说分歧。[52] 本文认为，从规范的文本表述观之，由于本条第 1 句与《建设工程施工合同解释一》第 41 条均将起算点设定为建工价款支付请求权具有可实现性，所以，设定的宽限期，应计入优先受偿权行使的合理期限。

3. 优先受偿权被排除

48 处于更优位的权利，与优先受偿权无法相容，即可排除之。该等权利的享有者，首先是商品房消费者。倘若所涉的建设工程是商品房，发包人将建设工程拆

---

〔51〕 李宇：《民法总则要义：规范释论与判解集注》，法律出版社 2017 年版，第 966 页。

〔52〕 反对说，参见中国建设工程法律评论第四工作组编著：《建设工程优先受偿权》，法律出版社 2017 年版，第 105 页；赞同说，参见邬砚：《建设工程合同纠纷——254 个裁判规则深度解析》（增订第 2 版），法律出版社 2019 年版，第 257 页。

分出售给消费者。在满足《执行异议复议规定》(2020 年修正)第 29 条的要件时(边码 64 以下),消费者权利均可排除优先受偿权,无论其是否善意。排斥性体现有二:其一,在实体层面,消费者获得的商品房,不存在优先受偿权的权利负担。其二,在程序层面,尚未获得商品房所有权的消费者可通过执行异议,阻拦优先受偿权的实现程序。

其次,该等权利的享有者还包括了取得建设工程所有权的善意受让人。一种观点认为,优先受偿权由法律规定,自行产生公示效力,受让人必须承受优先受偿权的负担。此观点不妥之处是,极大加重受让人的风险,必然导致建设工程无法转让。另一种观点主张,基于优先受偿权缺乏公示性,以及保证交易安全两重因素,〔53〕受让人均可取得无负担的建设工程。该观点忽略了优先受偿权无法在不动产登记簿登记,也就不享有公信力。本文持区分说。〔54〕申言之,为了维护交易安全,受让人在不知或不应知悉建设工程存在优先受偿权的负担时,可得排除该负担;反之,即不可。因为优先受偿权无法在不动产登记簿登记,理应按照善意取得规则(《民法典》第 311 条),区别对待。 49

三、优先受偿权的效力

优先受偿权授权承包人,可以就发包人逾期不支付的价款,实现特定建设工程的价值,并且,其受偿顺位优于抵押权与其他债权(《建设工程施工合同解释一》第 36 条)。由于本条表述简略,对于优先受偿权担保债权之范围、标的物之范围以及与其他权利的顺位关系,需要结合相关司法解释,方能完整阐明。 50

(一)担保债权之范围

优先受偿权担保债权之范围,本应含括《民法典》第 389 条列举的各种款项。但是,由于优先受偿权缺乏公示性,冲击了其他债权人的交易安全,故而,有必要通过限缩担保债权之范围,以实现各方利益的平衡。〔55〕《建设工程施工合同解释一》第 40 条第 1 款将担保债权之范围限定在,“依照国务院有关行政主管部门关于建设工程价款范围的规定”;第 2 款将逾期支付的利息、违约金、损害赔偿金等款项排除在外。该区分将建工价款计入担保债权之范围,并排除了其他款项。可见,《建设工程施工合同解释一》的制定者认为,建工价款作为实施建造行为的对 51

---

〔53〕 参见张东旺、孟宪东:《论建设工程优先权》,载《法学论坛》2001 年第 3 期,第 49 页。

〔54〕 参见万挺、冯小光、张闻:《论附着建设工程价款优先受偿权建筑物转让规则》,载《法律适用》2018 年第 21 期,第 109 页。

〔55〕 黄薇主编:《中华人民共和国民法典合同编释义》,法律出版社 2020 年版,第 701 页。

价,足以激励承包人落实建设工程的价值,而且,排除其他款项在外,可以避免过度损害其他债权人的利益。

1. **计入优先受偿权担保债权之范围**

52 优先受偿权旨在确保约定价款得到完全满足。发包人未按约定支付且具备可实现性(边码 25 以下)的建工价款,计入担保债权之范围。例如,已经届期,但尚未支付的进度款。另如,合同终止履行的场合,按照承包人已经完成工程量,按比例支付的价款。[56] 此外,在事先约定的工程量外,承包人还会按照发包人的要求,实施额外的建造行为。该建造行为的对价,与建工合同约定的价款性质一致,无论是否经过决算,均应计入担保债权之范围。

53 即便建工合同无效,也应按照上述方法,确定担保债权之范围。盖因建工合同无效的不当得利请求权,仍参照合同关于工程价款的约定折价补偿(《民法典》第 793 条第 1 款)。准此,以下款项也应计入担保债权之范围。

(1)承包人利润

54 承包人的利润一般应计入担保债权之范围,同时结合当事人的具体约定。首先,担保债权之范围应涵盖建工价款,不限于承包人实施建造行为所支出的费用(边码 1)。当事人约定的建工价款已经囊括了承包人的利润。该项利润作为价款的一部分,理应计入优先受偿权担保债权之范围,无须另外剥离之。其次,少数情况下,当事人也可以约定,建工价款不包括承包人的利润,甚至明确排除此款项。除非该约定无效,否则,理应尊重当事人意思自治,不将承包人利润计入担保债权之范围。依此观之,个别裁判实践因为当事人在建工价款中未约定利润,通过假定利润率的方式,扩大了担保债权之范围,[57] 此举措实属不妥。

(2)质保金

55 质保金应计入担保债权之范围。理由有二:第一,从建工价款中预扣的质保金,旨在促使发包人在一定时期内,履行建设工程维修义务。此构造使得发包人可以在一定条件成就时,再支付部分建工价款(《民法典》第 158 条之类推适用)。[58] 但是,其并未改变质保金属于建工价款的实质。第二,质保金计入担保

---

〔56〕 最高人民法院民事审判第一庭编著:《最高人民法院建设工程施工合同司法解释(二)理解与适用》,人民法院出版社 2019 年版,第 421 页。

〔57〕 参见河南省高级人民法院(2014)豫法民三终字第 117 号民事判决书。

〔58〕 有观点主张,质保金可视为“附期限的工程价款支付义务。该期限即为合同约定或者法律规定的缺陷责任期”。最高人民法院民事审判第一庭编著:《最高人民法院建设工程施工合同司法解释(二)理解与适用》,人民法院出版社 2019 年版,第 417 页。该观点未能正确区分附期限与附条件。因为质保金的返还以缺陷责任此种不确定事件为条件。另外,由于建工合同已然生效,返还质保金构成附条件给付义务,不能直接适用《民法典》第 158 条。参见李建星:《论附条件给付义务与固定先给付义务的界分》,载中国人民大学民商法律研究中心主编:《判解研究》2018 年第 2 辑,第 132 页。

债权之范围,也不会导致其制度目的落空。只有先行满足《建设工程施工合同解释一》第 17 条第 1 款的要求,才发生质保金返还的后果。

(3)垫资款

垫资款应计入担保债权之范围。《建设工程施工合同解释一》第 25 条第 2 款已经将垫资拟制为建工价款,“当事人对垫资没有约定的,按照工程欠款处理”。加之,承包人垫资,旨在实施约定或发包人要求的建造行为。可见,此款项本就属于建工价款,无论是发包人事先支付,抑或承包人自行承担,在所不问。当然,若承包人与发包人确实存在融资借款关系,此垫资款应定性为借款,排除在优先受偿权的担保债权之外。 56

2. 不计入优先受偿权担保债权之范围

《建设工程施工合同解释一》第 40 条第 2 款对《民法典》第 389 条进行了目的性限缩,将诸多款项排除出担保债权之范围。此规定与交易习惯吻合,因为在工程结算时,区分了工程价款与其他款项,并以前者作为计算质保金、开票金额的基数。《建设工程施工合同解释一》第 40 条第 2 款排除的款项,至少包括下述两类:第一类,发包人违约造成承包人的损失,包括了逾期支付建设工程价款的利息、违约金、损害赔偿金。所谓承包人的预期利润,实属承包人因为建工合同被解除,所受的违约损失。第二类,实现优先受偿权的费用,系指承包人依法变价建设工程以实现清偿,所支出的合理费用。但是,执行费用等共益性费用须被优先扣除(边码 71),不在其中。二者区别对待的缘由是,共益性费用符合全部债权人的利益,且具有推进执行程序的功能,相反,其他实现费用仅是承包人为自身利益的支出。 57

以此为标准,亦可回应,窝工支出费用是否计入担保债权之范围的争议。[59] 虽然,针对“发包人的原因”所致的窝工支出,承包人均可向发包人主张损害赔偿(《民法典》第 804 条),但是,该支出的性质仍取决于当事人的合意。倘若当事人已经就风险分配达成合意,将窝工支出费用等可能发生的成本纳入建工价款,即应计入担保债权之范围;反之,须排除在外。 58

法定担保物权的担保债权之范围,必须合乎价款自身的范围,以及特定的法政策,故不得由当事人自行约定予以扩张。[60] 依此,由于《建设工程施工合同解释一》第 40 条第 2 款明确排除了违约金等款项计入担保债权之范围,承包人与发 59

---

〔59〕 肯定说,参见林文学:《建设工程合同纠纷司法实务研究》,法律出版社 2014 年版,第 180 页;否定说,参见最高人民法院(2014)民一终字第 56 号民事判决书;折中说,参见重庆市第五中级人民法院(2014)渝五中法民终字第 00189 号民事判决书。

〔60〕 谢在全:《民法物权论(下册)》(修订 5 版),中国政法大学出版社 2011 年版,第 1079 页。

包人若达成违背前款的另行约定，当属无效。〔61〕 简言之，该款具有半强制性。

（二）标的物之范围

60 与不动产抵押权不同，优先受偿权无法通过登记程序，确定标的物之范围。不过，既然优先受偿权立足于承包人的建造行为，那么，其所涉标的物之范围，可以根据承包人是否通过建造行为，将劳动、材料等附着于该建设工程，加以判定。

61 建设工程与土地分属两个物，须区分对待。承包人营造的建设工程，进行线路、管道、设备安装工程的新建、扩建、改建及大型的建筑装修装饰活动所涉的不动产，应纳入标的物之范围。但是，此范围应当排除该建设工程所附着的土地使用权。〔62〕 因为将建设工程附着的土地使用权纳入标的物之范围，扩大了标的物之价值额，无疑会损及发包人其他债权人的利益。不过，依据“房地一体”，两者仍应在实现程序中，一并处分，〔63〕分别估值。承包人仅在建设工程的价值范围内，享有优先受偿权。该种做法，同样适用于房地产合作开发。〔64〕 房地产合作开发的常见模式是，一方提供土地使用权，另一方作为发包人，与承包人签订建工合同。虽然提供土地使用权一方不是合同当事人，但是其土地使用权仍应根据“房地一体”，在实现程序中，与建设工程一并处分。只要承包人在土地使用权的价值范围内，不得优先受偿，也就不至于过度损害提供土地使用权一方与其他债权人的利益。

62 建设工程的从物、附属物，是否纳入标的物之范围，同样遵循“建造行为是否涉及”的判定基准。〔65〕 申言之，应区分为下述三种情形：第一种情形，假如承包人通过建造行为，将劳务、材料等附着于主物、从物、附属物，前述客体均应纳入标的物之范围。第二种情形，若承包人仅将劳务、材料等附着于主物，不涉及从物、附属物，后两者不纳入标的物之范围。但是，主物仍应与从物、附属物在价值实现时，一并处分，分别估值。承包人仅在主物的价值范围内，享有优先受偿权（参酌《民法典担保制度解释》第 40 条第 2 款）。第三种情形，如果承包人的建造行为仅

---

〔61〕 裁判实践判定，将工程价款的逾期支付利息计入优先受偿权的约定，无效。参见浙江省嵊州市人民法院（2019）浙 0683 民撤 3 号民事判决书。

〔62〕 参见《广东省高级人民法院全省民事审判工作会议纪要》（粤高法〔2012〕240 号）第 28 条、《安徽省高级人民法院关于审理建设工程施工合同纠纷案件适用法律问题的指导意见》第 22 条。

〔63〕 例外情形是，对于整理土地、河道开挖、土石方等特殊类型的建设工程，建造行为所附者的劳务、材料直接物化至土地使用权中，因此，承包人就此类土地使用权，亦应享有优先受偿权。

〔64〕 相关争议，主要围绕着提供土地使用权一方是否可以作为优先受偿权的行使对象。肯定说，参见最高人民法院（2019）最高法民终 1572 号民事判决书；否定说，参见山东省威海市中级人民法院（2020）鲁 10 民终 97 号民事判决书。

〔65〕 部分观点认为，优先受偿权不及于建设工程之外的其他附属设施。参见魏秀玲：《论建设工程承包人优先权》，载《政法学刊》2003 年第 2 期，第 30 页。

涉及从物、附属物，不及于主物，倘若从物具有独立性，可以径行纳入标的物之范围，无涉主物。相反，不具有独立性的从物，应与附属物同等应对，由承包人对整个建设工程提起实现程序。装饰装修工程的承包人构筑附属物，并附加于建设工程，即为适例。

(三)权利间的顺位关系

本条仅规定了“建设工程的价款就该工程折价或者拍卖的价款优先受偿”，并 63
未指明相对何种权利具有优先性。《建设工程施工合同解释一》第 36 条补充说明，“建设工程价款优先受偿于抵押权和其他债权”。当中既涉及商品房消费者权利的排他效力，也包含了各权利间的优先效力。以下依照其他权利的由强至弱的效力次序，逐个与优先受偿权比较观之。

1. 商品房消费者权利排斥优先受偿权

虽然《工程价款优先权批复》已经被废止，但是商品房消费者基于买卖合同获 64
得的权利，仍具有排斥优先受偿权的地位。首先，作为整个建设工程的负担，优先受偿权无法通过登记实现公示。相应之，购买当中部分商品房的消费者，也不能通过登记簿知悉整个建设工程存在优先受偿权的负担。其次，商品房消费者具有排他性的依据即《执行异议复议规定》(2020 年修正)第 29 条，在《民法典》实施前后没有改变。加之，最高人民法院坚持了商品房消费者可以在程序上排除优先受偿权的态度。[66]

判定商品房消费者的权利是否具有排他效力，应维持适用条件的融贯性。具 65
体而言，应符合《执行异议复议规定》(2020 年修正)第 29 条所设之要件：“金钱债权执行中，买受人对登记在被执行的房地产开发企业名下的商品房提出异议，符合下列情形且其权利能够排除执行的，人民法院应予支持：(一)在人民法院查封之前已签订合法有效的书面买卖合同；(二)所购商品房系用于居住且买受人名下无其他用于居住的房屋；(三)已支付的价款超过合同约定总价款的百分之五十。”不过，何种事实符合前述要件，必须分别阐明之。

第一，签订合法有效的书面买卖合同。有观点主张，此要件应限缩解释为已 66
经备案的预售合同。因为备案的公示机能能为社会公众知悉，同时具有相对效力与对抗效力。[67] 此观点试图通过抬高消费者享有权利的要求，从反面提升承包人权利被满足的可能性。但是，从对抗效力角度进行论证，并不妥当。因为优先受偿权满足法定要件即可成立，并不要求承包人查询合同备案，也就不涉及备案

〔66〕 参见最高人民法院(2019)最高法民再 39 号民事裁定书。

〔67〕 常鹏翱：《中国式买房：网签备案的功能分析》，载《法律科学》2020 年第 4 期，第 104 页。

的公示性。

67 第二,消费者的界定。《执行异议复议规定》(2020 年修正)第 29 条通过“所购商品房系用于居住”的表述,将提出执行异议的主体限定为“消费者”。〔68〕不过,对消费者的界定标准仍缺乏一致意见。严格标准主张,应与《消费者权益保护法》相协调,只得为自然人,排除法人或非法人组织。〔69〕缓和标准认为,须观察后续交易行为。〔70〕宽松标准提出,如果法人或非法人组织以单位名义购买,但分配给员工居住,同属消费者。〔71〕审视前述三者,缓和标准不单缺乏可操作性,还限制了买受人的交易自由;宽松标准误将经营活动限定为交易行为,却忽视了为员工提供居住,也可归入经营范围之内。可见,严格标准实属妥当的进路。但是,即便自然人作为买受人,还要结合购买目的是否供个人居住,一并判定。比如,自然人购买居住房或商住两用住房,符合个人居住目的;反之,购买经营性用房,则不属此列。〔72〕

68 第三,消费者“名下无其他用于居住的房屋”。为了尽量满足消费者的居住需求,对此要件的解释,应尽量宽松。例如,案涉房屋同一设区的市或者县级市范围内商品房消费者名下没有用于居住的房屋,〔73〕应符合此要件。另如,消费者在集体土地房屋外,另行购买商品房,〔74〕亦为适例。

69 第四,消费者已支付的价款超过合同约定总价款的 50%。此要件旨在排除仅交付少量定金,〔75〕或者仅支付了低于总价款 50%首付的两类消费者。至于消费者自行支付价款,抑或通过向银行贷款来支付,在所不问。

70 总言之,若前述要件均得以满足,消费者可以排除优先受偿权,〔76〕获得了无负担的商品房。据此,《建设工程施工合同解释一》第 36 条的“其他债权”应当受

---

〔68〕 相反,由于买卖型担保的“买受人”实质为借贷关系的贷款人,须被排除在外。参见海南省高级人民法院(2016)琼民再 34 号民事裁定书。

〔69〕 参见最高人民法院(2016)最高法民监 25 号民事裁定书。

〔70〕 汤文平:《建设工程价款优先权与消费者购房债权的关系——试析法释〔2002〕16 号文第 2 条》,载北京大学金融法研究中心编:《金融法苑》2010 年第 1 辑(总第 80 辑),中国金融出版社 2010 年版,第 32—33 页。

〔71〕 参见江必新、刘贵祥主编:《最高人民法院关于人民法院办理执行异议和复议案件若干问题规定理解与适用》,人民法院出版社 2015 年版,第 433 页。

〔72〕《最高人民法院执行工作办公室关于〈最高人民法院关于建设工程价款优先受偿权问题的批复〉中有关消费者权利应优先保护的规定应如何理解的答复》(〔2005〕执他字第 16 号)规定,“购房应是直接用于满足其生活居住需要,而不是用于经营,不应作扩大解释”。

〔73〕 参见《九民纪要》第 125 条。

〔74〕 参见重庆市第五中级人民法院(2015)渝五中法执异字第 00766 号执行裁定书。

〔75〕 参见《九民纪要》第 125 条。

〔76〕 为了保持协调性,消费者的合同解除价值偿还请求权与不当得利请求权,虽然不具有排他性,也应具有优先性。

到目的性限缩，不包括消费者基于买卖合同的债权。[77]

2. **执行费用等共益性费用优先于优先受偿权**

因强制执行、为债权人共同利益而支出的费用，主要系指在执行过程中，实际发生的执行费、评估拍卖费等。此类费用应被优先扣除(《执行工作规定》第49条)，从而处于比优先受偿权更高的受偿次序。当中的缘由是，此费用的支出有助于实现全体债权人的利益，反之，如果无法被优先扣除，势必影响程序之推进。可见，《建设工程施工合同解释一》第36条的“其他债权”在此同样受到目的性限缩。 71

3. **数个优先受偿权平等受偿**

假如多个承包人在同一建设工程实施了建造行为，多个优先受偿权可以并存。例如，前一承包人承建部分工程后，因发包人所致中途退出；后一承包人对该工程，继续实施建造行为，直至竣工；发包人在前、后承包人设定的宽限期届满后，仍不支付建工价款。数个优先受偿权间的顺位，存在两种可能的构造进路：一者，按照优先受偿权成立的时间顺序受偿；二者，按债权比例平等受偿。后者处于多数说地位。[78] 当中的实质理由在于，优先受偿权产生的基础、指向的对象一致，价款构成的地位平等，权利间不存在互相对抗的效力。在此前提下，针对个别财产的执行，应遵循债权人平等原则。 72

4. **优先受偿权优先于约定抵押权**

《建设工程施工合同解释一》第36条明确规定，“建筑工程的承包人的优先受偿权优于抵押权……”，无论抵押权是否设立在先。该规定显然考虑到了，绝大多数的抵押权早于优先受偿权生效。若以前后顺序为判断，势必造成优先受偿权之制度目的落空。 73

鉴于优先受偿权及其担保债权之范围缺乏公示性，有观点担心，可能出现承包人与发包人恶意串通，虚报工程款，损害抵押权人的情况。[79] 诚然，此案型的解决，可以借由《民法典》第146条第1款规定的“通谋虚伪表示无效”予以应对。然而，抵押权人自行举证，证明存在通谋虚伪表示，困难重重。[80] 所以，为了维护 74

---

〔77〕 假如选择更进取的解释路径，可以判定该权利属于物权期待权，自然不在《建设工程施工合同解释一》第36条的指涉范围内。参见刘贵祥、范向阳：《〈关于人民法院办理执行异议和复议案件若干问题的规定〉理解与适用》，载《人民司法·应用》2015年第11期，第33页；最高人民法院(2018)最高法民申4090号民事裁定书。相反观点，参见庄加园：《不动产买受人的实体法地位辨析——兼谈〈异议复议规定〉第28条》，载《法治研究》2018年第5期，第133页。

〔78〕 例如，《天津仲裁委员会建设工程施工合同纠纷案件仲裁指引》第7部分第4条规定，“数个工程款优先受偿权之间平等享有优先受偿权，不分时间先后”。

〔79〕 李建华、董彪：《我国法定抵押权制度的若干立法构想》，载《当代法学》2006年第2期，第26页。

〔80〕 李宇：《民法总则要义：规范释论与判解集注》，法律出版社2017年版，第718页。

交易安全,理应从立法论层面,提升优先受偿权及其担保债权之范围的公示性。

75 在处理优先受偿权、消费者权利与约定抵押权三者关系时,应秉持“消费者权利>优先受偿权>约定抵押权”的立场。[81] 前文(边码 64)已经阐明了,商品房消费者权利可以排斥优先受偿权。所以,仅需要明确消费者权利与约定抵押权在效力上的先后次序。本文认为,消费者权利也可排斥约定抵押权。当中的实质理由有三:第一,倘若禁止发包人向消费者转让商品房,势必导致发包人无法回笼资金,反而无法清偿抵押权人的债务;第二,在一手房的买卖中,并未形成消费者主动查询不动产登记簿的交易习惯,由此,消费者通常无法知悉商品房存在约定抵押权的负担;第三,抵押权的客体是在建工程,消费者权利的客体通常是特定房屋,两者并不存在一一对应关系。另外,《执行异议复议规定》(2020 年修正)第 28 条早已确立了消费者权利排斥约定抵押权的规制方向。

5. 优先受偿权优先于其他债权

76 根据《建设工程施工合同解释一》第 36 条,优先受偿权已经优先于约定抵押权,自然也优先于其他一般的债权。有观点主张在破产程序中,优先受偿权应劣后于劳动债权。其所持理据在于:建工价款支付请求权与劳动债权同样涉及劳动者权益保护,并无优劣之分;加之,发包人与其内部员工的联系,紧密于承包人的员工。[82] 就此,实质性批驳意见是,承包人就特定建设工程享有优先受偿权的正当性在于,激励其通过建造行为,落实建设工程的价值。倘若承包人的建造行为不受激励,建设工程的价值更加无法实现,发包人愈发无法支付员工之劳动报酬。

四、优先受偿权的实现程序

(一)实现方式

77 承包人通过行使优先受偿权,得处分建设工程,并从中实现其交换价值,以及优先取偿。以下三者,均属实现优先受偿权的有效方式:第一,就该建设工程折价抵偿;第二,通过强制执行变价实现;第三,在破产清算中行使优先受偿权。本条第 2 句未规定变卖,并不构成法律漏洞,因为变卖实属拍卖程序之兜底[《拍卖变卖规定》(2020 年修正)第 25 条第 2 款]。折价抵偿与强制执行变价具有平等性,由承包人依案情作出选择。

---

〔81〕 参见高圣平、罗帅:《〈民法典〉不动产抵押权追及效力规则的解释论》,载《社会科学研究》2020 年第 5 期,第 34 页。相反观点参见最高人民法院(2017)最高法民终 959 号民事判决书。

〔82〕 叶伶俐:《建设工程价款优先受偿权的司法困境及其应对》,载《山东审判》2012 年第 6 期,第 89 页。

承包人向发包人作出行使优先受偿权的表示，不是实现权利的有效方式。就此的肯定意见〔83〕忽视了行使优先受偿权的内涵。与主张请求权、行使形成权不同，行使优先受偿权旨在实现法定担保物权，必须通过具有公示效果的方式。〔84〕承包人行使权利的表示到达发包人，并不能启动实现担保物权的程序。 78

另外，承包人单独提起优先受偿权确认之诉，也无法实现优先受偿权。部分观点认为，承包人单独提起，或者在工程款诉讼中，一并提起优先受偿权的确认之诉均可。〔85〕然而，此观点并不妥当。优先受偿权的确认之诉，既不体现出优先受偿权作为法定担保物权的支配性，也不会对建设工程进行变价，更加无法从中获得清偿。尤其是，承包人即便被确认享有优先受偿权，却不在破产清算程序中提出，仍不能获得优先清偿（边码86）。 79

（二）通过协商折价实现

通过协商折价实现，本质是承包人为获得建工价款的清偿，而与发包人订立契约，通过取得建设工程所有权的方式，实现优先受偿权。常见做法是，对建设工程进行公平估价后，双方达成协议，发包人将建设工程的所有权抵偿承包人的建工价款请求权。倘若建设工程的价值超出担保债权之范围，应当由承包人向发包人返还超出部分。 80

通过协商折价的方式实现优先受偿权，应以移转建设工程所有权，对建工价款代物清偿为准。单由承包人向发包人发出折价的要约，纯属契约自由，并未实现优先受偿权。双方达成协商折价的合意，也不足以实现优先受偿权。因为，该合意不具有对抗效力，也没有清偿建工价款。 81

（三）通过强制拍卖实现

承包人在与发包人无法达成折价协议时，应当请求法院依法拍卖。承包人既可以自行启动强制拍卖程序，也可以径行加入参与分配程序。存在较大争议的是，承包人可否不经过诉讼或仲裁，直接加入参与分配程序？肯定意见认为，承包人在申请执行程序中提交《参与分配申请书》即可。〔86〕否定意见主张，承包人必须取得执行依据后，才能在参与分配程序中实现优先受偿。其理由是，各方经常在优先受偿权是否存在，及其担保债权之范围大小难以达成一致，所以，必须经由 82

---

〔83〕 参见最高人民法院（2019）最高法执监71号执行裁定书。

〔84〕 参见浙江省高级人民法院（2018）浙民申3524号民事裁定书的裁判理由。

〔85〕 参见潘军锋：《建设工程施工合同案件审判疑难问题研究》，载《法律适用》2014年第7期，第71页。

〔86〕 参见广东省佛山市禅城区人民法院（2016）粤0604民初13306号民事判决书。

实体程序予以确认。[87] 折中意见提出,不经诉讼或仲裁确认,直接在参与分配程序实现优先受偿权,只适用于发包人对建工价款的金额无异议的场合。[88]

83 本文采肯定意见。首先,直接实现优先受偿权,具有实定法依据。《民事诉讼法解释》(2022 年修正)第 506 条第 1 款规定,一般债权人必须在取得执行依据后,方可申请参与分配程序;相反,第 2 款规定,有优先权、担保物权的债权人,可以直接申请参与分配。对比可知,第 2 款所涉的权利人申请进入参与分配程序,不以取得执行依据为前提。其次,否定意见显然违背了参与分配程序之制度目的。参与分配程序的首要目标在于,使得各债权人能够利用同一执行程序获得清偿,以节省执行时间和费用。[89] 为此,不应将可以通过参与分配程序一步完成的债务清偿,拆解为"取得执行依据"与"进入参与分配程序"两个步骤。最后,在约定担保物权的实现程序中,各方也可能就担保债权之范围存在较大分歧,无法达成一致。但是,这并不影响担保物权人可以直接进入参与分配程序。据此,折中意见也不妥当。

84 执行法官发现拍卖的建设工程存在优先受偿权,应当通知承包人申请参与分配。即使承包人不愿意申请参与,执行法官也要依职权将其列为优先债权参与人,并按照优先受偿权进行分配。[90] 当中原因在于,我国对拍卖担保物等采用了涂销主义,即一旦拍卖成交后,买受人不再继受他物权的负担,但是,又不能够因此损害承包人的合法权益。故而,执行法官须依职权对承包人强制清偿。

85 执行法官依然要对承包人是否享有优先受偿权、担保债权之范围等进行审查。[91] 为避免发生不公正的结果,其他债权人可以就优先受偿权提出分配方案异议[《民事诉讼法解释》(2022 年修正)第 509 条]。若承包人或发包人在法定期间内对异议提出反对意见,应当根据优先受偿权是否取得执行依据,区别对待。倘若承包人已经取得执行依据,其他债权人作为生效裁判的案外人,须按照审判监督程序要求法院实质性审查此依据。相反,倘若承包人尚未取得执行依据,由于执行分配方案正确与否,仍属执行行为的妥当性范畴,故而通过分配方案异议之诉予以解决即可[《民事诉讼法解释》(2022 年修正)第 510 条]。

---

〔87〕 参见石佳友:《〈民法典〉建设工程合同修订的争议问题》,载《社会科学辑刊》2020 年第 6 期,第 108 页。

〔88〕 参见梁慧星:《合同法第二百八十六条的权利性质及其适用》,载《山西大学学报(哲学社会科学版)》2001 年第 3 期,第 7 页。

〔89〕 丁亮华:《参与分配:解析与检讨》,载《法学家》2015 年第 5 期,第 108 页。

〔90〕 参见张永泉:《民事执行程序中"参与分配"的理论与制度构建》,载《苏州大学学报(法学版)》2017 年第 4 期,第 127 页。

〔91〕 曹兴权、尚彦卿:《民事执行中参与分配程序的适用条件》,载《政法论坛》2017 年第 5 期,第 77 页。

（四）通过破产清算程序实现

《企业破产法》第 109 条规定的别除权与担保权，具有高度的重合性。而且，破产清算程序同样旨在一次性、公平地清理清算债权债务，保护债权人和债务人的合法权益。所以，作为法定担保物权的优先受偿权，理应享有别除权的地位。[92] 86

与参与分配程序的强制分配不同，在破产程序中，承包人可以基于成本计算的考虑，[93]不参与破产清算程序，或者不提出享有优先受偿权，仅取得普通债权人的地位。[94] 此差异的缘由有二：第一，民事执行程序是通过国家公权力强制债务人履行义务，体现了债权平等和债务应当履行。[95] 相反，破产清算程序仅是对债权的一般清偿，凸显债务人的有限责任，内含的意思自治因素更强。第二，参与分配程序并不消灭债务人牵涉的全部债务关系。因此，应当尽可能地一次性清算所有债务，避免债务人受到债务的持续滋扰，无法开展正常经营。相反，破产清算程序结束后，债务人与债务关系一并消灭，不会构成对债务人的滋扰。 87

（五）实现的法律障碍

因为担保物权属于价值权，标的物之交换价值应以有"换价可能"为必要，即标的物需具有让与性。[96] 但是，倘若让与性受到法令之限制，即存在实现的障碍。本条第 2 句规定的"除根据建设工程的性质不宜折价、拍卖外"，即为适例。 88

1. 建设工程自身的质量不合格

《建设工程施工合同解释一》第 38 条、第 39 条指明，无论是否已经竣工，只要承包人建造的建设工程质量合格，其均享有优先受偿的地位。因为竣工、验收不影响建工价款支付请求权的可实现性（边码 25 以下），而且，未竣工的工程也可以作为物权客体。[97] 由此，进行反面解释可知，承包人建造了质量不合格且无法修复的建设工程，其优先受偿权存在实现障碍。此种建设工程危及生命、财产安全，[98]既不能投入使用，更不能被变价，理应立即拆除。 89

---

〔92〕 参见安徽省高级人民法院（2014）皖民一终字第 00054 号民事判决书。

〔93〕 参见许德风：《破产法论》，北京大学出版社 2015 年版，第 195 页。

〔94〕 参见最高人民法院（2020）最高法民申 2592 号民事裁定书。

〔95〕 谭秋桂：《民事执行法学》（第 3 版），北京大学出版社 2015 年版，第 233 页。

〔96〕 谢在全：《民法物权论（中册）》（修订 5 版），中国政法大学出版社 2011 版，第 609 页。

〔97〕 参见最高人民法院民事审判第一庭编著：《最高人民法院建设工程施工合同司法解释（二）理解与适用》，人民法院出版社 2019 年版，第 401—403 页。

〔98〕 参见最高人民法院民事审判第一庭编著：《最高人民法院建设工程施工合同司法解释（二）理解与适用》，人民法院出版社 2019 年版，第 397 页。

90 建设工程质量合格与否,应当根据《建筑法》第 52 条,以及《建设工程质量管理条例》《建筑工程施工质量验收统一标准》等构建的建筑工程质量合格之国家标准确定。在质量合格存疑时,可以通过司法鉴定或推定的方式加以判断。例如,发包人将工程交给后一承包人续建,可推定前一承包人的工程质量合格。建设工程的质量高于前述国家标准,却低于当事人的约定标准,不会阻碍优先受偿权的实现。

2. 建设工程属于不得补正登记的违章建筑

91 违章建筑能否被实现,取决于可否补正登记。有观点认为,因为违章建筑不宜折价、拍卖,不能依法流转,进而排除优先受偿权。[99] 该观点不妥当的缘由有二:其一,与现有的拍卖程序不协调。对于不具备初始登记条件的房屋,仍可通过"现状处置"的方式,继续予以执行。[100] 其二,忽视了违章建筑依然有可能被补正登记,消除违法状态。依此,特定建设工程可以进行补正登记(参酌《民法典担保制度解释》第 49 条第 1 款),即属于具有使用价值、可供执行的财产,[101] 可以被承包人整体变价。反之,该建设工程不能进行补正登记,[102] 理应被立即拆除,不得作为建设工程被整体变价。

3. 建设工程存在用途限制

92 《民法典》第 399 条规定了禁止抵押的财产范围,其中,第 3 项禁止以公益为目的之非营利法人的社会公益设施作为抵押财产。《民法典担保制度解释》第 6 条针对此类不动产,从用途切入,缩减了禁止抵押的财产范围。就此限制的意旨是,防止抵押物被实现,进而冲击社会公共利益。[103] 准此,承包人对其建造的非

---

〔99〕《最高人民法院民事审判第一庭 2021 年第 21 次专业法官会议纪要:实际施工人不享有建设工程价款优先受偿权》,载最高人民法院民事审判第一庭编:《民事审判指导与参考》2021 年第 3 辑(总第 87 辑),人民法院出版社 2022 年版,第 165 页。

〔100〕《最高人民法院关于转发〈住房和城乡建设部关于无证房产依据协助执行文书办理产权登记有关问题的函〉的通知》(法〔2012〕151 号)规定:"……暂时不具备初始登记条件的,执行法院处置后可以向房屋登记机构发出《协助执行通知书》,并载明待房屋买受人或承受人完善相关手续具备初始登记条件后,由房屋登记机构按照《协助执行通知书》予以登记;不具备初始登记条件的,原则上进行'现状处置',即处置前披露房屋不具备初始登记条件的现状,买受人或承受人按照房屋的权利现状取得房屋。后续的产权登记事项由买受人或承受人自行负责。"

〔101〕通常由受让人继续办理补正登记手续。参见最高人民法院(2016)最高法执监 161 号执行裁定书。

〔102〕一种方案将此种状态的建设工程定性为动产所有权。参见常鹏翱:《违法建筑的公法管制与私法因应》,载《法学评论》2020 年第 4 期,第 84 页。若依此方案,承包人可以援引《民法典》第 783 条,而非行使本条的优先受偿权。

〔103〕黄薇主编:《中华人民共和国民法典物权编释义》,法律出版社 2020 年版,第 492 页。不过,从原理上看,只要法律限定建设工程实现后,仍必须维持原有的用途,就不至于完整冲突其社会公共服务。同时,也防止形成反向激励,导致承包人因为无法享有优先受偿权,拒绝承包此类工程。

营利法人之公益设施，也不得实现优先受偿权。“举轻以明重”，特别法人用于国计民生或社会公众服务的建设工程，同样适用前述原理。例如，机关法人所拥有的养老院、[104] 国家机关已投入使用的办公用房或者军事建筑等，均存在优先受偿权实现的法律障碍。

五、举证责任

承包人承担行使优先受偿权所涉事实的举证责任。单就优先受偿权担保债权之范围而言，承包人须举证证明建工价款的基础证据，如招投标文件、会议纪要、工程量的确认证据，合同计算依据及变更文件等。相应之，发包人应就抗辩事由提出证据，尤其是证明优先受偿权已经消灭。部分观点主张，承包人应举证建设工程不属于不宜折价、拍卖的范围。[105] 此观点要求承包人须举证证明消极事实，既与举证理论不相符，也不具有可操作性，不应被采纳。 93

商品房消费者应就其权利（边码 64）承担举证责任，特别是，符合《执行异议复议规定》（2020 年修正）第 29 条的各项条件。个别观点主张，该条第 3 项“已支付的价款超过合同约定总价款的百分之五十”之举证，只要发包人声称已接受即可。[106] 该观点并不妥当。因为发包人于此并无利益，反而容易滋长发包人与消费者为第三人施加不利的道德风险。所以，由消费者举证已经支付价款，既合乎当事人的利益，也相对便利。 94

附：案例索引

1. 安徽省高级人民法院（2014）皖民一终字第 00054 号民事判决书：通州建总集团有限公司诉安徽天宇化工有限公司别除权纠纷案【边码 26、86】

2. 北京市第一中级人民法院（2010）一中民初字第 3323 号民事判决书：北京轻环工程监理有限公司与北京世纪富原燃料电池有限公司等破产财产分配方案异议案【边码 10】

3. 重庆市第五中级人民法院（2014）渝五中法民终字第 00189 号民事判决书：重庆宏耀建设（集团）有限公司与重庆富亿实业（集团）有限公司破产债权确认纠纷案【边码 58】

4. 重庆市第五中级人民法院（2015）渝五中法执异字第 00766 号执行裁定书：重庆市巴南区诚通小额贷款股份有限公司等与重庆诚全置业（集团）有限公司等执行效力公证债权文书案【边码 68】

---

〔104〕 参见江苏省江阴市人民法院（2016）苏 0281 民初 2488 号民事判决书。

〔105〕 常设中国建设工程法律论坛第五工作组：《建设工程施工合同纠纷证据指引理解与适用》，法律出版社 2018 年版，第 167 页。

〔106〕 参见汤文平：《建设工程价款优先权与消费者购房债权的关系》，载北京大学金融法研究中心编：《金融法苑》2010 年第 1 辑（总第 80 辑），中国金融出版社 2010 年版，第 34 页。

5. 广东省佛山市禅城区人民法院(2016)粤 0604 民初 13306 号民事判决书:广东开平建安集团有限公司与佛山市富地投资有限公司建设工程价款优先受偿权纠纷案【边码 82】

6. 海南省高级人民法院(2016)琼民再 34 号民事裁定书:刘某成与洋浦东泰房地产开发有限公司买卖合同纠纷案【边码 67】

7. 河北省唐山市中级人民法院(2020)冀 02 民终 16 号民事判决书:朝阳银行股份有限公司朝阳县支行与唐山恺翔建筑工程有限公司等建设工程施工合同纠纷案【边码 27】

8. 河南省高级人民法院(2014)豫法民三终字第 117 号民事判决书:南阳万方电力设备有限公司破产管理人与南阳市兴泰钢结构有限公司建设工程施工合同纠纷案【边码 54】

9. 江苏省淮安市中级人民法院(2018)苏 08 民终 1362 号民事判决书:李某平与金湖县业之峰装饰中心合同纠纷案【边码 10】

10. 江苏省江阴市人民法院(2016)苏 0281 民初 2488 号民事判决书:江阴市新德建设工程有限公司与江阴市人民政府临港街道办事处等建设工程施工合同纠纷案【边码 92】

11. 江苏省仪征市人民法院(2019)苏 1081 民初 1887 号民事判决书:杨某与扬州乐华建设工程有限公司等建设工程施工合同纠纷案【边码 43】

12. 山东省威海市中级人民法院(2020)鲁 10 民终 97 号民事判决书:陈某东等与青岛华旭房地产开发有限公司建设工程施工合同纠纷案【边码 61】

13. 浙江省高级人民法院(2018)浙民申 3524 号民事裁定书:中国民生银行股份有限公司温州分行诉浙江山口建筑工程有限公司、青田依利高鞋业有限公司第三人撤销之诉案【边码 78】

14. 浙江省绍兴市中级人民法院(2015)浙绍商终字第 1618 号民事判决书:中国信达资产管理股份有限公司浙江省分公司等与绍兴飞泰光电技术有限公司金融借款合同纠纷案【边码 35】

15. 浙江省嵊州市人民法院(2019)浙 0683 民撤 3 号民事判决书:渤海银行股份有限公司绍兴分行与嵊州市金厦建设有限公司等建设工程施工合同纠纷案【边码 59】

16. 最高人民法院(2014)民一终字第 56 号民事判决书:中铁二十二局集团第四工程有限公司等与安徽省高速公路控股集团有限公司建设工程施工合同纠纷案【边码 58】

17. 最高人民法院(2016)最高法民监 25 号民事裁定书:曹县建筑工程承包总公司与曹县农村信用合作联社等商品房预售合同纠纷案【边码 67】

18. 最高人民法院(2016)最高法执监 161 号执行裁定书:福建金龙地产有限公司与中建海峡建设发展有限公司建设工程施工合同纠纷案【边码 91】

19. 最高人民法院(2017)最高法民终 959 号民事判决书:中国华融资产管理股份有限公司贵州省分公司与贵州睿力房地产开发有限公司抵押权纠纷案【边码 75】

20. 最高人民法院(2018)最高法民申 4090 号民事裁定书:安某军与马某令案外人执行异议之诉纠纷案【边码 70】

21. 最高人民法院(2018)最高法民申 4787 号民事裁定书:交通银行股份有限公司陕西省分行与张某侠申请执行人执行异议之诉案【边码 15】

22. 最高人民法院(2019)最高法民申 5594 号民事裁定书:乐某平与福建四海建设有限

公司等劳务合同纠纷案【边码 17】

23. 最高人民法院(2019)最高法民申 6085 号民事裁定书:宁夏钰隆工程有限公司与安徽三建工程有限公司等建设工程施工合同纠纷案【边码 18、25】

24. 最高人民法院(2019)最高法民再 39 号民事裁定书:王四光诉中天建设集团有限公司、白山和丰置业有限公司案外人执行异议之诉案【边码 64】

25. 最高人民法院(2019)最高法民终 1572 号民事判决书:宁夏瑞富山水置业有限公司与华宸建设集团股份有限公司建设工程施工合同纠纷案【边码 61】

26. 最高人民法院(2019)最高法执监 71 号执行裁定书:上海浦东发展银行股份有限公司连云港分行与江苏德威机械设备有限公司等金融借款合同纠纷案【边码 78】

27. 最高人民法院(2020)最高法民申 2592 号民事裁定书:东营市顺达机械工程有限公司与山东华懋新材料有限公司建设工程价款优先受偿权纠纷案【边码 87】

第1022条第2款

有期限肖像许可使用合同的法定解除权*

第1022条第2款　当事人对肖像许可使用期限有明确约定,肖像权人有正当理由的,可以解除肖像许可使用合同,但是应当在合理期限之前通知对方。因解除合同造成对方损失的,除不可归责于肖像权人的事由外,应当赔偿损失。

简　目

一、规范架构和规范意旨……1—3
(一)规范架构……1
(二)规范意旨……2—3
二、规范区隔……4—12
(一)与第563条第1款"法定解除权"制度的区别……5
(二)与第533条"情势变更"制度的区别……6—7
(三)与第580条第2款"合同僵局下司法解除"制度的区别……8—10
(四)与"有期限继续性合同重大事由解除"制度的关系……11—12
三、规范性质……13—16
四、与《个人信息保护法》第15条之任意撤回权的冲突与化解……17—22
(一)肖像许可使用合同与肖像权人之同意……17—18
(二)冲突之发生……19—20
(三)冲突之化解:优先适用本款,排除《个人信息保护法》任意撤回权之适用……21—22
五、法定解除权发生之构成要件……23—41
(一)有期限之肖像许可使用合同……23—27
(二)正当理由……28—41
1. 正当理由的一般界定……29—31
2. 来自于肖像权人负责领域的正当理由……32—37
3. 非来自于肖像权人负责领域的正当理由……38—41
六、法定解除权之行使方式……42—59
(一)预告解除……43—46
(二)合理期间内的解除通知……47
(三)违反"合理期间通知义务"之法律效果……48—51
1. 正当理由来自于肖像权人负责领域者……

---

* 本文系基于《〈民法典〉第1022条第2款(有期限肖像许可使用合同的法定解除权)评注》(载《南京大学学报(哲学·人文科学·社会科学)》2022年第4期,第43—61页)一文修订而成。

案例搜集情况说明:(1)由于本文所涉主题和条款迄今并无最高人民法院指导案例、公报案例和最高人民法院裁判,且可供研究的案例样本量相对较少,所以本文遵循"以关键词全文检索,穷尽搜集"的原则,并不从审判层级上作任何筛选。先以"肖像许可""肖像使用""姓名许可""演艺合同""经纪协议""广告合同""直播运营"以及"代言"等关键词全文检索,然后在检索结果中以"解除"为关键词限缩检索范围。(2)案例来源:中国裁判文书网、北大法宝案例库。

49—50
2. 正当理由非来自于肖像权人负责领域者……51
（四）限制行为能力肖像权人之解除权行使问题……52—55
（五）肖像权人死后解除权行使问题……56—59
七、法定解除权行使之法律效果……60—68
（一）合理期间届满后向将来发生终止的效力……60
（二）停止使用与删除之义务……61
（三）损害赔偿……62—68
1. 解除可归责之情形……65—66
2. 损失可归责之情形……67—68
八、举证责任……69

一、规范架构和规范意旨

（一）规范架构

1 《民法典》第1022条第2款（以下简称本款）乃肖像权人基于正当理由得解除有期限肖像许可使用合同之规范。本款第1句乃解除权发生和行使方式规范，规定了法定解除权之构成要件与行使方式。第2句乃损害赔偿请求权之请求权基础，涉及解除权行使后肖像权人负损害赔偿责任之构成要件。本款并未涉及解除权行使后之其他法律效果以及肖像权人损害赔偿之具体范围。本款乃新增规范，此前我国实证法中并无类似规范，也并非长期裁判立场之总结，[1]学说中对此讨论寥寥，[2]乃人格权法上特设之新制度。

（二）规范意旨

2 本款在规范构造上，与规范无期限肖像许可使用合同中双方当事人之任意解除权的《民法典》第1022条第1款迥异，后者仅仅是《民法典》第563条第2款无

〔1〕 有学者主张“既无学理和司法实践作为支撑，又无比较法上的成例，纯属标新立异之举”，反对《民法典》新设本款。参见李宇：《十评民法典分则草案》，载《中国海商法研究》2018年第3期。

〔2〕 有限的研究成果，可参见廖焕国：《论人格权许可使用合同的法定解除——兼评民法典各分编草案第八百零二、八百零三条》，载《暨南学报（哲学社会科学版）》2019年第8期；郭少飞：《新型人格财产权确立及制度构造》，载《暨南学报（哲学社会科学版）》2019年第5期，第52页；张红：《民法典之肖像权立法论》，载《学术研究》2019年第9期；周林彬：《商法入典标准与民法典的立法选择——以三类商法规范如何配置为视角》，载《现代法学》2019年第6期，第60页；叶涛：《民法典编纂中人格标识财产利益的制度构建——从人格权衍生财产利益的比较展开》，载《河南财经政法大学学报》2018年第4期；王叶刚：《人格权商业化利用与人格尊严保护关系之辨》，载《当代法学》2018年第3期；冉克平：《肖像权上的财产利益及其救济》，载《清华法学》2015年第4期；王叶刚：《人格权中经济价值法律保护模式探讨》，载《比较法研究》2014年第1期，第169页；刘召成：《人格商业化利用权的教义学构造》，载《清华法学》2014年第3期；姚辉：《关于人格权商业化利用的若干问题》，载《法学论坛》2011年第6期，第15页；姚辉：《人格权法论》，中国人民大学出版社2011年版，第395页；陈龙江：《人格标志上经济利益的民法保护：学说考察与理论探讨》，法律出版社2011年版。

期限持续性合同任意解除权之具体化，其在构成要件和法律效果上并无特殊规则。[3]

3 为保护肖像权人之人格利益，立法者在第 563 条第 1 款之外为肖像权人特设此款之法定解除权。[4] 规范设计基于如下法政策上的考量：人格利益在价值序列上优先于财产利益；若肖像许可使用合同束缚了肖像权人人格之自由发展或损及肖像权人人格尊严，以致于不可期待肖像权人继续履行该合同时，当赋予肖像权人单方终局性终止该束缚的权利，纵使牺牲相对人之财产利益也无妨。[5] 亦即，在人格自由发展和人格尊严不容侵犯的理念之下，私法中"允诺必须践行"之基本原则不妨暂时让步。这一观念的理论基础在于，作为标表型人格权客体的人格标志上存在着精神成分和财产成分，财产成分始终受到精神成分的束缚和制约。[6] 人格标志商业利用中，人格权人通过仅具有债法上效力的使用许可一定程度上"让渡"了人格标志上的财产成分，使用人并未获得任何的具有排他性的物权性权利或者地位。人格权人精神成分受有侵害或者威胁时，自然可以牵动精神成分之绳，"收回"财产成分，以保护人格权人精神利益之完满无虞。

---

〔3〕 有学者认为，在肖像许可使用合同中重复规定不定期继续性合同的任意解除权，是立法资源的浪费。参见吴奕锋：《论不定期继续性合同随时终止制度——兼评〈民法典合同编（二审稿）〉的规定》，载《中外法学》2019 年第 2 期，第 536 页。

〔4〕 参见王绍喜：《〈民法典〉时代肖像权保护解释论》，载《法律适用》2021 年第 11 期，第 35 页；最高人民法院民法典贯彻实施工作领导小组主编：《中华人民共和国民法典人格权编理解与适用》，人民法院出版社 2020 年版，第 258 页；王利明、程啸：《中国民法典释评 · 人格权编》，中国人民大学出版社 2020 年版，第 313 页（王利明执笔）；陈甦、谢鸿飞主编：《民法典评注 · 人格权编》，中国法制出版社 2020 年版，第 226—227 页（曹相见执笔）；齐晓丹：《〈民法典〉人格权编理解与适用应注意的十个问题》，载《法律适用》2020 年第 17 期。

〔5〕 参见王绍喜：《〈民法典〉时代肖像权保护解释论》，载《法律适用》2021 年第 11 期，第 35 页；王利明、程啸：《中国民法典释评 · 人格权编》，中国人民大学出版社 2020 年版，第 311—312 页（王利明执笔）；最高人民法院民法典贯彻实施工作领导小组主编：《中华人民共和国民法典人格权编理解与适用》，人民法院出版社 2020 年版，第 258 页；齐晓丹：《〈民法典〉人格权编理解与适用应注意的十个问题》，载《法律适用》2020 年第 17 期。

〔6〕 关于人格标志上财产利益和精神利益之关系，美国法采"二元模式"立场，在保护精神利益的隐私权之外创设保护财产利益的独立的公开权；德国法采"一元模式"立场，并未承认人格标志上的财产利益足以构成独立的权利，而是扩张人格权的权利内容，将财产利益构造为和人格标志上精神成分并列的财产成分；我国通说和当前立法，基本上采取了类似于德国法上的"一元模式"立场，在人格权内部解决经济利益的商业利用问题。参见王利明、程啸：《中国民法典释评 · 人格权编》，中国人民大学出版社 2020 年版，第 55 页（王利明执笔）；张红：《〈民法典（人格权编）〉一般规定的体系构建》，载《武汉大学学报（哲学社会科学版）》2020 年第 5 期，第 166—167 页。人格标志上财产成分和精神成分之关系，基础理论方面的论述，详见王叶刚：《人格权中经济价值法律保护模式探讨》，载《比较法研究》2014 年第 1 期；王泽鉴：《人格权法：法释义学、比较法、案例研究》，北京大学出版社 2013 年版，第 290 页；陈龙江：《人格标志上经济利益的民法保护：学说考察与理论探讨》，法律出版社 2011 年版；程合红：《商事人格权论——人格权的经济利益内涵及其实现与保护》，中国人民大学出版社 2002 年版。

二、规范区隔

本款和下列法定解除权、司法解除等制度并不在同一体系脉络中,本款承载着保护肖像权人人格利益的特有的立法政策,尤其在损害赔偿这一法律效果上,本款自有基于规范目的的独立判断标准,因此,本款在适用上几乎毫无可类推适用以下制度之处。 4

(一)与第563条第1款"法定解除权"制度的区别

本款之"正当理由"不宜涵盖第563条第1款所列之情形,当为第563条第1款之外的情形,构成第563条第1款所列之情形者,肖像权人依据第563条而非本款行使解除权。〔7〕理由在于:第一,两种解除权至少在行使期间、解除效力、解除后损害赔偿等问题上,规范设计并不相同。若将本款"正当理由"扩及第563条第1款所列之情形,将增加规范竞合之可能性,徒增规范选择时的论证负担。第二,两款规范目的不同。第563条第1款之法定解除权制度着眼于"双务合同中对待给付的牵连性"以及"使守约方及早从毫无意义的合同束缚中脱离出来"〔8〕,是对守约方的救济,对违约方的惩罚,解除权之发生与合同是否得到恰当履行密切相关,与本款完全不同。由此,若将本款之正当理由仅限于或者含括第563条第1款之情形,则要么过分限缩本款适用范围,要么冲淡本款保护肖像权人人格利益之特别价值取向,并不足取。 5

---

〔7〕 相同立场,参见最高人民法院民法典贯彻实施工作领导小组主编:《中华人民共和国民法典人格权编理解与适用》,人民法院出版社2020年版,第259页。相反立场有两种:其一,认为本款除了涉及其他与肖像权人人格利益相关的情形,也包括第563条第1款规定的情形。参见黄薇主编:《中华人民共和国民法典人格权编解读》,中国法制出版社2020年版,第156页;中国审判理论研究会民事审判理论专业委员会编著:《民法典人格权编条文理解与司法适用》,法律出版社2020年版,第213页。其二,认为本款的正当理由正是第563条第1款规定的情形。参见张红:《民法典之肖像权立法论》,载《学术研究》2019年第9期;郭少飞:《新型人格财产权确立及制度构造》,载《暨南学报(哲学社会科学版)》2019年第5期,第52页。

〔8〕 参见赵文杰:《〈合同法〉第94条(法定解除)评注》,载《法学家》2019年第4期,第176页。

(二)与第 533 条"情势变更"制度的区别

6 首先,二者规范目的不同。第 533 条之情势变更制度关注的是合同双方当事人财产利益上的失衡,〔9〕并非合同当事人的人格利益是否有所限制。其次,二者构成要件不同。所谓情势变更,必须是超出当事人可预见范围的不可归责于双方的异常事件,〔10〕而本款之正当理由中来自于肖像权人负责领域者,无须超出肖像权人可预见范围。最后,法律后果上,相较于本款,第 533 条增加了当事人再协商环节;且纵使构成情势变更,并非当事人拥有法定解除权,而是由裁判者判定解除;〔11〕情势变更情形下,主张解除者是否负损害赔偿责任,第 533 条并未作出明

〔9〕 参见最高人民法院(2020)最高法民终 629 号民事判决书:"本院认为,构成情势变更的'对于当事人一方明显不公平的',应是指继续履行合同会造成一方当事人履约能力严重不足、履约特别困难、继续履约无利益并对其利益造成重大损害、明显违反公平、等价有偿原则等情形";成都鹏伟实业有限公司与江西省永修县人民政府、永修县鄱阳湖采砂管理工作领导小组办公室采矿权纠纷案,最高人民法院(2008)民二终字第 91 号民事判决书(载《最高人民法院公报》2010 年第 4 期):"罕见低水位导致采砂船不能在采砂区域作业,采砂提前结束,采砂方面临巨额亏损";江苏省南京市玄武区人民法院(2015)玄民初字第 1960 号民事判决书:"劳务合同中约定的工作地点附近爆发疫情,虽该地区未采取限制人员流动或相关措施,但继续履行合同对一方当事人显然有失公平的";《最高人民法院关于武汉市煤气公司诉重庆检测仪表厂煤气表装配线技术转让合同购销煤气表散件合同纠纷一案适用法律问题的函》(法函〔1992〕27 号):发生了当事人无法预见和防止的情势变更,若按原合同约定履行显失公平;《合同法解释二》(法释〔2009〕5 号)第 26 条:"合同成立以后客观情况发生了当事人在订立合同时无法预见的、非不可抗力造成的不属于商业风险的重大变化,继续履行合同对于一方当事人明显不公平或者不能实现合同目的……"另可参见黄薇主编:《中华人民共和国民法典释义(中)》,法律出版社 2020 年版,第 1019—1020 页;最高人民法院民法典贯彻实施工作领导小组主编:《中华人民共和国民法典合同编理解与适用(一)》,人民法院出版社 2020 年版,第 483—484 页;朱广新、谢鸿飞主编:《民法典评注 · 合同编 · 通则(1)》,中国法制出版社 2020 年版,第 526 页(侯国跃执笔);韩世远:《合同法总论》(第 4 版),法律出版社 2018 年版,第 507 页。

〔10〕 1993 年,最高人民法院《全国经济审判工作座谈会纪要》指出,"由于不可归责于当事人双方的原因,作为合同基础的客观情况发生了非当事人所能预见的根本性变化,以致按原合同履行显示公平的,可以根据当事人的申请,按情势变更的原则变更或者解除合同"。另可参见黄薇主编:《中华人民共和国民法典释义(中)》,法律出版社 2020 年版,第 1019—1020 页;最高人民法院民法典贯彻实施工作领导小组主编:《中华人民共和国民法典合同编理解与适用(一)》,人民法院出版社 2020 年版,第 482—483 页;朱广新、谢鸿飞主编:《民法典评注 · 合同编 · 通则(1)》,中国法制出版社 2020 年,第 527—528 页(侯国跃执笔);韩世远:《合同法总论》(第 4 版),法律出版社 2018 年版,第 506 页。

〔11〕 参见黄薇主编:《中华人民共和国民法典释义(中)》,法律出版社 2020 年版,第 1020 页;最高人民法院民法典贯彻实施工作领导小组主编:《中华人民共和国民法典合同编理解与适用(一)》,人民法院出版社 2020 年版,第 487 页;王利明主编:《中国民法典释评 · 合同编 · 通则》,中国人民大学出版社 2020 年版,第 346 页(尹飞执笔)。

确规定,学说中有所争议,[12]本款则明确规定,肖像权人仅在可归责时承担损害赔偿责任。

因此,法律适用上,第一,若该特别情势仅是与肖像权人人格利益无关的纯粹的财产利益意义上的交易基础之丧失,肖像权人只得依据第533条主张司法解除,不享有本款的法定解除权;第二,构成第533条之情势变更且该特别情势有碍肖像权人人格利益时,本款和第533条构成规范竞合,应当优先适用本款。亦即,肖像权人得以依据本款豁免再协商义务,迅速脱离肖像许可使用合同的束缚,且在不具可归责事由时无须承担损害赔偿责任。 7

(三)与第580条第2款"合同僵局下司法解除"制度的区别

《民法典》新增的第580条第2款被称为合同僵局情形下司法解除。[13] 8

《民法典》生效之前,肖像许可使用合同纠纷中,裁判者实际上已经酌情行使了该款所称的司法解除权。某些肖像许可使用合同中,肖像权人负担配合使用人制作肖像、交出肖像之行为债务,若肖像权人拒绝履约,且使用人不愿解除合同,合同之履行则陷入僵局。当前裁判立场往往以此类合同具有极强的人身依附性、无法强制执行为理由,确认合同自肖像权人提出反诉、[14]法院受理反诉[15]或相 9

[12] 有观点主张解除者应当赔偿相对方履行利益,除非该特别情势构成不可抗力,参见王利明主编:《中国民法典释评·合同编·通则》,中国人民大学出版社2020年版,第348页(尹飞执笔)。有观点认为应当对被解除方利益进行补偿,参见朱朝晖:《潜伏于双务合同中的等价性》,载《中外法学》2020年第1期,第152—155页。另有观点主张免责,参见韩世远:《情事变更若干问题研究》,载《中外法学》2014年第3期,第183页。还有观点主张由合同当事人平均分担损失,参见尚连杰:《风险分配视角下情事变更法效果的重塑——对〈民法典〉第533条的解读》,载《法制与社会发展》2021年第1期,第186页;梁慧星:《关于民法典分则草案的若干问题》,载《法治研究》2019年第4期,第11页;谢鸿飞:《民法典合同编总则的立法技术与制度安排》,载《河南社会科学》2017年第6期,第34页。

[13] 参见王利明:《具有国际化视野的〈民法典〉合同编立法》,载《经贸法律评论》2021年第4期;崔建远:《关于合同僵局的破解之道》,载《东方法学》2020年第4期;朱广新、谢鸿飞主编:《民法典评注·合同编·通则(2)》,中国法制出版社2020年版,第343页(朱广新执笔)。

[14] 北京市第三中级人民法院(2020)京03民终7568号民事判决书;北京市朝阳区人民法院(2018)京0105民初14552号民事判决书。

[15] 上海市宝山区人民法院(2019)沪0113民初5957号民事判决书。

对人收到起诉状副本〔16〕之日解除，或者径直判决解除合同，〔17〕但并不影响违约责任的判定和承担。也有少数法院认为，既然肖像权人并无解除权，即便合同存在一定人身属性，双方信任基础也有所动摇，若并无证据表明双方矛盾无法调和，合同不应被解除，肖像权人应当继续履行。〔18〕

10 本款和上述情形显然不同。肖像权人根据本款之构成要件作出的解除表示，为有权解除，肖像权人并未违约，自然毫无承担违约责任一说，因此在判定本款第 2 句之损害赔偿范围时，应当与肖像权人构成违约时有所区别(边码 65、66)。

(四)与"有期限继续性合同重大事由解除"制度的关系

11 《民法典》立法过程中，有学者主张借镜《德国民法典》第 314 条，〔19〕在合同编通则部分引入有期限继续性合同的特别终止(解除)权，〔20〕但最终出台的《民法典》中并未增设有期限继续性债务重大理由下之特别终止(解除)权之一般规

---

〔16〕 北京市通州区人民法院(2021)京 0112 民初 6630 号民事判决书；上海市第一中级人民法院(2020)沪 01 民终 14028 号民事判决书；北京市朝阳区人民法院(2018)京 0105 民初 14552 号民事判决书(使用人收到肖像权人反诉状之日)。

〔17〕 上海市崇明区人民法院(2020)沪 0151 民初 1964 号民事判决书；北京市朝阳区人民法院(2019)京 0105 民初 425 号民事判决书；江苏省徐州市铜山区人民法院(2019)苏 0312 民初 11384 号民事判决书；河南省濮阳市中级人民法院(2018)豫 09 民终 1687 号民事判决书；上海市第一中级人民法院(2018)沪 01 民终 5158 号民事判决书；重庆市渝北区人民法院(2018)渝 0112 民初 20387 号民事判决书；上海市第一中级人民法院(2017)沪 01 民终 5638 号民事判决书；上海市徐汇区人民法院(2016)沪 0104 民初 24059 号民事判决书；北京市海淀区人民法院(2016)京 0108 民初 33654 号民事判决书；上海市长宁区人民法院(2014)长民一(民)初字第 6875 号民事判决书；上海市高级人民法院(2014)沪高民一(民)再提字第 8 号民事判决书；北京市高级人民法院(2013)高民终字第 1164 号民事判决书(该案入选"2013 年中国法院 50 件典型知识产权案例")。对于涵盖肖像许可使用条款的演艺经纪合同的解除问题，刘承韪一文对于 2013—2018 年的裁判立场梳理较为充分，参见刘承韪：《论演艺经纪合同的解除》，载《清华法学》2019 年第 4 期。

〔18〕 上海市第二中级人民法院(2020)沪 02 民终 9512 号民事判决书。类似立场，参见广东省广州市中级人民法院(2020)粤 01 民终 4234 号民事判决书；北京市朝阳区人民法院(2018)京 0105 民初 70263 号民事判决书；北京市丰台区人民法院(2017)京 0106 民初 2777 号民事判决书；北京市第三中级人民法院(2017)京 03 民终 12739 号民事判决书；上海市第一中级人民法院(2016)沪 01 民终 13315 号民事判决书；北京市第三中级人民法院(2016)京 03 民终 13936 号民事判决书(此案可谓此种立场之开先河者，案情和法院论证最值得关注。该案后经再审程序调解结案，双方当事人协议解除合同，参见北京市高级人民法院(2017)京民申 870 号裁定书)。

〔19〕 《德国民法典》第 314 条第 1 款规定："合同当事人任何一方可以基于重大理由终止继续性债务，无须遵守通知期间。在斟酌个案所有具体情事，且衡量双方之利益后，维持该合同关系到约定之消灭期限或终止期限届满，对终止之一方无期待可能性者，即为有重大事由。"该条为 2002 年债法现代化之后总结长期裁判立场的新设条款。Vgl. MüKoBGB/*Gaier*, 2019, § 314 Rn. 1.

〔20〕 参见王文军：《论继续性合同的解除》，载《法商研究》2019 年第 2 期；韩世远：《继续性合同的解除：违约方解除抑或重大事由解除》，载《中外法学》2020 年第 1 期。

范。有观点转而主张可整体类推本款以弥补规范缺失。〔21〕

12 上述类推适用立场,值得商榷。第一,无论是从基本理论角度,还是从当前制度缺失引发的法律漏洞而言,有期限继续性合同重大事由解除制度中的“重大事由”一般来自于相对人之风险领域,〔22〕并非属于解除权人之负责范围。〔23〕而本款之正当理由,显然包括属于肖像权人负责范围的“内心观念之变化”。第二,规范目的上,有期限债务之特别终止(解除)权主要旨在破解合同僵局,以及在合同双方信赖关系破裂时赋予一方解除权等,〔24〕与为保障肖像权人人格发展自由和人格尊严不受侵犯而生之本款,显然大有不同,实不宜贸然类推。第三,本款在损害赔偿规范架构上与有期限债务重大理由解除权存在较大差异,《德国民法典》第341条第4款中,终止权行使后,损害赔偿乃履行利益之金钱赔偿,〔25〕且并不以终止权人之“可归责”为要件,若整体类推本款,则必然增加规范解释和切割适用之难题,实在得不偿失。因此,若在个案中确出现因规范供给不足而生之法律漏洞,莫不如由裁判者依据诚信原则为断即可,无须类推适用本款。

三、规范性质

13 本款涉及解除权之发生条件、解除权之行使方式和损害赔偿之构成要件,因此,规范属性以及当事人能否特约排除,当分别判断。

14 就解除权之发生条件而言,本款规定为“正当理由”,此为强制规范。特约排除或者变相加重肖像权人负担者,无效。实践中,某些肖像许可使用合同正是交

---

〔21〕 参见韩富鹏:《民商区分视角下委托合同任意解除权的适用》,载《财经法学》2021年第3期;王洪亮:《民法典中解除规则的变革及其解释》,载《法学论坛》2020年第4期;朱晓喆:《〈民法典〉合同法定解除权规则的体系重构》,载《财经法学》2020年第5期。另有观点主张,类推保管合同“特别事由”或者婚姻关系中“感情确已破裂”,弥补制度漏洞。参见韩世远:《法典化的合同法:新进展、新问题及新对策》,载《法治研究》2021年第6期,第16页;韩世远:《继续性合同的解除:违约方解除抑或重大事由解除》,载《中外法学》2020年第1期,第127页。还有观点主张,整体类推《民法典》第933条委托合同之任意解除制度。参见王洪亮:《民法典中解除规则的变革及其解释》,载《法学论坛》2020年第4期。

〔22〕 MüKoBGB/*Gaier*, 2019, § 314 Rn. 16; BGHZ 196, 285 Rn. 17 = NJW 2013, 2021; OLG Düsseldorf NJW 2015, 3663 Rn. 92; 相反立场,Vgl. Soergel/*Teichmann* Rn. 19. 参见最高人民法院(2012)民一终字第67号民事判决书中的“工人维权停止生产”。

〔23〕 BGHZ 196, 285 Rn. 17 = NJW 2013, 2021; BGH NJW 2012, 1431 Rn. 30.《德国民法典》第323条第6款规定:债权人对会使其有合同解除权的情事单独或主要地负责任,或债务人无须对之负责任的情事发生在债权人陷于受领迟延之时的,不得解除合同。

〔24〕 参见韩世远:《继续性合同的解除:违约方解除抑或重大事由解除》,载《中外法学》2020年第1期,第120页。

〔25〕 *Jauernig/Stadler*, 18. Aufl. 2021, BGB § 314 Rn. 9.

易地位较为强势的肖像使用方一方[26]所提供的格式合同，合同中存在对于肖像权人而言不公平的条款，例如肖像权人因身体[27]或者其他不可预见的原因无法履行合同的，构成违约，需承担高额违约金。就现实意义和增加规范供给而言，本款有助于在《民法典》第 497 条"格式条款无效的情形"之外，以赋予法定解除权的方式打破不公平条款对于肖像权人的束缚，亦即，若该不公平条款涉及的恰是本款的"正当理由"，该约定无效。[28] 当然，由于"正当理由"内涵抽象、边界模糊，双方当事人具体描述正当理由的约定有效；不过，这一描述不具有封闭性，肖像权人自可主张描述之外之正当理由情形下的解除权。

15 就解除权之行使方式而言，当事人可以就本款第 1 句的"合理期限"自由约定，长短自便。"合理期间"涉及解除通知之发出时间和预告解除之生效期间(边码 47)，规范目的上，前者在于敦促解除权人及时行使权利，后者在于给相对人留足必要的准备时间，纯属仅涉及双方私益之制度，与第三人利益、公共利益均无关，当可由当事人自行安排，法律无须置喙。[29]

16 就损害赔偿之核心构成要件而言，本款明确限制为"可归责于肖像权人之情形"，其规范目的在于保护肖像权人人格利益，限缩损害赔偿发生之范围，为强制规范，与此相悖之约定，无效。相应的，损害赔偿数额之具体范围也攸关肖像权人解除权行使之自由度，和本款之规范目的直接相关，因此，加重肖像权人负担之约定无效，例如，约定正当理由来自于肖像权人负责领域时，肖像权人须赔偿相对人履行利益损害，这一约定无效(边码 65)。

四、与《个人信息保护法》第 15 条之任意撤回权的冲突与化解

(一) 肖像许可使用合同与肖像权人之同意

17 逻辑上，应当区分肖像许可使用合同和肖像权人为履行肖像许可使用合同所

[26] 有学者认为这也正是《民法典》第 1021 条规定肖像许可使用合同条款解释有争议时，应当作出有利于肖像权人的解释的原因。参见王利明、程啸：《中国民法典释评 · 人格权编》，中国人民大学出版社 2020 年版，第 306 页(王利明执笔)。

[27] 参见广东省深圳市南山区人民法院(2019)粤 0305 民初 7511 号民事判决书。

[28] 有法院认为，"若艺人成名后任意解除合同，则演艺公司的损失将不能得到应有的保护，故为平衡双方利益，合约中会对艺人的权利进行一定程度的限制"，从而间接承认了演艺公司一定程度上可以限制艺人的解除权。参见北京市东城区人民法院(2016)京 0101 民初 19436 号民事判决书。

[29] 关于当事人可否就解除权约定过长的除斥期间，我国学者间素有争议。支持者，参见王利明主编：《中国民法典释评 · 合同编 · 通则》，中国人民大学出版社 2020 年版，第 494 页(朱虎执笔)。反对者，参见崔建远：《合同法(中卷)》(第 3 版)，中国人民大学出版社 2016 年版，第 743 页。笔者赞同支持说。

作出“同意”。在系争肖像尚未存在之情形下，二者之区分甚为明显。根据《民法典》第1019条之规定，未经肖像权人同意，他人不得使用其肖像，除非，肖像使用构成了第1020条无须肖像权人同意之合理使用情形，或者肖像使用经由第998条价值衡量，无须肖像权人之同意。而本款所主要指向的肖像商业利用，正是依据第1019条，需经肖像权人同意之情形。此处，肖像权人之同意，在侵权法上构成“受害人同意”，[30]具有阻却违法性之功能。本文认为，肖像许可使用合同无法解释为第1019条之“肖像权人同意”，构成违法阻却事由的是肖像权人之同意，而非肖像许可使用合同。

首先，肖像权人的“同意”是肖像权人对于自己利益之“处分”，不仅容忍加害行为，一定程度上也“让渡”了肖像上之财产成分，自然可以单方作出，而肖像许可使用合同显然属于双方法律行为。其次，肖像许可使用合同属于负担行为，根据肖像许可使用合同，肖像权人仅仅负担作出“同意”之义务。负担义务，自然无法构成侵权法意义上的违法阻却事由。[31]亦即，若肖像权人拒绝作出“同意”，此举虽然构成对于肖像许可使用合同之不履行，被许可人之使用行为因欠缺违法阻却事由仍构成肖像权侵权。最后，肖像权人为履行肖像许可使用合同而作出的“同意”，虽然在性质上也构成受害人同意，与医疗行为中的受害人同意之法律构造完全不同。后者可在加害行为作出之前任意撤回，[32]肖像商业利用中相对人的信赖具有相当的保护价值，肖像权人之同意显然不得随意撤回；且价值上，若肖像权人得任意撤回同意，和其之前允诺进入肖像许可使用合同关系，显然构成矛盾行为，法律不得肯认之。 18

(二)冲突之发生

《个人信息保护法》第15条[33]规定了信息主体任意撤回同意之权利。若信息主体根据此条撤回同意，则个人信息处理者必须即刻停止使用，删除个人信息(《个人信息保护法》第47条)；且信息主体无须为撤回同意承担任何消极后 19

---

〔30〕 参见程啸：《侵权责任法》(第3版)，法律出版社2021年版，第347页。

〔31〕 *Ansgar Ohly*, „Volenti non fit iniuria“ - Die Einwilligung im Privatrecht, 2002, S. 168—169.

〔32〕 参见程啸：《侵权责任法》(第3版)，法律出版社2021年版，第346页。肖像商业利用时的同意(第1019条)和医疗行为中的同意(第1219条)构造不同，虽然二者都属于单方行为。对于医疗行为而言，同意具有三种含义：允许破坏身体的完整性、愿意承受医疗行为之一定风险、允许他人收集和存储自己的个人信息。第二层含义颇类似自甘冒险。Vgl. *Ansgar Ohly*, „Volenti non fit iniuria“ - Die Einwilligung im Privatrecht, 2002, S. 141.

〔33〕 《个人信息保护法》第15条规定：“基于个人同意处理个人信息的，个人有权撤回其同意。个人信息处理者应当提供便捷的撤回同意的方式。个人撤回同意，不影响撤回前基于个人同意已进行的个人信息处理活动的效力。”

果，即，信息主体不会因此对个人信息处理者负担任何损害赔偿责任。[34] 而肖像许可使用合同一定情形下构成《个人信息保护法》语境下的个人信息处理行为，逻辑上具有适用《个人信息保护法》第15条之空间。

20 就法律效果而言，首先，根据肖像许可使用合同之约定，肖像权人负担作出同意之义务，《个人信息保护法》第15条的任意撤回权无异于赋予肖像权人“任意违约权”；其次，由于肖像权人之同意乃肖像使用之必要前提，肖像许可使用合同因为同意被抽离，实际上陷入了无法履行和合同目的不达之境地，使用人可以依据《民法典》第563条第1款第4项行使法定解除权；再次，肖像权人也可以依据《民法典》第580条第2款主张，肖像许可使用合同存在法律上或者事实上履行不能事由，从而请求“人民法院或者仲裁机构终止合同权利义务关系”；最后，就损害赔偿等违约责任而言，既然肖像权人撤回事先作出的同意乃行使《个人信息保护法》第15条所赋予的任意撤回权之后果，显然和其他情形下的违约不同，肖像权人无须承担违反肖像许可使用合同之违约责任，否则《个人信息保护法》第15条之立法目的将落空。两个条款之评价冲突，甚为明显。

(三)冲突之化解：优先适用本款，排除《个人信息保护法》任意撤回权之适用

21 为保护肖像许可使用人之合理信赖，肖像许可使用合同之情形应当优先适用本款。[35] 肖像许可使用合同中的肖像权人，并不拥有《个人信息保护法》第15条任意撤回权规范架构下之毫无消极后果之肖像许可使用合同的任意解除权。[36]

22 实际上，肖像许可使用合同情形下，排除《个人信息保护法》第15条任意撤回权之适用，也无碍该条立法目的之实现。大数据时代，琐碎个人信息的汇集极有

---

[34] 根据《欧盟个人信息保护一般条例》(General Data Protection Regulation，以下简称欧盟条例)立法理由书(欧盟条例开篇即称“鉴于如下理由……通过本条例”，随后在正式条文之前罗列了共173条理由，这些理由主要涉及欧盟条例具体条款的解释，因此可称为欧盟条例立法理由书)第42条第5句，为了保障该条例第7条第3款第1句之任意撤回权的实际效用，信息主体行使撤回权不能对自己产生消极影响，因此，即便撤回导致信息处理者财产损失，信息主体也无须承担损害赔偿责任。我国《个人信息保护法》虽然并未对撤回权行使中的损害赔偿问题作出规定，但基于撤回权规则的立法目的，应作与欧盟条例相同的法律解释。

[35] 有学者在分析个人信息保护法意义上的信息主体的任意撤回权时表达了类似立场，值得赞同。“在合同领域，若同意他人处理个人信息是交易内容的组成部分，尤其是仅与个人信息的财产价值相关而并不直接影响当事人的人格发展，应当对当事人撤回或撤销同意加以限制，对作为合同相对人的数据处理者，应赋予主张损害赔偿的权利”。参见陆青：《个人信息保护中“同意”规则的规范构造》，载《武汉大学学报(哲学社会科学版)》2019年第5期，第122—123页。

[36] 参见杨芳：《肖像权保护和个人信息保护规则之冲突与消融》，载《清华法学》2021年第6期，第127页。

可能展示信息主体之人格剖面图，如此危险，非信息主体在交出其个人信息时可预见，从而，必须赋予信息主体得随时不问理由撤回同意，阻止信息处理者继续处理和存储其个人信息之自决权。[37] 因此，任意撤回权在很大程度上仅仅指向那些“同意交出个人信息”本身并非构成合同对待给付的情形，亦即，信息处理者对于这些个人信息毫无合同上的利益而言，毋宁，是为了信息主体之好处和便利而处理这些信息。本款之肖像许可使用合同显然并非此种情形，使用人对于肖像使用本身具有合同上的利益。

五、法定解除权发生之构成要件

（一）有期限之肖像许可使用合同

本款法定解除权发生之构成要件之一是有期限之肖像许可使用合同。 23

肖像许可使用合同是继续性合同。根据肖像许可使用合同，肖像权人承诺将许可他人商业利用其肖像上财产利益，通常表现为换取相对人对待给付的有偿合同和双务合同。鉴于交易形态的多样性，同时避免无谓地限制本款法定解除权之适用范围，本款之肖像许可使用合同也可表现为肖像权人并未获得对价的无偿合同，仅肖像权人一方负担容忍他人商业利用其肖像上财产利益之义务的单务合同。 24

肖像许可使用合同是负担行为，因此无须作为客体的肖像已经现实存在，肖像许可使用合同之生效时间可在肖像制作完毕之前。就文意而言，肖像许可使用合同并不涉及肖像的制作环节，肖像权人并未负担制作或者允许他人制作肖像之义务。但是，肖像权人负担肖像制作义务或者负担允许他人制作肖像义务的合同，因为涉及行为债务，与肖像权人之人格利益更为密切相关，从而也属于本款规范目的之射程内，因此，不妨类推适用本款。 25

实践中，肖像许可使用合同的肖像权人主要是艺人、运动员等持续稳定地从他人商业利用其肖像中获利的公众人物，非公众人物较少。从裁判文书来看，将允许他人使用自己之肖像的合同，直接表述为“肖像许可使用合同”“肖像许可使 26

---

[37] 程啸：《个人信息保护法理解与适用》，中国法制出版社2021年版，第161—162页；Vgl. *Buchner/Kühling in Kühling/Bucher*, Datenschutz—Grundverordnung Kommentar, 2. Aufl. 2018. Art. 7. Rn. 33.

用协议"或者"肖像使用许可"的情形较少。[38] 肖像许可使用之约定常构成其他无名混合合同的条款，[39] 最为常见的是含括于代言合同、[40] 演艺合同、[41] 演艺经纪合同[42] 或者直播运营协议[43] 中。就此类合同的性质，目前司法实践[44] 和

---

〔38〕 截至 2021 年 12 月 22 日，在威科先行案例库中以"肖像许可使用合同"为关键词进行全文查找，裁判文书仅获 52 件；以"肖像使用许可合同"为关键词进行全文查找仅获 32 件。例如，河南省郑州市管城回族区人民法院（2021）豫 0104 知民初 104 号民事判决书中的"模特摄影及肖像许可使用协议"；广东省广州市中级人民法院（2021）粤 01 民终 16859 号民事判决书中的"模特授权肖像使用许可合同"；北京知识产权法院（2019）京 73 行初 7336 号民事判决书；广东省佛山市南海区人民法院（2019）粤 0605 民初 15247 号民事判决书、北京市朝阳区人民法院（2016）京 0105 民初 54213 号民事判决书、北京市第三中级人民法院（2019）京 03 民终 5752 号民事判决书和江苏省苏州市虎丘区人民法院（2020）苏 0505 民初 3136 号民事判决书中的"明星肖像许可使用合同"；上海知识产权法院（2016）沪 73 民终 66 号民事判决书、上海知识产权法院（2016）沪 73 民终 65 号民事判决书、上海市第二中级人民法院（2016）沪 02 民终 3972 号民事判决书、北京市海淀区人民法院（2007）海民初字第 1422 号民事判决书中的"肖像许可使用协议"；广东省广州市中级人民法院（2016）粤 01 民终 6927 号民事判决书、广东省广州市天河区人民法院（2019）粤 0106 民初 41580 号民事判决书、广东省广州市花都区人民法院（2019）粤 0114 民初 9608 号民事判决书中的"肖像授权合作协议"；广东省广州市中级人民法院（2008）天法民一初字第 115 号民事判决书和北京市第一中级人民法院（2003）一中民初字第 10253 号民事判决书中的"肖像使用许可协议"。

〔39〕 参见刘承韪：《论演艺经纪合同的解除》，载《清华法学》2019 年第 4 期，第 133 页。

〔40〕 参见北京市朝阳区人民法院（2017）京 0105 民初 60432 号民事判决书；上海市第一中级人民法院（2018）沪 01 民初 1351 号民事判决书；广东省广州市中级人民法院（2015）穗中法民二终字第 2187 号民事判决书。

〔41〕 参见北京市通州区人民法院（2021）京 0112 民初 6630 号民事判决书；北京市朝阳区人民法院（2019）京 0105 民初 425 号民事判决书。

〔42〕 参见浙江省杭州市江干区人民法院（2020）浙 0104 民初 694 号民事判决书；广东省广州市中级人民法院（2020）粤 01 民终 4234 号民事判决书；江苏省苏州市中级人民法院（2020）苏 05 民终 8311 号民事判决书；上海市第一中级人民法院（2017）沪 01 民终 5638 号民事判决书；上海市徐汇区人民法院（2016）沪 0104 民初 24059 号民事判决书；上海市长宁区人民法院（2019）沪 0105 民初 6767 号民事判决书；北京市朝阳区人民法院（2018）京 0105 民初 20128 号民事判决书；北京市朝阳区人民法院（2016）京 0105 民初 29793 号民事判决书；上海市宝山区人民法院（2020）沪 0113 民初 2728 号民事判决书；上海市第一中级人民法院（2019）沪 01 民终 7083 号民事判决书。

〔43〕 参见江苏省徐州市中级人民法院（2021）苏 03 民终 2285 号民事判决书。

〔44〕 参见浙江省丽水市中级人民法院（2021）浙 11 民终 798 号民事判决书；北京市第三中级人民法院（2020）京 03 民终 7568 号民事判决书；北京市朝阳区人民法院（2018）京 0105 民初 70263 号民事判决书；北京市丰台区人民法院（2017）京 0106 民初 2777 号民事判决书；北京市第三中级人民法院（2017）京 03 民终 12739 号民事判决书；上海市虹口区人民法院（2017）沪 0109 民初 23108 号民事判决书；北京市海淀区人民法院（2016）京 0108 民初 33654 号民事判决书；上海市徐汇区人民法院（2016）沪 0104 民初 24059 号民事判决书；浙江省杭州市江干区人民法院（2019）浙 0104 民初 9851 号民事判决书；重庆市渝中区人民法院（2020）渝 0103 民初 14916 号民事判决书；浙江省杭州市江干区人民法院（2019）浙 0104 民初 1598 号民事判决书；上海市浦东新区人民法院（2017）沪 0115 民初 64207 号民事判决书；湖北省武汉市中级人民法院（2018）鄂 01 民终 7276 号民事判决书；浙江省杭州市江干区人民法院（2019）浙 0104 民初 1597 号民事判决书；上海市浦东新区人民法院（2017）沪 0115 民初 87191 号民事判决书；上海市浦东新区人民法院（2017）沪 0115 民初 64176 号民事判决书；上海市浦东新区人民法院（2017）沪 0115 民初 64209 号民事判决书；湖北省武汉市洪山区人民法院（2017）鄂 0111 民初 4931 号民事判决书；湖北省武汉市洪山区人民法院（2017）鄂 0111 民初 4934 号民事判决书；湖北省武汉市洪山区人民法院（2017）鄂 0111 民初 4930 号民事判决书；最高人民法院（2009）民申字第 1203 号民事裁定书。相反立场，参见广东省广州市天河区人民法院（2008）天法民二初字第 199 号民事判决书。

学说中[45]基本达成共识：既非委托合同，也非劳动合同，乃多种典型合同之混合，从而，合同当事人均无《民法典》第933条第1句的委托合同之任意解除权；演艺人员并无《劳动合同法》第37条的劳动者任意解除权。因此，就法律适用上而言，以上两项解除权规范和本款正当理由下的法定解除权制度并无冲突之处。若依据本款解除肖像许可使用条款，则构成对上述合同的部分解除，该条款通常构成了此类合同之核心条款，从而法律效果上，将导致整个合同关系的全部解除。

与第1022条第1款不同，本款之肖像许可使用合同需有期限，亦即，肖像权人承诺允许他人在一定期间内使用其肖像。当前实证法体系中，并未对肖像许可使用合同最长期限有任何明确的限制性规范，因此，期限长短任由当事人自由约定。肖像许可使用合同是否因期限过长，从而构成《民法典》第153条第2款的“违背公序良俗”之法律行为而无效，需个案判断。 27

（二）正当理由

本款法定解除权发生之构成要件之二是肖像权人具有正当理由。 28

1. 正当理由的一般界定

本款之正当理由，系指发生某种特别情形，以致于肖像许可使用合同之履行对肖像权人之人格尊严或者人格发展自由影响甚巨，在法律上无法期待更无法苛责肖像权人继续依约履行肖像许可使用合同。[46] 亦即，此种特别情形之下，肖像权人唯有及时脱离肖像许可使用合同之束缚，其人格利益才能得以维护。本款乃在《民法典》其他法定解除权之外，为了保护肖像权人之人格利益而特设（边码3），因此，正当理由之内涵与外延自然应当从肖像权人之人格尊严和人格发展自由的角度把握。[47] 构成正当理由之特别情势是否现实侵害了肖像权人的人格权，在所不问，只要有损或危及肖像权人人格尊严或有碍人格发展自由即可。构成正当理由的特别情形可以发生在肖像许可使用合同签订后，也可以发生在肖像许可使用合同成立之前，只要肖像权人在肖像许可使用合同签订后才获知即可。 29

正当理由是本款之核心要件，正当理由的抽象界定和具体判定直接关涉本款 30

---

〔45〕 参见韩世远：《继续性合同的解除：违约方解除抑或重大事由解除》，载《中外法学》2020年第1期，第119页；刘承韪：《论演艺经纪合同的解除》，载《清华法学》2019年第4期。

〔46〕 参见最高人民法院民法典贯彻实施工作领导小组主编：《中华人民共和国民法典人格权编理解与适用》，人民法院出版社2020年版，第260页；王利明、程啸：《中国民法典释评·人格权编》，中国人民大学出版社2020年版，第313页（王利明执笔）。

〔47〕 王利明、程啸、朱虎：《中华人民共和国民法典人格权编释义》，中国法制出版社2020年版，第279页（王利明执笔）。

规范目的之实现。若宽松解释正当理由,本款将无异于赋予肖像权人任意解除权;[48]若严格解释[49]正当理由,本款保护肖像权人始终处于发展和变化中之人格利益的规范目的恐将落空。由于本款乃《民法典》之新设制度,既非长期司法实践之总结,也非其他部门法成熟经验之借鉴,与既有的法定解除权制度也渊源迥异,因此,当下,只能通过如下三个途径逐步探索正当理由边界之确定:借镜较为成熟的比较法资源;梳理有限裁判立场;参考实践中肖像许可使用合同中广泛存在的与人格利益相关之约定。

31 就抽象界定而言,正当理由需和肖像权人之人格利益密切相关,至于引发正当理由之特别情势是否来自于肖像权人负责之领域在所不问,肖像权人或者相对人对于该特别情势之发生是否具有过错,也在所不问。类型之梳理,应当首要有助于法律适用之精准,而非和法律适用无关的事实描述。鉴于本款第 2 句中肖像权人损害赔偿责任之构成要件为"可归责于"肖像权人,本文将正当理由分为来自于肖像权人负责领域之特别情势以及并非来自于肖像权人负责领域之特别情势,前者构成所谓的"可归责于肖像权人之事由"类型之一。

2. 来自于肖像权人负责领域的正当理由

32 来自于肖像权人负责领域的正当理由,可进一步划分为肖像权人内心观念的显著变化以及肖像权人周遭环境之显著变化。前者何种情形下构成正当理由,最

---

〔48〕 有观点主张,鉴于人格利益高于财产利益,应该参考欧盟条例中任意撤回权之观念,在人格标志许可使用合同领域引入任意解除权。参见廖焕国:《论人格权许可使用合同的法定解除——兼评民法典各分编草案第八百零二、八百零三条》,载《暨南学报(哲学社会科学版)》2019 年第 8 期。这一观点显然以个人信息之上存在广泛的人格利益为基础,然而,这一理论前提无疑是错误的,人格利益或者人格权之范畴可能会随着时代和民众观念之变化而有所扩大,但是,人格利益绝对无法泛化至所有的个人信息。主张任意解除权的,另可参见王叶刚:《人格权商业化利用与人格尊严保护关系之辨》,载《当代法学》2018 年第 3 期,第 27 页。上述主张显然没有被《民法典》立法者所接受。另有观点主张,为了防止解释多元导致的裁判立场不一,以及使人格利益得到更大程度的尊重,应当宽松解释本款的"正当理由",使其类似于任意解除权,并将本款第 2 句的损害赔偿解释为履行利益赔偿,以权衡肖像权人和肖像使用人之对立利益。参见温世扬、刘昶:《肖像权的特质与规则表达》,载《上海政法学院学报(法治论丛)》2021 年第 4 期,第 69 页。另有观点虽也持宽泛解释立场,但是反对任意解除权,尤其是肖像权人单纯不愿意履约不能解释为"正当理由","正当理由"之边界和类型当仰赖于裁判积累。参见温世扬:《标表型人格权的制度价值与规范构造》,载《法律科学》2021 年第 6 期,第 147 页。

〔49〕 有观点在讨论人格权人出于人格利益保护之需要,可撤回人格标志使用许可时,主张应当参考《合同法》第 192 条(《民法典》第 663 条)和第 193 条(《民法典》第 664 条)赠与人撤销赠与之事由,以及《继承法》第 7 条(《民法典》第 1125 条)继承权丧失等规范,严格限制撤回事由为:"严重侵害或故意杀害人格权人或其近亲属,受许人违法行为致使人格权人死亡或者丧失民事行为能力,或其他构成《合同法》第 94 条第 5 项(《民法典》第 563 条第 1 款第 5 项)的事由。"参见郭少飞:《新型人格财产权确立及制度构造》,载《暨南学报(哲学社会科学版)》2019 年第 5 期,第 52 页。笔者反对这一观点,对于正当理由施加如此严格的限制,将失之过苛,恐无法实现本款保护人格权人人格发展自由和人格尊严之规范目的。

具争议,因为人格总是处在持续的发展中。必须强调的是,纵使本款之规范目的将人格利益置于财产利益之上,允许肖像权人以人格发展为由而反悔自己事先之安排,但是,承认并接纳自己之过往也正是每个人人格成熟之标志,个体始终是历史中之个体,在法律上,任何个体均无权以所谓的"人格更新"为由,要求他人删除记忆,消除自己或许不堪的过往,强迫他人仅接受自己当下的片段的人格展示。因此,构成足以摧毁肖像权人自愿达成的肖像许可使用合同的内心观念之变化,必须具有根本性、持续性、外界可识别性以及显著性,绝非肖像权人一时兴起,且需参度肖像许可使用合同具体情形,衡量双方之利益为定。就肖像权人周遭环境显著变化而言,与《民法典》第533条的情势变更制度不同,为加大保护肖像权人力度,其是否可预见周遭环境之显著变化,在所不问。

(1)肖像权人内心观念之显著变化

如下情形中内心观念的变化不足以构成本款的正当理由:肖像权人旋即毫无 33
理由的反悔;〔50〕肖像权人的家人不支持;〔51〕仅出于改变形象不愿其肖像继续用于商业广告〔52〕或者某类商业广告〔53〕或者药品广告〔54〕;"宗教信仰或政治观点发生改变,使得肖像权人之前作出的使用许可不再符合其信念";〔55〕不同意肖像所用于的电视节目的观点;〔56〕"全程自愿参与拍摄,在即将播出之前反悔,却无法提出令人信服的证据表明播出足以对其身体或者人格构成压力";〔57〕"脱星改行,以

〔50〕 上海市第二中级人民法院(2016)沪02民终3972号民事判决书。有学者正确地指出,虽然对于正当理由的判定应该仰赖于未来司法实践类型化归纳而宽松认定,但是肖像权人单纯的不愿意,显然无法构成本款的正当理由。参见温世扬:《中国民法上的"公开权"——〈民法典〉人格标识许可使用规定之解析》,载《当代法学》2021年第2期。

〔51〕 广东省广州市中级人民法院(2020)粤01民终21638号民事判决书。

〔52〕 有学者主张,此种内心观念的变化足以构成正当理由。参见王利明、程啸:《中国民法典释评·人格权编》,中国人民大学出版社2020年版,第313页(王利明执笔)。笔者认为,这一主张因忽略例如肖像权人之身份、商业广告之具体内容、合同剩余存续期间以及主张内心观念变化之具体时点等诸多因素,值得商榷,若采此立场,则本款必将沦为赋予肖像权人任意解除权。

〔53〕 参见最高人民法院民法典贯彻实施工作领导小组主编:《中华人民共和国民法典人格权编理解与适用》,人民法院出版社2020年版,第260页(所举"退役体育明星转型娱乐明星"之例证)。

〔54〕 有学者主张,此种内心观念的变化足以构成正当理由。参见王利明:《人格尊严:民法典人格权编的首要价值》,载《当代法学》2021年第1期。笔者对此持相反立场。

〔55〕 冉克平:《肖像权上的财产利益及其救济》,载《清华法学》2015年第4期;姚辉:《人格权法论》,中国人民大学出版社2011年版,第395—396页;陈龙江:《人格标志上经济利益的民法保护:学说考察与理论探讨》,法律出版社2011年版,第271页。

〔56〕 OLG Frankfurt a. M. K&R 2011, 410 (411).

〔57〕 LG Bielefeld NJW—RR 2008, 715 (717) - Die Super Nanny.

今后只扮演严肃角色为由反对相对人继续商业利用其裸照”。[58] 上述情形要么属于肖像权人毫无理由的恣意妄为，要么属于并非外界可识别的显著的观念变化，无法构成足以撼动肖像许可使用合同的正当理由。

34 如下情形中的内心观念的变化有时可构成本款的正当理由：“为避免家庭纷争，祖父反对电视台继续播放已故孙子在杜伊斯堡游行中的裸体画面”；[59]“前性工作者已经完全退出了该行业，意图阻止风月营业场所继续商业利用其裸照”。[60] 上述情形要么涉及肖像权人例如裸照等与人格尊严密切相关的肖像，要么其内心观念的之变化极为显著且可为外界所识别，足以表明肖像许可使用合同对于肖像权人人格发展构成重大束缚。

35 实际上，更为重要的是，裁判者应当依据个案具体情形，探求肖像权人是否存在与其人格尊严和发展自由相关的内心观念的显著变化，且动态衡量双方利益状态，从而判定肖像权人内心观念之变化是否构成本款的正当理由。其中，举足轻重的因素包括但不限于以下情形：第一，肖像权人主张内心观念变化之时间点距离肖像许可使用合同签订时间之远近。若合同一订，遂主张反悔，恐为恣意，并不构成正当理由。[61] 第二，肖像权人主张内心观念变化之时间点距离该肖像公开时间之远近。第一次公开之前的解除主张和公开数年之后的解除主张显然不可同日而语，相较于后者，前者情形下，相对人财产利益或许较小，应当宽松认定内心观念之变化。[62] 第三，肖像权人的身份。若肖像权人是以肖像商业利用为生的公众人物，则相较于普通民众，其对于肖像许可使用合同束缚其人格发展之容忍度应当更强，不得动辄反对此类商业利用，却对他种商业利用趋之若鹜。毋宁，其身份变动必须足够重大，依据一般观念而言，其人格展开之领域必须显然与当前肖像许可使用之领域格格不入，冲突显著。第四，肖像权人的年龄因素。若肖像许可使用合同签订时，肖像权人尚未成年，成年后自然可以反对之前心智尚未

---

〔58〕 OLG München NJW—RR 1990, 999. 另有观点认为，音乐会小提琴手可以主张具备“重大理由”，从而阻止他人在音乐会广告手册中使用其作为吉普赛乐队主演时的照片。参见 *Loewenheim/Schertz*, Handbuch des Urheberrechts, § 18 Rn. 18. 笔者反对这一立场，因为，此处内心观念之变化尚谈不上“显著”。

〔59〕 LG Düsseldorf K&R 2011, 283.

〔60〕 *Helle*, Besondere Persönlichkeitsrechte, S. 100.

〔61〕 上海市第二中级人民法院（2016）沪 02 民终 3972 号民事判决书；浙江省湖州市中级人民法院（2010）浙湖民终字第 458 号民事判决书；LG Bielefeld NJW—RR 2008, 715 (717) - Die Super Nanny; OLG München NJW—RR 1990, 999.

〔62〕 *Staudinger/Hager*(2017) C. Das Persönlichkeitsrecht, C184.

成熟之时所作之决定,此时,构成正当理由之内心观念变化当宽松认定。〔63〕 第五,肖像之私密程度。案涉肖像乃裸照或者其他足以触及肖像权人人格尊严核心领域的,较于其他类型,应当宽松认定肖像权人内心观念的变化。〔64〕 第六,肖像许可使用合同使用之具体场景和肖像权人人格关系之紧密程度。例如,肖像商业利用的具体场景足以展现肖像权人人格偏好和价值取向的,肖像许可使用合同对于肖像权人之人格发展自由的限制显然更为显著。相应的,对于肖像权人内心观念变化之认定也应当较为宽松。第七,肖像许可使用合同中,对于肖像使用目的约定之明确程度。若目的约定模糊,则肖像权人内心观念认定可较为宽松。

(2)肖像权人周遭环境之显著变化

就当前值得赞同的裁判立场和肖像许可使用合同之具体约定而言,如下情形中肖像权人周遭环境的显著变化可构成本款的正当理由:肖像权人身体不适无法继续履行肖像许可使用合同;〔65〕离职律师反对原律所在主页上使用其照片以展现律所的业务能力;〔66〕雇佣合同已经终止,雇员反对原雇主继续商业利用其照片。〔67〕 此外,"肖像权人事业发展地变动无法履行合同",不构成正当理由。〔68〕 36

更为重要的是,与衡量肖像权人内心观念变化是否构成正当理由一样,裁判 37

---

〔63〕 上海市宝山区人民法院(2019)沪 0113 民初 5957 号民事判决书中,法院认为,"系争《原际画艺人合同》约定了当时尚未成年的周某然长达 8 年之久的具有人身依附与约束属性的重大权利义务内容",双方不愿履约,陷入合同僵局,法院确定合同解除。法院显然在此考虑了肖像权人乃未成年人以及合同期限过长等因素。类似立场参见石佳友:《守成与创新的务实结合:〈中华人民共和国民法人格权编(草案)〉评析》,载《比较法研究》2018 年第 2 期,第 15 页。

〔64〕 BGH NJW 1974, 1947, 1949.

〔65〕 北京市朝阳区人民法院(2019)京 0105 民初 425 号民事判决书中,法院认为,原告身体不适无法履约,不构成恶意违约,本案出现合同僵局,法院只得裁判解除合同,但并不影响原告违约责任之承担。北京市东城区人民法院(2019)京 0101 民初 20069 号民事判决书中,肖像权人也因身体原因无法履约,法院认可了相对人依据合同拥有合意解除权。笔者认为,自《民法典》生效后,上述案件中,肖像权人大可依据本款主张法定解除权以脱离合同之束缚,且因原告并不构成违约,只需承担信赖利益损害赔偿。实践中,演艺人员和经纪公司或者其他商业推广公司的合约中,往往约定若演艺人员因身体原因无法履约,合同自当解除,该演艺人员不承担任何违约责任。参见上海市虹口区人民法院(2019)沪 0109 民初 21062 号民事判决书;上海市虹口区人民法院(2017)沪 0109 民初 23108 号民事判决书。

〔66〕 LAG Hessen, DuD 2012, 611.

〔67〕 参见广东省中山市第一人民法院(2017)粤 2071 民初 10750 号民事判决书;安徽省宿州市埇桥区人民法院(2019)皖 1302 民初 4359 号民事判决书。此两案的判决理由均在于,肖像许可使用允诺随着雇佣关系之终止而自然消灭,前雇主失去了继续使用的合法依据。但是,即便不从意思表示解释的角度证成上述裁判立场,亦即,肖像许可使用允诺和雇佣关系相互对立,并非一并终止,肖像权人也可依据本款主张周遭环境发生显著变化从而充分正当理由,拥有法定解除权以脱离合同的束缚,就裁判结果而言并无差别。德国法上,如果允许肖像公开是肖像权人履行雇佣合同的义务,那么只有雇佣合同终止后才能撤回同意。参见 *Gola/Klug/Körffer in Gola/Schomerus*, BDSG, § 4 a Rn. 39; *Busse in Besgen/Prinz*, HdB Internet. ArbR, 2. Aufl. 2009, § 10 Rn. 66; *Kraska/Schuetze*, AuA 2011, 87 (88).

〔68〕 参见上海市静安区人民法院(2007)静民一(民)初字第 2286 号民事判决书。

者应当结合个案,动态判定肖像权人的周遭环境是否已经发生显著变化,非解除肖像许可使用合同不足以保护其精神利益。与判断内心观念变化不同的是,裁判者在此应当更加聚焦于双方利益状态的衡量,尤其是相对人财产利益之大小,而非仅着眼于肖像许可使用合同是否束缚了肖像权人人格发展自由。由此,相关因素包括:第一,肖像许可使用合同的剩余期限。若剩余期限较短,则裁判者需严格把控肖像权人的解除权。〔69〕 第二,肖像许可使用合同有偿与否。在有偿的肖像许可使用合同中,肖像权人将肖像商业利用的权能让渡予相对人,而获取相应的对价,自事理而言,自然应当比并未获得报酬者,更加安于合同之束缚,裁判者于此当严格审查是否具备显著的周遭环境之变化。第三,肖像之公开范围与时间。公开范围越广,公开时间越长,周遭环境之变化需愈加显著。第四,肖像许可使用合同履行过程中所涉及的他人利益之多寡。若肖像许可使用合同履行过程中牵扯诸多利益,如电视台对于视频制作可能具有的著作邻接权,又如集体肖像中的他人权利,那么裁判者应当严格解释周遭环境的显著变化。

3. 非来自于肖像权人负责领域的正当理由

38 与来自于肖像权人负责领域的正当理由不同,应当宽松认定非来自于肖像权人负责领域的正当理由,从而最大限度保护肖像权人之精神利益。

39 就判定和再分类而言,《德国民法典》第 314 条中的基于重大事由可终止有期限持续性债务的规范设计、裁判立场和学术立场,值得借鉴,因为,就德国通说而言,构成本条之重大事由一般来说也来自于相对人的风险领域。〔70〕 第一,相对人对于特别情势之发生是否存在过错在所不问;此外,相对人对于特别情势即便存在过错,也未必当然构成本款之正当理由,〔71〕仍需根据个案考察,是否有损肖像权人之精神利益。第二,相对人之行为无须构成违约,更无须构成根本违约。有时保护义务的违反,足以使肖像权人对相对人丧失信任,也可构成本款之正当理由。〔72〕 即便相对人之行为与系争肖像许可使用合同的履行并非直接相关,也无碍因危及肖像权人人格利益而构成正当理由。第三,就再分类而言,非来自于肖

---

〔69〕 2016 年的蒋某夫案中任何一方都不具有法定解除权,双方出现履约僵局,二审法院并未以合同具有人身依附性为由"酌定"解除合同,而是确定合同有效,判定双方继续履行。其中最为重要的原因是,期限长达 7 年的合同"距离合同到期终止日期仅一年有余"。参见北京市第三中级人民法院(2016)京 03 民终 13936 号民事判决书。

〔70〕 参见韩世远:《继续性合同的解除:违约方解除抑或重大事由解除》,载《中外法学》2020 年第 1 期,第 109 页。Vgl. BGH, ZIP2014, 1382(1385); BGH, NJW2013, 2021(2022); MüKoBGB/*Gaier*, 2019, § 314 Rn. 16; BGHZ 196, 285 Rn. 17 = NJW 2013, 2021; OLG Düsseldorf NJW 2015, 3663 Rn. 92; 相反立场, Vgl. *Soergel/Teichmann* Rn. 19.

〔71〕 Vgl. BGH DB 1972, 2054.

〔72〕 广东省广州市中级人民法院(2015)穗中法民二终字第 2187 号民事判决书。

像权人负责领域的正当理由可分为如下两种类型：存在危及或者可能危及肖像权人名誉或者人格发展自由的特别情势，以及信赖关系之丧失。第四，凡是构成《民法典》第 533 条情势变更之情形者，只要与肖像权人之精神利益，而非财产利益相关，都构成本款之正当理由，[73]优先适用本款，使肖像权人在法律效果上绕开《民法典》第 533 条之再协商义务，得以径直解除肖像许可使用合同。

下列情形属于危及人格发展自由型正当理由："使用人之行为可能使肖像权 40
人之公众形象受损或者产生版权纠纷"；[74]"企业存在违规行为、[75]涉嫌犯罪、[76]或者言论不当，[77]继续为其代言恐危及代言人之公众形象及职业前景"。如下属于信赖丧失型正当理由："相对人违反合同保密义务，且未能及时消除危险，肖像权人不再信赖其商业信誉"；[78]"法定代表人对肖像权人存在骚扰行

---

[73] 有学者直接将本款或者类似本款的肖像权人得以撤回同意的正当理由限于情势变更。参见冉克平：《肖像权上的财产利益及其救济》，载《清华法学》2015 年第 4 期；王泽鉴：《人格权法：法释义学、比较法、案例研究》，北京大学出版社 2013 年版，第 143 页。德国学说上也承认，只要构成《德国民法典》第 314 条的重要理由，也必然构成《德国民法典》第 313 条所称的交易基础丧失。两个条款之间存在适用上的重叠领域。Vgl. MüKoBGB/*Finkenauer* § 313 Rn. 169.

[74] 例如，原告吉某琴和被告中联百文公司签订的，委托被告全权代理原告所有作品的版权及其衍生版权的商业运作与原告个人品牌的开发运作的《作者经纪约》中约定，"如因乙方的原因造成甲方公众形象受损或产生版权纠纷，甲方有权终止本合同"。参见北京市东城区人民法院（2017）京 0101 民初 7540 号民事判决书。由此可见，在作品的商业开发中，开发人之行为是否会造成作者公众形象受损，是作者履约之根本要素。这一思路，当然可转用于同样和人格密切联系的肖像许可使用合同中。肖像许可使用合同中，类似的约定有，"甲方故意作出有损乙方名誉的行为，导致双方不能继续合作的"。参见广东省深圳市南山区人民法院（2019）粤 0305 民初 7511 号民事判决书。

[75] 参见财经网：《宋丹丹回应优卡丹事件：不再代言任何药品广告》，载央视网，http://jingji. cntv. cn/2013/01/26/ARTI1359158409591408. shtml，最后访问时间：2022 年 3 月 6 日。

[76] 参见北京日报：《代言的奶茶品牌涉嫌违法犯罪，马伊琍道歉！》，载百度网，https://baijiahao. baidu. com/s? id=1699827689595537133&wfr=spider&for=pc，最后访问时间：2022 年 3 月 6 日；第一财经：《代言奶茶"翻车"，李维嘉回应称"已解约"》，载百度网，https://baijiahao. baidu. com/s? id=1710415997797626585&wfr=spider&for=pc，最后访问时间：2022 年 3 月 6 日。

[77] 参见澎湃新闻：《知名品牌惹众怒，李佳琦薇娅都暂停一切合作》，载微信公众号"澎湃新闻"，https://mp. weixin. qq. com/s/a—NF5GKzd6k0T3Sy—anC8w，最后访问时间：2022 年 3 月 6 日；《超模刘雯代言 17 天后火速解约，违约金高达 1.6 亿或赔上职业生涯》，载搜狐网，https://www. sohu. com/a/334132738_726545，最后访问时间：2022 年 3 月 6 日；新京报：《凌晨两点 杨幂宣布解约！范思哲的中国之路好走吗？》，载百度网，https://baijiahao. baidu. com/s? id = 1641558408116758279&wfr = spider&for = pc，最后访问时间：2022 年 3 月 6 日。

[78] 参见广东省广州市中级人民法院（2015）穗中法民二终字第 2187 号民事判决书。

为";[79]"被许可人非合理使用肖像,构成了丑化、侮辱"。[80]

41 裁判者应当结合个案具体情形,目光穿梭于特别事由和解除权行使后法律后果之间,动态把握是否的确存在非属于肖像权人负责领域的特别事由,从而非解除肖像许可使用合同,不足以维护肖像权人的精神利益。这一推理过程中,可借用情势变更的判断模式。亦即,着重于从风险分配角度,判断是否存在当事人合意之外的异常风险,[81]从而避免本款沦为肖像权人之任意解除权。这些因素通常包括:肖像许可使用合同期限的长短、肖像权人是否为未成年人、相对人行为之恶劣程度、特定领域的交易习惯等。

六、法定解除权之行使方式

42 本款第 1 句后半句规定,"可以解除肖像许可使用合同,但是应当在合理期限之前通知对方"。在措辞上,本款虽表述为"在合理期限之前",莫不如将其理解为"合理期限之内"更符合语言表达习惯。因为,期限乃时间之持续,并非确定之期日,自然并无之前或之后之可能。此外,这一看似明确的表述存在多重解释可能,于法律适用密切相关者,有如下三个问题:第一,此处的"通知"意义为何?"解除通知"抑或解除通知之前的"意思通知",解除权之行使仅需一次"通知",抑或仍需两次"通知"。第二,"合理期限"的限制针对的是解除权人的哪一行为?解除通知之发出时间抑或预告解除中解除权人所指定之期间。第三,解除权人未在"合理期限之前通知对方"的,法律效果如何?解除权消灭、损害赔偿抑或其他。当前学说对上述问题并无明确解答,大多仅一概而论为"为了给相对人留足必要的准备时间,需要提前通知"。[82]

---

〔79〕 参见北京市第三中级人民法院(2020)京 03 民终 5697 号民事判决书。该案法院认为,"达达公司的上述违约行为(笔者注:法定代表人对原告持续骚扰)已严重影响代某获取演艺机会、提高知名度及身心健康,致使《演员经纪合同》的合同目的无法实现,故代某有权依法解除合同",从而承认了原告具有《合同法》第 94 条第 4 项(《民法典》第 563 条第 1 款第 4 项)的法定解除权。笔者认为,若适用本款,肖像权人无须证明相对方之行为是否构成根本违约,证明责任大为减轻。

〔80〕 王利明、程啸:《中国民法典释评・人格权编》,中国人民大学出版社 2020 年版,第 312 页(王利明执笔)。

〔81〕 参见尚连杰:《风险分配视角下情事变更法效果的重塑——对〈民法典〉第 533 条的解读》,载《法制与社会发展》2021 年第 1 期,第 171 页。

〔82〕 参见王利明、程啸:《中国民法典释评・人格权编》,中国人民大学出版社 2020 年版,第 313 页(王利明执笔);最高人民法院民法典贯彻实施工作领导小组主编:《中华人民共和国民法典人格权编理解与适用》,人民法院出版社 2020 年版,第 262 页;黄薇主编:《中华人民共和国民法典人格权编解读》,中国法制出版社 2020 年版,第 156 页。

(一)预告解除

本文认为,本款第1句后半句之“通知”系指解除通知,运行机理上与针对无期限持续性合同之任意解除权的预告解除制度相同:肖像权人发出解除通知,指定合理期间,合理期间届满后,解除通知生效,肖像许可使用合同被解除;肖像权人仅需为一次通知即可,无须在解除通知之外,另为“意欲解除”之意思通知。 43

规范解释应当以文意为基础,参度规范目的,避免评价矛盾。就文意而言,《民法典》中“合理期限之前通知”之表述共出现五次,除了本款,其余四处系指无期限继续性合同(第563条第2款之无期限持续性合同、第730条之无期限租赁合同、第976条第3款之无期限合伙合同以及第1022条第1款之无期限肖像许可使用合同)之预告解除,[83]亦即,解除权人发出解除通知,并指定一定期间,待该期间届满后,解除通知生效,合同解除,[84]该解除通知性质上属于附始期的意思表示。预告解除是无期限持续性合同任意解除权之必备配套制度。对于无期限继续性合同而言,经当事人随时任意解除而消灭是事理之必然,双方当事人皆需忍受此不确定性,从而,出于诚实信用,行使解除权之一方需事先告知对方,使其有足够的时间为将来合同关系的戛然而止作出准备。[85] 本款之“正当理由”既包括属于肖像权人负责领域之情形,也包括非属于肖像权人负责领域之情形,两种情形之下,给相对人留出足够准备期间之必要性并不相同,因此,本款“合理期限之前通知对方”的规范目的与无期限持续性合同之解除权情形,完全不同。纵然如此,既然在立法表述上,二者完全一致,实在不宜另辟蹊径,作不同解释;若有因“不同事物作相同处理”所引发的评价矛盾,可尝试通过其他方式化解。 44

相较之下,解除通知之前、叠加意思通知的“两次通知说”[86]并不可取,这一主张除了与本款文意似有所相悖,更为重要的是价值层面和规范适用层面上皆无法自圆其说。第一,法价值上正当性不足。当前《民法典》规范体系中,“两次通知”的规范设计可见于第563条第1款第3项的“当事人一方迟延履行主要债务, 45

---

〔83〕 朱晓喆:《〈民法典〉合同法定解除权规则的体系重构》,载《财经法学》2020年第5期,第92页。其实,《民法典》第946条所规定的业主对于有期限物业服务合同的任意解除权中,也有“提前通知”的规范设计,也应当解释为预告解除,而非“两次通知”。

〔84〕 参见王利明:《具有国际化视野的〈民法典〉合同编立法》,载《经贸法律评论》2021年第4期,第91—93页;朱虎:《分合之间:民法典中的合同任意解除权》,载《中外法学》2020年第4期,第1024页。

〔85〕 朱广新、谢鸿飞主编:《民法典评注·合同编·通则(2)》,中国法制出版社2020年版,第179页(刘承韪执笔)。

〔86〕 王利明先生似乎主张“两次通知说”。参见王利明、程啸:《中国民法典释评·人格权编》,中国人民大学出版社2020年版,第313页(王利明执笔)。其中,明确提及“合理期限之前通知对方当事人是其行使解除权的条件”,“没有在合理期限之前通知对方其将要解除合同,其所发出的解除通知将无法产生合同解除的效力”,作者似乎认为,肖像权人应当在解除通知之前,合理期间内发出“意欲解除”的通知。

经催告后在合理期限内未履行”的法定解除权类型,然而,“催告+宽限期限徒过+解除通知”的模式规范目的在于,降低债权人对于根本违约的证明难度,将指定期限内仍未能履行之情形自动升级为根本违约,〔87〕亦即,保护对象为解除权人。本款显然与此大为不同,若贸然转用同一立场,无异于给肖像权人额外增加负担,与规范目的相悖。第二,可能会给后续的法律适用制造麻烦。例如,“意思通知”法律效果如何? 解除权人意思通知后,是否负担随后发出“解除通知”义务,可有反悔的机会? “意思通知”和“解除通知”的时间间隔可有要求? 规范设计和解释当合乎习惯,清晰明了,令适用者不明就里左右为难者,并不足取,当舍之。

46 解除需以通知方式作出(《民法典》第 565 条第 1 款第 1 句),〔88〕不以诉讼为必要,不以书面形式为必要。解除通知中应当指定一定期间,肖像许可使用合同自该期限届满之时解除,解除通知乃附始期之意思表示。解除通知乃单方法律行为,若对其附加条件,通常对相对人不利,故原则上,解除通知不得附条件。〔89〕但是若解除通知所附之条件为“相对人之行为”,例如,相对人一定期限内无法消除构成本款正当理由的特别情势则合同自动解除的,尤其在正当理由来自于相对人负责领域之情形,无异于给予相对人“改正”之机会,对相对人并非不利,故应当承认此种条件之效力。〔90〕解除通知乃需受领之单方意思表示,需向合同相对人作出。若合同双方当事人为多人,则必须所有人向所有人作出解除通知。相对人对解除权之发生有异议的,可交由裁判机构判断(《民法典》第 565 条第 1 款第 3 句)。解除通知得代理作出。〔91〕肖像权人作出解除通知时,本款所称之正当理由需仍存在。

(二)合理期间内的解除通知

47 肖像权人需在合理期间之内发出解除通知,且需为解除通知指定合理期间,“合理期限之前通知对方”之要求涉及上述两项行为。发出解除通知之合理期间,从肖像权人知道或者应当知道正当理由发生之日起算(《民法典》第 564 条第 2 款)。进一步的问题是,违反“合理期间内通知义务”之法律效果如何,合理期间长

---

〔87〕 赵文杰:《〈合同法〉第 94 条(法定解除)评注》,载《法学家》2019 年第 4 期,第 184 页。

〔88〕 德国立场与此不同,有期限合同之终止(Kündigng),无须以明示通知方式作出,只要对于一个客观的意思表示受领人而言,终止权人的行为足以表明其具有基于重大理由终止本合同的意愿即可。Vgl. *Ausf. Staudinger/Oetker*, 2016, Vor § 620 Rn. 126; *NK—BGB/Krebs/Jung* Rn. 49; *BeckOK BGB/Lorenz* Rn. 20; Erman/Böttcher Rn. 11.

〔89〕 与《民法典》第 568 条第 2 款第 3 句规定“抵销不得附条件或者附期限”之原理相通。

〔90〕 与《民法典》第 565 条第 1 款第 2 句规定“债务人未能合理期限内履约,合同解除”之原理相通。

〔91〕 薄燕娜、李钟:《论合同解除权的行使——〈民法典〉合同编第 565 条评释》,载《法律适用》2021 年第 6 期,第 12 页。

短如何确定。

(三)违反“合理期间通知义务”之法律效果

正当理由发生后,肖像权人未在合理期间内发出解除通知者,法律效果层面上,应当适用第564条第2款最后半句,解除权消灭;解除通知中并未载明期间或指定期间不合理,解除通知并非因此无效,解除效果延迟至合理期间届满后发生。较为重要的问题是,若当事人并未对期间作出具体约定,合理期间的长短如何确定?尤其是,是否适用第564条第2款之一年期间?笔者认为,应当依据正当理由来自领域之不同,分别判断。 48

1. 正当理由来自于肖像权人负责领域者

解除权发出之期限要求应当较短,构成要件层面的规范适用上,本款之“较短的合理期间”构成第564条第2款中一年之除斥期间的特殊规范,优先适用本款,亦即,若肖像权人未能在较短之合理期限内发出解除通知,不待一年经过,则解除权消灭。因为,首先,就本款的规范架构而言,根据本款第2句,具备可归责于肖像权人之事由的,肖像权人并非毫无代价地摆脱肖像许可使用合同,仍需承担损害赔偿责任,既然规范设计上对于此种情形下的肖像权人较为严苛,那么,对于通知义务的解释也需在上述规范目的之下一以贯之地展开。其次,就价值判断而言,这种情形下,相对人对于构成正当理由的特别情势的发生并无参与,因肖像许可使用合同的解除而遭受的财产上的损失不过是法律强加的结果罢了,肖像权人之人格利益并非绝然凌驾于相对人财产利益之上,肖像权人终止肖像许可使用合同需受到更为严格的限制。最后,就事实判断而言,对于来自于自身负责领域的特别情势是否足以束缚其人格发展自由,肖像权人显然更具有感知和判断能力,合理期间徒过而毫无动作,根据一般观念,应当可以解释为该特别情势已经并不妨碍肖像权人人格利益,肖像权人已经“忍受”了原本构成正当理由的特别情势,本款之“正当理由”已经消失,肖像权人自然无法再行使本款之法定解除权。 49

解除通知指定之合理期间,应当参度相对人之投入程度、肖像许可使用合同已履行时间之长短、肖像许可使用之具体场景而定,尤其,与正当理由并非来自于肖像权人负责领域之情形相比,此处合理期间之确定应当较长,给“无辜”之相对人以必要准备时间。肖像权人未能为解除通知指定合理期间,该解除通知并不因此无效,解除效果推迟至合理期间届满后发生。[92] 未能指定期间或者期间指定不当,造成相对人损失的,并不属于本款第2句中的“不可归责于肖像权人的事 50

〔92〕 王利明主编:《中国民法典释评·合同编·通则》,中国人民大学出版社2020年版,第492页(朱虎执笔)。

由”，肖像权人因此当负损害赔偿责任（边码 68）。

2. **正当理由非来自于肖像权人负责领域者**

51 首先，为保护肖像权人人格发展自由与人格尊严等人格利益，解除权发出之合理期间，应当直接依据第 564 条第 2 款为断，不宜确定更短之期间。亦即，构成要件层面的规范适用上，第 564 条第 2 款构成了本款之“合理期间”的解释性规范。其次，由于此种情形下，并无必要给予相对人一定的准备期间，因此，预告解除指定之合理期间，应当解释为“较短期间”，不妨缩减为“零期间”，效果上，解除通知无异于即刻生效，肖像许可使用合同即刻解除。

（四）限制行为能力肖像权人之解除权行使问题

52 本款并未对限制行为能力人行使法定解除权的方式作出特别规定。解除通知乃单方需受领之意思表示，原则上，得适用《民法典》总则编第六章“民事法律行为”与第七章“代理”之规则。无行为能力人无法解除肖像许可使用合同（《民法典》第 20 条）；肖像权人成年之后得依据本款单独解除未成年时签订之肖像许可使用合同，自不待言。需要讨论的问题是：第一，限制行为能力人行使本款的法定解除权，是否需经法定代理人之同意；第二，法定代理人能否未经限制行为能力人之同意，“单独”为限制行为能力人之利益行使本款的法定解除权。

53 上述问题的回答，一定程度上与限制行为能力肖像人的肖像许可使用合同之缔约能力相关。第一，限制行为能力人缔结肖像许可使用合同的，需根据《民法典》第 19 条第 1 分句和第 145 条第 1 款第 2 分句，得到其法定代理人的同意或者追认。首先，无论有偿与否，一旦肖像许可使用合同生效，肖像权人则负有作出允许他人使用自己肖像之“同意”的义务，缔结肖像许可使用合同对于限制行为能力人而言，并非纯获利益的行为。其次，虽然限制行为能力人识别能力之有无须个案判断，但是，肖像许可使用与人格尊严密切相关，实不宜认可限制行为能力人具有得依据《民法典》第 145 条第 1 款第 1 分句独立订立肖像许可使用合同之识别能力。第二，限制行为能力人的法定代理人缔结肖像许可使用合同，虽然并非《民法典》第 35 条第 2 款所称的“履行监护职责”之行为，不妨类推适用该款，需经有一定同意能力〔93〕的限制行为能力人同意。因为，肖像许可使用合同之履行与限制行为能力肖像权人之精神利益密切相关，他人无权越俎代庖，代为“处分”。综

〔93〕 关于同意能力和行为能力的区分，可参见冯恺：《个人信息处理中“儿童同意”的年龄标准》，载《暨南学报（哲学社会科学版）》2021 年第 8 期。

上，肖像许可使用合同之缔结属于法定代理人和限制行为能力人"双重负责"(Doppelzuständigkeit)[94]的领域。

需注意的是，《个人信息保护法》第31条第1款和《未成年人保护法》第72条第1款均规定，处理14岁以下未成年人个人信息须未成年人的父母或者其他监护人同意，若依文意作反面理解，可得出如下结论：处理14岁至18岁未成年人的个人信息无须经其父母或者监护人同意。如此一来，与依据《民法典》"凡限制行为能力人缔结肖像许可使用合同均需经法定代理人同意"之判断，构成规范冲突。与其他个人信息不同，肖像信息和人格尊严联系较为密切；肖像许可使用合同正是将肖像信息的处理作为合同标的，容许他人处理自己之肖像信息正是肖像权人依据肖像许可使用合同所承担的主给付义务，且使用人通常会广泛公开肖像信息，相较于肖像信息处理仅仅是某种服务的附属之情形，自然更容易触及肖像权人的精神利益，从而，限制行为能力肖像权人应当受到更高程度的保护。因此，笔者认为，此处应当优先适用《民法典》第19条和第145条，14岁以上限制行为能力人不得单独缔结肖像许可使用合同，仍需经过法定代理人之同意或者追认。 54

依以上脉络，对于限制行为能力肖像权人而言，本款法定解除权之行使，需获得法定代理人和限制行为能力人之双重同意。第一，法定解除权行使之后果对于限制行为能力人而言，并非纯获利益的行为，仍需依据《民法典》第145条第1款第2分句，经其法定代理人之同意或者追认。具体而言，若构成正当理由的事由可归责于肖像权人，根据本款第2句，限制行为能力人需负损害赔偿责任；若构成正当理由的事由不可归责于肖像权人，但使用人已经支付全部对价，合同解除后双方停止履行，使用人得以不当得利为由请求肖像权人返还针对未履行义务的对价(非债清偿)；而事实上，构成正当理由的事由是否可归责于肖像权人，肖像权人是否因此负损害赔偿责任，需个案判断。因此，为降低判断成本，以免徒增交易不安定因素，应当统一认定，本款解除权之行使对于限制行为能力肖像权人而言，并非纯获利益的行为。第二，法定解除权之行使和肖像权人之精神利益密切相关，需经具有一定判断能力之限制行为能力肖像权人的同意。[95] 同意他人商业使用 55

---

[94] Vgl. *Dasch*, Die Einwilligung zum Eingriff in das Recht am eigenen Bild, 1990, 103; *Götting*, Persönlichkeitsrechte als Vermögensrechte, 1995, 154; Klass AfP 2005, 507, 515; 虽然迄今为止，德国联邦最高法院没有对双重负责理论明确表态，但是也没有表示反对，Vgl. BGH GRUR 1975, 561 - Nacktaufnahmen; BGH GRUR 2005, 74 (75) - Charlotte Casiraghi II. 虽然在某些判例中，对于仅涉及人格成分的肖像许可使用，德国某些法院允许未成年人单独决定(OLG Karlsruhe FamRZ 1983, 742)，但是，这一做法显然是不妥的，因为，正如正文分析的那样，肖像许可使用合同可能使未成年人背负法律上之不利益。另外，根据葡萄牙二审法院 Acórdão do Tribunal da Relação de Évora 的判决，父母有义务不在社交网络上公布其子女的照片和其他识别信息(ZD 2016, 227)。

[95] *Dasch*, Die Einwilligung zum Eingriff in das Recht am eigenen Bild, 1990, S. 107 ff.

自己之肖像,正是肖像权人人格发展自由的面向之一,摆脱肖像许可使用合同的束缚,从当前的人格展示中脱离出来,某种意义上,也正是肖像权人对于其精神利益的“处分”,纵较为亲密之父母或者监护人也无从置喙,仍需肖像权人自为判断。

（五）肖像权人死后解除权行使问题

56 肖像权人死后,肖像许可使用合同并未当然终止,而是由继承人继承肖像许可使用合同,从而引发了肖像权人死后本款之解除权能否行使、谁有权行使、构成要件如何把握的问题。首先,肖像的每一次商业利用,均涉及肖像权人精神利益,这一精神利益并未随着肖像权人生命的终结而消逝,〔96〕虽然我国《民法典》并未明确规定人格标志上财产成分的存续期间,〔97〕但是从第 994 条关于死后人格保护之规定可推知,〔98〕肖像权人死后,其肖像并未完全进入公共领域,并非可任人商业利用,毋宁,使用人仍需拥有法律上的依据。其次,合同当事人死亡并非合同关系终止的一般事由,〔99〕若肖像已经制作完毕,肖像许可使用合同之履行也不具有人身专属性,若非肖像权人另有安排,可由继承人继承。〔100〕此外,继承人替代肖像权人成为肖像许可使用合同之当事人后,本款之法定解除权并未当然消灭。继承人行使法定解除权的方式和肖像权人自行行使,并无差别。

---

〔96〕 最高人民法院民法典贯彻实施工作领导小组主编:《中华人民共和国民法典人格权编理解与适用》,人民法院出版社 2020 年版,第 65 页;王利明、程啸:《中国民法典释评 · 人格权编》,中国人民大学出版社 2020 年版,第 67—69 页(王利明执笔)。

〔97〕 有观点主张,死者人格标志上财产利益的保护期限,应当限于所有近亲属的生存期间。参见黄薇主编:《中华人民共和国民法典人格权编解读》,中国法制出版社 2020 年版,第 29—30 页;最高人民法院民法典贯彻实施工作领导小组主编:《中华人民共和国民法典人格权编理解与适用》,人民法院出版社 2020 年版,第 68 页。

〔98〕 《民法典》第 994 条规定:“死者的姓名、肖像、名誉、荣誉、隐私、遗体等受到侵害的,其配偶、子女、父母有权依法请求行为人承担民事责任;死者没有配偶、子女且父母已经死亡的,其他近亲属有权依法请求行为人承担民事责任。”

〔99〕 《民法典》第 557 条中并未将合同一方当事人死亡作为合同权利义务终止的一般事由,仅在某种特别合同中作了特别规定。例如第 934 条中的委托人死亡或者受托人死亡的,委托合同终止;第 977 条中的合伙人死亡的,合伙合同终止。

〔100〕 参见温世扬:《标表型人格权的制度价值与规范构造》,载《法律科学》2021 年第 6 期,第 146 页;李运达:《〈民法典〉人格标识“许可使用”的规范解释——以第 993 条适用范围为重点》,载《浙江工商大学学报》2021 年第 5 期;张红:《〈民法典(人格权编)〉一般规定的体系构建》,载《武汉大学学报(哲学社会科学版)》2020 年第 5 期,第 166 页;王利明:《人格权法研究》(第 3 版),中国人民大学出版社 2018 年版,第 426 页。相反意见认为,姓名权人死亡,相应的授权使用合同权利义务归于消灭。相对人此时若想继续使用死者的姓名,需要得到死者继承人的再次授权。但是,在论证死者肖像利用时,却主张未经许可使用死者肖像并不构成侵权,除非该使用违背了善良风俗。然而,旋即话锋一转,认为“对于死者肖像进行商业化使用的情形”,需另作研究。该书编者还主张死者人格利益中的财产利益应当归属于近亲属。如此前后矛盾的论证实在令人不明就里。参见最高人民法院民法典贯彻实施工作领导小组主编:《中华人民共和国民法典人格权编理解与适用》,人民法院出版社 2020 年版,第 55、67、69 页。

57 第一,法定解除权发生于肖像权人生前。若构成本款所称正当理由的特别事由发生于肖像权人生前,则法定解除权已经发生,肖像权人可能由于某种理由无法及时行使解除权或者在遗嘱中表达了欲行使解除权的意图,[101] 则继承人当然得"代"之行使解除权。

58 第二,法定解除权发生于肖像权人死后。这一情形下,构成正当理由的特别情势和肖像权人人格发展自由无关,主要指向肖像权人人格尊严,一般来自于非属于肖像权人负责之领域。因为,肖像权人既死亡,人格发展自由自然停止,并无内心观念之显著变化之可能,不同的是,人格尊严并未随着权利主体生命之消逝而旋即无影无踪,仍有保护的必要。需要强调的是,构成正当理由之特别情势涉及的须是肖像权人的人格尊严,而非有时作为近亲属的肖像许可使用合同继承人的人格尊严;另外,危及程度无须达到《民法典》第 994 条"死后人格利益保护"之要求,只要对于肖像权人而言,正当理由已经充分即可。

59 综上,无论何种情形,继承人并非为自己主张权利,而是基于对肖像权人意图的合理推知,而代肖像权人行使解除权。《个人信息保护法》为近亲属保护其自身之利益,以自己之名义行使已死亡信息主体之权利,提供了规范依据。该法第 49 条规定:"自然人死亡的,其近亲属为了自身的合法、正当利益,可以对死者的相关个人信息行使本章规定的查阅、复制、更正、删除等权利;死者生前另有安排的除外。"就可行使权利的范围,该条虽然并未明确列举第 15 条的撤回权,显然可以从解释"等权利"的角度,将撤回权含括在近亲属可主张的权利之中。[102] 亦即,就当前的规范架构而言,继承人出于维护肖像权人之人格尊严,可以根据本款解除肖像许可使用合同;近亲属出于保护自身之合法、正当利益,可以根据《个人信息保护法》第 49 条链接第 15 条,撤回肖像权人生前作出的允许他人使用其肖像的"同意",从而阻止他人继续使用其肖像。

七、法定解除权行使之法律效果

(一)合理期间届满后向将来发生终止的效力

60 解除通知发出,合理期间届满后,肖像许可使用合同中的权利义务关系即刻终止(《民法典》第 557 条第 2 款)。与一时性合同不同,作为继续性合同,肖像许

[101] 德国法上针对肖像使用同意的撤回,相同立场可参见 Vgl. *MüKoBGB/Rixecker*, 2021, § 12 Rn. 98.

[102] 有学者似乎持反对立场,主张本条的列举是完全列举,不包括知情权、决定权、可携带权、补充权以及解释说明权等专属于信息主体的权利,而且四项权利足以保护近亲属的权益,但是该学者并未明确排除撤回权。参见程啸:《个人信息保护法理解与适用》,中国法制出版社 2021 年版,第 385 页。

可使用合同终止的效果向将来发生，并不溯及既往。[103] 因属于《民法典》中第566条第1款"根据合同性质，无法恢复原状"之情形，肖像许可使用合同双方当事人并无恢复原状之义务。[104] 解除之前已经届至之义务，根据第566条第1款前半句，亦无须履行。[105]

（二）停止使用与删除之义务

61 解除通知生效后，肖像使用人当即刻停止使用，并在合理期间内删除所保有的肖像。本款虽并未作如是规定，然此乃事理之必然。本款肖像许可使用合同之解除和肖像权人同意的关系，当作如下理解：第一，肖像权人已经作出同意的，当解释为同时撤回所作出之同意。肖像许可使用合同和同意之关系可比照代理权发生之基础关系和代理权之发生：在发生上，二者分离，遵循无因原则；在消灭上，二者同一命运，遵循有因原则。第二，肖像权人依据肖像许可使用合同有义务作出同意，且尚未作出同意的，作出同意之义务消灭。无论上述何种情形，肖像使用人皆失去了合法使用他人肖像之依据，必须立刻停止使用。肖像使用人依据肖像许可使用合同获得并使用之肖像，解除后，持续性的"占有"和使用也旋即失去合法依据，需在合理期间内删除。我国裁判立场上，对于有期限肖像许可使用合同消灭后之效果，也持停止使用和合理期间内删除之观点，[106] 对于肖像使用人关于

---

[103] 参见王利明、程啸：《中国民法典释评 · 人格权编》，中国人民大学出版社2020年版，第310页（王利明执笔）；王文军：《论继续性合同的解除》，载《法商研究》2019年第2期，第160页。

[104] 参见朱广新、谢鸿飞主编：《民法典评注 · 合同编 · 通则（2）》，中国法制出版社2020年版，第185页（刘承韪执笔）；韩世远：《合同法总论》（第4版），法律出版社2018年版，第90页；崔建远：《合同法》（第6版），法律出版社2016年版，第19—20页。参见浙江省高级人民法院（2008）浙民一终字第280号民事判决书；北京市第三中级人民法院（2015）三中民（商）终字第08614号民事判决书。

[105] 《民法典》第566条这种处理方法和《德国民法典》第314条并不相同，德国裁判立场中，终止前到期之债务不受影响，仍需履行。BGH NJW 1982, 2553 (2554).《民法典》之前的司法实践中，有些法院认为，解除之前到期的债务仍需履行。参见江苏省高级人民法院（2014）苏审二民申字第0737号民事裁定书；北京市第三中级人民法院（2015）三中民（商）终字第08614号民事判决书；浙江省高级人民法院（2008）浙民一终字第280号民事判决书；重庆市高级人民法院（2013）渝高法民终字第00052号民事判决书。

[106] 参见北京市第三中级人民法院（2020）京03民终4725号民事判决书；北京市第三中级人民法院（2019）京03民终16585号民事判决书；广东省广州市中级人民法院（2019）粤01民终13503号民事判决书；山东省德州市中级人民法院（2018）鲁14民终1194号民事判决书；福建省泉州市中级人民法院（2018）闽05民终2426号民事判决书；北京市朝阳区人民法院（2017）京0105民初36726号民事判决书；北京市第三中级人民法院（2017）京03民终8354号民事判决书；北京市海淀区人民法院（2017）京0108民初22149号民事判决书；北京市第二中级人民法院（2014）二中民终字第02683号民事判决书；北京市第二中级人民法院（2014）二中民终字第02919号民事判决书；上海市浦东新区人民法院（2012）浦民一（民）初字第17767号民事判决书。

所获的肖像乃“无须删除之历史性资料”〔107〕或者“载有肖像之产品乃合同期内生产”〔108〕之抗辩,法院并未支持。

(三)损害赔偿

根据本款第2句,肖像权人解除合同后有时仍需对相对人承担损害赔偿责任。其中,构成要件可分解为相对人的损失“因解除合同”而发生,以及存在“可归责于肖像权人之事由”。法律效果上,本句并未明示损害赔偿之范围和责任性质。何为这里所称的“可归责事由”,以及损害赔偿之具体范围如何,为本句之解释难点。本文认为,对于本句“因解除合同”诱发的“损失”,应当作广义理解,包括解除合同必然诱发的损失,以及解除行为不当诱发的损失两种情形。相应地,对于“可归责于肖像权人之事由”和损害赔偿范围,也应当根据上述两种类型,有所区分。 62

《民法典》规范体系中,解除权人解除合同后,在可归责情形下对相对人负损害赔偿责任,这一类似规范设计和表达,主要集中在第933条委托合同之任意解除权和第946条第2款物业服务合同中之业主任意解除权。无论将物业服务合同在性质上归入委托合同,〔109〕抑或混合合同,〔110〕至少,在第946条第2款中“可归责事由”和“损害赔偿范围”的解释上,较有说服力的观点是,应该采取与第933条针对有偿委托合同的一致的立场:可归责于解除权事由指的是解除方对于解除发生的原因不应负责;〔111〕损害赔偿范围包括相对人的直接损失和可得利益。〔112〕 63

然而,上述条款皆针对任意解除权而设,其中,损害赔偿责任之设定,规范目的上主要指向“限制任意解除权”,本款乃“正当理由下之法定解除权”,规范目的在于保护肖像权人之人格发展自由和人格尊严,具备正当理由的,肖像权人才拥 64

〔107〕 北京市第三中级人民法院(2020)京03民终4725号民事判决书。

〔108〕 广东省广州市中级人民法院(2019)粤01民终13503号民事判决书。

〔109〕 最高人民法院民法典贯彻实施工作领导小组主编:《中华人民共和国民法典合同编理解与适用(四)》,人民法院出版社2020年版,第2622—2623页;徐涤宇:《物业服务合同法律构造之中国模式》,载《法学研究》2021年第3期,第57页。

〔110〕 参见武腾:《委托合同任意解除与违约责任》,载《现代法学》2020年第2期,第63页。

〔111〕 参见武腾:《委托合同任意解除与违约责任》,载《现代法学》2020年第2期,第67页。

〔112〕 参见最高人民法院民法典贯彻实施工作领导小组主编:《中华人民共和国民法典合同编理解与适用(四)》,人民法院出版社2020年版,第2622—2623页。另有学者注意到,第946条第2款仅规定“损失”,未与委托合同第933条保持一致,并没有明确规定“直接损失和可得利益”,在法律适用上,是否意味着立法者有意作出不同的安排,是否有所差别,仍需有待进一步探讨。参见周江洪:《民法典合同编的制度变迁》,载《地方立法研究》2020年第5期,第20页。另有观点并未明确第946条第2款“损失”的范围,从所举的例子来看,似乎将“损失”限制在固有利益损失内。参见黄薇主编:《中华人民共和国民法典释义(中)》,法律出版社2020年版,第1704—1705页。

有解除权,并无恣意妄为之空间,自然也无防范解除权人恣意妄为的制度设计上的必要,因此,二者虽然措辞类似甚至完全一致,却并不在同一体系脉络上,不宜强作相同解释。本款之可归责事由和损害赔偿范围,自有依据规范意旨的独立解释空间。其中关键之处在于解除权发生构成要件之“正当理由”。当前学说并未就损害赔偿范围作任何区分解释,有观点主张信赖利益赔偿,[113] 另有观点主张履行利益损害赔偿。[114]

1. 解除可归责之情形

65 解除可归责之情形,系指正当理由来自于肖像权人负责领域,包括肖像权人内心观念和周遭环境之显著变化;此处的可归责,表现为“正当理由属于肖像权人负责之领域”,无须肖像权人对于正当理由之发生具有过错。此处的“损失”,系指因肖像权人行使解除权,相对人必然遭受的损失,并非因解除权行使不当而致。损害赔偿范围为相对人之信赖利益,非履行利益。

66 肖像权人因内心观念重大变化或者周遭环境变化,得以依据本款赋予之法定解除权摆脱束缚其人格发展自由的肖像许可使用合同,阻止相对人继续使用,为了平衡对此毫无可苛责之处的相对人之财产利益,制度配置上自然需附加肖像权人的损害赔偿责任。需强调的是,此处损害赔偿责任的范围仅限于信赖利益,并非履行利益。[115] 德国法上,对于判例发展出来肖像权人重大理由之下可撤回使用同意之制度,通说也认为,法律效果上不能给肖像权人行使撤回权增加负担,因为肖像权作为一般人格权应该具有更高的位阶,赔偿范围仅限于信赖利益即可。[116] 此外,肖像权人毕竟是“依法”行使解除权,并非违约,自然无须承担专属于违约情形下的履行利益损害赔偿责任。否则,与上文(边码 9)所称的肖像许可使用合同履行陷入“僵局”,法院酌定解除,肖像权人因违约负履行利益损害赔偿责

---

〔113〕 参见王利明、程啸:《中国民法典释评・人格权编》,中国人民大学出版社 2020 年版,第 314 页(王利明执笔)。作者虽并未明确提及信赖利益为限,但主张可赔偿的损失包括,“为继续履行合同已经投入的费用”以及“为准备合同履行而支出的费用”,上述费用当可解释为信赖利益。

〔114〕 参见最高人民法院民法典贯彻实施工作领导小组主编:《中华人民共和国民法典人格权编理解与适用》,人民法院出版社 2020 年版,第 261 页。

〔115〕 王利明、程啸:《中国民法典释评・人格权编》,中国人民大学出版社 2020 年版,第 314 页(王利明执笔)。

〔116〕 德国法上,通说认为,撤回肖像许可的意愿和著作权法第 42 条第 3 款中撤回使用权之让与,二者在利益状态上不可同日而语(AG Charlottenburg AfP 2002, 172; *siehe auch Wanckel*, Foto— und Bildrecht, Rn. 173.),肖像权属于德国《基本法》第 2 条第 1 款所保护的一般人格权,自然比著作权中对于作品的保护享受更优的地位。因此,原则上,只能类推适用《德国民法典》第 122 条的信赖利益赔偿(*Dreier/Schulze/Specht* KUG § 22 Rn. 35; Löffler/Steffen LPG § 6 Rn. 127; Schricker/Götting KUG § 22 Rn. 41)。

任之情形，岂非毫无差别？特设本款之法定解除权岂非毫无价值？

2. **损失可归责之情形**

67 正当理由非属于肖像权人负责领域的，例如，相对人之行为使得双方信赖基础丧失、相对人之行为使得无法期待肖像权人继续许可使用其肖像，肖像权人解除权之发生并无上文所称的可归责之处，不发生因解除可归责引发的损害赔偿问题。

68 此处的可归责，系指解除权人解除行为不当，亦即，违反了本款第1句中“合理期间内发出解除通知”和“为解除通知指定合理生效期间”之法定义务。此处的“损失”，系指相对人因解除权人违反上述法定义务引发的固有利益损失。损害赔偿范围为固有利益。申言之，第一，肖像权人未能在合理期间内发出解除通知，解除权消灭（边码48），然而，若相对人信其解除权仍未消灭，而作出相应安排，固有利益因此受损，当获赔偿。第二，正当理由来自于肖像权人负责领域的，肖像权人为预告解除指定的期限较短，并非合理，虽然解除效力推迟至较长之合理期间届满之日，但是，若相对人依据较短之期间行事，固有利益因此受损，亦当获赔偿。

八、举证责任

69 就解除权的发生和行使而言，肖像权人对于第1句中的“正当理由”以及履行“合理期限内的通知义务”负有举证责任。[117] 就损害赔偿而言，解除权相对人对于第2句中的损害范围、损失和合同解除行为之间的因果关系负举证责任，肖像权人就“不可归责于己之事由”负举证责任。就解除权行使的其他法律后果而言，解除权相对人就及时履行停止使用与删除系争肖像之义务负举证责任。

附：案例索引

1. 安徽省宿州市埇桥区人民法院（2019）皖1302民初4359号民事判决书：张某军与安徽省首诚投资管理有限公司宿州希尔顿逸林酒店名誉权纠纷案【边码36】

2. 北京市朝阳区人民法院（2016）京0105民初29793号民事判决书：北京天马途腾国际文化传播有限公司与王某合同纠纷案【边码26】

3. 北京市朝阳区人民法院（2016）京0105民初54213号民事判决书：李某冰与宁波浪木饮水设备科技有限公司肖像权、姓名权纠纷案【边码26】

4. 北京市朝阳区人民法院（2017）京0105民初36726号民事判决书：蒋某勤与贵阳德昌

---

〔117〕 温世扬：《中国民法上的“公开权”——〈民法典〉人格标识许可使用规定之解析》，载《当代法学》2021年第2期。

祥药业有限公司肖像权、名誉权纠纷案【边码 61】

5. 北京市朝阳区人民法院(2017)京 0105 民初 60432 号民事判决书:王某 1 与福建省南安市帮登鞋业有限公司肖像权、合同纠纷案【边码 26】

6. 北京市朝阳区人民法院(2018)京 0105 民初 14552 号民事判决书:北京电童文化艺术有限公司与王某文合同纠纷案【边码 9】

7. 北京市朝阳区人民法院(2018)京 0105 民初 20128 号民事判决书:张某与北京摩登天空文化发展有限公司合同纠纷案【边码 26】

8. 北京市朝阳区人民法院(2018)京 0105 民初 70263 号民事判决书:张某铭与辰星娱乐(北京)有限公司合同纠纷案【边码 9、26】

9. 北京市朝阳区人民法院(2019)京 0105 民初 425 号民事判决书:北京蓝舟影视文化传媒有限公司与陈某扉合同纠纷案【边码 9、26、36】

10. 北京市第二中级人民法院(2014)二中民终字第 02683 号民事判决书:杨某与瑞泰锦世服饰(北京)有限公司肖像权纠纷、名誉权纠纷案【边码 61】

11. 北京市第二中级人民法院(2014)二中民终字第 02919 号民事判决书:瑞泰锦世服饰(北京)有限公司与马某肖像权纠纷案【边码 61】

12. 北京市第三中级人民法院(2015)三中民(商)终字第 08614 号民事判决书:中亿创联(北京)投资顾问有限公司与王某洲委托合同纠纷案【边码 60】

13. 北京市第三中级人民法院(2016)京 03 民终 13936 号民事判决书:蒋某夫与天津唐人影视股份有限公司合同纠纷案【边码 9、37】

14. 北京市第三中级人民法院(2017)京 03 民终 12739 号民事判决书:金某与天津唐人影视股份有限公司合同纠纷案【边码 9、26】

15. 北京市第三中级人民法院(2017)京 03 民终 8354 号民事判决书:福建雅客食品有限公司与周某人格权纠纷案【边码 61】

16. 北京市第三中级人民法院(2019)京 03 民终 16585 号民事判决书:福建省南安市帮登鞋业有限公司与王某 1 肖像权纠纷案【边码 61】

17. 北京市第三中级人民法院(2019)京 03 民终 5752 号民事判决书:宁波浪木饮水设备科技有限公司与李某冰肖像权、姓名权纠纷案【边码 26】

18. 北京市第三中级人民法院(2020)京 03 民终 4725 号民事判决书:宝马(中国)汽车贸易有限公司与刘某肖像权纠纷案【边码 61】

19. 北京市第三中级人民法院(2020)京 03 民终 5697 号民事判决书:霍尔果斯达达影视文化传媒有限公司与代某雯合同纠纷案【边码 40】

20. 北京市第三中级人民法院(2020)京 03 民终 7568 号民事判决书:王某文与北京电童文化艺术有限公司合同纠纷案【边码 9、26】

21. 北京市第一中级人民法院(2003)一中民初字第 10253 号民事判决书:艾瑞比·鲍威尔·泰勒与人像摄影杂志社侵犯著作权、肖像权纠纷案【边码 26】

22. 北京市东城区人民法院(2016)京0101民初19436号:李某杰与北京黑方金圆文化传媒有限公司合同纠纷案【边码14】

23. 北京市东城区人民法院(2017)京0101民初7540号民事判决书:吉某琴与北京中联百文文化传媒有限公司委托合同纠纷案【边码40】

24. 北京市东城区人民法院(2019)京0101民初20069号民事判决书:北京黑方金圆文化传媒有限公司与蒋某珠合同纠纷案【边码36】

25. 北京市丰台区人民法院(2017)京0106民初2777号民事判决书:郑某成与北京盛夏星空文化传播有限公司合同纠纷案【边码9、26】

26. 北京市高级人民法院(2013)高民终字第1164号民事判决书:北京新画面影业有限公司与窦某表演合同纠纷案【边码9】

27. 北京市高级人民法院(2017)京民申870号裁定书:蒋某夫与天津唐人影视股份有限公司合同纠纷案【边码9】

28. 北京市海淀区人民法院(2007)海民初字第1422号民事判决书:中国网络通信集团公司与长江文艺出版社等侵犯著作权纠纷案【边码26】

29. 北京市海淀区人民法院(2016)京0108民初33654号民事判决书:郭某与北京唐德凤凰演艺经纪有限公司委托合同纠纷案【边码9、26】

30. 北京市海淀区人民法院(2017)京0108民初22149号民事判决书:田某与江苏伟楼生物科技有限公司肖像权纠纷案【边码61】

31. 北京市通州区人民法院(2021)京0112民初6630号民事判决书:李某桦与北京花开半夏文化传媒有限公司服务合同纠纷案【边码9、26】

32. 北京知识产权法院(2019)京73行初7336号行政判决书:吴某生与国家知识产权局商标不予注册复审行政纠纷案【边码26】

33. 重庆市高级人民法院(2013)渝高法民终字第00052号民事判决书:昆明博迈五金钢模板有限公司与中铁十七局集团第四工程有限公司买卖合同纠纷案【边码60】

34. 重庆市渝北区人民法院(2018)渝0112民初20387号民事判决书:付某琳与重庆天权星文化传媒有限公司合同纠纷案【边码9】

35. 重庆市渝中区人民法院(2020)渝0103民初14916号民事判决书:重庆闪萌文化传播有限公司与赖某君服务合同纠纷案【边码26】

36. 福建省泉州市中级人民法院(2018)闽05民终2426号民事判决书:揭阳市富尔兴不锈钢制品有限公司与马某琍肖像权纠纷案【边码61】

37. 广东省佛山市南海区人民法院(2019)粤0605民初15247号民事判决书:林某玲与佛山市汉慕斯门窗有限公司人格权纠纷案【边码26】

38. 广东省广州市花都区人民法院(2019)粤0114民初9608号民事裁定书:广州美埠购商贸有限公司与上海依海影视文化传播有限公司著作权许可使用合同纠纷案【边码26】

39. 广东省广州市天河区人民法院(2008)天法民二初字第199号民事判决书:广州艺讯

演出经纪有限公司与周某委托合同纠纷案【边码 26】

40. 广东省广州市天河区人民法院(2019)粤 0106 民初 41580 号民事判决书:广州天翼生物科技有限公司与亿圣文化传媒(北京)有限公司等广告合同纠纷案【边码 26】

41. 广东省广州市中级人民法院(2008)天法民一初字第 115 号民事判决书:谢某涛与中国平安财产保险股份有限公司广州市天河支公司肖像权纠纷案【边码 26】

42. 广东省广州市中级人民法院(2015)穗中法民二终字第 2187 号民事判决书:广州市高姿化妆品有限公司与北京美涛中艺文化传媒有限公司等广告服务合同纠纷案【边码 26、39、40】

43. 广东省广州市中级人民法院(2016)粤 01 民终 6927 号民事判决书:PARK CHAE LIM 与广州市铂金化妆品有限公司肖像权纠纷案【边码 26】

44. 广东省广州市中级人民法院(2019)粤 01 民终 13503 号民事判决书:广州市有喜化妆品有限公司与柳某一般人格权纠纷案【边码 61】

45. 广东省广州市中级人民法院(2020)粤 01 民终 21638 号民事判决书:广州星玫网络科技有限公司与周某苗合同纠纷案【边码 33】

46. 广东省广州市中级人民法院(2020)粤 01 民终 4234 号民事判决书:谌某喜与广州新月演艺经纪有限公司合同纠纷案【边码 9、26】

47. 广东省广州市中级人民法院(2021)粤 01 民终 16859 号民事判决书:壹飞视觉摄影(广州)有限公司等与易某华人格权纠纷案【边码 26】

48. 广东省深圳市南山区人民法院(2019)粤 0305 民初 7511 号民事判决书:深圳先飞传媒有限公司与李某郴合同纠纷案【边码 14、40】

49. 广东省中山市第一人民法院(2017)粤 2071 民初 10750 号民事判决书:李某球与中山海都汇饮食有限公司肖像权纠纷案【边码 36】

50. 河南省濮阳市中级人民法院(2018)豫 09 民终 1687 号民事判决书:濮阳市星辉文化传媒有限公司与王某阳合同纠纷案【边码 9】

51. 河南省郑州市管城回族区人民法院(2021)豫 0104 知民初 104 号民事判决书:武汉薇拉摄影有限公司与刘某振网络传播权纠纷案【边码 26】

52. 湖北省武汉市洪山区人民法院(2017)鄂 0111 民初 4930 号民事判决书:深圳白驹网络科技有限公司与隋某合同纠纷案【边码 26】

53. 湖北省武汉市洪山区人民法院(2017)鄂 0111 民初 4931 号民事判决书:深圳白驹网络科技有限公司与周某合同纠纷案【边码 26】

54. 湖北省武汉市洪山区人民法院(2017)鄂 0111 民初 4934 号民事判决书:深圳白驹网络科技有限公司与刘某合同纠纷案【边码 26】

55. 湖北省武汉市中级人民法院(2018)鄂 01 民终 7276 号民事判决书:深圳白驹网络科技有限公司与张某合同纠纷案【边码 26】

56. 江苏省高级人民法院(2014)苏审二民申字第 0737 号民事裁定书:何某兴与王某合

同纠纷案【边码60】

57. 江苏省南京市玄武区人民法院(2015)玄民初字第1960号民事判决书:储某与倪某珂劳务合同纠纷案【边码6】

58. 江苏省苏州市虎丘区人民法院(2020)苏0505民初3136号民事判决书:胡某与苏州俏椰餐饮管理有限公司等肖像权、姓名权纠纷案【边码26】

59. 江苏省苏州市中级人民法院(2020)苏05民终8311号民事判决书:苏州大禹网络科技有限公司与王某晨合同纠纷案【边码26】

60. 江苏省徐州市铜山区人民法院(2019)苏0312民初11384号民事判决书:徐州子溪文化传媒有限公司与朱某婷合同纠纷案【边码9】

61. 江苏省徐州市中级人民法院(2021)苏03民终2285号民事判决书:苏某娟与徐州鸿泽文化传媒有限公司合同纠纷案【边码26】

62. 山东省德州市中级人民法院(2018)鲁14民终1194号民事判决书:郑州火爆网络科技有限公司与郭某城等肖像权纠纷案【边码61】

63. 上海市宝山区人民法院(2019)沪0113民初5957号民事判决书:上海原际画文化传媒有限公司与周某然等服务合同纠纷案【边码9、35】

64. 上海市宝山区人民法院(2020)沪0113民初2728号民事判决书:上海恒星引力影视传媒有限公司与朱某冰服务合同纠纷案【边码26】

65. 上海市崇明区人民法院(2020)沪0151民初1964号民事判决书:邓某瑶与上海勋乐文化传播有限公司其他合同纠纷案【边码9】

66. 上海市第二中级人民法院(2016)沪02民终3972号民事判决书:管某球与上海文化广播影视集团有限公司等名誉权纠纷案【边码26、33、35】

67. 上海市第二中级人民法院(2020)沪02民终9512号民事判决书:朱某冰与上海恒星引力影视传媒有限公司服务合同纠纷案【边码9】

68. 上海市第一中级人民法院(2016)沪01民终13315号民事判决书:上海盛星文化传播有限公司与孙某宏服务合同纠纷案【边码9】

69. 上海市第一中级人民法院(2017)沪01民终5638号民事判决书:叶某怡与上海英恰文化传媒有限公司演出合同纠纷案【边码9、26】

70. 上海市第一中级人民法院(2018)沪01民初1351号民事判决书:上海盛力世家文化传播有限公司与邹某明合同纠纷案【边码26】

71. 上海市第一中级人民法院(2018)沪01民终5158号民事判决书:戴某与梦响强音文化传播(上海)有限公司合同纠纷案【边码9】

72. 上海市第一中级人民法院(2019)沪01民终7083号民事判决书:秦某培与华谊兄弟时尚(上海)文化传媒有限公司服务合同纠纷案【边码26】

73. 上海市第一中级人民法院(2020)沪01民终14028号民事判决书:孔某儿与上海万益文化传媒有限公司合同纠纷案【边码9】

74. 上海市高级人民法院(2014)沪高民一(民)再提字第8号民事判决书:贾某与上海东锦文化传播有限公司其他合同纠纷案【边码9】

75. 上海市虹口区人民法院(2017)沪0109民初23108号民事判决书:陈某馨与上海丝芭文化传媒集团有限公司其他合同纠纷案【边码26、36】

76. 上海市虹口区人民法院(2019)沪0109民初21062号民事判决书:上海上武兴文体育文化发展有限公司与李某阳其他合同纠纷案【边码36】

77. 上海市静安区人民法院(2007)静民一(民)初字第2286号民事判决书:上海上腾娱乐有限公司与张某演艺合同纠纷案【边码36】

78. 上海市浦东新区人民法院(2012)浦民一(民)初字第17767号民事判决书:赵某某与上海某化妆品有限公司姓名权纠纷、肖像权纠纷案【边码61】

79. 上海市浦东新区人民法院(2017)沪0115民初64176号民事判决书:上海脉森信息科技有限公司与谭某仪其他合同纠纷案【边码26】

80. 上海市浦东新区人民法院(2017)沪0115民初64207号民事判决书:上海脉森信息科技有限公司与王某其他合同纠纷案【边码26】

81. 上海市浦东新区人民法院(2017)沪0115民初64209号民事判决书:上海脉森信息科技有限公司与张某其他合同纠纷案【边码26】

82. 上海市浦东新区人民法院(2017)沪0115民初87191号民事判决书:上海脉森信息科技有限公司与田某雨其他合同纠纷案【边码26】

83. 上海市徐汇区人民法院(2016)沪0104民初24059号民事判决书:上海英怡文化传媒有限公司与叶某怡演出合同纠纷案【边码9、26】

84. 上海市长宁区人民法院(2014)长民一(民)初字第6875号民事判决书:上海灿星文化传播有限公司与李某萍合同纠纷案【边码9】

85. 上海市长宁区人民法院(2019)沪0105民初6767号民事判决书:姊妹淘(上海)文化传播有限公司与高某梓其他合同纠纷案【边码26】

86. 上海知识产权法院(2016)沪73民终65号民事判决书:广州汇涌食品有限公司与广州奥桑味精食品有限公司等擅自使用知名商品特有名称、包装、装潢纠纷案【边码26】

87. 上海知识产权法院(2016)沪73民终66号民事判决书:广州汇涌食品有限公司与广州奥桑味精食品有限公司等擅自使用知名商品特有名称、包装、装潢纠纷案【边码26】

88. 浙江省高级人民法院(2008)浙民一终字第280号民事判决书:温岭市某公司与丁某某租赁合同纠纷案【边码60】

89. 浙江省杭州市江干区人民法院(2019)浙0104民初1597号民事判决书:杭州视琰文化传媒有限公司与段某俊合同纠纷案【边码26】

90. 浙江省杭州市江干区人民法院(2019)浙0104民初1598号民事判决书:杭州视琰文化传媒有限公司与王某合同纠纷案【边码26】

91. 浙江省杭州市江干区人民法院(2019)浙0104民初9851号民事判决书:杭州视琰文

化传媒有限公司与周某民合同纠纷案【边码 26】

92. 浙江省杭州市江干区人民法院(2020)浙 0104 民初 694 号民事判决书:杭州书翼文化传媒有限公司与孙某引合同纠纷案【边码 26】

93. 浙江省湖州市中级人民法院(2010)浙湖民终字第 458 号民事判决书:王陆某好与德清县新闻传媒发展中心等肖像权纠纷案【边码 35】

94. 浙江省丽水市中级人民法院(2021)浙 11 民终 798 号民事判决书:陈某与浙江星娱文化传媒有限责任公司合同纠纷案【边码 26】

95. 最高人民法院(2008)民二终字第 91 号民事判决书:成都鹏伟实业有限公司与江西省永修县人民政府、永修县鄱阳湖采砂管理工作领导小组办公室采矿权纠纷案【边码 6】

96. 最高人民法院(2009)民申字第 1203 号民事裁定书:北京正合世纪文化传播有限公司与熊某等知识产权合同纠纷案【边码 26】

97. 最高人民法院(2012)民一终字第 67 号民事判决书:山西数源华石化工能源有限公司与山西三维集团股份有限公司租赁合同纠纷案【边码 12】

98. 最高人民法院(2020)最高法民终 629 号民事判决书:中铁二局建设有限公司与厦门滕王阁房地产开发有限公司股东出资纠纷案【边码 6】

第1060条

日常家事代理*

第1060条　夫妻一方因家庭日常生活需要而实施的民事法律行为，对夫妻双方发生效力，但是夫妻一方与相对人另有约定的除外。

夫妻之间对一方可以实施的民事法律行为范围的限制，不得对抗善意相对人。

简　目

一、规范定位……1—27

(一)规范目的……1—19

1. 概述……1—3
2. 日常家事代理适用于负担行为时的规范目的……4—10
3. 日常家事代理适用于处分行为时的规范目的……11—15
4. 基于规范目的解释日常家事代理的若干指引……16—19

(二)法律性质……20—22

(三)历史变迁及体系关联……23—27

1. 与对夫妻共同财产之处分权的混淆……25—26
2. 与夫妻共同债务的混淆……27

二、夫妻一方实施……的民事法律行为(第1款)……28—49

(一)夫妻一方以自己的名义实施……28

(二)适用于民事法律行为……29—37

1. 适用于负担行为……29
2. 适用于处分行为……30—36
3. 不适用于身份行为……37

(三)适用于所有类型的夫妻财产制……38—39

(四)其他法无明定的情形……40—49

1. 分居期间的例外规则……40—43
2. 准法律行为、事实行为、侵权行为等私法行为的场景……44—45
3. 不可类推适用于公法行为……46
4. 不可类推适用于同居关系、父母子女关系等亲密关系……47—48
5. 无效或被撤销的婚姻不适用日常家事代理……49

三、因家庭日常生活需要(第1款)……50—61

(一)谁的日常生活需要？……50—51

(二)家庭日常生活需要的判断……52—56

1. 判断标准与考量因素……52

---

* 本文系基于《〈民法典〉第1060条(日常家事代理)评注》(载《南京大学学报(哲学·人文科学·社会科学)》2021年第4期，第102—119页)一文修订而成。另特别感谢王修齐同学的研究协助。

本条评注不仅覆盖《民法典》施行后的案例，亦涵盖《民法典》之前的相关案例。因为在《民法典》之前，日常家事代理已经为有关司法解释和司法实践所承认，且与《民法典》第1060条有一定延续性。笔者主要采取关键词检索的方式，在北大法宝数据库搜集案例。检索词主要包括日常家事代理、家事代理、家庭日常生活需要、日常生活需要，在涉及部分相关制度时还包括户主、农村承包经营户等，法院层级限定为高级人民法院及以上。经逐一阅读筛查，得到有效裁判40件，包括3件最高人民法院裁判、37件高级人民法院裁判。此外，在高层级裁判阙如处，还补充了中级人民法院裁判9件、基层人民法院裁判3件。

2. 主观标准与客观标准……53
3. 判断时点：可能受益与实际受益……54—55
4. 无须考虑第三人的善意或信赖……56
（三）主要案型：民间借贷……57—61
1. 家庭日常生活需要的考量因素……57
2. 基于借贷数额的推定……58—59
3. 两种复杂情形……60—61
四、易与日常家事代理混淆的若干制度……62—79
（一）“用于夫妻共同生活”所生的夫妻共同债务……62—63
（二）共有人对共有物日常管理的单独处理权……64—65
（三）表见代理……66—69
（四）户主（及家庭成员）的代理权……70—79
1. 农村承包经营户：承包地流转场合的代理权……71—77
2.“户口”意义上的户：征收征用、拆迁补偿等场合的代理权……78—79
五、日常家事代理的法律后果……80—88
（一）原则：对夫妻双方发生效力……81—84
1. 通常解释：以夫妻连带债务为典型……81—82
2. 替代解释：夫妻债务“内外有别”……83—84
（二）例外：夫妻一方与相对人另有约定……85
（三）误用：夫妻一方的行为仅对另一方生效……86—88
六、日常家事代理的限制（第 2 款）……89—97
（一）规范目的和历史起源……89
（二）基于合同约定的限制与基于单方行为的限制……90—93
（三）善意相对人……94—96
（四）适用实益……97
七、举证责任……98—103
（一）民事法律行为真实……98—99
（二）属于家庭日常生活需要……100—102
（三）其他要件……103

一、规范定位

（一）规范目的

1. 概述

基于意思自治原则，夫妻一方以个人名义实施的民事法律行为，与其配偶无关，无法约束后者。但依据本条，夫妻一方（以个人名义）实施的民事法律行为，却对夫妻双方发生效力（边码 28）。这构成意思自治原则，尤其是合同相对性原则的例外，与通常的法定和意定代理也有重大不同。 1

一般认为，本条是关于日常家事代理（权）的规定，旨在“方便经济交往和婚姻家庭生活，保护夫妻双方和相对人的合法权益，维护社会交易安全”。[1] 这包含两层规范目的：第一，维护交易安全，即方便经济交往、保护相对人权益等。第二，保护婚姻家庭，即方便婚姻家庭生活、保护夫妻双方权益，具体指“扩张夫妻双方的意思自治，使夫妻双方在日常家庭事务的处理中无须事必躬亲，从而突破夫妻 2

〔1〕 参见黄薇主编：《中华人民共和国民法典婚姻家庭编释义》，法律出版社 2020 年版，第 67 页。类似见解，参见最高人民法院民法典贯彻实施工作领导小组主编：《中华人民共和国民法典婚姻家庭编继承编理解与适用》，人民法院出版社 2020 年版，第 137—139 页。

各自在时间、精力上的局限性，满足夫妻共同生活的需要”。[2] 以上双重目的构成对意思自治原则的限制。尤须强调，前述“扩张夫妻双方的意思自治”，实为基于方便婚姻家庭生活的考虑而“突破”意思自治，是对意思自治的背离而非契合。

3 然而，日常家事代理未必能够实现前述双重目的。从历史功能来看，作为西方法制的产物，日常家事代理仅为男尊女卑时代的法律必需品。只有在此等时代，女性婚后几乎不享有财产权和订立合同的法律能力，操持家务的女性才需仰仗日常家事代理，作为丈夫的代理人，完成柴米油盐的采买等日常家事。日常家事代理才有可能既方便家庭日常生活，又免去第三人与已婚女性（甚至所有成年女性）缔结交易的疑虑。一旦男女平权，夫妻均分别享有财产权和缔约能力，一如在现代社会，前述双重功能通常就不复存在。一方面，不论男女，都可以独自缔结和完成交易，取得家庭日常生活所需的商品、服务；另一方面，交易第三人也无须担心已婚当事人的缔约及履约能力。[3] 此外，日常家事代理还以赊账等信用交易为前提，若一切交易均为一手交钱、一手交货，日常家事代理在负担行为的场合也无任何意义。更精细的功能分析因日常家事代理的适用场景而异，以下分述。

2. 日常家事代理适用于负担行为时的规范目的

4 负担行为是日常家事代理的主要适用场景。据此，夫妻一方以个人名义所为的负担行为对夫妻双方发生效力，夫妻承担连带债务，甚至享有连带债权（边码81）。不过，日常家事代理于此不仅无助于维护交易安全，还有损于婚姻家庭。

5 其一，就交易安全而言，应区分事实和价值两个层面。在事实层面，债权人如果不在意所涉交易是否属于债务人的日常家事，原本就不会对此有信赖，也不会为此付出信息成本，如核查债务人的婚姻状态、所涉交易是否属于其日常家事等。于此，并不存在可供日常家事代理维护的交易安全，如所谓保护债权人的信赖，或作为其同义词的减少信息成本等。

6 在价值层面，债权人即使事实上信赖所涉交易属于债务人的日常家事，亦欠缺价值上应予保护的信赖。这源于现行法上如下公认的价值判断——作为意思自治原则的体现，现行法所确立的合同相对性原则应被视为合同交往中双方当事人权利义务，包括与之相关的信赖、信息成本等的正常边界。因此，除非有充分且正当的理由，不论债务人的婚姻状态为何，也不论所涉交易是否属于债务人的日常家事，债权人都无从享有高于正常合同当事人的保护，亦即享有对债务人配偶

〔2〕 参见黄薇主编：《中华人民共和国民法典婚姻家庭编释义》，法律出版社 2020 年版，第 69 页。

〔3〕 历史层面的探讨，参见贺剑：《夫妻财产法的精神——民法典夫妻共同债务和财产规则释论》，载《法学》2020 年第 7 期，第 36 页。

的连带债权![4] 换言之,债权人即使事实上有某种信赖,并为此付出信息成本,又或者基于风险控制的考虑,要求债务人的配偶提供担保或承担连带责任,都对应于意思自治原则之下债权人原本应当承担的成本或风险,都不曾危及现行法所维护的交易安全。

从反面言之,债权人即使不知道债务人的婚姻状态或所涉交易属于其日常家事,却仍可享有日常家事代理的保护。这也部分说明日常家事代理无关乎交易安全。

其二,就保护婚姻家庭而言,在男女平权的现代社会,该价值不仅不支持,而且禁止突破合同相对性原则而让夫妻双方连带担责。这首先源于如下直觉的不公:一个成年人未婚,以个人名义所负的日常家事债务就是一人承担;而一旦结婚,就须由其和配偶连带承担! 这不啻于对婚姻家庭的歧视。诚然,日常家事代理之下,夫妻双方的所有财产似乎都成为夫妻任何一方的责任财产,这有利于增强已婚者的资信。但就日常家事而言,该责任财产的(法定)扩张实益寥寥,且完全可以为适用范围更广的意定扩张(即夫妻共同举债)所取代。 7

其次,在金钱借贷等被纳入日常家事的背景下(边码57以下),日常家事代理还会鼓励夫妻一方与第三人串通伪造债务,侵害夫妻另一方合法权益。[5] 尽管因日常家事的范围而异,此等负面后果或许较为有限,但也应予以避免。 8

注意,保护婚姻家庭的价值虽然可以证立,在夫妻内部关系上,夫妻双方应当(无限)分担夫妻一方对外以个人名义所负的日常家事债务,但是,并不能将该内部债务"外部化",从而证成夫妻双方对债权人的连带债务。基于财产法的一般规则,债权人于此至多享有代位权,且上限为前述内部分担债务之数额(夫妻一方对外负债的一半)。[6] 退一步,即使认为,夫妻的经济利益一致,因而其并不在乎是夫妻一方单独负债还是夫妻双方连带负债。这也仅适用于"婚姻和平"时期,而不适用于离婚等"婚姻危机"时期。在后一场景,夫妻任何一方在事前都不会青睐背离意思自治、全然无从防范的日常家事代理债务。 9

同理,所谓"扶养义务的外化"[7]更无法解释日常家事代理意义上的夫妻连带债务。夫妻在内部关系上虽相互负有扶养义务,但是,并非所有为满足家庭日 10

---

[4] 以合同相对性原则为由不适用日常家事代理者,参见山东省高级人民法院(2020)鲁民再541号民事判决书(但该案论理本身也可检讨,未必需适用日常家事代理)。

[5] 参见贺剑:《夫妻财产法的精神——民法典夫妻共同债务和财产规则释论》,载《法学》2020年第7期,第36页。

[6] 参见贺剑:《夫妻财产法的精神——民法典夫妻共同债务和财产规则释论》,载《法学》2020年第7期,第35—37页。

[7] 参见薛宁兰、谢鸿飞主编:《民法典评注·婚姻家庭编》,中国法制出版社2020年版,第151页(刘征峰执笔)。

常生活需要所负的债务都对应于夫妻另一方的扶养义务;在两者对应的场合,也只能推导出夫妻一方对另一方的债权,而无从推导出债权人对夫妻双方的连带债权。

3. **日常家事代理适用于处分行为时的规范目的**

11 日常家事代理适用于处分行为时,须区分权利(夫妻共同财产)的取得和转让考察其规范目的。就夫妻一方以个人名义取得权利的行为而言,日常家事代理的实益寥寥。因为不论夫妻一方取得的权利在法律上如何归属,对外均不妨碍第三人的利益,对内也皆可用于日常家事。

12 就夫妻一方以个人名义转让权利的行为而言,还须进一步考虑夫妻财产制的物权变动模式。如果夫妻财产制遵循物权变动的一般规则,因而婚姻法上的夫妻共同财产,在财产法上通常仍为夫妻一方单独所有的财产,则日常家事代理缺乏实益。[8] 为履行日常家事所涉交易,夫妻一方处分自己名下或所占有的财产即可,交易相对人也可合理信赖有关财产是处分人的财产。

13 但是,如果法定财产制(甚至约定财产制)可以独立发生物权变动的效果,从而偏离物权变动的一般规则,则夫妻一方婚后(所得)的财产通常不仅是婚姻法上的夫妻共同财产,也是财产法上的夫妻共同共有财产。于此,参与交易的夫妻一方通常欠缺处分名下或所占有财产的处分权。表面来看,应有必要经由日常家事代理,承认夫妻一方单独处分夫妻共同财产的权利(边码20以下)。[9] 但是,基于日常家事代理的所谓双重目的,这仍然经不起推敲。

14 其一,维护交易安全。在夫妻共同财产由夫妻共同共有的背景下,鉴于多数成年人已婚且大都生活于法定财产制之下,一旦参与交易的夫妻一方构成无权处分,交易相对人欲善意取得,势必须承担合理的核实义务,如核实处分人的婚姻状态、所涉财产的权属等;作为替代,交易相对人也可谋求取得处分人的配偶同意,甚或退出交易。这会导致一系列交易成本。[10] 但是,这是所有法定共同财产制的共通问题,并不因交易是否属于日常家事而有差异。正确的因应之道,是寻找夫妻共同财产制层面的一体解决方案,在夫妻财产制的物权变动模式上作文章(边码12),而非借道日常家事代理作小修小补。

---

[8] 《民法典》颁布之前的讨论,参见贺剑:《论婚姻法回归民法的基本思路:以法定夫妻财产制为重点》,载《中外法学》2014年第6期,第1501—1516页;龙俊:《夫妻共同财产的潜在共有》,载《法学研究》2017年第4期,第20—36页。《民法典》颁布之后的述评,参见贺剑:《夫妻财产法的精神——民法典夫妻共同债务和财产规则释论》,载《法学》2020年第7期,第30—33页。

[9] 参见贺剑:《夫妻财产法的精神——民法典夫妻共同债务和财产规则释论》,载《法学》2020年第7期,第36—37页;王战涛:《日常家事代理之批判》,载《法学家》2019年第3期,第141—145页。

[10] 一般分析,参见贺剑:《夫妻财产法的精神——民法典夫妻共同债务和财产规则释论》,载《法学》2020年第7期,第21—22页。

15 其二，保护婚姻家庭。如果日常家事代理仅适用于负担行为，而负担行为的履行尤其是对外权利的转让仍须夫妻双方共同决定，则为方便婚姻家庭生活而扩张夫妻双方意思自治，就有半途而废之嫌。基于该保护婚姻家庭的价值，因日常家事代理而生的夫妻连带债务仅有工具意义，债务的履行以及由此终局取得的用于日常家事的商品或服务才是目的。夫妻一方依约对外转让夫妻共同财产，同样是交易的一环，是实现前述目的的必要手段。故日常家事代理应当贯穿适用于构成一个整体交易的负担行为和处分行为。不过，以上分析的前提是，保护婚姻家庭的价值可以成为日常家事代理适用于负担行为时的坚实基础。而上文已述，该基础并不稳固(边码7以下)，可否据此作逻辑一贯的扩张适用，其实颇成问题。

4. 基于规范目的解释日常家事代理的若干指引

16 基于以上规范目的的反思，在立法论上，日常家事代理应予废除。从比较法来看，与前述反思类似的对日常家事代理的指摘近乎共识；虽然不少国家因为历史的惯性，维持了日常家事代理，但也有部分国家予以废除或限制。〔11〕

17 在解释论上，日常家事代理仍有存在和适用余地。一方面，其虽有诸多手段与目的不符之处，但毕竟不会在所有场景都导致明显不正义，故不宜基于目的(性限缩)解释完全予以架空。另一方面，前述规范目的的反思也能在两可或有疑义之处提供有益的解释指引。

18 其一，在规范目的层面，应以保护婚姻家庭作为《民法典》第1060条的首要规范目的，〔12〕并以适用于负担行为的场景为限。相反，维护交易安全仅能在夫妻共同共有夫妻共同财产的语境下，勉强解释夫妻一方在日常家事范围内对夫妻共同财产的处分权(边码13以下)。至于夫妻对日常家事代理的限制不得对抗善意第三人(边码96)，与日常家事代理可否维护交易安全的问题实质相同，仅在处分行为的场景勉强涉及交易安全；在负担行为的场景则无关乎交易安全。

19 其二，在适用范围方面，日常家事代理所适用的负担行为原则上应排除与满足家庭日常生活不具有明显关联，且有滥用风险的交易，如实际用途难以控制的金钱借贷；退一步，即使承认其可以适用于小额金钱借贷(边码58以下)，也应从严把握。日常家事代理所适用的处分行为，应仅限于针对夫妻共同财产的处分行为(边码33以下)。

---

〔11〕 参见王战涛：《日常家事代理之批判》，载《法学家》2019年第3期，第139—152页；王战涛：《家事代理的共同核心与更优规则——以〈关于夫妻财产关系的欧洲家庭法原则〉为考察对象》，载《财经法学》2018年第2期，第145—155页。

〔12〕 类似见解，参见余延满：《亲属法原论》，法律出版社2007年版，第248页(仅强调日常家事代理便利婚姻共同生活的功能，未提及与交易安全的关联)。

(二) 法律性质

20 日常家事代理系约定俗成的称谓,但其在教义学上是否为"代理",不无争议。[13] 典型的定性包括"特殊代理",[14]或与之类似的(将夫妻一方的行为视为"夫妻共同意思表示"的)"代表权",[15]婚姻法上的"特有权能"[16]等。以下区分负担行为、处分行为的场合分别予以分析。

21 在负担行为场合,相比于通常的意定和法定代理,日常家事代理的特殊之处包括:(1)夫妻一方的"代理"行为并非约束夫妻另一方,而是"对夫妻双方发生效力";(2)代理人以自己的名义,而非以被代理人(即夫妻双方)的名义为代理行为,未贯彻显名原则(《民法典》第 162 条);(3)代理人通常缺乏代理的意思;(4)因被代理人未曾显名,交易相对人通常也仅有与参与交易的夫妻一方,而非与夫妻双方缔结交易的意思。而且,与(真正的)行为归属制度不同,[17]日常家事代理的法律后果是约束行为人及配偶,而非仅约束行为人之外隐名的第三人。

22 在处分行为场合,若仅考虑夫妻一方有权在日常家事范围内单独对外转让夫妻共同财产,则存在两种解释方案。其一,代理权说,即夫妻一方仍以前述非典型代理的方式"代理"夫妻双方为处分行为。其二,处分权说,即夫妻一方在日常家事范围内享有对夫妻共同财产的单独处分权。处分权说无疑更简洁。但是,如果还考虑夫妻一方以个人名义从交易相对人处取得权利的情形,且预设该权利也由夫妻双方共同取得,则代理权说可提供一贯解释,而处分权说则力有不逮,必须额外诉诸法定财产制达成类似效果,即有关财产先成为参与交易的夫妻一方的单独所有财产,后经由"逻辑上的一秒"成为夫妻共同财产。[18] 综上,处分权说虽简洁,但解释力有限。不过,前述方案选择仍属于解释选择之争,逻辑上皆能成立,孰优孰劣暂可存而不论。

---

〔13〕 相关综述,参见王战涛:《家事代理的共同核心与更优规则——以〈关于夫妻财产关系的欧洲家庭法原则〉为考察对象》,载《财经法学》2018 年第 2 期,第 144—145 页;余延满:《亲属法原论》,法律出版社 2007 年版,第 249 页。

〔14〕 参见黄薇主编:《中华人民共和国民法典婚姻家庭编释义》,法律出版社 2020 年版,第 67 页。

〔15〕 参见最高人民法院民事审判第一庭编著:《最高人民法院婚姻法司法解释(二)的理解与适用》,人民法院出版社 2004 年版,第 217 页;童玉海:《论夫妻间的家事代理权》,载《法律适用》2007 年第 4 期,第 68 页;浙江省高级人民法院(2017)浙民再 316 号民事判决书。

〔16〕 参见缪宇:《走出夫妻共同债务的误区——以〈婚姻法司法解释(二)〉第 24 条为分析对象》,载《中外法学》2018 年第 1 期,第 268 页(以德国法为例)。

〔17〕 参见朱庆育:《民法总论》(第 2 版),北京大学出版社 2016 年版,第 336 页。

〔18〕 参见贺剑:《夫妻财产法的精神——民法典夫妻共同债务和财产规则释论》,载《法学》2020 年第 7 期,第 27 页。

(三) 历史变迁及体系关联

23 《民法典》首次以基本法律的形式承认日常家事代理。在起草过程中,除了条文序号更迭[最早为《民法典各分编草案》(2018 年 8 月版)第 837 条],该条内容始终未变。《民法总则》起草时,已有增设日常家事代理的建议,立法起草机关虽未予以采纳,但主要理由仅为日常家事代理体系上不宜规定于总则。[19]

24 在《民法典》颁布之前,日常家事代理已见于司法解释的规定。但在很长一段时间,日常家事代理的历史,就是一段跟其他概念或制度混淆的历史。以下仅简述在《民法典》中仍有体系意义的两类混淆(边码 62 以下)。

1. 与对夫妻共同财产之处分权的混淆

25 《婚姻法》第 17 条第 2 款规定:"夫妻对共同所有的财产,有平等的处理权。"《婚姻法解释一》第 17 条还予以细化,"因日常生活需要而处理夫妻共同财产的,任何一方均有权决定"。

26 一般认为,《婚姻法解释一》第 17 条是日常家事代理的规定,或至少涵盖其实质内容。[20] 严格来说,这或可检讨。基于夫妻一方对夫妻共同财产的单独处理权,至多解释出处分行为层面的单独处分权,[21]而无从解释出负担行为层面的令夫妻连带负债之代理权。《民法典》改弦更张,以第 1060 条单独规定日常家事代理,同时维持夫妻一方对夫妻共同财产的平等处理权(第 1062 条第 2 款),相当于明确区分两者,并回复前述平等处理权的"处分权"原貌,可资赞同。

2. 与夫妻共同债务的混淆

27 日常家事代理长期被作为夫妻共同债务的主要或唯一法理基础,导致家庭日常生活需要的内涵被不当扩大,从而涵盖夫妻共同生活、夫妻共同生产经营等。[22] 迟至 2018 年《夫妻债务解释》第 3 条,有关区别才在全国层面正式得以确立,并为《民法典》第 1064 条所继受。在体系上,《民法典》第 1064 条的"夫妻一方在婚姻关系存续期间以个人名义为家庭日常生活需要所负的债务",对应于第 1060 条的日常家事代理适用于负担行为的场景。两者所指大体相同,但前者侧重于法律后果,而后者包含完整的构成要件和法律后果。

---

〔19〕 参见黄薇主编:《中华人民共和国民法典婚姻家庭编释义》,法律出版社 2020 年版,第 69 页。

〔20〕 参见黄薇主编:《中华人民共和国民法典婚姻家庭编释义》,法律出版社 2020 年版,第 69 页。

〔21〕 此类见解,参见最高人民法院民事审判第一庭编著:《婚姻法司法解释的理解和适用》,中国法制出版社 2002 年版,第 63—67 页;王战涛:《家事代理的共同核心与更优规则——以〈关于夫妻财产关系的欧洲家庭法原则〉为考察对象》,载《财经法学》2018 年第 2 期,第 146 页。

〔22〕 参见最高人民法院民事审判第一庭编著:《婚姻法司法解释的理解和适用》,中国法制出版社 2002 年版,第 217—219 页。

二、夫妻一方实施……的民事法律行为(第 1 款)

(一)夫妻一方以自己的名义实施

28 夫妻一方因家庭日常生活需要而实施的民事法律行为，仅指夫妻一方以自己名义所实施者，[23]不包括以另一方或双方名义所实施者。后一场景适用通常的委托代理即可。

(二)适用于民事法律行为

1. 适用于负担行为

29 负担行为是日常家事代理的主要适用场景。在实践中，引发争讼者往往为金钱借贷，但也涉及其他类型，如房屋出租、装修、购买或维修家用汽车等。所涉负担行为无须为双务合同，也可以是单务合同，如人情往来中的赠与行为等。[24] 单方行为(如债务加入等)通常与家庭日常生活需要无关，无法适用日常家事代理。

2. 适用于处分行为

(1)可否适用于处分行为?

30 立法起草者的释义并未提及，日常家事代理可否适用于处分行为。[25] 但从文义来看，"实施"民事法律行为应包括实施处分行为；从规范目的来看，在夫妻共同共有夫妻共同财产的语境下，日常家事代理也勉强有适用于处分行为的实益(边码 13、18)。

31 在《民法典》颁布之前，日常家事代理无疑可适用于处分行为。因为其当时的规范基础是《婚姻法解释一》第 17 条，而后者涉及对夫妻共同财产的处理权即处分权。虽然日常家事代理在《民法典》中已有独立规定，不再依附于对夫妻共同财产的平等处理权(边码 26)，但基于认知惯性和制度的连续性，各级法院不大会遽然改变见解；基于前述文义和目的解释，也无须作此改变。

32 在《民法典》颁布之前，最高人民法院虽曾指出，债务免除行为不适用日常家事代理，但理由不在于该行为是处分行为，而在于其非属日常生活需要。[26] 诸多

---

〔23〕 参见黄薇主编:《中华人民共和国民法典婚姻家庭编释义》，法律出版社 2020 年版，第 67 页。

〔24〕 参见江苏省睢宁县人民法院(2016)苏 0324 民初 7573 号民事判决书。二审判决虽维持原判，但未再提及此点。参见江苏省徐州市中级人民法院(2017)苏 03 民终 2657 号民事判决书。

〔25〕 参见黄薇主编:《中华人民共和国民法典婚姻家庭编释义》，法律出版社 2020 年版，第 68—71 页(唯一的明确示例涉及购买香烟)。

〔26〕 参见最高人民法院(2013)执监字第 49 号执行裁定书。

地方法院也有类似见解，对于债务免除[27]、房屋转让[28]等涉及夫妻共同财产的重大处分，均以不属于家庭日常生活需要为由，否定日常家事代理的适用，并明确上述处分行为是“无权处分”。

(2)仅适用于对夫妻共同财产的处分

在《民法典》颁布之前，依据《婚姻法解释一》第17条，日常家事代理似乎仅适用于对夫妻共同财产的处分。但在《民法典》时代，《民法典婚姻家庭编解释一》并无与《婚姻法解释一》第17条类似的规定，《民法典》第1060条亦无类似限定，故有可能作不同解释。 33

一种潜在主张是日常家事代理亦适用于对夫妻个人财产的处分。[29] 对此仍应回归规范目的。表面来看，为了便利婚姻家庭生活，夫妻共同财产固然应当优先用于此目的，但是，倘若夫妻共同财产不足或阙如，夫妻双方的夫妻个人财产也不应置身事外。因为便利婚姻家庭生活不仅契合夫妻共同财产的利益，亦至少契合夫妻任何一方的人身利益。 34

然而，以上便利婚姻家庭生活的分析，仅适用于夫妻内部关系。[30] 无论为了保护婚姻家庭，还是维护交易安全，承认日常家事代理可以适用于对夫妻共同财产的处分，只是解释论上的权宜之策(边码17以下)。在此背景下，不宜一错再错，将其扩张适用于对夫妻个人财产的处分。何况，与单独处分夫妻共同财产不同，夫妻一方单独处分另一方的夫妻个人财产，通常不会额外波及交易安全。

此外，在教义学上，承认夫妻一方有权处分另一方的夫妻个人财产，其法律后果势必为夫妻一方的行为对夫妻另一方生效，而非“对夫妻双方发生效力”，此与《民法典》第1060条的规定(边码87)未尽相符。 35

对夫妻共同财产的处分大都是双方行为，但也可能是单方行为，如抛弃(扔垃圾)、与小额赠与功能类似的债务免除等。 36

3. 不适用于身份行为

身份行为通常都是关于身份关系的处分行为而非负担行为，并不涉及家庭日常生活需要，日常家事代理无从适用。相反，赡养费的支付等兼有身份和财产色彩的(财产)行为仍可适用日常家事代理。 37

---

[27] 参见浙江省高级人民法院(2019)浙民申2111号民事裁定书。

[28] 参见河南省高级人民法院(2018)豫民再120××号民事判决书。

[29] 参见薛宁兰、谢鸿飞主编：《民法典评注·婚姻家庭编》，中国法制出版社2020年版，第151页(刘征峰执笔)。

[30] 参见贺剑：《夫妻财产法的精神——民法典夫妻共同债务和财产规则释论》，载《法学》2020年第7期，第34—35页。

(三)适用于所有类型的夫妻财产制

38 在文义层面,本条适用于所有夫妻,言下之意,并不因夫妻财产制的类型而异。从体系来看,本条位于婚姻家庭编第三章第一节“夫妻关系”,前后条文(第 1055—1061 条)均为夫妻关系的一般规定;第 1062 条以下才涉及各类夫妻财产制的具体规定。从历史来看,立法起草者的释义亦未提及夫妻财产制类型的限制。〔31〕 最后,基于便利婚姻家庭生活的规范目的(边码 18),生活在任何财产制之下的夫妻都有类似需求,并无厚此薄彼之理。

39 关于日常家事代理适用于分别财产制,〔32〕一项潜在障碍是《民法典》第 1065 条第 3 款。在《民法典》颁布之前,司法实践多以该条的前身《婚姻法》第 19 条第 3 款为依据,认为只要夫妻双方约定分别财产制,且交易相对人知情,就不适用日常家事代理,相应债务为夫妻个人债务。〔33〕 前述第 1065 条第 3 款的文义也包含类似结论。对此应予限缩解释,该第 1065 条第 3 款的“夫或者妻一方对外所负的债务”至少不包括因日常家事代理而生的夫妻连带债务。〔34〕 理由在于:其一,日常家事代理在分别财产制下也可以便利婚姻家庭生活,相对人是否知悉分别财产制的存在,对此均无影响;其二,从意思表示解释来看,夫妻双方约定分别财产制,不等于其有意排除日常家事代理从而放弃相应便利。

(四)其他法无明定的情形

1. 分居期间的例外规则

40 在我国法上,分居仅在离婚事由中有一席之地。立法起草者的释义认为,日常家事代理权“始于婚姻关系的确立,终于婚姻关系的解除”,亦未提及分居的特

---

〔31〕 参见黄薇主编:《中华人民共和国民法典婚姻家庭编释义》,法律出版社 2020 年版,第 67—71 页。

〔32〕 学界似乎都持赞成观点,但仅以“婚姻的效力”等作为理由。参见马忆南、杨朝:《日常家事代理权研究》,载《法学家》2000 年第 4 期,第 30 页;余延满:《亲属法原论》,法律出版社 2007 年版,第 248 页;王战涛:《家事代理的共同核心与更优规则——以〈关于夫妻财产关系的欧洲家庭法原则〉为考察对象》,载《财经法学》2018 年第 2 期,第 145—146 页(但立法论上认为日常家事代理仅适用于一般共同制,或可斟酌)。

〔33〕 参见程新文、刘敏、方芳、沈丹丹:《〈关于审理涉及夫妻债务纠纷案件适用法律有关问题的解释〉的理解与适用》,载《人民司法·应用》2018 年第 4 期,第 36、38 页;胡康生主编:《中华人民共和国婚姻法释义》,法律出版社 2001 年版,第 79 页。《民法典》第 1065 条第 3 款的释义与之相同,参见黄薇主编:《中华人民共和国民法典婚姻家庭编释义》,法律出版社 2020 年版,第 100—101 页。

〔34〕 立法起草者并未明确分析该问题,而似乎认为,“为夫妻共同生活所负的债务”一律适用第 1065 条第 3 款。参见黄薇主编:《中华人民共和国民法典婚姻家庭编释义》,法律出版社 2020 年版,第 101 页。

殊地位。[35]

41 不过,基于保护婚姻家庭的规范目的,在分居情形下,至少部分相关的婚姻家庭生活并无基于日常家事代理而被便利之必要。基于目的性限缩解释,日常家事代理在此范围内可以被排除适用。《民法典》颁布之前曾有裁判指出,“分居状态可视为夫妻双方无举债合意,债务也不用于夫妻共同生活,双方的利益已不在,故认定夫妻共同债务的基础已不存在”。[36]

42 相反,不以夫妻共同生活为必要,仍旨在满足家庭日常生活需要的行为,如以子女抚养为代表的法定扶养义务之履行,即使在分居期间,仍可适用日常家事代理。另外,倘若将日常家事代理的规范目的(不当)界定为“扶养义务的外化”(边码 10),则会得出日常家事代理一律适用于分居期间的结论。[37]

43 在日常家事代理适用于负担行为时,无须考虑交易安全(边码 18)。这同样适用于分居。上文所引裁判也隐含了此等价值判断。相反,少数法院曾规定,“债务发生于夫妻分居、离婚诉讼等夫妻关系不安宁期间,债权人知道或应当知道的”,是民间借贷是否超出家庭日常生活需要的考虑因素之一。[38] 这表面上旨在平衡保护婚姻家庭和维护交易安全两项价值,却忽略了维护交易安全与日常家事代理在负担行为场合并无关联。换言之,若以交易安全为由,即使债权人不知道且不应当知道前述分居等事实,日常家事代理仍无法适用于夫妻分居期间(以及类似期间)。

2. 准法律行为、事实行为、侵权行为等私法行为的场景

44 准民事法律行为与民事法律行为相似,故可类推适用日常家事代理,但实益不大。因为在夫妻基于日常家事代理成为连带债务人、连带债权人的背景下,夫妻任何一方业已享有单独实施相应准民事法律行为(如解除物业合同)的权利。

45 事实行为不涉及对夫妻共同财产的处分,也与扩张夫妻双方的意思自治以便利婚姻家庭生活无关,故不适用日常家事代理。侵权行为也大体如此。

3. 不可类推适用于公法行为

46 民事诉讼、行政管理等公法上的行为不可类推适用日常家事代理。因为此等类推适用在公法上未必行得通,也没有必要,完全可以诉诸通常的意定或法定代

---

〔35〕 参见黄薇主编:《中华人民共和国民法典婚姻家庭编释义》,法律出版社 2020 年版,第 69 页。

〔36〕 参见黑龙江省牡丹江市东安区人民法院(2015)牡东商初字第 177 号民事判决书。二审予以维持,参见黑龙江省牡丹江市中级人民法院(2016)黑 10 民终 453 号民事判决书。

〔37〕 参见薛宁兰、谢鸿飞主编:《民法典评注 · 婚姻家庭编》,中国法制出版社 2020 年版,第 156 页(刘征峰执笔)。

〔38〕 参见《浙江省高级人民法院关于妥善审理涉夫妻债务纠纷案件的通知》(浙高法〔2018〕89 号)第 2 条第 3 款。

理。在《民法典》颁布之前,少数裁判不无误用。例如,有判决曾认为,基于日常家事代理,向当事人的配偶送达传票是有效送达。〔39〕但其实,根据《民事诉讼法》第85条,“受送达人是公民的,本人不在交他的同住成年家属签收”,日常家事代理并无适用必要。

4. **不可类推适用于同居关系、父母子女关系等亲密关系**

47 因为日常家事代理在保护婚姻家庭和维护交易安全方面均存疑(边码3以下),在价值层面,不宜再将其类推于其他亲密关系。最高人民法院等也曾强调,日常家事代理权是“夫妻家事代理权”。〔40〕从反面说,若真要便利婚姻家庭生活,鉴于家庭构成的多元性,立法者理应规定日常家事代理适用于所有家庭成员,而非仅适用于夫妻。

48 实践中,各地法院普遍认为,日常家事代理不适用于同居关系。〔41〕但在《民法典》颁布之前,却有少数法院肯定父母子女之间的“家事代理权”。例如,在借贷场合,借款人的子女受借款人“指示接受借款,系亲属间的家事代理行为”;〔42〕在子女结婚场合,父母在其子女一方在场时“接受彩礼的行为是一种家事代理行为”。〔43〕此类认定包含诸多误会:其一,既然被代理人有指示或在场,被代理人的代收借款或彩礼的行为就是通常的基于明示或默示授权的委托代理,无关乎日常家事代理;其二,日常家事代理限于日常家事,前述含义暧昧的“家事代理”有超越日常家事之嫌;其三,日常家事代理的法律后果为对代理人、被代理人双方发生效力,前述“家事代理”仅约束被代理人,不无混淆(边码86)。

5. **无效或被撤销的婚姻不适用日常家事代理**

49 《民法典》第1054条规定,无效的或者被撤销的婚姻(行为)“自始没有法律约束力”。据此推论,一旦婚姻被确认无效或被撤销,夫妻一方的日常家事代理权就溯及消灭。此间日常家事代理行为的法律后果是否一并溯及消灭,也就成为问题。不过,这对于已经履行完毕的交易影响甚微,因为不论有无夫妻连带债务,债务都已经履行;即使夫妻一方对夫妻共同财产的单独处分是无权处分,第三人通常也都可以善意取得。

---

〔39〕参见湖北省高级人民法院(2019)鄂民申2279号民事裁定书。

〔40〕参见最高人民法院(2013)执监字第49号执行裁定书;《江苏省高级人民法院婚姻家庭案件审理指南》(2010年5月18日)第六章第4条。

〔41〕参见浙江省高级人民法院(2020)浙民申1954号民事裁定书;湖南省湘西土家族苗族自治州中级人民法院(2012)州民三终字第86号民事判决书;重庆市高级人民法院(2018)渝民申1513号民事裁定书。

〔42〕参见四川省高级人民法院(2016)川民申2289号民事裁定书。

〔43〕参见河北省容城县人民法院(2016)冀0629民初566号民事判决书

真正受影响的是尚未履行完毕的交易。丁此,基于日常家事代理并不能真正保护婚姻家庭,且无关乎交易安全的规范目的(边码 3 以下),应一律否定日常家事代理的适用。相反,在被确认无效或被撤销之前,无效婚姻和可撤销婚姻均为有效婚姻(《民法典婚姻家庭编解释一》第 20 条),日常家事代理仍有适用余地。

三、因家庭日常生活需要(第 1 款)

(一)谁的日常生活需要?

在《婚姻法解释一》第 17 条中,“日常生活需要”虽无前缀,〔44〕但文义上应仅指“夫妻”日常生活需要。《夫妻债务解释》第 2 条首次作“家庭日常生活需要”之限定,《民法典》第 1060 条(以及第 1064 条)亦予以沿袭。 50

上述前缀变化表明,日常家事代理应当涵盖夫妻以及夫妻之外、家庭之内的其他家庭成员的日常生活需要。〔45〕 立法起草者的释义指出,“日常家事是指为满足正常夫妻共同生活和家庭生活所必需的,非属人身性的一切事务”;〔46〕以及《夫妻债务解释》第 2 条的家庭日常生活需要,包括子女抚养教育、老人赡养等开支,〔47〕均可资印证。 51

(二)家庭日常生活需要的判断

1. 判断标准与考量因素

家庭日常生活需要是指“为满足正常夫妻共同生活和家庭生活所必需”者,〔48〕即“维系一个家庭正常生活所必须的开支,立足点在于‘必要’”〔49〕。立法 52

---

〔44〕 地方司法性文件中的相同表述,参见《浙江省高级人民法院关于审理民间借贷纠纷案件若干问题的指导意见》(浙高法〔2009〕297 号)第 19 条。

〔45〕 当然,即使采“夫妻日常生活需要”的表述,仍也可能涵盖其他家庭成员的日常生活需要。因为经由夫妻一方或双方之法定甚至道德扶养义务的纽带,满足其他家庭成员的日常生活需要,在解释上也可能成为夫妻日常生活需要的内涵。

〔46〕 参见黄薇主编:《中华人民共和国民法典婚姻家庭编释义》,法律出版社 2020 年版,第 70 页。

〔47〕 参见程新文、刘敏、方芳、沈丹丹:《〈关于审理涉及夫妻债务纠纷案件适用法律有关问题的解释〉的理解与适用》,载《人民司法 · 应用》2018 年第 4 期,第 36 页。遵从该界定者,参见湖北省高级人民法院(2019)鄂民再 210 号民事判决书;湖北省高级人民法院(2020)鄂民申 1991 号民事裁定书。

〔48〕 参见黄薇主编:《中华人民共和国民法典婚姻家庭编释义》,法律出版社 2020 年版,第 70 页。

〔49〕 参见程新文、刘敏、方芳、沈丹丹:《〈关于审理涉及夫妻债务纠纷案件适用法律有关问题的解释〉的理解与适用》,载《人民司法 · 应用》2018 年第 4 期,第 36 页;湖北省高级人民法院(2019)鄂民再 210 号民事判决书。类似界定,参见《江苏省高级人民法院家事纠纷案件审理指南(婚姻家庭部分)》(2019 年 7 月)第 47 条第 1 款。

起草者强调,家庭日常生活需要并无统一的具体标准,但可以参考国家统计局关于"我国城镇居民家庭消费种类"的八大分类(即"食品烟酒,衣着,居住,生活用品及服务,交通和通信,教育、文化和娱乐,医疗保健,其他用品和服务")〔50〕,并根据夫妻共同生活的状态、各地一般社会生活习惯予以认定。〔51〕

2. 主观标准与客观标准

53 在《民法典》颁布之前,以民间借贷纠纷(边码 58 以下)为代表,各地在考察家庭日常生活需要时,都兼顾两类标准:其一,主观标准,确保系争举债行为属于个案家庭的日常生活所需,如考虑家庭富裕程度、债务人家庭日常消费水平等;其二,客观标准,确保系争举债行为不明显超过当地普通家庭的日常生活所需,如考虑当地经济水平、消费水平、交易习惯等。

3. 判断时点:可能受益与实际受益

54 "因家庭日常生活需要而实施",似乎只强调日常家事行为是因家庭日常生活需要而起,即有关所得只需可能用于,而无须实际用于家庭日常生活。但是,基于便利婚姻家庭生活的规范目的,该解释并不足取。有关所得原则上必须实际用于满足家庭日常生活需要,唯有如此,才能真正便利婚姻家庭生活。另外,在《民法典》第 1064 条之下,基于权利义务相一致的逻辑,其他类型的夫妻共同债务也必须使夫妻实际受益,而非可能受益。〔52〕 基于价值层面的一贯,日常家事代理所产生的债务也应当使夫妻实际受益。

55 可能受益与实际受益的区分至关重要。例如,夫妻一方从银行获得消费贷款 20 万元,若该款项实际用于家庭日常消费,则适用日常家事代理;相反,如果被用于生产经营,则可能涉及因夫妻共同生产经营而生的夫妻共同债务;如果被用于吸毒,则为借款方的夫妻个人债务。

4. 无须考虑第三人的善意或信赖

56 在《民法典》颁布之前,有法院曾规定,"为家庭日常生活需要所负债务"的考量因素之一为,"交易时债权人已尽谨慎注意义务,经审查举债人及其家庭支出需求、借款用途等,有充分理由相信债务确系为家庭日常生活需要所负"。〔53〕 但是,在日常家事代理适用于负担行为的场合,维护交易安全并非其规范目的(边码 5 以下),故交易相对人的信赖或善意不应予考虑。而且,前述"充分理由"及对应的审

---

〔50〕 参见《国家统计局居民消费支出分类(2013)》。

〔51〕 参见黄薇主编:《中华人民共和国民法典婚姻家庭编释义》,法律出版社 2020 年版,第 70 页。

〔52〕 参见叶名怡:《"共债共签"原则应写入〈民法典〉》,载《东方法学》2019 年第 1 期,第 101 页;贺剑:《夫妻财产法的精神——民法典夫妻共同债务和财产规则释论》,载《法学》2020 年第 7 期,第 37 页。

〔53〕 《浙江省高级人民法院关于妥善审理涉夫妻债务纠纷案件的通知》(浙高法〔2018〕89 号)第 2 条第 2 款第 3 项。

查工作，包括审查举债人的家庭支出需要（以及婚姻状态）、借款用途等，颇有些强人所难。在界定债权人的善意时，与其强求债权人作前述审查，不如要求其一律取得债务人配偶的同意，〔54〕但这已与否定日常家事代理无异。在取得债务人配偶的同意时，还可能涉及表见代理，但这无关乎交易相对人对日常家事的信赖，而仅涉及其对债务人配偶之同意的信赖。

（三）主要案型：民间借贷

1. 家庭日常生活需要的考量因素

一项民间借贷债务是否属于家庭日常生活需要，主要涉及三项考量因素：合同约定的借款目的和用途；借款的实际用途；借款的金额。如果前两项因素阙如，则只能根据第三项因素即借款金额，推定借款的实际用途。〔55〕三者中的关键是借款的实际用途，其他两项因素仅为用以判定借款实际用途的事实。因为唯有借款实际用于家庭日常生活，日常家事代理的适用才有正当性（边码 54）。另外，约定的借款用途或许涉及债权人的信赖，但不应予考虑（边码 56）。 57

借款实际用途的主要证据是资金流向。只要资金流向表明，相应款项用于举债的夫妻一方炒股票与股指期货，〔56〕用于开矿〔57〕或者其他家庭（日常）共同生活以外的事项，〔58〕日常家事代理就无从适用。

2. 基于借贷数额的推定

各地法院在实践中通常综合考察客观标准和主观标准。 58

关于客观标准，除了“债务金额明显超出……当地普通居民家庭日常消费水平”等笼统表述，〔59〕还有一些数字化标准，如家庭日常生活需要超过上一年度当地居民人均消费支出三倍，〔60〕单笔举债或对同一债权人举债金额在 20 万元（含本数）以下〔61〕等。在大多数裁判中，如果夫妻一方对外借款金额逾百万元，均会

---

〔54〕 参见湖南省高级人民法院（2020）湘民申 3932 号民事裁定书。类似见解，参见山东省高级人民法院（2019）鲁民再 445 号民事判决书。

〔55〕 参见湖北省高级人民法院（2020）鄂民申 1991 号民事裁定书。类似见解，参见湖北省高级人民法院（2019）鄂民申 387 号民事裁定书。

〔56〕 参见山东省高级人民法院（2019）鲁民再 445 号民事判决书。

〔57〕 参见江苏省高级人民法院（2020）苏民申 5878 号民事裁定书。

〔58〕 参见山东省高级人民法院（2018）鲁民再 726 号民事判决书。

〔59〕《江苏省高级人民法院家事纠纷案件审理指南（婚姻家庭部分）》（2019 年 7 月）第 47 条第 3 款第 1 项。

〔60〕《天津法院民间借贷案件审理指南（试行）》（津高法〔2020〕22 号）第 16 条。

〔61〕《浙江省高级人民法院关于妥善审理涉夫妻债务纠纷案件的通知》（浙高法〔2018〕89 号）第 2 条第 2 款第 1 项。

被认定超出家庭日常生活需要。〔62〕 在中西部省份,借款三四十万元也会被归入此列。〔63〕 在湖北的一个案件中,法院认为,“既然是‘日常家事代理’‘日常生活所需’,其数额必然不大”,据此认定本金为20万元的债务超出了日常家事范畴。〔64〕 相反,夫妻一方对外借款3万元、〔65〕4万元〔66〕等,通常会被推定属于家庭日常生活需要。即使是多次借款,只要间隔合理,且数额不大,仍可能被认定属于家庭日常生活需要。〔67〕 应予强调,此类数字标准并非日常家事代理的构成要件之一,仅能提供初步指引,不宜机械遵从。

59 主观标准对应于个案债务人的家庭日常消费水平。〔68〕 鉴于日常家事代理必须使夫妻实际受益(边码54),家庭日常生活需要的标准应以主观标准为原则,仅在主观标准无从查知时,以客观标准作为其粗略测度。例如,夫妻一方家境殷实,夫妻双方在离婚前两年的家庭年消费都在200万元以上。对于日常操持家庭财务的夫妻一方(在离婚诉讼前一周)所借的数百万元债务,法院仍可酌定以200万元为限,认定该债务属于家庭日常生活需要。〔69〕 同理,购买奢侈品、订立昂贵的度假酒店也可能属于日常家事代理之列,〔70〕但仍须个案判断,不能一刀切。

3. **两种复杂情形**

60 其一,单笔债务的切割对待。对于一笔数额明显超出家庭日常生活需要的债务,有法院认为,应当区分“家庭日常生活需要所负债务”部分和“超出家庭日常生活需要所负债务”部分,前者仍应推定为夫妻共同债务。〔71〕 其考虑到借款的可分性,不无道理。但是,金钱借贷的实际用途五花八门且难以控制,故举债夫妻一方仍应提出借款实际用于满足家庭日常生活需要的初步证据(如其他收入不敷使用等)。如果夫妻双方分居(边码40以下),前述推定也未必适用。

---

〔62〕 参见河南省高级人民法院(2020)豫民终549号民事判决书(借款600万元);四川省高级人民法院(2020)川民再252号民事判决书(借款逾1000万元);福建省高级人民法院(2020)闽民申1755号民事裁定书(借款106万元);湖南省高级人民法院(2019)湘民申5256号民事裁定书(借款200万元)。

〔63〕 参见贵州省高级人民法院(2018)黔民申2156号民事裁定书;湖南省高级人民法院(2020)湘民申3932号民事裁定书(借款41万元)。

〔64〕 参见湖北省高级人民法院(2020)鄂民申1991号民事裁定书。

〔65〕 参见河北省高级人民法院(2019)冀民申9482号民事裁定书。

〔66〕 参见贵州省高级人民法院(2019)黔民申51号民事裁定书。

〔67〕 参见浙江省高级人民法院(2016)浙民申3376号民事裁定书。

〔68〕 参见《江苏省高级人民法院家事纠纷案件审理指南(婚姻家庭部分)》(2019年7月)第47条第3款第1项;《天津法院民间借贷案件审理指南(试行)》(津高法〔2020〕22号)第16条第1款第1项;《浙江省高级人民法院关于妥善审理涉夫妻债务纠纷案件的通知》(浙高法〔2018〕89号)第2条第2款。

〔69〕 参见浙江省高级人民法院(2017)浙民再316号民事判决书。

〔70〕 王战涛:《日常家事代理之批判》,载《法学家》2019年第3期,第142页。

〔71〕 参见浙江省高级人民法院(2017)浙民再316号民事判决书。

其二，多次举债且总额较大。于此，举债的时间间隔、债权人的身份、举债时的夫妻关系、家庭需要等都是重要考量因素。不过，这些因素与其说是佐证借款的实际用途，不如说是排除虚构债务的可能性。在仅能根据金额推定各笔债务的实际用途时，固然可以逐一分别认定，[72] 但在夫妻外部关系上，[73] 这不免恣意，对各债权人未尽公允。不妨参考上文关于单笔债务的切割对待，即在存疑时坚持总额控制，推定各笔债务在相同比例内属于日常家事范围。 61

四、易与日常家事代理混淆的若干制度

（一）"用于夫妻共同生活"所生的夫妻共同债务

《民法典》第 1064 条规定，夫妻一方婚后以个人名义所负的债务虽然超出家庭日常生活需要，但若用于夫妻共同生活，依然是夫妻共同债务。在文义上，夫妻共同生活与家庭日常生活都有消费的面向，但夫妻共同生活的范围更广，且还有收益的面向。例如，夫妻一方为购买家庭共有住房所负债务，虽超出家庭日常生活需要，不属于日常家事范围，但却构成"用于夫妻共同生活"的夫妻共同债务。[74] 有地方法院还规定，"'夫妻共同生活'是指夫妻为履行经济扶养、生活照顾、精神抚慰义务而进行共同消费或者积累夫妻共同财产的情形"。[75] 62

基于日常家事代理产生的夫妻共同债务，与用于夫妻共同生活所生的夫妻共同债务在现行法上是并列关系。为避免前者沦为后者的附属，被后者架空，"夫妻共同生活"在解释上应限于家庭日常生活之外的其他情形。此外，基于日常家事代理产生的夫妻共同债务是无限连带债务，而用于夫妻共同生活所生的夫妻共同债务则为有限连带债务。[76] 63

（二）共有人对共有物日常管理的单独处理权

关于共有物的日常管理，如日常维护、收益收取等，根据《民法典》第 300 条，若没有约定或者约定不明，"各共有人都有管理的权利和义务"。结合第 301 条关 64

---

〔72〕 参见贵州省高级人民法院（2019）黔民申 51 号民事裁定书。

〔73〕 在夫妻内部关系上则无此问题，因为不涉及债权人利益。例如安徽省合肥市中级人民法院（2018）皖 01 民终 3183 号民事判决书。

〔74〕 参见北京市高级人民法院（2020）京民终 380 号民事判决书。

〔75〕 参见《江苏省高级人民法院家事纠纷案件审理指南（婚姻家庭部分）》（2019 年 7 月）第 48 条第 1 款。

〔76〕 参见贺剑：《夫妻财产法的精神——民法典夫妻共同债务和财产规则释论》，载《法学》2020 年第 7 期，第 34—35 页；江苏省高级人民法院（2014）苏民再提字第 0057 号民事判决书。

于重大事项采多数决的规定,应认为第 300 条承认各共有人单独决定共由物日常管理事项的权利。同理,《民法典》第 1062 条第 2 款的“夫妻对共同财产,有平等的处理权”也可以作类似理解。据此,依据《民法典》第 307 条,夫妻一方就共同共有财产所为之管理行为,就对应于“因共有的不动产或者动产产生的债权债务”,在对外关系上,夫妻作为共有人享有连带债权、承担连带债务。

65　共同共有人的前述单独处理权与日常家事代理在适用范围上不无重合。但是,后者还包括与夫妻共同财产的日常管理无关的其他财产或人身事项,如夫妻共同财产的取得、各类扶养义务的履行等。[77] 在两者重合时,应允许竞合,法院或当事人有权择一适用。

(三)表见代理

66　只有当夫妻一方实施的民事法律行为不适用日常家事代理时,表见代理才有用武之地,两者泾渭分明。但是,婚姻关系之存在与表见代理仍有重要关联。

67　其一,婚姻关系之存在,不等于表见代理的权利外观,交易相对人不能单凭婚姻关系即信赖夫妻一方享有代理夫妻双方的权利。这是日常家事代理的概念所决定的:夫妻一方(在负担行为场合)的代理权仅以日常家事为限。交易相对人对于超出此限度的代理权之合理信赖,必须有额外事实为基础。

在一个股权转让案件中,最高人民法院指出,股东家庭成员的代签行为原则上虽属于无权代理,但是,夫妻关系“作为特殊社会关系,在其中一方处置另一方所有且如此巨大的财产时,另一方完全不知情,不符合生活常理”。结合此前的类似交易等其他事实,股东配偶的代签行为仍可能构成(容忍型)表见代理。[78]

68　其二,婚姻关系之存在,不意味着非交易夫妻一方可归责。表见代理的前提之一是被代理人的可归责性。如果仅参与交易的夫妻一方声明存在婚姻关系并出具代理权证明,而夫妻另一方并未以某种方式向合同相对人表明该代理权的存在,则不满足“因被代理人的行为导致相对人误以为无权代理人有代理权”的要求,表见代理不成立。[79]

69　其三,显名原则在表见代理中的应用。夫妻一方若以夫妻双方(甚至全体家

---

〔77〕 主张两者可以相互替代者,参见季红明:《论夫妻共同财产制体系中的管理权模式及其对债务形态的影响——以〈中华人民共和国民法典〉(草案)的完善为中心》,载《上海政法学院学报(法治论丛)》2020 年第 1 期,第 98—99 页。

〔78〕 参见最高人民法院(2019)最高法民终 424 号民事判决书;该案主审法官的评析,参见江显和、罗菲:《容忍代理在股权转让代签行为中的认定》,载《人民司法·案例》2020 年第 2 期,第 63—66 页(尤其是裁判要旨,亦适用于父子关系)。

〔79〕 参见最高人民法院(2013)执监字第 49 号执行裁定书(该案合同相对人也因未尽到相关注意义务而非善意)。

庭成员)的名义实施行为,则符合显名原则。但是,即使夫妻一方仅以个人名义签署合同文件,相对人也可能信赖其具有相应代理权,在间接代理或隐名代理的意义上,表见代理仍有适用余地。

(四)户主(及家庭成员)的代理权

《民法典》第 54 条以下规定了"两户",即个体工商户和农村承包经营户。此外,依据《户口登记条例》第 2 条、第 5 条,我国法还有户口意义上的、含义更宽泛的"户"。在以上场景,一户可能包含多位成员,这就产生了谁有权代表户对外从事各种(私法或公法)行为的问题。其关键为,户主(甚或其他成员)是否享有单独代理户对外从事行为的法定代理权?围绕该潜在权利,诸多与日常家事代理、表见代理的混淆层出不穷。以下重点讨论实践中有争议的两类情形。 70

1. 农村承包经营户:承包地流转场合的代理权

《农村土地承包法》第 16 条第 1 款规定:"家庭承包的承包方是本集体经济组织的农户。"《土地管理法》第 13 条第 1 款规定,家庭承包的方式还适用于"农民集体所有和国家所有依法由农民集体使用的耕地、林地、草地,以及其他依法用于农业的土地"。但是,这均未明确承认农村承包经营户户主的法定代理权。争议由此产生。 71

(1)正常的承包经营。正常承包经营中的债务,《民法典》第 56 条第 2 款已有明确规定,无关乎日常家事代理。但也有见解认为,农村承包经营户的家庭日常生活与承包经营行为"经常交织在一起,二者难以严格区分",故正常承包经营所负的债务也是日常家事代理债务;但如果债务数额较大,则非日常家事代理债务,而涉及用于夫妻共同生产经营的夫妻共同债务。[80] 72

(2)承包合同的签订。有地方文件明确承认户主签订承包合同的法定代理权。[81] 73

(3)承包地的流转,包括承包地的出让、互换、部分权益的处分等。这是争议的主战场。首先,不难排除日常家事代理的适用。承包地的流转干系甚大,明显无关乎承包户的家庭日常生活需要。有裁判认为,非户主的家庭成员"基于家庭共有成员之间享有的家事代理权,有权代表其家庭成员就是否同意土地流转作出意思表示",显有不当。结合该案还有户主事后同意的证据,前述"家事代理权"不仅偷换了概念(不等于"日常"家事代理权),还有画蛇添足之嫌。[82] 74

---

〔80〕 程新文、刘敏、方芳、沈丹丹:《〈关于审理涉及夫妻债务纠纷案件适用法律有关问题的解释〉的理解与适用》,载《人民司法·应用》2018 年第 4 期,第 36 页。

〔81〕 参见 2007 年《重庆市实施中华人民共和国农村土地承包法办法》第 21 条第 1 款。

〔82〕 参见四川省高级人民法院(2014)川民申字第 908 号民事裁定书。

75 其次,户主在承包地流转事项上是否享有法定代理权,从而代理户内全体成员缔结合同和处分财产?因法无明定,实践中正反见解均有,但最终结论却大体相同。

76 一种见解是承认户主的法定代理权。多数法院只有结论,如认为户主是“所在承包户代表,有权签订流转协议”。[83] 少数法院还有说理。例如,“家庭承包经营权由家庭全体成员共同处分并不合理,也不符合现实生活中的习惯做法。承包经营权等证书上记载、承包合同上签字的农户代表人所进行的处分,对全体家庭成员具有约束力,其处分行为有效”。[84]

77 另一种见解是否认户主的法定代理权,但认可表见代理的适用。[85] 甚至其他家庭成员关于各类承包经营权流转的(负担和)处分行为,也“一般应当认定构成表见代理”。[86] 笔者初步认为,鉴于户主(遑论户内其他家庭成员)的法定代理权法无明定,表见代理的分析路径更佳,也有利于(在出现内部分歧时)维护所有成员对承包经营权的共同共有利益。户主在承包合同上签字,承包经营权等证书上的记载,也都可能成为合适的权利外观。

2.“户口”意义上的户:征收征用、拆迁补偿等场合的代理权

78 “户口”意义上的户不分城乡。在公法层面,诸多法规规章均承认,户主有权代表户内成员从事相应公法行为,如负责申报户口登记、代表共同生活的家庭成员申请享受城市居民最低生活保障待遇、申请廉租住房保障等。[87]

79 在私法层面,户主或户内其他成员的法定代理权则晦暗不明。实践中,该问题常见于农村或城市的土地征收征用、房屋拆迁补偿等纠纷。[88] 其法律结论和分析思路均与上文农村承包经营户的情形类似。即大多数裁判都承认,户主代理户内所有家庭成员签订相应协议的行为有效。差别仅在于,存在户主的法定代理

---

〔83〕 参见辽宁省沈阳市中级人民法院(2020)辽 01 民终 12465 号民事判决书。

〔84〕 参见江苏省徐州市中级人民法院(2019)苏 03 民终 6247 号民事判决书。

〔85〕 参见吉林省高级人民法院(2021)吉民申 990 号民事裁定书;云南省文山壮族苗族自治州中级人民法院(2020)云 26 民终 348 号民事判决书。忽略表见代理之适用者,参见贵州省高级人民法院(2017)黔民申 72 号民事裁定书。

〔86〕 参见江苏省徐州市中级人民法院(2019)苏 03 民终 6247 号民事判决书。

〔87〕 分别参见《户口登记条例》第 5 条;《城市居民最低生活保障条例》第 7 条、第 2 条;《廉租住房保障办法》第 17 条。

〔88〕 数量较少者为宅基地转让纠纷。参见云南省临沧市中级人民法院(2020)云 09 民终 852 号民事判决书(宅基地转让协议虽未经个别家庭成员的同意,但后者在外读书,交易相对人有理由相信户主“有权代理家庭成员转让宅基地使用权”,成立表见代理)。

权、[89]户主[90](甚至其他家庭成员)[91]的家事代理权、表见代理[92]三条路径。上文已述,此等重大财产处分明显无关乎日常家事代理,鉴于户主(以及其他家庭成员)的法定代理权法无明定,表见代理才是正途。

五、日常家事代理的法律后果

作为一项民法制度,日常家事代理所发生的效力是私法效力,而非公法效力。其也不能类推适用于公法行为而发生公法效力(边码46)。 80

(一)原则:对夫妻双方发生效力

1. 通常解释:以夫妻连带债务为典型

在负担行为的场合,所谓"对夫妻双方发生效力",应指如下过程:首先,在合同法上,仅实施行为的夫妻一方是合同当事人;其次,基于婚姻法上的日常家事代理,在"逻辑上的一秒"后,夫妻另一方亦成为合同当事人。夫妻双方承担连带债务、享有连带债权。 81

在处分行为的场合,"对夫妻双方发生效力"则指:夫妻一方对外单独转让夫妻共同财产的行为有效,或者单独从第三人处取得的财产是夫妻共同财产。对此虽有处分权说、代理权说两种不同解释(边码22),但结果无异。不过,在夫妻一方超出日常家事范畴单独转让夫妻共同财产时,若采代理权说,所涉行为既是无权处分,又是无权代理;若采处分权说,则仅为无权处分。 82

2. 替代解释:夫妻债务"内外有别"

另一种较为激进的替代解释是,至少就负担行为而言,日常家事代理仅在夫妻内部发生效力,不影响夫妻外部关系。换言之,夫妻一方以个人名义实施的与第三人的民事法律行为,仅适用合同法上的一般规则,并不产生夫妻连带债权债务;同时,在夫妻内部,前述夫妻一方的对外债务基于《民法典》第1060条,成为夫 83

---

〔89〕 参见江苏省高级人民法院(2014)苏审二民申字第156号民事裁定书;浙江省高级人民法院(2017)浙行申297号行政裁定书;浙江省高级人民法院(2020)浙行申363号行政裁定书。

〔90〕 参见陕西省高级人民法院(2019)陕行终459号行政裁定书。但也有否定适用日常家事代理的意见(可惜忽略了法定代理和表见代理的适用可能性),参见安徽省高级人民法院(2019)皖民再164号民事裁定书。

〔91〕 参见河南省高级人民法院(2016)豫行终482号行政判决书。类似见解,参见四川省高级人民法院(2019)川行申630号行政裁定书。

〔92〕 参见浙江省高级人民法院(2016)浙民申2641号民事裁定书;浙江省高级人民法院(2017)浙行申1035号行政裁定书。否定表见代理者,参见江西省上饶市中级人民法院(2020)赣11民终2000号民事判决书。

妻内部的共同债务，由夫妻双方分担。据此，《民法典》第 1060 条就完全无关乎“代理”！这是教义学上的重大改变。

84　相较于上文通常的夫妻连带债务方案，此种“内外有别”方案同样可以实现夫妻之间的债务分担，并且避免了夫妻连带债务在保护婚姻家庭、维护交易安全等方面的手段与目的之不符（边码 3 以下）。

唯一的障碍在于，该解释将架空本条的“夫妻一方与相对人另有约定的除外”之但书——如果本条仅在夫妻内部生效，则不论夫妻一方与相对人是否另有约定，均无从影响该夫妻内部债务的效力。文义与目的解释的结论（“内外有别”方案）与体系解释的结论（如夫妻连带债务）存在冲突。以何者为准，是方法论上的大哉问，暂且存而不论。倘若青睐目的解释，还应进一步考察，日常家事代理在现行法上的实际弊端有多大。如果日常家事代理的适用范围有限，尤其是不会在民间借贷等场合造成过多负面影响，比如仅适用于小额金钱借贷，甚至不适用于金钱借贷，则纵然采“夫妻连带债务说”，实际弊端亦有限。相反，如果日常家事代理的适用范围较大，负面影响明显，则不妨经由目的解释，在负担行为等场合改采“内外有别说”。鉴于替代解释将架空本条第 1 款的但书，以下对该但书的分析，仍以承认前述通常解释为出发点。

（二）例外：夫妻一方与相对人另有约定

85　夫妻一方与相对人“另有约定”，应指双方明确约定所涉债务为债务人的夫妻个人债务，[93]或者明确排除债务人配偶的连带责任。从反面倒推颇为直观：如果“另有约定”还包括“沉默”，即合同中仅提及债务人的债务，而未提及或否定债务人配偶的连带债务的情形，则负担行为场合的夫妻连带债务将几乎绝迹，日常家事代理也将名存实亡。

（三）误用：夫妻一方的行为仅对另一方生效

86　夫妻一方的日常家事代理行为，可否仅对夫妻另一方，而非对夫妻双方发生效力？换言之，在日常家事范围内，夫妻一方可否仅为夫妻另一方而非夫妻双方的代理人，即夫妻“相互”为代理人？此种界定理论上早已有之，[94]实践中也不乏其例。例如，日常家事代理权是“夫妻一方因家庭日常生活需要而与第三方为一定民事法律行为时互为代理的权利”，[95]“在处理日常家庭事务的范围内，夫、妻

---

[93] 持此见解者，参见最高人民法院（2017）最高法民申 1516 号民事裁定书。

[94] 参见余延满：《亲属法原论》，法律出版社 2007 年版，第 246 页。

[95] 参见黄薇主编：《中华人民共和国民法典婚姻家庭编释义》，法律出版社 2020 年版，第 67 页。

互为对方代理人,享有家事代理权"[96]等。

前述界定有两种解释方案。方案一是恪守该界定的文义,日常家事代理仅能对被代理的夫妻一方生效。但是,这与《民法典》第 1060 条的文义("对夫妻双方发生效力")未尽相符。 87

方案二则最大善意解释前述界定,得出与《民法典》第 1060 条相同的结论。这更为可取。所谓夫妻一方互为代理人,仅强调参与交易的夫妻一方对其配偶之代理,但前者也代表自己,故所涉交易最终仍对夫妻双方发生效力。例如,妻子以丈夫名义与第三人缔结并代签股权转让合同,出让丈夫名下股权,即便属于日常家事范围,亦无关乎夫妻的"相互代理",至多涉及夫妻一方对夫妻双方的代理。[97] 88

六、日常家事代理的限制(第 2 款)

(一)规范目的和历史起源

本条第 2 款规定:"夫妻之间对一方可以实施的民事法律行为范围的限制,不得对抗善意相对人。"这旨在"保护正常交易安全"。[98] 在《民法典》颁布之前,我国法虽无类似规定,但很可能受比较法[99]的启发,在解释论上,已有类推适用表见代理以得出类似规则的主张。[100] 89

(二)基于合同约定的限制与基于单方行为的限制

本款文义和立法起草者的释义[101]均表明,所谓对日常家事代理范围的限制,是指基于夫妻双方所达成的合同约定之限制。在无损于交易安全,也无关乎公共利益的背景下,此为意思自治的应有之义。 90

---

[96] 参见贵州省高级人民法院(2018)黔民申 2156 号民事裁定书。类似见解,参见山东省高级人民法院(2020)鲁民再 541 号民事判决书。

[97] 从相互代理的角度否认日常家事代理者,参见最高人民法院(2019)最高法民终 424 号民事判决书(一审裁判、二审认可)。二审法官的解说,参见江显和、罗菲:《容忍代理在股权转让代签行为中的认定》,载《人民司法·案例》2020 年第 2 期,第 65 页。

[98] 参见黄薇主编:《中华人民共和国民法典婚姻家庭编释义》,法律出版社 2020 年版,第 71 页。

[99] 如《德国民法典》第 1357 条第 2 款第 2 句;《瑞士民法典》第 174 条第 2 款、第 3 款(以及第 166 条第 3 款);我国台湾地区"民法"第 1003 条第 2 项。

[100] 参见章敏丹、华锋:《夫妻个人债权与家事代理权的判定》,载《人民司法·案例》2015 年第 4 期,第 13 页。

[101] 参见黄薇主编:《中华人民共和国民法典婚姻家庭编释义》,法律出版社 2020 年版,第 70 页("夫妻双方对一方可以……有所限制")。

91 可探讨的是,夫妻一方可否单方限制另一方的日常家事代理权?诚然,日常家事代理属于法定“代理”,而非意定授权,无从任意撤回。但即使是法定代理,在特定情形,为保障被代理人的权益,仍应允许其单方面限制或撤回代理权。这同样应适用于日常家事代理。

92 在解释论上,前述单方限制可以诉诸《民法典》第36条的类推适用。监护人资格所对应的法定代理与日常家事代理同属于法定资格,其初衷均为借代理人的行为维护被代理人的权益;一旦事实与之背离,应允许被代理人(甚至其他人)单方限制或撤销前述法定资格。

93 在实体方面,监护人资格的撤销事由均限于严重侵害被监护人合法权益的行为。这源于监护人的职责重大而广泛(《民法典》第34条第1款),不宜轻易干涉。而日常家事代理主要仅旨在便利婚姻家庭生活(边码18),故只要夫妻一方有滥用代理权、无能力行使代理权等情事,夫妻另一方即可单方面予以限制。在程序方面,撤销监护人资格兹事体大,且涉及监护人的另行选任,故须诉诸法院程序。相反,日常家事代理权的限制则宜采用“私下限制+异议方诉诸法院程序”的模式,兼顾操作的便利和法院程序在争议解决方面的终局性。

(三)善意相对人

94 日常家事代理的相对人是指夫妻一方在日常家事范围内实施民事法律行为的相对人。作为对日常家事代理法律后果的限制,本款的“善意相对人”首先也应限于前述交易相对人。

95 其次,所谓“善意”,似乎指相对人不知道且不应当知道”。[102] 但是,为确保价值(及体系)层面的一致,本款“善意”的解释应与《民法典》第1065条第3款的善意相同。夫妻对日常家事代理的内部限制,与夫妻分别财产制的约定类似,都是夫妻之间的约定,且事后可能变化,第三人欲查知均须付出较大的交易成本。在两种场合,第三人受保护的程度,亦即维护交易安全与尊重夫妻内部约定的价值平衡点,理应相同。鉴于《民法典》第1065条第3款明确限于“相对人知道”的情形,[103] 本款的“善意”也应如此,从而排除“不应当知道”的情形。

96 诚然,日常家事代理在负担行为场合并无维护交易安全的目的(边码5以下),因此,无论交易第三人是否知道夫妻的内部限制,日常家事代理都应当适用。但该推论的前提是,日常家事代理适用于负担行为具有足够的正当性,而这恰恰是存

[102] 参见黄薇主编:《中华人民共和国民法典婚姻家庭编释义》,法律出版社2020年版,第71页(误作为“不知道或者不应当知道”)。

[103] 相同解释,参见黄薇主编:《中华人民共和国民法典婚姻家庭编释义》,法律出版社2020年版,第100—101页。

疑的(边码 4 以下)。此外,日常家事代理适用于负担行为时虽无从维护交易安全,但是将其内部限制的效力限定于相对人明知,却仍可以降低交易成本、维护交易安全。两者不能混淆。

(四)适用实益

本款是否会沦为具文尚有待观察。〔104〕关键在于,现实中有多少夫妻知晓该规定,并愿意限制一方或双方的日常家事代理权。尤其是,如果认为本款仅限于基于合同约定的限制,在离婚等婚姻危机、因而有限制必要的场合,夫妻其实很难达成此类约定。立法起草者释义中的唯一示例,即夫妻约定“丈夫不得购买一条以上的香烟”,与现实也相去甚远。〔105〕 97

七、举证责任

(一)民事法律行为真实

日常家事代理行为的真实性,在夫妻内部关系上,应由实施行为的夫妻一方承担(客观或结果意义上的)证明责任;在夫妻外部关系上,应由交易相对人承担证明责任。理由在于,实施行为的夫妻一方和交易相对人均参与民事法律行为,具备举证能力,并基于相应主张而获有利益。此外,这还有助于避免两者串通伪造债务,侵害夫妻另一方合法权益。 98

在夫妻外部关系上,针对负担行为,尤其是金钱借贷的真实性,最高人民法院在《民法典》颁布之前曾有专门规定,如今依然适用。尤其是应当避免“仅凭借条、借据等债权凭证就认定存在债务的简单做法”,警惕“有悖常理的自认的真实性”,重点审查“夫妻一方主动申请人民法院出具民事调解书”等情形。〔106〕 99

(二)属于家庭日常生活需要

日常家事代理行为属于家庭日常生活需要之事实,在夫妻内部关系上,应由实施行为的夫妻一方承担证明责任。因为实施行为的夫妻一方不仅因该主张获益,也知悉相关信息,具备举证能力。在夫妻外部关系上,前述事实应由交易相对人承担证明责任。理由在于:其一,其虽与非实施行为的夫妻一方类似,未必掌握 100

---

〔104〕 德国法上即有类似担忧——纵然是夫妻一方单方即可限制另一方的日常家事代理权,此类情形“并不多见”,相关限制规定“在现实中并无多大意义”。中文介绍,参见王战涛:《日常家事代理之批判》,载《法学家》2019 年第 3 期,第 143 页。

〔105〕 参见黄薇主编:《中华人民共和国民法典婚姻家庭编释义》,法律出版社 2020 年版,第 71 页。

〔106〕 参见《最高人民法院关于依法妥善审理涉及夫妻债务案件有关问题的通知》第 3 条。

相关信息,但在事前层面,却仍有可能经由合同安排而知悉甚至控制所涉财产的实际用途;其二,交易相对人基于日常家事代理的主张额外获益。

101 关于(行为或主观意义上的)举证责任分配,承担证明责任的夫妻一方或交易相对人应当提出案涉债务系为家庭日常生活需要所负的初步证据。这必须关乎实际用途,而非签订合同时的声明用途(边码 54、57)。债务人的配偶欲予以推翻,也只需提出初步证据,证明夫妻一方在婚姻关系存续期间以个人名义所负的债务超出家庭日常生活需要。〔107〕同理,若夫妻一方欲以分居为由,排除日常家事代理的适用,也应当证明夫妻分居的事实。

102 在实际证明过程中,更重要的是基于交易类型,诉诸日常经验法则。对于旨在获得金钱以外的生活必需品,如食物、医疗服务等的日常家事代理行为,可以推定其属于家庭日常生活需要;对于大额金钱借贷以及其他与家庭日常生活明显无关的交易,如经营企业、提供担保等,则推定其与家庭日常生活需要无关;至于处于灰色地带的偶发性的小额金钱借贷,虽不妨见仁见智,但债权人至少须提供借款系用于日常家事的初步证据。此外,若涉及亲友之间的借贷,"债权人理应对举债人的生活状况、夫妻关系较常人更为了解",对债务是否为家庭日常生活需要所负的审查"应严于一般主体,在举证责任分配上也可依职权适当加重债权人的举证责任"。〔108〕

(三)其他要件

103 本条第 1 款的"夫妻一方与相对人另有约定",应由实施行为的夫妻一方证明。本条第 2 款的相对人"善意"原则上应予推定,相对人的非善意即实际知情(边码 95),包括作为知情对象的"夫妻之间对一方可以实施的民事法律行为范围的限制",应由夫妻一方或双方证明。

附:案例索引

1. 安徽省高级人民法院(2019)皖民再 164 号民事裁定书:曹某权等与宣城市金建房地产开发有限责任公司泾县分公司房屋拆迁安置补偿合同纠纷案【边码 79】

2. 安徽省合肥市中级人民法院(2018)皖 01 民终 3183 号民事判决书:艾某翔与唐某书等民间借贷纠纷案【边码 61】

3. 北京市高级人民法院(2020)京民终 380 号民事判决书:段某与李某等民间借贷纠纷

---

〔107〕 参见《江苏省高级人民法院家事纠纷案件审理指南(婚姻家庭部分)》(2019 年 7 月)第 46 条(仅涉及夫妻外部关系)。

〔108〕 参见《浙江省高级人民法院关于妥善审理涉夫妻债务纠纷案件的通知》(浙高法〔2018〕89 号)第 2 条第 4 款。

案【边码 62】

4. 重庆市高级人民法院(2018)渝民申 1513 号民事裁定书：叶某与李某买卖合同纠纷案【边码 48】

5. 福建省高级人民法院(2020)闽民申 1755 号民事裁定书：黄某三与胡某彬等借款合同纠纷案【边码 58】

6. 贵州省高级人民法院(2017)黔民申 72 号民事裁定书：刘某与刘某萍确认合同无效纠纷案【边码 77】

7. 贵州省高级人民法院(2018)黔民申 2156 号民事裁定书：朱某贵与宣某慧等民间借贷纠纷案【边码 86】

8. 贵州省高级人民法院(2019)黔民申 51 号民事裁定书：陈某军与王某花等民间借贷纠纷案【边码 58、61】

9. 河北省高级人民法院(2019)冀民申 9482 号民事裁定书：侯某与李某云民间借贷纠纷案【边码 58】

10. 河北省容城县人民法院(2016)冀 0629 民初 566 号民事判决书：李某与徐某等婚约财产纠纷案【边码 48】

11. 河南省高级人民法院(2016)豫行终 482 号行政判决书：余某维与郑州市中原区人民政府房屋拆迁安置补偿合同纠纷案【边码 79】

12. 河南省高级人民法院(2018)豫民再 120××号民事判决书：刘某昌与宋某英等房屋买卖合同纠纷案【边码 32】

13. 河南省高级人民法院(2020)豫民终 549 号民事判决书：鑫融基投资担保有限公司等与裴某涛等借款合同纠纷案【边码 58】

14. 黑龙江省牡丹江市东安区人民法院(2015)牡东商初字第 177 号民事判决书：岳某红与王某慧民间借贷纠纷案【边码 41】

15. 黑龙江省牡丹江市中级人民法院(2016)黑 10 民终 453 号民事判决书：岳某红与王某慧民间借贷纠纷案【边码 41】

16. 湖北省高级人民法院(2019)鄂民申 2279 号民事裁定书：兴业银行股份有限公司武汉分行等与李某琴金融借款合同纠纷案【边码 46】

17. 湖北省高级人民法院(2019)鄂民申 387 号民事裁定书：覃某俐与周某阳等民间借贷纠纷案【边码 57】

18. 湖北省高级人民法院(2019)鄂民再 210 号民事判决书：蔡某东等与涂某民间借贷纠纷案【边码 51、52】

19. 湖北省高级人民法院(2020)鄂民申 1991 号民事裁定书：柯某童与刘某芳等民间借贷纠纷案【边码 51、57、58】

20. 湖南省高级人民法院(2019)湘民申 5256 号民事裁定书：长沙县林邑小额贷款有限公司与郭某等借款合同纠纷案【边码 58】

21. 湖南省高级人民法院(2020)湘民申 3932 号民事裁定书：唐某金与曹某辉等民间借贷纠纷案【边码 56、58】

22. 湖南省湘西土家族苗族自治州中级人民法院(2012)州民三终字第 86 号民事判决书:刘某光等与吴某革民间借贷纠纷案【边码 48】

23. 吉林省高级人民法院(2021)吉民申 990 号民事裁定书:史某友等与宫某臣确认合同效力纠纷案【边码 77】

24. 江苏省高级人民法院(2014)苏民再提字第 0057 号民事判决书:王某保与吕某华等合同、无因管理、不当得利纠纷案【边码 63】

25. 江苏省高级人民法院(2014)苏审二民申字第 156 号民事裁定书:查某国等与南通市通州区金沙镇人民政府房屋拆迁安置补偿合同纠纷案【边码 79】

26. 江苏省高级人民法院(2020)苏民申 5878 号民事裁定书:李某侠与王某民间借贷纠纷案【边码 57】

27. 江苏省睢宁县人民法院(2016)苏 0324 民初 7573 号民事判决书:方某等与仝某英损害赔偿纠纷案【边码 29】

28. 江苏省徐州市中级人民法院(2017)苏 03 民终 2657 号民事判决书:方某与方某恩等损害赔偿纠纷案【边码 29】

29. 江苏省徐州市中级人民法院(2019)苏 03 民终 6247 号民事判决书:杨某亮与杨某善排除妨害纠纷案【边码 76、77】

30. 江西省上饶市中级人民法院(2020)赣 11 民终 2000 号民事判决书:江西和济投资有限公司与陈某女确认合同无效纠纷案【边码 79】

31. 辽宁省沈阳市中级人民法院民事判决书(2020)辽 01 民终 12465 号民事判决书:杨某彦等与张某民土地承包经营权转包合同纠纷案【边码 76】

32. 山东省高级人民法院(2018)鲁民再 726 号民事判决书:王某莉等与陈某妹等民间借贷纠纷案【边码 57】

33. 山东省高级人民法院(2019)鲁民再 445 号民事判决书:张某清与钟某利等民间借贷纠纷案【边码 56、57】

34. 山东省高级人民法院(2020)鲁民再 541 号民事判决书:张某与中国平安财产保险股份有限公司临沂中心支公司财产保险合同纠纷案【边码 6、86】

35. 陕西省高级人民法院(2019)陕行终 459 号行政裁定书:王某院等与西安市人民政府等不服行政侵权赔偿决定案【边码 79】

36. 四川省高级人民法院(2014)川民申字第 908 号民事裁定书:刘某贵与成都市宇霸实业有限公司等土地承包经营权纠纷案【边码 74】

37. 四川省高级人民法院(2016)川民申 2289 号民事裁定书:四川泰华水力发电有限公司与李某等保证合同纠纷案【边码 48】

38. 四川省高级人民法院(2019)川行申 630 号行政裁定书:程某凤等与乐山市五通桥区自然资源局行政协议纠纷案【边码 79】

39. 四川省高级人民法院(2020)川民再 252 号民事判决书:刘某与王某民间借贷纠纷案【边码 58】

40. 云南省临沧市中级人民法院(2020)云 09 民终 852 号民事判决书:纪某林等与毕某

昌确认合同无效纠纷案【边码 79】

41. 云南省文山壮族苗族自治州中级人民法院(2020)云 26 民终 348 号民事判决书:沈某美等与广南县莲城镇那们村民委员会确认合同无效纠纷案【边码 77】

42. 浙江省高级人民法院(2016)浙民申 2641 号民事裁定书:李某女等与杭州市余杭区人民政府五常街道办事处等房屋拆迁安置补偿合同纠纷案【边码 79】

43. 浙江省高级人民法院(2016)浙民申 3376 号民事裁定书:李某君与谢某琴等民间借贷纠纷案【边码 58】

44. 浙江省高级人民法院(2017)浙民再 316 号民事判决书:谷某飞等与张某峰民间借贷纠纷案【边码 20、59、60】

45. 浙江省高级人民法院(2017)浙行申 1035 号行政裁定书:胡某等与淳安县千岛湖镇人民政府房屋拆迁行政合同纠纷案【边码 79】

46. 浙江省高级人民法院(2017)浙行申 297 号行政裁定书:方某女与淳安县千岛湖镇人民政府房屋拆迁行政协议纠纷案【边码 79】

47. 浙江省高级人民法院(2019)浙民申 2111 号民事裁定书:柳某娟与邱某红等民间借贷纠纷案【边码 32】

48. 浙江省高级人民法院(2020)浙民申 1954 号民事裁定书:金某银与王某星等建设用地使用权纠纷案【边码 48】

49. 浙江省高级人民法院(2020)浙行申 363 号行政裁定书:来某方等与杭州市滨江区人民政府浦沿街道办事处行政合同纠纷案【边码 79】

50. 最高人民法院(2013)执监字第 49 号执行裁定书:成某与惠州市惠阳区南凯实业有限公司等借款纠纷执行案【边码 32、47、68】

51. 最高人民法院(2017)最高法民申 1516 号民事裁定书:徐某娟与华某明等民间借贷纠纷案【边码 85】

52. 最高人民法院(2019)最高法民终 424 号民事判决书:海南陵水宝玉有限公司等与李某龙等股权转让纠纷案【边码 67、88】

第 1067 条第 1 款
子女对父母的抚养费给付请求权*

第 1067 条第 1 款　父母不履行抚养义务的，未成年子女或者不能独立生活的成年子女，有要求父母给付抚养费的权利。

简　目

一、规范定位……1—5
(一)规范意旨……1—3
(二)规范性质……4—5
二、构成要件……6—18
(一)请求权人为未成年子女或不能独立生活的成年子女……6—15
1. 未成年子女……9—10
2. 不能独立生活的成年子女……11—15
(二)父母不履行抚养义务……16—18
三、法律效果……19—46
(一)抚养费的给付标准……22—32
1. 子女的实际需要……23—26
2. 父母双方的负担能力……27—29
3. 当地实际生活水平……30
4. 抚养费给付标准的综合判断……31—32
(二)抚养费的给付方式……33
(三)父母达成抚养费协议……34—41
1. 抚养费协议与子女对父母的抚养费给付请求权的关系……34—35
2. 抚养费协议的效力与履行……36—39
3. 抚养费协议的违约金条款……40—41
(四)抚养费的变更……42—46
1. 抚养费的增加……42—44
2. 抚养费的减少……45—46
四、举证责任……47—49

一、规范定位

(一)规范意旨

1　本款规定属于《民法典》婚姻家庭编第三章“家庭关系”中第二节“父母子女

* 本文系基于《〈民法典〉第 1067 条第 1 款(子女对父母的抚养费给付请求权)》(载《南京大学学报(哲学·人文科学·社会科学版)》2022 年第 4 期，第 62—76 页)一文修订而成。

案例搜集情况说明。(1)本文选取案例遵循以下标准：一是最高人民法院指导案例、公报案例和最高人民法院裁判案例、高级人民法院裁判案例全面搜集；二是在最高人民法院和高级人民法院无同类案例的前提下，选取中级人民法院和基层人民法院有讨论价值的典型案例；三是最高人民法院发布的“婚姻家庭纠纷典型案例”和“未成年人审判工作典型案例”，优先选取。(2)案例来源：中国裁判文书网；北大法宝案例库。

关系和其他近亲属关系”,规定了未成年子女和不能独立生活的成年子女对父母的抚养费给付请求权。本款沿袭自《婚姻法》(2001 年修正)第 21 条第 2 款,仅文字上略作调整。

2 子女对父母享有抚养费给付请求权源于广义的“扶养”概念,扶养是指法定范围的亲属之间因其特定的身份关系而在必要时相互提供经济供养和身心扶助。在我国法中,扶养一般被细化为长辈对晚辈的抚养、晚辈对长辈的赡养和平辈之间的扶养(狭义的扶养)。亲属之间扶养的重要性在于,在国家为其公民提供社会保障和社会救助之前,无法自食其力的公民法定范围的亲属应当对其进行扶养以维持其正常生活。[1] 通说认为,父母对子女的抚养是指父母对子女的身心照料和经济供养,[2]前者具有人身属性不可直接强制履行,后者子女可以请求父母给付抚养费。父母对子女的抚养义务产生于父母子女的特定身份关系:[3]一方面,它与人类生息繁衍的亲情伦理和生养一体观念相契合,具有自然法的属性;[4]另一方面如前所述,它也是国家义务与公民个体义务分配的结果,父母有义务将其生育(或养育)的子女抚养成为合格的社会公民。[5]

3 然而,父母并非对所有子女均有抚养义务,抚养以子女有受抚养的必要为前提。[6] 子女有受抚养的必要即子女不能独立生活,就本款规定的抚养费给付请求权而言,即子女无法自行维持生计。对未成年子女而言,未成年人身心尚未成熟,他们处在发育和成长的特殊阶段,需要得到特别的保障和照料,以“使其能在自由与尊严之情境中获得身体、心智、道德、精神、社会各方面的健全与正常发展”[7],基于对未成年人最大利益的保护(或者说对未成年人最大利益原则的遵循)(边码 9),法律直接概括地认定未成年人不能独立生活,具有受抚养的必要,因

---

〔1〕 Vgl. MüKoBGB/*Huber*, 2020, § 1601 Rn. 8.

〔2〕 参见杨大文主编:《亲属法》(第 5 版),法律出版社 2012 年版,第 212 页;夏吟兰主编:《婚姻家庭继承法》(第 3 版),中国政法大学出版社 2021 年版,第 154 页;陈苇:《中国婚姻家庭法立法研究》(第 2 版),群众出版社 2010 年版,第 388 页。

〔3〕 根据《民法典》第 37 条,即使在特定情形下父母被撤销监护人资格,其仍然应当继续履行给付子女抚养费的义务。

〔4〕 参见朱广新:《未成年人保护的民法问题研究》,中国人民大学出版社 2021 年版,第 143 页。

〔5〕 国务院 2014 年出台的《社会救助暂行办法》(2019 年修订)第 2 条第 1 款明确将“托底线”作为社会救助的基本原则。民政部、财政部 2020 年发布的《社会救助法(草案征求意见稿)》第 4 条第 1 款将“兜底线”作为社会救助法的基本原则,第 24 条规定:“获得社会救助,家庭成员之间和其他负有赡养、抚养、扶养义务的组织和个人应当先行履行法定赡养、抚养、扶养义务。”就此而言,国家对公民承担救助责任的前提是公民自助,即劳动能力完全者首先应当自食其力;有抚养、赡养、扶养义务人者应当先求助义务人。参见金昱茜:《论我国社会救助法中的制度兜底功能》,载《行政法学研究》2022 年第 3 期,第 150—151 页。

〔6〕 参见青海省海南藏族自治州中级人民法院(2014)南民一终字第 97 号民事判决书。

〔7〕 联合国《儿童权利宣言》原则二。

此，父母对未成年子女的抚养是无条件的。

对成年子女而言，成年子女身心成熟，一般来说已经不具备发育和成长阶段最大利益需要得到特殊保护的情况，因此，父母对成年子女的抚养是有条件的，即成年子女需具备“不能独立生活”的特定条件时父母才有抚养的必要。同时，在父母与成年子女均为成年人的背景下，成年子女已不在未成年人最大利益原则的保护范围之内，父母对成年子女的抚养需要在父母与子女的利益之间进行适当的平衡。

（二）规范性质

4 本款为请求权基础规范（主要规范），未成年子女或者不能独立生活的成年子女有权依据本款请求父母给付抚养费。

5 本款为强制性规范，当事人不能通过约定排除其适用。父母对未成年子女和不能独立生活的成年子女有积极给付抚养费的法定义务，[8] 此种义务具有强制性和人身专属性，[9] 子女对父母的抚养费给付请求权不得预先放弃。[10] 父母双方可以就子女抚养费的给付达成协议（此种协议的当事人系父母双方，区别于子女作为协议一方当事人、父母一方作为其法定代理人与另一方达成的协议），此种协议不妨碍子女依据本款向父母请求给付抚养费（边码 35）。如果父母共同作为子女的法定代理人（子女为无民事行为能力或限制民事行为能力人时）以子女的名义与自己就子女抚养费的给付达成协议将构成自己代理；如果父母一方作为子女的法定代理人以子女的名义与父母另一方达成协议放弃子女的抚养费给付请求权，很可能损害子女的合法权益，特别是可能有悖未成年人最大利益原则（边码 7）；即使是不能独立生活的成年子女（完全民事行为能力人）与父母达成协议放弃抚养费给付请求权，也与抚养的规范意旨不符，可能导致将抚养责任不当推向国家、增加公共抚养负担的后果。另外，根据对强制性规范的识别方法，本款系向法律关系中较弱的或更容易受到损害的子女一方提供保护的规定，此种规范是强制性的，且这种情形中的强制性往往是单方面的，质言之，对于这种规范不可以作出有

---

〔8〕《民法典》第 26 条明确规定父母有抚养未成年人子女的法定义务，对于不能独立生活的成年子女的抚养义务则未进行此种明确。父母对不能独立生活的成年子女的抚养义务可以通过对本款和《民法典》第 1084 条第 2 款的解释得出。《江苏省高级人民法院民事审判第一庭关于家事纠纷案件审理指南（婚姻家庭部分）》第 15 条第 2 款明确规定：“夫妻双方均负有抚养未成年子女或者不能独立生活的成年子女的法定义务……”

〔9〕参见杨大文主编：《亲属法》（第 5 版），法律出版社 2012 年版，第 212 页；王丽萍：《亲子法研究》，法律出版社 2004 年版，第 121 页。

〔10〕《德国民法典》第 1614 条第 1 款明确规定：“不得就将来而抛弃扶养请求权。”

损于但可以作出有利于需要保护的一方的变通。[11]

二、构成要件

(一)请求权人为未成年子女或不能独立生活的成年子女

6 请求父母给付抚养费的请求权人为未成年子女或不能独立生活的成年子女。在司法实践中,常见的情形之一是,父母一方作为未成年子女的法定代理人提起诉讼,请求父母另一方给付抚养费。[12] 也有少数案件父母一方以自己的名义提起诉讼请求另一方给付子女抚养费,[13]最高人民法院民事审判第一庭(以下简称最高人民法院民一庭)明确指出这种做法有误,未成年子女或不能独立生活的成年子女才是主张抚养费的适格主体。[14]

7 在未成年子女请求父母给付抚养费的情形中,父母作为未成年子女的监护人,享有对子女的法定代理权。虽然《民法典》未规定父母对子女的共同代理权,但基于对未成年子女最大利益的保护,可以类推适用《民法典》第166条关于委托代理中共同代理的规定,要求父母双方共同行使代理权,任何一方均不得在另一方不同意时以子女的名义对外实施民事法律行为,从而最大限度地保护子女利益,[15]避免父母意见冲突时出现无所适从的局面。[16] 但在特殊情况下,例如父母双方离婚或分居,则应当由与未成年子女共同生活的父母一方行使法定代理权,对另一方主张子女的抚养费给付请求权,[17]以确保子女合法权益得到有效保护。[18] 在不能独立生活的成年子女请求父母给付抚养费的情形中,如果成年子女为无民事行为能力或者限制民事行为能力人,应当由其监护人作为法定代理人提起诉讼;如果成年子女为完全民事行为能力人,则应当自行起诉。

8 实践中,有与子女共同生活的祖父母、外祖父母等(在与子女共同生活的过程中实际上已经支付了子女的日常开销及其他支出)以自己的名义提起诉讼,请求

---

〔11〕 参见[德]迪特尔·施瓦布:《民法导论》,郑冲译,法律出版社2006年版,第39页。

〔12〕 参见北京市高级人民法院(2015)高民申字第04648号民事判决书。

〔13〕 参见广东省惠州市中级人民法院(2002)惠中法民一终字第35号民事判决书。

〔14〕 参见最高人民法院民事审判第一庭编著:《最高人民法院民法典婚姻家庭编司法解释(一)理解与适用》,人民法院出版社2021年版,第406页。

〔15〕 Vgl. MüKoBGB/*Huber*, 2020, § 1629 Rn. 12.

〔16〕 参见朱庆育:《民法总论》(第2版),北京大学出版社2016年版,第347页。

〔17〕 Vgl. MüKoBGB/*Huber*, 2020, § 1629 Rn. 73.

〔18〕 也有学者提出,父母离婚或分居后由当事人协商或法院判决法定代理权由父母一方或双方行使。参见余延满:《亲属法原论》,法律出版社2007年版,第464—465页。

子女的父母给付抚养费。[19] 此种请求可解释为构成《民法典》第 979 条无因管理人的请求权,没有法定或约定抚养义务的祖父母[20]等为避免子女的父母利益受损而管理其事务。[21] 不当得利返还请求权因无因管理的成立而予以排除;此外,采无因管理人的请求权路径而非《民法典》第 985 条不当得利返还请求权路径,可以避免受制于第 985 条"为履行道德义务进行的给付"的但书条款而直接排除不当得利返还请求权。

1. 未成年子女

9 一般来说,不满 18 周岁的未成年子女无法独立生活,有请求父母给付抚养费的必要,以获得健全成长与发展的经济保障,从而成长为身心成熟、可在社会上独立生活的人(边码 3)。未成年子女作为请求权人无须附加任何条件。未成年子女在生理与心理上的脆弱性决定了法律对他们的保护具有正当性和必要性,[22] 在未成年子女请求父母给付抚养费的案件中,法院应当遵循未成年人最大利益原则,[23] 以未成年人的最大利益作为最重要的考量因素作出判决。

10 值得讨论的是,对于 16 周岁以上不满 18 周岁,以自己劳动收入为主要生活来源并能维持当地一般生活水平的未成年人,《民法典婚姻家庭编解释一》第 53 条第 2 款规定父母可以停止给付抚养费。根据最高人民法院民一庭的观点,该款规定与《民法典》第 18 条第 2 款劳动成年制的规定[24]相契合,因此对于以自己的劳动收入为主要生活来源而被视为完全民事行为能力人的未成年人,父母可以停

---

[19] 参见新疆维吾尔自治区高级人民法院伊犁哈萨克自治州分院(2016)新 40 民终 669 号民事判决书。

[20] 《民法典》第 1074 条第 1 款规定:"有负担能力的祖父母、外祖父母,对于父母已经死亡或者父母无力抚养的未成年孙子女、外孙子女,有抚养的义务。"除此之外,祖父母、外祖父母对孙子女、外孙子女没有法定抚养义务。

[21] 参见山东省济南市历城区人民法院(2022)鲁 0112 民初 1526 号民事判决书。

[22] 参见夏江皓:《家庭法介入家庭关系的界限及其对婚姻家庭编实施的启示》,载《中国法学》2022 年第 1 期,第 69 页。

[23] 联合国《儿童权利公约》正式确立了未成年人最大利益原则作为处理未成年人事项的基本原则,我国签署加入《儿童权利公约》,成为较早缔约国之一。《民法典》未明确将未成年人最大利益原则作为婚姻家庭编的基本原则,但第 1041 条第 3 款规定了保护未成年人合法权益的基本原则,同时第 35 条第 1 款规定监护人应当按照最有利于被监护人的原则履行监护职责,第 1044 条第 1 款规定收养应当遵循最有利于被收养人的原则,第 1084 条第 3 款规定父母离婚后对子女的直接抚养协议不成的法院应当按照最有利于未成年子女的原则判决,基于以上法条的整体类推,可将未成年人最大利益原则作为《民法典》涉及未成年人事项的基本原则。

[24] 关于劳动成年制的研究可参见戴孟勇:《劳动成年制的理论与实证分析》,载《中外法学》2012 年第 3 期。

止给付抚养费。[25] 事实上,父母抚养子女的关键在于未成年子女有受抚养的必要,而非其行为能力。申言之,根据本款的规范意旨,父母给付未成年子女抚养费是基于父母子女的特定身份关系,使未成年子女在自由与尊严的情境中获得各方面健全成长与发展的物质条件,保护未成年子女的最大利益。有鉴于此,法院在适用《民法典婚姻家庭编解释一》第 53 条第 2 款决定父母是否可以停止给付抚养费时,对于 16 周岁以上以自己的劳动收入为主要生活来源的未成年子女,其劳动收入"能够维持当地一般生活水平"应当解释为能够满足当地一般未成年人成长所需的日常生活、教育、医疗等各方面的需求。如果 16 周岁以上的未成年子女仅能够以其劳动收入满足日常的生活需求,但无法满足教育、医疗和其他各项健康成长和有尊严生活所需,其仍有受抚养的必要,父母应当向其给付抚养费。

2. **不能独立生活的成年子女**

成年子女作为请求权人有"不能独立生活"的条件要求,即只有不能独立生活的成年子女才有权请求父母给付抚养费。法律以个人责任原则为基础,每个人都必须自行维持生计,只有当他尽其所能也无法做到这一点时,才有请求抚养费给付的必要,[26] 由此不能独立生活的成年子女有请求父母给付抚养费的必要。不能独立生活,是指成年子女无法自行维持生计(非因主观原因"不想"自行维持生计),详言之,无法通过自己的工资、奖金等劳动收入,生产、经营、投资收入,继承、受赠收入或其他收入[27] 来满足个人有尊严地生存所需的全部生活需要。这里的"全部生活需要"应作广义理解,即包括日常生活、教育、医疗等各个方面的需要。[28] 11

与未成年子女不同,在请求权人为不能独立生活的成年子女的案件中,法院不受制于未成年人最大利益原则,而应当尽可能地平衡父母的生活保障和成年子女的生活保障。[29] 有鉴于此,父母的负担能力(边码 27—29)也应当纳入考量,申言之,不能独立生活的成年子女请求父母给付抚养费时,父母可以以没有负担能力或负担能力有限作为抗辩事由,主张不付或少付抚养费。[30] 12

《民法典婚姻家庭编解释一》第 41 条列举了可以认定为本款规定的"不能独立生活的成年子女"的两种情况:第一,尚在校接受高中及其以下学历教育的成年子 13

〔25〕 参见最高人民法院民事审判第一庭编著:《最高人民法院民法典婚姻家庭编司法解释(一)理解与适用》,人民法院出版社 2021 年版,第 470—471 页。

〔26〕 Vgl. MüKoBGB/*Langeheine*, 2020, § 1602 Rn. 1.

〔27〕 对收入形式的表述以《民法典》第 1062 条为参考。

〔28〕 《德国民法典》第 1602 条第 1 款、第 1610 条第 2 款可作为参考。

〔29〕 参见河北省高级人民法院(2018)冀民申 2314 号民事判决书;河南省商丘市中级人民法院(2014)商民三终字第 430 号民事判决书。

〔30〕 参见陕西省汉中市中级人民法院(2019)陕 07 民终 1336 号民事判决书。

女。因为尚在接受高中及其以下学历教育，忙于学业且缺少自行获得收入的途径使子女无法独立生活，具有请求父母给付抚养费的必要。〔31〕初中毕业后直接就读职业院校接受中等职业学校教育，可以解释为高中及其以下学历教育。〔32〕第二，丧失、部分丧失劳动能力的成年子女，例如，因身体损伤〔33〕或因精神疾病〔34〕（部分）丧失劳动能力。劳动能力的丧失程度可以以《劳动能力鉴定 职工工伤与职业病致残等级》（GB/T16180-2014）和《职工非因工伤残或因病丧失劳动能力程度鉴定标准（试行）》（劳社部发〔2002〕8 号）为参考标准（劳动能力的丧失程度由重到轻分为 10 级），部分丧失劳动能力的成年子女需达到无法通过自己的劳动及其他收入维持全部生活需要的程度才能请求父母给付抚养费。〔35〕

14 对于不能独立生活的成年子女，争议较大的是尚在接受大学教育（以及高等职业学校教育〔36〕）的成年子女是否可以请求父母支付抚养费。依据最高人民法院民一庭的见解，尚在接受大学教育的成年子女生理和心理上都已经具备独立生活的能力和条件，即使父母不提供经济供养，也可以自己通过勤工俭学、助学教育贷款和奖学金等收入来支持学习和生活，因此一般应将此类成年子女排除在请求权人之外。〔37〕遵循此种见解，例如在辽宁省的一个案件中，正在接受大学教育的成年子女患有慢性难治型血小板减少性紫癜需长期注射服药，法院认为，子女虽患病并在校就读，但不符合《民法典婚姻家庭编解释一》规定的请求权人条件，因此对子女要求父亲增加抚养费（父亲自愿支付部分抚养费）的请求不予支持。〔38〕

相反，有学者将不能独立生活的成年子女的类型之一界定为“尚在校就读”，而未限定于尚在校接受高中及其以下学历教育。〔39〕司法实践中也有法院认为，大学生欠缺独立生活的能力，在其无收入来源时，作为父母在教育费、生活费上应给予适当费用，以帮助孩子安心学习完成学业，因此子女大学期间超过学生自身承受能力的费用负担，作为有能力的父亲应当提供经济支持。〔40〕最高人民法院

---

〔31〕参见辽宁省葫芦岛市中级人民法院（2020）辽 14 民终 2511 号民事判决书。

〔32〕参见湖南省长沙市中级人民法院（2010）长中民一终字第 1367 号民事判决书；北京市第三中级人民法院（2016）京 03 民终 9891 号民事判决书。

〔33〕参见辽宁省大连市中级人民法院（2016）辽 02 民终 630 号民事判决书。

〔34〕参见山东省青岛市中级人民法院（2016）鲁 02 民终 97 号民事判决书。

〔35〕参见湖北省武汉市中级人民法院（2016）鄂 01 民终 3040 号民事判决书。

〔36〕根据《职业教育法》第 15 条，职业学校教育分为中等职业学校教育和高等职业学校教育。高等职业学校教育由专科、本科及以上教育层次的高等职业学校和普通高等学校实施。

〔37〕参见最高人民法院民事审判第一庭编著：《最高人民法院民法典婚姻家庭编司法解释（一）理解与适用》，人民法院出版社 2021 年版，第 386 页。

〔38〕参见辽宁省锦州市中级人民法院（2021）辽 07 民终 2258 号民事判决书。

〔39〕参见马忆南：《婚姻家庭继承法学》（第 3 版），北京大学出版社 2014 年版，第 123 页。

〔40〕参见山东省枣庄市中级人民法院（2016）鲁 04 民终 417 号民事判决书。

有法官撰文指出,司法解释将有权请求父母抚养费给付的成年子女限定在“尚在校接受高中及其以下学历教育”受到了质疑,即“不符合我国国情,大学学费日益高涨,靠成年子女自己勤工俭学很难完成学业”。[41]

判断尚在接受大学教育的成年子女是否可以请求父母给付抚养费应当回到本款的规范意旨上来,关键在于考察尚在接受大学教育的成年子女是否符合不能独立生活的条件而有受抚养的必要。根据我国的现实国情,尚在接受大学教育的成年子女很难以自己的收入(包括勤工俭学、助学教育贷款和奖学金等)满足个人有尊严地生存所需的日常生活、教育、医疗等全部生活需要具有普遍性,[42]基于父母子女身份关系产生的人类生息繁衍的亲情伦理和生养一体观念,以及国家义务与公民个体义务的分配,父母有义务为尚在接受大学教育的成年子女提供经济支持,以使其完成大学教育(或高等职业学校教育),有机会学习和掌握更多参与社会劳动的重要素质和技能。因此,一般情况下,尚在接受大学教育的成年子女有权请求父母给付抚养费(就此而言,上述辽宁省的案件判决结果有待商榷)。[43]另外,《民法典婚姻家庭编解释一》第 41 条的表述为“尚在校接受高中及其以下学历教育……可以认定为民法典第一千零六十七条规定的‘不能独立生活的成年子女’”,从文义解释的角度,对该条似乎无法进行反面解释得出结论:接受高中以上教育的成年子女一定不属于不能独立生活的成年子女,由此本文观点也未与该条相悖。 15

例外的情况是,在个案中如果确有尚在接受大学教育的成年子女能够独立生活,例如通过自己的劳动收入,生产、经营、投资收入,继承、受赠收入等可以满足其日常生活、教育、医疗等各个方面的全部需要,则其无权请求父母给付抚养费。

(二)父母不履行抚养义务

本款规定的请求权相对人为法律上的父母。在我国法中,父母子女关系分为自然血亲的父母子女关系(既包括具有婚姻关系的生父母,也包括没有婚姻关系 16

---

〔41〕 程新文、吴晓芳:《当前婚姻家庭案件中的若干新情况新问题》,载《法律适用》2007 年第 8 期,第 57 页。

〔42〕 参见最高人民法院民事审判第一庭编著:《最高人民法院民法典婚姻家庭编司法解释(一)理解与适用》,人民法院出版社 2021 年版,第 400 页;天津市东丽区人民法院(2014)丽民初字第 6953 号民事判决书。

〔43〕 参见贵州省平坝县人民法院(2017)黔 0403 民初 773 号民事判决书;山东省枣庄市中级人民法院(2015)枣民一终字第 559 号民事判决书;山西省沁县人民法院(2014)沁民初字第 236 号民事判决书;河南省辉县市人民法院(2012)辉民初字第 2835 号民事判决书。

的生父母,子女对生父母的抚养费请求权不因父母的婚姻状态受到影响[44])和拟制血亲的父母子女关系,即继父母子女关系(《民法典》第 1072 条第 2 款)和养父母子女关系(《民法典》第 1111 条)。《民法典》继承编第 1127 条第 4 款规定:“本编所称父母,包括生父母、养父母和有扶养关系的继父母。”从体系解释的视角看,该款明确了法律上的父母子女关系类型,婚姻家庭编可类推适用。综上,本款的请求权相对人包括符合法定条件的子女生父母、养父母和继父母。

17 抚养义务包括父母对子女的身心照料(即日常的生活照料、陪伴和关爱)和经济供养(抚养费给付)两个方面。从历史来看,全国人大常委会法制工作委员会民法室参与立法工作的同志编写的释义书中未解释本款“父母不履行抚养义务”的含义和类型。[45] 有学者将其解释为“子女受抚养的权利受到父母侵犯”,[46]此种解释仍然没有明晰“父母不履行抚养义务”的含义。有观点认为,《民法典》第 1067 条第 1 款规定的“父母不履行抚养义务实际上是指父母不履行除抚养费给付以外的其他形态的抚养义务。如果父母已经通过实际的人身照顾对子女进行抚养,则不构成本条意义上的不履行抚养义务”。[47] 这种观点实质是将父母不履行抚养义务限缩解释为不履行对子女身心照料的义务,一方面,这种观点与本款的规范意旨不符,父母对子女的抚养系父母基于与子女的身份关系而为有受抚养必要的子女提供身心照料和抚养费给付,本款系对不履行身心照料和抚养费给付义务的父母进行的规制,而非仅限于前者;另一方面,如果采此种解释,父母不履行给付抚养费的义务在《民法典》的体系中将没有相应的请求权基础规范(特别是在父母婚姻关系存续期间)。

18 实际上,“父母不履行抚养义务”应当依照文义解释为父母不对子女进行身心照料和不给付抚养费。一般情况下,父母对子女抚养义务的履行方式会因父母婚姻关系的状况有所不同。

父母离婚后,[48]子女(特别是未成年子女)长期与其中一方共同生活,未与子女共同生活的一方虽然享有对子女的探望权(《民法典》第 1086 条),但客观上很难对子女进行身心照料,而只能以给付抚养费的方式来履行抚养义务(身心照料义务的履行由给付抚养费的履行方式替代,由此,未与子女共同生活的父母一方

[44] 《民法典》第 1071 条规定:“非婚生子女享有与婚生子女同等的权利……不直接抚养非婚生子女的生父或者生母,应当负担未成年子女或者不能独立生活的成年子女的抚养费。”

[45] 参见黄薇主编:《中华人民共和国民法典婚姻家庭编释义》,法律出版社 2020 年版,第 106—109 页。

[46] 参见王洪:《婚姻家庭法》,法律出版社 2003 年版,第 222 页。

[47] 薛宁兰、谢鸿飞主编:《民法典评注·婚姻家庭编》,中国法制出版社 2020 年版,第 271 页(刘征峰执笔)。

[48] 《民法典》第 1084 条第 2 款规定:“离婚后,父母对于子女仍有抚养、教育、保护的权利和义务。”

抚养费的给付实际上包含了其原本应当履行的抚养费给付和替代身心照料义务的抚养费给付)。因此通常而言,父母离婚后,未与子女共同生活的父母一方没有给付子女抚养费,属于本款规定的不履行抚养义务;未与子女共同生活的父母一方没有进行身心照料,不应属于本款规定的不履行抚养义务。[49]

父母婚姻关系存续期间,与子女共同生活的双方都会通过对子女的身心照料和抚养费给付来履行抚养义务,身心照料和抚养费给付的频率/数量和程度可能会因夫妻双方的家庭分工而有所侧重,但总体来说父母双方均能够通过这两种方式来履行对子女的抚养义务(父母双方分居的除外)。因此通常而言,父母婚姻关系存续期间,父母没有给付子女抚养费和没有对子女进行身心照料均属于本款规定的不履行抚养义务。[50] 就前者来说,父母在与子女共同生活中对子女进行身心照料时一般往往也需要支付相当的开销,例如日常生活费、医疗费、教育费等,这些开销很可能已经涵盖了子女的全部生活需要,所以不宜认为对子女进行身心照料时已通过支付各种开销履行抚养费给付义务的父母还需要再单独向子女支付抚养费。申言之,此种情形下,关键并不在于父母对子女进行了身心照料而无须履行给付抚养费的义务,而是在于父母对子女进行身心照料时已通过支付各种开销的方式履行了抚养费给付的义务。特殊情况下,如果父母只是进行了身心照料,而拒绝支付子女的教育费、医疗费等生活所需(现实中可能的情形是,父母一方或双方由于家庭矛盾、传统观念等原因,不愿支付子女需要的教育费、医疗费等),仍然属于本款规定的不履行抚养义务。就后者来说,婚姻关系存续期间,父母不对子女进行身心照料(现实中可能的情形是,父母一方或双方由于家庭矛盾、生活方式、厌烦照料或者外出务工等原因,不对子女进行身心照料),[51] 此种债务具有人身属性不可直接强制履行,但也并非无计可施,而可以通过给付子女抚养费的方式来替代身心照料义务的履行。不言而喻,父母的身心照料对子女来说尤为重要,事实上对子女的成长不可替代,但通过对不进行身心照料的父母施以要求给付抚养费的法律后果,能够对此种行为予以法律上的负面评价,并可能在一定程度上起到倒逼父母照料子女的效果。综上,法院在判决时应当结合个案的情况,根据上文所述的标准来具体判断父母是否构成不履行抚养义务的要件。

---

[49] 参见湖北省建始县人民法院(2015)鄂建始民初字第00324号民事判决书;广东省广州市中级人民法院(2015)穗中法少民终字第252号民事判决书。

[50] 《民法典婚姻家庭编解释一》第43条特别强调,婚姻关系存续期间,未成年子女或者不能独立生活的成年子女有权请求拒不履行抚养子女义务的父母一方或双方支付抚养费。

[51] 参见最高人民法院民事审判第一庭编著:《最高人民法院民法典婚姻家庭编司法解释(一)理解与适用》,人民法院出版社2021年版,第402—403页;肖峰、田源主编:《婚姻家庭纠纷裁判思路与裁判规则》,法律出版社2017年版,第446页。

三、法律效果

19 总体而言,本款的法律效果为父母向子女给付抚养费(下文将详述抚养费的给付标准、给付方式、父母达成抚养费协议、抚养费的变更等具体事项)。[52] 根据《民法典》第 196 条,抚养费给付请求权不适用诉讼时效的规定。原因在于,抚养费是请求权人的生活来源,抚养费缺失将严重影响他们的正常生活;[53] 此外,这也是《民法典》高度重视"家"在组织社会秩序中关键作用和维护家庭人伦价值的体现。[54]

20 子女的姓氏变更(常见的情形是,父母离婚后与子女共同生活的父母一方将未成年子女的姓氏进行了变更)与父母的抚养费给付没有牵连关系,"父母不得因子女变更姓氏而拒付子女抚养费"(《民法典婚姻家庭编解释一》第 59 条第 1 款第 1 句)。

21 父母离婚后,未与子女共同生活的一方对子女的探望是《民法典》第 1086 条明确规定的法定权利,与子女共同生活的父母一方不得以对方未给付子女的抚养费为由拒绝其行使对子女的探望权。

(一)抚养费的给付标准

22 就抚养费的内容而言,根据《民法典婚姻家庭编解释一》第 42 条,本款规定的抚养费包括子女生活费、教育费、医疗费等各项费用。就抚养费的数额而言,《民法典婚姻家庭编解释一》第 49 条规定,可以根据子女的实际需要(边码 23—26)、父母双方的负担能力(边码 27—29)和当地的实际生活水平(边码 30)确定。[55]

---

〔52〕 在父母双方均为债务人的情况下,基于本款的规范意旨,应当认为父母向子女给付抚养费的债务构成连带之债,子女可以请求父母一方或双方给付全部或部分抚养费(《民法典》第 518 条第 1 款第 2 句),从而更好地保护子女的合法权益(债权人为未成年子女时,有关子女的事项处理受到未成年子女最大利益原则的约束;债权人为不能独立生活的成年子女时,虽然应在子女与父母之间进行适当的利益平衡,但相较于无法自行维持生计的子女,债务不能清偿的风险由父母一方承担显然更为合理)。参见河南省焦作市中站区人民法院(2020)豫 0803 民初 419 号民事判决书;陕西省西安市长安区人民法院(2016)陕 0116 民初 3519 号民事判决书;四川省乐山市市中区人民法院(2016)川 1102 民初 3723 号民事判决书。

〔53〕 参见黄薇主编:《中华人民共和国民法典总则编释义》,法律出版社 2020 年版,第 531—532 页。

〔54〕 参见王轶:《民法总则之期间立法研究》,载《法学家》2016 年第 5 期,第 155 页。

〔55〕 《北京市高级人民法院关于审理婚姻纠纷案件若干疑难问题的参考意见》第 10 条第 1 款规定:"抚养费包括必要生活费、教育费、医疗费等费用,应主要根据当地实际生活水平和子女实际需要确定,也应当考虑父母实际负担能力。"

1. **子女的实际需要**

子女的实际需要可以分为三种类型：第一，一般需求，即每个子女在成长过程中都普遍需要的维持其生活、学习、日常就医等各个方面的一般需求；第二，个别需求，即针对个案中每个子女的特殊生理或心理等情况可能产生的特殊需求，例如眼镜、轮椅、助听器等生活辅助器具，有特殊疾病需要的治疗费用等；[56]第三，额外需求，即超出一般范围的奢侈需求，这种需求具有要求高和非必要的特点，且通常超出一般的可预见范围，[57]例如，学校并未禁止学生周末住校而子女周末在校外居住的房屋租赁费[58]和子女的医疗美容费用[59]就属于额外需求。子女的实际需要通常是指一般需求和个别需求，额外需求不包括在内。子女的实际需要可能根据其性别、年龄、身体情况、心理情况、学习情况、兴趣爱好等有所不同，法院需要结合每个子女的不同情况进行个体考量。 23

子女的生活费是指子女日常生活的必要支出。参考国家统计局关于居民消费支出的分类，[60]即居民在食品烟酒，衣着，居住，生活用品及服务，交通和通信，教育、文化和娱乐，医疗保健，其他用品和服务等方面的支出，[61]子女的生活费可以包括子女在食品、衣着、居住、生活用品及服务、交通和通信、文化和娱乐等方面的支出。 24

子女的教育费主要包括学费、书本费及子女必须接受的教育项目的相关支出，其他额外的教育费，例如补习班、培训班、兴趣班、家教费、择校费[62]等应当视具体情况分析。[63] 以兴趣班、培训班为例，在北京市的一个案件中，法院认为，为促进未成年人身心的全面发展，法律适当鼓励未成年人根据个人天赋与爱好参与一定的课外辅导课程。本案中子女长期参加围棋辅导班，且没有证据证明围棋辅 25

---

〔56〕 参见最高人民法院民事审判第一庭编著：《最高人民法院民法典婚姻家庭编司法解释（一）理解与适用》，人民法院出版社2021年版，第393页。

〔57〕 Vgl. MüKoBGB/*Langeheine*, 2020, § 1610 Rn. 17.

〔58〕 参见辽宁省抚顺市中级人民法院（2020）辽04民终1956号民事判决书。

〔59〕 参见广东省深圳市中级人民法院（2015）深中法民终字第1228号民事判决书。

〔60〕 参见贺剑：《〈民法典〉第1060条（日常家事代理）评注》，载《南京大学学报（哲学·人文科学·社会科学）》2021年第4期，第111页。

〔61〕 参见《国家统计局居民消费支出分类（2013）》。

〔62〕 《重庆市高级人民法院关于当前民事审判若干法律问题的指导意见》第29条规定："离婚案件中子女受教育择校费是否应予支持。夫妻双方之间有约定的，按约定处理；双方没有约定或约定不明，但在为子女选择学校、缴纳择校费时征得对方同意的，应当由双方分担；没有约定，为子女择校只是抚养子女一方的单方意愿的，双方应通过协商解决。如果协商不成，且对方确无经济能力的，不宜判决其承担择校费。"

〔63〕 参见最高人民法院民事审判第一庭编著：《最高人民法院民法典婚姻家庭编司法解释（一）理解与适用》，人民法院出版社2021年版，第392—393页。

导班与其兴趣不符，且不属于过分报班的情形，因此围棋辅导班的费用应当支持。[64] 在另一个上海市的案件中，学龄前子女在一年多的时间内参加了数种教育培训班，法院支持了部分教育费。[65] 在一个涉及家教费的案件中，子女处于高三的关键阶段，在患有中度抑郁症不能正常上课的情况下，一对一的补课学习实属必要，由此江西省高级人民法院认为下级人民法院对该部分费用不予支持的判决有误。[66]《北京市高级人民法院关于审理婚姻纠纷案件若干疑难问题的参考意见》第 10 条第 2 款规定："补课费、课外兴趣培养费等超出国家规定的全日制教育费用之外的教育支出，应根据客观教育环境、收入情况、支出数额等因素确定是否属于必要教育费。"此外，对于父母是否应当给付子女就读费用较高的私立学校、国际学校的教育费，应当根据父母的负担能力决定，[67] 但尽量为子女创造良好的学习条件仍是法院的重量考量因素。[68]

26 子女的医疗费主要包括药费、住院费、检查费、化验费、手术费、治疗费、子女应当缴纳的居民基本医疗保险费、新型农村合作医疗保险费等。[69] 医疗费既包括子女因患病长期需要的医疗费，[70] 也包括子女因意外事件身体权、健康权遭受侵害需要的医疗费。[71] 为保护子女权益，法院应当慎重界定医疗费的额外需求，申言之，即使是数额较大的医疗费，只要确是子女的健康需要的，父母就应当在其负担能力的范围内承担。

2. 父母双方的负担能力

27 父母双方的负担能力是指父母双方的经济收入和经济条件。根据日常经验法则，家庭的整体生活水平与家庭成员的经济收入和经济条件呈正相关关系，相应的，子女的抚养费标准也和父母的经济收入和经济条件紧密相关。

28 从体系来看，参考《民法典》第 1062 条的规定，经济收入包括父母的工资、奖金、劳务报酬，生产、经营、投资收益，知识产权收益等。《民法典婚姻家庭编解释一》第 49 条第 2—4 款在父母经济收入的基础上为子女抚养费数额的确定提供了

---

〔64〕 参见北京市第一中级人民法院（2013）一中少民终字第 13395 号民事判决书（该案系最高人民法院 2015 年公布的婚姻家庭纠纷典型案例）。

〔65〕 参见上海市第二中级人民法院（2014）沪二中少民终字第 16 号民事判决书（该案系最高人民法院 2014 年发布的 98 例未成年人审判工作典型案例）。

〔66〕 参见江西省高级人民法院（2020）赣民申 964 号民事裁定书。

〔67〕 参见四川省遂宁市中级人民法院（2016）川 09 民终 152 号民事判决书。

〔68〕 参见天津市第二中级人民法院（2015）二中保民终字第 267 号民事判决书。

〔69〕 参见最高人民法院民事审判第一庭编著：《最高人民法院民法典婚姻家庭编司法解释（一）理解与适用》，人民法院出版社 2021 年版，第 393 页。

〔70〕 参见安徽省舒城县人民法院（2016）皖 0883 民初 1650 号民事判决书。

〔71〕 参见辽宁省沈阳市中级人民法院（2021）辽 01 民终 15387 号民事判决书。

可兹参考的具体计算标准：有固定收入的，抚养费一般可以按其月总收入的 20%—30%的比例给付。负担两个以上子女抚养费的，比例可以适当提高，但一般不得超过月总收入的 50%。[72] 无固定收入的（例如，农民、个体工商户以及从事其他经营性活动的人员），[73] 抚养费的数额可以参照当年总收入[74] 或者同行业平均收入确定。有特殊情况的，可以适当提高或者降低上述比例。有法院认为，社保费缴纳基数可能少于实际收入，因此缴纳社保费证明不能作为当事人的收入证明，还需要其他证据予以印证。[75]

经济条件主要是指父母享有所有权的财产，特别是不动产的数量和价值。即使父母没有经济收入，但经济条件较好，也可认为其负担能力较强。根据《民法典婚姻家庭编解释一》第 51 条，父母一方无经济收入的，可以用财物折抵抚养费。一般来说，抚养费系以金钱给付，但如果父母一方没有工资、奖金、劳务报酬，生产、经营、投资收益等经济收入，无法以金钱给付，则可以根据其经济条件以财物来折抵抚养费。 29

3. 当地实际生活水平

当地实际生活水平是指子女实际生活居住地的居民生活水平，而非子女户籍所在地的居民生活水平。[76] 实际生活水平可以通过当地的居民人均可支配收入（即居民可用于自由支配的收入，包括居民可用于最终消费支出和储蓄的总和）[77] 和居民人均消费支出（即居民用于满足家庭日常生活消费需要的全部支出，包括现金消费支出和实物消费支出）[78] 来反映。从 2021 年起，国家统计局对城乡住户调查实施了一体化改革，建立了城乡统一的一体化住户调查并据此采集全国居民的收支相关数据，以反映人民生活水平。[79] 30

4. 抚养费给付标准的综合判断

法院在判决父母对子女的抚养费给付数额时，应当根据个案的具体情 31

---

〔72〕 参见广东省湛江市中级人民法院（2020）粤 08 民终 2235 号民事判决书。

〔73〕 参见最高人民法院民事审判第一庭编著：《最高人民法院民法典婚姻家庭编司法解释（一）理解与适用》，人民法院出版社 2021 年版，第 450 页。

〔74〕 每个月月收入不固定的，可以按照当年的年收入计算。参见黑龙江省大庆市中级人民法院（2001）庆民终字第 312 号民事判决书。

〔75〕 参见广东省中山市中级人民法院（2011）中中法民一终字第 776 号民事判决书。

〔76〕 参见山东省宁阳县人民法院（2015）宁民初字第 997 号民事判决书（该案系最高人民法院公布的 10 起婚姻家庭纠纷典型案例）。

〔77〕 参见辽宁省锦州市中级人民法院（2021）辽 07 民终 3228 号民事判决书。

〔78〕 参见辽宁省辽阳市中级人民法院（2021）辽 10 民终 1051 号民事判决书。

〔79〕 参见国家统计局：《人民生活》，载国家统计局网，http://www.stats.gov.cn/tjsj/zbjs/201912/t20191202_1713055.html，最后访问时间：2021 年 12 月 20 日。

况,对子女的实际需要、父母的负担能力和当地实际生活水平进行综合分析和考量。[80] 一般而言,对子女的实际需要和父母的负担能力的考量优先于对当地实际生活水平的考量,因为每个家庭的实际情况不尽相同,子女的抚养费给付标准应当以每个家庭中父母和子女的实际情况为准。申言之,子女的实际需要较高、父母的负担能力较强,则父母负担超过当地实际生活水平的子女抚养费是合理的;反之,如果子女的实际需要较低、父母的负担能力较弱,也不宜要求父母负担的子女抚养费必须超过当地实际生活水平的标准。如果子女的实际需要和父母的负担能力无法被准确查证时,则适用当地的实际生活水平标准对抚养费的数额加以确定。[81]

32 根据《最高人民法院关于进一步深化家事审判方式和工作机制改革的意见(试行)》第 22 条,人民法院根据案件审理需要,可以委托家事调查员对子女的抚养情况进行调查,从而有利于对子女抚养费的给付作出更准确的决定。在广东省的一个案件中,法院委托两名社会观护员对子女父亲的经济收入和经济能力以及子女当前的生活状态等情况进行了社会调查,以更清楚地掌握与抚养费给付标准相关的情况。[82]

(二)抚养费的给付方式

33 《民法典婚姻家庭编解释一》第 50 条规定:“抚养费应当定期给付,有条件的可以一次性给付。”依据该条的措辞,似乎可以认为定期给付和一次性给付没有优先级之分,只要父母具备一次性给付的条件,就可以一次性给付。然而,最高人民法院民一庭对该条的说明中否认了此种观点:父母一方给付子女抚养费时,原则上应当采取定期给付的方式(按月给付、按季度给付、按半年或一年给付等),[83] 只有当采取定期给付不利于保障子女利益(例如,当事人之间矛盾较大,定期给付可能引发纠纷;请求权相对人有不按时定期给付甚至不给付抚养费的风险;请求权相对人与子女居住地相隔较远、联系较少,定期给付不便),且父母有能力一次

---

〔80〕 参见江苏省南京市中级人民法院(2015)宁少民终字第 128 号民事判决书;北京市第三中级人民法院(2014)三中少民终字第 15583 号民事判决书。

〔81〕 类似的观点可参见吴卫义、张寅编著:《法院审理婚姻家庭案件观点集成》,中国法制出版社 2012 年版,第 186—187 页;吉林省农安县人民法院(2020)吉 0122 民初 1171 号民事判决书;辽宁省沈阳市浑南区人民法院(2021)辽 0112 民初 10298 号民事判决书。

〔82〕 参见广东省广州市中级人民法院(2015)穗中法少民终字第 132 号民事判决书;类似的案件可参见广东省广州市中级人民法院(2015)穗中法少民终字第 19 号民事判决书。

〔83〕 有学者对某县法院 2011—2013 年审结的离婚案件进行的实证调查显示,父母离婚后子女抚养费按月给付的占 84%,按季度给付的占 2%,按半年或一年给付的占 7%,一次性给付的占 7%。参见陈苇、张庆林:《离婚诉讼中儿童抚养问题之司法实践及其改进建议——以某县法院 2011—2013 年审结离婚案件为调查对象》,载《河北法学》2015 年第 1 期,第 23 页。

性给付时，才可以采取一次性给付的方式。[84] 在北京市的一个案件中，非婚生子女及母亲均非中国国籍且未在北京生活，父亲名下有不动产和汽车，具有一次性给付的能力，故二审法院认为原审法院判决抚养费按月给付的方式不妥，基于子女的健康成长需要而将对子女的抚养费给付方式变更为一次性给付。[85] 对于抚养费采取何种给付方式，法院应当在个案中结合实际情况进行具体分析，涉及未成年子女的案件按照未成年人最大利益原则决定采取定期给付或一次性给付的方式；涉及不能独立生活的成年子女的案件综合考量与平衡父母与子女的利益决定采取定期给付或一次性给付的方式。

(三)父母达成抚养费协议

1. 抚养费协议与子女对父母的抚养费给付请求权的关系

实务中经常发生的一种情形是，父母离婚(或分居)后，双方就子女抚养费的给付达成协议(以下简称抚养费协议，《民法典》第1085条第1款)。此种情形不应理解为与子女共同生活的父母一方作为子女的法定代理人和未与子女共同生活的另一方达成抚养费协议，否则抚养费协议将对子女具有约束力，原则上子女不得请求未与其共同生活的父母一方给付超出协议数额的抚养费，由此与《民法典》第1085条第2款(该款明确和强调了子女在必要时有权向父母任何一方请求给付超过抚养费协议数额的抚养费)矛盾，并与未成年子女的最大利益原则相悖。此外，法定代理构造无法解释子女为无法独立生活的成年子女(例如尚在校接受高中及其以下学历教育的成年子女)的情形。 34

抚养费协议应当解释为父母双方之间的抚养费分摊约定，属于父母的内部约定，不影响子女依据本款享有的抚养费给付请求权。[86] 由此可以克服上述法定代理构造的弊端；通过对《民法典》第1085条第1款第2句[87]进行文义解释，也可得出协议当事人系父母双方的结论。抚养费协议成立后(客观情况未发生重大变化)子女认为协议的约定明显不能满足其实际需要的，有权依据本款请求父母一方给付超出协议约定数额的抚养费。[88] 父母一方向子女给付后，可以依据抚 35

---

〔84〕 参见最高人民法院民事审判第一庭编著：《最高人民法院民法典婚姻家庭编司法解释(一)理解与适用》，人民法院出版社2021年版，第456—458页。

〔85〕 参见北京市第二中级人民法院(2010)二中少民终字第02782号民事判决书。

〔86〕 类似的观点可参见薛宁兰、谢鸿飞主编：《民法典评注·婚姻家庭编》，中国法制出版社2020年版，第411—413页(缪宇执笔)。

〔87〕 《民法典》第1085条第1款第2句规定："负担费用的多少和期限的长短，由双方协议；协议不成的，由人民法院判决。"

〔88〕 参见山西省运城市中级人民法院(2016)晋08民终78号民事判决书。

养费协议向另一方请求相应的补偿(协议存在效力瑕疵的除外)(边码 37)。抚养费协议成立后、履行完毕前的整个过程中因客观情况发生了重大变化,协议的约定无法满足变化后子女的实际需要(《民法典婚姻家庭编解释一》第 58 条对此种变化进行了解释)(边码 43),子女同样有权依据本款请求父母一方给付超出协议约定数额的抚养费。[89] 父母一方向子女给付后,可以依据抚养费协议向另一方请求相应的补偿,但此时另一方在符合条件时可依据《民法典》第 533 条,以情势变更为由请求法院变更或解除抚养费协议(边码 38),而无须向已给付抚养费的一方进行补偿。

2. **抚养费协议的效力与履行**

36 依法成立并生效的抚养费协议对父母双方具有法律约束力,当事人应当按照协议约定履行自己的义务。在北京市的一个案件中,父母一方主张协议约定的抚养费过高,自己是为了顺利离婚才妥协达成抚养费协议。一审法院支持了当事人要求减少抚养费的请求,二审法院认为抚养费协议合法有效,在没有法定事由的前提下双方当事人均应当履行协议的约定,故撤销一审判决驳回当事人的诉讼请求。[90]

37 当事人可以以抚养费协议存在欺诈、胁迫、显失公平等事由而请求法院予以撤销或者主张协议违背公序良俗、[91] 违反法律和行政法规的强制性规定而无效。[92] 当事人的主张是否成立应留待个案审查,此处仅就以上可能性予以提示。

值得提及的是,父母双方可以根据意思自治安排子女抚养费的给付,其中包括由与子女共同生活的父母一方负担全部抚养费。实务中可能出现这种情况的情形:离婚时一方为获得子女的直接抚养权(与子女共同生活)而同意免除对方的抚养费给付义务;有两个或两个以上子女分别与父亲和母亲共同生活,父母达成协议互不负担与对方共同生活子女的抚养费;双方在其他离婚财产关系安排(例如离婚财产分割)中进行了某种妥协或让步,从而使与子女共同生活的一方愿意

---

〔89〕 参见辽宁省沈阳市中级人民法院(2021)辽 01 民终 1418 号民事判决书;上海市虹口区人民法院(2021)沪 0109 民初 3266 号民事判决书。

〔90〕 参见北京市第二中级人民法院(2009)二中少民终字第 13516 号民事判决书。

〔91〕 在江苏省的一个案件中,男方以抚养费协议是女方以可能打掉胎儿为由要求其签订的,由此主张协议违背公序良俗无效,法院未予支持。参见江苏省南通市中级人民法院(2021)苏 06 民终 796 号民事判决书。

〔92〕《上海市高级人民法院民事审判第一庭婚姻家庭纠纷办案要件指南(二)》第 3 条的说明中明确:“父母经平等协商,可就抚养费的相关问题达成明确、具体的协议,不损害子女的合法权益的,应予准许。由于抚养费协议关系到下一代的健康成长,因此,在父母达成一致协议的基础上,法院仍具有审核的义务,如果协议不利于子女的,不应准许。”

负担全部抚养费。[93]《民法典婚姻家庭编解释一》第 52 条规定："父母双方可以协议由一方直接抚养子女并由直接抚养方负担子女全部抚养费。但是，直接抚养方的抚养能力明显不能保障子女所需费用，影响子女健康成长的，人民法院不予支持。"事实上，抚养费协议对子女没有约束力，不影响子女依据本款请求协议已经约定免除抚养费的父母一方给付抚养费（无须客观情况发生重大变化），[94]父母一方向子女给付后可以再依据抚养费协议向另一方请求相应的补偿（边码 35），就此而言，很难直接认为此种协议会"影响子女健康成长，人民法院不予支持"。由此，《民法典婚姻家庭编解释一》第 52 条规定人民法院不予支持此种协议，宜解释为协议可能因欺诈、胁迫、显失公平等而存在效力瑕疵，当事人得请求法院撤销协议。

相对于上述对协议的"静态"审查（边码 37），抚养费协议同样受到"动态"审查。38
申言之，抚养费协议成立后、履行完毕前的整个过程中，如果作为协议成立基础的客观情况发生了重大变化，且此种变化是当事人达成协议时无法预见的，坚持原来的协议将显失公平，则父母一方可以以情势变更为由请求法院变更（可能包括抚养费数额的增加或减少、抚养费给付方式的变更等）或解除抚养费协议（《民法典》第 533 条）。[95] 典型的情况可能包括父母一方负担能力大幅下降，子女因患病、上学等需要超过原协议约定数额，原协议约定数额不足以维持物价上涨后当地实际生活水平等。[96]《民法典》第 464 条第 2 款规定，有关身份关系的协议在没有相关法律规定时可以根据其性质参照适用合同编的规定，由此为合同编的相关制度在抚养费协议中的参照适用提供了规范基础。需要特别注意的是，主张协议情势变更的主体是抚养费协议的当事人，即父亲或母亲，而非子女（父亲或母亲作为其法定代理人）。[97]

子女在客观情况发生变化后向父母任何一方请求给付超过抚养费协议约定 39
数额抚养费的，尽管子女请求抚养费给付很可能是与子女共同生活的父母一方作为其法定代理人提起诉讼，但不同于上述情势变更（边码 38），这种情况下请求权人

---

〔93〕参见山东省临沭县人民法院（2015）沭民初字第 389 号民事判决书（该案系最高人民法院 2015 年公布的婚姻家庭纠纷典型案例）。

〔94〕参见安徽省铜陵市中级人民法院（2021）皖 07 民终 319 号民事判决书；江西省吉安市中级人民法院（2019）赣 08 民终 1762 号民事判决书。

〔95〕参见陈健、曹鹏：《子女请求增加抚养费的法定条件》，载《人民司法·案例》2020 年第 11 期，第 50—52 页。

〔96〕参见夏江皓：《情事变更制度在与离婚相关的财产协议中的参照适用——以婚前协议为例》，载《法制与社会发展》2022 年第 1 期，第 39—60 页。

〔97〕司法实践中，有案件提及或参照适用了情势变更对抚养费协议进行变更或解除，但提起诉讼的原告是子女（父亲或母亲作为法定代理人），由此可能存在诉讼主体不适格之嫌。参见广东省深圳市中级人民法院（2016）粤 03 民终 3013 号民事判决书；重庆市第一中级人民法院（2016）渝 01 民终 270 号民事判决书。

为子女,[98]子女系依据本款请求父母一方给付抚养费。[99]

3. **抚养费协议的违约金条款**

40 对于父母一方未按抚养费协议的约定给付子女抚养费,另一方是否能主张其支付违约金的问题,在最高人民法院公布的婚姻家庭纠纷典型案例中,北京市东城区人民法院认为,抚养费的给付并非基于合同,而是基于父母的法定义务,故双方约定的违约金条款于法无据;[100]此外,抚养人不应以违约金的形式从子女的抚养费中获利,[101]因此对原告要求支付违约金的请求不予支持。也有观点认为,违约金属于合同法的范畴,故婚姻家庭案件中无法适用。[102]

41 上述观点存在商榷余地。尽管抚养义务是父母的法定义务,但法律也明确允许父母通过达成抚养费协议来履行抚养义务(《民法典》第 1085 条)。如果父母双方在抚养费协议中约定了违约金条款,则应允许其发挥应有的履行担保功能,以对父母一方施加预防性压力,督促其按照协议给付抚养费,从而保护子女的合法权益。司法实践中也多有支持抚养费协议中违约金支付的案例。[103] 当事人认为抚养费协议约定的违约金低于或过分高于造成的损失的(未与子女共同生活的一方未按约定给付抚养费,另一方为抚养子女额外支付费用造成的损失),可以请求法院予以增加或适当减少(《民法典》第 585 条第 2 款)。[104] 值得注意的是,要求支付违约金的请求权人为达成抚养费协议的当事人,即父母一方而非子女,子女(即使是父母一方作为法定代理人提起诉讼)无权请求未按抚养费协议给付抚养费的父或母支付违约金。[105]

(四)抚养费的变更

1. **抚养费的增加**

42 除了前述父母达成抚养费协议的情况(边码 38),一般而言请求增加抚养费的

---

[98] 参见山西省运城市中级人民法院(2016)晋 08 民终 78 号民事判决书。

[99] 类似的规定可参见《浙江省高级人民法院关于审理婚姻家庭案件若干问题的解答》第 16 条。

[100] 参见北京市东城区人民法院(2014)东少民初字第 10025 号民事判决书(该案系最高人民法院 2015 年公布的婚姻家庭纠纷典型案例)。

[101] 参见最高人民法院民事审判第一庭编:《婚姻家庭案件审判指导》,法律出版社 2018 年版,第 375 页。

[102] 参见山东省济南市中级人民法院(2014)济少民终字第 14 号民事判决书。

[103] 参见北京市第三中级人民法院(2016)京 03 民终 8257 号民事判决书;湖南省衡阳市中级人民法院(2016)湘 04 民终 338 号民事判决书。

[104] 参见河南省漯河市中级人民法院(2016)豫 11 民终 1921 号民事判决书。

[105] 参见广东省东莞市中级人民法院(2016)粤 19 民终 3441 号民事判决书;广东省广州市中级人民法院(2012)穗中法少民终字第 203 号民事判决书。

主体是子女(父母或其他监护人可能作为其法定代理人提起诉讼),而非父母。在海南省的一个案件中,在离婚诉讼已经对父母双方的抚养费给付作出判决的前提下,父亲认为母亲给付的抚养费仍然不够支付子女的生活费和教育费,故提起诉讼要求母亲对子女的开销分担一半的费用。二审法院指出,抚养费的请求权人应为子女,如果子女要求增加抚育费的,应当另行起诉。[106]

《民法典婚姻家庭编解释一》第58条通过列举,规定了子女请求父母增加抚养费的三种情形:第一,原定抚养费数额不足以维持当地实际生活水平。当地物价总体水平上涨可能导致生活水平提高,原定抚养费数额无法满足当地实际生活水平。[107] 第二,因子女患病、上学,实际需要已超过原定数额。[108] 例如,子女开始就读小学、初中、高中,实际需要较过去有明显增长。[109] 第三,有其他正当理由应当增加。例如自然灾害、大规模流行性疾病爆发等导致子女所需抚养费增加。 43

对子女抚养费的给付一般系通过抚养费协议或法院判决来确定,抚养费的增加也是建立在此基础之上。就抚养费协议而言,司法实践中有法院认为,子女请求增加抚养费的条件是协议成立后客观情况发生了重大变化。[110] 此种观点值得商榷,抚养费协议是父母之间达成的内部约定,子女请求父母给付抚养费的法定权利不应受到抚养费协议的影响或限制,即使客观情况未发生重大变化,如果抚养费的增加是子女成长实际需要,法院就应当予以考虑。 44

就法院判决抚养费的给付而言,子女请求增加抚养费需要考虑法院判决的既判力问题。当事人基于对法院判决公信力的信任,有理由相信判决已经清楚地确定了当事人的权利义务,因此,如果没有新的情况或理由,子女又请求增加抚养费,会导致法院生效判决的公信力下降,损害相关当事人的合法权益。[111]《民事诉讼法解释》(2022年修正)第218条规定:“赡养费、扶养费、抚养费案件,裁判发生法律效力后,因新情况、新理由,一方当事人再行起诉要求增加或者减少费用的,人民法院应作为新案受理。”第248条规定:“裁判发生法律效力后,发生新的事实,当事人再次提起诉讼的,人民法院应当依法受理”。据此,如果法院已就子

[106] 参见海南省海口市中级人民法院(2000)海中法民终字第203号民事判决书。

[107] 参见辽宁省辽阳市中级人民法院(2021)辽10民终1779号民事判决书。

[108] 参见吉林省高级人民法院(2015)吉民提字第34号民事判决书;重庆市第一中级人民法院(2016)渝01民终8169号民事判决书。

[109] 参见山西省大同市中级人民法院(2021)晋02民终267号民事判决书;上海市第一中级人民法院(1999)沪一中民终字第143号民事判决书。

[110] 参见江苏省无锡市中级人民法院(2021)苏02民终589号民事判决书。

[111] 参见郭晓娟、张忠星:《变更抚养费应符合法定条件》,载《人民司法·案例》2015年第22期,第107—108页。

女抚养费的给付作出了判决，子女请求予以增加的，应当有新的情况或理由。[112]

2. **抚养费的减少**

45 抚养费协议约定或法院判决确定了抚养费的给付后，出现了新的情况或理由——主要指客观情况发生重大变化，给付抚养费义务人（例如父母一方）可以请求适当减少抚养费。这些情况可能包括以下情形：第一，给付抚养费义务人因失业、更换工作、经营企业破产、对外有大额负债无力偿还等导致负担能力大幅下降。[113] 第二，给付抚养费义务人因患病、部分或全部劳动能力丧失等导致负担能力大幅下降。[114] 第三，子女的实际需要明显减少。第四，有其他正当理由应当减少。实践中，有给付抚养费义务人以其再婚、贷款买房为由请求减少对子女的抚养费，法院未予支持。[115] 需要注意的是，上述情形仅是抚养费适当减少的必要条件，而非充分条件。法院需要结合个案实际情况审查特定情形是否对子女的抚养费给付有直接和长期的影响，同时还需结合子女的实际需要和当地的实际生活水平等因素进行综合判断。基于保护子女利益的考量，对抚养费的减少应当特别慎重。

46 请求减少抚养费的主体是父母一方，一般而言除了前述父母达成抚养费协议的情况（边码 38）外，相对人是子女（父母另一方或其他监护人可能作为其法定代理人参加诉讼）。[116]

四、举证责任

47 子女请求父母给付抚养费的，子女应当提供证据证明其与请求权相对人的法律关系（例如子女的出生医学证明、户籍证明）[117] 及其全部生活需要。[118] 未成年子女请求父母给付抚养费的，应当提供证据证明自己是未成年人（例如身份证、户籍证明）；成年子女请求父母给付抚养费的，还应当提供证据证明自己不能独立生

---

〔112〕 参见河南省泌阳县人民法院（2012）泌少民初字第 06 号民事判决书（该案系最高人民法院 2014 年发布的 98 例未成年人审判工作典型案例）；贵州省遵义市中级人民法院（2021）黔 03 民终 3692 号民事判决书。

〔113〕 参见江苏省无锡市中级人民法院（2021）苏 02 民终 1048 号民事判决书；辽宁省大连市中级人民法院（2015）大民一终字第 01800 号民事判决书。

〔114〕 参见辽宁省营口市老边区人民法院（2021）辽 0811 民初 2732 号民事判决书。

〔115〕 参见江西省高级人民法院（2015）赣民提字第 33 号民事判决书。

〔116〕 参见湖南省株洲市中级人民法院（2021）湘 02 民终 1122 号民事判决书。

〔117〕 参见贵州省清镇市人民法院（2021）黔 0181 民初 2608 号民事判决书。

〔118〕 子女应当举证证明教育费、医疗费等的具体数额，而不能仅证明子女正在上学或正在就医。参见广东省肇庆市中级人民法院（2021）粤 12 民终 133 号民事判决书。

活。请求权相对人对其反驳子女诉讼请求所依据的事实承担证明责任。[119] 对请求权相对人是否履行了给付抚养费义务发生争议的，由请求权相对人举证证明其已经履行抚养费给付义务。[120]

48 涉及父母达成抚养费协议的案件，主张抚养费协议成立并生效的当事人一方对协议成立和生效的事实承担举证责任；主张抚养费协议变更、解除、撤销、无效的协议当事人一方对引起协议关系变动的事实承担举证责任。[121]

49 在子女请求增加抚养费的案件中，子女应当提供证据证明其符合抚养费增加的法定条件(边码 43)。在请求减少抚养费的案件中，给付抚养费义务人应当提供证据证明其符合抚养费减少的法定条件(边码 45)。

附：案例索引

1. 安徽省舒城县人民法院(2016)皖 0883 民初 1650 号民事判决书：王某与吴某抚养费纠纷案【边码 26】

2. 安徽省铜陵市中级人民法院(2021)皖 07 民终 319 号民事判决书：姚某与张某 1 抚养费纠纷案【边码 37】

3. 北京市第二中级人民法院(2009)二中少民终字第 13516 号民事判决书：张某与薛某桐抚养费纠纷案【边码 36】

4. 北京市第二中级人民法院(2010)二中少民终字第 02782 号民事判决书：米 1 与裴晓江抚养费纠纷案【边码 33】

5. 北京市第三中级人民法院(2014)三中少民终字第 15583 号民事判决书：陈某与许某抚养费纠纷案【边码 31】

6. 北京市第三中级人民法院(2016)京 03 民终 8257 号民事判决书：刘某 1 与刘某 2 抚养费纠纷案【边码 41】

7. 北京市第三中级人民法院(2016)京 03 民终 9891 号民事判决书：张某 1 与张某 2 抚养费纠纷案【边码 13】

8. 北京市第一中级人民法院(2013)一中少民终字第 13395 号民事判决书：麻某某与麻晓某抚养费纠纷案【边码 25】

9. 北京市东城区人民法院(2014)东少民初字第 10025 号民事判决书：博某 1 与博某 2 抚养费纠纷案【边码 40】

10. 北京市高级人民法院(2015)高民申字第 04648 号民事判决书：张某 1 与张某 2 抚养

[119] 参见河北省保定市中级人民法院(2019)冀 06 民终 1468 号民事判决书。

[120] 参见江苏省南京市中级人民法院(2021)苏 01 民终 2763 号民事判决书；陕西省西安市未央区人民法院(2021)陕 0112 民初 31303 号民事判决书。

[121] 参见辽宁省沈阳市中级人民法院(2021)辽 01 民终 14458 号民事判决书；广东省广州市中级人民法院(2014)穗中法少民终字第 175 号民事判决书。

费纠纷案【边码 6】

11. 重庆市第一中级人民法院(2016)渝 01 民终 270 号民事判决书:张某甲与张某乙抚养费纠纷案【边码 38】

12. 重庆市第一中级人民法院(2016)渝 01 民终 8169 号民事判决书:周某明与周某抚养费纠纷案【边码 43】

13. 广东省东莞市中级人民法院(2016)粤 19 民终 3441 号民事判决书:舒某乙与舒某甲抚养费纠纷案【边码 41】

14. 广东省广州市中级人民法院(2012)穗中法少民终字第 203 号民事判决书:王某与王某 1 抚养费纠纷案【边码 41】

15. 广东省广州市中级人民法院(2014)穗中法少民终字第 175 号民事判决书:邓某甲与邹某抚养费纠纷案【边码 48】

16. 广东省广州市中级人民法院(2015)穗中法少民终字第 132 号民事判决书:罗某与范某抚养纠纷案【边码 32】

17. 广东省广州市中级人民法院(2015)穗中法少民终字第 19 号民事判决书:赖某甲与赖某 2 抚养纠纷案【边码 32】

18. 广东省广州市中级人民法院(2015)穗中法少民终字第 252 号民事判决书:周某甲与杨某抚养费纠纷案【边码 18】

19. 广东省惠州市中级人民法院(2002)惠中法民一终字第 35 号民事判决书:叶某玲与钟某玲抚养费纠纷案【边码 6】

20. 广东省深圳市中级人民法院(2015)深中法民终字第 1228 号民事判决书:杨某甲与杨某乙抚养费纠纷案【边码 23】

21. 广东省深圳市中级人民法院(2016)粤 03 民终 3013 号民事判决书:张某 1 与胡某抚养费纠纷案【边码 38】

22. 广东省湛江市中级人民法院(2020)粤 08 民终 2235 号民事判决书:吴某与黄某婚姻家庭纠纷案【边码 28】

23. 广东省肇庆市中级人民法院(2021)粤 12 民终 133 号民事判决书:梁某谦与梁某某抚养费纠纷案【边码 47】

24. 广东省中山市中级人民法院(2011)中中法民一终字第 776 号民事判决书:李某等与区某深抚养费纠纷案【边码 28】

25. 贵州省平坝县人民法院(2017)黔 0403 民初 773 号民事判决书:许某 1 与许某 2 抚养费纠纷案【边码 15】

26. 贵州省清镇市人民法院(2021)黔 0181 民初 2608 号民事判决书:杨某 1 与杨某 2 抚养费纠纷案【边码 47】

27. 贵州省遵义市中级人民法院(2021)黔 03 民终 3692 号民事判决书:黄某 2 与黄某 1 抚养费纠纷案【边码 44】

28. 海南省海口市中级人民法院(2000)海中法民终字第 203 号民事判决书:林某丽与侯

某平抚养教育费纠纷案【边码 42】

29. 河北省保定市中级人民法院(2019)冀 06 民终 1468 号民事判决书:胡某 1 与杨某抚养费纠纷案【边码 47】

30. 河北省高级人民法院(2018)冀民申 2314 号民事裁定书:杨某 1 与杨某 2 抚养费纠纷案【边码 12】

31. 河南省辉县市人民法院(2012)辉民初字第 2835 号民事判决书:李某 1 与李某军抚养费纠纷案【边码 15】

32. 河南省焦作市中站区人民法院(2020)豫 0803 民初 419 号民事判决书:李某 1 与李某 2 等抚养费纠纷案【边码 19】

33. 河南省漯河市中级人民法院(2016)豫 11 民终 1921 号民事判决书:刘某与喻某 1 抚养费纠纷案【边码 41】

34. 河南省泌阳县人民法院(2012)泌少民初字第 06 号民事判决书:席某与席某方抚养费纠纷案【边码 44】

35. 河南省商丘市中级人民法院(2014)商民三终字第 430 号民事判决书:龚某某与朱某某抚养费纠纷案【边码 12】

36. 黑龙江省大庆市中级人民法院(2001)庆民终字第 312 号民事判决书:蒋某志与蒋某韬抚育费纠纷案【边码 28】

37. 湖北省建始县人民法院(2015)鄂建始民初字第 00324 号民事判决书:黄某甲与黄某乙抚养费纠纷案【边码 18】

38. 湖北省武汉市中级人民法院(2016)鄂 01 民终 3040 号民事判决书:曹某甲与汤某抚养费纠纷案【边码 13】

39. 湖南省衡阳市中级人民法院(2016)湘 04 民终 338 号民事判决书:匡某 3 与王某等抚养费纠纷案【边码 41】

40. 湖南省长沙市中级人民法院(2010)长中民一终字第 1367 号民事判决书:王某与李某离婚纠纷案【边码 13】

41. 湖南省株洲市中级人民法院(2021)湘 02 民终 1122 号民事判决书:潘某与尹某 1 抚养费纠纷案【边码 46】

42. 吉林省高级人民法院(2015)吉民提字第 34 号民事判决书:王某与蔡某抚养费纠纷案【边码 43】

43. 吉林省农安县人民法院(2020)吉 0122 民初 1171 号民事判决书:王某 1 与王某 2 抚养费纠纷案【边码 31】

44. 江苏省南京市中级人民法院(2015)宁少民终字第 128 号民事判决书:刘某甲与杨某抚养费纠纷案【边码 31】

45. 江苏省南京市中级人民法院(2021)苏 01 民终 2763 号民事判决书:吴某与梅某 1 抚养费纠纷案【边码 47】

46. 江苏省南通市中级人民法院(2021)苏 06 民终 796 号民事判决书:孙某与张某甲抚

养费纠纷案【边码 37】

47. 江苏省无锡市中级人民法院(2021)苏 02 民终 1048 号民事判决书:何某 1 与何某 2 抚养费纠纷案【边码 45】

48. 江苏省无锡市中级人民法院(2021)苏 02 民终 589 号民事判决书:方某 1 与袁某抚养费纠纷案【边码 44】

49. 江西省高级人民法院(2015)赣民提字第 33 号民事判决书:汤某 1 与周某抚养费纠纷案【边码 45】

50. 江西省高级人民法院(2020)赣民申 964 号民事裁定书:甘某 1 与甘某 2 抚养费纠纷案【边码 25】

51. 江西省吉安市中级人民法院(2019)赣 08 民终 1762 号民事判决书:肖某 1 与肖某 2 抚养费纠纷案【边码 37】

52. 辽宁省大连市中级人民法院(2015)大民一终字第 01800 号民事判决书:马某甲与马某乙抚养费纠纷案【边码 45】

53. 辽宁省大连市中级人民法院(2016)辽 02 民终 630 号民事判决书:王某甲与王某乙抚养费纠纷案【边码 13】

54. 辽宁省抚顺市中级人民法院(2020)辽 04 民终 1956 号民事判决书:高某 1 与高某 2 抚养费纠纷案【边码 23】

55. 辽宁省葫芦岛市中级人民法院(2020)辽 14 民终 2511 号民事判决书:龚某 1 与龚某 2 抚养费纠纷案【边码 13】

56. 辽宁省锦州市中级人民法院(2021)辽 07 民终 2258 号民事判决书:孙某 1 与孙某 2 抚养费纠纷案【边码 14】

57. 辽宁省锦州市中级人民法院(2021)辽 07 民终 3228 号民事判决书:张某 2 与张某 1 抚养费纠纷案【边码 30】

58. 辽宁省辽阳市中级人民法院(2021)辽 10 民终 1051 号民事判决书:张某 1 与张某 2 抚养费纠纷案【边码 30】

59. 辽宁省辽阳市中级人民法院(2021)辽 10 民终 1779 号民事判决书:张某 1 与张某 3 抚养费纠纷案【边码 43】

60. 辽宁省沈阳市浑南区人民法院(2021)辽 0112 民初 10298 号民事判决书:韩某洋与王某宇同居关系子女抚养纠纷案【边码 31】

61. 辽宁省沈阳市中级人民法院(2021)辽 01 民终 1418 号民事判决书:刘某 1 与刘某 2 抚养费纠纷案【边码 35】

62. 辽宁省沈阳市中级人民法院(2021)辽 01 民终 14458 号民事判决书:田某 1 与刘某抚养费纠纷案【边码 48】

63. 辽宁省沈阳市中级人民法院(2021)辽 01 民终 15387 号民事判决书:苏某 2 与苏某 1 抚养费纠纷案【边码 26】

64. 辽宁省营口市老边区人民法院(2021)辽 0811 民初 2732 号民事判决书:赵某 2 与赵

某 1 抚养费纠纷案【边码 45】

65. 青海省海南藏族自治州中级人民法院(2014)南民一终字第 97 号民事判决书:华某与项某抚养费纠纷案【边码 3】

66. 山东省济南市历城区人民法院(2022)鲁 0112 民初 1526 号民事判决书:曲某元等与李某抚养费纠纷案【边码 8】

67. 山东省济南市中级人民法院(2014)济少民终字第 14 号民事判决书:袭某与龚某 1 抚养费纠纷案【边码 40】

68. 山东省临沭县人民法院(2015)沭民初字第 389 号民事判决书:李某甲、李某乙与李某丙抚养费纠纷案【边码 37】

69. 山东省宁阳县人民法院(2015)宁民初字第 997 号民事判决书:王某甲与王某乙抚养费纠纷案【边码 30】

70. 山东省青岛市中级人民法院(2016)鲁 02 民终 97 号民事判决书:曲某甲与曲某乙增加抚养费纠纷案【边码 13】

71. 山东省枣庄市中级人民法院(2015)枣民一终字第 559 号民事判决书:李某与邱某抚养费纠纷案【边码 15】

72. 山东省枣庄市中级人民法院(2016)鲁 04 民终 417 号民事判决书:韩某甲与韩某乙抚养费纠纷案【边码 14】

73. 山西省大同市中级人民法院(2021)晋 02 民终 267 号民事判决书:孙某 1 与孙某 2 抚养费纠纷案【边码 43】

74. 山西省沁县人民法院(2014)沁民初字第 236 号民事判决书:张某甲与张某乙离婚纠纷案【边码 15】

75. 山西省运城市中级人民法院(2016)晋 08 民终 78 号民事判决书:梁某某与梁天某抚养费纠纷案【边码 35、39】

76. 陕西省汉中市中级人民法院(2019)陕 07 民终 1336 号民事判决书:马某 2 与马某 3 抚养费纠纷案【边码 12】

77. 陕西省西安市未央区人民法院(2021)陕 0112 民初 31303 号民事判决书:李某甲与李某乙抚养费纠纷案【边码 47】

78. 陕西省西安市长安区人民法院(2016)陕 0116 民初 3519 号民事判决书:杨某某与张某某抚养费纠纷案【边码 19】

79. 上海市第二中级人民法院(2014)沪二中少民终字第 16 号民事判决书:丁某某与丁某 1 抚养费纠纷案【边码 25】

80. 上海市第一中级人民法院(1999)沪一中民终字第 143 号民事判决书:徐某钧与徐某增加抚育费案【边码 43】

81. 上海市虹口区人民法院(2021)沪 0109 民初 3266 号民事判决书:韦 2 与韦 1 抚养费纠纷案【边码 35】

82. 四川省乐山市市中区人民法院(2016)川 1102 民初 3723 号民事判决书:吴某甲与吴

某等抚养费纠纷案【边码 19】

83. 四川省遂宁市中级人民法院(2016)川 09 民终 152 号民事判决书:姚某甲与姚某乙抚养费纠纷案【边码 25】

84. 天津市第二中级人民法院(2015)二中保民终字第 267 号民事判决书:王某 1 与王某抚养费纠纷案【边码 25】

85. 天津市东丽区人民法院(2014)丽民初字第 6953 号民事判决书:孙某甲与孙某乙抚养费纠纷案【边码 15】

86. 新疆维吾尔自治区高级人民法院伊犁哈萨克自治州分院(2016)新 40 民终 669 号民事判决书:马买丽哈与白某某等抚养费纠纷案【边码 8】

第 1184 条

侵害财产造成财产损失的计算*

第 1184 条　侵害他人财产的，财产损失按照损失发生时的市场价格或者其他合理方式计算。

简　目

一、规范定位……1—3

(一)立法沿革……1

(二)规范性质……2—3

二、适用条件……4—21

(一)侵害他人财产……4—12

1. 无权占有他人财产不能返还……5—6

2. 损坏他人财产不能恢复原状……7—11

3. 造成他人知识产权消灭……12

(二)财产损失……13—21

1. 价值损失(直接损失)……14—20

2. 间接损失……21

三、基础计算方法……22—42

(一)时间标准:损失发生之时……23—29

1. 正当性基础……23—24

2. 损失发生时的认定……25—28

3. 时间标准隐含的地域标准……29

(二)价值标准:市场价格……30—40

1. 被侵害财产的市场价格……30—37

2. 侵权使用的市场价格……38—40

(三)残值扣减……41—42

四、其他合理方式……43—72

(一)计算直接损失的其他方法……44—59

1. 修正时间标准……45—47

2. 修正价值标准……48—59

(二)计算间接损失的方法……60—72

1. 费用损失……61—64

2. 可得利益损失……65—72

五、举证责任……73

* 本文系基于《〈民法典〉第 1184 条(侵害财产造成财产损失的计算)评注》(载《法学家》2021 年第 6 期,第 174—190 页)一文修订而成。

案例搜集情况说明:(1)尽可能全面搜集最高人民法院公报案例和最高人民法院的裁判意见;(2)选取其他法院有代表性的裁判意见;(3)本文案例主要来源于中国裁判文书网、威科先行法律信息库、无讼案例。

一、规范定位

(一)立法沿革

1 《民法通则》第 117 条规定了侵害财产的民事责任承担规则。《侵权责任法》第 19 条专门针对其中的赔偿责任规定了数额确定规则。根据完全赔偿原则,赔偿的数额取决于损失的大小,确定赔偿数额就是计算损失。因此,《侵权责任法》第 19 条规定了计算侵害财产所造成财产损失的基础方法和其他方式。本条沿袭自《侵权责任法》第 19 条,但对其他方式作了修订,增加了司法判断中的合理性标准。也就是在"其他方式"表述中增加了"合理"二字,修改为"其他合理方式"。

(二)规范性质

2 本条并非请求权基础规范,而是请求权基础规范中法律效果部分的辅助规范。因此,包括《民法典》第 1165 条第 1 款在内,只要请求权基础规范包含赔偿侵害财产造成的财产损失,财产损失就应当按照本条规定的方法计算。

3 本条为任意性规范,当事人可以通过约定排除其适用。当事人既可以直接约定赔偿数额,也可以约定损失计算方法;既可以事先约定,也可以事后约定。在侵权损害赔偿中,事后约定较事先约定更为常见。侵权损害赔偿也可能发生在有合同关系的当事人之间,因此,侵权损害赔偿当事人仍可能事先就赔偿数额或者损失计算方法进行约定。[1]

二、适用条件

(一)侵害他人财产

4 本条并非财产损失计算方法的一般规定,仅仅适用于侵害他人财产造成的财产损失。对于侵害他人人身权益造成的财产损失,赔偿数额的确定适用《民法典》第 1182 条,不适用本条。侵害他人财产是指侵害他人财产权益,包括物权、知识产权、股权和其他投资性权利、[2] 数据和网络虚拟财产等具有财产性质的权益。本条主要针对有体财产。对于其他财产权益的保护,通常由特别法加以规定。具

〔1〕 被侵权人应在约定范围主张侵权责任。参见最高人民法院(2018)最高法民申 2757 号民事裁定书。

〔2〕 参见最高人民法院(2018)最高法民申 4805 号民事裁定书。

体而言，本条主要适用于下列情形：

1. 无权占有他人财产不能返还

无权占有他人财产，原则上应当返还财产。只有在无权占有他人财产不能返 5
还时，才可以以赔偿损失代替返还财产，才需要根据本条计算直接财产损失。《民法通则》第 117 条第 1 款明文规定了返还财产优先原则。《民法通则》失效后，返还财产优先原则不再是法律明文规定，需要法院在司法实践中予以确认。在一起越界开采他人矿产资源的纠纷中，法院认为，侵权人应当返还采掘出来的原矿石，返还不能时才可以赔偿损失。[3] 这实际上就是基于返还财产优先原则作出的判决。解除对他人财产的错误查封，如同返还财产。如果该财产在解除查封时并未受损，申请人已经返还财产，不需要赔偿直接损失。此时，申请人只需要赔偿被申请人的间接损失。[4] 返还财产优先原则不仅约束侵权人，也约束被侵权人。也就是说，无权占有他人财产可能返还时，无论是侵权人，还是被侵权人，都不能单方选择以赔偿损失代替返还财产。只要返还财产尚属可能，侵权人就不能“强买”该财产，直接赔偿损失。[5] 同理，只要返还财产尚属可能，被侵权人也没有理由“强卖”该财产，直接要求侵权人赔偿损失。只有在无权占有他人财产不能返还时才能以赔偿损失代替返还财产，才需要根据本条计算财产损失。[6]

合同无效后，当事人应当返还因合同取得的财产。在债权形式主义物权变动 6
模式下，合同无效，所有权也不能发生变动，当事人因合同取得的财产就成了无权占有。返还义务人因自己的过错造成该财产不能返还，应当折价返还。[7] 在这一理论框架下，合同无效的折价返还就是无权占有他人财产不能返还时赔偿直接损失，自然需要根据本条计算。[8]

---

〔3〕 参见最高人民法院（2017）最高法执监 16 号执行裁定书。

〔4〕 参见最高人民法院（2019）最高法民终 1856 号民事判决书。

〔5〕 在一起物权保护纠纷案件中，法院判决在他人享有建设用地使用权的土地上建造的房屋归建造者（侵权人）所有。该院据此认为，侵权人只需要按照拆迁补偿标准赔偿被侵权人的损失，不需要返还宗地。参见最高人民法院（2018）最高法民申 4111 号民事裁定书；河南省高级人民法院（2017）豫民终 1064 号民事判决书。上述裁判实际上赋予了侵权人强制拆迁的权利。

〔6〕 因返还不能而承担折价赔偿责任，参见最高人民法院（2017）最高法民申 92 号民事裁定书；最高人民法院（2017）最高法民申 93 号民事裁定书。

〔7〕 亦即《民法典》第 157 条规定的折价补偿。

〔8〕 参见最高人民法院（2018）最高法民再 60 号民事判决书；最高人民法院（2018）最高法民终 662 号民事判决书。

2. 损坏他人财产不能恢复原状

(1)技术上不能

7 损坏他人财产,原则上应当恢复原状,而不能直接以赔偿损失代替恢复原状。〔9〕只有在损坏他人财产不能恢复原状时,侵权人才可以以赔偿损失代替恢复原状,才需要按照本条计算直接财产损失。从《民法通则》到《侵权责任法》,再到《民法典》,均未明文规定恢复原状优先原则,需要法院在司法实践中予以确认。《民事行政诉讼司法赔偿解释》第 12 条第 2 款规定:“财产不能恢复原状或者灭失的,应当按照侵权行为发生时的市场价格计算损失;……”该规定实际上是对恢复原状优先原则的确认。根据《道路交通事故损害赔偿解释》(2020 年修正)第 12 条第 1—2 项,交通事故中车辆受损,侵权人原则上应当赔偿被损坏车辆的维修费用(恢复原状),只有在车辆灭失或者不能修复时,侵权人才可以赔偿为购买交通事故发生时与被损坏车辆相当的车辆购置费用。为购买交通事故发生时与被损坏车辆相当的车辆重置费用,实际上等同于按照损失发生时的市场价格计算的财产损失。上述司法实践实际上也是对恢复原状优先原则的确认。损坏他人车辆,侵权人原则上应当维修或者赔偿维修费用。只有损坏达到不能修复的程度时,侵权人才可以代之以赔偿损失。〔10〕

8 在损坏他人财产能够恢复原状时,侵权人不能单方选择以赔偿损失代替恢复原状,被侵权人单方选择以赔偿损失代替恢复原状则不应禁止。在损坏他人财产的情形,被侵权人一般不会请求侵权人恢复原状,只会请求侵权人赔偿恢复原状费用。此时,恢复原状费用赔偿和代替恢复原状的赔偿损失都是金钱赔偿,区别仅仅在于计算方法。被侵权人单方选择以赔偿损失代替恢复原状,意味着被侵权人拒绝按照维修受损财产所需费用确定赔偿数额,而主张按照该财产因损坏造成的价值损失确定赔偿数额。被侵权人这样选择,要么是因为损坏造成的价值损失大于维修费用,要么是因为被侵权人需要将赔偿金用于维修以外的用途(如购置新车)。被侵权人无论出于哪种原因选择以赔偿损失代替恢复原状,都不应禁止。

9 受损之物完全不能修复,侵权人只能以赔偿损失代替修复。而受损之物不能完全修复,被侵权人仍然可以在可能的范围或者程度内请求修理。此时,恢复原状不足以填补全部损害。对于恢复原状尚未填补的部分,被侵权人可以另行请求赔偿损失。因此,赔偿损失不仅可以在恢复原状完全不能时代替恢复原状,还可

---

〔9〕 对于损坏他人财产的情形,《民法通则》第 117 条第 2 款规定了恢复原状和折价赔偿两种侵权责任方式。与该条第 1 款不同,第 2 款并未规定恢复原状优先原则,而是在两种责任方式之间以“或者”相连。尽管如此,恢复原状和折价赔偿之间并非选择性适用关系。

〔10〕 在房屋被强拆,所涉地块已开发完毕并全部销售时,法院以恢复原状不能为由适用折价赔偿。参见最高人民法院(2017)最高法民申 257 号民事裁定书。

以在恢复原状部分不能时与恢复原状并用，以弥补恢复原状的不足。赔偿技术性贬值损失，就是以赔偿损失弥补恢复原状不足的重要类型。受损之物虽经修理，可能并未完全修复，与未受损时相比，在价值上自然也未复原到未受损之时。受损之物的这种贬值，就是技术性贬值。〔11〕技术性贬值损失的赔偿，本质上就是对未能修复的部分损害折价赔偿。因此，技术性贬值损失应当根据本条计算。

另外，河南省高级人民法院创设了一种部分修复、部分折价的理赔模式。〔12〕 10
在该模式下，赔偿损失在受损财产仍可修复时也可以适用。但是，这种理赔模式与恢复原状优先原则并不矛盾。根据《河南省高级人民法院民事审判第一庭关于当前民事审判若干问题的指导意见》，部分修复、部分折价的前提是双方当事人协商一致。河南省高级人民法院严格遵守《民法通则》第 117 条第 2 款的表述，将损坏财产时的恢复原状和赔偿直接损失理解为选择性适用关系，赔偿直接损失并不以受损财产不能修复为限。在受损财产可以修复时，法院仍然可以直接适用赔偿直接损失。但是，法院要么适用恢复原状，要么适用赔偿直接损失，不能混用。只有在当事人协商一致时，法院才可以按照当事人的意愿，混用两种责任方式：部分修复；部分赔偿。

(2)经济上不能

损坏他人之物只有达到不能恢复原状的程度，侵权人才能以赔偿损失代替恢复原状。 11
但在现代社会，技术上完全不能实现的恢复原状越来越少。即使是一辆在交通事故中被撞成碎片的汽车，恢复原状在技术上也并非不可能。严格说来，受损财产之所以被认定为不能恢复原状，常常并不是因为恢复原状在技术上不能实现，而是因为恢复原状所需费用过高。恢复原状所需费用过高使得恢复原状违反经济合理性，应当以赔偿损失代替恢复原状。恢复原状违反经济合理性时，恢复原状并非技术上不能，而是经济上不能。此时，以赔偿损失代替恢复原状，属于侵权人的权利，而不是义务。也就是说，虽然恢复原状费用过高，法律也不禁止侵权人恢复原状。设定恢复原状经济合理性限度的意义在于，在被侵权人请求恢复原状或者赔偿恢复原状费用时，侵权人有权以费用过高为由抗辩，有权以赔偿损失代替恢复原状。

3. 造成他人知识产权消灭

从字面上看，本条可以适用于侵害他人知识产权的情形。但是，对于侵害知 12

〔11〕 参见程啸：《侵权责任法》（第 3 版），法律出版社 2021 年版，第 846 页。

〔12〕 参见《河南省高级人民法院民事审判第一庭关于当前民事审判若干法律问题的指导意见》（2003 年 11 月）。

识产权造成的财产损失,各知识产权单行法设置了较为详尽的赔偿数额确定规则,[13]本条几乎没有适用的空间。但是,各知识产权单行法规定的侵权行为仅包括使用他人知识产权的行为,不包括造成他人知识产权消灭的行为。因此,对于侵权行为造成知识产权消灭的后果,应当适用本条。[14]

(二)财产损失

13 侵害他人财产既可能造成财产损害,也可能造成非财产损害。本条仅仅适用于侵害财产造成的财产损害,不适用于侵害财产造成的非财产损害。而侵害他人财产造成的财产损害,既包括对被侵害财产本身造成的直接损害,也包括被侵权人因此受到的(被侵害财产以外的)其他损害,也就是间接损害。[15]

1. **价值损失(直接损失)**[16]

14 无权占有他人财产造成的直接损害是被侵权人丧失对该财产的占有,[17]损坏他人财产造成的直接损害则是被侵害财产的损坏。这个意义上的直接损害,原则上应当通过返还财产、恢复原状等方式予以填补,不需要按照本条规定的方法计算。因此,本条规定的财产损失并不是指丧失财产占有和损坏他人财产等实体损害,而是指被侵权人财产总额的减少,也就是根据差额法计算出来的抽象财产损失。仅就被侵害财产本身而言(不考虑间接损失),根据差额法计算的抽象财产损失实际上就是该财产价值的减少,亦即价值损失。价值损失是侵权行为对被侵害财产本身造成的直接损失,针对价值损失的赔偿就是价值赔偿。因此,对于价值为零或者为负数的财产,不能适用价值赔偿。[18]

(1)直接损害的折价

15 价值损失一般是将直接损害进行折算的结果。在上述无权占有他人财产、损

---

〔13〕 参见《著作权法》第 54 条;《专利法》第 71 条;《商标法》第 63 条;《反不正当竞争法》第 17 条;《种子法》第 72 条。

〔14〕 参见最高人民法院(2019)最高法知民终 424 号民事判决书;最高人民法院(2018)最高法民再 60 号民事判决书。

〔15〕《民法通则》第 117 条分别针对直接损害和间接损害规定了不同的填补规则:对于直接损害,侵权人应当全部予以填补;而对于间接损害,侵权人原则上无须赔偿。根据该条第 3 款,只有重大的间接损害,才需要赔偿。《侵权责任法》第 19 条和《民法典》第 1184 条都不再区分直接损害和间接损失,尤其是不再保留只有重大间接损害才需要赔偿的明文规定。直接损害和间接损害均需全部予以填补。

〔16〕 此处的直接损失是指被侵害财产本身的价值减少,是为了排除被侵害财产以外的其他损失。在这一术语体系内,被侵权人受到的损失,无论是现有利益的减少,还是可得利益损失,只要不是被侵害财产本身的损失,均属于间接损失。《民法典》第 933 条也使用了直接损失这一概念。但是,合同法意义上的直接损失,是指现有利益的减少,是与可得利益损失相对的概念。

〔17〕 无权占有他人财产也可能同时造成他人财产的灭失。

〔18〕 参见最高人民法院(2020)最高法民申 2179 号民事裁定书。

坏他人财产的情形,侵权人既可以通过返还财产、恢复原状等方式直接填补被侵权人丧失对该财产的占有、被侵害财产的损坏等损害,也可以将上述损害折算成价值损失予以赔偿,也就是折价赔偿。但在返还财产优先原则下,侵权人只有在不能返还财产时,才能折价赔偿,本条才有适用的余地;在恢复原状优先原则下,侵权人只有在不能恢复原状时,才能折价赔偿,本条才有适用的余地。因此,本条并未对侵害财产民事责任的承担作出一般规定,而只是针对侵害财产造成财产损失的赔偿责任作出规定。对于侵害财产造成的直接损害而言,本条主要适用于将该损害折算成价值损失予以赔偿的折价赔偿,不适用于填补该损害本身的返还财产和恢复原状。

折价赔偿作为价值赔偿,针对被侵害财产的价值损失,与针对丧失财产占有、 16
财产损坏等实体损害的返还财产、恢复原状相对。价值赔偿以支付一定金钱的方式实现,但以支付一定金钱的方式实现的赔偿却并不一定是价值赔偿。恢复原状同样可能以支付一定金钱的方式实现。[19] 损坏他人财产,侵权责任方式通常是赔偿恢复原状费用,也就是赔偿维修费用。赔偿维修费用虽然以支付一定金钱的方式实现,但仍属于恢复原状的范畴,不属于本条规定的价值赔偿。《道路交通事故损害赔偿解释》(2020年修正)第12条第1项规定的交通事故中被损坏车辆的维修费用、施救费用就属于上述恢复原状费用。因此上述关于车辆维修费用、施救费用赔偿的规定不是针对第1184条的司法解释,而是针对第179条第1款第5项的司法解释。

(2)交易性贬值损失

受损之物经过修理使用性能已经恢复,而在价值上仍然可能未复原到未受损 17
之时。受损之物的实体损害已经得到填补,其价值却单纯因为曾经受损而减少。被侵权人因此而受到的价值损失,称为交易性贬值损失。[20] 与技术性贬值损失不同,交易性贬值损失并非实体损害折算而成的价值损失,而是纯粹的价值损失(无对应的实体损害)。[21] 因此,赔偿交易性贬值损失属于价值赔偿,却并不属于折价赔偿。

虽然交易性贬值损失主要基于人们的主观心理作用。[22] 但是,交易性贬值 18

---

[19] 折价赔偿属于金钱赔偿的一种,而不是金钱赔偿本身。与恢复原状相对的概念是折价赔偿,而不是金钱赔偿。参见李承亮:《恢复原状费用赔偿的性质》,载《武汉大学学报(哲学社会科学版)》2019年第4期,第156页。

[20] 参见程啸:《侵权责任法》(第3版),法律出版社2021年版,第846页。

[21] 山东省高级人民法院基于机动车的贬值与机动车的使用性能之间并无必然联系这一事实将机动车贬值损失认定为纯粹经济损失。参见《山东省高级人民法院关于印发全省民事审判工作会议纪要的通知》(2011年12月2日)。

[22] 参见王泽鉴:《损害赔偿》,北京大学出版社2017年版,第182页。

损失并非人们的主观心理作用，而是主观心理作用造成的价值损失。而这种主观心理作用造成的价值损失却是客观的。〔23〕在交通事故中严重受损的机动车即使在技术上完全修复，其接受度仍低于未受损的车辆，其价值也低于未受损的车辆。机动车交易性贬值损失的赔偿请求并不总能获得法院支持。有法院仅以该损失不属于法定赔偿范围而否认其可赔偿性。〔24〕如山东省高级人民法院不支持交通事故受害人要求赔偿义务人赔偿机动车贬值损失的诉讼请求，一个重要的理由就是"对于因交通事故造成的机动车贬值损失是否予以赔偿，我国现行法律没有明确规定"。〔25〕也有法院仅以该损失在计算上的困难而否定其可赔偿性。如上海市高级人民法院以交易性贬值损失"实际缺乏客观评定标准"为由不支持，〔26〕山东省高级人民法院以"机动车贬值损失的认定受机动车本身状况、机动车的用途、市场价格等多种因素的影响，具有多变性和不可确定性"为由不支持。〔27〕

19 包括交易性贬值损失在内，价值损失是指被侵害财产的价值减少。赔偿价值损失是赔偿被侵害财产的价值损失，而不是赔偿被侵权人的可得利益损失，更不是赔偿被侵权人的某种费用损失。因此，任何将价值损失的可赔偿性与受损财产交换价值的实现与否挂钩的做法都是不妥的。〔28〕车辆贬值损失的可赔偿性不应取决于被侵权人是否通过交易（比如出售）实现受损财产的交换价值。

20 部分法院在支持与不支持交易性贬值损失赔偿请求之间，采取了折中做法。浙江省高级人民法院认为，贬值损失赔偿请求原则上不应获得支持，只有在待售中或者运输中的新车受到损害等情形才例外获得部分支持。〔29〕这样的区分并无

---

〔23〕陈书豪与南京武宁房地产开发有限公司、南京青和物业管理有限公司财产损害赔偿纠纷案，载《最高人民法院公报》2013 年第 5 期，第 47 页。法院认为，所谓价值贬损，既指价值较大的财物在受损后，虽经修复，与原物相比，不仅客观价值有所降低，在人们心理上的价值也降低，后一种价值的降低，虽系人们主观心理上的降低，但在财物所有权人实现该财物的价值时（如出售），是客观存在的，……

〔24〕《民法典》没有就损害赔偿义务的内容作概括性的规定，而是一一列举具体的赔偿项目。面对某一损害应不应该赔偿的问题，法院也习惯于检索法律所列举的赔偿项目。对于不在列举范围的项目，法院一般也倾向于否定其可赔偿性。

〔25〕参见《山东省高级人民法院关于印发全省民事审判工作会议纪要的通知》（2011 年 12 月 2 日）。

〔26〕参见《上海市高级人民法院民事审判第一庭道路交通事故纠纷案件疑难问题研讨会会议纪要》（2011 年 12 月 31 日）。

〔27〕参见《山东省高级人民法院关于印发全省民事审判工作会议纪要的通知》（2011 年 12 月 2 日）。

〔28〕陈书豪与南京武宁房地产开发有限公司、南京青和物业管理有限公司财产损害赔偿纠纷案，载《最高人民法院公报》2013 年第 5 期，第 47 页。其中虽然肯定了价值贬损（贬值损失）的可赔偿性，却仍然将受损财产价值损失的客观性与其交易价值的实现挂钩。

〔29〕参见《浙江省高级人民法院民一庭关于审理道路交通事故损害赔偿纠纷案件若干问题的意见（试行）》（2010 年 7 月 1 日）第 20 条。

法律依据,也与交易性贬值损失的性质不符。

2. **间接损失**

侵害他人财产,既可能造成该财产本身的直接损害,也可能造成其他财产损害,也就是间接损害。〔30〕 侵害他人财产造成的间接损害并非实体损害,仅仅表现为被侵权人财产总额的减少,既包括本不该减少而减少的财产数额,也包括本该增加而未增加的财产数额。因此,与直接损害和直接损失之间不同,间接损害和间接损失之间并无区别,间接损害就是间接损失。同时,价值赔偿和恢复原状的区分仅对有体财产的实体损害有意义。对于间接损失而言,区分恢复原状和价值赔偿没有意义。间接损失应当按照本条规定的“其他合理方式”计算(边码 43—72)。 21

三、基础计算方法

本条仅列举了一种损失计算方法——按照损失发生时的市场价格计算,其他合理方式为开放式列举中的兜底条款。〔31〕 因此,侵害他人财产造成的财产损失,原则上应当按照损失发生时的市场价格计算。该方法为基础计算方法,其他方法仅为例外计算方法。〔32〕 适用其他方法,应当论证该方法的合理性,也就是论证按照该方法计算损失能够得到比按照上述基础计算方法更妥当的结果。〔33〕《民法典》第 1184 条对“其他方式”增加了“合理”的限定语,就是对这一点的确认。 22

(一)时间标准:损失发生之时

1. **正当性基础**

市场价格可能处于经常性变动之中。因此,规定财产损失按照市场价格计算是不够的,还需要规定计算损失的时间标准。关于计算财产损失的时间标准,有侵权行为发生时、侵权结果发生时以及侵权结果确定时之争。立法者出于“容易 23

〔30〕 直接损害(损失)和间接损害(损失)这一对术语的使用十分混乱。本文在《民法通则》第 117 条的意义上使用这一对术语,直接损害是指被侵害财产本身的损害,间接损害是指被侵权人受到的其他损害。

〔31〕 从这个意义上讲,本条的“其他合理方式”属于法律解释中的“一般条款”机制。

〔32〕 这一结论与恢复原状优先原则并不矛盾。侵害他人财产造成的财产损失一般应当按照损失发生时的市场价格计算,并不意味着,侵害他人财产一般应当赔偿按照上述方法计算出来的损失。本条只是规定了侵害财产所造成财产损失的一般计算方法,并未规定侵害他人财产时承担侵权责任的一般方式。

〔33〕 参见陈小君:《财产权侵权赔偿责任规范解析》,载《法商研究》2010 年第 6 期,第 9—10 页。但也有学者认为,《侵权责任法》第 19 条就已经赋予了被侵权人在市场价格法和其他方法之间的选择权,《民法典》第 1184 条只是增加了“合理”二字,并未对被侵权人的选择权作出改变。参见杨立新:《民法典对侵权损害赔偿责任规则的改进与适用方法》,载《法治研究》2020 年第 4 期,第 85 页。

固定和掌握”的考虑,将损失发生时作为计算财产损失的时间标准,实际上是排除了侵权行为发生时以及侵权结果确定时,采用了侵权结果发生时。[34] 根据该标准,计算财产损失以损失发生时的市场价格为准,损失发生后的价格波动原则上不予考虑。[35] 同时,立法者也考虑到一概按照该时间标准计算损失可能对当事人显失公平,为法院预留了调整的可能性。[36] 在基础计算方法对当事人显失公平时,法院可以按照其他方式计算财产损失,其中就包括按照其他时间标准计算损失(边码 45—47)。[37]

24 被侵害财产的价格波动,既有可能是上涨,也有可能是下跌。如果损失发生后价格上涨,仍然按照损失发生时的市场价格赔偿对被侵权人不利——被侵权人不能获得足额赔偿。相反,如果损失发生后价格下跌,仍按照损失发生时的市场价格赔偿对侵权人不利——侵权人需要支付超额赔偿。本条规定统一按照损失发生时的市场价格计算损失,对于当事人而言大体上是机会公平的。立法者选择损失发生时这一“容易固定和掌握”的时间点,实际上是将价格上涨或者下跌作为当事人承担的合理市场风险。[38] 具体而言,价格上涨的风险由被侵权人承担,损失发生后价格上涨,被侵权人也不得以此为由要求增加赔偿数额;反之,价格下跌的风险由侵权人承担,损失发生后价格下跌,侵权人也不得以此为由要求减少赔偿数额。

2. 损失发生时的认定

(1)侵权人过错发生时

25 侵权人通常仅就其过错行为造成的损失承担赔偿责任。如果侵权人的过错发生于损失开始发生之后,被侵权人只能就侵权人过错发生之后的损失请求赔偿。在一起申请诉前财产保全错误查封他人财产导致的损害赔偿纠纷中,申请人申请诉前财产保全查封他人财产并无过错,其过错在于法律关系明晰后未申请解除查封,反而申请延长查封,造成被申请人的损失扩大。因此,法院认为,计算损

〔34〕 参见黄薇主编:《中华人民共和国民法典侵权责任编解读》,中国法制出版社 2020 年版,第 82—83 页。

〔35〕 如在一起国家机关违法强制拆除公民房屋的国家赔偿案件中,法院根据本条规定驳回了受害人按照申请国家赔偿时的市场价格计算损失的请求,坚持按照侵权时的市场价格计算损失。参见最高人民法院(2018)最高法行申 5420 号行政裁定书;广西壮族自治区高级人民法院(2016)桂行终 1085 号行政判决书。

〔36〕 参见黄薇主编:《中华人民共和国民法典侵权责任编解读》,中国法制出版社 2020 年版,第 82—83 页。

〔37〕 参见王军:《侵权法上财产损害的计算标准》,载《法学》2011 年第 11 期,第 84 页。

〔38〕 参见最高人民法院民法典贯彻实施工作领导小组主编:《中华人民共和国民法典侵权责任编理解与适用》,人民法院出版社 2020 年版,第 184 页。

失的时间标准并非损失开始发生之时(查封之时),而是侵权人过错发生之时(应当解封而未解封之时)。[39] 本条规定的损失发生时,是指应由侵权人承担责任的损失发生之时,而不是指侵权人造成的损失发生之时。

(2)无权占有他人财产不能返还

作为计算财产损失的时间标准,损失发生时是指本条所赔偿的损失发生之时,而不是其他条文所救济的损害发生之时。无权占有他人财产能够返还,侵权人应当返还财产,本条规定的价值赔偿没有适用的余地,不需要按照无权占有之时的市场价格确定被侵权人的财产损失。此时,被侵权人受到的损害只是丧失占有,而不是丧失财产本身。侵权人在无权占有他人财产后处分该财产,导致不能返还,被侵权人才能根据本条请求价值赔偿。只有在此时,才需要按照损失发生时的市场价格计算财产损失。需要注意的是,本条规定的"侵害他人财产"是指无权处分他人财产导致不能返还,而不仅仅是无权占有他人财产;本条所赔偿的损失,是被侵权人因丧失财产本身(不能请求返还)而受到的价值损失,而不是丧失对该财产的占有。因此,损失发生时,是指被侵权人不能请求侵权人返还之时,而不是无权占有之时。[40]《国家赔偿法》第 36 条第 5 项规定,"财产已经拍卖或者变卖的,给付拍卖或者变卖所得的价款;变卖的价款明显低于财产价值的,应当支付相应的赔偿金"。这一规定印证了上述结果。无权占有他人财产后又无权处分该财产导致第三人取得该财产,应当赔偿拍卖或者变卖该财产所得价款。拍卖或者变卖所得的价款反映的是无权处分不能返还时的市场价格,而不是无权占有之时的市场价格。[41] 股权转让无效,受让人应当返还受让的股权。受让人已将该股权转让给善意第三人,返还股权在法律上已经不能,受让人只能折价赔偿。此时,损失发生之时应当是第三人取得股权之时,而不应当是受让人应当返还股权之时(前手无效转让发生之时)。[42] 26

被侵权人取得被侵害财产之前,该财产已被他人占用并不能返还,被侵权人取得财产之次日即为本条规定的损失发生时。[43] 27

(3)持续性侵权

市场价格总是针对特定的时间点而言。在持续性侵权案件中,侵权行为和损害后果在一定的期间内持续发生。而在这个期间内,被侵害财产的市场价格可能 28

[39] 参见最高人民法院(2019)最高法民再 145 号民事判决书。

[40] 参见最高人民法院(2015)行提字第 25 号行政赔偿判决书;最高人民法院(2015)行提字第 26 号行政赔偿判决书。

[41] 参见最高人民法院(2015)行提字第 25 号行政赔偿判决书;最高人民法院(2015)行提字第 26 号行政赔偿判决书。其中用的是"市场价值"的表述。

[42] 相反观点参见最高人民法院(2018)最高法民终 662 号民事判决书。

[43] 参见最高人民法院(2016)最高法民申 746 号民事裁定书。

存在波动。此时,损失发生时的市场价格就成为一个不确定的概念。在一起矿石盗采纠纷中,法院认为,按照侵权持续期间的最高市场价格计算损失虽然有利于被侵权人的保护,但对侵权人可能难谓公平,而按照侵权持续期间的平均市场价格计算损失,更为公允。[44] 在持续性侵权案件中,损失发生时的市场价格是指侵权持续期间的平均市场价格。

3. **时间标准隐含的地域标准**

29 财产损失既然应当按照损失发生时的市场价格计算,自然应当按照损失发生地的市场价格计算。因此,本条虽然没有明文规定地域标准,但其规定的时间标准中可能已经隐含了计算损失的地域标准:损失发生地。

(二)价值标准:市场价格

1. **被侵害财产的市场价格**

30 侵害他人财产造成的财产损失,就是侵害行为造成被侵权人财产总额的减少。其中,核心部分就是直接损失,也就是被侵害财产灭失或者受损造成的财产总额减少。侵害他人财产造成该财产灭失,被侵害财产的价值就是直接损失;损坏他人财产,被侵害财产的价值损失就是直接损失。无论哪种情形,计算直接损失的关键都是确定被侵害财产的价值。而确定某一财产的价值,最为客观合理,最容易被当事人接受的标准就是该财产的市场价格。[45] 侵害财产造成的直接损失为非正常损失,应作进项税额转出处理,不应在市场价格扣税的基础上计算。[46]

(1)统一的市场价格

31 《民法典》第 511 条第 2 项规定,依法应当执行政府定价或者政府指导价的,依照规定履行。该规定可以类推适用于本条规定的损失计算方法。被侵害的财产属于应当执行政府定价或者政府指导价的,应当按照被侵害财产的政府定价或者政府指导价计算财产损失。法院在按照本条规定的基础方法计算财产损失时一般将政府定价或者政府指导价作为与统一的市场价格等同的价值标准。[47]

(2)已经成交的交易价格

32 被侵害的财产常常既无统一的市场价格,也不执行政府定价或者政府指导价。该财产在损失发生之前或者之后已经成交的交易价格,如被侵权人的购买价

---

〔44〕 参见最高人民法院(2017)最高法民终 80 号民事判决书。

〔45〕 参见程啸:《侵权责任法》(第 3 版),法律出版社 2021 年版,第 851 页。

〔46〕 参见最高人民法院(2017)最高法民终 863 号民事判决书。

〔47〕 参见最高人民法院(2017)最高法民终 80 号民事判决书;最高人民法院(2018)最高法民申 5514 号民事裁定书。

格,可以作为认定市场价格的依据。[48] 在实务中,被侵权人常常提供购买该财产的发票等证据来证明。但是,从被侵权人购买该财产到受损之间会有一定的时间间隔。而在这段时间内,该财产本身经过使用会有一定的耗损和折旧,该财产的市场价格也可能发生波动。不仅如此,原告购买该财产时甚至可能不是以市场价格成交。[49] 因此,被侵权人提供的购买发票只是认定损失发生时市场价格的参考。确定被侵害财产在损失发生时的市场价格还需要综合考虑折旧、价格波动以及类似财产的市场价格等因素。在举证责任分配上,被侵权人提供的购买发票构成认定损失发生时市场价格的初步证据。被告可以通过提供其他证据修正或者推翻根据购买发票认定的损失发生时市场价格。

在多起钢材返还不能导致的折价赔偿案件中,法院按照损失发生之前已经成 33
交的交易价格认定涉案钢材的市场价格。[50] 在这些案件中,被侵害财产为被侵权人与第三人买卖合同的标的物,而侵权人作为提供金融服务的金融机构参与了该交易并且在参与该交易过程中对于买卖合同标的物(被侵害财产)的数量和价格进行了确认。按照法院在上述案件中确立的规则,被侵害财产在损失发生之前已经成交并经当事人确认的交易价格可以作为推定被侵害财产市场价格的依据。即使被侵权人实际仅支付成交价格的 70%,被侵害财产的价值仍可以按照当事人确认的成交价格计算。[51] 当事人确认的成交价格只是推定损失发生时市场价格的依据,而不是损失发生时的市场价格本身。也就是说,当事人仍然能够通过举证损失发生时的市场价格推翻依据当事人确认的成交价格推定的市场价格。[52]

非法转让他人股权,可以直接按照侵权人伪造的股权转让协议中约定的股权 34
转让价格认定被侵害股权的市场价格。[53] 侵害他人煤矿经营权(份额)造成的财产损失,可以参照原承包合同约定的承包费,亦即按照权利人根据原承包合同可以预期的利益计算,而不能按照该煤矿资源储量计算。[54]

---

〔48〕 被侵害财产在损失发生时的市场价格不能确定,法院根据该财产在损失发生后的转让价格计算损失。参见最高人民法院(2018)最高法民申 2592 号民事裁定书。

〔49〕 在存在统一的市场价格时,最高人民法院拒绝按照当事人买卖合同约定的价格计算损失。参见最高人民法院(2017)最高法民终 863 号民事判决书。

〔50〕 参见最高人民法院(2017)最高法民申 92 号民事裁定书;最高人民法院(2017)最高法民申 93 号民事裁定书。

〔51〕 参见最高人民法院(2017)最高法民申 93 号民事裁定书。

〔52〕 该案中,侵权人主张应以质物返还不能时的市场价格确定损失数额,但该主张仅因侵权人未申请价格评估并且未提交相关证据而未获得支持。参见最高人民法院(2017)最高法民申 93 号民事裁定书。

〔53〕 参见最高人民法院(2018)最高法民申 4805 号民事裁定书。

〔54〕 参见最高人民法院(2011)民二终字第 79 号民事判决书。

（3）参照类似财产的市场价格

35 在多起矿石盗采纠纷中，法院认为计算损失所依据的市场价格应当以被侵害财产的买入价为准。被盗采原矿石没有统一的市场价格，法院参照类似财产（铅锌矿精粉）的市场价格确定原矿石的市场价格。[55] 类似财产并非被侵害财产本身，因此，在参照类似财产市场价格确定被侵害财产市场价格时还需要考虑类似财产与被侵害财产之间的差异进行一定的扣减或者增加。参照铅锌矿精粉的价格确定被盗采铅锌矿原矿石市场价格时，还应当扣减将原矿石加工成精粉的成本。[56] 实际上，即使涉案原矿石存在统一的市场价格，仍然是参照类似财产的市场价格评估被侵害财产的市场价格。因为在矿石盗采纠纷中，被侵害的财产是地底原矿石，而不是采掘出来的原矿石。参照采掘出来的原矿石价格评估地底原矿石的价格，应当扣除采掘成本。因此，在一起越界采矿纠纷中，法院没有按照（采掘出来的）原矿石价格计算损失，而是按照原矿石的利润计算损失。[57] 按照原矿石利润计算损失，其本质就是扣除被侵权人的采掘成本。而在另一起越界采矿纠纷中，法院直接判决侵权人将其采掘出来的原矿石返还给被侵权人，并不扣除采掘成本。[58] 这一判决不考虑被侵害财产（地底原矿石）和用于参照的类似财产（采掘出来的原矿石）之间的区别，直接以采掘出来的原矿石的市场价格计算盗采地底原矿石造成的财产损失，与本条规定的计算方法相悖。

（4）买入价和卖出价

36 当被侵害财产的买入价和卖出价不一致时，其市场价格应当参照买入价确定，还是参照卖出价确定，应视个案的具体情形确定。《道路交通事故损害赔偿解释》（2020 年修正）第 12 条第 2 项规定的“为购买交通事故发生时与被损坏车辆价值相当的车辆重置费用”，实际上与被损坏车辆的买入价相当。在一起矿石盗采纠纷中，法院拒绝按照侵权人的卖出价确定市场价格，支持按照被侵权人的买入价确定市场价格。法院指出，侵权人出售原矿石的价格受盗采主体非法取得、尽快出售不留证据等主客观因素的影响，其出卖价格难以客观反映原矿石的价

---

[55] 参见最高人民法院（2017）最高法民终 80 号民事判决书；最高人民法院（2018）最高法民申 5514 号民事裁定书；最高人民法院（2011）民二终字第 22 号民事判决书。

[56] 最高人民法院未扣减加工成本是出于惩罚被侵权人的考虑，实际上就是承认，在计算财产损失时本不应直接按照精粉的市场价格，而应当扣除加工成本。参见最高人民法院（2017）最高法民终 80 号民事判决书；茅德贤、成县茨坝须弥山实业有限公司、甘肃有色地质勘查局 106 队、成县恒兴矿业有限公司与白银有色金属公司采矿权纠纷案，最高人民法院（2011）民二终字第 22 号民事判决书，载《最高人民法院公报》2012 年第 3 期。

[57] 参见最高人民法院（2017）最高法民终 301 号民事判决书。

[58] 法院主要是考虑到越界开采行为使矿山资源遭受破坏——侵权人在非法开采 18793 吨锰矿之外还造成 14479 吨锰矿资源量不能再开采利用。参见最高人民法院（2017）最高法执监 16 号执行裁定书。

格,故其出售价格不宜作为认定损失的依据。[59] 而在一起恶意维权查封他人货物造成该货物过期的损害赔偿纠纷中,法院驳回了侵权人按照该货物的成本价计算损失的主张,支持按照被侵权人向第三人出售该批货物的价格计算损失。[60] 在该案判决中,法院将被侵权人向第三人出售货物的价格认定为该批货物的市场价格,再按照本条的基础方法计算被侵权人因该批货物过期报废受到的损失。这样计算出来的损失,是被侵权人因丧失该批货物而受到的直接损失,而不是未能出售该批货物而损失的可得利益(间接损失)。

(5)单位价格和损失量

被侵害财产的市场价格通常是单位价格。因此,按照基础方法计算损失,不仅需要确定单位价格,还需要确定损失量。确定损失量,不以侵权人实际获得的量为准,而应当以其实际损坏的量为准。因此,在一起越界采矿纠纷中,法院支持按照侵权人越界开采所破坏的煤炭资源占有储量,而不是按照侵权人采出煤量确定损失量。[61] 37

2. 侵权使用的市场价格

虽然本条规定财产损失按照损失发生时的市场价格计算,但并未指明按照什么客体的市场价格计算,亦即没有规定计算损失所参照的客体。参照本条“侵害他人财产的”这一前提,本条所称的市场价格,本应是被侵害财产的市场价格。但也有法院不是根据被侵害财产的市场价格计算财产损失,而是按照侵权使用的市场价格计算损失。 38

对于开发商无权占有并使用属于全体业主所有的房屋造成的损失,有法院按照自该房屋应当移交时起的使用费计算。[62] 租赁他人房屋造成的损失,有法院按照该房屋在租赁期间的租金价格计算损失。[63] 在上述情形,法院并未将本条规定的市场价格理解为被侵害财产的市场价格,而是将其理解为侵权使用的市场价格。按照侵权使用的市场价格计算出来的损失并非侵权损害赔偿意义上的损失,而是不当得利返还意义上的损失。 39

在一起出租他人房屋导致的损害赔偿纠纷中,法院也是按照侵权使用在损失发生时的市场价格计算损失。而侵权使用在损失发生时的市场价格,则参照侵权 40

---

〔59〕 参见最高人民法院(2017)最高法民终 80 号民事判决书。

〔60〕 参见浙江省高级人民法院(2018)浙民终 37 号民事判决书;最高人民法院(2018)最高法民申 3243 号民事裁定书。

〔61〕 参见最高人民法院(2017)最高法民终 301 号民事判决书。

〔62〕 参见宜兴市新街街道海德名园业主委员会诉宜兴市恒兴置业有限公司、南京紫竹物业管理股份有限公司宜兴分公司物权确认纠纷、财产损害赔偿纠纷案,江苏省无锡市中级人民法院(2017)苏 02 民终 5565 号民事判决书,载《最高人民法院公报》2018 年第 11 期,第 40 页。

〔63〕 参见最高人民法院(2020)最高法民申 775 号民事裁定书。

人(出租人、承租人)约定的租金价格并结合租金上涨情况酌定。〔64〕参照约定租金确定市场价格的前提是当事人之间的租赁合同有效。应当及时拆除的 D 级危楼不应当进入交易市场,以该危楼为标的的租赁合同无效,租赁合同约定的租金不能作为计算损失的依据。〔65〕

(三)残值扣减

41 损坏他人有体财产,该财产只要没有完全灭失,其本身仍有一定的价值。受损财产即使不能修复,通常也有一定的残值。〔66〕此时,财产损失不能直接按照被侵害财产的价值计算,而应当按照被侵害财产的价值损失计算。而计算价值损失,需要将未受损财产的价值与受损财产的价值相比较。在受损财产不能修复时,财产损失等于未受损财产的价值减去该财产的残值。本条规定,未受损财产的价值原则上按照其在损失发生时的市场价格计算。因此,受损财产的价值(残值)自然也应当按照其在损失发生时的市场价格确定。法院有时会判决侵权人在全额赔偿(不扣减残值)后取得已丧失原有价值的受损财产。〔67〕

42 与一般的价值损失不同,计算技术性贬值损失和交易性贬值损失都不再是将未受损财产的价值扣减受损财产的价值(残值),而是将未受损财产的价值扣减受损财产经修理后的价值。受损财产经修理后的价值同样应当按照损失发生时的市场价格计算。

四、其他合理方式

43 本条在基础计算方法与其他合理方式之间以"或者"相连,并不意味着被侵权人在基础计算方法和其他合理方式之间享有选择权。由于其他合理方式只是开放式列举的兜底规定,并未指向任何一种特定计算方法,其本质是赋予法院一定程度的自由裁量权。〔68〕赋予被侵权人在市场价格法和其他方法之间的选择权,实际上就是赋予被侵权人任意确定损失计算方法的权利。立法者通过本条统一损失计算方法的本意就会落空。〔69〕因此,其他合理方式与基础计算方法之间并

---

〔64〕参见最高人民法院(2020)最高法民申 775 号民事裁定书。

〔65〕参见最高人民法院(2019)最高法民再 97 号民事判决书。

〔66〕法院可能基于货物受损程度检测费用过高并且"未找到检测单位和残值回收商",认定受损货物全损没有残值。参见最高人民法院(2018)最高法民再 452 号民事判决书。

〔67〕参见山西省高级人民法院(2017)晋民初 32 号民事判决书。

〔68〕参见黄薇主编:《中华人民共和国民法典侵权责任编解读》,中国法制出版社 2020 年版,第 83 页。

〔69〕统一损失计算方法的立法意图,参见黄薇主编:《中华人民共和国民法典侵权责任编解读》,中国法制出版社 2020 年版,第 82 页。

非选择性列举的关系,而是一般规则与衡平规则的关系。[70] 其他合理方式只有在上述基础计算方法“显失公平”或者失灵时才能适用。[71]

(一)计算直接损失的其他方法

侵害他人财产造成的直接损失,原则上应当按照本条规定的基础方法计算。只有基础计算方法对于某一方当事人显失公平时,才可以按照其他合理方式计算。从这个意义上讲,其他合理方式是对基础计算方法的修正。具体而言,可以从两个方面对基础计算方法进行修正:第一,不是按照损失发生时这一时间标准;第二,不是按照市场价这一价值标准。[72] 44

1. 修正时间标准

(1)价格持续上涨时的修正

本条规定的基础计算方法采用的时间标准是损失发生时,很大程度上是出于机会公平的理由。如果被侵害财产的价格持续上涨或者持续下跌,机会公平的理由就不再成立。另外,在被侵害财产价格持续上涨或者持续下跌时仍按照损失发生时的市场价格计算损失,还会诱发当事人故意拖延赔偿以获得不当利益的风险。[73] 此时,需要对计算损失的时间标准进行修正,将损失发生后的价格波动考虑进来。 45

我国部分地区土地和房屋的价格持续上涨最为典型,对损失计算的影响也最大。[74] 此外,持续通货膨胀也可能造成被侵害财产价格持续上涨。在现代社会,“通货膨胀成为恒久性之情况”,[75] 价格持续上涨也就成为常态,[76] 机会公平的理由也就不再成立。但是,即使是在上述情形下,修正计算损失时间标准仍处于 46

[70] 参见邹海林、朱广新主编:《民法典评注·侵权责任编(1)》,中国法制出版社 2020 年版,第 235 页(陈现杰执笔)。

[71] 《民事行政诉讼司法赔偿解释》第 12 条第 2 款规定:“市场价格不能确定或者该价格不足以弥补受害人所受损失的,可以采用其他合理方式计算损失。”该规定实际上就是将其他合理方式认定为衡平规则。

[72] 参见程啸:《侵权责任法》(第 3 版),法律出版社 2021 年版,第 851 页。

[73] 参见邹海林、朱广新主编:《民法典评注·侵权责任编(1)》,中国法制出版社 2020 年版,第 231 页(陈现杰执笔)。

[74] 有学者提高到“让人民群众在每一个赔偿案件中感受到公平正义”的高度。参见邹海林、朱广新主编:《民法典评注·侵权责任编(1)》,中国法制出版社 2020 年版,第 235 页(陈现杰执笔)。

[75] 参见曾隆兴:《详解损害赔偿法》,中国政法大学出版社 2004 年版,第 458 页。

[76] 有学者甚至认为,“通货膨胀吞噬了赔偿金的一部分甚至大部分价值补偿功能,导致事实上的不公平”。参见邹海林、朱广新主编:《民法典评注·侵权责任编(1)》,中国法制出版社 2020 年版,第 230 页(陈现杰执笔)。

理论探索的阶段。[77] 法院一般会以本条规定为由，在计算损失时既不考虑受损房屋的价格在损失发生后的上涨，[78] 也不考虑损失发生后的通货膨胀。[79]

（2）知道或者应当知道损失发生时

47 在多起矿石盗采纠纷中，法院在计算损失时拒绝采用法定的损失发生时标准（侵权持续期间标准），改采被侵权人知道或者应当知道损失发生时标准。[80] 该院认为，“侵权损害赔偿的目的是弥补被侵权人所受损害，而从被侵权人角度看，知道和应当知道损害发生时，才有所谓损害补偿，被侵权人才能够得出确定的财产损失价值”。这一理由与持续性侵权的特殊性并无关联，非持续性侵权中的被侵权人，同样只有知道损害发生，才会寻求救济，才需要计算财产损失。[81]

2. 修正价值标准

（1）专业鉴定意见和官方统计数据

48 当事人或者法院常常依据专业机构出具的鉴定意见确定财产损失的数额。对于原告出具的专业鉴定意见，法院只需要审查形式要件，[82] 就可以认定其证明力。此时，专业鉴定意见构成原告受到损失的初步证据。对于专业鉴定意见认定的损失，被告可以提出证据质疑，通常是申请重新鉴定。如果未提出异议或者提出异议却在法院指定期限内未申请重新鉴定，法院可以直接根据原告出具的专业鉴定意见或者稍作调整认定损失的数额。[83] 但对于一方当事人出具的专业鉴定意见，法院有时会以另一方当事人未参与为由不予采信。[84] 总的说来，法院委托的专业鉴定意见效力高于当事人委托的专业鉴定意见；双方当事人委托的专业鉴定意

---

〔77〕 参见徐银波：《论计算财产损失的基准时间——对〈侵权责任法〉第 19 条的反思》，载《北方法学》2015 年第 1 期，第 84 页。

〔78〕 参见最高人民法院（2018）最高法民申 4669 号民事裁定书。

〔79〕 参见最高人民法院（2017）最高法民申 4637 号民事裁定书。

〔80〕 参见最高人民法院（2017）最高法民终 80 号民事判决书；茅德贤、成县茨坝须弥山实业有限公司、甘肃有色地质勘查局 106 队、成县恒兴矿业有限公司与白银有色金属公司采矿权纠纷案，最高人民法院（2011）民二终字第 22 号民事判决书，载《最高人民法院公报》2012 年第 3 期。

〔81〕 最高人民法院将知道或者应当知道损失发生时标准的适用限制在持续性侵权案件中。参见最高人民法院（2017）最高法民终 80 号民事判决书。

〔82〕 如鉴定机构是否具有鉴定资质、鉴定程序合法与否、鉴定意见是否明确以及专家到庭是否出具证言等。

〔83〕 在一起因暖气充水试压造成的财产损害赔偿纠纷案件中，被告对原告委托司法鉴定机构出具的司法鉴定意见所认定的财产损失有异议，却在指定的期间内未申请重新鉴定，法院据此认可了原告出具的司法鉴定意见所认定的财产损失。参见山东省济宁市中级人民法院（2019）鲁 08 民终 583 号民事判决书。类似判决如：最高人民法院（2016）最高法民再 43 号民事判决书；最高人民法院（2019）最高法民申 6432 号民事裁定书。

〔84〕 参见最高人民法院（2019）最高法民再 97 号民事判决书；最高人民法院（2018）最高法民申 4669 号民事裁定书。

见效力高于一方当事人委托的专业鉴定意见。

学界常常将借助专业鉴定意见确定损失数额称为鉴定法,作为本条规定的其 49
他合理方式。[85] 其实,当事人或者法院借助专业鉴定机构计算损失并未指向某一种损失计算方法。[86] 专业鉴定机构既可以就被侵害财产在损失发生时的市场价格出具鉴定意见,[87]也可以就被侵害财产在其他时间点的市场价格出具鉴定意见,还可以就无市场价格财产的价值评估出具鉴定意见。[88]

应当及时拆除的 D 级危楼既没有交易价值,也没有使用价值,法院据此拒绝 50
参考专业机构就该楼的价值出具的鉴定意见,直接认定所有权人不得就该楼倒塌请求折价赔偿。[89]

在计算火灾等事故造成的财产损失时,当事人或者法院有时会借助官方统计 51
数据计算损失。如相关主管机关出具的火灾损失统计数据,在认定损失时具有权威性。[90] 但是,与专业鉴定意见一样,官方统计数据同样不是损失计算方法。

(2)保险评估价值

损坏古董、文物等特殊财产造成的财产损失,一般也是借助专业鉴定意见确 52
定损失数额。文物受到毁损,应当以修复为主。鉴定毁损文物造成的损失,主要是估算文物修复费用。但在文物毁损严重,极难修复时,侵权人只能赔偿价值损失。此时,鉴定机构需要评估受损文物的市场价格。受损文物如果是国家一级文物,不能进入市场交易,就不存在市场价格。鉴定机构只能通过其他合理方式评估受损文物的价值。珍贵文物出国巡回展出时,主办方按惯例会为参展文物投保。保险公司对文物进行保险估价。保险评估价值可以作为认定价值损失的依据。

在一起港口作业摔箱造成货物受损的案件中,受损货物保单载明保险标的的 53
保险价值为发票金额加成 10%。法院在计算价值损失时只承认货物的商业发票金额,不承认保险合同约定的 10%加成。[91] 发票金额加成 10%如果仅为合同当事人之间的优惠条件,自然不能作为认定受损货物价值的依据。

---

〔85〕 参见程啸:《侵权责任法》(第 3 版),法律出版社 2021 年版,第 851 页。

〔86〕 原告委托司法鉴定机构出具鉴定意见如山东省济宁市中级人民法院(2019)鲁 08 民终 583 号民事判决书;原被告均委托司法鉴定机构出具鉴定意见如湖南省娄底市中级人民法院(2018)湘 13 民终 1464 号民事判决书。

〔87〕 参见最高人民法院(2017)最高法民申 4637 号民事裁定书。

〔88〕 参见最高人民法院(2018)最高法民申 4669 号民事裁定书。

〔89〕 参见最高人民法院(2019)最高法民再 97 号民事判决书。

〔90〕 参见四川省凉山彝族自治州中级人民法院(2017)川 34 民终 1433 号民事判决书。

〔91〕 参见最高人民法院(2018)最高法民再 452 号民事判决书。

(3)参考类似物品的价值

54 如果受损文物既没有市场价格,也没有保险评估价值可供参考,鉴定机构还可以比照相关文物对其价值进行评估。

(4)重建工程造价

55 在一起因为公路施工造成他人房屋受损的案件中,原告委托专业机构出具鉴定意见认定自己受到的损失,而被告也委托专业机构出具鉴定意见反驳原告专业鉴定意见认定的损失。由于涉案房屋为农村自建房,并不存在成熟的交易市场,因而也不存在市场价格。因此,双方的鉴定意见均结合当地建筑市场行情,对涉案房屋及附属设施的工程造价进行估算。[92] 涉案房屋出现地基沉降、地面墙体开裂等现象,并渐变为 D 级危房,根本不能恢复原状,只能折价赔偿。[93] 因此,鉴定意见中的重建工程造价并不是对恢复原状费用的估算,而是通过估算涉案房屋的重建价格估算该房屋的价值。从这个意义上讲,该案专业鉴定意见所采用的损失计算方法属于本条规定的其他合理方式。

56 专业鉴定意见中的工程造价并不都是本条规定的价值损失,还有可能是恢复原状费用。如在另一起房屋受损案件中,原告的房屋因楼上住户地暖分水器漏水而受损,并未达到不能修复的程度。[94] 对于这部分损害,一般按照维修费用确定赔偿数额,而不按照房屋因漏水受损的价值损失确定赔偿数额。专业鉴定意见中的维修工程造价在性质上属于恢复原状费用,不属于本条规定的其他合理方式。

57 根据重建工程造价确定房屋的价值还需要考虑房屋的折旧。[95]

(5)拆迁补偿标准和林木补偿费标准

58 按照拆迁补偿标准计算损失,仅仅适用于侵权人签订拆迁补偿安置协议后自行拆除他人房屋的情形,[96]不适用于其他擅自拆除他人房屋的情形。[97] 但在强制拆除农村集体土地上建设的非住宅住房引起的损害赔偿纠纷中,法院也会采信评估机构评估意见,参照当地拆迁补偿标准酌定损失。[98]

59 损坏他人林木造成的损失,可以参照当地相关部门制定的林木补偿标准酌定。[99]

---

[92] 参见湖南省高级人民法院(2019)湘民申 1789 号民事裁定书。

[93] 参见湖南省娄底市中级人民法院(2018)湘 13 民终 1464 号民事判决书。

[94] 参见山东省济宁市中级人民法院(2019)鲁 08 民终 583 号民事判决书。

[95] 参见最高人民法院(2014)民申字第 248 号民事裁定书。

[96] 参见最高人民法院(2018)最高法民申 4438 号民事裁定书。

[97] 参见最高人民法院(2017)最高法民申 1251 号民事裁定书。

[98] 参见最高人民法院(2017)最高法民申 257 号民事裁定书。

[99] 参见最高人民法院(2016)最高法民申 2699 号民事裁定书。

(二)计算间接损失的方法

间接损失表现为被侵权人财产总额的减少,并不表现为被侵害财产的价值损失。因此,间接损失不能按照损失发生时的市场价格计算,只能按照其他合理方式计算。本条规定的基础计算方法只能用于计算直接损失,间接损失只能按照其他合理方式计算。这个意义上的其他合理方式并不是对基础计算方法的修正,而是对基础计算方法的补充。在同一案件中,基础计算方法和其他合理方式可能并用:直接损失按照基础方法计算,间接损失按照其他合理方式计算。 60

1. 费用损失

被侵权人本不该减少而减少的财产数额主要是侵权行为造成的额外费用支出(费用损失)。法院仅支持实际发生的费用损失赔偿请求,并且对费用支出的凭证有严格要求。[100] 对于应予赔偿但尚未实际发生的费用损失,法院一般判决被侵权人在该费用实际发生后另行请求。[101] 61

申请诉前财产保全错误,被申请人可以请求申请人赔偿货物被查封期间的仓储费用损失。如果被查封货物为被申请人贷款购得,被申请人还可以请求申请人赔偿货物被查封期间的贷款利息损失,但需要证明该利息损失与错误查封之间的因果关系。[102] 被申请人如果经法院准许销售货物提存价款,就应当积极采取合理措施减少仓储费用损失。[103] 62

被侵权人为制止侵权行为采取必要措施而支出的合理费用,也属于应当予以赔偿的费用损失,通常包括差旅费、律师费等,[104] 甚至可能包括电费。如在一起养殖的貂、貉因注射缺陷疫苗死亡的案件中,被侵权人对死亡貂、貉进行冷冻保存。法院认为,该措施系为保存证据而采取的必要措施,该部分耗电费用属合理支出,侵权人应当赔偿。[105] 63

被侵权人为取得被侵害财产而支付的价款可以作为确定该财产市场价格的依据,其本身不能作为费用损失请求赔偿,尤其是不能在恢复原状(包括恢复原状费用赔偿)或者折价赔偿之外另行请求赔偿。因为即使侵权行为未发生,被侵权人也不能避免该项支出。从事地下开采活动造成他人投资的农业生态园土地塌 64

---

[100] 法院不承认所谓的“白条支出”。参见最高人民法院(2020)最高法民申2179号民事裁定书。

[101] 参见最高人民法院(2019)最高法民终289号民事判决书;山西省高级人民法院(2017)晋民初32号民事判决书。

[102] 参见最高人民法院(2016)最高法民申2395号民事裁定书。

[103] 参见最高人民法院(2019)最高法民终1856号民事判决书。

[104] 参见最高人民法院(2016)最高法民申2395号民事裁定书。

[105] 参见最高人民法院(2016)最高法民再43号民事判决书;黑龙江省高级人民法院(2014)黑高商终字第63号民事判决书。

陷,项目整体报废,被侵权人为建设该项目而投入的土地承包费、福利费、征地费以及为建设生态园的其他投资(包括贷款利息)均不属于可以请求赔偿的费用损失。〔106〕相反,被侵权人为拆除报废的现代农业设施等附作物而支出的费用,则属于应当予以赔偿的费用损失。〔107〕

2. 可得利益损失

65 《民法典》并未对可得利益损失的赔偿作出统一规定,〔108〕给法院留下了广泛的解释空间。在一起侵害房屋所有权纠纷中,法院直接根据本条判决侵权人赔偿被侵权人的可得利益损失。〔109〕

(1)利息损失

66 侵权人在赔偿价值损失之外,还需要另行赔偿利息损失。〔110〕利息损失属于被侵权人受到的间接损失,但在性质上并不属于被侵权人受到的费用损失,而是属于客观计算的可得利益损失。在一起钢材返还不能的折价赔偿案件中,法院认为,无论被侵权人是否为购买被侵害财产而向他人融资以及是否为融资支付利息,侵权人都应当赔偿利息损失。〔111〕只有将利息损失定性为可得利益损失(非费用损失),利息损失的可赔偿性才可能与被侵权人是否为融资支付利息脱钩。

67 法院确定利息损失的标准尚未统一。〔112〕法院有时判决侵权人按中国人民银行公布的金融机构同期一年期贷款利率标准的四倍支付利息;〔113〕有时判决侵权人按中国人民银行同期同类贷款利率标准支付利息。〔114〕利息计算期间有时是从侵权行为发生日起至判决确定的给付之日;〔115〕有时又是从侵权行为发生日至折价赔偿给付完毕之日。〔116〕

---

〔106〕类似观点参见山西省高级人民法院(2017)晋民初32号民事判决书;相反观点参见最高人民法院(2019)最高法民终289号民事判决书。

〔107〕参见最高人民法院(2019)最高法民终289号民事判决书;山西省高级人民法院(2017)晋民初32号民事判决书。

〔108〕参见最高人民法院民法典贯彻实施工作领导小组主编:《中华人民共和国民法典侵权责任编理解与适用》,人民法院出版社2020年版,第185页。

〔109〕参见最高人民法院(2019)最高法民申932号民事裁定书。

〔110〕参见最高人民法院(2017)最高法民申93号民事裁定书;最高人民法院(2014)民申字第248号民事裁定书。

〔111〕参见最高人民法院(2017)最高法民申92号民事裁定书;最高人民法院(2017)最高法民申93号民事裁定书。

〔112〕关于金钱债务迟延利息的确定标准,参见张金海:《论金钱债务的迟延履行利息》,载《法学》2020年第11期,第74—76页。

〔113〕参见最高人民法院(2016)最高法民申746号民事裁定书。

〔114〕参见最高人民法院(2018)最高法民终662号民事判决书。

〔115〕参见最高人民法院(2016)最高法民申746号民事裁定书。

〔116〕参见最高人民法院(2018)最高法民终662号民事判决书。

(2)涨价或者降价造成的间接损失

如果被侵害财产的市场价格在损失发生后大幅上涨,按照损失发生时的市场价格计算损失就会对被侵权人显失公平。尤其是在被侵害财产的市场价格因被侵害财产本身的增值而上涨时,侵权人不应当仅仅赔偿按照基础方法计算出来的损失。在一起实施爆破作业造成他人养殖的螃蟹死亡而引起的损害赔偿纠纷中,法院根据本条规定判决侵权人只需要赔偿按照蟹苗的市场价格计算出来的损失,否定了按照投放蟹苗一年后该蟹的产量估算损失的做法。[117] 而在另一起因股权返还不能引起的损害赔偿纠纷中,法院认为该股权在损失发生后的涨价与被侵权人无关,被侵权人只能按照损失发生时的股权价值计算损失。[118] 这些判决显然是对本条规定的误解。一方面,被侵权人受到的直接损失应当按照养殖物在损失发生时的市场价格计算,而不应当按照被侵权人的"购苗款"计算。[119] 另一方面,本条规定的基础计算方法仅仅适用于直接损失的计算,不能用于否定间接损失,尤其是可得利益损失的可赔偿性。按照损失发生时的市场价格计算直接损失的同时,应当允许被侵权人就被侵害财产增值而本应获得的收益另行请求赔偿。也就是说,法院可以一方面仍然按照基础方法的时间标准计算直接损失,[120] 另一方面将因价格上涨给被侵权人造成的损失作为间接损失另行计赔。被侵权人获赔的数额(按照基础方法计算出来的直接损失+因被侵害财产价格上涨的可得利益损失)与按照价格上涨后的市场价格计算出来的直接损失数额相当,在现行法律框架内实现了对损失计算时间标准的修正。 68

因被侵害财产价格上涨的可得利益损失另行计赔得到法院的确认。在一起养殖的貂、貉因注射被告的缺陷疫苗死亡或者后续生长发育、繁殖受阻而引起的损害赔偿纠纷中,法院认可的死亡损失、皮张尺码减少及质量差造成的损失已经包含案涉貂、貉如正常生长所应获得的收益,甚至还支持了少产仔损失的赔偿请求。[121] 在一起因盗卖他人股票引起的损害赔偿纠纷中,法院一方面坚持按照盗卖时的股价计算直接损失,另一方面判决侵权人在赔偿直接损失之外还应当赔偿 69

---

〔117〕 参见最高人民法院(2017)最高法民申 618 号民事裁定书。

〔118〕 参见最高人民法院(2018)最高法民终 662 号民事判决书。

〔119〕 参见最高人民法院(2018)最高法民申 3544 号民事裁定书;最高人民法院(2018)最高法民申 3861 号民事裁定书。

〔120〕 非法转让他人股权造成的损失应当按照"行为发生时的股权价值进行认定"。参见最高人民法院(2019)最高法民申 4181 号民事裁定书。

〔121〕 参见最高人民法院(2016)最高法民再 43 号民事判决书;黑龙江省高级人民法院(2014)黑高商终字第 63 号民事判决书。

可得利益损失。侵权人应当赔偿的可得利益损失包括股票溢价、配股和分红。[122] 其中股票溢价损失就是被侵权人因股票被倒卖后涨价而受到的损失。

70 被侵权人合法行为的可得利益才能获得赔偿。因此,就养殖动物增值的可得利益另行请求赔偿以被侵权人合法养殖为前提。如果被侵权人未取得养殖许可证,就只能就被侵害财产本身的损失请求赔偿,不得就因被侵害财产增值的可得利益损失另行请求赔偿。[123]

71 在申请诉前财产保全错误查封他人财产后,该财产在查封期间大幅降价,被申请人能否请求申请人赔偿因丧失高价销售机会而受到的损失？对于这一问题,法院尚未形成统一认识。在一起因申请诉前财产保全错误造成的损害赔偿纠纷中,法院认为,即使被查封的货物市场价格大幅下降,被申请人也不得就错误查封而丧失销售机会所导致的差价损失请求赔偿。[124] 法院否定差价损失可赔偿性的理由是该批货物在解除查封后并未实际销售,被申请人所主张的价差损失并未实际发生。按照这一逻辑,一旦被侵权人在查封解除后售出该货物,侵权人就应当赔偿被侵权人因错误查封不能以较高的价格出售而受到的差价损失。也就是说,该判决实际上并未否定错误查封造成可得利益损失的可赔偿性。而在另一起类似纠纷中,被申请人请求申请人赔偿其因被查封财产降价而受到的销售利润损失,法院支持了被申请人的这一赔偿请求,[125] 但又不支持被申请人同时提出的赔偿该销售利润利息的请求。[126] 被侵权人只要能够证明销售利润损失的真实性以及该损失与错误查封之间的因果关系,法院就应当支持被侵权人销售利润损失的赔偿请求。

(3)固定资产空置损失

72 侵权人赔偿了可得利益损失后,一般不再赔偿固定资产空置损失。[127] 在一起养殖的貂、貉因注射缺陷疫苗死亡的案件中,被侵权人的部分厂房和固定资产因部分貂、貉的死亡而空置。被侵权人据此请求赔偿厂房和固定资产空置损失。

---

[122] 参见张春英与中国工商银行股份有限公司昌吉回族自治州分行、新疆证券有限责任公司、杨桃、张伟民财产损害赔偿纠纷案,最高人民法院(2011)民提字第 320 号民事判决书,载《最高人民法院公报》2013 年第 2 期,第 25 页。

[123] 参见最高人民法院(2018)最高法民申 2397 号民事裁定书;最高人民法院(2018)最高法民申 2398 号民事裁定书;最高人民法院(2018)最高法民申 3544 号民事裁定书;最高人民法院(2018)最高法民申 3861 号民事裁定书。

[124] 参见最高人民法院(2019)最高法民终 1856 号民事判决书。

[125] 参见最高人民法院(2019)最高法民再 145 号民事判决书;最高人民法院(2016)最高法民申 2395 号民事裁定书。

[126] 参见最高人民法院(2016)最高法民申 2395 号民事裁定书。

[127] 参见黑龙江省高级人民法院(2014)黑高商终字第 63 号民事判决书。

法院以被侵权人"亦可以对厂区进行重新利用"为由驳回了该项损失的赔偿请求。[128] 固定资产空置损失不应另行赔偿,并不是由于原告可以重新利用空置的厂房和固定资产,而是因为侵权人赔偿的可得利益损失已经包含了厂房和固定资产空置损失。

五、举证责任

本条规定的是侵害财产造成财产损失的计算,而损失属于应由被侵权人举证 73
的事项。按照本条规定的方法计算损失所需的事项,如被侵害财产在损失发生时的市场价格、残值、在损失发生后的价格上涨以及被侵权人的费用损失等,均应由被侵权人举证。根据返还财产优先原则,无权占有他人财产,原则上应当返还财产;根据恢复原状优先原则,损坏他人财产,原则上应当恢复原状。只有在不能返还财产或者不能恢复原状时,才能适用价值赔偿。因此,在无权占有他人财产的情形,要求适用价值赔偿的当事人,需要就财产返还不能承担举证责任。同理,在损坏他人财产的情形,侵权人要求适用价值赔偿,需要就恢复原状不能承担举证责任。在恢复原状可能时,被侵权人也有权选择价值赔偿(边码8)。因此,在损坏他人财产的情形,被侵权人要求适用价值赔偿,不需要就恢复原状不能承担举证责任。

附:案例索引

1. 广西壮族自治区高级人民法院(2016)桂行终1085号行政判决书:刘某燕与南宁市青秀区人民政府行政强制执行及行政赔偿纠纷案【边码23】

2. 河南省高级人民法院(2017)豫民终1064号民事判决书:朱某彬与桐柏县公安局物权保护纠纷案【边码5】

3. 黑龙江省高级人民法院(2014)黑高商终字第63号民事判决书:吉林特研生物技术有限责任公司与东宁县绿林牧野养貂有限责任公司侵权责任纠纷案【边码63、69、72】

4. 湖南省高级人民法院(2019)湘民申1789号民事裁定书:湖南长韶娄高速公路有限公司与付某宣等财产损害赔偿纠纷案【边码55】

5. 湖南省娄底市中级人民法院(2018)湘13民终1464号民事判决书:付某宣等与湖南长韶娄高速公路有限公司等财产损害赔偿纠纷案【边码49、55】

6. 江苏省南京市江宁区人民法院(2011)江宁民初字第04404号民事判决书:陈某豪与南京武宁房地产开发有限公司等财产损害赔偿纠纷案【边码18、19】

7. 江苏省无锡市中级人民法院(2017)苏02民终5565号民事判决书:宜兴市新街街道

---

[128] 参见黑龙江省高级人民法院(2014)黑高商终字第63号民事判决书。

海德名园业主委员会与宜兴市恒兴置业有限公司、南京紫竹物业管理股份有限公司宜兴分公司物权确认纠纷、财产损害赔偿纠纷案【边码 39】

8. 山东省济宁市中级人民法院(2019)鲁 08 民终 583 号民事判决书:济宁义达热力有限公司与姬某昌等财产损害赔偿纠纷案【边码 48、49、56】

9. 山西省高级人民法院(2017)晋民初 32 号民事判决书:长治市福瑞农业科技发展有限公司与山西潞安环保能源开发股份有限公司王庄煤矿等财产损害赔偿责任纠纷案【边码 41、61、64】

10. 四川省凉山彝族自治州中级人民法院(2017)川 34 民终 1433 号民事判决书:衣合阿合与罗某财产损害赔偿纠纷案【边码 51】

11. 浙江省高级人民法院(2018)浙民终 37 号民事判决书:新昌县共利新颖建材有限公司与绍兴市科顺建材有限公司因恶意提起知识产权诉讼损害责任纠纷与侵权责任纠纷案【边码 36】

12. 最高人民法院(2011)民二终字第 22 号民事判决书:茅德贤、成县茨坝须弥山实业有限公司、甘肃有色地质勘查局 106 队、成县恒兴矿业有限公司与白银有色金属公司采矿权纠纷案【边码 35、47】

13. 最高人民法院(2011)民二终字第 79 号民事判决书:王某等与山西省朔州市平鲁区陶村乡人民政府等股权确认纠纷案【边码 34】

14. 最高人民法院(2011)民提字第 320 号民事判决书:张春英与中国工商银行股份有限公司昌吉回族自治州分行、新疆证券有限责任公司、杨桃、张伟民财产损害赔偿纠纷案【边码 69】

15. 最高人民法院(2014)民申字第 248 号民事裁定书:银川市剑明贸易大厦等与海南金缘投资开发有限公司等财产损害赔偿纠纷案【边码 57、66】

16. 最高人民法院(2015)行提字第 25 号行政赔偿判决书:海南惠普森医药生物技术有限公司与文昌市人民政府行政赔偿纠纷案【边码 26】

17. 最高人民法院(2015)行提字第 26 号行政赔偿判决书:海南惠普森医药生物技术有限公司与文昌市人民政府行政赔偿纠纷案【边码 26】

18. 最高人民法院(2016)最高法民申 2395 号民事裁定书:武汉生隆商贸发展有限公司与宜昌金鹏屋商贸有限公司等诉前财产保全损害责任纠纷案【边码 62、63、71】

19. 最高人民法院(2016)最高法民申 2699 号民事裁定书:内蒙古自治区国有绰尔河农场与张某利等侵权责任纠纷案【边码 59】

20. 最高人民法院(2016)最高法民申 746 号民事裁定书:武汉市中联房地产开发有限公司与武汉海龙实业集团有限公司等物权保护纠纷案【边码 27、67】

21. 最高人民法院(2016)最高法民再 43 号民事判决书:吉林特研生物技术有限责任公司与东宁县绿林牧野养貂有限责任公司产品责任纠纷案【边码 48、63、69】

22. 最高人民法院(2017)最高法民申 1251 号民事裁定书:大连泰安房地产开发有限公司与辽宁华侨集团公司财产损害赔偿纠纷案【边码 58】

23. 最高人民法院(2017)最高法民申 257 号民事裁定书:袁某秀等与扬州景宇置业有限

公司等财产损害赔偿纠纷案【边码 7、58】

24. 最高人民法院(2017)最高法民申 4637 号民事裁定书:赵某承与内蒙古联手路桥有限责任公司财产损害赔偿纠纷案【边码 46、49】

25. 最高人民法院(2017)最高法民申 618 号民事裁定书:新疆振华水产品开发有限公司与中国石化集团河南石油勘探局等侵权责任纠纷案【边码 68】

26. 最高人民法院(2017)最高法民申 92 号民事裁定书:中国民生银行股份有限公司大连分行等与大连金广建设集团有限公司物权保护纠纷案【边码 5、33、66】

27. 最高人民法院(2017)最高法民申 93 号民事裁定书:中信银行股份有限公司大连分行等与大连金广建设集团有限公司物权保护纠纷案【边码 5、33、66】

28. 最高人民法院(2017)最高法民终 301 号民事判决书:神木县永兴乡高庄煤矿与中国神华能源股份有限公司采矿权纠纷案【边码 35、37】

29. 最高人民法院(2017)最高法民终 80 号民事判决书:白银有色金属公司破产清算组与张某安等采矿权纠纷案【边码 28、31、35、36、47】

30. 最高人民法院(2017)最高法民终 863 号民事判决书:上海旭中仓储有限公司与诚通集团南方金属有限公司等财产损害赔偿纠纷案【边码 30、32】

31. 最高人民法院(2017)最高法执监 16 号执行裁定书:秀山县天源矿业有限公司与秀山九鑫锰业有限公司采矿权纠纷案【边码 5、35】

32. 最高人民法院(2018)最高法民申 2397 号民事裁定书:唐某虎与中交烟台环保疏浚有限公司海上养殖损害责任纠纷案【边码 70】

33. 最高人民法院(2018)最高法民申 2398 号民事裁定书:乳山市新嘉华水产有限公司与中交烟台环保疏浚有限公司海上养殖损害责任纠纷案【边码 70】

34. 最高人民法院(2018)最高法民申 2592 号民事裁定书:王某华与山东昌邑农村商业银行股份有限公司等财产损害赔偿纠纷案【边码 32】

35. 最高人民法院(2018)最高法民申 2757 号民事裁定书:武汉新思棉绒研究所与武汉一冶机械动力结构制造公司等侵权纠纷案【边码 3】

36. 最高人民法院(2018)最高法民申 3243 号民事裁定书:新昌县共利新颖建材有限公司与绍兴市科顺建材有限公司因恶意提起知识产权诉讼损害赔偿责任及侵权责任纠纷案【边码 36】

37. 最高人民法院(2018)最高法民申 3544 号民事裁定书:中交烟台环保疏浚有限公司与乳山市新嘉华水产有限公司海上养殖损害责任纠纷案【边码 68、70】

38. 最高人民法院(2018)最高法民申 3861 号民事裁定书:中交烟台环保疏浚有限公司与唐某虎海上养殖损害责任纠纷案【边码 68、70】

39. 最高人民法院(2018)最高法民申 4111 号民事裁定书:朱某彬与桐柏县公安局物权保护纠纷案【边码 5】

40. 最高人民法院(2018)最高法民申 4438 号民事裁定书:王某东等与淮安经济开发区新城房屋拆迁有限公司等财产损害赔偿纠纷案【边码 58】

41. 最高人民法院(2018)最高法民申 4669 号民事裁定书:中国邮政集团公司景德镇市

分公司与景德镇市建设局等财产损失赔偿纠纷案【边码 46、48、49】

42. 最高人民法院(2018)最高法民申 4805 号民事裁定书:刘某与新华优力(北京)科贸有限公司等侵权责任纠纷案【边码 4、34】

43. 最高人民法院(2018)最高法民申 5514 号民事裁定书:张某安等与白银有色金属公司破产清算组采矿权纠纷案【边码 31、35】

44. 最高人民法院(2018)最高法民再 452 号民事判决书:乐爱金财产保险(中国)有限公司与南京港龙潭集装箱有限公司港口作业纠纷案【边码 41、53】

45. 最高人民法院(2018)最高法民再 60 号民事判决书:江苏中信博新能源科技股份有限公司与昆山睿基新能源科技有限公司财产损害赔偿纠纷案【边码 6、12】

46. 最高人民法院(2018)最高法民终 662 号民事判决书:青海省创业(集团)有限公司与深圳市通利来实业有限公司等财产损害赔偿纠纷案【边码 6、26、67、68】

47. 最高人民法院(2018)最高法行申 5420 号行政裁定书:刘某燕与广西壮族自治区南宁市青秀区人民政府行政赔偿纠纷案【边码 23】

48. 最高人民法院(2019)最高法民申 4181 号民事裁定书:孙某等与孙某红等合资合作开发房地产合同纠纷案【边码 68】

49. 最高人民法院(2019)最高法民申 6432 号民事裁定书:锦州市建筑设计研究院有限公司与刘某云财产损害赔偿纠纷案【边码 48】

50. 最高人民法院(2019)最高法民申 932 号民事裁定书:洛阳市洛龙区关林剧院与杨某国侵权责任纠纷案【边码 65】

51. 最高人民法院(2019)最高法民再 145 号民事判决书:星誉化工(漳州)有限公司与山东高速物流集团有限公司申请诉中财产保全损害责任纠纷案【边码 25、71】

52. 最高人民法院(2019)最高法民再 97 号民事判决书:饶某礼与江西省监狱管理局物资供应站等房屋租赁合同纠纷案【边码 40、48、50】

53. 最高人民法院(2019)最高法民终 1856 号民事判决书:沈阳农村商业银行股份有限公司等与大连港股份有限公司申请诉前财产保全损害责任纠纷案【边码 5、62、71】

54. 最高人民法院(2019)最高法民终 289 号民事判决书:长治市福瑞农业科技发展有限公司与山西潞安环保能源开发股份有限公司王庄煤矿等财产损害赔偿责任纠纷案【边码 61、64】

55. 最高人民法院(2019)最高法知民终 424 号民事判决书:中国水产科学研究院南海水产研究所等与广州德港水产设备科技有限公司财产损害赔偿纠纷案【边码 12】

56. 最高人民法院(2020)最高法民申 2179 号民事裁定书:桑植县瑞塔铺镇兴业铁矿有限公司与湖南省高速公路建设开发总公司相邻关系纠纷案【边码 14、61】

57. 最高人民法院(2020)最高法民申 775 号民事裁定书:广西南宁梦之岛百货有限公司与景富投资控股有限公司侵权纠纷案【边码 39、40】

附录一

《中国民法典评注》系列规范性文件全简称对照表*

简称	全称
《八民纪要》	《最高人民法院关于印发〈第八次全国法院民事商事审判工作会议(民事部分)纪要〉的通知》(法〔2016〕399 号,2016 年颁布)
《保险法》	《中华人民共和国保险法》(1995 年颁布;2015 年修正)
《保险法解释二》(2020 年修正)	《最高人民法院关于适用〈中华人民共和国保险法〉若干问题的解释(二)》(法释〔2013〕14 号,2013 年颁布;2020 年修正,2021 年施行)
《保险法解释四》(2020 年修正)	《最高人民法院关于适用〈中华人民共和国保险法〉若干问题的解释(四)》(法释〔2018〕13 号,2018 年颁布;2020 年修正,2021 年施行)
《保证规定》	《最高人民法院印发〈关于审理经济合同纠纷案件有关保证的若干问题的规定〉的通知》(法发〔1994〕8 号,1994 年颁布;2021 年废止)
《不正当竞争解释》	《最高人民法院关于审理不正当竞争民事案件应用法律若干问题的解释》(法释〔2007〕2 号,2007 年颁布;2020 年修正,2021 年施行;2022 年废止)
《财产保全规定》(2020 年修正)	《最高人民法院关于人民法院办理财产保全案件若干问题的规定》(法释〔2016〕22 号,2016 年颁布;2020 年修正,2021 年施行)
《裁判文书引用规定》	《最高人民法院关于裁判文书引用法律、法规等规范性法律文件的规定》(法释〔2009〕14 号,2009 年颁布)

* 规范性文件的颁布与施行年份,修正或修订与施行年份不一致的,另列施行年份;多次修正或修订的,只列最后一次修正或修订的年份。

(续表)

简称	全称
《查封、扣押、冻结财产规定》(2020年修正)	《最高人民法院关于人民法院民事执行中查封、扣押、冻结财产的规定》(法释〔2004〕15号,2004年颁布,2005年施行;2020年修正,2021年施行)
《产品质量法》	《中华人民共和国产品质量法》(1993年颁布;2018年修正)
《城市房地产管理法》	《中华人民共和国城市房地产管理法》(1994年颁布,1995年施行;2019年修正,2020年施行)
《城镇国有土地使用权出让和转让暂行条例》	《中华人民共和国城镇国有土地使用权出让和转让暂行条例》(1990年颁布;2020年修订)
《船舶登记办法》	《中华人民共和国船舶登记办法》(交通运输部令2016年第85号,2016年颁布,2017年施行)
《船舶登记条例》	《中华人民共和国船舶登记条例》(1994年颁布,1995年施行;2014年修订)
《村民委员会组织法》	《中华人民共和国村民委员会组织法》(1998年颁布;2018年修正)
《大气污染防治法》	《中华人民共和国大气污染防治法》(1987年颁布,1988年施行;2018年修正)
《担保法》	《中华人民共和国担保法》(1995年颁布;2021年废止)
《担保法解释》	《最高人民法院关于适用〈中华人民共和国担保法〉若干问题的解释》(法释〔2000〕44号,2000年颁布;2021年废止)
《道路交通事故损害赔偿解释》(2020年修正)	《最高人民法院关于审理道路交通事故损害赔偿案件适用法律若干问题的解释》(法释〔2012〕19号,2012年颁布;2020年修正,2021年施行)
《电子商务法》	《中华人民共和国电子商务法》(2018年颁布,2019年施行)
《独立保函规定》(2020年修正)	《最高人民法院关于审理独立保函纠纷案件若干问题的规定》(法释〔2016〕24号,2016年颁布;2020年修正,2021年施行)
《反不正当竞争法》	《中华人民共和国反不正当竞争法》(1993年颁布;2019年修正)

（续表）

简称	全称
《反垄断法》	《中华人民共和国反垄断法》（2007 年颁布，2008 年施行；2022 年修正）
《房屋租赁合同解释》（2020 年修正）	《最高人民法院关于审理城镇房屋租赁合同纠纷案件具体应用法律若干问题的解释》（法释〔2009〕11 号，2009 年颁布；2020 年修正，2021 年施行）
《非法金融取缔办法》	《非法金融机构和非法金融业务活动取缔办法》（1998 年颁布；2011 年修订）
《夫妻债务解释》	《最高人民法院关于审理涉及夫妻债务纠纷案件适用法律有关问题的解释》（法释〔2018〕2 号，2018 年颁布；2021 年废止）
《个人独资企业法》	《中华人民共和国个人独资企业法》（1999 年颁布，2000 年施行）
《工程价款优先权批复》	《最高人民法院关于建设工程价款优先受偿权问题的批复》（法释〔2002〕16 号，2002 年颁布；2021 年废止）
《公司法》	《中华人民共和国公司法》（1993 年颁布，1994 年施行；2018 年修正）
《公司法解释二》（2020 年修正）	《最高人民法院关于适用〈中华人民共和国公司法〉若干问题的规定（二）》（法释〔2008〕6 号，2008 年颁布；2020 年修正，2021 年施行）
《公司法解释三》（2020 年修正）	《最高人民法院关于适用〈中华人民共和国公司法〉若干问题的规定（三）》（法释〔2011〕3 号，2011 年颁布；2020 年修正，2021 年施行）
《公司法解释四》（2020 年修正）	《最高人民法院关于适用〈中华人民共和国公司法〉若干问题的规定（四）》（法释〔2017〕16 号，2017 年颁布；2020 年修正，2021 年施行）
《股票质押办法》	《证券公司股票质押贷款管理办法》（银发〔2004〕256 号，2004 年颁布）
《关于依法惩治性侵害未成年人犯罪的意见》	《最高人民法院、最高人民检察院、公安部、司法部关于依法惩治性侵害未成年人犯罪的意见》（法发〔2013〕12 号，2013 年颁布）

(续表)

简称	全称
《广告法》	《中华人民共和国广告法》(1994年颁布,1995年施行;2021年修正)
《国家赔偿法》	《中华人民共和国国家赔偿法》(1994年颁布,1995年施行;2012年修正,2013年施行)
《海关法》	《中华人民共和国海关法》(1987年颁布;2021年修正)
《海商法》	《中华人民共和国海商法》(1992年颁布,1993年施行)
《合伙企业法》	《中华人民共和国合伙企业法》(1997年颁布;2006年修订,2007年施行)
《合同法》	《中华人民共和国合同法》(1999年颁布;2021年废止)
《合同法解释二》	《最高人民法院关于适用〈中华人民共和国合同法〉若干问题的解释(二)》(法释〔2009〕5号,2009年颁布;2021年废止)
《合同法解释一》	《最高人民法院关于适用〈中华人民共和国合同法〉若干问题的解释(一)》(法释〔1999〕19号,1999年颁布;2021年废止)
《环境保护法》	《中华人民共和国环境保护法》(1989年颁布;2014年修订,2015年施行)
《婚姻法解释二》	《最高人民法院关于适用〈中华人民共和国婚姻法〉若干问题的解释(二)》(法释〔2003〕19号,2003年颁布,2004年施行;2017年修正;2021年废止)
《婚姻法解释一》	《最高人民法院关于适用〈中华人民共和国婚姻法〉若干问题的解释(一)》(法释〔2001〕30号,2001年颁布;2021年废止)
《机动车登记办法》	《中华人民共和国机动车登记办法》(公安部令第56号,2001年颁布;2004年废止)
《技术合同法》	《中华人民共和国技术合同法》(1987年颁布;1999年废止)
《技术合同法实施条例》	《中华人民共和国技术合同法实施条例》(1989年颁布;2001年废止)
《技术进出口管理条例》	《中华人民共和国技术进出口管理条例》(国务院令第331号,2001年颁布,2002年施行;2020年修订)

（续表）

简称	全称
《继承法意见》	《最高人民法院关于贯彻执行〈中华人民共和国继承法〉若干问题的意见》[法(民)发〔1985〕22号,1985年颁布;2021年废止]
《加工承揽合同条例》	《加工承揽合同条例》(国发〔1984〕182号,1984年颁布,1985年施行;2001年废止)
《建设工程施工合同解释》	《最高人民法院关于审理建设工程施工合同纠纷案件适用法律问题的解释》(法释〔2004〕14号,2004年颁布,2005年施行;2021年废止)
《建设工程施工合同解释一》	《最高人民法院关于审理建设工程施工合同纠纷案件适用法律问题的解释(一)》(法释〔2020〕25号,2020年颁布,2021年施行)
《建设工程施工合同解释(二)》	《最高人民法院关于审理建设工程施工合同纠纷案件适用法律问题的解释(二)》(法释〔2018〕20号,2018年颁布,2019年施行;2021年废止)
《建筑物区分所有权解释》(2020年修正)	《最高人民法院关于审理建筑物区分所有权纠纷案件具体应用法律若干问题的解释》(法释〔2009〕7号,2009年颁布;2020年修正,2021年施行)
《借贷案件意见》	《最高人民法院关于人民法院审理借贷案件的若干意见》[法(民)〔1991〕21号,1991年颁布;2008年修正;2015年废止]
《金融消费者权益保护办法》	《中国人民银行金融消费者权益保护实施办法》(中国人民银行令〔2020〕第5号,2020年颁布)
《禁毒法》	《中华人民共和国禁毒法》(2007年颁布,2008年施行)
《经济犯罪规定》	《最高人民法院关于在审理经济纠纷案件中涉及经济犯罪嫌疑若干问题的规定》(法释〔1998〕7号,1998年颁布;2020年修正,2021年施行)
《经济合同法》	《中华人民共和国经济合同法》(1981年颁布,1982年施行;1993年修正;1999年废止)

(续表)

简称	全称
《精神损害赔偿解释》(2020年修正)	《最高人民法院关于确定民事侵权精神损害赔偿责任若干问题的解释》(法释〔2001〕7号,2001年颁布;2020年修正,2021年施行)
《九民纪要》	《全国法院民商事审判工作会议纪要》(法〔2019〕254号,2019年颁布)
《矿产资源法》	《中华人民共和国矿产资源法》(1986年颁布;2009年修正)
《劳动法》	《中华人民共和国劳动法》(1994年颁布,1995年施行;2018年修正)
《劳动合同法(草案)》	《中华人民共和国劳动合同法(草案)》(2006年颁布)
《劳动合同法》	《中华人民共和国劳动合同法》(2007年颁布,2008年施行;2012年修正,2013年施行)
《劳动合同法实施条例》	《中华人民共和国劳动合同法实施条例》(国务院令第535号,2008年颁布)
《劳动争议调解仲裁法》	《中华人民共和国劳动争议调解仲裁法》(2007年颁布,2008年施行)
《劳动争议解释(一)》	《最高人民法院关于审理劳动争议案件适用法律问题的解释(一)》(法释〔2020〕26号,2020年颁布,2021年施行)
《劳动争议解释二》(2006)	《最高人民法院关于审理劳动争议案件适用法律若干问题的解释(二)》(法释〔2006〕6号,2006年颁布;2021年废止)
《劳动争议解释一》(2001)	《最高人民法院关于审理劳动争议案件适用法律若干问题的解释》(法释〔2001〕14号,2001年颁布;2021年废止)
《立法法》	《中华人民共和国立法法》(2000年颁布;2015年修正)
《立法技术规范(试行)一》	《全国人民代表大会常务委员会法制工作委员会关于印送〈立法技术规范(试行)(一)〉的函》(法工委发〔2009〕62号,2009年颁布)
《旅游法》	《中华人民共和国旅游法》(2013年颁布;2018年修正)

（续表）

简称	全称
《旅游纠纷规定》（2020年修正）	《最高人民法院关于审理旅游纠纷案件适用法律若干问题的规定》（法释〔2010〕13号，2010年颁布；2020年修正，2021年施行）
《买卖合同解释》	《最高人民法院关于审理买卖合同纠纷案件适用法律问题的解释》（法释〔2012〕8号，2012年颁布）
《买卖合同解释》（2020年修正）	《最高人民法院关于审理买卖合同纠纷案件适用法律问题的解释》（法释〔2012〕8号，2012年颁布；2020年修正，2021年施行）
《民法典》	《中华人民共和国民法典》（2020年颁布，2021年施行）
《民法典担保制度解释》	《最高人民法院关于适用〈中华人民共和国民法典〉有关担保制度的解释》（法释〔2020〕28号，2020年颁布，2021年施行）
《民法典婚姻家庭编解释一》	《最高人民法院关于适用〈中华人民共和国民法典〉婚姻家庭编的解释（一）》（法释〔2020〕22号，2020年颁布，2021年施行）
《民法典纪要》	《全国法院贯彻实施民法典工作会议纪要》（法〔2021〕94号，2021年颁布）
《民法典继承编解释一》	《最高人民法院关于适用〈中华人民共和国民法典〉继承编的解释（一）》（法释〔2020〕23号，2020年颁布，2021年施行）
《民法典时间效力规定》	《最高人民法院关于适用〈中华人民共和国民法典〉时间效力的若干规定》（法释〔2020〕15号，2020年颁布，2021年施行）
《民法典物权编解释一》	《最高人民法院关于适用〈中华人民共和国民法典〉物权编的解释（一）》（法释〔2020〕24号，2020年颁布，2021年施行）
《民法典总则编解释》	《最高人民法院关于适用〈中华人民共和国民法典〉总则编若干问题的解释》（法释〔2022〕6号，2022年颁布）
《民法通则》	《中华人民共和国民法通则》（1986年颁布，1987年施行；2009年修正；2021年废止）
《民法总则》	《中华人民共和国民法总则》（2017年颁布；2021年废止）

(续表)

简称	全称
《民法总则诉讼时效解释》	《最高人民法院关于适用〈中华人民共和国民法总则〉诉讼时效制度若干问题的解释》(法释〔2018〕12号,2018年颁布;2021年废止)
《民间借贷规定》	《最高人民法院关于审理民间借贷案件适用法律若干问题的规定》(法释〔2015〕18号,2015年颁布)
《民间借贷规定》(2020年第二次修正)	《最高人民法院关于审理民间借贷案件适用法律若干问题的规定》(法释〔2015〕18号,2015年颁布;2020年第二次修正,2021年施行)
《民间借贷规定》(2020年第一次修正)	《最高人民法院关于审理民间借贷案件适用法律若干问题的规定》(法释〔2015〕18号,2015年颁布;2020年第一次修正)
《民商事合同指导意见》	《最高人民法院关于当前形势下审理民商事合同纠纷案件若干问题的指导意见》(法发〔2009〕40号,2009年颁布)
《民事诉讼法》	《中华人民共和国民事诉讼法》(1991年颁布;2017年修正)
《民事诉讼法》(2021年修正)	《中华人民共和国民事诉讼法》(1991年颁布;2021年修正,2022年施行)
《民事诉讼法解释》(2015)	《最高人民法院关于适用〈中华人民共和国民事诉讼法〉的解释》(法释〔2015〕5号,2015年颁布)
《民事诉讼法解释》(2020年修正)	《最高人民法院关于适用〈中华人民共和国民事诉讼法〉的解释》(法释〔2015〕5号,2015年颁布;2020年修正,2021年施行)
《民事诉讼法解释》(2022年修正)	《最高人民法院关于适用〈中华人民共和国民事诉讼法〉的解释》(法释〔2015〕5号,2015年颁布;2022年修正)
《民事诉讼证据规定》(2019年修正)	《最高人民法院关于民事诉讼证据的若干规定》(法释〔2019〕19号,2001年颁布,2002年施行;2019年修正,2020年施行)
《民事行政诉讼司法赔偿解释》	《最高人民法院关于审理民事、行政诉讼中司法赔偿案件适用法律若干问题的解释》(法释〔2016〕20号,2016年颁布)

（续表）

简称	全称
《民诉法意见》	《最高人民法院印发〈关于适用《中华人民共和国民事诉讼法》若干问题的意见〉的通知》（法发〔1992〕22号，1992年颁布；2008年修正；2015年废止）
《民通意见》	《最高人民法院关于贯彻执行〈中华人民共和国民法通则〉若干问题的意见（试行）》［法（办）发〔1988〕6号，1988年颁布；2021年废止］
《民用航空法》	《中华人民共和国民用航空法》（1995年颁布，1996年施行；2021年修正）
《民用航空器权利登记条例》	《中华人民共和国民用航空器权利登记条例》（国务院令第233号，1997年颁布）
《民用航空器权利登记条例实施办法》	《中华人民共和国民用航空器权利登记条例实施办法》（民航总局令第87号，1999年颁布）
《农村土地承包法》	《中华人民共和国农村土地承包法》（2002年颁布，2003施行；2018年修正）
《农村土地承包经营纠纷调解仲裁法》	《中华人民共和国农村土地承包经营纠纷调解仲裁法》（2009年颁布，2010年施行）
《拍卖变卖规定》（2020年修正）	《最高人民法院关于人民法院民事执行中拍卖、变卖财产的规定》（法释〔2004〕16号，2004年颁布，2005年施行；2020年修正，2021年施行）
《拍卖法》	《中华人民共和国拍卖法》（1996年颁布；2015年修正）
《拍卖法》（2015年修正）	《中华人民共和国拍卖法》（2015年修正）
《票据法》	《中华人民共和国票据法》（1995年颁布，1996年施行；2004年修正）
《票据纠纷规定》（2020年修正）	《最高人民法院关于审理票据纠纷案件若干问题的规定》（法释〔2000〕32号，2000年颁布；2020年修正，2021年施行）
《破产法规定二》（2020年修正）	《最高人民法院关于适用〈中华人民共和国企业破产法〉若干问题的规定（二）》（法释〔2013〕22号，2013年颁布；2020年修正，2021年施行）

(续表)

简称	全称
《破产法规定一》	《最高人民法院关于适用〈中华人民共和国企业破产法〉若干问题的规定(一)》(法释〔2011〕22号,2011年颁布)
《破产审判纪要》	《最高人民法院印发〈全国法院破产审判工作会议纪要〉的通知》(法〔2018〕53号,2018年颁布)
《企业破产法》	《中华人民共和国企业破产法》(2006年颁布,2007年施行)
《侵权责任法》	《中华人民共和国侵权责任法》(2009年颁布,2010年施行;2021年废止)
《人身损害赔偿解释》	《最高人民法院关于审理人身损害赔偿案件适用法律若干问题的解释》(法释〔2003〕20号,2003年颁布,2004年施行)
《人身损害赔偿解释》(2020年修正)	《最高人民法院关于审理人身损害赔偿案件适用法律若干问题的解释》(法释〔2003〕20号,2003年颁布,2004年施行;2020年修正,2021年施行)
《人身损害赔偿解释》(2022年修正)	《最高人民法院关于审理人身损害赔偿案件适用法律若干问题的解释》(法释〔2003〕20号,2003年颁布,2004年施行;2022年修正)
《商标法》	《中华人民共和国商标法》(1982年颁布,1983年施行;2019年修正)
《商标纠纷规定》(2020年修正)	《最高人民法院关于审理商标民事纠纷案件适用法律若干问题的解释》(法释〔2002〕32号,2002年颁布;2020年修正,2021年施行)
《商品房买卖合同解释》	《最高人民法院关于审理商品房买卖合同纠纷案件适用法律若干问题的解释》(法释〔2003〕7号,2003年颁布)
《商品房买卖合同解释》(2020年修正)	《最高人民法院关于审理商品房买卖合同纠纷案件适用法律若干问题的解释》(法释〔2003〕7号,2003年颁布;2020年修正,2021年施行)
《商业秘密解释》	《最高人民法院关于审理侵犯商业秘密民事案件适用法律若干问题的规定》(法释〔2020〕7号,2020年颁布)
《商业银行法》	《中华人民共和国商业银行法》(1995年颁布;2015年修正)

（续表）

简称	全称
《涉外经济合同法》	《中华人民共和国涉外经济合同法》（1985年颁布；1999年废止）
《涉外民事关系法律适用法》	《中华人民共和国涉外民事关系法律适用法》（2010年颁布，2011年施行）
《涉外民事关系法律适用法解释一》（2020年修正）	《最高人民法院关于适用〈中华人民共和国涉外民事关系法律适用法〉若干问题的解释（一）》（法释〔2012〕24号，2012年颁布，2013年施行；2020年修正，2021年施行）
《审判监督程序解释》（2020年修正）	《最高人民法院关于适用〈中华人民共和国民事诉讼法〉审判监督程序若干问题的解释》（法释〔2008〕14号，2008年颁布；2020年修正，2021年施行）
《税收征收管理法》	《中华人民共和国税收征收管理法》（1992年颁布，1993年施行；2015年修正）
《诉讼时效规定》	《最高人民法院关于审理民事案件适用诉讼时效制度若干问题的规定》（法释〔2008〕11号，2008年颁布）
《诉讼时效规定》（2020年修正）	《最高人民法院关于审理民事案件适用诉讼时效制度若干问题的规定》（法释〔2008〕11号，2008年颁布；2020年修正，2021年施行）
《突发事件应对法》	《中华人民共和国突发事件应对法》（2007年颁布）
《土地承包纠纷调解仲裁解释》（2020年修正）	《最高人民法院关于审理涉及农村土地承包经营纠纷调解仲裁案件适用法律若干问题的解释》（法释〔2014〕1号，2014年颁布；2020年修正，2021年施行）
《土地承包纠纷解释》（2020年修正）	《最高人民法院关于审理涉及农村土地承包纠纷案件适用法律问题的解释》（法释〔2005〕6号，2005年颁布；2020年修正，2021年施行）
《外商投资企业解释（一）》（2020年修正）	《最高人民法院关于审理外商投资企业纠纷案件若干问题的规定（一）》（法释〔2010〕9号，2010年颁布；2020年修正，2021年施行）
《未成年人保护法》	《中华人民共和国未成年人保护法》（1991年颁布，1992年施行；2020年修订，2021年施行）

(续表)

简称	全称
《物权法》	《中华人民共和国物权法》(2007年颁布;2021年废止)
《物权法解释一》	《最高人民法院关于适用〈中华人民共和国物权法〉若干问题的解释(一)》(法释〔2016〕5号,2016年颁布;2021年废止)
《物业服务纠纷解释》(2020年修正)	《最高人民法院关于审理物业服务纠纷案件适用法律若干问题的解释》(法释〔2009〕8号,2009年颁布;2020年修正,2021年施行)
《消费者权益保护法》	《中华人民共和国消费者权益保护法》(1993年颁布,1994年施行;2013年修正,2014年施行)
《新冠肺炎疫情执行案件意见》	《最高人民法院关于依法妥善办理涉新冠肺炎疫情执行案件若干问题的指导意见》(法发〔2020〕16号,2020年颁布)
《新冠疫情民事案件意见(二)》	《最高人民法院印发〈关于依法妥善审理涉新冠肺炎疫情民事案件若干问题的指导意见(二)〉的通知》(法发〔2020〕17号,2020年颁布)
《刑法》	《中华人民共和国刑法》(1979年颁布,1980年施行;2020年修正,2021年施行)
《刑事涉财产执行规定》	《最高人民法院关于刑事裁判涉财产部分执行的若干规定》(法释〔2014〕13号,2014年颁布)
《刑事诉讼法》	《中华人民共和国刑事诉讼法》(1979年颁布,1980年施行;2018年修正)
《刑事诉讼法解释》	《最高人民法院关于适用〈中华人民共和国刑事诉讼法〉的解释》(法释〔2021〕1号,2021年颁布)
《刑事诉讼法解释》(2012)	《最高人民法院关于适用〈中华人民共和国刑事诉讼法〉的解释》(法释〔2012〕21号,2012年颁布,2013年施行;2021年废止)
《行政诉讼法》	《中华人民共和国行政诉讼法》(1989年颁布,1990年施行;2017年修正)
《行政诉讼法解释》	《最高人民法院关于适用〈中华人民共和国行政诉讼法〉的解释》(法释〔2018〕1号,2018年颁布)

（续表）

简称	全称
《行政许可法》	《中华人民共和国行政许可法》（2003 年颁布，2004 年施行；2019 年修正）
《银行卡纠纷规定》	《最高人民法院关于审理银行卡民事纠纷案件若干问题的规定》（法释〔2021〕10 号，2021 年颁布）
《邮政法》	《中华人民共和国邮政法》（1986 年颁布，1987 年施行；2015 年修正）
《招标投标法》	《中华人民共和国招标投标法》（1999 年颁布，2000 年施行；2017 年修正）
《证券法》	《中华人民共和国证券法》（1998 年颁布，1999 年施行；2019 年修订，2020 年施行）
《证券市场虚假陈述规定》	《最高人民法院关于审理证券市场虚假陈述侵权民事赔偿案件的若干规定》（法释〔2022〕2 号，2022 年颁布）
《执行财产调查规定》（2020 年修正）	《最高人民法院关于民事执行中财产调查若干问题的规定》（法释〔2017〕8 号，2017 年颁布；2020 年修正，2021 年施行）
《执行程序解释》（2020 年修正）	《最高人民法院关于适用〈中华人民共和国民事诉讼法〉执行程序若干问题的解释》（法释〔2008〕13 号，2008 年颁布，2009 年施行；2020 年修正，2021 年施行）
《执行担保规定》（2020 年修正）	《最高人民法院关于执行担保若干问题的规定》（法释〔2018〕4 号，2018 年颁布；2020 年修正，2021 年施行）
《执行工作规定》（2020 年修正）	《最高人民法院关于人民法院执行工作若干问题的规定（试行）》（法释〔1998〕15 号，1998 年颁布；2020 年修正，2021 年施行）
《执行和解规定》（2020 年修正）	《最高人民法院关于执行和解若干问题的规定》（法释〔2018〕3 号，2018 年颁布；2020 年修正，2021 年施行）
《执行异议复议规定》（2020 年修正）	《最高人民法院关于人民法院办理执行异议和复议案件若干问题的规定》（法释〔2015〕10 号，2015 年颁布；2020 年修正，2021 年施行）
《中外合资企业法条例》	《中华人民共和国中外合资经营企业法实施条例》（1983 年颁布；2019 年修订；2020 年废止）

(续表)

简称	全称
《种子法》	《中华人民共和国种子法》(2000年颁布;2021年修正,2022年施行)
《仲裁法》	《中华人民共和国仲裁法》(1994年颁布,1995年施行;2017年修正,2018年施行)
《仲裁法解释》	《最高人民法院关于适用〈中华人民共和国仲裁法〉若干问题的解释》(法释〔2006〕7号,2006年颁布;2008年修正)
《著作权法》	《中华人民共和国著作权法》(1990年颁布,1991年施行;2020年修正,2021年施行)
《专利法》	《中华人民共和国专利法》(1984年颁布,1985年施行;2020年修正,2021年施行)
《专利纠纷规定》(2020年修正)	《最高人民法院关于审理专利纠纷案件适用法律问题的若干规定》(法释〔2001〕21号,2001年颁布;2020年修正,2021年施行)

附录二

《中国民法典评注》写作指南

（第2版）

执笔：朱庆育

说明：从2016年第一篇评注开始，经过数年探索，评注写作已积累相当程度的经验教训。2019年7月20日，南京大学法典评注研究中心“天同法典评注工作坊”开坊第一期，以“法典评注是什么？”为主题，讨论评注的缘起、功能、写法等基础问题，形成初步共识。2020年《民法典》颁布，评注写作亦随之进入第二阶段。为此，评注编委会决定编写评注写作指南，以增进评注写作的规范性与稳定性。指南由朱庆育执笔，经编委会讨论于2020年6月17日修改定稿，并于2020年8月25日在微信公众号“天同诉讼圈”的“法典评注”专栏推送，是为第1版。本次纸质出版，在公众号推送版的基础上略作修订，是为第2版。

1.【功能定位】

评注以法律适用为中心，旨在追求理性而正当的司法裁判，在此目标下兼及学术讨论并为立法提供可能的参考。为此，评注应致力于：

1.1 解释。评注应对法条作出以适用为导向的正当解释。

1.2 整理。评注应秉持客观立场，整理所涉法条的立法、司法与学术文献，在此基础上揭示通说或推动通说之形成。

1.3 评论。评注应秉持理性态度，对所整理的立法、司法与学术文献作出分析评论。评论应围绕所涉法条的适用展开，并给出作者的明确立场。

1.4 详备。评注应尽可能覆盖所涉法条各种现实及可能适用情形，力求全面回应司法裁判之所需。

1.5 引领。评注应对未来司法适用、学术讨论与立法具有引领意义。

2.【评注对象】

《民法典》条文系直接评注对象，相应司法解释视为条文重要成分。必要时，条文所涉行政法规亦纳入评注内容。

3.【评注方式】

3.1 逐条解释。原则上,评注应逐条作出解释。例外情况下,如果相关法条联系过于紧密,甚至据其本质原本应属同一法条却因为立法技术被不当分割,非合并解释难以清晰展示法条适用状况,则可合并解释。

3.2 不真正法条。缺乏可适用性的不真正法条,若存在与之直接相关的真正法条,可纳入该真正法条合并解释;若无与之直接相关的真正法条,但不真正法条本身有助于理解规范体系,可作单纯论理解释;若不具备任何意义上的法律特质,可作出必要说明简略处理。

3.3 前置导言。原则上,法典各编条文评注展开之前,应前置导言,就本编基本概念、规范内容及体系作简要概述。必要时,章节之前亦可前置导言。

4.【内容结构】

完全法条的评注结构一般分成规范意旨、构成要件、法律效果与举证责任四个部分。不完全法条则视情况参照完全法条作相应取舍。

4.1 规范意旨。规范意旨部分可包括立法原意、法条功能、规范史略、适用范围及体系关联等内容。若属于请求权基础规范范畴,应一并指明属于主要规范、辅助规范抑或防御规范,以明了该规范在法律适用之网中所处坐标位置。

4.2 构成要件。构成要件应直接从法条中提取,不宜简单套用某种理论框架,亦不宜简单套用比较法对应规范或理论。构成要件之提取,应以对适用具有独立意义的最小元素为单元。

4.3 法律效果。法律效果之分析应具体至能够体现为裁判结论的程度,避免止步于“有效”“无效”“应负赔偿责任”等笼统宽泛的表述。

4.4 举证责任。举证责任分配可结合诉讼法举证责任分配条款一并作出分析。一般情况下,举证责任应置于评注最后一部分,但如果法条涉及较为复杂的适用情形,为行文的整体考虑,亦可在每种适用情形的讨论中分别分析举证责任分配问题。

5.【形式编排】

5.1 每条评注文前设置目录以及每一级目录内容所对应的段码。目录设至三级,依次以“一、”“(一)”“1.”标示。

5.2 评注正文一般设至四级标题,依次为:“一、”“(一)”“1.”“(1)”。特殊情况下需要设置第五级标题时,用“①”标示。尽量避免设置第六级标题。第一级标题全文连续计数,第二级以下各级标题则在上级标题之下重新计数。

5.3 根据意义单元编制段码。

5.3.1 作为段码编制依据的意义单元,其基本功能,一是提示作者行文须言之有物,尽量去除无实质意义的空泛之言,二是便于读者精准查询与援引。为此,单元划分以所讨论问题的相对独立性为标准。每一个意义单元对应一个独立问题,每一个意义单元均具有独立援引价值。

5.3.2 段码以阿拉伯数字从1开始全文连续计数,为与第三级标题相区分,用全角中括号括起。示例:[1]。

5.3.3 一般以一个意义单元为一个自然段。若意义单元内容少于3行,可以数个意义单元为一个自然段,但一个自然段一般不超过10行。若意义单元内容超过10行,可分成数个自然段。

5.3.4 无实质意义、仅作起承转合的自然段,不单独编制段码,视情况编入相邻上下单元。

5.3.5 修订时,若有新增意义单元,接上一意义单元段码序号从a开始加英文字母。例如,如果段码[3]之后新增3个意义单元,则依次标示为"[3a]""[3b]""[3c]"。若有删减意义单元,段码编序保留,内容则注明"删",用小括号括起。例如,如果段码[7]所对应的内容删去,则标示为"[7](删)"。如果新增意义单元正好接续删减意义单元,标示方式为"[7](删)""[7a]"。

5.3.6 评注作品结集出版时,将段码改为边码。边码直接以阿拉伯数字计序,不加中括号。

5.4 评注作品发表于期刊时,形式编排另须遵从期刊要求。

6.**【解释方法】**

法条解释,应综合运用文义、目的、历史、体系等解释方法,以达到清晰、正当、融贯之解释结果。常规解释路径是:始于文义,终于文义。

6.1 文义是解释的事实始点,而不是具有规范拘束力的应然始点。

6.1.1 探究文义从平义解释开始,以语词通常用法为出发点。

6.1.2 将平义解释的初步结论与规范语境相印证,初步探知语词规范含义。

6.1.3 如果存在数种可能的规范含义,结合规范目的、规范体系与规范历史作进一步解释,选择其中最能融贯各项因素的一种含义。

6.1.4 通常情况下,最终确定的语词含义须在其用法射程之内。但如果既有用法射程无法恰当体现规范目的,亦无法与规范体系相协调,可突破语词通常用法。

6.1.5 语词文义确定,即意味着解释结束。

6.2 规范目的指向规范实质功能,系确定概念与规范含义的实质标准,语词则是规范目的的语言载体。

6.2.1 探寻规范目的时,应关注立法原意与规范客观意旨,但无论立法原意(主观解释)抑或规范客观意旨(客观解释),皆非唯一或决定性标准。解释时,应结合二者作综合考量。

6.2.2 在数个可能的规范目的之间,应选择较具衡平效果的解释。

6.2.3 在数个可能的规范目的之间,应选择较合乎私法自治理念、较少管制的解释。

6.2.4 在数个可能的规范目的之间,应选择与规范体系较融贯协调的解释。

6.2.5 在数个可能的规范目的之间,应选择较顺应规范史变迁的解释。

6.2.6 法条文义所显示的规范目的过宽或过窄时,应作目的论限缩或扩张,俾使法条规范目的得到恰当界定。

6.2.7 法条文义无法指示所欲实现的规范目的时,应比照蕴含相似规范目的之法条作类推解释。

6.2.8 规范目的之确定,应体现于语词文义。

6.3 概念与规范意义应在历史变迁中寻求理解。

6.3.1 对于理解语词概念与规范具有意义的立法、司法与学术变迁均应纳入历史观察视域。

6.3.2 历史视角的解释,应避免泛化。以有助于直接理解现行规范的文义、目的与体系为限,对于规范理解不具有直接意义之历史过往,不必涉及。

6.4 概念与规范意义,应作"通过部分理解整体,通过整体理解部分"之体系解释。

6.4.1 文义、目的与历史相互调适的过程中,应随时检验体系融贯程度,适时作出必要的校准。

6.4.2 体系融贯之检验,不仅应关注技术性外在体系,亦应关注功能性内在体系。若外在体系无法兼顾,应选择对体系冲击最小的解释;若内在体系无法兼顾,应选择更有利于私法自治的解释。外在体系与内在体系无法兼容时,应优先考虑维护私法自治之规范功能。

6.4.3 作体系解释时,应依循波纹原则,以目标法条为中心,从功能最相近法条开始逐步往外验证,直至融贯为止。

6.4.4 经文义、目的、历史、体系综合考量之解释结论,应最终体现于文义。

6.5 原则上,合宪性、比较法解释以及经济学、社会学等社会科学解释不构成独立解释步骤,需要考量时,应视情况分别化入文义、目的、历史与体系解释过程。

6.6 理解法条时,应穷尽所有解释手段以维持法条之意义。非不得已不宜置实证规范于不顾而直接诉诸公平正义等抽象理念,亦不宜简单主张另立新法。

6.7 必要时,可在评注分析的基础上,就如何合理设置或表述相应规范给出作者见解,以便为将来可能的修法提供参考。

7.【行文风格】

7.1 评注须对法律适用作理性分析,不宜仅仅给出简单的结论,更须展示支撑结论的理由,但应避免过于理论化。一般情况下,论证应局限在教义法学范畴内,理论性、哲学性前提不予展开讨论。

7.2 实质性论证与信息应尽可能显示于正文。一般情况下,脚注仅用于显示援引资料信息,不展开实质论证。

7.3 行文应言简意赅,清晰明确,不宜迂回含糊,不作空泛之谈。

8.【文献使用】

文献使用顺序为:立法文献,司法文献,学术文献,比较法文献。

8.1 立法文献可提供规范变迁、立法原意、规范目的等信息,是确定规范含义的重要参考。立法文献包括历次法律草案、立法说明、全国人大常委会法工委编辑的立法资料与法律释义等文献。

8.2 司法文献可反映所涉法条的司法适用状况。

8.2.1 司法文献包括各类非属司法解释的司法政策文件、司法案例、最高人民法院编著的“理解与适用”系列释义书等。

8.2.2 最高人民法院发布的“指导意见”“会议纪要”等司法政策文件非属司法解释,但鉴于其对司法裁判具有权威的指导意义,系司法解释的补充,得到各级法院事实上的遵行,可由此推知统一的司法立场,因此评注应予以关注。司法政策文件若以条文形式表现,解释时比照法条解释方法,但因其不能用作裁判依据,故应将解释结果体现于相应《民法典》条文或司法解释条文;若以叙述文字形式表述,可用以理解、佐证司法解释及《民法典》相关条文。

8.2.3 司法案例的使用顺序为:指导性案例,《最高人民法院公报》案例,最高人民法院裁判案例,高级人民法院裁判案例,《民事审判指导与参考》《人民司法·案例》《人民法院案例选》等最高人民法院机关刊物刊载案例,高级人民法院的公报类机关刊物刊载案例。中级人民法院及基层人民法院案例,纵未入选上述案例系统,但如果(1)所涉法条案例总量较少,或(2)所涉法条适用的法院层级较低,或(3)对于法条适用具有典型或特别意义,亦应纳入搜集与使用范围。

8.2.4 司法案例的整理,应尽可能反映司法适用概貌。为此,评注应在标题注释中说明案例搜集概况。概况应包括案例搜集方法、案例来源、案例构成、案例数量、案例选择依据等内容。

8.2.5《民法典》颁行之前的司法案例不因《民法典》颁行而失去意义。一般情况下,案例搜集回溯至1995年为止,尤其关注近10年案例。经典案例不受时间限制。

8.2.6 对于司法案例,可视需要作类型化整理。所涉法条构成要件缺乏或不明确时,尤应通过类型化案型总结法条适用情形。

8.2.7 使用案例时,同类案型不必全面列举案例,选取代表性案例即可。选取标准除依循8.2.3所示顺序外,裁判理由质量亦系重要考量因素。

8.2.8 下级法院与上级法院裁判冲突时,除非作者认同下级法院裁判并给出理由,否则应仅以上级法院裁判为分析对象。同级法院裁判冲突时,原则上均应列出并分析。

8.2.9 对于司法案例,应重视裁判理由甚于结论。若所涉法条之司法裁判普遍缺乏具有实质意义的裁判理由,应在评注中说明此司法现状,并在必要时根据裁判结论分析可能的裁判理由。

8.2.10 无论是否认同司法裁判,均应显示明确态度及理由。不认同时,应进一步给出作者主张。

8.2.11 最高人民法院编著的"理解与适用"等释义书可用作探知与理解司法立场。

8.3 学术文献反映学者对于所涉条文的理解状况,是司法适用的学理来源。

8.3.1 学术文献使用顺序为:本评注相关内容,其他可使用的评注或类评注作品,教科书,学术论文,专著。

8.3.2 学术观点不必全面列举。若可判断通说,一般援引通说;若存在对通说构成有力挑战的学说,亦应予反映;若难以判断通说,可列举具有代表性的学说。作者可在既有学说之外表达自己的主张,但应附充分且简洁的理由。

8.3.3 评注不承担体系化理论建构之责,且应考虑与其他作者研究进路的协调,因此,不宜在评注中阐述个性过于强烈的理论主张,亦不宜将论述重心置于理论建构而忽略法律适用的现实性。

8.4 作为法律规则与法律知识继受国,比较法文献有助于理解规范来源及其意义。

8.4.1 现阶段下,比较法文献不可避免,但应节制,以必要为原则。尤其是,外文比较法文献不宜单纯用于炫技,亦不宜借此回避我国司法与学术现状。

8.4.2 概念、原理等法律知识即使来自比较法,但若已为中国大陆学术吸收内化,亦应援引中国大陆学者文献,除非为了纠正中国大陆文献存在的错误。

8.4.3 援引内容为外国法或比较法时,文献使用顺序为:汉译外国文献、外文文献、中国大陆学者文献。若汉译外国文献翻译失真或版本较旧,可以外文文献相对照或直接使用外文文献,但须作说明。有关台湾地区法律状况,优先援引台湾地区文献。

8.4.4 解释法条时,如6.5所示,比较法不作为独立解释步骤,因此,原则上不单列"比较法"标题,亦不集中列举立法例等比较法资料。需要使用比较法文献时,应以论证理由的形式用作理解法条文义、目的、历史或体系的辅助因素。

8.4.5 若确有必要整理列举比较法案例、学说及立法资料供参考或对照,一般应置于脚注,以免占用正文篇幅及节外生枝。

8.4.6 使用比较法资源时,应避免主客易位,将比较法当成先在框架套用于我国实证法分析,或将我国实证法处理成印证比较法"定式"的材料。

9.【引注方式】

引注兼采脚注与文内夹注两种方式。

9.1 常规注释采脚注方式。

9.1.1 发表时,注释体例从期刊要求;出版时,并结合出版社特别要求。

9.1.2 如7.2所示,脚注一般不作实质性论证,仅显示文献信息以及8.4.5提及的比较法资料。

9.2 同一篇评注前后内容相互援引时,采文内夹注方式。

9.2.1 文内夹注直接在需要援引的正文用小括号标示所援引段码,不使用"参见"或类似提示语词。示例:(边码3)。

9.2.2 原则上,评注前后文内容具有呼应或者参照关系时,应使用文内夹注,以提示评注的体系关联。

10.【知识基础】

评注系集体作品,观点无法强求一致,但若相去太远,又难以形成具有最低限度协调性的体系。为此,评注作者在若干基础问题上应秉持相似立场。例如,应以私法自治作为基石与出发点,解释理论既非固守纯粹的主观解释亦非坚持绝对的客观解释,应根据法律效果区分负担行为与处分行为,等等。

图书在版编目(CIP)数据

中国民法典评注·条文选注. 第3册 / 朱庆育主编 ;刘勇等副主编. —北京:中国民主法制出版社,2022.10
ISBN 978-7-5162-2944-6

Ⅰ. ①中… Ⅱ. ①朱…②刘… Ⅲ. ①民法-法典-法律解释-中国 Ⅳ. ①D923.05

中国版本图书馆 CIP 数据核字(2022)第200698号

图书出品人:刘海涛
图书策划:麦 读
责任编辑:陈 曦 庞贺鑫 孙振宇

书名/中国民法典评注·条文选注(第3册)
作者/朱庆育 主编
刘 勇 茅少伟 尚连杰 吴香香 辛正郁 姚明斌 副主编

出版·发行/中国民主法制出版社
地址/北京市丰台区右安门外玉林里7号(100069)
电话/(010)63055259(总编室) 63058068 63057714(营销中心)
传真/(010)63055259
http://www.npcpub.com
E-mail:mzfz@npcpub.com
经销/新华书店
开本/16开 730毫米×1030毫米
印张/25.5 **字数**/494千字
版本/2022年11月第1版 2024年4月第2次印刷
印刷/北京天宇万达印刷有限公司

书号/ISBN 978-7-5162-2944-6
定价/99.00元